Nas palavras do Buda

Dados Internacionais de Catalogação na Publicação (CIP)
(Câmara Brasileira do Livro, SP, Brasil)

Nas palavras do Buda : uma antologia de discursos do Cânone Pāli / edição e introdução de Bhikkhu Bodhi ; tradução de Clodomir B. de Andrade. – Petrópolis, RJ : Vozes, 2020.

Título original: In the Buddha's Words : an Anthology of Discourses from the Pāli Canon

Bibliografia.

1ª reimpressão, 2025.

ISBN 978-85-326-6336-8

1. Buda – Ensinamentos 2. Budismo – Doutrinas I. Bodhi, Bhikkhu.

19-30550 CDD-294.3823

Índices para catálogo sistemático:
1. Buda : Discursos do Cânone Pāli : Antologia 294.3823

Maria Paula C. Riyuzo – Bibliotecária – CRB-8/7639

Nas palavras do Buda

Uma antologia de discursos do Cânone Pāli

Edição e introdução de

Bhikkhu Bodhi

Tradução de Clodomir B. de Andrade

EDITORA VOZES

Petrópolis

Originalmente publicado por Wisdom Publications, Inc.

Tradução do original em inglês intitulado:
In the Buddha's Words – An Anthology of Discourses from the Pali Canon

Direitos de publicação em língua portuguesa – Brasil:
2020, Editora Vozes Ltda.
Rua Frei Luís, 100
25689-900 Petrópolis, RJ
www.vozes.com.br
Brasil

Editoração: Maria da Conceição B. de Sousa
Diagramação: Raquel Nascimento
Revisão gráfica: Alessandra Karl
Capa: Adaptada para a língua portuguesa com base no projeto original em inglês Gopa&Ted2
Adaptação: Editora Vozes

ISBN 978-85-326-6336-8 (Brasil)
ISBN 978-0-86171-491-9 (Estados Unidos)

Este livro foi composto e impresso pela Editora Vozes Ltda.

Disciplinado, ele é supremo dentre aqueles que disciplinam;
Em paz, ele é o sábio dentre aqueles que trazem paz;
Livre, ele é o principal dos que libertam;
Realizado, ele é o melhor daqueles que realizaram.

Aṅguttara Nikāya 4: 23

SUMÁRIO

Preâmbulo, 9

Prefácio, 11

Lista de abreviaturas, 15

Guia para a pronúncia do Pāli, 17

Lista detalhada do sumário, 19

Introdução geral, 27

I – A condição humana, 47

II – Aquele que traz a luz, 59

III – Aproximando-se do Dhamma, 91

IV – A felicidade visível na vida presente, 113

V – O caminho para um renascimento afortunado, 147

VI – Aprofundando a perspectiva sobre o mundo, 181

VII – O caminho para a libertação, 215

VIII – Dominando a mente, 245

IX – Fazendo a luz da sabedoria brilhar, 285

X – Os níveis de realização, 349

Notas, 397

Tabela de fontes, 427

Glossário, 439

Referências, 441

Índice temático, 445

Índice onomástico, 455

Índice de comparações, 457

Índice de títulos de suttas Pāli selecionados, 459

Índice de termos Pāli explicados nas notas, 461

PREÂMBULO

THE DALAI LAMA

Mais de dois mil e quinhentos anos se passaram desde que o nosso gentil mestre, o Buda Śākyamuni, ensinou na Índia. Ele ofereceu conselhos a todos aqueles dispostos a escutá-lo com atenção, convidando-os a ouvir, refletir e examinar de forma crítica o que ele tinha a dizer. Ele se dirigiu a diferentes indivíduos e grupos de pessoas por um período de mais de quarenta anos.

Depois da morte do Buda, um registro do que ele havia dito foi mantido através de uma tradição oral. Aqueles que haviam ouvido os ensinamentos se encontravam periodicamente com outros para recitações coletivas do que eles haviam ouvido e memorizado. Com o passar do tempo, aquelas recitações de memória foram escritas, lançando as bases para toda a literatura Budista subsequente. O Cânone Pāli é um desses registros escritos mais antigos e a única versão antiga completa que sobreviveu intacta. Dentro do Cânone Pāli, os textos conhecidos como Nikāyas possuem o valor especial de ser uma única coleção coesa dos ensinamentos do Buda em suas próprias palavras. Esses ensinamentos cobrem uma vasta gama de tópicos; eles tratam não só de renúncia e libertação, mas também do relacionamento apropriado entre marido e mulher, da administração do lar, e do modo como os países devem ser governados. Eles explicam o caminho do desenvolvimento espiritual – da generosidade e ética, passando pelo treinamento da mente e pela realização da sabedoria até se atingir o cume, com o alcançar da libertação.

Os ensinamentos dos Nikāyas aqui coletados oferecem uma perspectiva fascinante acerca de como os ensinamentos do Buda foram estudados, preservados e compreendidos no período inicial do desenvolvimento do Budismo. Leitores modernos os acharão especialmente valiosos por fortalecer e clarificar as suas compreensões de muitas doutrinas Budistas fundamentais. Claramente, a mensagem essencial do Buda de compaixão, responsabilidade ética, tranquilidade mental e discernimento é tão relevante hoje como o era há mais de vinte e cinco séculos.

Apesar de o Budismo ter se espalhado e se enraizado em muitas partes da Ásia, modificando-se em tradições diversas de acordo com o local e a ocasião, a distância e as diferentes línguas limitaram a comunicação entre Budistas no passado. Um dos resultados que eu mais valorizo nas melhorias modernas nos transportes e na comunicação é o vasto aumento das oportunidades que agora possuem aqueles interessados no Budismo de travarem contato com a gama completa do ensinamento e da prática

Budista. O que eu acho especialmente encorajador neste livro é como ele mostra claramente o quanto todas as tradições do Budismo possuem fundamentalmente em comum. Parabenizo Bhikkhu Bodhi por seu cuidadoso trabalho de compilação e tradução. Rezo para que os leitores possam encontrar aqui o ensinamento – e a inspiração para pô-lo em prática – que os tornarão capazes de desenvolver a paz interior, que acredito ser essencial para a criação de um mundo mais feliz e pacífico.

Venerável Tenzin Gyatso, o Décimo quarto Dalai Lama
10 de maio de 2005.

Prefácio

Os discursos do Buda preservados no Cânone Pāli são chamados *suttas*, o equivalente Pāli da palavra sânscrita *sūtras*. Apesar de o Cânone Pāli pertencer a uma tradição Budista em particular – a Theravāda, ou a Tradição dos Antigos – os suttas de modo algum são exclusivamente textos Budistas Theravāda. Eles se originam no período mais antigo da história literária do Budismo, um período de cerca de cem anos após a morte do Buda, antes que a comunidade Budista original se dividisse em diferentes tradições. Os suttas Pāli possuem equivalentes em outras tradições Budistas antigas, agora extintas, textos por vezes surpreendentemente semelhantes à versão Pāli, diferindo principalmente na ambientação e apresentação, mas não em pontos doutrinais. Portanto, os suttas, junto com os seus equivalentes, constituem-se no registro mais antigo dos ensinamentos do Buda disponíveis para nós; eles representam o que há de mais próximo que podemos chegar daquilo que o próprio Buda Gautama histórico ensinou. Os ensinamentos neles contidos serviram como nascente, a fonte primária para todas as correntes da doutrina e prática Budista através dos séculos. Por esta razão, eles se constituem como herança comum da tradição Budista como um todo, e Budistas de todas as tradições que desejem compreender a raiz primária do Budismo deveriam fazer do seu estudo atento e cuidadoso uma prioridade.

No Cânone Pāli os discursos do Buda estão preservados em coleções chamadas *Nikāyas*. Ao longo dos últimos vinte anos foram publicadas novas traduções dos quatro principais *Nikāyas*, disponíveis em edições atraentes e acessíveis. A Wisdom Publications foi pioneira nesta tendência quando publicou em 1987 a tradução de Maurice Walshe do Dīgha Nikāya, *Os discursos longos do Buddha*. A Wisdom deu sequência ao projeto ao publicar, em 1995, a minha versão editada e revisada da tradução manuscrita de Bhikkhu Ñāṇamoli do Majjhima Nikāya, *Os discursos medianos do Buda*, seguida, em 2000, da minha nova tradução completa do Saṃyutta Nikāya, *Os discursos interligados do Buda*. Em 1999, sob o selo The Sacred Literature Trust Series, a AltaMira Press publicou uma antologia de suttas do Aṅguttara Nikāya, traduzida pelo falecido Nyanaponika Thera e por mim, chamada *Os discursos numéricos do Buda*. Eu estou atualmente trabalhando numa nova tradução de todo o Aṅguttara Nikāya, para a série *Ensinamentos do Buda* da Wisdom Publications.

Muitos dos que leram esses trabalhos mais extensos me disseram, para a minha satisfação, que as traduções, segundo eles, deram vida aos suttas. Outros, porém, que sinceramente procuraram penetrar no oceano profundo dos Nikāyas, disseram-me coisas bem diferentes. Eles disseram que apesar de a linguagem das traduções ter tornado aqueles textos mais acessíveis do que traduções anteriores, eles ainda tinham dificuldade em alcançar um ponto de observação que os permitisse enxergar a totalidade da estrutura dos sutta, uma moldura dentro da qual todos eles se encaixassem. Os próprios Nikāyas não nos ajudam muito neste sentido, pois as suas organizações – com a exceção notável do Saṃyutta Nikāya, que não possui uma estrutura temática – parecem quase acidentais.

Numa série de palestras ainda em curso que comecei a proferir no Mosteiro Boddhi em Nova Jersey em janeiro de 2003, eu elaborei um esquema próprio para organizar os conteúdos do Majjhima Nikāya. O esquema revela a mensagem do Buda progressivamente, do simples ao difícil, do elementar ao profundo. Ao refletir, percebi que este esquema poderia ser aplicado não só ao Majjhima Nikāya, mas aos quatro Nikāyas em sua totalidade. O presente livro organiza suttas selecionados de todos os quatro Nikāyas dentro dessa estrutura temática e progressiva.

Este livro é direcionado a dois tipos de leitores. Os primeiros são aqueles ainda não familiarizados com os discursos do Buda que sentem a necessidade de uma introdução sistemática. Para tais leitores, qualquer um dos Nikāyas parecerá opaco. Todos os quatro, vistos em conjunto, podem parecer como uma selva – confusa e apavorante, cheia de feras desconhecidas – ou como o grande oceano – vasto, turbulento e ameaçador. Eu espero que este livro sirva como um mapa para ajudá-los a encontrar os seus caminhos pela selva dos suttas ou como um navio resistente para transportá-los através do oceano do Dhamma.

O segundo tipo de leitores para os quais este livro se destina são aqueles que, apesar de familiarizados com os suttas, ainda não conseguem enxergar como eles se encaixam numa totalidade inteligível. Para tais leitores, suttas individuais podem ser compreensíveis em si mesmos, mas os textos em sua totalidade podem parecer como peças de um quebra-cabeça espalhados por cima da mesa. Uma vez que se entenda o esquema deste livro, torna-se possível ter uma ideia clara da arquitetura do ensinamento. Então, com um pouco de reflexão, torna-se capaz de determinar o local que qualquer sutta ocupa no edifício do Dhamma, esteja ele ou não incluído nesta antologia.

Esta antologia, ou qualquer outra antologia de suttas, não pode substituir os próprios Nikāyas. Minha esperança é dupla, correspondendo aos dois tipos de leitores para os quais este livro é dirigido: (1) que recém-chegados à literatura Budista antiga descubram que este volume tenha aguçado os seus apetites para mais e os encorajem a mergulhar na totalidade dos Nikāyas; e (2) que leitores experientes dos Nikāyas cheguem ao final deste livro com um entendimento melhor do material com o qual eles já estão familiarizados.

Se esta antologia pretende enfatizar algum outro ponto, é o de apresentar a grande envergadura e o alcance da sabedoria do Buda. Apesar de o Budismo antigo ser por vezes descrito como uma disciplina de renúncia ao mundo, dirigido principalmente aos ascetas e contemplativos, os antigos discursos do Cânone Pāli nos mostram claramente como a sabedoria e a compaixão do Buda alcançavam as profundezas da vida laica, oferecendo às pessoas comuns diretrizes para a conduta apropriada e o entendimento correto. Longe de ser um credo para uma elite monástica, o Budismo antigo envolveu a colaboração estreita de chefes de família e monges nas tarefas geminadas de manter os ensinamentos do Buda e prestarem assistência mútua em seus esforços para trilharem o caminho da extinção do sofrimento. Para realizarem essas tarefas em sentido pleno, o Dhamma teve que lhes oferecer orientação, inspiração, alegria e consolo profundos e inextinguíveis. Ele jamais poderia ter feito isso caso não tivesse contemplado os esforços tenazes daqueles, ao conciliar as obrigações sociais e familiares com uma aspiração de realização suprema.

Quase todas as passagens incluídas neste livro foram selecionadas das publicações acima mencionadas dos quatro Nikāyas. Quase todas sofreram revisões, pequenas em geral, porém, às vezes extensas, de acordo com as modificações do meu entendimento dos textos e da língua Pāli. Eu traduzi de forma nova um pequeno número de suttas do Aṅguttara Nikāya não incluídos na antologia mencionada acima. Eu também incluí um punhado de suttas do Udāna e do Itivuttaka, dois pequenos livros que pertencem ao quinto Nikāya, o Kuddaka Nikāya, a Coleção Menor ou Miscelânea. Nessas traduções eu me baseei nas traduções de John D. Ireland, publicadas pela Buddhist Publication Society no Sri Lanka, porém, mais uma vez, eu as modifiquei livremente para se adequarem à minha enunciação e terminologia. Eu dei mais preferência aos suttas em prosa do que em versos, por serem mais diretos e explícitos. Quando a conclusão de um sutta é em versos, se esses simplesmente reafirmam a parte em prosa precedente, eu os omiti por causa do espaço.

Cada capítulo começa com uma introdução na qual eu explico os principais conceitos relevantes ao tema do capítulo, e tento mostrar como os textos que eu escolhi exemplificam aquele tema. Para clarificar alguns pontos que surgem tanto nas introduções quanto nos textos, eu incluí notas no final do livro. Essas são geralmente retiradas dos comentários clássicos aos Nikāyas atribuídos ao grande comentador oriundo do Sul da Índia, Ācariya Buddhaghosa, que trabalhou no Sri Lanka no século V da era comum. Preocupado com a concisão, não incluí tantas notas neste livro como em minhas outras traduções dos Nikāyas. Essas notas também não são tão técnicas quanto àquelas das traduções completas.

As referências às fontes seguem a cada seleção. Referências aos textos do Dīgha Nikāya e do Majjhima Nikāya citam o número e o nome do sutta (em Pāli); as passagens dessas duas coleções retêm os números dos parágrafos usados nos *Os discursos longos do Buda* e *Os discursos medianos do Buda*, portanto, leitores que queiram localizar essas passagens dentro das traduções completas podem facilmente fazê-lo. As referências ao Saṃyutta Nikāya citam o *saṃyutta* e o número do sutta; textos do Aṅguttara Nikāya citam o *nipāta* e o número do sutta (os "Uns" e os "Dois" também citam capítulos dentro do *nipāta* seguido pelo número do sutta). As referências aos textos do Udāna citam *nipāta* e o número do sutta; os textos do Itivuttaka citam simplesmente o número do sutta. Todas as referências são seguidas pelos números do volume e da página da edição padrão da Pali Text Society dessas obras.

Sou grato a Timothy McNeill e David Kittelstrom da Wisdom Publications por me incitar a persistir com este projeto em face de longos períodos de indiferença. Sāmaṇera Anālayo e Bhikkhu Nyanasobhano leram e comentaram as minhas introduções, e John Kelly fez a revisão das provas de todo o livro. Todos os três fizeram sugestões úteis, pelas quais agradeço. John Kelly também preparou as tabelas das fontes que aparecem no final do livro. Finalmente, agradeço aos meus alunos de estudo do Pāli e do Dhamma no Mosteiro Bodhi pelos seus interesses entusiásticos nos ensinamentos dos Nikāyas, os quais me inspiraram a compilar esta antologia. Eu agradeço especialmente ao extraordinário fundador do mosteiro, Mestre Venerável Jen-Chun, por receber um monge de outra tradição Budista em seu mosteiro e pelo seu interesse em criar uma ponte entre as transmissões do Norte e do Sul dos ensinamentos do Budismo antigo.

Bhikkhu Bodhi

Lista de abreviaturas

AN – Aṅguttara Nikāya

Be – Edicão Chaṭṭa Saṅgāyana (do Sexto Concílio) em escrita birmanesa

Ce – Edição em escrita cingalesa

DN – Dīgha Nikāya

Ee – Edição em escrita latina (Pali Text Society)

It – Itivuttaka

MN – Majjhima Nikāya

Mp – Manorathapūraṇī (Comentário ao Aṅguttara Nikāya)

Ppn – Path of Purification (Tradução do Visuddhimagga)

Ps – Papañcasūdanī (Comentário ao Majjhima Nikāya)

Ps-pṭ – Papañcasūdanī-purāṇa-ṭīkā (Subcomentário ao Majjhima Nikāya)

Skt – Sânscrito

SN – Saṃyutta Nikāya

Spk – Sāratthappakāsinī (Comentário ao Saṃyutta Nikāya)

Spk-pṭ – Sāratthappakāsinī-purāṇa-ṭīkā (Subcomentário ao Saṃyutta Nikāya)

Sv – Sumaṅgalavilāsinī (Comentário ao Dīgha Nikāya)

Ud – Udāna

Vin – Vinaya

Vism – Visuddhimagga

Todas as referências aos textos em Pāli são aos números das páginas das edições da Pali Text Society.

Guia para a pronúncia do Pāli

O alfabeto Pāli

Vogais

a, ā, i, ī, u, ū, e, o

Consoantes

Guturais – k, kh, g, gh, ṅ

Palatais – c, ch, j, jh, ñ

Cerebrais – ṭ, ṭh, ḍ, ḍh, ṇ

Dentais – t, th, d, dh, n

Labiais – p, ph, b, bh, m

Outras – y, r, ḷ, l, v, s, h, ṃ

Pronúncia

a como em "amo"

ā como "Aarão"

i como em "aqui"

ī como em "assim"

u como em "suco"

ū como em "sultão"

e como em "que"

o como em "bolo"

Das vogais, *e* e *o* são longas antes de uma consoante simples e curtas antes de uma consoante dupla. Entre as consoantes, *g* é sempre pronunciado como "gado", *c* como "tchau", *ñ* como "nh". As cerebrais (ou retroflexas) são faladas com a língua no céu da boca; as dentais com a língua nos dentes superiores. As aspiradas *kh, gh, ch, jh, ṭh, ḍh, th, dh, ph, bh* – são consoantes simples pronunciadas com um pouco mais de força do que as não aspiradas, i. e., *th* como em "até" com uma pequena aspiração depois do *t*; *ph* como "pá" com uma pequena aspiração depois do *p*. Consoantes duplas são sempre enunciadas separadamente, i. e., *dd* como "*mad dog*", *gg* como "*big gun*". A nasal pura (*niggahīta*) *ṃ* é pronunciada como o "m" de "som". Um *o* e um *e* sempre são acentuados; caso contrário, o acento cai numa vogal longa – *ā, ī, ū* – ou numa consoante dupla, ou no *ṃ*.

Lista detalhada do sumário

I – A condição humana, 47

Introdução,

1 Velhice, doença e morte, 47

(1) O envelhecimento e a morte (SN 3: 3), 47

(2) A comparação com a montanha (SN 3: 25), 47

(3) Os mensageiros divinos (do AN 3: 35), 49

2 As aflições da vida irrefletida, 51

(1) A farpa da dor (SN 36: 3), 51

(2) As vicissitudes da vida (AN 8: 6), 52

(3) A ansiedade devido à mudança (SN 22: 7), 53

3 Um mundo em tumulto, 54

(1) A origem do conflito (AN 2: iv, 6, condensado), 54

(2) Por que os seres vivem no ódio? (do DN 21), 55

(3) A corrente escura da causalidade (do DN 15), 56

(4) As raízes da violência e opressão (do AN 3: 69), 56

4 Sem um início detectável, 56

(1) Grama e gravetos (SN 15: 1), 56

(2) Bolas de barro (SN 15: 2), 57

(3) A montanha (SN 15: 5), 57

(4) O Rio Ganges (SN 15: 8), 57

(5) O cachorro na coleira (SN 22: 99), 58

II – Aquele que traz a luz, 59

Introdução, 61

1 Aquela pessoa (AN 1: xiii, 1, 5, 6), 67

2 A concepção e o nascimento do Buda (MN 123, condensado), 67
3 A busca pela iluminação, 71
(1) Buscando o estado supremo da paz sublime (do MN 26), 71
(2) A realização dos três conhecimentos verdadeiros (do MN 36), 74
(3) A cidade antiga (SN 12: 65), 81
4 A decisão de ensinar (do MN 26), 82
5 O primeiro discurso (SN 56: 11), 87
III – Aproximando-se do Dhamma, 91
Introdução, 99
1 Não é uma doutrina secreta (AN 3: 129), 99
2 Sem dogmas ou fé cega (AN 3: 65), 99
3 A origem visível e o término do sofrimento (SN 42: 11), 102
4 Investigue o próprio mestre (MN 47), 103
5 Passos para a compreensão da verdade (do MN 95), 106
IV – A felicidade visível na vida presente, 113
Introdução, 115
1 Mantendo o Dhamma em sociedade, 122
(1) O rei do Dhamma (AN 3: 14), 122
(2) Reverenciando as seis direções (do DN 31), 123
2 A família, 125
(1) Pais e filhos, 125
(a) Respeito pelos pais (AN 4: 63), 125
(b) Retribuindo os próprios pais (AN 2: iv, 2), 125
(2) Maridos e mulheres, 125
(a) Diferentes tipos de casamento (AN 4: 63), 125
(b) Como se unir em vidas futuras (AN 4: 55), 127
(c) Sete tipos de esposas (AN 7: 59), 127
3 Bem-estar presente, bem-estar futuro (AN 8: 54), 129
4 Modo de vida correto, 130
(1) Evitando o modo de vida incorreto (AN 5: 177), 130
(2) O uso apropriado da riqueza (AN 4: 61), 131
(3) A felicidade de um chefe de família (AN 4: 62), 132

5 A mulher no lar (AN 8: 49), 132

6 A Comunidade, 134

(1) As seis causas de disputa (MN 104), 134

(2) Os seis princípios da cordialidade (do MN 104), 135

(3) A purificação é para todas as quatro castas (MN 93, condensado), 135

(4) Os sete princípios de estabilidade social (do DN 16), 141

(5) O monarca universal (do MN 26), 143

(6) Trazendo tranquilidade para a nação (do DN 5), 145

V – O caminho para um renascimento afortunado, 147

Introdução, 149

1 A lei do Kamma, 157

(1) Quatro tipos de Kamma (AN 4: 232), 157

(2) Por que ocorre aquilo que ocorre com os seres depois da morte? (MN 41), 158

(3) O Kamma e os seus frutos (MN 135), 162

2 Mérito: A chave para a boa fortuna, 166

(1) Atos meritórios (It 22), 166

(2) As três bases do mérito (AN 8: 36), 167

(3) Os melhores tipos de confiança (AN 4: 34), 168

3 Doando, 169

(1) Se as pessoas soubessem o resultado da doação (It 26), 169

(2) Razões para doar (AN 8: 33), 169

(3) A oferta de alimento (AN 4: 57), 169

(4) As ofertas da pessoa superior (AN 5: 148), 170

(5) O apoio mútuo (It 107), 170

(6) O renascimento por causa da doação (AN 8: 35), 171

4 Disciplina moral, 172

(1) Os cinco preceitos (AN 8: 39), 172

(2) A observância do Uposatha (AN 8: 41), 173

5 Meditação, 176

(1) O desenvolvimento da gentileza amorosa (It 27), 176

(2) As quatro moradas divinas (do MN 99), 176
(3) A intuição supera tudo (AN 9: 20, condensado), 178
VI – Aprofundando a perspectiva sobre o mundo, 181
Introdução, 183
1 As quatro coisas maravilhosas (AN 4: 128), 190
2 Gratificação, perigo e escapatória, 191
(1) Antes da minha iluminação (AN 3: 101 § 1-2), 191
(2) Eu saí em busca (AN 3: 101 § 3), 191
(3) Se não houvesse gratificação (AN 3: 102), 191
3 Avaliando de forma apropriada os objetos do apego (MN 13), 192
4 As armadilhas nos prazeres sensórios, 196
(1) Cortando todas as ligações (do MN 54), 196
(2) A febre dos prazeres sensuais (do MN 75), 199
5 A vida é breve e fugaz (AN 7: 70), 202
6 Quatro resumos do Dhamma (do MN 82), 208
7 O perigo nas visões de mundo, 209
(1) Miscelânia sobre a perspectiva errada (AN 1: xvii, 1, 3, 7, 9), 209
(2) Os homens cegos e o elefante (Ud 6: 4), 209
(3) Reféns de dois tipos de visão de mundo (It 49), 210
8 Dos reinos divinos ao infernal (AN 4: 125), 211
9 Os perigos do Saṁsāra, 212
(1) O rio de lágrimas (SN 15: 3), 212
(2) O rio de sangue (SN 15: 13), 213
VII – O caminho para a libertação, 215
Introdução, 217
1 Por que se entra no caminho?, 223
(1) A flecha do nascimento, do envelhecimento e da morte (MN 63), 223
(2) O cerne da vida espiritual (MN 29), 226
(3) O dissipar da paixão (SN 45: 41-48, combinados), 229
2 Análise do caminho das oito práticas (SN 45: 8), 231
3 A boa amizade (SN 45: 2), 231

4 O treinamento avançado (MN 27), 232

5 Os estágios superiores do treinamento através de imagens (MN 39), 239

VIII – Dominando a mente, 245

Introdução, 247

1 A mente é a chave (AN 1:iii, 1, 2, 3, 4, 9,10), 254

2 Desenvolvendo algumas habilidades, 254

(1) Serenidade e intuição (AN 2: iii, 10), 254

(2) Quatro caminhos para o estado de arahant (AN 4: 170), 255

(3) Quatro tipos de pessoas (AN 4: 94), 256

3 Os obstáculos ao desenvolvimento mental (SN 46: 55, condensado), 257

4 O refino da mente (AN 3: 100 § 1-10), 259

5 A remoção dos pensamentos que distraem (MN 20), 262

6 A mente da gentileza amorosa (do MN 21), 264

7 As seis recordações (AN 6: 10), 265

8 As quatro fundações da consciência (MN 10), 267

9 A atenção na respiração (SN 54: 13), 277

10 Atingindo a maestria (SN 28: 1-9, combinados), 281

IX – Fazendo a luz da sabedoria brilhar, 285

Introdução, 287

1 Imagens da sabedoria, 305

(1) A sabedoria como uma luz (AN 4; 143), 305

(2) A sabedoria como uma faca (MN 146), 305

2 As condições para a sabedoria (AN 8: 2, condensado), 307

3 Um discurso acerca da visão correta (MN 9), 307

4 A dimensão da sabedoria, 317

(1) Pelo caminho dos cinco agregados, 317

(a) As fases dos agregados (SN 22: 56), 317

(b) Um catecismo dos cinco agregados (SN 22: 82 = MN 109, condensado), 320

(c) A característica do não eu (SN 22: 59), 323

(d) Impermanência, sofrimento, não eu (SN 22: 45), 325

(e) Um punhado de espuma (SN 22: 95), 326

(2) Pelo caminho das seis bases sensórias, 327

(a) Compreensão completa (SN 35: 26), 327

(b) Queimando (SN 35: 28), 328

(c) O caminho apropriado para se atingir o Nibbāna (SN 35; 147-149, combinados), 329

(d) Vazio é o mundo (SN 35: 85), 329

(e) A consciência também é não eu (SN 35: 234), 330

(3) Pelo caminho dos elementos, 331

(a) Os dezoito elementos (SN 14: 1), 331

(b) Os quatro elementos (SN 14; 37-39, combinados), 331

(c) Os seis elementos (do MN 140), 332

(4) Pelo caminho da originação dependente, 334

(a) O que é a originação dependente? (SN 12: 1), 334

(b) A estabilidade do Dhamma (SN 12: 20), 334

(c) Quarenta e quatro tipos de conhecimento (SN 12: 33), 336

(d) Um ensinamento pelo caminho do meio (SN 12: 15), 337

(e) A continuidade da consciência (SN 12: 38), 338

(f) A origem e a passagem do mundo (SN 12: 44), 339

(5) Pelo caminho das Quatro Nobres Verdades, 340

(a) As verdades de todos os Budas (SN 56: 24), 340

(b) Essas Quatro Verdades são factuais (SN 56: 20), 340

(c) Um punhado de folhas (SN 56: 31), 341

(d) Por causa do não entendimento (SN 56: 21), 341

(e) O precipício (SN 56: 42), 342

(f) Abrindo as portas (SN 56: 32), 343

(g) A destruição das máculas (SN 56: 25), 344

5 O objetivo da sabedoria, 344

(1) O que é o Nibbāna? (SN 38: 1), 344

(2) Trinta e três sinônimos de Nibāna (SN 43: 1-44, combinados), 345

(3) Existe aquela base (Ud 8: 1), 345

(4) O não nascido (Ud 8: 3), 346

(5) Os dois elementos do Nibbāna (It 44), 346
(6) O fogo e o oceano (do MN 72), 347
X – Os níveis de realização, 349
Introdução, 351
1 O Campo de mérito para o mundo, 362
(1) Oito pessoas dignas de oferendas (AN 8: 59), 362
(2) Diferenciação através das faculdades (SN 48: 18), 362
(3) No Dhamma bem exposto (do MN 22), 363
(4) A completude do ensinamento (do MN 73), 363
(5) Sete tipos de pessoas nobres (do MN 70), 366
2 A entrada na corrente, 362
(1) Os quatro fatores que conduzem a entrar na corrente (SN 55: 5), 368
(2) Entrando na rota fixa da correção (SN 25: 1), 369
(3) A ruptura em direção ao Dhamma (SN 13: 1), 369
(4) Os quatro fatores daquele que entra na corrente (SN 55: 2), 370
(5) Melhor do que a soberania sobre a terra (SN 55: 1), 370
3 O não retorno, 371
(1) Abandonando os cinco grilhões inferiores (MN 64), 371
(2) Os quatro tipos de pessoas (AN 4: 169), 374
(3) As seis coisas que partilham do conhecimento verdadeiro (SN 55: 3), 375
(4) Os cinco tipos daqueles que não retornam (SN 46: 3), 376
4 O Arahant, 377
(1) Removendo a concepção residual do "eu sou" (SN 22: 89), 377
(2) Aquele em treinamento e o arahant (SN 48: 53), 380
(3) Um monge cuja estatura aumentou (do MN 22), 381
(4) As nove coisas que um arahant não consegue fazer (do AN 9: 7), 382
(5) Uma mente estável (do AN 9: 26), 382
(6) Os dez poderes de um monge arahant (AN 10: 90), 383
(7) O sábio em paz (do MN 140), 384
(8) Felizes, de fato, são os arahants (do SN 22: 76), 387

5 O Tathāgata, 387

(1) O Buda e o arahant (SN 22: 58), 387

(2) Para o bem-estar de muitos (It 84), 388

(3) A declaração elevada de Sāriputta (SN 47: 12), 388

(4) Os poderes e as bases da autoconfiança (do MN 12), 390

(5) A manifestação da grande luz (SN 56: 38), 392

(6) O homem que deseja nosso *bem* (do MN 19), 392

(7) O leão (SN 22: 78), 393

(8) Por que ele é chamado de Tathāgata? (AN 4: 23 = It 112), 394

INTRODUÇÃO GERAL

Revelando a estrutura do ensinamento

Apesar de o seu ensinamento ser altamente sistemático, não existe um único texto que possa ser atribuído ao Buda no qual ele defina a arquitetura do Dhamma, aqueles andaimes por sobre os quais ele emoldurou as suas expressões específicas da doutrina. Ao longo do seu extenso magistério, o Buda ensinou de diferentes maneiras, determinadas pela ocasião e circunstância. Às vezes ele expunha princípios invariáveis que se encontram no cerne do ensinamento. Às vezes ele adaptava o ensinamento de acordo com as tendências e aptidões das pessoas que vinham até ele em busca de orientação. Às vezes ele ajustava a sua exposição para que ela se adequasse a uma situação que exigisse certa resposta. Porém, através das coleções de textos que vieram a nós como "Palavra do Buda" autorizada, nós não encontramos sequer um único *sutta*, um único discurso no qual o Buda tenha arranjado todos os elementos do seu ensinamento e os tenha alocado a um local apropriado dentro de algum sistema abrangente.

Enquanto que numa cultura literária no qual o pensamento sistemático é altamente valorizado, a ausência de um texto que possua aquela natureza unificadora possa ser considerada um defeito, numa cultura oral – como era a cultura na qual o Buda viveu e se movimentou – a ausência de uma chave descritiva para o Dhamma dificilmente poderia ser considerada significativa. Dentro dessa cultura, nem o mestre nem o aluno possuíam como objetivo uma completude conceitual. O mestre não tinha a intenção de apresentar um sistema completo de ideias; seus alunos não aspiravam aprender um sistema completo de ideias. O objetivo que os unia no processo de aprendizagem – o processo de transmissão – era o treinamento prático, a autotransformação, a descoberta da verdade e a libertação inabalável da mente. Contudo, isso não significa que o ensinamento fosse sempre adaptado como expediente para a situação presente. Por vezes o Buda apresentava visões mais panorâmicas do Dhamma que uniam muitos componentes do caminho de forma gradual ou numa estrutura mais ampla. Mas apesar de existirem diversos discursos que exibem um amplo escopo, mesmo assim eles não incluem todos os elementos do Dhamma numa superestrutura esquemática.

O propósito do presente livro é desenvolver e exemplificar tal esquema. Aqui, eu tento dar uma descrição abrangente do ensinamento do Buda que incorpora uma grande variedade de suttas numa estrutura orgânica. Esta estrutura, espero, trará à luz o padrão subjacente intencional da formulação do Dhamma pelo Buda e, por isso, fornecerá ao leitor guias para a compreensão do Budismo antigo como um todo. Eu selecionei os suttas quase que inteiramente a partir das quatro principais coleções, ou Nikāyas, do Cânone Pāli, apesar de ter incluído também alguns poucos textos do Udāna e do Itivuttaka, dois pequenos livros da quinta coleção, o Khuddaka Nikāya. Cada capítulo se inicia com a sua própria introdução, na qual eu explico os conceitos básicos do Budismo antigo que os textos exemplificam e mostro como os textos expressam tais ideias.

Mais adiante nesta introdução eu fornecerei algumas informações de fundo sobre os Nikāyas, porém, em primeiro lugar, quero delinear o esquema que eu elaborei para organizar os suttas. Apesar da possibilidade de que o meu uso particular desse esquema seja original, não se trata de pura inovação, já que se baseia numa divisão tripla que os comentários em Pāli fazem acerca dos tipos de benefícios aos quais a prática do Dhamma conduz: (1) bem-estar e felicidade visíveis na vida presente; (2) bem-estar e felicidade relativa às vidas futuras; e (3) o bem último, Nibbāna (Skt: *nirvāṇa*).

Três capítulos preliminares têm como objetivo conduzir àqueles capítulos que incorporam esse esquema triplo. O capítulo I é um exame da condição humana tal como ela se dá sem o surgimento de um Buda no mundo. Talvez esse fosse o modo que a vida humana parecesse para um Bodhisatta – o futuro Buda – enquanto ele vivia no Paraíso Tusita, olhando abaixo para a Terra, esperando a ocasião apropriada para descer e assumir o seu nascimento final. Nós contemplamos um mundo no qual os seres humanos são levados inexoravelmente à velhice e à morte; no qual eles são afetados por circunstâncias que os oprimem com dor física, decepcionados pelos fracassos e infortúnios, ansiosos e temerosos por causa da mudança e deterioração. É um mundo no qual as pessoas aspiram viver em harmonia, mas no qual as suas emoções descontroladas repetidamente os compele, mesmo contra os seus melhores juízos, a mergulhar em conflitos que escalam para a violência e degradação completa. Por fim, levando tudo em consideração, é um mundo no qual os seres sencientes são empurrados, pela sua própria ignorância e desejo, de uma vida para outra, vagando cegamente através do ciclo de renascimentos chamado *saṁsāra*.

O capítulo II relata a descida do Buda para este mundo. Ele vem como "aquela pessoa" que aparece por compaixão pelo mundo, cujo surgimento no mundo é "a manifestação da grande luz". Nós acompanhamos a sua concepção e o seu nascimento, a sua renúncia e a busca pela iluminação, a sua descoberta do Dhamma e a sua decisão de ensinar. O capítulo termina com o seu primeiro discurso para cinco monges, os seus primeiros discípulos, no Parque dos Cervos perto de Bārāṇasi.

O capítulo III pretende esboçar as principais características do ensinamento do Buda e, por conseguinte, a atitude com a qual um possível aluno deve se aproximar do ensinamento. Os textos nos dizem que o Dhamma não é um ensinamento secreto ou esotérico, mas do tipo que "brilha quando ensinado abertamente". Ele não exige fé cega na autoridade das escrituras, em revelações divinas, nem em dogmas infalíveis, mas convida à investigação e apela à experiência pessoal como critérios últimos para a determinação da sua validade. O ensinamento se preocupa com o surgimento e a cessação do sofrimento, o que pode ser observado pela experiência própria de cada um. Ele não estabelece nem mesmo o Buda como autoridade impecável, mas nos convida a examiná-lo para determinar se ele merece nossa crença e confiança total. Finalmente, ele oferece um procedimento passo a passo pelo qual podemos testar o ensinamento e, ao fazê-lo, alcançar por nós próprios a verdade.

Com o capítulo IV, chegamos aos textos que lidam com o primeiro dos três tipos de benefício que o ensinamento do Buda se propõe a trazer. Ele é chamado "o bem-estar e a felicidade visíveis na vida presente" (*diṭṭha-dhamma-hitasukha*), a felicidade que surge quando se segue normas éticas nos relacionamentos familiares, no modo de vida e nas atividades comunitárias. Apesar de o Budismo antigo ser frequentemente descrito como uma disciplina de renúncia radical dirigida a um objetivo transcendental, os Nikāyas revelam que o Buda foi um mestre compassivo e pragmático, que estava interessado em promover uma ordem social na qual as pessoas pudessem viver juntas pacífica e harmoniosamente de acordo com balizas éticas. Este aspecto do Budismo antigo é evidente nos ensinamentos do Buda acerca dos deveres das crianças para com os pais, das obrigações mútuas entre marido e mulher, no modo de vida correto, nos deveres do governante em relação aos cidadãos, e nos princípios de harmonia e respeito comunitário.

O segundo tipo de benefício ao qual o ensinamento do Buda conduz é o assunto do capítulo V, chamado "o bem-estar e a felicidade relativos a uma vida futura" (*samparāyika-hitasukha*). Esta é a felicidade alcançada ao se obter um renascimento afortunado em vidas futuras através do acúmulo de mérito da própria pessoa. O termo "mérito" (*puñña*) se refere ao kamma (Skt: *karma*) positivo, considerado em termos da sua capacidade de produzir resultados favoráveis dentro da ronda de renascimentos. Eu inicio este capítulo com uma seleção de textos sobre o ensinamento de kamma e renascimento. Isso nos conduz aos textos mais gerais sobre a ideia de mérito, seguido por seleções acerca das três principais "bases de mérito" reconhecidas nos discursos do Buda: doação (*dāna*), disciplina moral (*sīla*), e meditação (*bhāvanā*). Já que a meditação aparece de forma proeminente no terceiro tipo de benefício, o tipo de meditação enfatizada aqui, como uma base de mérito, é aquela produtora dos frutos terrenos mais abundantes, as quatro "moradas divinas" (*bramavihāra*), particularmente o desenvolvimento da compaixão amorosa.

O capítulo VI é um capítulo de transição, que pretende preparar o caminho para os capítulos que se seguem. Ao demonstrar que a prática do seu ensinamento de fato conduz à felicidade e boa fortuna dentro dos limites da vida terrena, o Buda, de forma a conduzir as pessoas para além desses limites, expõe o perigo e os problemas em toda existência condicionada. Para despertar em seus discípulos a aspiração para o bem último, Nibbāna, o Buda recorrentemente enfatiza os perigos do saṁsāra. Por isso, este capítulo culmina com dois textos dramáticos que se ocupam da miséria do apego à ronda de repetidos nascimentos e mortes.

Os quatro capítulos que se seguem são dedicados ao terceiro benefício que o ensinamento do Buda pretende trazer: o bem último (*paramattha*), a realização do Nibbāna. O primeiro daqueles capítulos, o VII, oferece uma visão geral do caminho para a libertação, o qual é tratado analiticamente através de definições dos fatores do Nobre Caminho Óctuplo, e de forma dinâmica através da descrição do treinamento de um monge. Um longo sutta acerca do caminho completo examina o treinamento monástico desde a entrada inicial de um monge na vida de renunciante até ele atingir o estado de Arahant, o objetivo final.

O capítulo VIII focaliza o treinamento da mente, a ênfase principal do treinamento monástico. Aqui, eu apresento textos que discutem os obstáculos ao desenvolvimento mental, os meios de superar esses obstáculos, diferentes métodos de meditação e os estados a serem atingidos, quando da superação dos obstáculos e o discípulo alcança o domínio sobre a mente. Nesse capítulo eu introduzo a distinção entre *samatha* e *vipassanā*, serenidade e análise, aquela levando à *samādhi*, concentração, e a outra levando à *paññā*, sabedoria. Porém, eu incluo textos que tratam da análise somente em relação aos métodos utilizados para alcançá-la, e não aos conteúdos propriamente ditos da mesma.

O capítulo IX, intitulado "Luzindo a Luz da Sabedoria", lida com o conteúdo da análise. Para o Budismo antigo, a análise ou sabedoria é o principal instrumento da libertação. Portanto, neste capítulo eu foco os ensinamentos do Buda sobre pontos cruciais para o desenvolvimento da sabedoria, como visão correta, os cinco agregados, as seis bases sensórias, os dezoito elementos, a originação dependente e as Quatro Nobres Verdades. Esse capítulo termina com uma seleção de textos sobre o Nibbāna, o objetivo final da sabedoria.

O objetivo final não é atingido de forma abrupta, mas ao se passar por uma série de estágios que transformam um indivíduo de mundano em arahant, um liberto. O capítulo X, "Os Níveis de Realização", oferece uma seleção de textos acerca dos principais estágios ao longo do caminho. Em primeiro lugar eu apresento a série de estágios como uma sequência progressiva; depois eu retorno ao ponto de partida e examino três marcos importantes dentro desta progressão: aquele que entra na correnteza, o estágio de não retorno, e o estado de arahant. Eu concluo com uma seleção de suttas sobre o Buda, o mais destacado dentre os arahants, aqui referido sob o epíteto que ele mais utilizava quando se referia a si mesmo, o Tathāgata.

As origens dos Nikāyas

Os textos que eu utilizei para formular o meu esquema são todos, como dito acima, selecionados dos Nikāyas, a principal coleção de suttas do Cânone Pāli. Algumas palavras são necessárias para explicar a origem e a natureza dessas fontes.

O Buda não escreveu nenhum dos seus ensinamentos, nem eles foram registrados em escrita pelos seus discípulos. A cultura indiana na época em que o Buda viveu era ainda predominantemente pré-literária[1]. O Buda vagava de cidade em cidade na planície do Rio Ganges, instruindo monges e monjas, pregando para chefes de família que se reuniam para escutá-lo, respondendo as questões dos curiosos e conversando com pessoas de todas as classes da sociedade. Os registros dos seus ensinamentos que possuímos não são de sua própria lavra ou de transcrições feitas por aqueles que ouviram os ensinamentos dele, mas de concílios monásticos realizados após o seu *parinibbāna* – sua passagem final ao Nibbāna – com o propósito de preservar o seu ensinamento.

É improvável que os ensinamentos derivados desses concílios reproduzam as palavras literais do Buda. O Buda deve ter falado espontaneamente e elaborado sobre seus temas em incontáveis maneiras em resposta às necessidades variadas daqueles que buscavam a sua orientação. Preservar através da transmissão oral uma gama tão vasta e diversa de materiais teria beirado o impossível. Para moldar os ensinamentos num formato adequado para a sua preservação, os monges responsáveis pelos textos devem ter colado e editado os mesmos para torná-los mais aptos a serem ouvidos, retidos, recitados, memorizados e repetidos – os cinco principais elementos na transmissão oral. Este processo, que pode ter começado durante a vida do Buda, teria levado a um relativo grau de simplificação e padronização do material a ser preservado.

Durante a vida do Buda, os discursos foram classificados em nove categorias, de acordo com o gênero literário: *sutta* (discurso em prosa), *geyya* (mistura de prosa e verso), *veyākaraṇa* (respostas às perguntas), *gāthā* (verso), *udāna* (declarações inspiradas), *itivuttaka* (ditos memoráveis), *jātaka* (histórias de vidas passadas), *abbhutadhamma* (elementos fantásticos), e *vedalla* (catecismos)[2]. Em algum momento após a sua morte, este sistema mais antigo de classificação foi suplantado por um novo esquema que ordenava os textos em coleções maiores chamadas Nikāyas na tradição Budista Theravāda e Āgamas nas escolas Budistas do Norte da Índia[3]. Quando exatamente o esquema Nikāya-Āgama se tornou ascendente não se sabe ao certo, mas uma vez surgido ele substituiu quase totalmente o sistema mais antigo.

O Cullavagga, um dos livros do Vinaya Piṭaka em Pāli, oferece um relato de como os textos autorizados foram compilados no primeiro concílio Budista, ocorrido três meses após o parinibbāna do Buda. De acordo com este relato, logo após a morte do Buda o Ancião Mahākassapa, o líder de fato da Saṅgha, selecionou quinhentos monges, todos *arahant* ou libertos, para se reunirem e compilarem uma versão autorizada dos ensinamentos. O concílio ocorreu durante o retiro da estação das chuvas em Rājagaha (Rajgir), a capital de Magadha, o estado que naquela época dominava a Índia Central[4]. Mahākassapa primeiro pediu ao Venerável Upāli, o principal especialista em assuntos disciplinares, para recitar o Vinaya. Com base nesta recitação foi compilado o Vinaya Piṭaka, a Compilação da Disciplina. Mahākassapa então pediu ao Venerável Ānanda para recitar "o Dhamma", isto é, os discursos, e com base nesta recitação foi compilado o Sutta Piṭaka, a Compilação dos Discursos.

O Cullavagga afirma que quando Ānanda recitou o Sutta Piṭaka, os Nikāyas possuíam o mesmo conteúdo de agora, com os suttas dispostos na mesma sequência na qual eles aparecem agora no Cânone Pāli. Esta narrativa sem dúvida registra a história passada através das lentes de um período mais tardio. Os Āgamas das outras escolas Budistas que não a Theravāda correspondem aos quatro principais Nikāyas, porém elas classificam os suttas diferentemente e organizam os seus conteúdos numa ordem diferente daquela dos Nikāyas em Pāli. Isso sugere que se a organização dos Nikāya-Āgama realmente surgiu no primeiro concílio, o concílio ainda não havia atribuído aos suttas os seus lugares definitivos dentro deste esquema. Alternativamente, é possível que esse esquema tenha surgido num período mais tardio. Ele pode ter surgido em algum momento depois do primeiro concílio, mas antes que a Saṅgha se dividisse em diferentes escolas. Se ele surgiu durante o período das divisões sectárias, ele pode ter sido introduzido por uma escola e depois adotado por outras, de tal forma que diferentes escolas teriam atribuído seus textos a lugares diferentes neste esquema.

Apesar de o relato do Cullavagga do primeiro concílio poder incluir material lendário misturado com fato histórico, não parece haver motivo para duvidar do papel de Ānanda na preservação dos discursos. Como atendente pessoal do Buda, ele aprendeu os discursos do próprio e de outros grandes discípulos, guardou-os na mente e os ensinou aos outros. Durante a vida do Buda ele foi elogiado por sua capacidade de retê-los e foi considerado "o principal daqueles que muito aprenderam" (*etadaggaṃ bahussutānaṃ*)[5]. Poucos monges devem ter tido memórias que pudessem rivalizar com a de Ānanda, mas durante a vida do Buda alguns monges já devem ter começado a se especializar em alguns textos em particular. A normatização e simplificação do material devem ter facilitado a memorização. Após os textos terem sido classificados em Nikāyas ou Āgamas, os desafios de preservar e transmitir a herança textual foram resolvidos ao organizar os especialistas textuais em grupos dedicados a coleções específicas. Diferentes grupos dentro da Saṅgha poderiam, portanto, focar na memorização e na interpretação de diferentes coleções, e a comunidade como um todo poderia evitar exigir demasiadamente das memórias de alguns poucos monges. É dessa forma que os ensinamentos continuaram a ser transmitidos pelos próximos trezentos ou quatrocentos anos, até que eles finalmente fossem reduzidos à escrita[6].

Nos séculos seguintes à morte do Buda, a Saṅgha se dividiu acerca de questões disciplinares e doutrinárias até que, pelo terceiro século após o parinibbāna, havia pelo menos dezoito escolas sectárias do Budismo. Cada tradição provavelmente possuía a sua própria coleção de textos considerados mais ou menos canônicos, apesar de ser possível que várias tradições afiliadas dividissem a mesma coleção de textos autorizados. Enquanto que diferentes escolas Budistas possam ter organizado as suas coleções diferentemente, apesar de seus suttas mostrarem diferença em detalhes, os suttas individualmente se mostram impressionantemente parecidos, às vezes quase idênticos, e as doutrinas e práticas que eles delineiam são essencialmente as mesmas[7]. As diferenças doutrinais entre as escolas não surgiram dos próprios suttas, mas das interpretações que os especialistas nos textos impuseram sobre eles. Tais diferenças se solidificaram após as escolas rivais formalizarem os seus princípios filosóficos em tratados e comentários que expressavam os seus diferentes pontos de vista acerca de questões doutrinais. Tanto quanto podemos determinar, os refinados sistemas filosóficos tiveram somente um impacto mínimo nos próprios textos originais, os quais as escolas pareciam hesitar em manipular para adequá-los às suas agendas doutrinais. Ao invés disso, por meio de seus comentários, eles se esforçavam em interpretar os suttas de tal modo que eles pudessem destacar as ideias que apoiassem as suas próprias perspectivas. Não é incomum que tais interpretações pareçam defensivas, forçadas e apologéticas, em contraste com as palavras dos próprios textos originais.

O Cânone Pāli

Infelizmente, as coleções canônicas pertencentes à maioria das principais escolas Budistas Indianas antigas foram perdidas quando o Budismo Indiano foi devastado pelos Muçulmanos que invadiram o Norte da Índia nos séculos XII e XIII. Essas invasões efetivamente determinaram o apagar das luzes para o Budismo na sua terra de origem. Somente uma coleção completa de textos pertencentes a uma das escolas do Budismo Indiano antigo conseguiu sobreviver intacta. Esta é a coleção preservada na língua que conhecemos como Pāli. Essa coleção pertencia à antiga escola Theravāda, que havia sido transplantada para o Sri Lanka no século III a.E.C. e, por isso, conseguiu escapar à destruição que se abateu sobre o Budismo na sua pátria original. Mais ou menos por essa época, a tradição Theravāda também se espalhou pelo Sudeste Asiático e em séculos posteriores se tornou dominante por toda a região.

O Cânone Pāli é a coleção de textos que a tradição Theravāda considera a Palavra do Buda (*buddhavacana*). O fato de que os textos dessa coleção tenham sobrevivido como um cânone único não significa que todos eles possam ser datados do mesmo período; tampouco significa que os textos que formam o seu núcleo mais arcaico sejam mais antigos do que as suas contrapartes de outras escolas Budistas, muitos dos quais sobreviveram em traduções Chinesas e Tibetanas como parte de cânones inteiros ou, em alguns casos, como textos isolados em outra língua indiana. Contudo, o Cânone Pāli possui uma importância especial para nós, e isso por três motivos.

Em primeiro lugar, é uma coleção completa, toda ela pertencente a uma única escola. Apesar de podermos detectar sinais claros de desenvolvimento histórico entre diferentes partes do cânone, essa pertença a uma única escola empresta ao texto um relativo grau de uniformidade. Dentre os textos oriundos do mesmo período, podemos falar até mesmo de uma homogeneidade de conteúdo, um sabor único perpassando as muitas manifestações da doutrina. Essa homogeneidade é mais evidente nos quatro Nikāyas e nas partes mais antigas do quinto Nikāya, e isso nos leva a crer que com esses textos – se lembrarmos da qualificação expressa acima, de que eles possuem contrapartes em outras escolas Budistas extintas – atingimos o estrato mais antigo da literatura Budista já descoberta.

Segundo, a coleção inteira foi preservada numa língua Indo-ariana média, ainda bastante próxima da língua (ou, mais provavelmente, dos vários dialetos regionais) que o próprio Buda falou. Chamamos essa língua de Pāli, mas o nome para a língua, na realidade, surgiu por causa de uma confusão. O nome *pāli* significa, rigorosamente, "texto", isto é, o texto canônico em contraste com os seus comentários. Os comentadores se referem à língua na qual os textos foram preservados como *pālibhāsā*, "a língua dos textos". Em algum momento o termo foi compreendido erroneamente como "a língua Pāli" e, uma vez surgida a confusão, ela se enraizou e tem sido usada desde então. Os acadêmicos consideram esta língua como sendo híbrida, apresentando características de vários dialetos prácritos utilizados por volta do século III a.E.C., submetidos a um processo parcial de sanscritização[8]. Apesar de a língua não ser idêntica a nenhuma que o próprio Buda tenha falado, ela pertence à mesma ampla família linguística daquelas que ele poderia ter usado e se origina da mesma matriz conceitual. Essa língua, portanto, reflete o acervo do pensamento que o Buda herdou da cultura indiana mais ampla na qual ele nasceu, de modo que suas palavras captam as sutis nuanças daquele acervo do pensamento sem a intrusão de inevitáveis influências externas presentes mesmo nas melhores e mais fiéis traduções. Isso contrasta com as traduções dos textos em Chinês, Tibetano ou Inglês, as quais reverberam com as conotações das palavras escolhidas das línguas para as quais se está traduzindo.

A *terceira* razão pela qual o Cânone Pāli possui importância especial é que essa coleção é a oficial para uma escola Budista contemporânea. Ao contrário das coleções de textos de escolas Budistas extintas do Budismo antigo, que são de interesse puramente acadêmico, esta coleção pulsa com vida. Ela inspira a fé de milhões de Budistas desde os vilarejos e mosteiros do Sri Lanka, de Myanmar e do Sudeste da Ásia até as suas cidades e aos centos de meditação da Europa e América. Ela dá forma às suas compreensões, os guia em face de difíceis escolhas éticas, informa as suas práticas meditativas e lhes oferece as chaves para as perspectivas libertadoras.

O Cânone Pāli é geralmente conhecido como Tripiṭaka, os "Três Cestos" ou as "Três Compilações". Esta classificação tríplice não pertencia unicamente à escola Theravāda, mas era de uso comum entre as escolas indianas Budistas como um meio de catalogar os textos Budistas canônicos. Até mesmo hoje, as escrituras preservadas em tradução chinesa são conhecidas como o Tripiṭaka Chinês. As três compilações do Cânone Pāli são:

1) O *Vinaya Piṭaka*, a Compilação da Disciplina, que contém as regras estabelecidas para guiarem os monges e monjas, e os regulamentos prescrevidos para o funcionamento harmônico da ordem monástica.

2) O *Sutta Piāka*, a Compilação dos Discursos, que contém os *suttas*, os discursos do Buda e dos seus principais discípulos, além de obras inspiradoras em versos, narrativas em verso e alguns trabalhos em natureza de comentário.

3) O *Abhidhamma Piṭaka*, a Compilação de Filosofia, uma coleção de sete tratados que submetem o ensinamento do Buda a uma rigorosa sistematização filosófica.

O Abhidhamma Piṭaka é obviamente produto de uma fase posterior na evolução do pensamento Budista do que os outros dois Piṭakas. A sua versão em Pāli representa a tentativa da escola Theravāda de sistematizar os ensinamentos mais antigos. Aparentemente, outras escolas antigas também possuíam os seus próprios sistemas de Abhi-dhamma. O sistema Sarvāstivāda é o único cujos textos canônicos sobreviveram intactos em sua totalidade. A sua versão canônica, como a versão Pāli, também se consiste de sete textos. Esses foram originalmente compostos em Sânscrito, mas se encontram preservados em sua totalidade somente em sua tradução chinesa. O sistema que eles definem difere significativamente daqueles de sua contraparte Theravāda tanto em termos de formulação como em filosofia.

O Sutta Piṭaka, que contém os registros das conversas e dos discursos do Buda, é constituído de cinco coleções chamadas Nikāyas. Na época dos comentadores também eram conhecidos como Āgamas, como as suas contrapartes no Budismo do Norte. Os quatro principais Nikāyas são:

1) O *Dīgha Nikāya*: a Coleção dos Discursos Longos, trinta e quatro suttas organizados em três *vaggas*, ou livros.

2) O *Majjhima Nikāya*: a Coleção dos Discursos Medianos, 152 suttas organizados em três vaggas.

3) O *Saṃyutta Nikāya*: a Coleção dos Discursos Interligados, perto de três mil pequenos suttas agrupados em cinquenta e seis capítulos, chamados *saṃyuttas*, que por sua vez são organizados em cinco vaggas.

4) O *Aṅguttara Nikāya*: a Coleção dos Discursos Numéricos (ou, talvez, "Discursos Ascendentes", aproximadamente 2.400 pequenos suttas organizados em onze capítulos, chamados *nipātas*.

O Dīgha Nikāya e o Majjhima Nikāya, à primeira vista, parecem ter sido estabelecidos principalmente tendo por base o tamanho: os discursos mais longos pertencem ao Dīgha, os discursos medianos ao Majjhima. Todavia, uma cuidadosa tabulação de seus conteúdos sugere que outro fator possa estar na base da distinção entre as duas coleções. Os suttas do Dīgha Nikāya são, em larga medida, dirigidos a uma plateia popular, e parecem interessados em atrair potenciais convertidos ao ensinamento ao demonstrar a superioridade do Buda e a sua doutrina. Os suttas do Majjhima Nikāya são, em larga medida, direcionados internamente à comunidade Budista, e aparentam terem sido produzidos para familiarizar monges recém-ordenados com as doutrinas e práticas do Budismo[9]. Permanece uma questão em aberto se esses propósitos pragmáticos seriam os critérios determinantes por trás desses dois Nikāyas, ou se o critério primário é o tamanho, com esses propósitos pragmáticos se seguindo como consequências incidentais das suas respectivas diferenças de extensão.

O Saṃyutta Nikāya é organizado por meio do conteúdo temático. Cada tema é a "canga" (*saṃyoga*) que conecta os discursos dentro do capítulo ou *saṃyutta*. Daí o título da coleção de "Discursos Interligados (*saṃyutta*)". O primeiro livro, o Livro em Versos, é único por ter sido compilado tendo por base o gênero literário. Ele contém suttas em prosa e verso misturados, organizados em onze capítulos a partir do tema. Cada um dos outros quatro livros contêm longos capítulos tratando das principais doutrinas do Budismo antigo. Cada um dos livros II, III e IV se inicia com um longo capítulo dedicado a um tema de grande importância, respectivamente, originação dependente (capítulo 12: *Nidānasaṃyutta*); os cinco agregados (capítulo 22: *Khandasaṃyutta*); e as seis bases sensórias internas e externas (capítulo 35: *Saḷāyatana-*

saṃyutta). A Parte V trata dos principais grupos de fatores do treinamento que, num período pós-canônico, vieram a ser chamados de trinta e sete auxílios para a iluminação (*bodhipakkhiyādhammā*). Esses incluem o Nobre Caminho Óctuplo (capítulo 45: *Maggasaṃyutta*), os sete fatores da iluminação (capítulo 46: *Bojjhaṅgasaṃyutta*), e as quatro bases para a consciência plena (capítulo 47: *Satipaṭṭhānasaṃyutta*). Dos seus conteúdos, podemos inferir que o Saṃyutta Nikāya buscava servir às necessidades de dois grupos dentro da ordem monástica. Um deles era constituído por especialistas na doutrina, aqueles monges e monjas que buscavam explorar as implicações profundas do Dhamma e elucidá-las para os seus companheiros na vida espiritual. O outro se consistia daqueles dedicados ao desenvolvimento meditativo da análise.

O Aṅguttara Nikāya é organizado de acordo com um esquema numérico derivado de uma característica peculiar do método pedagógico do Buda. Para facilitar a compreensão e memorização, o Buda frequentemente formulava os seus discursos através de conjuntos numéricos, um formato que ajudava a assegurar que as ideias por ele transmitidas fossem facilmente retidas na mente. O Aṅguttara Nikāya reúne esses discursos numéricos em uma única e grande obra de onze *nipātas* ou capítulos, cada qual representando o número de termos sobre os quais os suttas que os constituem foram moldados. Assim, existe o Capítulo dos Uns (*ekanipāta*), o Capítulo dos Dois (*dukanipāta*), o Capítulo dos Três (*tikanipāta*) e assim por diante, até atingir e se concluir com o Capítulo dos Onze (*ekādasanipāta*). Uma vez que os vários grupos dos fatores do caminho foram incluídos no Saṃyutta, o Aṅguttara consegue focar naqueles aspectos do treinamento que não foram incorporados em conjuntos repetitivos. O Aṅguttara inclui uma considerável proporção de suttas dirigidos aos seguidores leigos, tratando de preocupações espirituais e éticas da vida no mundo, incluindo relacionamentos familiares (maridos e mulheres, pais e filhos) e a forma apropriada de se obter, poupar e utilizar a riqueza. Outros suttas tratam do treinamento prático dos monges. O arranjo numérico desta coleção a torna particularmente conveniente à instrução formal, e por isso poderia ser utilizada por monges mais idosos ao ensinarem aos seus discípulos, e por pregadores quando da ocasião de um sermão aos leigos.

Além dos quatro Nikāyas principais, o Sutta Piṭaka em Pāli inclui um quinto Nikāya, chamado Khuddaka Nikāya. Este nome significa Coleção Menor. Talvez ela se constituísse originariamente de apenas um número menor de obras que não puderam ser incluídas nos outros quatro Nikāyas principais. Mas à medida que mais e mais obras foram sendo compostas com o passar dos séculos e adicionadas a ele, a sua dimensão teria se inflado até se tornar o mais volumoso dos cinco Nikāyas. Porém, no coração do Khuddaka, existe uma pequena constelação de pequenas obras compostas ou inteiramente em versos (nomeadamente, o Dhammapada, o Theragathā e o Therigathā) ou numa mistura de prosa e verso (o Suttanipāta, o Udāna e o Ittivutaka) cujo estilo e conteúdo sugerem ser de grande antiguidade. Outros textos do Khuddaka Nikāya – tais como o Paṭisambhidāmagga e os dois Niddesas – representam o ponto de vista da escola Theravāda e, portanto, devem ter sido compostos durante o período do Budismo sectário, quando as escolas antigas tomaram os seus diferentes caminhos de desenvolvimento doutrinário.

Os quatro Nikāyas do Cânone Pāli possuem contrapartes nos Āgamas do Tripiṭaka chinês, apesar de esses serem de diferentes escolas antigas. Correspondendo a cada um, respectivamente, existe o Dīrghāgama, provavelmente oriundo da escola Dharmaguptaka, originariamente traduzido de um dialeto Prácrito; o Madhyamāgama e o Samyuktāgama, ambos oriundos da escola Sarvāstivāda e traduzidos do Sânscrito; e um Ekottarāgama, que corresponde ao Aṅguttara Nikāya, geralmente considerado como tendo pertencido a um ramo da escola Mahāsaṅghika e ter sido traduzido de um dialeto do Indo-Ariano Médio, ou de um dialeto do Prácrito misturado com alguns elementos do Sânscrito. O tripiṭaka Chinês também contém traduções de suttas individuais das quatro coleções, talvez oriundos de outras escolas ainda não identificadas, e traduções de livros individuais da Coleção Menor, incluindo duas traduções de um Dhamapada (um deles considerado bem próximo da versão Pāli) e partes do Suttanipāta, o qual, enquanto obra unificada, não existe em tradução chinesa[10].

Uma nota acerca do estilo

Os leitores dos suttas Pāli frequentemente se aborrecem com as repetições nos textos. É difícil dizer o quanto disso se origina do próprio Buda, o qual, como pregador itinerante deve ter utilizado de repetição para reforçar os seus argumentos, e o quanto se devem aos compiladores. É óbvio, porém, que uma grande proporção de repetições é derivada do processo de transmissão oral.

Para evitar repetições excessivas na tradução, eu fiz amplo uso de elisões. Nesse aspecto eu sigo as edições publicadas dos textos em Pāli, que também são altamente condensadas; contudo, uma tradução dirigida a um leitor contemporâneo exige ainda mais compressão, se desejamos evitar a ira dos leitores. Por outro lado, eu fui diligente ao procurar evitar que nada essencial ao texto original, inclusive o seu sabor, tenha se perdido devido à condensação. Os ideais de boa-vontade para com o leitor e a fidelidade ao texto, por vezes fazem exigências contrárias ao tradutor.

O tratamento dos padrões de repetição nos quais a mesma declaração é feita acerca de um conjunto de itens é um problema perpétuo ao se traduzirem os suttas em Pāli. Ao traduzir um sutta acerca dos cinco agregados, por exemplo, existe a tentação de abdicar da enumeração dos agregados individuais e, ao invés disso, transformar o sutta numa declaração genérica sobre os agregados como um todo. Na minha concepção, tal abordagem corre o risco de transformar tradução em paráfrase e, por causa disso, perder muito do original. Minha política geral foi a de traduzir por inteiro a declaração em relação ao primeiro e último membro do conjunto e simplesmente enumerar os membros intermediários, separados por pontos de elipse. Portanto, num sutta sobre os cinco agregados, eu verto por inteiro somente a declaração para forma e consciência, e no meio, traduzo "sensação... percepção... formações volitivas...", querendo dizer, com isso, que a declaração por inteiro também se aplica àquelas.

Essa abordagem exigiu o uso frequente de pontos de elipse, uma prática que também atrai críticas. Quando me deparei com passagens repetitivas na estrutura narrativa, eu às vezes as condensei ao invés do uso de pontos elipse para mostrar onde o texto está sendo suprimido. Contudo, em textos de exposição doutrinária eu aderi à prática descrita no parágrafo anterior. Eu acho que o tradutor possui a responsabilidade de, ao traduzir passagens de importância doutrinal, mostrar onde o texto está sendo suprimido, e para isto, os pontos de elipse permanecem a melhor ferramenta disponível.

I
A CONDIÇÃO HUMANA

Introdução

Como outros ensinamentos religiosos, os ensinamentos do Buda se originam de uma resposta às tensões presentes em meio à condição humana. O que distingue o ensinamento dele de outras abordagens à condição humana é a sua natureza direta, abrangente e o realismo inegociável com o qual ele enxerga aquelas tensões. O Buda não nos oferece paliativos que deixam as mazelas intocadas abaixo da superfície; ao contrário, ele traça a origem de nosso problema existencial até as suas causas fundamentais, tão persistentes e destrutivas, e nos mostra como elas podem ser totalmente desenraizadas. Todavia, apesar de o Dhamma nos conduzir finalmente à sabedoria que erradica as causas do sofrimento, ele não se inicia lá, mas sim com as observações acerca dos fatos duros de nossa experiência cotidiana. Aqui também a sua natureza direta, abrangente e o seu áspero realismo se tornam evidentes. O ensinamento começa nos convocando a desenvolver um fator chamado *yoniso manasikāra*, atenção cuidadosa. O Buda nos convida a cessar o perambular inconsciente através de nossas vidas e, ao contrário, prestar uma atenção cuidadosa às verdades simples que nos são disponíveis, enfatizando a reflexão necessária que elas exigem.

Uma dessas verdades mais óbvias e inescapáveis também é uma das mais difíceis de ser completamente percebida por nós, a saber, que estamos fadados a envelhecer, adoecer e morrer. É comumente entendido que o Buda nos incita a reconhecer a realidade da velhice e morte de modo a nos motivar a entrar no caminho da renúncia que conduz ao Nibbāna, a libertação completa da ronda de nascimento e morte. Contudo, apesar de esse poder ser a sua intenção final, essa não é a primeira resposta que ele procura despertar em nós quando nos voltamos para ele em busca de orientação. A primeira resposta que ele pretende fazer aparecer em nós é ética. Ao chamar a nossa atenção para nossa inevitável velhice e morte, ele busca inspirar em nós o firme propósito de nos afastar de modos de vida prejudiciais e, ao contrário, abraçar alternativas saudáveis.

Mais uma vez, o Buda fundamenta o seu apelo ético não só sobre um sentimento compassivo em relação aos outros seres, mas também sobre a nossa preocupação instintiva por nossos próprios bem-estar e felicidade. Ele tenta nos fazer ver que agir de acordo com balizas éticas nos permitirá assegurar nosso próprio bem-estar tanto agora quanto ao longo prazo no futuro. Seu argumento se apoia sobre a importante premissa de que as ações possuem consequências. Se nós formos alterar nossos modos costumeiros, devemos estar convencidos da validade deste princípio. Especificamente, para mudar de um modo de vida autodestrutivo para outro que seja frutífero e recompensador internamente, devemos compreender que nossas ações possuem consequências para nós próprios nesta e em outras vidas subsequentes.

Os três suttas que constituem a primeira seção deste capítulo estabelecem este ponto de forma eloquente, cada um de sua maneira. O **Texto I, 1(1)** enuncia a lei inevitável que todos os seres que nasceram devem passar pela velhice e morte. Apesar de à primeira vista o discurso parecer afirmar um mero fato da natureza, ao citar como exemplos membros dos escalões mais altos da sociedade (ricos governantes, brâmanes e chefes de família) e arahants libertos, ele insinua uma sutil mensagem moral em suas palavras. O **Texto I, 1(2)** traz essa mensagem de forma mais explícita, com a impressionante comparação com a montanha, que enfatiza a mensagem de que, sabedores que "a velhice e a morte despencam" sobre nós, nossa tarefa na vida deveria ser a de viver de forma correta e praticar atos saudáveis e meritórios. O sutta sobre "os mensageiros divinos" – **Texto I. 1(3)** – estabelece o corolário para aquela prática: quando não percebemos os sinais de aviso ocultos na velhice, doença e morte, nos tornamos negligentes e nos comportamos de forma irresponsável, criando kamma deletério com o potencial para gerar consequências desastrosas.

A compreensão de que estamos fadados a envelhecer e morrer quebra o feitiço da paixão jogado sobre nós pelos prazeres sensuais, riqueza e poder. Ela dispersa a névoa da confusão e nos motiva a avaliar de forma nova nossos propósitos na vida. Podemos não estar preparados para abrir mão da família e das posses para viver vagando sem moradia fixa e meditando solitariamente, porém esta não é uma opção que o Buda geralmente espera de um discípulo chefe de família. Ao contrário, como vimos acima, a primeira lição que ele tira do fato de que nossas vidas terminam em velhice e morte é uma lição ética tecida pelos princípios geminados do kamma e renascimento. A lei do kamma estipula que todas as nossas ações prejudiciais e saudáveis possuem consequências que se estendem para muito além da vida presente: ações deletérias conduzem ao renascimento em estados de miséria e trazem dor e sofrimento futuros; ações saudáveis conduzem a um renascimento agradável e trazem bem-estar e alegria futuros. Já que temos que envelhecer e morrer, devemos estar constantemente conscientes que qualquer prosperidade que venhamos a usufruir é meramente temporária. Podemos usufruí-la somente enquanto jovens e saudáveis, e quando morrermos, nosso kamma recém adquirido terá a oportunidade de amadurecer e produzir os seus próprios resultados. Deveremos, então, colher os frutos dos nossos atos. Preocupados com o nosso bem-estar futuro ao longo prazo, deveríamos evitar escrupulosamente maus atos que resultem em sofrimento e diligentemente praticar atos saudáveis que gerem felicidade aqui e em vidas futuras.

Na segunda seção, exploramos três aspectos da vida humana que eu agrupei sob o título "As aflições da vida irrefletida". Esses tipos de sofrimento diferem daqueles ligados à velhice e à morte num aspecto importante. Velhice e morte estão ligadas à existência corpórea e são, portanto, inevitáveis, tanto para pessoas comuns como para arahants libertos – um ponto levantado no primeiro texto deste capítulo. Em contraste, todos os três textos incluídos nesta seção distinguem entre a pessoa comum, chamada de "mundana não instruída" (*assutavā puthujjana*), e a sábia seguidora do Buda, chamada de "nobre discípula instruída" (*sutavā ariyasāvaka*).

A primeira dessas distinções, esboçada no **Texto I, 2 (1),** gravita ao redor da resposta às sensações dolorosas. Tanto o mundano quanto o nobre discípulo experimentam sensações corporais dolorosas, mas eles respondem a estas sensações de forma diferente. O mundano reage a elas com aversão e, por isso, além da sensação corporal dolorosa, também experimenta uma sensação mental dolorosa: lamentação, ressentimento ou angústia. O nobre discípulo, quando afligido com dor corporal, suporta tal sensação pacientemente, sem lamentação, ressentimento ou angústia. Geralmente se assume que a dor física e mental estão inseparavelmente conectadas, mas o Buda faz uma demarcação clara entre as duas. Ele afirma que apesar de a existência corporal estar inevitavelmente ligada à dor física, esta dor não deve necessariamente disparar o gatilho das reações emocionais de miséria, medo, ressentimento e angústia com as quais habitualmente respondemos àquela. Através do treinamento mental podemos desenvolver a atenção plena e a compreensão clara, necessárias para suportar a dor física corajosamente, com paciência e equanimidade. Através da análise podemos desenvolver sabedoria suficiente para superar nosso horror das sensações dolorosas e a nossa necessidade de buscar alívio em farras de autoindulgência sensuais que nos distraem.

Outro aspecto da vida humana que traz à vista as diferenças entre o mundano e o nobre discípulo são as constantes mudanças da fortuna. Os textos budistas claramente reduzem essas a quatro pares de opostos, conhecidos como as oito condições mundanas (*aṭṭha lokadhammā*): ganho e perda, fama e infâmia, elogio e crítica, prazer e dor. **O Texto I, 2(2)** mostra como o mundano e o nobre discípulo se diferencia na sua resposta a essas mudanças. Enquanto o mundano se alegra com o sucesso ao atingir ganho, fama, elogio e prazer e se entristece quando confrontado pelos seus opostos indesejáveis, o nobre discípulo permanece imperturbável. Ao aplicar a compreensão da impermanência tanto às condições favoráveis quanto às desfavoráveis, o nobre discípulo pode permanecer na equanimidade, não apegado às condições favoráveis, nem repelido pelas desfavoráveis. Tal discípulo abandona gostar e desgostar, lamentação e angústia, e finalmente alcança a bênção suprema entre todas: a completa libertação do sofrimento.

O **Texto I, 2 (3)** examina a difícil situação de um ser mundano num nível ainda mais fundamental. Como não compreendem as coisas, os mundanos são perturbados pela mudança, especialmente quando ela afeta os seus próprios corpos e mentes. O Buda classifica os elementos constitutivos do corpo e da mente em cinco categorias, conhecidas como "os cinco agregados sujeitos ao apego" (*pañc'upādānakkhandhā*): forma, sensação, percepção, formações volitivas e consciência (para detalhes, cf. p. 290s.). Estes cinco agregados são os blocos de construção que usamos tipicamente para construir o nosso senso de identidade pessoal; eles são os elementos aos quais nos apegamos como sendo "meu", "Eu" "minha identidade/personalidade (*my*

Self)". Seja com o que for que nos identifiquemos, seja o que for que tomemos como uma personalidade, tudo pode ser classificado entre esses cinco agregados. Os cinco agregados são, por isso, os fundamentos últimos de "identificação" e "apropriação", as duas atividades básicas através das quais estabelecemos um senso de identidade. Já que revestimos nossas noções de personalidade e identidade pessoal com uma preocupação emocional intensa, quando os objetos aos quais eles estão ligados – os cinco agregados – se transformam, nós naturalmente experimentamos ansiedade e desconforto. Segundo nossa percepção, não se trata simplesmente de fenômenos impessoais que estão se transformando, mas as nossas próprias identidades, nossas queridas personalidades, e é isso o que tememos acima de tudo. Entretanto, como o presente texto mostra, um nobre discípulo vê claramente, com sabedoria, a natureza ilusória de todas as noções de uma identidade permanente e, portanto, não mais se identifica com os cinco agregados. Por isso o nobre discípulo consegue confrontar suas mudanças sem preocupação ansiosa, imperturbável em face de suas alterações, decadências e destruições.

A agitação e o tumulto afligem a vida humana não somente em um nível pessoal e particular, como também nas nossas interações sociais. Desde os tempos mais antigos, o nosso mundo tem sempre estado em confrontações e conflitos violentos. Os nomes, locais e os instrumentos de destruição podem variar, mas as forças por trás deles, as motivações, as expressões de cobiça e ódio permanecem bastante constantes. Os Nikāyas testemunham que o Buda estava intensamente consciente desta dimensão da condição humana. Apesar de o seu ensinamento, com sua ênfase em autodisciplina ética e autocultivo mental, mirar primordialmente a libertação e iluminação espiritual, o Buda também buscou oferecer às pessoas um refúgio contra a violência e injustiça que torturam as vidas humanas de formas tão cruéis. Isto se torna aparente na sua ênfase em bondade amorosa e compaixão; em não violência na ação e gentileza na fala, e na resolução pacífica de disputas.

A terceira seção deste capítulo inclui quatro pequenos textos tratando das raízes subjacentes do conflito violento e da injustiça. Podemos ver a partir desses textos que o Buda não clama por mudanças meramente nas estruturas externas da sociedade. Ele demonstra que esses fenômenos sombrios são projeções externas de tendências prejudiciais da mente humana e, desse modo, aponta para a necessidade de mudança interna como uma condição paralela para estabelecer a paz e a justiça social. Cada um dos quatro textos incluídos nessa seção rastreia o conflito, a violência, opressão política e injustiça social às suas causas; cada qual, de sua maneira, localiza estas causas dentro da mente.

O **Texto I, 3(1)** explica os conflitos entre os leigos como oriundos do apego aos prazeres sensórios, e os conflitos entre ascetas como originários do apego aos pontos de vista. O **Texto I, 3(2)**, um diálogo entre o Buda e Sakka, o rei dos devas indianos pré-Budista, liga o ódio e a inimizade à inveja e à avareza; de lá, o Buda os rastreia a distorções fundamentais que afetam o modo pelo qual nossa percepção e estrutura cognitiva processam a informação oferecida pelos sentidos. O **Texto I, 3(3)** oferece outra versão da famosa cadeia causal, que procede da sensação ao desejo, e do desejo via outras condições até "o uso de porretes e armas", e outros tipos de comportamento violento. O **Texto I, 3(4)** descreve como as três raízes do mal – a cobiça, o ódio e a ilusão – geram terríveis repercussões em toda a sociedade, introduzindo a violência, a sede pelo poder e o infligir injusto de sofrimento. Todos os quatro textos sugerem que quaisquer transformações significativas e duradouras da sociedade exigem mudanças significativas na fibra moral de seres humanos individuais; pois enquanto a cobiça, o ódio e a ilusão tiverem rédea solta para determinarem a conduta, as consequências estão fadadas a ser consistentemente prejudiciais.

O ensinamento do Buda aborda um quarto aspecto da condição humana que, diferentemente dos três examinados até aqui, não é imediatamente percebido por nós. Esse é o apego à ronda de renascimentos. Da seleção de textos incluídos na seção final nesse capítulo, vemos que o Buda ensina que a duração individual das nossas vidas é meramente uma fase apenas dentro de uma série de renascimentos que têm se prolongado sem um começo temporal detectável. Essa série de renascimentos é chamada de *saṃsāra*, uma palavra Pāli que sugere a ideia de um vagar sem direção. Não importa o quanto retornemos no tempo em busca de um começo para o universo, nunca encontraremos um momento inicial de criação. Não importa o quanto retornemos ao rastrear certa sequência de vidas individual, jamais chegaremos ao primeiro ponto. De acordo com o **Texto I, 4(1)** e **I, 4(2),** mesmo se pudéssemos rastrear a sequência de nossas mães e pais através de sistemas-mundo, simplesmente nos depararíamos com ainda mais mães e pais retrocedendo a horizontes distantes.

Além disso, o processo é não somente sem início, mas é também potencialmente infinito. Enquanto a ignorância e o desejo permanecerem intactos, o processo continuará indefinidamente pelo futuro, sem final à vista. Para o Buda e o Budismo antigo, esta é, acima de tudo, a crise definitiva em meio à condição humana: estamos ligados a uma corrente de renascimentos, e ligados a ela por nada mais do que nossa própria ignorância e desejo. Esse vagar sem sentido no saṃsāra ocorre contra um pano de fundo de dimensões inconcebivelmente vastas. O período de tempo que leva um sistema-mundo para evoluir, alcançar a sua fase de expansão máxima, contrair-se e então se desintegrar é chamado de *kappa* (Skt: *kalpa*), uma era. O **Texto I, 4(3)** oferece uma imagem vívida para sugerir a duração de uma era; o **Texto I, 4(4)** oferece uma outra para ilustrar o incalculável número de eras através das quais temos vagado.

À medida que os seres vagam e perambulam de vida em vida, envoltos pela escuridão, eles caem recorrentemente no abismo do nascimento, envelhecimento, doença e morte. Mas como os seus desejos os impulsionam adiante em uma busca implacável por satisfação, eles raramente pausam por tempo suficiente para se distanciarem e refletir cuidadosamente acerca da sua difícil situação existencial. Como afirma o **Texto I, 4(5)**, ao invés disso, eles se mantêm girando ao redor dos "cinco agregados" como um cão na coleira correria em torno de um poste ou pilastra. Já que a ignorância os impede de reconhecer a natureza cruel de suas condições, eles sequer conseguem discernir os rastros que levam ao caminho da libertação. A maioria dos seres vive imersa no desfrute de prazeres sensórios. Outros, conduzidos pela necessidade de poder, status e reconhecimento, passam as suas vidas em vãs tentativas de aplacar uma sede insaciável. Muitos, temerosos da aniquilação na morte, constroem sistemas de crença que atribuem às suas personalidades/identidades individuais, às suas almas, a perspectiva de uma vida eterna. Poucos anseiam por um caminho para a liberdade, mas não sabem onde encontrá-lo. Foi precisamente para oferecer tal caminho que o Buda surgiu entre nós.

I
A CONDIÇÃO HUMANA

1 Velhice, doença e morte

(1) O envelhecimento e a morte

Em Sāvatthī, o Rei Pasenadi de Kosala disse ao Abençoado: "Venerável, existe alguém que nasce livre do envelhecimento e da morte?"[11]

Grande Rei, ninguém que nasce fica livre do envelhecimento e da morte. Mesmo aqueles prósperos khattiyas – ricos, com grande riqueza e propriedade, com abundante ouro e prata, com abundantes tesouros e posses, abundante riqueza e grãos – porque eles nasceram não estão livres do envelhecimento e da morte. Mesmo aqueles prósperos brâmanes... prósperos chefes de família – ricos... com abundante riqueza e grãos – porque eles nasceram não estão livres do envelhecimento e da morte. Mesmo aqueles monges que são arahants, cujas máculas foram destruídas, que viveram a vida santa, que fizeram o que tinham que fazer, que deitaram por terra os fardos, que atingiram os seus objetivos, que destruíram completamente os grilhões da existência e estão completamente livres: mesmo para eles este corpo está sujeito à dissolução, sujeito a ser abandonado[12].

"As belas carruagens dos reis se desfazem
O corpo também decai.
Mas o Dhamma dos bons não decai:
Assim os bons pregam continuamente o que é bom."

(SN 3: 3; I 71 <163-164>)

(2) A comparação com a montanha

"Em Sāvatthī, no meio do dia, o Rei Pasenadi de Kosala se aproximou do Abençoado, prestou homenagem a ele, e se sentou ao seu lado. O Abençoado então lhe perguntou: 'De onde o senhor está vindo, Grande Rei, no meio do dia?'

Até agora eu estava ocupado com os assuntos típicos dos reis, aqueles que estão inebriados com a droga do poder, que estão obcecados pelos prazeres sensórios, que conseguiram um poder estável em seu país, e que governam tendo conquistado uma extensa faixa de território sobre a Terra.

O que o senhor acha, Grande Rei? Suponha que um homem venha ao seu encontro do Oriente, alguém que é veraz e de confiança, e lhe dissesse: 'Com certeza, Grande Rei, o senhor deveria saber disto: eu estou vindo do Oriente e lá eu vi uma montanha tão alta como as nuvens vindo nesta direção, esmagando todos os seres vivos. Faça o que o senhor achar necessário ser feito, Grande Rei'. Então, um segundo homem vindo do Ocidente... um terceiro vindo do Norte... um quarto vindo do Sul, alguém veraz e confiável, e lhe dissesse: 'Com certeza, Grande Rei, o senhor deveria saber disto; Eu estou vindo do Sul, e lá eu vi uma montanha tão alta como as nuvens vindo nesta direção, esmagando todos os seres vivos. Faça o que o senhor achar necessário ser feito, Grande Rei'. Se, Grande Rei, um tal perigo surgisse, uma tamanha destruição da vida humana, sendo a condição humana tão difícil de ser obtida, o que deveria ser feito?

Venerável, se tal perigo surgisse, tamanha destruição da vida humana, sendo a condição humana tão difícil de ser obtida, o que mais poderia ser feito a não ser viver de acordo com o Dhamma, viver corretamente, e praticar atos saudáveis e meritórios?

Eu lhe informo, Grande Rei, eu lhe anuncio, Grande Rei: envelhecimento e morte estão despencando sobre o senhor. Quando o envelhecimento e a morte estão despencando sobre o senhor, Grande Rei, o que deveria ser feito?

Já que o envelhecimento e a morte estão despencando sobre mim, Venerável, o que mais deveria ser feito a não ser viver de acordo com o Dhamma, viver corretamente, e praticar atos saudáveis e meritórios?

Venerável, reis inebriados com a droga do poder, obcecados pela cobiça dos prazeres sensórios, que obtiveram o controle estável em seu país e governam sobre uma extensa faixa de território, conquistam por meio de batalhas com elefantes, batalhas de cavalaria, batalhas de carruagem e batalhas de infantaria; mas não existe esperança de vitória através de tais batalhas, nenhuma chance de sucesso, quando o envelhecimento e a morte estão se aproximando. Venerável, nesta corte real existem conselheiros que, quando o inimigo chega, são capazes de semear a discórdia entre eles com subterfúgios; mas não existe esperança de vitória por subterfúgios, nenhuma chance de sucesso, quando o envelhecimento e a morte estão se aproximando. Nesta corte real, Venerável, existe abundante ouro e preciosidades guardados em cofres e sótãos, e com tal riqueza somos capazes de 'amolecer' os inimigos quando eles chegam; mas não existe chance de vitória através da riqueza, nenhuma chance de sucesso, quando o envelhecimento e a morte estão se aproximando. Já que o envelhecimento e a morte estão se aproximando de mim, Venerável, o que mais eu poderia fazer do que viver de acordo com o Dhamma, viver corretamente, e praticar atos saudáveis e meritórios?

De fato, Grande Rei! De fato, Grande Rei! Quando o envelhecimento e a morte estão se aproximando do senhor, o que mais o senhor poderia fazer a não ser viver de acordo com o Dhamma, viver corretamente, e praticar atos saudáveis e meritórios?

Isto foi o que o Abençoado disse. Tendo dito isso, o Afortunado, o Mestre, disse também:

Assim como montanhas de rocha sólida
Enormes, alcançando o céu,
Poderiam se reunir de todas as direções,
Esmagando a tudo nos quatro quadrantes –
Do mesmo modo o envelhecimento e a morte chegam
Soterrando os seres vivos –

Khattiyas, brâmanes, vessas, suddas,
Intocáveis e miseráveis:
Eles não poupam ninguém ao longo do caminho
Mas chegam esmagando tudo.

Não existe esperança de vitória
Por tropas de elefantes, carruagens e infantaria.
Não se pode vencê-las por subterfúgio,
Ou corrompê-las por meio de riquezas.

Quando alguém se conduz pelo Dhamma
Com o corpo, a fala e a mente,
É elogiado na vida presente,
E depois da morte se alegra no paraíso."

(SN 3: 25; I 100-102<224-29>)

(3) Os mensageiros divinos

"Existem, monges, três mensageiros divinos[13]. Quais?

Existe aquela pessoa de má conduta no corpo, fala e mente. Com a dissolução do corpo, após a morte, ela renasce no estado de miséria, num mau local, num mundo inferior, no inferno. Lá, os encarregados do inferno a agarram pelos braços e a conduzem perante Yama, o Senhor da Morte[14], dizendo: 'este homem, Vossa Majestade, não tinha respeito nem pelo pai nem pela mãe, nem por ascetas nem brâmanes, nem honrava os mais idosos da família. Possa Vossa Majestade infligir nele punição apropriada!'

Então, monges, o Rei Yama questiona o homem, examina-o, dirige-se a ele a respeito do primeiro mensageiro divino: 'Você nunca viu, meu bom homem, o primeiro mensageiro divino aparecendo entre a humanidade?'

E ele responde: 'Não, Senhor, eu não o vi'.

Então o Rei Yama diz ao homem: 'Mas meu bom homem, você nunca viu uma mulher ou um homem de oitenta, noventa, cem anos de idade, frágil, encurvado como a viga de um telhado, torto, apoiando-se numa bengala, tremendo enquanto caminha, doente, com a juventude e o vigor acabados, com os dentes quebrados, com poucos cabelos, cinzas, ou careca, enrugado, com os membros com manchas senis?

E o homem responde: 'Sim, Senhor, isso eu já vi'.

Então o Rei Yama lhe diz: 'Meu bom homem, nunca ocorreu a você, uma pessoa inteligente e madura, eu também estou sujeito à velhice e não posso escapar dela. Possa eu praticar, a partir de agora, atos nobres com o corpo, a fala e a mente?'

'Não, Senhor, eu não pude fazê-lo. Eu fui negligente'.

Então o Rei Yama disse: 'Por causa da sua negligência, meu bom homem, você deixou de praticar atos nobres com o corpo, a fala e a mente. Bem, você vai ser tratado de acordo com a sua negligência. Aquela sua má ação não foi feita nem pela sua mãe, nem pelo seu pai, irmãos, irmãs, amigos ou companheiros, nem por parentes, devas, ascetas ou brâmanes. Mas aquela má ação foi feita única e exclusivamente por você, e você terá que experimentar o resultado dela'.

Depois, monges, de o Rei Yama o ter questionado, examinado e se dirigido a ele dessa maneira acerca do primeiro mensageiro divino, ele mais uma vez questiona, examina e se dirige ao homem acerca do segundo mensageiro, dizendo: 'Você nunca viu, meu bom homem, o segundo mensageiro divino aparecendo em meio a humanidade?'

'Não, Senhor, eu nunca o vi.'

'Mas meu bom homem, você nunca viu uma mulher ou um homem que estivesse enfermo ou com dor, seriamente doente, deitado em sua própria sujeira, tendo que ser levantado por alguns e colocado na cama por outros?'

'Sim, Senhor, isso eu já vi.'

'Meu bom homem, nunca lhe ocorreu, uma pessoa inteligente e madura, 'eu também estou sujeito à doença e não posso escapar dela. Possa eu praticar, a partir de agora, atos nobres com o corpo, a fala e a mente?'

'Não, Senhor, eu não pude fazê-lo. Eu fui negligente.'

'Por causa da sua negligência, meu bom homem, você deixou de praticar atos nobres com o corpo, a fala e a mente. Bem, você será tratado de acordo com a sua negligência. Aquela sua má ação não foi praticada pela sua mãe ou pelo seu pai, irmãos, irmãs, amigos ou companheiros, nem por parentes, devas, ascetas ou brâmanes. Mas aquela má ação foi praticada única e exclusivamente por você, e você terá que experimentar o seu resultado.'

Depois, monges, de o Rei Yama o ter questionado, examinado e se dirigido a ele dessa maneira acerca do segundo mensageiro divino, ele mais uma vez questiona, examina e se dirige ao homem acerca do terceiro mensageiro, dizendo: 'Você nunca viu, meu bom homem, o terceiro mensageiro divino aparecendo em meio a humanidade?'

'Não Senhor, eu não o vi.'

'Mas meu bom homem, você nunca viu uma mulher ou um homem, mortos há um, dois ou três dias, o cadáver inchado, sem cor e apodrecendo?'

'Sim, Senhor, isso eu já vi.'

'Então, meu bom homem, nunca ocorreu a você, uma pessoa inteligente e madura, eu também estou sujeito à morte e não posso escapá-la. Possa eu praticar, a partir de agora, atos nobres com o corpo, a fala e a mente?'

'Não, Senhor, eu não pude fazê-lo. Eu fui negligente.'

'Por causa da sua negligência, meu bom homem, você deixou de praticar atos nobres com o corpo, a fala e a mente. Bem, você será tratado de acordo com a sua negligência. Aquela sua má ação não foi praticada pela sua mãe ou pelo seu pai, irmãos, irmãs, amigos ou companheiros, nem por parentes, devas, ascetas ou brâmanes. Mas aquela má ação foi praticada única e exclusivamente por você, e você terá que experimentar o seu resultado'."

(Do AN 3: 35; I 138-140)

2 As aflições da vida irrefletida

(1) A farpa da dor

"Monges, quando o ser mundano não instruído experimenta uma sensação dolorosa, ele sofre, reclama e lamenta; ele chora batendo no peito e fica perturbado. Ele sente duas sensações – uma no corpo e uma na mente. Suponha que se acertasse um homem com um dardo, e imediatamente depois, alguém lhe acertasse com um segundo dardo, para que o homem sentisse a sensação causada por dois dardos. Do mesmo modo, quando um ser mundano experimenta uma sensação dolorosa, ele sente duas sensações – uma no corpo e uma na mente.

Ao experimentar aquela mesma sensação dolorosa, ele desenvolve aversão em relação a ela. Quando ele desenvolve aversão em relação a ela, por causa disso a tendência subjacente à aversão pela sensação dolorosa permanece[15]. Ao experimentar uma sensação dolorosa, ele busca deleite num prazer sensório. Qual é a razão? Porque o ser mundano não instruído não conhece nenhuma forma de escapar da sensação dolorosa a não ser pelo prazer sensório[16]. Quando ele busca o deleite no prazer sensório, por causa disso a tendência subjacente pelo desejo de sensações agradáveis permanece. Ele não compreende como de fato se dá a origem e o término, a gratificação, o perigo e o livrar-se dessas sensações[17]. Quando ele não compreende esses processos, por causa disso a tendência subjacente à ignorância a respeito dessa sensação nem dolorosa e nem agradável permanece.

Se ele sente uma sensação agradável, ele sente aquela segunda sensação conjuntamente. Se ele sente uma sensação dolorosa, ele sente aquela segunda sensação conjuntamente. Se ele sente uma sensação nem dolorosa e nem agradável, ele sente aquela segunda sensação conjuntamente. Este, monges, é um ser mundano não instruído que é apegado ao nascimento, envelhecimento e morte; que é apegado à lamentação, dor, depressão e desespero. Apegado, eu afirmo, ao sofrimento.

Monges, quando um nobre discípulo instruído experimenta uma sensação dolorosa, ele não sofre, reclama ou lamenta. Ele não chora batendo no peito nem fica perturbado[18]. Ele sente uma sensação – corpórea – e não uma outra mental. Suponha que se acertasse um homem com um dardo, mas não o acertassem imediatamente depois com um segundo dardo, para que o homem sentisse a sensação causada por somente um único dardo. Do mesmo modo, quando um nobre discípulo instruído experimenta uma sensação dolorosa, ele sente uma sensação – uma no corpo e não uma outra na mente.

Ao experimentar a mesma sensação dolorosa, ele não desenvolve aversão em relação a ela. Como ele não desenvolve aversão em relação à sensação dolorosa, por causa disso a sensação subjacente a respeito da sensação dolorosa não permanece. Ao experimentar uma sensação dolorosa, ele não busca deleite em prazeres sensórios. Qual é a razão? Porque o nobre discípulo instruído conhece uma forma de escapar da sensação dolorosa além do prazer sensório. Como ele não busca deleite no prazer sensório, por causa disso a tendência subjacente ao desejo pela a sensação agradável não permanece. Ele compreende como de fato se dá a origem e a dissolução, a gratificação, o perigo e a forma de se escapar caso ocorra uma dessas sensações. Como ele compreende esses processos, por causa disso a tendência subjacente à ignorância não permanece.

Se ele sente uma sensação agradável, ele a sente unicamente. Se ele sente uma sensação dolorosa, ele a sente unicamente. Se ele sente uma sensação nem agradável nem dolorosa ele a sente unicamente. Este, monges, é alguém chamado nobre discípulo que é desapegado do nascimento, envelhecimento e morte; que é desapegado da lamentação, dor, depressão e do desespero. Desapegado, eu afirmo, do sofrimento.

Esta, monges, é a distinção, a disparidade, a diferença entre o nobre discípulo instruído e o ser mundano não instruído."

(SN 36: 6; IV 207-210)

(2) As vicissitudes da vida

"Essas oito condições mundanas, monges, mantêm o mundo girando, e o mundo gira ao redor dessas oito condições mundanas. Quais são essas oito? Ganho e perda, fama e infâmia, elogio e crítica, prazer e dor.

Essas oito condições humanas, monges, são encontradas por um ser mundano não instruído e são encontradas também por um nobre discípulo instruído. Qual é, então, a distinção, a disparidade, a diferença entre um nobre discípulo instruído e um ser mundano não instruído?

'Venerável, nosso conhecimento dessas coisas possuem as suas raízes no Abençoado; esse conhecimento tem o Abençoado como guia e refúgio. Seria bom, Venerável, se o Abençoado clarificasse o sentido daquela afirmação. Ouvindo dele próprio, os monges guardarão na memória.'

'Ouçam, então, monges, e prestem atenção. Eu vou falar."

'Sim, Venerável', os monges responderam. O Abençoado então falou assim:

Monges, quando um ser mundano não instruído se depara com o ganho, ele não reflete sobre isso dessa maneira: 'Esse ganho que veio para mim é impermanente, ligado ao sofrimento, sujeito à mudança'. Ele não o compreende como ele de fato é. E quando ele se depara com a perda, fama ou infâmia, elogio e crítica, ele não reflete acerca deles dessa maneira: 'Todos eles são impermanentes, ligados ao sofrimento, sujeitos às mudanças'. Ele não os compreende como eles de fato são. Com uma tal pessoa, ganho e perda, fama e infâmia, prazer e dor ocupam a sua mente. Quando o ganho vem para ele, ele fica feliz, e quando ele se depara com a perda ele fica triste. Quando ele experimenta o prazer ele se alegra e quando ele se depara com a dor ele se entristece. Envolvido dessa maneira com gostos e desgostos, ele não se livrará do nascimento, envelhecimento e morte, da lamúria, lamentação, dor, depressão e do desespero; eu afirmo que ele não se livrará do sofrimento.

Porém, monges, quando um nobre discípulo instruído se depara com o ganho, ele reflete sobre isso da seguinte maneira: 'Esse ganho que veio para mim é impermanente, ligado ao sofrimento, sujeito à mudança'. Ele o compreende como ele de fato é. E quando ele se depara com a perda, fama ou infâmia, elogio e crítica, ele reflete acerca deles dessa maneira: 'Todos eles são impermanentes, ligados ao sofrimento, sujeitos às mudanças'. E da mesma maneira, ele reflete acerca da perda e dos outros. Ele os compreende como eles de fato são. Com tal pessoa, ganho e perda, fama e infâmia, prazer e dor não ocupam a sua mente. Por isso, ele não se alegra com o ganho e nem fica triste com a perda; nem se alegra com a fama nem fica triste com a infâmia. Nem se alegra com o elogio nem se entristece com a crítica. Nem se alegra com o prazer e não se entristece com a dor. Tendo, portanto, desistido de gostos e desgostos, ele se livrará do nascimento, envelhecimento e morte, da lamúria, lamentação, dor, depressão e do desespero; eu afirmo que ele se livrará do sofrimento.

Essa, monges, é a distinção, disparidade, diferença entre um nobre discípulo instruído e um ser mundano não instruído."

(AN 8: 6; IV 157-159)

(3) A ansiedade devido à mudança

"'Monges, eu vou lhes ensinar acerca da agitação através do apego e da não agitação através do desapego[19]. Ouçam e prestem bastante atenção. Eu vou falar.'

'Sim, Venerável', os monges responderam. O Abençoado disse o seguinte:

'E como, monges, se dá a agitação através do apego? Neste caso, monges, o ser mundano não instruído, que não frequenta a companhia dos Nobres discípulos e não é treinado nem disciplinado no Dhamma daqueles, que não frequenta a companhia de Pessoas superiores e não é nem treinado e nem disciplinado no Dhamma daqueles, considera a forma como o 'self' ou 'eu'[20], ou o 'eu' como possuidor de forma, ou a forma como presente no 'eu' ou o 'eu' como presente na forma. Aquela forma dele se modifica e se altera. Com a mudança ou alteração na forma, a sua consciência se torna preocupada com a mudança da forma. Agitação e uma constelação de estados mentais nascidos da preocupação com a mudança na forma permanecem obcecando a mente. Como a sua mente está obcecada, ele se apavora, angustia e fica ansioso, e, por causa do apego, fica agitado.

Ele considera a sensação como o eu... percepção como o eu... formações volitivas como o eu... consciência como o eu ou o eu como presente na consciência. Aquela consciência dele se modifica e se altera. Com a mudança e alteração da consciência, a sua consciência se torna preocupada com a mudança na consciência. Agitação e uma constelação de estados mentais nascidos da preocupação com a mudança da consciência permanecem obcecando a sua mente. Como a sua mente está obcecada, ele se apavora e fica ansioso, e por causa do apego, fica agitado.

É dessa maneira, monges, que se dá a agitação por causa do apego.

E como, monges, se dá a não agitação por causa do não apego?

Neste caso, monges, um Nobre discípulo instruído, que frequenta a companhia dos Nobres discípulos e é treinado e disciplinado pelo Dhamma daqueles, que frequenta as Pessoas superiores e é treinado e disciplinado no Dhamma daqueles, não considera a forma como o eu, ou o eu como possuidor de forma, ou a forma como presente no eu ou eu como presente na forma[21]. Aquela forma dele se modifica e se altera. Apesar da mudança e alteração na forma, sua consciência não fica preocupada com a mudança na forma. Nenhuma agitação, nenhuma constelação de estados mentais nascidos da preocupação com a mudança na forma permanecem obcecando a sua mente. Como a sua mente não está obcecada, ele não se apavora, não se angustia, nem fica ansioso e, por causa do não apego ele não se torna agitado.

Ele não considera a sensação como eu... percepção como eu... formações volitivas como eu... consciência como eu, ou o eu como possuindo consciência, ou consciência como presente no eu ou o eu como presente na consciência. Aquela sua consciência se modifica e se altera. Apesar da mudança e alteração da consciência, a sua consciência não fica preocupada com a mudança na consciência. Nenhuma agitação, nenhuma constelação de estados mentais nascidos da preocupação com a mudança da consciência permanecem obcecando a sua mente. Como a sua mente não está obcecada, ele não se apavora, não se angustia, nem fica ansioso e, por causa do não apego ele não se torna agitado.

É dessa maneira, monges, que se dá a não agitação por meio do não apego'."

(SN 22: 7; III 15-18)

3 Um mundo em tumulto

(1) A origem do conflito

"O brâmane Ārāmadaṇḍa se aproximou do Venerável Mahākaccāna[22], trocou saudações amistosas com ele e lhe perguntou: 'Mestre Mahākaccāna, por que é que khattiyas brigam com khattiyas, brâmanes com brâmanes e chefes de família com chefes de família?'

'É por causa, brâmane, do apego aos prazeres sensórios, aderência aos prazeres sensórios, fixação em prazeres sensórios, vício em prazeres sensórios, obsessão com prazeres sensórios, por estarem firmemente ligados aos prazeres sensórios que os khattiyas brigam com khattiyas, brâmanes com brâmanes e chefes de família com chefes de família.'

'Mestre Mahākaccāna, por que é que ascetas brigam com ascetas?'

'É por causa, brâmane, do apego às suas opiniões, aderência às opiniões, fixação em opiniões, vício em opiniões, obsessão com opiniões, por estarem firmemente ligados às opiniões que ascetas brigam com ascetas.'"

(AN 2: iv, 6, condensado; I 66)

(2) Por que os seres vivem no ódio

2.1 "Sakka, o rei dos devas[23], perguntou ao Abençoado: 'Os seres desejam viver sem ódio, sem prejudicar ao outro, sem hostilidade ou inimizade; eles desejam viver em paz. Porém, eles vivem no ódio, prejudicando ao outro, hostis e como inimigos. Por que correntes eles são presos, Senhor, para viverem de tal maneira?'

[O Abençoado disse:] 'Rei dos devas, são as correntes da inveja e mesquinharia que os prendem, de forma que, apesar de eles desejarem viver sem ódio, hostilidade ou inimizade, e viver em paz, contudo eles vivem no ódio, prejudicando-se mutuamente, hostis e como inimigos.'

Esta foi a resposta do Abençoado, e Sakka, deleitado, exclamou: 'De fato é assim, Abençoado! De fato é assim, Afortunado! Através da resposta do Abençoado eu superei a minha dúvida e me livrei da incerteza'.

2.2 Sakka, então, após expressar o seu apreço, fez outra pergunta: 'Mas Senhor, o que dá origem à inveja e à mesquinharia, quais são as suas origens, como elas nascem, como elas surgem?'

'A inveja e a mesquinharia, rei dos devas, surgem do gostar e do não gostar; essa é a sua origem, é assim que elas nascem, que elas aparecem. Quando aqueles estão presentes, elas aparecem, quando aqueles estão ausentes, elas não aparecem.'

'Mas Senhor, o que dá origem ao gostar e não gostar...?' – 'Eles surgem, rei dos devas, do desejo...' – 'E o que dá origem ao desejo...?' – 'Ele surge, rei dos devas, do pensamento. Quando a mente pensa sobre algo, aparece o desejo; quando a mente não pensa em coisa alguma, o desejo não aparece.'

'Mas Senhor, de onde nasce o pensamento...?'

'O pensamento, rei dos devas, surge de noções e percepções elaboradas'[24]. Quando as noções e percepções elaboradas se encontram presentes, o pensamento aparece. Quando as noções e percepções estão ausentes, o pensamento não aparece."

(Do DN 21: *Sakkapañha Sutta*; II 276-277)

(3) *A corrente escura da causalidade*

9 "Portanto, Ānanda, em dependência com a sensação há o desejo; em dependência com o desejo, dá-se a busca; em dependência com a busca, há o ganho; em dependência com o ganho, dá-se a tomada de decisão; em dependência com a tomada de decisão há o desejo e a luxúria; em dependência com o desejo e a luxúria dá-se o apego; em dependência com o apego há a sensação de posse; em dependência com a sensação de posse dá-se a mesquinharia; em dependência com a mesquinharia há a postura defensiva, e por causa da postura defensiva, originam-se muitas coisas más e prejudiciais – o uso de porretes e armas, conflitos, discussões e disputas, insultos, xingamentos e mentiras"[25].

(Do DN 15: *Mahānidāna Sutta*; II 58)

(4) *As raízes da violência e opressão*

"A ira, o ódio e a ilusão de todo tipo são prejudiciais[26]. Seja qual for a ação que uma pessoa irada, com ódio ou iludida acumula – através de ações, palavras ou pensamentos – isso também é prejudicial. Seja qual for o sofrimento que uma pessoa dominada pela ira, pelo ódio ou pela ilusão, com os seus pensamentos sob o domínio daqueles, inflija sob falsos pretextos a outrem – ao matar, aprisionar, confiscar a propriedade, acusar falsamente ou expulsar – nisso impulsionada pelo pensamento 'eu tenho poder e eu quero poder', tudo isso também é prejudicial."

(Do AN 3: 69; I 201-202)

4 Sem um início detectável

(1) *Grama e gravetos*

"O Abençoado disse isto: 'Monges, este saṃsāra é sem um início detectável[27]. Não se pode discernir um primeiro momento dos seres que vagam e perambulam continuamente afetados pela ignorância e acorrentados ao desejo. Suponham, monges, que um homem corte toda a grama, gravetos, galhos e folhagem que existe em Jambudīpa[28] e junte tudo isso numa pilha única. Ao fazê-lo, ele ao colocá-los no chão, dirigindo-se a cada um deles, diz para cada um: 'Essa é a minha mãe, essa é a mãe da minha mãe'. A sequência das mães e avós não chegaria ao final, contudo, as gramas, gravetos, galhos e folhagem nesta Jambudīpa seriam todos usados e exauridos. Por que razão? Porque, monges, esse saṃsāra é sem um início detectável. Não se discerne um primeiro momento dos seres que vagam e perambulam continuamente afetados pela ignorância e acorrentados ao desejo. Por um tempo tão longo, monges, vocês têm experimentado sofrimento, angústia e desastres, e encheram o cemitério. Já é tempo de se desencantar por todas as formações, de se desapaixonar delas, de se libertarem delas".

(SN 15: 1; ii 178)

(2) Bolas de barro

"Monges, este saṃsāra é sem um início detectável. Não se pode discernir um primeiro momento dos seres vagando e perambulando continuamente afetados pela ignorância e acorrentados ao desejo. Suponha, monges, que um homem reduza esta grande terra a bolas de barro do tamanho de um caroço de jujuba e os coloque no chão, dizendo [para cada um deles]: 'este é o meu pai, este é o pai do meu pai'. A sequência dos pais e avôs do homem não chegaria ao fim, porém, esta grande terra seria toda usada e exaurida. Por qual motivo? Porque, monges, este saṃsāra é sem um início detectável. Não se discerne um primeiro momento dos seres vagando e perambulando continuamente afetados pela ignorância e acorrentados ao desejo. Por um tempo tão longo, monges, vocês têm experimentado sofrimento, angústia e desastres, e encheram o cemitério. Já é o suficiente para se desencantarem de todas as formações, desapaixonarem-se, libertarem-se delas."

(SN 15: 2; II 179)

(3) A montanha

"Certo monge se aproximou do Abençoado, prestou-lhe homenagem, sentou-se num canto e lhe disse: 'Venerável, qual é a duração de uma era?'[29]

"Uma era é longa, monge. Não é fácil contá-la e dizer que são tantos anos, ou muitas centenas de anos ou muitos milhares de anos, ou muitas centenas de milhares de anos.'

'É possível, então, fazer uma comparação, Venerável Senhor?'

'É possível, monge', disse o Abençoado. 'Suponha, monge, que existisse uma grande montanha de pedra com uma *yojana* de comprimento, uma *yojana* de largura e uma *yojana* de altura, sem buracos ou fendas, uma massa sólida de rocha[30]. Ao final de um ano um homem bateria nela com um pedaço de tecido fino. Essa grande montanha de pedra poderia, através desse esforço, ser desmanchada e eliminada, mas a era ainda não alcançaria o seu fim, tão longa é uma era, monge. E ao longo da extensão dessas eras nós temos vagado por muitas eras, muitas centenas de eras, muitos milhares de eras, muitas centenas de milhares de eras. Por qual motivo? Porque, monge, esse saṃsāra é sem início detectável... é o suficiente para se libertar deles'."

(SN 15: 5; i 181-182)

(4) O Rio Ganges

"Em Rājagaha, no Bosque de Bambus, no Santuário dos Esquilos, certo brâmane se aproximou do Abençoado e o saudou formalmente. Quando eles terminaram as saudações e a conversa amena, ele se sentou num canto e lhe perguntou: 'Mestre Gotama, quantas eras já se passaram e transcorreram?'

‘Brâmane, muitas eras já se passaram e transcorreram. Não é fácil contá-las e dizer que foram tantas eras, ou muitas centenas de eras ou tantos milhares de eras, ou tantas centenas de milhares de eras.’

‘Mas é possível fazer uma comparação, Mestre Gotama?’

‘É possível, brâmane’, disse o Abençoado. ‘Imagine, brâmane, os grãos de areia entre o ponto em que o Rio Ganges começa e o ponto em que ele entra no grande oceano: não é fácil contá-las e dizer que existem tantos grãos de areia, ou muitas centenas de grão de areia, ou muitos milhares de grãos ou muitas centenas de milhares de grãos. Brâmane, as eras que já passaram e transcorreram são muito mais numerosas do que aquilo. Não é fácil contá-las e dizer que foram tantas eras, ou muitas centenas de eras ou tantos milhares de eras, ou tantas centenas de milhares de eras. Por qual motivo? Porque, brâmane, esse saṃsāra é sem início detectável... é o suficiente para se libertar delas’.”

(SN 15: 8; ii 183-184)

5) O cachorro na coleira

“Monges, este saṃsāra é sem um início detectável. Não se pode discernir um primeiro momento dos seres vagando e perambulando continuamente afetados pela ignorância e acorrentados ao desejo.

Chega um tempo, monges, quando o grande oceano seca completamente e evapora e não mais existe, mesmo assim, eu afirmo, não há como terminar o sofrimento para aqueles seres que vagam e perambulam afetados pela ignorância e acorrentados ao desejo.

Suponham, monges, que um cachorro numa coleira fosse amarrado a um poste ou a uma pilastra forte: ele ficaria simplesmente dando voltas e circulando ao redor daquele mesmo poste ou pilastra. Do mesmo modo, um ser mundano não instruído considera a forma como eu... a sensação como eu... a percepção como eu... as formações volitivas como eu... a consciência como eu... Ele fica correndo e girando ao redor da forma, ao redor da sensação, ao redor da percepção, ao redor das formações volitivas, ao redor da consciência. Ele não se liberta do nascimento, envelhecimento e da morte; nem se liberta da lamúria, da lamentação, da dor, da depressão e do desespero; e eu afirmo, nem se liberta do sofrimento.”

(SN 22: 99; ii 149-150)

II
Aquele que traz a luz

INTRODUÇÃO

A imagem da condição humana que emerge dos Nikāyas como esboçada no capítulo precedente é o pano de fundo contra o qual a manifestação do Buda no mundo adquire um significado mais realçado e profundo. A menos que vejamos o Buda em contraste com esse pano de fundo multidimensional, estendendo-se a partir das exigências mais pessoais e individuais do presente até os ritmos vastos e impessoais do tempo cósmico, qualquer interpretação a qual possamos chegar sobre o seu papel está fadada a ser incompleta. Longe de capturar o ponto de vista dos compiladores dos Nikāyas, nossa interpretação será influenciada tanto por nossas pressuposições quanto pelas deles, talvez ainda mais do que as daqueles. Dependendo de nossos preconceitos e predisposições, podemos escolher entre considerar o Buda como um reformista ético liberal de um Bramanismo degenerado, um grande humanista secular, um empirista radical, um psicólogo existencialista, proponente de um agnosticismo radical ou como o precursor de qualquer outro modismo intelectual que imaginemos. O Buda que nos encara dos textos será sempre, em grande medida, muito mais um reflexo de nós próprios do que uma imagem do Iluminado.

Talvez, ao interpretar um antigo conjunto de literatura religiosa antiga, nós nunca consigamos deixar de inserir a nós próprios e os nossos valores na matéria que estamos interpretando. Contudo, apesar de talvez nunca conseguirmos uma transparência perfeita, possamos limitar o impacto de nossos preconceitos pessoais sobre o processo de interpretação ao dar o devido valor às palavras dos textos. Quando prestamos este ato de homenagem aos Nikāyas, quando encaramos com seriedade a sua própria versão do pano de fundo da manifestação do Buda no mundo, veremos como eles atribuem à missão do Buda nada menos do que uma dimensão cósmica. Contra um pano de fundo de um universo sem limites temporais concebíveis, um universo no qual seres vivos envoltos pela escuridão da ignorância vagueiam sem direção, acorrentados pelo sofrimento da velhice, doença e morte, o Buda chega como o "portador da luz para a humanidade" (*ukkādhāro manussānaṃ*), trazendo a luz da sabedoria[31]. Nas palavras do **Texto II, 1**, o seu surgimento no mundo é "a manifestação da grande visão, da grande luz, do grande brilho". Tendo descoberto por si só a paz perfeita da libertação, ele acende para nós a luz do conhecimento, a qual revela tanto a verdade que devemos enxergar por nós próprios quanto o caminho da prática que culmina naquela visão libertadora.

De acordo com a tradição Budista, o Buda Gotama não é meramente um indivíduo único que entra em cena subitamente no palco da história humana e se retira para sempre. Ele é, na verdade, a manifestação de um arquétipo primordial, o membro mais recente de uma "dinastia" cósmica de Budas constituída por incontáveis seres Perfeitamente Iluminados do passado e mantida por seres Perfeitamente Iluminados que se manifestam em sucessão infinita pelo futuro. O Budismo antigo, mesmo nos textos-base arcaicos dos Nikāyas já reconhecem uma pluralidade de Budas que demonstrarão certo padrão fixo de comportamento, cujos grandes traços são descritos no Mahāpadāna Sutta (Dīgha Nikāya 14, que não aparece nesta antologia). A palavra "Tathāgata", que os textos usam como epíteto para um Buda, aponta para essa manifestação de um arquétipo primordial. A palavra significa tanto "aquele que veio da mesma maneira" (*tathā āgata*), isto é, aquele que veio para o nosso meio da mesma maneira na qual os Budas do passado vieram; quanto "aquele que se foi da mesma maneira", isto é, aquele que atingiu a paz derradeira, Nibbāna, da mesma maneira na qual os Budas do passado atingiram.

Apesar de os Nikāyas estipularem que em qualquer sistema-mundo, em um dado momento, somente um Buda Perfeitamente Iluminado possa surgir, o surgimento de Budas é intrínseco ao processo cósmico. Como um meteoro em contraste com o céu noturno, de tempos em tempos um Buda irá aparecer no cenário de tempo e espaço infinitos, iluminando o firmamento espiritual do mundo, derramando o brilho de sua sabedoria sobre aqueles capazes de enxergarem as verdades que ele ilumina. O ser que irá se tornar um Buda é chamado, em Pāli, *bodhisatta*, uma palavra mais conhecida em sua forma sânscrita, *bodhisattva*. De acordo com uma tradição Budista geral, um bodhisatta é aquele que se submete a um longo processo de desenvolvimento espiritual, conscientemente motivado pela aspiração em atingir um futuro estado de Buda[32]. Inspirado e sustentado pela grande compaixão pelos seres vivos atolados no sofrimento do nascimento e morte, um bodhisatta percorre, através de muitas eras de tempo cósmico, o difícil caminho necessário para o domínio completo dos requisitos para a iluminação suprema. Quando todos estes requisitos são completados, ele atinge a Budeidade de modo a estabelecer o Dhamma no mundo. Um Buda descobre o caminho há muito perdido para a libertação, "o caminho antigo" percorrido pelos Budas do passado que culmina na liberdade infinita do Nibbāna. Tendo descoberto o caminho e o percorrido até o final, ele então o ensina integralmente para a humanidade para que muitos outros possam entrar no caminho para a libertação final.

Isso, porém, não exaure a função de um Buda. Um Buda compreende e ensina não só o caminho que conduz ao estado supremo da libertação final, a bem-aventurança perfeita do Nibbāna, mas também os vários caminhos que conduzem aos vários tipos de alegrias mundanas saudáveis às quais os seres humanos aspiram. Um Buda proclama tanto um caminho de aperfeiçoamento mundano que permite aos seres conscientes plantar raízes saudáveis, produtoras de alegria, paz e segurança nas dimensões mundanas de suas vidas, quanto um caminho de transcendência do mundo para guiar os seres conscientes ao Nibbāna. O seu papel é, portanto, muito mais amplo do que um foco exclusivo nos aspectos transcendentes que o seu ensino poderia sugerir. Ele não é simplesmente um mentor de ascetas e contemplativos, nem simplesmente um mestre de técnicas de meditação e intuições filosóficas, mas um guia para o Dhamma em todo o seu alcance e profundidade: alguém que revela, proclama e estabelece todos os princípios integrais ao entendimento correto e à conduta saudável, quer mundana ou transcendental. O **Texto II, 1** sublinha esta dimensão altruística de larga amplitude da carreira de um Buda, ao elogiar o Buda como aquela pessoa que surge no mundo "para o bem-estar da multidão, para a alegria da multidão, por compaixão ao mundo, para o bem, o benefício e a alegria dos devas e humanos".

Os Nikāyas oferecem duas perspectivas sobre o Buda como pessoa, e para fazer justiça aos textos é importante manter essas duas perspectivas em equilíbrio, sem deixar que uma anule a outra. Uma visão correta do Buda só pode surgir da mistura dessas duas perspectivas, assim como a visão correta de um objeto só pode surgir quando as perspectivas apresentadas pelos nossos olhos são misturadas no cérebro numa única imagem. Uma perspectiva, a mais enfatizada nas apresentações modernas do budismo, descreve o Buda como um ser humano que, como outros seres humanos, teve que lutar contra as fragilidades comuns da natureza humana para alcançar o estado de um Iluminado. Após a sua iluminação aos trinta e cinco anos de idade, ele caminhou entre nós por quarenta e cinco anos como um mestre humano sábio e compassivo, partilhando a sua realização com outros e assegurando que os seus ensinamentos permaneceriam no mundo muito depois da sua morte. Este é o lado da natureza do Buda que aparece de modo mais proeminente nos Nikāyas. Como ele corresponde intensamente às atitudes agnósticas contemporâneas em relação aos ideais de fé religiosa, ele possui um apelo imediato para aqueles formados nos modelos do pensamento moderno.

O outro aspecto da pessoa do Buda provavelmente vai nos parecer estranho, mas ele é relevante na tradição Budista e serve como fundamento para a devoção Budista popular. Apesar de secundário nos Nikāyas, ele ocasionalmente emerge de forma tão evidente que não pode ser ignorado, não obstante os esforços de budistas modernos em minimizar a sua importância ou racionalizar as suas aparições. Nesta perspectiva, o Buda é visto como alguém que já havia se preparado para a sua realização suprema ao longo de incontáveis vidas passadas e estava destinado desde o seu nascimento a assumir a missão de mestre no mundo. O **Texto II, 2** é um exemplo de como o Buda é visto nesta perspectiva. Lá, é dito que o futuro Buda se encarna consciente desde a descida do paraíso Tusita até o ventre de sua mãe; sua concepção e seu nascimento são acompanhados de portentos; deidades reverenciam o recém-nascido; e assim que ele nasce ele dá sete passos e anuncia o seu destino futuro. Obviamente, para os compiladores de um sutta como este, o Buda já estava destinado a atingir a Budeidade mesmo antes da sua concepção e, portanto, a sua luta pela Iluminação era uma batalha cujo resultado já estava predeterminado. O parágrafo final do sutta, porém, remete ironicamente à visão realista do Buda. O que o próprio Buda considera ser realmente miraculoso não são os milagres que acompanham a sua concepção e o seu nascimento, mas a sua atenção plena e compreensão clara em meio às sensações, pensamentos e percepções.

Os três textos da seção 3 são relatos biográficos consistentes com esse ponto de vista naturalista. Eles nos oferecem uma imagem crua do Buda em seu realismo, nua em seu naturalismo, e surpreendente na sua habilidade em transmitir profundas intuições psicológicas com um mínimo de técnica descritiva. No **Texto II, 3(1)** lemos acerca de sua renúncia, seu treinamento sob dois famosos mestres de meditação, sua desilusão com os ensinamentos daqueles, sua luta solitária e a sua realização triunfante do estado imortal. O **Texto II, 3(2)** preenche as lacunas da narrativa acima com um relato detalhado da prática de autoflagelação do bodhisatta, estranhamente ausente do discurso anterior. Este texto também nos dá a descrição clássica da experiência da iluminação a partir da conquista dos quatro *jhānas*, estados de profunda meditação, seguidos dos três *vijjās* ou tipos superiores de conhecimento: o conhecimento da recordação das vidas passadas, o conhecimento da morte e do renascimento dos seres, e o conhecimento da destruição das máculas. Apesar de o texto poder dar a impressão de que o conhecimento último irrompeu na mente do Buda de forma como uma intuição súbita e espontânea, o **Texto II, 3(3)** corrige essa impressão com um relato do Bodhisatta à beira de sua iluminação refletindo sobre o sofrimento da velhice e morte. Ele, então, rastreia metodicamente esse sofrimento até as suas condições por um processo que envolve, a cada passo, a "atenção cuidadosa" (*yoniso manasikāra*), que conduz à "descoberta pela sabedoria" (*paññāya abhisamaya*). Este processo de investigação culmina na descoberta da originação dependente, a qual, desse modo, torna-se a viga-mestra filosófica do seu ensinamento.

É importante enfatizar que, conforme apresentado aqui e em outros lugares dos Nikāyas (cf. abaixo, p. 333-340), a originação dependente não significa uma alegre celebração da interconexão de todas as coisas, mas uma articulação precisa do padrão condicional em dependência do qual o sofrimento surge e cessa. No mesmo texto o Buda declara que ele descobriu o caminho para a iluminação somente quando ele descobriu o caminho que leva ao fim da originação dependente. Foi, portanto, a realização da *cessação* da originação dependente, e não simplesmente a descoberta do aspecto da originação, que precipitou a iluminação do Buda. A imagem da cidade antiga, introduzida mais tarde no discurso, ilustra o ponto no qual a iluminação do Buda não foi um evento único, mas a redescoberta do mesmo "caminho antigo" que havia sido seguido pelos Budas do passado.

O **Texto II, 4**, retoma a narrativa do **Texto II, 3(1)**, o qual eu havia divido, ao emendar as duas versões alternativas da busca do bodhisatta pelo caminho da iluminação. Nós agora reencontramos o Buda imediatamente após a sua iluminação, enquanto ele avalia a pesada questão de tentar partilhar ou não a sua realização com o mundo. Exatamente neste ponto, em meio a um texto que até então parecia convincentemente naturalista, uma divindade chamada Brahmā Sahampati desce dos céus para pedir ao Buda que siga em frente e ensine o Dhamma para o benefício daqueles "com um pouco de poeira nos olhos". Esta cena deveria ser interpretada literalmente ou como uma encenação simbólica de um drama interno ocorrendo na mente do Buda? É difícil dar uma resposta definitiva a essa questão; talvez a cena pudesse ser entendida como tendo ocorrido em ambos os níveis conjuntamente. De qualquer maneira, o surgimento de Brahmā neste ponto marca uma mudança do realismo que caracteriza a primeira parte do sutta em direção ao modo mítico-simbólico. A transição, mais uma vez, sublinha a importância cósmica da iluminação do Buda e a sua futura missão como um mestre.

O apelo de Brahmā por fim prevalece, e o Buda concorda em ensinar. Ele escolhe como os primeiros recebedores do seu ensinamento os cinco ascetas que o haviam seguido durante os seus anos de práticas ascéticas. A narrativa culmina numa breve declaração que o Buda os instruiu de tal maneira que todos alcançaram para si o Nibbāna imortal. Entretanto, a narrativa não indica o ensinamento específico que o Buda os transmitiu quando ele os encontrou pela primeira vez após a sua iluminação. Aquele ensinamento é o próprio Primeiro Discurso, conhecido como "o colocar em movimento a roda do Dhamma".

Este sutta é incluído aqui como o **Texto II, 5**. Na abertura do sutta, o Buda anuncia aos cinco ascetas que ele havia descoberto "o caminho do meio", que ele identifica ao "Nobre Caminho Óctuplo. À luz do relato biográfico precedente, podemos entender porque o Buda deveria começar o discurso dessa maneira. Os cinco ascetas haviam inicialmente se recusado a reconhecer a alegação do Buda acerca de sua iluminação, e o desdenharam como alguém que havia traído os altos ideais para retornar a uma vida de luxo. Portanto, ele primeiro teve que assegurá-los que, longe de retornar a uma vida de autoindulgência, ele havia descoberto uma nova abordagem para a busca atemporal pela iluminação. Essa nova abordagem, ele lhes disse, permanece fiel à renúncia aos prazeres sensórios; porém, evita atormentar o corpo, por considerar isso como sendo sem sentido e improdutivo. Ele então os explica o verdadeiro caminho para a libertação, o Nobre Caminho Óctuplo, que evita aqueles dois extremos e, por isso, dá à luz a sabedoria e culmina na destruição de todo apego, o Nibbāna.

Uma vez esclarecidas as suas incompreensões, o Buda então proclama as verdades por ele alcançadas na noite da sua iluminação. Essas são as Quatro Nobres Verdades. Não só ele formula cada verdade e brevemente define o seu sentido, como também descreve cada verdade de três perspectivas diferentes. Essas se constituem no triplo "girar da roda do Dhamma" referido mais tarde no discurso. Com respeito a cada verdade, o primeiro girar representa a sabedoria que ilumina a natureza particular de cada nobre verdade. O segundo girar representa a compreensão de que cada nobre verdade impõe uma tarefa particular a ser alcançada. Portanto, a primeira nobre verdade, a verdade acerca do sofrimento, *deve ser* totalmente compreendida; a segunda verdade, a verdade acerca da origem do sofrimento ou desejo, *deve ser* abandonada; a terceira verdade, a verdade acerca da cessação do sofrimento, *deve ser* realizada; e a quarta verdade, a verdade acerca do caminho, *deve ser* desenvolvida. O terceiro girar é a compreensão de que as quatro funções acerca das Quatro Nobres Verdades foram completadas: a verdade acerca do sofrimento *foi* completamente compreendida; o desejo *foi* abandonado; a cessação do sofrimento *foi* realizada; e o caminho *foi* completamente desenvolvido. Ele afirma que foi somente quando ele compreendeu as Quatro Nobres Verdades nesses três girares e doze modos, que ele pode afirmar que ele havia atingido a perfeita iluminação insuperável.

O Dhammacakkappavattana Sutta ilustra mais uma vez a mistura dos dois modos estilísticos aos quais me referi anteriormente. O discurso se desenvolve quase inteiramente no modo realista-naturalista até nos aproximarmos do final. Quando o Buda completa o seu sermão, o significado cósmico do evento é iluminado por uma passagem mostrando como as deidades em cada reino celestial sucessivo aplaudem o discurso e gritam as boas novas para as deidades do próximo reino superior. No mesmo momento, todo o sistema-mundo cósmico treme e balança, e uma grande luz superando o brilho dos deuses aparece no mundo. Então, bem no final, nós retornamos dessa cena gloriosa de volta ao prosaico mundo humano, para assistirmos o Buda parabenizar brevemente o asceta Koṇḍañña por este ter alcançado "a visão pura, sem mácula do Dhamma". Em um microssegundo, a Lâmpada do Dhamma passou do mestre ao discípulo, para começar a sua viagem através da Índia e mundo afora.

II
Aquele que traz a luz

1 Aquela pessoa

"Monges, existe aquela pessoa que surge no mundo para o bem-estar da multidão, para a alegria da multidão, por compaixão pelo mundo, para o bem, o bem-estar, a alegria dos devas e humanos. Quem é aquela pessoa? É o Tathāgata, o Arahant, aquele Perfeitamente Iluminado. É este que é aquela pessoa.

Monges, existe aquela pessoa surgindo no mundo que é única, sem igual, sem concorrente, incomparável, sem páreo, sem rival, o melhor dos humanos. Quem é aquela pessoa? É o Tathāgata, o Arahant, aquele Perfeitamente Iluminado. É este que é aquela pessoa.

Monges, a manifestação daquela pessoa é a manifestação da grande visão, da grande luz, do grande brilho; é a manifestação das seis coisas insuperáveis; a realização dos quatro conhecimentos analíticos; a penetração nos vários elementos, a diversidade dos elementos; é a realização do fruto do conhecimento e libertação; a realização dos frutos daqueles que entram na corrente, daqueles que só retornam mais uma vez, daqueles que não mais retornam e do estado de arahant[33]. Quem é aquela pessoa? É o Tathāgata, o Arahant, aquele Perfeitamente Iluminado. É ele que é aquela pessoa.

(AN 1: xiii, 1, 5, 6; I 22-23)

2 A concepção e o nascimento do Buda

1 "Assim eu ouvi. Numa ocasião o Bem-aventurado estava vivendo em Sāvatthī no Bosque de Jeta, no parque de Anāthapiṇḍika.

2 Ora, um grande número de monges estava sentado no salão de reunião, onde eles haviam se reunido após retornar de sua ronda de esmola, logo após a refeição, quando surgiu entre eles essa conversa: 'É maravilhoso, amigos; é maravilhoso quão forte e poderoso é o Tathāgata! Pois ele é capaz de saber sobre os Budas do passado – que atingiram o Nibbāna final, cortaram [o nó da] ideação, quebraram o ciclo,

finalizaram a ronda e superaram todo o sofrimento – sobre aqueles Abençoados: seus nascimentos foram assim, seus nomes eram assim, suas tribos eram essas, suas disciplinas morais eram assim, suas qualidades [de concentração] eram assim, suas sabedorias eram assim, suas moradas para a meditação eram assim, suas libertações foram assim'.

Quando isto foi dito, o Venerável Ānanda disse aos monges: 'Amigos, os Tathāgatas são maravilhosos e possuem qualidades maravilhosas. Os Tathāgatas são maravilhosos e possuem qualidades maravilhosas'[34].

Entretanto, a conversa deles foi interrompida, pois o Abençoado despertou da meditação quando anoiteceu, dirigiu-se ao salão de reunião e se sentou num assento previamente preparado. Então ele se dirigiu aos monges da seguinte maneira: 'Monges, para que tipo de conversa vocês estavam sentados juntos agora, aqui? E qual foi a conversa que eu interrompi?'

'Ora, Venerável senhor, nós estávamos sentados no salão de reunião, onde havíamos nos reunido ao retornar de nossa ronda de esmolas, após a refeição, quando essa conversa surgiu entre nós: 'É maravilhoso, amigos, é fantástico... suas libertações foram assim'.' Quando isso foi dito, Venerável senhor, o Venerável Ānanda nos disse: 'Amigos, os Tathāgatas são maravilhosos e possuem qualidades maravilhosas. Os Tathāgatas são maravilhosos e possuem qualidades maravilhosas'.' Essa era a nossa conversa, Venerável Senhor, que foi interrompida quando o Abençoado chegou.

Então o Abençoado se dirigiu ao Venerável Ānanda: 'Já que é assim, Ānanda, explique mais detalhadamente as qualidades maravilhosas e fantásticas do Tathāgata'.

3 Eu ouvi e aprendi isso, Venerável, dos lábios do próprio Abençoado: 'Consciente e compreendendo claramente, Ānanda, o Bodhisatta apareceu no paraíso Tusita'[35]. Que o Bodhisatta tenha aparecido no paraíso Tusita consciente e compreendendo claramente – isso eu me recordo como uma qualidade maravilhosa e fantástica do Abençoado.

4 Eu ouvi e aprendi isso, Venerável Senhor, dos lábios do próprio Abençoado: 'Consciente e compreendendo claramente, Ānanda, o Bodhisatta permaneceu no paraíso Tusita'. Isso eu também me recordo como uma qualidade do Abençoado.

5 'Eu ouvi e aprendi isso, Venerável Senhor, dos lábios do próprio Abençoado: 'por toda a duração de sua vida, o Bodhisatta permaneceu no paraíso Tusita.' Isso eu também me recordo como uma qualidade do Abençoado.

6 Eu ouvi e aprendi isso, Venerável Senhor, dos lábios do próprio Abençoado: 'Consciente e compreendendo claramente, Ānanda, o Bodhisatta se retirou do paraíso Tusita e desceu para o ventre de sua mãe'. Isso eu também me recordo como uma qualidade do Abençoado.

7 Eu ouvi e aprendi isso, Venerável Senhor, dos lábios do próprio Abençoado: 'Quando o bodhisatta se retirou do paraíso Tusita e desceu para o ventre de sua mãe, um grande brilho imensurável superando a majestade divina dos devas apareceu neste mundo com seus devas, Māra e Brahmā, povoado por ascetas e brâmanes, com seus devas e seres humanos. E mesmo naqueles intervalos abismais entre mundos, de

vacuidade, sombrios, de completa escuridão, onde a lua e o sol, grandes e poderosos como são, não conseguem fazer as suas luzes prevalecerem, lá também um grande brilho imensurável superando a majestade divina dos devas apareceu'[36]. E os seres renascidos lá perceberam uns aos outros por causa daquela luz: 'Então, realmente, há outros seres renascendo aqui'. E esse sistema-mundo dez mil vezes maior se mexeu, balançou e tremeu, e mais uma vez uma um grande brilho imensurável superando a majestade divina dos devas apareceu no mundo'. Isso eu também me recordo como uma qualidade fantástica e maravilhosa do Abençoado.

8 'Eu ouvi e aprendi isso, Venerável Senhor, dos lábios do próprio Abençoado: 'Quando o Bodhisatta desceu para o ventre de sua mãe quatro jovens devas vieram para guardar-lhe nos quatro quadrantes de modo que nenhum ser humano ou não humano nem ninguém pudesse fazer mal ao Bodhisatta ou a sua mãe'. Isso eu também me recordo como uma qualidade fantástica e maravilhosa do Abençoado[37].

9 Eu ouvi e aprendi isso, Venerável, dos lábios do próprio Abençoado: 'Quando o Bodhisatta desceu para o ventre de sua mãe, ela se tornou intrinsecamente virtuosa, evitando matar seres vivos, pegar o que não havia sido dado, evitando má conduta sexual, palavras mentirosas, vinhos, bebidas alcoólicas, tóxicos: a base da negligência'. Isso eu também me recordo como uma qualidade fantástica e maravilhosa do Abençoado...

14 Eu ouvi e aprendi isso, Venerável, dos lábios do próprio Bem-aventurado: 'Outras mulheres dão à luz após carregar a criança no ventre por nove ou dez meses, mas não a mãe do Bodhisatta. A mãe do Bodhisatta lhe deu à luz depois de lhe carregar no ventre por exatamente dez meses'. Isso eu também me recordo com sendo uma qualidade fantástica e maravilhosa do Abençoado.

15 Eu ouvi e aprendi isso, Venerável, dos lábios do próprio Abençoado: 'Outras mulheres dão à luz sentadas ou deitadas, mas não a mãe do Bodhisatta. A mãe do Bodhisatta lhe deu à luz em pé'. Isso eu também me recordo como uma qualidade fantástica e maravilhosa do Abençoado.

16 Eu ouvi e aprendi isso, Venerável, dos lábios do próprio Abençoado: 'Quando o Bodhisatta saiu do ventre da sua mãe, primeiro os devas lhe receberam, depois os seres humanos'. Isso eu também me recordo como uma qualidade fantástica e maravilhosa do Abençoado.

17 Eu ouvi e aprendi isso, Venerável, dos lábios do próprio Abençoado: 'Quando o Bodhisatta saiu do ventre da sua mãe, ele não tocou a terra. Os quatro jovens devas o receberam e o colocaram em frente à sua mãe, dizendo: 'Regozijai-vos, ó rainha, um filho de grande poder nasceu para ti'.' Isso eu também me recordo como uma qualidade fantástica e maravilhosa do Abençoado.

18 Eu ouvi e aprendi isso, Venerável, dos lábios do próprio Abençoado: 'Quando o Bodhisatta saiu do ventre da sua mãe, ele saiu imaculado, limpo de água, humores, sangue ou qualquer tipo de impureza, limpo e imaculado. Suponha que uma pedra preciosa fosse colocada num tecido excelente; a pedra preciosa, então, não sujaria o tecido ou o tecido a pedra preciosa. Por que isso? Por causa da

pureza de ambos. Do mesmo modo, quando o Bodhisatta saiu... ele saiu limpo e imaculado'. Isso eu também me recordo como uma qualidade fantástica e maravilhosa do Abençoado.

19 Eu ouvi e aprendi isso, Venerável, dos lábios do próprio Abençoado: 'Quando o Bodhisatta saiu do ventre da sua mãe, dois jatos de água pareceram se derramar do céu, um frio e um quente, para banhar o Bodhisatta e a sua mãe'. Isso eu também me recordo como uma qualidade fantástica e maravilhosa do Abençoado.

20 Eu ouvi e aprendi isso, Venerável, dos lábios do próprio Abençoado: 'Assim que o Bodhisatta nasceu ele ficou em pé de forma firme sobre o chão, então, deu sete passos na direção Norte e, com uma sombrinha branca sendo segurada sobre ele, observou cada quadrante e pronunciou as palavras do líder do rebanho: 'Eu sou o maior do mundo; eu sou o melhor do mundo; eu sou o principal do mundo. Este é o meu último nascimento; agora não existe mais uma nova existência para mim''[38]. Isso eu também me recordo como uma qualidade fantástica e maravilhosa do Abençoado.

21 Eu ouvi e aprendi isso, Venerável, dos lábios do próprio Abençoado: 'Quando o Bodhisatta saiu do ventre da sua mãe, um grande brilho imensurável superando a majestade divina dos devas apareceu no mundo com seus devas, Māra e Brahmā, povoado por ascetas e brâmanes, com seus devas e seres humanos'. E mesmo naqueles intervalos abismais entre mundos, de vacuidade, sombrios, de completa escuridão, onde a lua e o sol, grandes e poderosos como são, não conseguem fazer as suas luzes prevalecerem, lá também um grande brilho imensurável superando a majestade divina dos devas apareceu. E os seres renascidos lá perceberam uns aos outros por causa daquela luz: 'Então, realmente, há outros seres renascendo aqui'. E esse sistema-mundo dez mil vezes maior se mexeu, balançou e tremeu, e mais uma vez um grande brilho imensurável superando a majestade divina dos devas apareceu no mundo... isso eu também me recordo como uma qualidade fantástica e maravilhosa do Abençoado.

22 Sendo assim, Ānanda, lembre-se disto como uma qualidade fantástica e maravilhosa do Tathāgata: pois, aqui, Ānanda, as sensações do Tathāgata são conhecidas na medida em que elas surgem, que elas estão presentes, que elas desaparecem; as percepções são conhecidas na medida em que elas surgem, que elas estão presentes, que elas desaparecem; os pensamentos são conhecidos na medida em que eles surgem, que eles estão presentes, que eles desaparecem[39]. Lembre-se disso também, Ānanda, como uma qualidade fantástica e maravilhosa do Tathāgata.

23 Venerável, já que as sensações do Tathāgata são conhecidas à medida que elas surgem, que elas estão presentes, que elas desaparecem; as percepções são conhecidas à medida que elas surgem, que elas estão presentes, que elas desaparecem; os pensamentos são conhecidos à medida que eles surgem, que eles estão presentes, que eles desaparecem – Isso eu também me recordo como uma qualidade fantástica e maravilhosa do Abençoado.

Foi isto que o Venerável Ānanda disse. O mestre aprovou. Os monges ficaram satisfeitos e felizes com as palavras do Venerável Ānanda."

(MN 123: *Acchariya-adbhūta Sutta*, condensado; III 118-120; 122-124)

3 A BUSCA PELA ILUMINAÇÃO

(1) Buscando o estado supremo da paz sublime

5 "Monges, existem dois tipos de busca: a nobre busca e a busca ignóbil. E o que é a busca ignóbil? Nesse caso, alguém sujeito ao nascimento busca o que também é sujeito ao nascimento; sendo sujeito ao envelhecimento, busca o que também é sujeito ao envelhecimento; sendo sujeito à doença, busca o que também é sujeito à doença; sendo sujeito à morte, busca também o que é sujeito à morte; sendo sujeito à dor, busca também o que é sujeito à dor; sendo sujeito à impureza, busca também o que é sujeito à impureza.

6-11 E o que pode ser considerado sujeito ao nascimento, envelhecimento, doença e morte, dor e impureza? Mulher e crianças, escravos e escravas, bodes e ovelhas, aves e porcos, elefantes, gado, cavalos e éguas, ouro e prata: essas aquisições estão sujeitas ao nascimento, envelhecimento, doença e morte, dor e impureza; e aquele que é apegado àquelas coisas, apaixonado por elas, completamente absorvido nelas, sendo ele próprio sujeito ao nascimento... à dor e impureza, busca também o que é sujeito ao nascimento... à dor e impureza[40].

12 E o que é a nobre busca? Nesse caso, alguém sujeito ao nascimento, tendo compreendido o perigo no que é sujeito ao nascimento, busca a segurança suprema não nascida contra o apego: o Nibbāna; sendo sujeito ao envelhecimento, tendo compreendido o perigo no que é sujeito ao envelhecimento, ele busca a segurança suprema contra o não apego que não envelhece: o Nibbāna; sendo ele próprio sujeito à doença, tendo compreendido o perigo no que é sujeito à doença, ele busca a segurança suprema contra o apego que não adoece: o Nibbāna; sendo ele próprio sujeito à morte, tendo compreendido o perigo no que é mortal, ele busca a segurança suprema contra o apego, no que não morre: o Nibbāna; sendo ele próprio sujeito à dor, tendo compreendido o perigo no que é sujeito à dor, ele busca a segurança suprema contra o apego, no que não sofre: o Nibbāna; sendo ele próprio sujeito à impureza, tendo compreendido o perigo que no que é sujeito à impureza, ele busca a segurança suprema contra o apego, imaculado: o Nibbāna. Esta é a nobre busca.

13 Monges, antes da minha Iluminação, enquanto eu era somente um bodhisatta não iluminado, eu também, sendo sujeito ao nascimento, eu buscava também o que era sujeito ao nascimento; sendo sujeito ao envelhecimento, doença, morte, dor e impureza, eu também buscava o que era sujeito ao envelhecimento, doença, morte, dor e impureza. Então, eu pensei da seguinte maneira: 'Por que, sendo eu próprio sujeito ao nascimento, eu busco o que também é sujeito ao nascimento? Por que, sendo eu próprio sujeito ao envelhecimento, doença, morte, dor e impureza, eu busco o que era sujeito ao envelhecimento, doença, morte, dor e impureza? Suponha que, sendo eu próprio sujeito ao nascimento, tendo compreendido o perigo no que é sujeito ao nascimento, eu busque a segurança suprema contra o apego não nascida: o Nibbāna. Suponha que, sendo eu próprio sujeito ao envelhecimento, doença, morte, dor e impureza, tendo compreendido o perigo no que é sujeito ao envelhecimento,

doença, morte, dor e impureza, eu busque a segurança suprema contra o apego, o que não envelhece, não adoece, imortal, indolor e imaculado, o Nibbāna'.

14 Mais tarde, sendo ainda jovem, de cabelos pretos, dotado da bênção da juventude, no auge da vida, apesar de o meu pai e a minha mãe quererem o contrário e tivessem chorado desconsoladamente, eu raspei meu cabelo e minha barba, vesti o hábito ocre de renunciante e parti da vida de chefe de família para a vida sem lar.

15 Tendo partido, monges, em busca daquilo que é saudável, buscando o estado supremo da paz sublime, eu me dirigi a Āḷāra Kālāma e lhe disse: 'Kālāma, meu amigo, eu desejo levar uma vida espiritual nesse Dhamma e nesta disciplina'. Āḷāra Kālāma respondeu: 'O venerável pode permanecer aqui. Este Dhamma possui uma natureza que um sábio pode logo penetrar-lhe o sentido e nele permanecer, realizando por si mesmo, através do conhecimento direto, a doutrina do seu próprio mestre'. Eu rapidamente aprendi o Dhamma. No que concerne o simples recitar e repetir deste ensinamento, eu falava com autoridade e conhecimento, e eu dizia: 'Eu conheço e sei' – e haviam outros que agiam do mesmo modo.

Eu então pensei assim: 'Não é simplesmente por mera fé que Āḷāra Kālāma afirma: 'Ao realizá-lo por mim mesmo através do conhecimento direto eu posso penetrar no sentido e permanecer neste Dhamma'. Certamente Āḷāra Kālāma permanece consciente e consistentemente neste Dhamma. Então eu me dirigi a Āḷāra Kālāma e lhe perguntei: 'Kālāma, meu amigo, em que sentido você afirma que ao realizar for si mesmo, através do conhecimento direto, você penetra e permanece neste Dhamma?' Em resposta, ele afirmou a base da nulidade[41].

Eu pensei assim: 'Não é só Āḷāra Kālāma que possui fé, zelo, atenção, concentração e sabedoria. Eu também possuo fé, zelo, atenção, concentração e sabedoria. Suponha que eu me esforce para realizar o Dhamma que Āḷāra Kālāma afirma penetrar e permanecer ao realizá-lo por si mesmo através do conhecimento direto?'

Eu logo penetrei e permaneci naquele Dhamma ao realizá-lo por mim mesmo através do conhecimento direto. Então eu me dirigi a Āḷāra Kālāma e lhe perguntei: 'Kālāma, meu amigo, é por este caminho que você afirma que você penetra e permanece nesse Dhamma ao realizá-lo por si mesmo através do conhecimento direto?' – 'Esse é o caminho, meu amigo' – 'É nesse caminho que eu penetro e permaneço neste Dhamma ao realizá-lo por mim mesmo através do conhecimento direto' – 'É um ganho para nós, amigo, é um grande ganho para nós que nós temos um venerável como monge companheiro. Assim, o Dhamma que eu afirmo penetrar e permanecer ao realizá-lo por mim mesmo através do conhecimento direto é o Dhamma que você penetra e permanece ao realizá-lo por si mesmo através do conhecimento direto. E o Dhamma que você penetra e permanece ao realizá-lo por si mesmo através do conhecimento direto é o Dhamma que eu afirmo penetrar e permanecer ao realizá-lo por mim mesmo através do conhecimento direto. Portanto, você conhece o Dhamma que eu conheço e eu conheço o Dhamma que você conhece. O tanto que eu conheço, você conhece; o tanto que você conhece, eu conheço. Venha, amigo, vamos liderar esta comunidade juntos, agora'.

Então, Āḷāra Kālāma, meu mestre, me colocou, um discípulo seu, em pé de igualdade com ele e me concedeu uma grande honra. Mas o seguinte pensamento me ocorreu: 'Esse Dhamma não conduz ao desencanto, ao desapego, à cessação, à paz, ao conhecimento direto, à iluminação, ao Nibbāna, mas conduz somente ao renascimento na base da nulidade'[42]. Não satisfeito com esse Dhamma, desapontado com ele, eu parti.

16 Ainda na busca, monges, do que é saudável, buscando o estado supremo da paz sublime, eu me dirigi a Uddaka Rāmaputta e lhe disse: 'Meu amigo, eu quero levar a vida espiritual neste Dhamma e nesta disciplina'. Uddka Rāmaputta respondeu: 'O Venerável pode permanecer aqui. Este Dhamma possui uma natureza que um sábio pode logo penetrar-lhe o sentido e nele permanecer, realizando por si mesmo, através do conhecimento direto, a doutrina do seu próprio mestre'. Eu então aprendi rapidamente aquele Dhamma. No que concerne o simples recitar e repetir deste ensinamento, eu falava com autoridade e conhecimento, e eu dizia: 'Eu conheço e sei' – e havia outros que agiam do mesmo modo.

Eu então pensei assim: 'Não é simplesmente por mera fé que Rāma afirma: 'Ao realizá-lo por mim mesmo através do conhecimento direto eu posso penetrar no sentido e permanecer neste Dhamma'. Certamente Rāma permanece consciente e consistentemente neste Dhamma'. Então eu me dirigi a Uddaka Rāmaputta e lhe perguntei: 'Rāma, meu amigo, em que sentido você afirma que ao realizar por si mesmo através do conhecimento direto você penetra e permanece neste Dhamma?' Em resposta, ele afirmou a base da 'nem percepção nem não percepção'[43].

Eu pensei assim: 'Não é só Rāma que possui fé, zelo, atenção, concentração e sabedoria. Eu também possuo fé, zelo, atenção, concentração e sabedoria. Suponha que eu me esforce para realizar o Dhamma que Rāma afirma penetrar e permanecer ao realizá-lo por si mesmo através do conhecimento direto?'

Eu logo penetrei e permaneci naquele Dhamma ao realizá-lo por mim mesmo através do conhecimento direto. Então eu me dirigi a Uddaka Rāmaputta e lhe perguntei: 'Meu amigo, foi por este caminho que Rāma afirmou que penetrou e permaneceu nesse Dhamma ao realizá-lo por si mesmo através do conhecimento direto?' – 'Esse é o caminho, meu amigo' – 'É nesse caminho que eu penetro e permaneço neste Dhamma ao realizá-lo por mim mesmo através do conhecimento direto' – 'É um ganho para nós, amigo, é um grande ganho para nós que nós temos um venerável como monge companheiro. Assim, o Dhamma que Rāma afirmou penetrar e permanecer ao realizá-lo por ele mesmo através do conhecimento direto é o Dhamma que você penetra e permanece ao realizá-lo por si mesmo através do conhecimento direto. E o Dhamma que você penetra e permanece ao realizá-lo por si mesmo através do conhecimento direto é o Dhamma que eu afirmo penetrar e permanecer ao realizá-lo por mim mesmo através do conhecimento direto. Portanto, você conhece o Dhamma que Rāma conheceu e Rāma conheceu o Dhamma que você conhece. O tanto que Rāma conheceu, você conhece; o tanto que você conhece, Rāma conheceu; venha, amigo, vamos liderar esta comunidade juntos, agora'.

Então, Uddaka Rāmaputta, meu mestre, me colocou, um discípulo seu, em pé de igualdade com ele e me concedeu uma grande honra. Mas o seguinte pensamento me ocorreu: 'Esse Dhamma não conduz ao desencanto, ao desapego, à cessação, à paz, ao conhecimento direto, à iluminação, ao Nibbāna, mas conduz somente ao renascimento na base da nulidade'. Não satisfeito com esse Dhamma, desapontado com ele, eu parti.

17 Ainda na busca, monges, do que é saudável, buscando o estado supremo da paz sublime, eu rodei aos poucos através da região de Magadha até que eu finalmente cheguei em Uruvelā perto de Senānigama. Lá eu vi um local agradável, um bosque delicioso com um rio de águas claras com margens planas e uma vila próxima para buscar esmolas. Eu pensei assim: 'Este é um local agradável, um bosque delicioso com um rio de águas claras com margens planas e uma vila próxima para buscar esmolas. Este local servirá para o ascetismo de um sincero buscador'. E eu me sentei lá pensando: 'Este local vai servir para o ascetismo'[44].

18 Então, monges, sendo eu próprio sujeito ao nascimento, tendo compreendido o perigo no que é sujeito ao nascimento, buscando a segurança suprema não nascida contra o apego, o Nibbāna, eu alcancei a segurança suprema não nascida contra o apego, o Nibbāna; sendo eu próprio sujeito ao envelhecimento, tendo compreendido o perigo no que é sujeito ao envelhecimento, buscando a segurança suprema contra o apego que não envelhece, o Nibbāna, eu alcancei a segurança suprema contra o apego que não envelhece, o Nibbāna; sendo eu próprio sujeito à doença, tendo compreendido o perigo no que é sujeito à doença, buscando a segurança suprema contra o apego que não adoece, o Nibbāna, eu alcancei a segurança suprema contra o apego que não adoece, o Nibbāna; sendo eu próprio sujeito à morte, tendo compreendido o perigo no que é sujeito à morte nascimento, buscando a segurança suprema contra o apego imortal, o Nibbāna, eu alcancei a segurança suprema contra o apego imortal, o Nibbāna; sendo eu próprio sujeito à dor, tendo compreendido o perigo no que é sujeito à dor, buscando a segurança suprema contra o apego que não sofre, o Nibbāna, eu alcancei a segurança suprema contra o apego que não sofre, o Nibbāna; sendo eu próprio sujeito à impureza, tendo compreendido o perigo no que é sujeito à impureza, buscando a segurança suprema contra o apego imaculada, o Nibbāna, eu alcancei a segurança suprema contra o apego imaculada, o Nibbāna. O conhecimento e a visão surgiram em mim: 'Minha libertação é inabalável. Este é o meu último nascimento. Agora não mais haverá um outro renascimento'."

(Do MN 26: *Ariyaparyesana Sutta*; I 160-167)

(2) A realização dos três conhecimentos verdadeiros

11 "[Saccaka perguntou ao Abençoado][45]: 'Nunca surgiu no Mestre Gotama uma sensação tão agradável que pudesse invadir a sua mente e lá permanecer? Nunca surgiu em Mestre Gotama uma sensação tão dolorosa que pudesse invadir a sua mente e lá permanecer?'

12 'Como não, Aggivessana? Ora, Aggivessana, antes da minha iluminação, enquanto eu ainda era um bodhisatta não iluminado, eu pensava: 'A vida de chefe de família é opressiva e causa máculas; a vida do renunciante é livre'. Não é fácil, vivendo em casa, levar a vida santa completamente perfeita e pura como madrepérola. Talvez eu raspe meu cabelo e minha barba, vista o manto ocre de renunciante, e abandone a vida de chefe de família pela vida sem lar'.

13-16 Mais tarde, ainda jovem, um jovem de cabelos pretos dotado com a bênção da juventude, no auge da vida... [como no **Texto II, 3(1) § 14-17**]... e eu sentasse lá pensando: 'Isto vai servir ao ascetismo'.

17 Então três imagens me ocorreram espontaneamente, nunca dantes ouvidas. Suponha que houvesse um pedaço de madeira molhada, ainda com seiva, dentro da água, e um homem carregando uma tocha pensasse: 'Eu vou acender um fogo, eu vou produzir calor'. O que você acha, Aggivessana? O homem poderia acender um fogo e produzir calor se ele pegasse a tocha e a esfregasse contra o pedaço de madeira molhada, ainda com seiva, dentro da água?

'Não, Mestre Gotama. Por que não? Porque é um pedaço de madeira molhada, com seiva e está dentro da água. Ao final o homem simplesmente se cansaria e ficaria desapontado.'

Do mesmo modo, Aggivessana, ocorre com aqueles ascetas e brâmanes que ainda não vivem distantes dos prazeres sensuais, e cujos desejos sensuais, afeições, paixões, desejos e febres por paixões sensuais não foram completamente abandonadas e suprimidas internamente; mesmo se aqueles ascetas e brâmanes sintam sensações dolorosas, excruciantes, lancinantes devido ao ascetismo, eles são incapazes do conhecimento e visão, e da iluminação suprema. Esta foi a primeira imagem que me ocorreu espontaneamente, nunca dantes ouvida.

18 Mais uma vez, Aggivessana, uma segunda imagem me ocorreu espontaneamente, nunca dantes ouvida. 'Suponha que houvesse um pedaço de madeira molhada, ainda com seiva, em terra firme, longe da água, e um homem carregando uma tocha pensasse: 'Eu vou acender um fogo, eu vou produzir calor'. O que você acha, Aggivessana? O homem poderia acender um fogo e produzir calor se ele pegasse a tocha e a esfregasse contra o pedaço de madeira molhada, ainda com seiva, em terra firme, longe da água?'

'Não, Mestre Gotama. Por que não? Porque é um pedaço de madeira molhada, com seiva, apesar de estar em terra firme, longe da água. Ao final o homem simplesmente se cansaria e ficaria desapontado.'

Do mesmo modo, Aggivessana, ocorre com aqueles ascetas e brâmanes que vivem distantes dos prazeres sensuais, mas cujos desejos sensuais, afeições, paixões, desejos e febres por paixões sensuais não foram completamente abandonadas e suprimidas internamente; mesmo se aqueles ascetas e brâmanes sintam sensações dolorosas, excruciantes, lancinantes devido ao ascetismo, eles são incapazes do conhecimento e visão, e da iluminação suprema. Esta foi a segunda imagem que me ocorreu espontaneamente, nunca dantes ouvida.

19 Mais uma vez, Aggivessana, uma terceira imagem me ocorreu espontaneamente, nunca dantes ouvida. 'Suponha que houvesse um pedaço de madeira seca, já sem seiva, em terra firme, longe da água, e um homem carregando uma tocha pensasse: 'Eu vou acender um fogo, eu vou produzir calor'. O que você acha, Aggivessana? O homem poderia acender um fogo e produzir calor se ele pegasse a tocha e a esfregasse contra o pedaço de madeira seca, já sem seiva, em terra firme, longe da água?'

'Sim, Mestre Gotama. E por quê? Porque é um pedaço de madeira seca, já sem seiva, apesar de estar em terra firme, longe da água.'

Do mesmo modo, Aggivessana, ocorre com aqueles ascetas e brâmanes que vivem distantes dos prazeres sensuais, e cujos desejos sensuais, afeições, paixões, desejos e febres por paixões sensuais foram completamente abandonadas e suprimidas internamente; mesmo se aqueles ascetas e brâmanes sintam sensações dolorosas, excruciantes, lancinantes devido ao ascetismo, eles são capazes do conhecimento e visão, e da iluminação suprema[46]. Esta foi a terceira imagem que me ocorreu espontaneamente, nunca dantes ouvida.

20 Eu pensei: 'Suponha que, com meus dentes travados, minha língua encostada firmemente ao céu da boca, eu vencesse, derrotasse, destruísse a mente com a mente'. Enquanto eu assim fiz, o suor escorreu das minhas axilas. Assim como se um homem forte tivesse agarrado um homem mais fraco pela cabeça ou pelo pescoço e o vencesse, derrotasse e o destruísse, do mesmo modo eu, com meus dentes travados, minha língua encostada no céu da boca eu venci, derrotei, destruí a mente com a mente, suor escorrendo das minhas axilas. Mas apesar desta energia incansável ter sido produzida por mim e a consciência incessante tivesse sido estabelecida, meu corpo ficou debilitado e enfraquecido por causa do esforço doloroso. Contudo, essa sensação dolorosa que eu sentia não invadiu a minha mente e nem lá permaneceu[47].

21 Eu então pensei: 'Suponha que eu pratique a meditação sem respiração'. Então eu parei de inspirar e expirar através da minha boca e nariz. Enquanto eu assim fazia, ocorreu um barulho alto saindo dos meus ouvidos. Assim como ocorre um barulho alto quando o fole de um ferreiro é pressionado, da mesma maneira ocorreu enquanto eu parei de inspirar e expirar. Houve um barulho alto saindo dos meus ouvidos. Mas apesar desta energia incansável ter sido produzida por mim e a consciência incessante tivesse sido estabelecida, meu corpo ficou debilitado e enfraquecido por causa do esforço doloroso. Contudo, essa sensação dolorosa que eu sentia não invadiu a minha mente e nem lá permaneceu.

22 Eu pensei: 'Suponha que eu pratique ainda mais a meditação sem respiração'. Então eu parei de inspirar e expirar pela boca, pelo nariz e pelos ouvidos. Enquanto eu assim fazia, foi como se ventos violentos rasgassem a minha cabeça. Assim como se um homem forte estivesse pressionando a ponta de uma espada contra a minha cabeça, do mesmo modo, enquanto eu parei de inspirar e expirar pela boca, pelo nariz e pelos ouvidos, era como se ventos violentos rasgassem a minha cabeça. Mas apesar desta energia incansável ter sido produzida por mim e a consciência incessante tivesse sido estabelecida, meu corpo ficou debilitado e enfraquecido por causa do esforço

doloroso. Contudo, essa sensação dolorosa que eu sentia não invadiu a minha mente e nem lá permaneceu.

23 Eu pensei: 'Suponha que eu pratique ainda mais a meditação sem respiração'. Então eu parei de inspirar e expirar pela boca, pelo nariz e pelos ouvidos. Enquanto eu assim fazia, houve dores violentas na minha cabeça. Assim como se um homem forte estivesse garroteando a minha cabeça, do mesmo modo, enquanto eu parei de inspirar e expirar pela boca, pelo nariz e pelos ouvidos, era como se ventos violentos rasgassem a minha cabeça. Mas apesar desta energia incansável ter sido produzida por mim e a consciência incessante tivesse sido estabelecida, meu corpo ficou debilitado e enfraquecido por causa do esforço doloroso. Contudo, essa sensação dolorosa que eu sentia não invadiu a minha mente e nem lá permaneceu.

24 Eu pensei: 'Suponha que eu pratique ainda mais a meditação sem respiração'. Então eu parei de inspirar e expirar pela boca, pelo nariz e pelos ouvidos. Enquanto eu assim fazia, ventos violentos contraíram meu abdômen. Assim como se um açougueiro habilidoso ou o seu ajudante estivesse destrinchando a barriga de um boi com uma faca afiada, do mesmo modo, enquanto eu parei de inspirar e expirar pela boca, pelo nariz e pelos ouvidos, ventos violentos contraíram o meu abdômen. Mas apesar desta energia incansável ter sido produzida por mim e a consciência incessante tivesse sido estabelecida, meu corpo ficou debilitado e enfraquecido por causa do esforço doloroso. Contudo, essa sensação dolorosa que eu sentia não invadiu a minha mente e nem lá permaneceu.

25 Eu pensei: 'Suponha que eu pratique ainda mais a meditação sem respiração'. Então eu parei de inspirar e expirar pela boca, pelo nariz e pelos ouvidos. Enquanto eu assim fazia, houve uma queimação violenta no meu corpo. Assim como se dois homens fortes tivessem agarrado um homem mais fraco pelos braços e o assassem sobre um braseiro, do mesmo modo, enquanto eu parei de inspirar e expirar pela boca, pelo nariz e pelos ouvidos, houve uma queimação violenta no meu corpo. Mas apesar desta energia incansável ter sido produzida por mim e a consciência incessante tivesse sido estabelecida, meu corpo ficou debilitado e enfraquecido por causa do esforço doloroso. Contudo, essa sensação dolorosa que eu sentia não invadiu a minha mente e nem lá permaneceu.

26 Então, quando as deidades me viram, algumas disseram: 'O asceta Gotama está morto'. Outras deidades disseram: 'O asceta Gotama não está morto, ele está morrendo'. E outras deidades disseram: 'O asceta Gotama nem morreu nem está morrendo; ele é um arahant, pois este é o caminho que os arahant percorrem'.

27 Eu pensei: 'Suponha que eu pratique a abstenção de comida'. Então, algumas deidades vieram a mim e disseram: 'Meu bom senhor, não pratique a abstenção completa de alimentos. Se assim o senhor fizer, nós iremos injetar comida divina pelos poros da sua pele e isso irá lhes sustentar'. Eu pensei da seguinte maneira: 'Se eu afirmar estar em completo jejum e estas deidades injetarem comida divina pelos poros da minha pele e isso me sustentar, eu estaria mentindo'. Então eu dispensei aquelas deidades dizendo: 'Não há necessidade'.

28 Eu pensei: 'Suponha que eu coma muito pouca comida, um punhado de cada vez, seja lá sopa de feijão ou sopa de lentilha ou sopa de ervilhacas ou sopa de ervilhas. Enquanto eu assim fazia, meu corpo ficou profundamente emaciado. Porque eu comia tão pouco, meus membros ficaram como os segmentos de brotos da vinha ou brotos de bambu. Porque eu comia tão pouco, minhas costas ficaram divididas como as patas de um camelo. Porque eu comia tão pouco, minha coluna ficou aparente como uma corda cheia de nós. Porque eu comia tão pouco, minhas costelas saltaram para fora como se soltas, parecendo a viga de um velho telhado de um celeiro dilapidado. Porque eu comia tão pouco, o brilho dos meus olhos desapareceu como o brilho da água desaparece num poço profundo. Porque eu comia tão pouco, a pele da minha cabeça enrugou e ressecou como uma cabaça verde resseca e perde o viço ao vento e sob o sol. Porque eu comia tão pouco, minha barriga colou à coluna vertebral; por isso, se eu tocasse na minha barriga, sentia a minha coluna, e se eu encostasse na minha coluna, encontrava a pele da minha barriga. Porque eu comia tão pouco, se eu defecasse ou urinasse, eu imediatamente caía de cara no chão. Porque eu comia tão pouco, se eu tentasse massagear meus membros com as minhas mãos, o pelo era arrancado pela raiz na medida em que eu me massageava'.

29 Então, quando as pessoas me viam, algumas diziam: 'O asceta Gotama é negro'. Outros diziam: 'O asceta Gotama é moreno'. Outras pessoas diziam: 'O asceta Gotama não é nem negro e nem moreno, ele é dourado', para se ter ideia de como a cor da minha pele se deteriorou porque eu comia tão pouco.

30 Eu pensei: 'Sejam quais forem os ascetas ou brâmanes do passado que experimentaram sensações tão dolorosas, lancinantes, excruciantes devido ao ascetismo, isto é o máximo, nenhum deles foi além disso. Sejam quais forem os ascetas ou brâmanes do futuro que experimentaram sensações tão dolorosas, lancinantes, excruciantes devido ao ascetismo, isto é o máximo, nenhum deles foi além disso. Sejam quais forem os ascetas ou brâmanes do presente que experimentaram sensações tão dolorosas, lancinantes, excruciantes devido ao ascetismo, isto é o máximo, nenhum deles foi além disso'. Porém, através desta prática excruciante de austeridades, eu não atingi nenhuma percepção sobre-humana em conhecimento ou visão digna dos nobres arahant. Poderia existir outro caminho para a iluminação?

31 Eu refleti: 'Eu me lembro que quando o meu pai, o líder dos Sakya, estava ocupado, eu me sentei à sombra fresca de uma macieira rosa, livre dos prazeres sensórios, livre de estados negativos, e alcancei e permaneci no primeiro jhāna, que é acompanhado de pensamento e análise, em estado de alegria e bem-aventurança nascidas da liberdade dos prazeres sensórios[48]. Poderia ser este o caminho da iluminação?' Então, seguindo aquela memória, veio a realização: 'Este é, de fato, o caminho da iluminação'.

32 Eu pensei: 'Por que eu estou com medo da felicidade que não tem nada a ver com os prazeres sensórios e estados negativos?' Eu pensei: 'Eu não tenho medo daquela felicidade que não tem nada a ver com os prazeres sensuais e estados negativos'.

33 Eu refleti: 'Não é fácil atingir aquela felicidade como corpo tão excessivamente emaciado. Suponha que eu coma alguma comida sólida – arroz cozido ou mingau'. E eu comi um pouco de comida sólida – um pouco de arroz cozido e mingau. Porém, naquela época, cinco monges me seguiam, pensando: 'Se o nosso asceta Gotama atingir algum estado de consciência superior, ele irá nos informar'. Mas quando eles viram que eu comi arroz cozido e mingau, os cinco monges se decepcionaram e me abandonaram, pensando: 'O asceta Gotama agora vive no luxo, ele desistiu da ascese e reverteu ao luxo'.

34 Então, depois de ter comido comida sólida e readquirido minhas forças, eu, livre de prazeres sensórios e estados negativos, então entrei e permaneci no primeiro jhāna, que é acompanhado de pensamento e análise, com felicidade e bem-aventurança nascidas daquela liberdade. Mas tal sensação agradável que surgiu em mim não invadiu a minha mente nem lá permaneceu[49].

35 Com a diminuição do pensamento e da análise, eu entrei e permaneci no segundo jhāna, que possui confiança interna e unificação da mente, é sem pensamento e análise, e possui bem-aventurança e felicidade nascidas da concentração. Mas tal sensação agradável que surgiu em mim não invadiu a minha mente nem lá permaneceu.

36 Com o desaparecimento também da bem-aventurança, eu permaneci equânime e consciente e compreendendo claramente; eu experimentei felicidade com o corpo; eu entrei e permaneci no terceiro jhāna, acerca do qual os nobres arahant declaram: 'Aquele que o alcança é equânime, consciente, e permanece na felicidade'. Mas tal sensação agradável que surgiu em mim não invadiu a minha mente nem lá permaneceu.

37 Com o abandono do prazer e da dor, e com o desaparecimento prévio da alegria e do desprazer, eu entrei e permaneci no quarto jhāna, que não é nem doloroso nem prazeroso, e inclui a purificação da consciência pela equanimidade. Mas tal sensação agradável que surgiu em mim não invadiu a minha mente nem lá permaneceu.

38 Quando a minha mente estava assim concentrada, purificada, brilhante, imaculada, livre de imperfeições, maleável, adaptável, pronta e, tendo alcançado a imperturbabilidade, eu a dirigi para o conhecimento da recordação das minhas vidas passadas. Eu me recordei de várias vidas passadas, isto é, de um nascimento, de dois nascimentos, três nascimentos, quatro nascimentos, cinco nascimentos, dez nascimentos, vinte nascimentos, trinta nascimentos, quarenta nascimentos, cinquenta nascimentos, cem nascimentos, mil nascimentos, cem mil nascimentos, muitas eras de ciclos cósmicos de expansão, de retração, de expansão e retração: 'Daquela vez eu possuía tal nome, era de tal tribo, com tal aparência, comia esse tipo de comida, tal foi a minha experiência de prazer e dor, vivi tantos anos; morrendo lá, eu renasci aqui'. Assim, nesses aspectos e particulares eu recordei muitas vidas passadas.

39 Esse foi o primeiro conhecimento verdadeiro que eu obtive na primeira vigília da noite. A ignorância foi banida e o verdadeiro conhecimento surgiu, a escuridão foi banida e a luz surgiu, como acontece com alguém que permanece diligente, ar-

dente e resoluto. Mas tal sensação agradável que surgiu em mim não invadiu a minha mente nem lá permaneceu.

40 Quando a minha mente estava assim concentrada, purificada, brilhante, imaculada, livre de imperfeições, maleável, adaptável, pronta e, tendo alcançado a imperturbabilidade, eu a dirigi para o conhecimento da morte e renascimento dos seres. Com o olho divino, que é purificado e supera o humano, eu vi seres morrendo e renascendo, em condição inferior e superior, belos e feios, afortunados e desafortunados, e eu compreendi como os seres existem de acordo com as suas ações, da seguinte maneira: 'Esses seres que se comportaram de forma errada com o corpo, a fala e a mente, que ridicularizaram os nobres arahant, adotaram crenças errôneas e agiram de acordo com aquelas crenças errôneas, com a dissolução do corpo, após a morte, nasciam em condição miserável, num mal destino; mas aqueles seres que se comportaram de forma correta com o corpo, a fala e a mente, que não ridicularizaram os nobres arahant, que adotaram crenças corretas e agiram de acordo com aquelas crenças corretas, com a dissolução do corpo, após a morte, renasciam num bom destino, num mundo paradisíaco'; portanto, com o olho divino, que é purificado e supera o humano, eu vi seres morrendo e renascendo, em condição inferior e superior, belos e feios, afortunados e desafortunados, e eu compreendi como os seres existem de acordo com as suas ações.

41 Esse foi o segundo conhecimento verdadeiro que eu obtive na segunda vigília da noite. A ignorância foi banida e o verdadeiro conhecimento surgiu, a escuridão foi banida e a luz surgiu, como acontece com alguém que permanece diligente, ardente e resoluto. Mas tal sensação agradável que surgiu em mim não invadiu a minha mente nem lá permaneceu.

42 Quando a minha mente estava assim concentrada, purificada, brilhante, imaculada, livre de imperfeições, maleável, adaptável, pronta e, tendo alcançado a imperturbabilidade, eu a dirigi para o conhecimento da destruição das máculas. Eu diretamente conheci como elas de fato ocorrem: 'Isso é sofrimento. Isso é a origem do sofrimento. Essa é a cessação do sofrimento. Esse é o caminho que leva à cessação do sofrimento'. Eu conheci diretamente como as coisas de fato ocorrem: 'Essas são as máculas, essa é a origem das máculas. Essa é a cessação das máculas. Esse é o caminho que leva à cessação das máculas'.

43 Quando eu compreendi e vi dessa maneira, minha mente foi liberta da mácula do desejo sensual, da mácula da existência, e da mácula da ignorância. Quando ela foi liberta, veio o conhecimento: 'Ela está liberta'. Eu vi diretamente: 'O nascimento está destruído, a vida espiritual foi vivida, o que tinha de ser feito foi feito, não há mais retorno para qualquer estado de ser'.

44 Esse foi o terceiro conhecimento verdadeiro que eu obtive na última vigília da noite. A ignorância foi banida e o verdadeiro conhecimento surgiu, a escuridão foi banida e a luz surgiu, como acontece com alguém que permanece diligente, ardente e resoluto. Mas tal sensação agradável que surgiu em mim não invadiu a minha mente nem lá permaneceu."

(Do MN: *Mahāsaccaka Sutta*; I 240-249)

(3) A cidade antiga

"Monges, antes da minha iluminação, enquanto eu era um bodhisatta ainda não completamente iluminado, me ocorreu: 'Infelizmente, esse mundo está com problemas, no sentido de que ele nasce, envelhece e morre, transforma-se e renasce; mesmo assim ele não enxerga uma saída desse sofrimento encabeçado pelo envelhecimento e pela morte. Quando será, então, que ele discernirá uma saída para o sofrimento encabeçado pelo envelhecimento e pela morte?'

Então, monges, me ocorreu: 'Existindo o que ocorre o envelhecimento e a morte? O que condiciona o envelhecimento e a morte?' Então, monges, através da cuidadosa atenção, ocorreu em mim um vislumbre graças à sabedoria: 'Dando-se o nascimento, o envelhecimento e a morte surgem; o envelhecimento e a morte possuem o nascimento como suas condições'.

Então, monges, me ocorreu: 'Existindo o que ocorre o nascimento?... a existência?... o apego?... o desejo?... a sensação?... o contato?... as seis bases sensórias?... nome e forma? O que condiciona o nome e forma?' Então, monges, através da cuidadosa atenção, ocorreu em mim um vislumbre graças à sabedoria: 'Dando-se a consciência, nome e forma surgem; nome e forma possuem a consciência a sua condição'.

Então, monges, me ocorreu: 'Existindo o que, ocorre consciência? O que condiciona a consciência?' Então, monges, através da cuidadosa atenção, ocorreu em mim um vislumbre graças à sabedoria: 'Dando-se nome e forma, surge consciência; a consciência possui nome e forma a sua condição'[50].

Então, monges, me ocorreu: 'Essa consciência pode ser retraçada, ela não vai além de nome e forma. É somente nesse sentido que alguém nasce, envelhece e morre, transforma-se e renasce; isto é, quando existe consciência com nome e forma como condição e nome e forma como consciência como condição'[51]. Com nome e forma como condição, as seis bases sensórias; com as seis bases sensórias como condição, contato... tal é a origem dessa enorme quantidade de sofrimento.

'Originação, originação' – assim, monges, a respeito de coisas nunca dantes ouvidas, surgiram em mim a visão, o conhecimento, a sabedoria, a clareza e a luz.

Então, monges, me ocorreu: 'Não existindo o que ocorre o envelhecimento e a morte? Com a cessação do que cessa o surgimento do envelhecimento e da morte?' Então, monges, através da cuidadosa atenção, ocorreu em mim um vislumbre graças à sabedoria: 'Quando não ocorre o nascimento, o envelhecimento e a morte não surgem; com a cessação do nascimento, cessam o envelhecimento e a morte'.

Então, monges, me ocorreu: 'Não existindo o que, não ocorre o nascimento?... a existência?... o apego?... o desejo?... a sensação?... o contato?... as seis bases sensórias?... nome e forma? Com a cessação do que cessa o surgimento do nome e da forma? 'Então, monges, através da cuidadosa atenção, ocorreu em mim um vislumbre graças à sabedoria: 'quando não ocorre a consciência, nome e forma não surgem; com a cessação da consciência, dá-se a cessação do nome e da forma'.

Então, monges, me ocorreu: 'Não existindo o que, não ocorre consciência? Com a cessação do que cessa o surgimento da consciência? 'Então, monges, através da cuidadosa atenção, ocorreu em mim um vislumbre graças à sabedoria: 'Quando nome e forma não ocorrem, não surge consciência; com a cessação do nome e forma cessa a consciência'.

Então, monges, me ocorreu: 'Eu descobri esse caminho para a iluminação, isto é, com a cessação do nome e forma, cessa a consciência; com a cessação da consciência dá-se a cessação do nome e forma; com a cessação do nome e forma, a cessação das seis bases sensórias; com a cessação das seis bases sensórias, a cessação do contato... esta é a cessação dessa enorme quantidade de sofrimento'[52].

Cessação, cessação – assim, monges, a respeito de coisas nunca dantes ouvidas, surgiram em mim a visão, o conhecimento, a sabedoria, a clareza e a luz.

Suponham, monges, que um homem vagando através de uma floresta enxergasse um caminho antigo, uma estrada real viajada por muitas pessoas no passado. Ele a seguiria e veria uma cidade antiga, uma antiga capital habitada por pessoas no passado, com parques, bosques, lagos e muralhas, um lugar adorável. Então o homem informaria ao rei ou a um ministro do rei: 'Senhor, enquanto eu vagava através de uma floresta eu vi um caminho antigo, uma estrada real viajada por muitas pessoas no passado. Eu a segui e vi uma cidade antiga, uma antiga capital habitada por pessoas no passado, com parques, bosques, lagos e muralhas, um lugar adorável. Reforme aquela cidade, senhor!' Então o rei ou o ministro do rei reformaria aquela cidade, e pouco tempo depois aquela cidade se tornaria um sucesso, próspera, bem povoada, cheia de pessoas, cresceria e expandiria.

Da mesma maneira, monges, eu enxerguei o caminho antigo, a estrada antiga viajada pelos Perfeitamente Iluminados do passado. E o que é aquele caminho antigo, aquela estrada antiga? É simplesmente este Nobre Caminho Óctuplo; isto é visão correta, intenção correta, fala correta, ação correta, modo de vida correto, esforço correto, consciência correta, concentração correta. Eu segui aquele caminho e, ao fazê-lo, eu conheci diretamente o envelhecimento-morte, a sua origem, a sua cessação e o caminho que conduz à sua cessação. Eu conheci diretamente nascimento... existência... apego... desejo... sensação... contato... as seis bases... nome e forma... consciência... formações volitivas, as suas origens, sua cessação e o caminho que conduz à sua cessação[53]. Tendo as conhecido diretamente, eu as expliquei aos monges, às monjas, aos leigos, e às leigas. A vida espiritual, monges, tornou-se um sucesso, próspera, extensa, popular, espalhou-se, foi bem proclamada entre devas e humanos."

(SN 12: 65; II 104-107)

4 A DECISÃO DE ENSINAR

19 "Eu pensei dessa maneira: 'Esse Dhamma que eu atingi é profundo, difícil de ver e compreender, pacífico e sublime, inatingível pelo simples raciocínio, sutil, que deve ser experimentado pelos sábios. Mas esse povo se deleita no apego, sente

prazer no apego, alegra-se com o apego[54]. É difícil para esse povo ver a verdade, nomeadamente, a condicionalidade específica, a originação dependente. E é difícil ver esta verdade, nomeadamente, a pacificação de todas as formações, o abandono de todas as aquisições, a destruição do desejo, o desapego, a cessação, o Nibbāna[55]. Se eu fosse ensinar o Dhamma, os outros não me entenderiam, e isso seria preocupante e problemático para mim'. Naquele momento, esses versos nunca dantes ouvidos me ocorreram espontaneamente:

Chega de pregar o Dhamma
Que até mesmo eu acho difícil alcançar;
Pois ele jamais será percebido
Por aqueles que vivem na paixão e no ódio.

Aqueles tingidos pela paixão, envolvidos pela escuridão
Nunca discernirão esse complicado Dhamma
Que vai contra a corrente do mundo
Sutil, profundo e difícil de ver.

Assim considerando, a minha mente se inclinou para a inação, e não para o ensino do Dhamma[56].

20 Então, monges, Brahmā Sahampati percebeu com a sua mente o pensamento na minha mente e ele pensou da seguinte maneira: 'O mundo ficará perdido, o mundo irá perecer, já que a mente do Tathāgata, o Arahant, o Perfeitamente Iluminado, inclina-se para a inação ao invés do ensino do Dhamma'. Então, mais rápido do que um homem pode estender o seu braço flexionado ou flexionar o seu braço estendido, Brahmā Sahampati desapareceu no mundo de Brahma e apareceu perante mim. Ele ajeitou a sua veste superior sobre um ombro, e estendendo suas mãos em saudação reverente em minha direção, disse: 'Venerável, que o Abençoado ensine o Dhamma. Existem seres com pouca poeira sobre os seus olhos que estão perecendo ao não ouvir o Dhamma. Haverá aqueles que compreenderão o Dhamma'. Brahmā Sahampati assim falou, e disse ainda:

Em Magadha, até agora, apareceram ensinamentos
Impuros elaborados por aqueles ainda maculados.
Abra as portas para o Imortal! Que eles ouçam
O Dhamma que o imaculado descobriu.

Assim como alguém que está no pico de uma montanha
Pode ver abaixo todos aqueles em volta,
Portanto, Oh Sábio onisciente!
Levante o palácio do Dhamma.
Possa Aquele que não sofre olhar essa raça humana
Envolta em dor, esmagada pelo nascimento e velhice.

Levante-se, Herói Vitorioso, líder da caravana,
Aquele sem dívidas e vagueie pelo mundo.

Possa o Abençoado ensinar o Dhamma,
Haverá aqueles que entenderão.

21 Então eu ouvi o pedido de Brahmā Sahampati e, por compaixão pelos seres eu observei o mundo com o olho de um Buda. Observando o mundo com o olho de um Buda, eu vi seres com pouca poeira nos olhos e seres com muita poeira nos olhos, com faculdades aguçadas e outros com faculdades embotadas, com boas qualidades e com más qualidades, fáceis de serem ensinados e difíceis de serem ensinados, e alguns que vivem sob o medo e vergonha no outro mundo. Assim como num tanque de lótus azuis, vermelhos e brancos, alguns lótus que nascem e crescem na água florescem imersos na água sem dela emergir, alguns outros que nascem e crescem na água alcançam a sua superfície, e alguns outros que nascem e crescem na água dela emergem e se mantém limpos e secos. Da mesma maneira também, observando o mundo com o olho de um Buda, eu vi seres com pouca poeira nos olhos e seres com muita poeira nos olhos, com faculdades aguçadas e outros com faculdades embotadas, com boas qualidades e com más qualidades, fáceis de serem ensinados e difíceis de serem ensinados, e alguns que vivem sob o medo e vergonha no outro mundo. Eu então respondi a Brahmā Sahampati em versos:

Abertas para eles estão as portas do Imortal,
Que aqueles com ouvidos agora mostrem a sua fé.
Pensando ser problemático, Oh Brahmā,
Eu não falei o Dhamma sublime e sutil.

Então Brahmā Sahampati pensou: 'O Abençoado aceitou o meu pedido para que ele ensine o Dhamma'. E após ter me homenageado, mantendo-me à sua direita, ele então partiu imediatamente.

22 Eu pensei assim: 'Para quem eu devo ensinar primeiramente o Dhamma? Quem entenderá esse Dhamma rapidamente?' Então me ocorreu: 'Āḷāra Kālāma é sábio, inteligente e possui discernimento; há muito tempo ele tem pouca poeira nos olhos. Suponha que eu ensine este Dhamma primeiramente para Āḷāra Kālāma. Ele compreenderá rapidamente'. Então deidades se aproximaram e me disseram: 'Venerável, Āḷāra Kālāma faleceu sete dias atrás'. E o conhecimento e a visão surgiram em mim: 'Āḷāra Kālāma faleceu sete dias atrás'. Eu pensei: 'A perda de Āḷāra Kālāma é uma grande perda. Se ele tivesse escutado esse Dhamma, ele o teria compreendido rapidamente'.

23 Eu pensei assim: 'Para quem eu devo ensinar primeiramente o Dhamma? Quem entenderá esse Dhamma rapidamente?' Então me ocorreu: 'Uddaka Rāmaputta é sábio, inteligente e possui discernimento; há muito tempo ele tem pouca poeira nos olhos. Suponha que eu ensine este Dhamma primeiramente para Uddaka Rāmaputta. Ele compreenderá rapidamente'. Então deidades se aproximaram e me disseram: 'Venerável, Uddaka Rāmaputta faleceu na noite passada'. E o conhecimento e a visão surgiram em mim: 'Uddaka Rāmaputta faleceu na noite passada'. Eu pensei: 'A perda de Uddaka Rāmaputta é uma grande perda. Se ele tivesse escutado esse Dhamma, ele o teria compreendido rapidamente'.

24 Eu pensei assim: 'Para quem eu devo ensinar primeiramente o Dhamma? Quem entenderá esse Dhamma rapidamente?' Então me ocorreu: 'O grupo de cinco monges que me acompanhava enquanto eu praticava ascetismo foi muito prestativo'[57]. Suponha que eu ensine o Dhamma primeiramente a eles. Então eu pensei: 'Onde está vivendo agora o grupo de cinco monges?' E com o olho divino, que é purificado e supera o humano, eu vi que eles estavam vivendo em Bārāṇasi no Parque dos Cervos em Isipatana.

25 Então monges, após ficar em Uruvelā pelo tempo que eu quis, eu parti e me dirigi aos poucos para Bārāṇasi. Entre Gāyā e Bodhi, Ājivaka Upaka me viu na estrada e disse: 'Amigo, as suas faculdades estão claras, a cor da sua pele é pura e brilhante. Com quem você renunciou ao mundo, amigo? Quem é o seu mestre? Você professa o Dhamma de quem?' Eu respondi a Ājivaka Upaka em versos:

Eu sou aquele que transcendeu tudo, onisciente,
Imaculado entre todas as coisas, a tudo renunciei,
Liberto pelo cessar do desejo. Tendo conhecido
Tudo isto por mim mesmo,
a quem eu posso apontar como mestre?

Eu não possuo mestre, ninguém como eu
Existe em lugar algum do mundo
Com todos os seus devas, porque
Não existe ninguém com quem
Eu possa ser comparado.

Pois eu sou um arahant no mundo,
Eu sou o mestre supremo. Somente
Eu sou aquele Perfeitamente Iluminado
Cujos fogos foram controlados e extintos.

Eu agora vou para a cidade de Kāsi
Colocar em movimento a Roda do Dhamma.
Num mundo que ficou cego,
Eu baterei o tambor do Imortal.

'Pelas suas declarações, amigo, você deveria ser um vitorioso universal'[58].

Os vitoriosos são aqueles como eu
Que alcançaram a destruição das máculas.
Eu venci todos os estados negativos,
Por isso, Upaka, eu sou um vitorioso.

Quando isso foi dito, Ājivaka Upaka disse: "Tomara que seja, amigo'. Balançando a cabeça, ele tomou um atalho e partiu.

26 Então, monges, viajando aos poucos, eu finalmente cheguei em Bārāṇasi no Parque dos Cervos em Isipatana, e eu me aproximei dos monges daquele grupo de cinco. Os monges me viram chegando a distância e eles combinaram entre eles assim:

'Amigos, aí vem o asceta Gotama que vive luxuosamente, que desistiu do ascetismo e retornou ao luxo. Não devemos saudá-lo ou nos levantar para ele, nem pegar a sua tigela nem o seu manto. Mas devemos preparar um assento para ele. Se ele quiser, ele pode se sentar'. Todavia, à medida que eu me aproximava, aqueles monges não conseguiram manter o acordo. Um deles veio me encontrar e pegou a minha tigela e manto, outro preparou um assento, e um outro trouxe água para os meus pés; contudo, eles se dirigiram a mim pelo meu nome e de 'amigo'[59].

27 Então eu falei com eles: 'Monges, não se dirijam ao Tathāgata pelo nome e como 'amigo'. O Tathāgata é um Arahant, um Perfeitamente Iluminado. Ouçam, monges, o imortal foi alcançado. Eu vou lhes instruir, eu vou lhes ensinar o Dhamma. Praticando como vocês serão instruídos, ao realizá-lo por si sós aqui e agora através do conhecimento direto, vocês logo entrarão e permanecerão naquele objetivo supremo da vida divina, pelo qual os homens abandonam a vida do lar pela vida sem moradia fixa.

Quando isto foi dito, o grupo de cinco monges me respondeu da seguinte maneira: 'Amigo Gotama, pela conduta, pela prática e pela *performance* de austeridades às quais você se submeteu, você não atingiu nenhum estado de distinção em conhecimento e visão sobre-humanos dignos dos Nobres. Agora que você vive luxuosamente, como você pode ter atingido o estado de distinção em conhecimento e visão sobre-humanos dignos dos Nobres?' Quando isto foi dito, eu lhes disse: 'O Tathāgata não vive luxuosamente, nem desistiu do ascetismo e retornou ao luxo. O Tathāgata é um Arahant, um Perfeitamente Iluminado. Ouçam, monges, o imortal foi alcançado... pelo qual os homens abandonam a vida do lar pela vida sem moradia fixa'.

Uma segunda vez o grupo de cinco monges me disse: 'Amigo Gotama... como você pode ter atingido o estado de distinção em conhecimento e visão sobre-humanos dignos dos Nobres?' Uma segunda vez eu lhes disse: 'O Tathāgata não vive luxuosamente... pelo qual os homens abandonam a vida do lar pela vida sem moradia fixa'. Uma terceira vez o grupo de cinco monges me disse: 'Amigo Gotama...como você pode ter atingido o estado de distinção em conhecimento e visão sobre-humanos dignos dos Nobres?'

28 Quando isto foi dito, eu lhes perguntei: 'Monges, vocês já me ouviram falar assim antes?' 'Não, Venerável'[60]. 'Monges, não se dirijam ao Tathāgata pelo nome e como 'amigo'. O Tathāgata é um Arahant, um Perfeitamente Iluminado. Ouçam, monges, o imortal foi alcançado. Eu vou lhes instruir, eu vou lhes ensinar o Dhamma. Praticando como vocês serão instruídos, ao realizá-lo por si sós aqui e agora através do conhecimento direto, vocês logo entrarão e permanecerão naquele objetivo supremo da vida divina, pelo qual os homens abandonam a vida do lar pela vida sem moradia fixa'.

29 Eu consegui convencer o grupo de cinco monges[61]. Então, eu às vezes instruía dois monges enquanto os outros três pediam esmolas, e nós seis vivíamos daquilo que aqueles três monges traziam de volta das suas mendicâncias. Às vezes eu instruía três monges enquanto os outros dois pediam esmolas, e nós seis vivíamos daquilo que aqueles dois monges traziam de volta das suas mendicâncias.

30 Então, os cinco monges daquele grupo, assim ensinados por mim, sendo eles próprios sujeitos ao nascimento, tendo compreendido o perigo no que é sujeito ao nascimento, buscando a segurança suprema não nascida contra o apego, o Nibbāna, eles alcançaram a segurança suprema não nascida contra o apego, o Nibbāna; sendo eles próprios sujeitos ao envelhecimento, à doença, à morte, à dor, à impureza, tendo compreendido o perigo no que é sujeito ao envelhecimento, à doença, à morte, à dor, à impureza, buscando aquilo que não envelhece, não adoece, imortal, indolor e imaculado, eles alcançaram a segurança suprema não nascida contra o apego, o Nibbāna. O conhecimento e a visão surgiram neles: 'Nossa libertação é inabalável. Este é o nosso último nascimento. Agora não mais haverá um outro renascimento'."

(Do MN 26: *Ariyapariyesana Sutta*; I 167-173)

5 O PRIMEIRO DISCURSO

"Assim eu ouvi. Numa ocasião o Abençoado estava morando em Bārāṇasi no Parque dos Cervos em Isipatana. Lá, o Abençoado se dirigiu ao grupo de cinco monges dessa maneira:

Monges, esses dois extremos não devem ser seguidos por alguém que tenha partido para a vida sem lar. Quais dois? A busca da alegria sensória em prazeres sensuais, que é baixa, vulgar, o caminho dos mundanos, ignóbil, e que não traz benefícios; e a busca da automortificação, que é dolorosa, ignóbil e que não traz benefícios. Sem desviar para nenhum desses extremos, o Tathāgata despertou para o caminho do meio, que faz surgir a visão, que faz surgir o conhecimento e conduz à paz, ao conhecimento direto, à iluminação, ao Nibbāna.

E o que, monges, é o caminho do meio para o qual o Tathāgata despertou? É este Nobre Caminho Óctuplo: isto é, visão correta, intenção correta, fala correta, ação correta, modo de vida correto, esforço correto, consciência correta, concentração correta. Este, monges, é o caminho do meio para o qual o Tathāgata despertou, que faz surgir a visão, que faz surgir o conhecimento e conduz à paz, ao conhecimento direto, à iluminação, ao Nibbāna.

Agora, esta, monges, é a nobre verdade acerca do sofrimento: nascimento é sofrimento, envelhecimento é sofrimento, doença é sofrimento, morte é sofrimento; união com aquilo que dá desprazer é sofrimento, separação daquilo que dá prazer é sofrimento; não conseguir o que se deseja é sofrimento; em suma, os cinco agregados sujeitos ao apego são sofrimento.

Agora, esta, monges, é a nobre verdade acerca da origem do sofrimento: é este desejo que conduz recorrentemente à existência, acompanhada de prazer e cobiça, buscando prazer aqui e ali; isto é, desejo por prazeres sensórios, desejo por existência, desejo por aniquilação.

Agora, esta, monges, é a nobre verdade acerca da cessação do sofrimento: é o desaparecimento daquele prazer que resta e a cessação daquele mesmo desejo, o desistir dele, o abandoná-lo, a libertação dele, o desapego.

Agora, esta, monges, é a nobre verdade acerca do caminho que conduz à cessação do sofrimento, é este Nobre Caminho Óctuplo: isto é, visão correta, intenção correta, fala correta, ação correta, modo de vida correto, esforço correto, consciência correta, concentração correta.

'Esta, monges, é a nobre verdade acerca do sofrimento': assim, monges, surgiram em mim a visão, o conhecimento, a sabedoria, a discriminação, e a luz acerca das coisas nunca dantes ouvidas[62].

'A nobre verdade acerca do sofrimento deve ser completamente compreendida': assim, monges, surgiram em mim a visão, o conhecimento, a sabedoria, a discriminação, e a luz acerca das coisas nunca dantes ouvidas[63].

'A nobre verdade acerca do sofrimento foi completamente compreendida': assim, monges, surgiram em mim a visão, o conhecimento, a sabedoria, a discriminação, e a luz acerca das coisas nunca dantes ouvidas[64].

'Esta, monges, é a nobre verdade acerca da origem do sofrimento': assim, monges, surgiram em mim a visão, o conhecimento, a sabedoria, a discriminação, e a luz acerca das coisas nunca dantes ouvidas.

'Esta nobre verdade acerca da origem do sofrimento deve ser abandonada': assim, monges, surgiram em mim a visão, o conhecimento, a sabedoria, a discriminação, e a luz acerca das coisas nunca dantes ouvidas.

'Esta nobre verdade acerca da origem do sofrimento foi abandonada': assim, monges, surgiram em mim a visão, o conhecimento, a sabedoria, a discriminação, e a luz acerca das coisas nunca dantes ouvidas.

'Esta, monges, é a nobre verdade acerca da cessação do sofrimento': assim, monges, surgiram em mim a visão, o conhecimento, a sabedoria, a discriminação, e a luz acerca das coisas nunca dantes ouvidas.

'Esta nobre verdade acerca da cessação do sofrimento deve ser abandonada': assim, monges, surgiram em mim a visão, o conhecimento, a sabedoria, a discriminação, e a luz acerca das coisas nunca dantes ouvidas.

'Esta nobre verdade acerca da cessação do sofrimento foi abandonada': assim, monges, surgiram em mim a visão, o conhecimento, a sabedoria, a discriminação, e a luz acerca das coisas nunca dantes ouvidas.

'Esta, monges, é a nobre verdade acerca do caminho que conduz à cessação do sofrimento': assim, monges, surgiram em mim a visão, o conhecimento, a sabedoria, a discriminação, e a luz acerca das coisas nunca dantes ouvidas.

'Esta nobre verdade acerca do caminho que conduz à cessação do sofrimento deve ser desenvolvida': assim, monges, surgiram em mim a visão, o conhecimento, a sabedoria, a discriminação, e a luz acerca das coisas nunca dantes ouvidas.

'Esta nobre verdade acerca da origem do sofrimento foi desenvolvida': assim, monges, surgiram em mim a visão, o conhecimento, a sabedoria, a discriminação, e a luz acerca das coisas nunca dantes ouvidas.

Monges, enquanto o meu conhecimento e a minha visão acerca dessas Quatro Nobres Verdades como elas de fato são em suas três fases e doze aspectos não estavam completamente purificadas dessa maneira[65], eu não afirmei ter despertado para a perfeita iluminação insuperável nesse mundo com os seus devas, Māra e Brahmā, com esta população de ascetas e brâmanes, seus devas e seres humanos. Mas quando o meu conhecimento e a minha visão acerca dessas Quatro Nobres Verdades como elas de fato são em suas três fases e doze aspectos estavam completamente purificadas desse modo, então eu afirmei ter despertado para a perfeita iluminação insuperável nesse mundo com os seus devas, Māra e Brahmā, com esta população de ascetas e brâmanes, seus devas e seres humanos. O conhecimento e a visão surgiram em mim: 'A libertação da minha mente é inabalável. Este é o meu último nascimento. Agora não haverá mais retorno à existência'.

Foi isto o que o Abençoado disse. Alegre, o grupo de cinco monges ficou feliz com o relato do Abençoado. E enquanto esse relato estava sendo contado, surgiu no Venerável Koṇḍañña a visão sem poeira, imaculada do Dhamma: 'Tudo aquilo que é sujeito à originação é sujeito à cessação'[66].

E quando a Roda do Dhamma foi colocada em movimento pelo Abençoado, os devas que vivem na terra exclamaram: 'Em Bārāṇasi no Parque dos Cervos em Isipatana, esta insuperável Roda do Dhamma foi colocada em movimento pelo Abençoado, a qual não pode ser detida por nenhum asceta ou brâmane ou deva ou Māra ou Brahmā ou por ninguém no mundo'. Tendo ouvido a exclamação dos devas que vivem na terra, os devas do reino dos Quatro Grandes Reis exclamaram: 'Em Bārāṇasi... esta insuperável Roda do Dhamma foi colocada em movimento pelo Abençoado, a qual não pode ser detida por... ninguém no mundo'. Tendo ouvido a exclamação dos devas do reino dos Quatro Grandes Reis, os devas de Tāvatiṃsa... os devas de Yāma... os devas de Tusita... os devas que se deleitam em criar... os devas que exercem o poder sobre a criação dos outros deuses... os devas da companhia de Brahmā[67] gritaram: em Bārāṇasi no Parque dos Cervos em Isipatana, esta insuperável Roda do Dhamma foi colocada em movimento pelo Abençoado, a qual não pode ser detida por nenhum asceta ou brâmane ou deva ou Māra ou Brahmā ou por ninguém no mundo.

Assim, naquele momento, naquele instante, naquele segundo, o grito alcançou até o mundo de Brahma, e esse sistema-mundo de dez mil dimensões balançou, tremeu, chacoalhou, e um grande brilho imensurável superando a majestade divina dos devas surgiu no mundo.

Então o Abençoado afirmou de forma inspirada: 'Koṇḍañña realmente compreendeu! Koṇḍañña realmente compreendeu!' Dessa maneira o Venerável Koṇḍañña adquiriu o nome 'Aññā Koṇḍañña: Koṇḍañña-que-compreendeu'.

(SN 56: 11: *Dhammacakkappavattana Sutta*; V 420-424)

III
Aproximando-se do Dhamma

Introdução

Uma das situações mais difíceis com a qual um buscador espiritual sério, de mente aberta, pode se deparar é com a dificuldade imensa de se escolher entre a diversidade fascinante de ensinamentos religiosos e espirituais disponíveis. Pela sua própria natureza, os ensinamentos espirituais exigem de nós uma aliança absoluta e profunda. Aderentes de um credo particular tendem a afirmar que *somente* a sua religião revela a verdade última acerca do nosso lugar no universo e o nosso destino final; eles corajosamente defendem que *somente* o seu caminho oferece os meios mais corretos para a salvação eterna. Se nós pudéssemos suspender todos os compromissos baseados na crença e comparássemos todas as doutrinas imparcialmente, as submetendo a testes empíricos, teríamos então um método infalível para decidir entre elas e, então, a nossa provação teria fim. Mas não é tão simples. Todas as religiões rivais propõem – ou pressupõem – doutrinas que não podemos validar diretamente através da experiência pessoal; elas advogam teses que exigem algum grau de confiança. Portanto, enquanto as suas teses e práticas colidem, nós esbarramos no problema de descobrir algum modo de decidir entre elas e lidar com as suas pretensões rivais de verdade.

Uma solução para este problema é negar que existam conflitos reais entre sistemas de crença alternativos. Os aderentes dessa abordagem, que poderíamos chamar de universalismo religioso, afirmam que, essencialmente, todas as tradições espirituais afirmam a mesma coisa. As suas formulações podem diferir, mas a sua essência é a mesma, expressas diferentemente para contemplarem diferentes sensibilidades. O que devemos fazer, diz o universalista, quando frente às diferentes tradições espirituais, é extrair o miolo de verdade interior dos invólucros de duas crenças exotéricas. Olhando a partir do solo, nossos objetivos podem parecer diferentes, mas do alto descobriremos que o objetivo é o mesmo; é como a lua vista de diferentes picos de montanhas. Em matéria de doutrina, os universalistas geralmente endossam, na prática, o ecletismo, afirmando que podemos selecionar as práticas que preferirmos e combiná-las como pratos num bufê.

A solução para o problema da diversidade religiosa possui um apelo imediato para aqueles desiludidos com as pretensões exclusivas das religiões dogmáticas. A reflexão crítica honesta, porém, mostraria que nas questões mais vitais, as diferentes religiões e tradições espirituais assumem pontos de vista diferentes. Elas nos dão respostas muito diferentes para as nossas perguntas acerca dos fundamentos e objetivos básicos da busca espiritual e, geralmente, essas diferenças não são simplesmente verbais. Varrê-las em conjunto como sendo meramente verbais pode ser um método eficaz para alcançar a harmonia entre seguidores de diferentes sistemas de crença, mas ele não resiste a um exame mais próximo. Ao final, isso faz tão pouco sentido como dizer que, porque possuem bicos e asas, águias, pardais e galinhas são, essencialmente, o mesmo tipo de criatura: as diferenças entre elas sendo meramente verbais.

Não são somente as religiões teístas que pregam doutrinas que vão além do alcance imediato da confirmação empírica. O Buda também ensinou doutrinas que uma pessoa comum não pode confirmar diretamente através da experiência do dia a dia, e essas doutrinas são fundamentais para a estrutura do seu ensinamento. Nós vimos, por exemplo, na introdução aos capítulos I e II que os Nikāyas compreendem o universo, com suas muitas esferas de existência consciente, espalhadas no espaço-tempo infinito, um universo no qual os seres conscientes vagueiam e perambulam de vida em vida por causa da sua ignorância, desejo e kamma. Os Nikāyas pressupõem que, através do tempo incomensurável, inúmeros Budas surgiram e colocaram em movimento a roda do Dhamma, e que cada Buda atinge a iluminação após o cultivo de virtudes espirituais durante longos períodos de tempo cósmico. Quando nos aproximamos do Dhamma, é provável que resistamos a tais crenças e sintamos que elas fazem exigências excessivas na nossa capacidade de confiança. Por isso esbarramos na questão de, se quisermos seguir os ensinamentos do Buda, devemos acreditar no pacote completo das doutrinas Budistas clássicas.

Para o Budismo antigo, todos os problemas que enfrentamos ao decidir o quanto estamos preparados para colocar a nossa fé pode ser resolvido num só golpe. Esse único golpe envolve se submeter à experiência direta como base última para o julgamento. Uma das características distintivas do ensinamento do Buda é o respeito que ele confere à experiência direta. Os textos do Budismo antigo não ensinam uma doutrina secreta, nem deixam margem a nada parecido com um caminho esotérico reservado a uma elite de iniciados e não disponível aos outros. De acordo com o **Texto III, 1**, o segredo nos ensinos religiosos é característica de visões equivocadas e do pensamento confuso. O ensinamento do Buda brilha abertamente, radiante e resplandecente como a luz do sol e da lua. A distância do manto do segredo é parte integral de uma doutrina que dá primazia à experiência direta, convidando cada indivíduo a testar os seus princípios no cadinho da sua própria experiência.

Isso não significa que uma pessoa comum não possa validar totalmente o ensinamento do Buda pela experiência direta sem um esforço especial. Pelo contrário, o ensinamento só pode ser realizado através de certos tipos extraordinários de experiência que estão muito além do alcance da pessoa comum, imersa nas preocupações da vida mundana. Contudo, em forte contraste com a religião revelada, o Buda não exige que nós *comecemos* a nossa busca espiritual colocando fé em doutrinas que se localizam além do alcance da nossa experiência imediata. Mais do que pedir que nós nos debatamos com questões que, *na nossa condição atual*, nenhum tipo de experiência pode decidir, ele nos pede, ao invés disso, para que nós consideremos algumas simples questões acerca do nosso bem-estar e da nossa felicidade imediatos, questões que *podemos* responder com base na experiência pessoal. Eu sublinho a expressão "na nossa condição atual" porque o fato de que não possamos validar atualmente tais assuntos, isso não constitui motivo para rejeitá-los como inválidos ou mesmo irrelevantes. Isso significa simplesmente que devemos colocá-los de lado por enquanto e nos preocupar com aquelas questões que surgem na dimensão da experiência direta.

O Buda diz que o seu ensinamento é acerca do sofrimento e da cessação do sofrimento. Essa afirmação não quer dizer que o Dhamma está *somente* preocupado com a nossa experiência de sofrimento na vida presente, mas isso implica que nós podemos usar a nossa experiência presente, apoiada pela observação inteligente, como um critério para determinar o que é benéfico ou deletério para o nosso progresso espiritual. Nossa exigência existencial mais insistente, brotando das nossas entranhas, é a necessidade de libertação da dor, infelicidade e angústia; ou, afirmado positivamente, a necessidade de alcançarmos o bem-estar e a felicidade. Porém, para evitar o mal e assegurar o bem-estar, não nos basta ter esperança. Primeiramente, nós precisamos compreender as condições a partir das quais eles dependem. De acordo com o Buda, tudo aquilo que surge, surge através de causas e condições apropriadas, e isto se aplica com a mesma força ao sofrimento e à felicidade. Portanto, precisamos detectar as causas e condições que conduzem ao mal e ao sofrimento e, do mesmo modo, as causas e condições que conduzem ao bem-estar e à felicidade. Após extrairmos esses dois princípios – as condições que levam ao mal e sofrimento, e as condições que conduzem ao bem-estar e à felicidade – nós temos ao nosso dispor um esboço do processo completo que conduz ao objetivo último, a libertação final do sofrimento.

Um texto que oferece um exemplo excelente dessa abordagem é um discurso do Aṅguttara Nikāya conhecido popularmente como Kālāma Sutta, incluído aqui como o **Texto III, 2**. Os Kālāma eram um povo vivendo numa área remota da planície do Ganges. Muitos mestres de religiões iam visitá-los e cada um deles exaltava a sua própria doutrina e destruía as dos rivais. Confusos e perplexos por este conflito de sistemas de crença, os Kālāma não sabiam em quem acreditar. Quando o Buda passou pela sua cidade, eles se aproximaram dele e pediram-lhe que clarificasse as suas dúvidas. Apesar de o texto não especificar quais questões particulares estavam preocupando os Kālāma, a parte final do discurso deixa claro que as perplexidades rondavam as questões do renascimento e kamma.

O Buda inicia o discurso assegurando aos Kālāma que sob tais circunstâncias era natural que eles duvidassem, pois as questões que os incomodavam eram realmente questões duvidosas e que causavam perplexidade. Ele então lhes disse para que não confiassem em dez fontes de crença. Quatro dessas dizem respeito à autoridade estabelecida pelas escrituras (tradição oral, a linhagem do ensinamento, boatos e coleções de textos); quatro dizem respeito aos fundamentos racionais (lógica, inferência, razoabilidade e aceitação de uma tese após reflexão); e duas dizem respeito às pessoas dotadas de autoridade (oradores impressionantes e mestres respeitados). Esse conselho é às vezes citado como prova de que o Buda rejeitava todas as autoridades externas e convidava cada indivíduo a moldar o seu próprio caminho para a verdade. Lido no devido contexto, porém, a mensagem do Kālāma Sutta é bem diferente. O Buda não está aconselhando os Kālāma – os quais, isso deve ser enfatizado, ainda não haviam nesta altura se tornado seus discípulos – a rejeitar todos os guias autorizados para a compreensão espiritual e contarem somente com as suas próprias intuições pessoais. Ao contrário, ele está lhes oferecendo um canal de saída simples e pragmático do atoleiro da dúvida e perplexidade no qual eles se encontravam. Através do uso de meios habilidosos de investigação, ele os conduz à compreensão de uma gama de princípios básicos que eles podem verificar por experiência própria e, a partir daí, assumir um ponto de partida seguro para o seu posterior desenvolvimento espiritual[68].

Sempre subjacente às perguntas do Buda e às respostas dos Kālāma encontra-se a premissa tácita de que as pessoas são principalmente motivadas a agir por uma preocupação com o seu próprio bem-estar e felicidade. Ao indagar esse conjunto particular de perguntas, o propósito do Buda é levar os Kālāma a perceber que, mesmo quando suspendemos toda a preocupação acerca das vidas futuras, estados mentais prejudiciais como a cobiça, o ódio e a ilusão, ou ações prejudiciais como matar e roubar, ao fim e ao cabo redundam em dor e sofrimento para si próprio aqui e agora. De modo contrário, estados mentais saudáveis e ações saudáveis promovem, de forma duradoura, o bem-estar e a felicidade da pessoa aqui e agora. Assim que o tanto quanto isso é percebido, as consequências prejudiciais imediatamente visíveis dos estados mentais prejudiciais tornam-se razão suficiente para abandoná-los, ao passo que os benefícios imediatos dos estados mentais benéficos se tornam motivo suficiente para cultivá-los. Então, quer exista ou não uma vida após a morte, já se possuem razões adequadas, *na vida presente*, para abandonar os estados mentais prejudiciais e para cultivar os estados mentais benéficos. Caso haja outra vida, maior será a recompensa.

Um enfoque semelhante perpassa o **Texto III, 3**, no qual o Buda demonstra como o sofrimento presente surge e cessa em correlação com o desejo presente. Esse pequeno sutta, dirigido a um seguidor leigo, articula de forma concisa o princípio causal por trás das Quatro Nobres Verdades, porém, ao invés de fazê-lo de forma abstrata, ele adota uma abordagem concreta, simples, que possui um impressionante apelo contemporâneo. Ao utilizar exemplos poderosos retirados da vida de um leigo profundamente apegado à esposa e ao filho, o sutta causa uma impressão profunda e duradoura em nós.

O fato de que tais textos como esse e o Kālāma Sutta não se ocuparem das doutrinas acerca do kamma e renascimento não significa, como geralmente se assume, que tais ensinamentos são meramente acréscimos culturais ao Dhamma que podem ser apagados ou relevados de tal modo que nada de essencial seja perdido. Significa simplesmente que, *no começo*, o Dhamma pode ser abordado de modo que não se fazem necessárias referências às vidas passadas ou futuras. O ensinamento do Buda possui muitas facetas; portanto, de certos ângulos, ele pode ser diretamente avaliado em relação à nossa preocupação pelo nosso bem-estar e felicidade presentes. Uma vez que vejamos que a prática do ensinamento de fato traz paz, alegria e segurança interior nesta mesma vida, isso irá inspirar a nossa confiança no Dhamma como um todo, incluindo aqueles aspectos que se encontram além da nossa capacidade presente de verificação pessoal. Se nós nos submetermos a certas práticas – práticas que exigem habilidades altamente refinadas e um esforço determinado – nós seremos capazes de adquirir as faculdades necessárias para validar aqueles outros aspectos, tais como a lei do kamma, a realidade do renascimento e a existência de dimensões suprassensíveis (cf. **Texto VII, 4 § 23-24** e **Texto VII, 5 § 19-20**).

Outro grande problema que frequentemente atrapalha os buscadores espirituais são as exigências que os mestres impõem à capacidade de confiança daqueles. Este problema se torna particularmente agudo no nosso próprio tempo, quando a mídia, contente, expõe as mazelas de inúmeros gurus e não perde a oportunidade de retratar qualquer santo contemporâneo como nada mais do que um farsante usando um manto. Mas o problema dos gurus canalhas é perene e de forma alguma particular à nossa época. Sempre que uma pessoa exerce poder espiritual sobre ouras, torna-se demasiadamente fácil e tentador explorar a confiança que outros depositam nele, em maneiras que podem se tornar seriamente negativas para o próprio e para os seus discípulos. Quando um discípulo se aproxima de um mestre que afirma ser perfeitamente iluminado e, portanto, capaz de ensinar o caminho para a libertação final, o discípulo deve possuir alguns critérios disponíveis para avaliar as pretensões elevadas que o mestre faz acerca de si próprio – ou aquelas que outros fazem acerca dele.

No Vīmaṃsaka Sutta – **Texto III, 4** – o Buda oferece algumas balizas pelas quais um monge pode testar "o Tathāgata", isto é, o Buda, para avaliar a sua afirmação de ser perfeitamente iluminado. Um dos indicadores da iluminação perfeita é a libertação da mente de todas as impurezas. Se um monge não pode penetrar diretamente na mente de um Buda, ele pode, pelo menos, contar com provas indiretas para determinar se o Buda está livre das impurezas, isto é, ao avaliar através dos atos do corpo e da fala do Buda, ele pode inferir se os estados mentais do Buda são exclusivamente puros, não influenciados pela cobiça, ódio ou ilusão. Além de tal inferência através da observação, o Buda encoraja ainda mais o monge a abordá-lo e investigar diretamente os seus estados mentais.

Uma vez que o discípulo ganhe confiança que o Buda é um mestre qualificado, ele então submete o mestre ao teste final. Ele aprende a sua doutrina, embarca na prática e penetra no Dhamma através do conhecimento direto. Esse ato de penetração – aqui equivalente ao alcançar do estado mínimo de 'entrada na corrente' – traz o ganho da "fé invencível", a fé de alguém que se encontra estabelecido no caminho irreversível que conduz à libertação final.

Considerado isoladamente, o Vīmaṃsaka Sutta poderia dar a impressão de que alguém somente adquire a fé após a realização da doutrina, e como a realização é autovalidante, a fé seria, neste caso, dispensável. Essa impressão, contudo, seria unilateral. A ideia que o sutta enfatiza é que a fé se torna *invencível* como um resultado da realização, e não que a fé entra no caminho espiritual somente quando se atinge a realização. A fé é a primeira das cinco faculdades espirituais e, em alguma medida, uma crença confiante na iluminação do Buda e nas principais teses do seu ensinamento se torna um pré-requisito para o treinamento avançado. Nós vemos a fé funcionando nesta capacidade preparatória no **Texto III, 5**, um longo trecho do Caṅki Sutta. Aqui, o Buda explica que uma pessoa que possua fé em algo "preserva a verdade" quando afirma "essa é a minha crença". Ela "preserva a verdade" porque ela simplesmente afirma o que ela acredita, sem saltar para a conclusão de que aquilo que ela acredita é a verdade definitiva e tudo aquilo contrário a ela é falso. O Buda contrasta a "preservação da verdade" (*saccānurakkhanā*), com a "descoberta da verdade" (*saccānubodha*), que se inicia com o depositar da fé num mestre que se mostrou digno de confiança. Tendo adquirido fé em tal mestre, alguém então se aproxima dele para instrução, aprende o Dhamma, o pratica (de acordo com uma série de passos mais sutilmente calibrados do que os daquele texto), e finalmente enxerga a verdade suprema por si só.

Isto ainda não marca o final da estrada para o discípulo, mas somente o vislumbre inicial da verdade, mais uma vez correspondendo ao estado de "entrada na corrente". Tendo alcançado a visão da verdade, para atingir a "chegada final na verdade" (*saccānupatti*) – isto é, o alcance do estado de Arahant ou libertação final – se deve repetir, desenvolver e cultivar as mesmas séries de passos até que se tenha absorvido e assimilado completamente a verdade suprema desvelada por aquela visão inicial. Assim, todo o processo de treinamento no Dhamma está enraizado na experiência pessoal. Até mesmo a fé deve estar enraizada na investigação e no questionamento, e não baseada somente em predisposições emocionais e na crença cega. A fé sozinha é insuficiente, mas é a porta para níveis mais profundos de experiências. A fé serve como um estímulo à prática; a prática conduz ao entendimento experimental; e quando o entendimento de alguém amadurece, ele floresce na realização completa.

III
Aproximando-se do Dhamma

1 Não é uma doutrina secreta

"Essas coisas, monges, são conduzidas em segredo, e não abertamente. Quais três? Casos com mulheres, os mantras dos brâmanes e visão equivocada.

Mas essas três coisas, monges, brilham abertamente, e não em segredo. Quais três? A lua, o sol e o Dhamma e a Disciplina proclamadas pelo Tathāgata."

(AN 3: 129; I 282-283)

2 Sem dogmas ou fé cega

"Assim eu ouvi. Numa ocasião o Abençoado estava viajando junto com a Saṅgha e uma grande quantidade de monges quando ele chegou na cidade dos Kālāmas chamada Kesaputta[69]. Então os Kālāmas começaram a ouvir: 'Dizem que o asceta Gotama, filho da tribo Sakya, chegou em Kesaputta. Começaram a circular algumas histórias positivas sobre o mestre Gotama, mais ou menos assim: 'que o Abençoado é um arahant, perfeitamente iluminado, realizado tanto no verdadeiro conhecimento quanto na conduta, afortunado, conhecedor do mundo, líder insuperável daqueles que devem ser treinados, mestre de devas e humanos, o Iluminado, o Abençoado'. Tendo realizado com o seu próprio conhecimento direto esse mundo com os seus devas, Māra e Brahmā, essa população de ascetas e brâmanes, com os seus devas e humanos, ele transmite esse conhecimento aos outros. Ele ensina o Dhamma que é bom no começo, bom no meio e bom no fim, com palavras verdadeiras e claras; ele revela a vida espiritual que é perfeitamente completa e purificada'. É bom conhecer tais arahants[70].

Então os Kālāmas de Kesaputta foram visitar o Abençoado. Alguns o saudaram e se sentaram ao lado, outros trocaram cumprimentos com ele e, após cumprimentá-lo, sentaram-se ao seu lado; alguns o saudaram reverentemente e também se sentaram; outros permaneceram em silêncio e também se sentaram. Então os Kālāmas disseram ao Abençoado:

Venerável, alguns ascetas e brâmanes que vêm a Kesaputta explicam e elucidam as suas próprias doutrinas, mas criticam, abusam, destroem e fazem chacota das doutrinas dos outros. Então, alguns outros ascetas e brâmanes que também vêm a Kesaputta explicam e elucidam as suas próprias doutrinas, mas também criticam, abusam, destroem e fazem chacota das doutrinas dos outros. Para nós, Venerável, tudo o que resta é perplexidade e dúvida acerca de qual desses bons ascetas falam a verdade ou mentem.

É compreensível que vocês fiquem perplexos, Kālāmas, é compreensível que vocês fiquem em dúvida. Vocês ficaram em dúvida acerca de temas que realmente causam perplexidade. Ora, Kālāmas, não se deixem levar pela tradição oral, pela linhagem do ensinamento, por ouvir dizer, por uma coleção de textos, pela lógica, pela inferência, pelo raciocínio, por aceitar uma tese depois de refletir sobre ela, pela competência do orador ou porque vocês pensam assim: 'O asceta é o nosso mestre'[71]. Mas quando vocês compreenderem por vocês mesmos: 'Essas coisas são prejudiciais; essas coisas são erradas; essas coisas são censuradas pelos sábios; essas coisas, se seguidas e praticadas, conduzem ao mal e ao sofrimento', então vocês devem abandoná-las.

'O que vocês acham, Kālāmas? Quando surge a cobiça, o ódio e a ilusão numa pessoa, isso lhe faz bem ou mal?'[72] 'Isso faz mal, Venerável'. 'Kālāmas, uma pessoa que cobiça, que tem ódio, que está iludida, tomada pela cobiça, pelo ódio, pela ilusão, cujos pensamentos são controlados por elas, irá destruir o que está vivo, pegar o que não lhe foi dado, levar uma vida sexual desregrada e mentir; ela também convencerá outras pessoas a fazer o mesmo. Isso vai conduzir ao mal e ao sofrimento por um longo tempo?' – 'Sim, Venerável'.

'O que vocês acham, Kālāmas? Essas coisas são saudáveis ou prejudiciais?' 'Prejudiciais, Venerável'. 'Censuradas ou elogiadas pelos sábios?' 'Censuradas, Venerável'. 'Nesse caso, seguidas e praticadas, elas conduzem ao mal e ao sofrimento ou não?' 'Neste caso, seguidas e praticadas, essas coisas conduzem ao mal e ao sofrimento, pelo menos, parece que sim, para nós'.

'Foi por isso, Kālāmas, que nós dissemos: Não se deixem levar pela tradição oral...'

Ora, Kālāmas, não se deixem levar pela tradição oral, pela linhagem do ensinamento, por ouvir dizer, por uma coleção de textos, pela lógica, pela inferência, pelo raciocínio, por aceitar uma tese depois de refletir sobre ela, pela competência do orador ou porque vocês pensam assim: 'O asceta é o nosso mestre'. Mas quando vocês compreenderem por vocês mesmos: 'Essas coisas são saudáveis, essas coisas são corretas, essas coisas são elogiadas pelos sábios; essas coisas, se seguidas e praticadas, conduzem ao bem-estar e à felicidade', então vocês devem praticá-las.

'O que vocês acham, Kālāmas? Quando surge a não cobiça, o não ódio e a não ilusão numa pessoa, isso lhe faz bem ou mal?' 'Isso faz bem, Venerável'. 'Kālāmas, uma pessoa que é sem cobiça, sem ódio, que não está iludida, que não está tomada pela cobiça, pelo ódio, pela ilusão, cujos pensamentos não são controlados por elas, não irá destruir o que está vivo, não vai pegar o que não lhe foi dado, não vai levar uma vida sexual desregrada e mentir; ela também convencerá outras pessoas a fazer o mesmo. Isso vai conduzir ao bem-estar e à felicidade por um longo tempo?' 'Sim, Venerável'.

'O que vocês acham, Kālāmas? Essas coisas são saudáveis ou prejudiciais?' 'Saudáveis, Venerável'. 'Censuradas ou elogiadas pelos sábios?' 'Elogiadas, Venerável'. 'Nesse caso, seguidas e praticadas, elas conduzem ao mal e ao sofrimento ou não?' 'Nesse caso, seguidas e praticadas, essas coisas conduzem ao bem-estar e à felicidade, pelo menos, parece que sim, para nós'.

'Foi por isso, Kālāmas, que nós dissemos: Não se deixem levar pela tradição oral...'

'Então, Kālāmas, o nobre discípulo – sem malícia, sem má vontade, sem confusão, compreendendo claramente, sempre consciente – permanece espalhando gentileza amorosa com a mente numa direção, da mesma maneira numa segunda direção, numa terceira e numa quarta[73]. Assim, do mesmo modo, acima, abaixo, para o lado, em todas as direções, para todos como se fosse para si, ele permanece espalhando com a mente, para o mundo todo, uma gentileza amorosa vasta, exaltada, imensurável, sem hostilidade e sem má vontade'.

Ele permanece espalhando compaixão com a mente numa direção... alegria altruísta numa direção... equanimidade numa direção... da mesma maneira numa segunda direção, numa terceira e numa quarta. Assim, do mesmo modo, acima, abaixo, para o lado, em todas as direções, para todos como se fosse para si, ele permanece espalhando com a mente, para o mundo todo, equanimidade vasta, exaltada, imensurável, sem hostilidade e sem má vontade.

Quando, Kālāmas, esse nobre discípulo tiver conseguido livrar a sua mente da inimizade, da má vontade, e a tiver tornado pura e incorruptível, ele consegue quatro seguranças nessa vida.

A primeira segurança que ele consegue é a seguinte: 'Se existir outro mundo, e se boas ou más ações geram frutos e dão resultados, é possível que, com a dissolução do corpo eu consiga, após a morte, um bom destino num mundo paradisíaco'.

A segunda segurança que ele consegue é a seguinte: 'Se não existir outro mundo, e se boas ou más ações não geram frutos e não dão resultados, mesmo assim, aqui nesta vida, eu vivo feliz, sem inimizades ou má vontade'.

A terceira segurança que ele consegue é a seguinte: 'Suponha que o mal recaia sobre aquele que age mal. Então, como eu não quero o mal de ninguém, como pode o sofrimento me afligir, eu que não pratico o mal?'

A quarta segurança que ele consegue é a seguinte: 'Suponha que o mal não recaia sobre aquele que age mal. Então, aqui mesmo nesta vida eu me encontro puro nos dois aspectos'[74].

Quando, Kālāmas, esse nobre discípulo tiver conseguido, dessa maneira, livrar a sua mente da inimizade, da má vontade, e a tiver tornado pura e incorruptível, ele conseguiu essas quatro seguranças nessa vida.

É isso mesmo, Abençoado! É isso mesmo, Afortunado! Quando esse nobre discípulo tiver conseguido, dessa maneira, livrar a sua mente da inimizade, da má vontade, e a tiver tornado pura e incorruptível, ele conseguiu essas quatro seguranças nessa mesma vida.

Magnífico, Venerável! Magnífico, Venerável! O Abençoado tornou o Dhamma claro de muitas maneiras, como se ele estivesse colocado de pé aquilo que havia caído, revelado o que estava escondido, mostrado o caminho para quem estava perdido, ou segurado uma lamparina no escuro para que aqueles com boa visão possam ver as formas. Nós agora tomamos refúgio no Abençoado, no Dhamma e na Saṅgha dos monges. Possa o Abençoado nos aceitar como discípulos leigos que tomaram refúgio desde hoje até o fim da vida"[75].

(AN 3: 65; I 188-193)

3 A ORIGEM VISÍVEL E O TÉRMINO DO SOFRIMENTO

"Numa ocasião o Abençoado estava vivendo numa cidade da tribo Malla chamada Uruvelakappa. Então Bhadraka, o chefe da tribo[76] se aproximou do Abençoado, prestou-lhe homenagens, sentou-se ao lado e lhe disse: 'Seria bom, Venerável, se o Abençoado pudesse me ensinar a origem e o término do sofrimento'.

Se eu, chefe, fosse lhe ensinar sobre a origem e o término do sofrimento com referência ao passado, dizendo: 'Foi assim no passado', você poderia ficar perplexo e incerto. Se eu lhe ensinasse sobre a origem e o término do sofrimento com referência ao futuro, dizendo: 'Vai ser assim no futuro', você poderia ficar perplexo e incerto. Ao invés disso, chefe, enquanto eu estou sentado aqui e você está sentado aí, eu vou lhe ensinar sobre a origem e o término do sofrimento. Ouça e preste bastante atenção, pois eu vou falar.

'Sim, Venerável', Bhadraka respondeu. O Abençoado disse o seguinte:

'O que você acha, chefe: você ficaria triste, lamentaria, sentiria dor, tristeza ou desespero caso algumas pessoas em Uruvellakappa fossem executadas, presas, multadas ou censuradas?'

'Existem tais pessoas, Venerável.'

'Mas existem outras pessoas em Uruvelakappa que, caso o mesmo ocorresse com elas, você não ficaria triste, lamentaria, sentiria dor, tristeza ou desespero?'

'Existem tais pessoas, Venerável.'

'Por que, chefe, em relação a algumas pessoas você ficaria triste, lamentaria, sentiria dor, tristeza ou desespero caso elas fossem executadas, presas, multadas ou censuradas em Uruvelakapa e em relação a outras, não?'

Porque, no caso, em relação a algumas pessoas eu ficaria triste, lamentaria, sentiria dor, tristeza ou desespero caso elas fossem executadas, presas, multadas ou censuradas em Uruvelakapa, eu sinto desejo e apego, mas em relação a outras não, pois isto se deve ao fato de eu não sentir desejo e apego por elas.

Chefe, através deste princípio que é visto, compreendido, imediatamente alcançado, atingido, aplique o mesmo método para o passado e para o futuro da seguinte maneira: 'Seja qual for o sofrimento que tenha surgido no passado, ele surgiu enraizado no desejo, tendo o desejo como fonte; pois o desejo é a raiz do sofrimento. Seja qual for o sofrimento surja no futuro, ele surgirá enraizado no desejo, tendo o desejo como fonte; pois o desejo é a raiz do sofrimento'.

É maravilhoso, Venerável! É impressionante, Venerável! Como foi bem explicado pelo Abençoado: 'Seja qual for o sofrimento que surja, todo ele possui o desejo como fonte; pois o desejo é a raiz do sofrimento'[77]. Venerável, eu tenho um filho chamado Ciravāsī que não mora comigo. Todo dia, pela manhã, eu acordo cedo e mando alguém, dizendo: 'Vá, homem, e descubra como Ciravāsī está passando'. Até que o homem retorne, Venerável, eu me sinto mal, pensando: 'Espero que Ciravāsī não tenha tido nenhum problema!'

'O que você acha, chefe: Você ficaria triste, lamentaria, sentiria dor, tristeza ou desespero caso Ciravāsī fosse executado, preso, multado ou censurado?'

Venerável, se Ciravāsī fosse executado, preso, multado ou censurado, a minha própria vida não teria mais sentido, então como eu não ficaria triste, lamentaria, sentiria dor, tristeza ou desespero?

Através disso, chefe, também pode ser entendido que: 'Seja qual for o sofrimento que surja, todo ele possui o desejo como fonte; pois o desejo é a raiz do sofrimento'.

'O que você acha, chefe: antes de conhecer a sua esposa ou ouvir falar sobre ela, você sentia qualquer desejo, apego ou afeição por ela?'

'Não, Venerável.'

'Então, chefe, foi somente quando você a viu ou ouviu falar dela que esse desejo, esse apego e essa afeição surgiram em você?'

'Sim, Venerável.'

'O que você acha, chefe: você ficaria triste, lamentaria, sentiria dor, tristeza ou desespero caso sua esposa fosse executada, presa, multada ou censurada?'

'Venerável, caso minha esposa fosse executada, presa, multada ou censurada, a minha própria vida não teria mais sentido, então como eu não ficaria triste, lamentaria, sentiria dor, tristeza ou desespero?'

'Através disso, chefe, também pode ser entendido que: seja qual for o sofrimento que surja, todo ele possui o desejo como fonte; pois o desejo é a raiz do sofrimento'."

(SN 42: 11; IV 327-330)

4 Investigue o próprio mestre

1 "Assim eu ouvi. Numa ocasião o Abençoado estava vivendo em Sāvathi no Bosque de Jeta, no Parque de Anāthapiṇḍika. Lá, ele se dirigiu aos monges dessa maneira: 'Monges!' 'Venerável!', eles responderam. O Abençoado disse isso:

2 'Monges, um monge que investiga, sem saber como avaliar a mente de um outro[78], deveria realizar uma investigação do Tathāgata de modo a descobrir se ele é perfeitamente iluminado ou não'.

3 'Venerável, nossos ensinamentos emanam do Abençoado, são guiados pelo Abençoado, possuem o Abençoado como origem. Seria bom se o Abençoado pudesse explicar o significado dessas palavras. Ouvindo diretamente dele, os monges se lembrarão.'

'Então ouçam, monges, e prestem bastante atenção ao que eu vou dizer.'

'Sim, Venerável senhor', os monges responderam. O Abençoado falou o seguinte:

4 'Monges, um monge que investiga, sem saber como avaliar a mente de um outro, deveria investigar o Tathāgatha em relação a dois estados mentais, estados que podem ser conhecidos através do olho e através do ouvido dessa maneira: 'São encontrados no Tathāgatha ou não quaisquer estados de impureza que podem ser conhecidos através do olho ou do ouvido?'[79] Quando o monge o investiga, ele percebe: 'Não são encontrados estados de impureza que podem ser conhecidos através do olho ou do ouvido no Tathāgatha'.

5 Quando ele percebe isso, ele o investiga ainda mais, dessa maneira: 'São encontrados no Tathāgatha ou não quaisquer estados mistos que podem ser conhecidos através do olho ou do ouvido?'[80] Quando o monge o investiga, ele percebe: 'Não são encontrados estados mistos que podem ser conhecidos através do olho ou do ouvido no Tathāgatha'.

6 Quando ele percebe isso, ele o investiga ainda mais, dessa maneira: 'São encontrados no Tathāgatha ou não quaisquer estados puros que podem ser conhecidos através do olho ou do ouvido?' Quando o monge o investiga, ele percebe: 'Estados puros que podem ser conhecidos através do olho ou do ouvido são encontrados no Tathāgatha'.

7 Quando ele percebe isso, ele o investiga ainda mais, dessa maneira: 'Este Venerável atingiu esse estado positivo há muito tempo ou só recentemente?' Quando o monge o investiga dessa maneira, ele percebe: 'Este Venerável atingiu esse estado positivo há muito tempo, e não recentemente'.

8 Quando ele percebe isso, ele o investiga ainda mais, dessa maneira: 'Este Venerável adquiriu renome e atingiu a fama, de modo que os perigos [relacionados ao renome e à fama] são encontrados nele?' Pois, monges, enquanto um monge não adquiriu renome e alcançou a fama, os perigos [relacionados ao renome e à fama] não são encontrados nele, mas quando ele adquiriu renome e atingiu a fama, aqueles perigos são encontrados nele[81]. Quando o monge o investiga dessa maneira, ele percebe: 'Este Venerável adquiriu renome e alcançou a fama, mas os perigos [relacionados ao renome e à fama] não são encontrados nele'.

9 Quando ele percebe isso, ele o investiga ainda mais, dessa maneira: 'Este Venerável é moderado sem medo, imoderado pelo medo e ele evita se entregar aos prazeres sensórios porque não sente desejo, já que o destruiu? 'Este Venerável é moderado sem medo, imoderado pelo medo e ele evita se entregar aos prazeres sensórios porque não sente desejo, já que o destruiu'.

10 Porém, monges, se outros perguntassem àquele monge assim: 'Quais são as razões do Venerável e as provas para que ele afirme: 'Este Venerável é moderado sem medo, imoderado pelo medo e ele evita se entregar aos prazeres sensórios porque não sente desejo, já que o destruiu?' – para responder corretamente, o monge deveria responder assim: 'Quer o Venerável viva com a Saṅgha ou sozinho, ainda que alguns na Saṅgha sejam bem comportados ou mal comportados, e alguns ensinem um grupo, enquanto que alguns aqui possam ser vistos como preocupados com coisas materiais, e alguns permaneçam intocados pelas coisas materiais, mesmo assim o Venerável não despreza ninguém por causa disso'[82]. E eu ouvi e aprendi isso dos lábios do próprio Abençoado: 'Eu sou moderado sem medo, imoderado pelo medo e eu evito me entregar aos prazeres sensórios porque eu não sinto desejo, já que o destruí'.

11 O Tathāgatha, deveria ser questionado, ainda mais, da seguinte maneira: 'São encontrados no Tathāgatha ou não quaisquer estados de impureza que podem ser conhecidos através do olho ou do ouvido? O Tathāgatha deveria responder assim: não há quaisquer estados de impureza que podem ser conhecidos através do olho ou do ouvido no Tathāgatha'.

12 Se perguntado: 'São encontrados no Tathāgatha ou não quaisquer estados mistos que podem ser conhecidos através do olho ou do ouvido?' O Tathāgatha deveria responder assim: 'Não são encontrados estados mistos que podem ser conhecidos através do olho ou do ouvido no Tathāgatha'.

13 Se perguntado: 'São encontrados no Tathāgatha ou não quaisquer estados puros que podem ser conhecidos através do olho ou do ouvido?' O Tathāgatha deveria responder assim: 'Estados puros que podem ser conhecidos através do olho ou do ouvido são encontrados no Tathāgatha. Eles são o meu caminho e o meu terreno, mesmo assim eu não me identifico com eles'.

14 Monges, um discípulo deveria se aproximar do mestre que fala daquela maneira para ouvir o Dhamma. O mestre lhe ensina o Dhamma com os seus níveis sucessivamente mais elevados, com os seus níveis sucessivamente mais sublimes, com os seus contrastes escuros e claros. À medida que o mestre ensina o Dhamma ao monge dessa maneira, através do conhecimento direto de um certo ensinamento do Dhamma, o monge chega a uma conclusão sobre os ensinamentos[83]. Ele deposita confiança no mestre dessa maneira: 'O Abençoado é perfeitamente iluminado, o Dhamma foi bem proclamado pelo Abençoado, a Saṅgha está praticando de modo correto'.

15 Porém, monges, se outros perguntassem àquele monge assim: 'Quais são as razões do Venerável e as provas para que ele afirme: 'O Abençoado é perfeitamente iluminado, o Dhamma foi bem proclamado pelo Abençoado, a Saṅgha está praticando de modo correto" – para responder corretamente, o monge deveria responder assim: 'Bem, amigos, eu me aproximei do Abençoado para ouvir o Dhamma. O Abençoado me ensinou o Dhamma com os seus níveis sucessivamente mais elevados, com os seus níveis sucessivamente mais sublimes, com os seus contrastes escuros e claros. À medida que o mestre me ensinou o Dhamma dessa maneira, através do

conhecimento direto de um certo ensinamento do Dhamma, eu cheguei a uma conclusão sobre os ensinamentos. Eu depositei confiança no mestre dessa maneira: 'O Abençoado é perfeitamente iluminado, o Dhamma foi bem proclamado pelo Abençoado, a Saṅgha está praticando de modo correto'.

16 Monges, quando a fé de alguém foi plantada, enraizada, estabelecida no Tathāgatha dessa maneira, através dessas razões, nesses termos e frases, considera-se que a sua fé, apoiada pelas razões, enraizada na visão, firme, é invencível por qualquer asceta ou brâmane ou deva ou Māra ou Brahmā ou por qualquer um no mundo[84]. É assim, monges, que se dá uma investigação do Tathāgatha de acordo com o Dhamma, e é dessa maneira que o Tathāgatha é bem investigado de acordo com o Dhamma.

Foi isso que o Abençoado disse. Os monges ficaram felizes e satisfeitos com as palavras do Abençoado.

(MN 47: *Vimaṃsaka Sutta*; I 317-320)

5 Passos para a compreensão da verdade

10 "Então o brâmane Caṅki[85], junto com uma grande companhia de brâmanes, foram visitar o Abençoado, trocaram saudações com ele e se sentaram ao lado, abaixo dele.

11 Ora, naquela ocasião o Abençoado estava terminando uma conversa amigável com alguns brâmanes bastante idosos. Naquele momento, sentado na assembleia, encontrava-se o estudante brâmane chamado Kāpaṭhika. Jovem, cabeça raspada, com dezesseis anos, ele dominava os três Vedas, o seu vocabulário, liturgia, fonologia e etimologia e ainda conhecia uma quinta disciplina, as histórias; perito também em filologia e gramática, bem como em filosofia natural e fisiognomia, as marcas corporais de um grande ser. Enquanto os brâmanes idosos conversavam com o Abençoado, ele repetidamente se intrometia e interrompia a conversa. Então o Abençoado chamou a atenção do estudante Kāpaṭhika desse modo: 'O honorável Bhāradvāja[86] não deveria se intrometer e interromper a conversa de brâmanes bastante idosos. Ele deveria esperar até a conversa acabar'.

Quando isto foi dito, o brâmane Caṅki disse ao Abençoado: 'Mestre Gotama não deveria chamar a atenção do estudante brâmane Kāpaṭhika. Este estudante brâmane é muito erudito; ele fala muito bem; ele é sábio. Ele pode muito bem tomar parte na discussão com Mestre Gotama'.

12 Então o Abençoado pensou: 'Com certeza, já que os brâmanes o honram dessa maneira, o estudante brâmane Kāpaṭhika deve dominar as escrituras dos três Vedas'.

Então, o estudante brâmane pensou: 'Quando o asceta Gotama olhar na minha direção, eu vou lhe fazer uma pergunta'.

Então, conhecendo o pensamento do estudante brâmane Kāpaṭhika com sua própria mente, o Abençoado voltou os seus olhos na direção dele. Então o estudante brâmane Kāpaṭhika pensou: 'O asceta Gotama se virou em minha direção. E se eu lhe fizesse uma pergunta?' Então ele disse ao Abençoado: 'Mestre Gotama, a respeito dos antigos hinos brâmanes que chegaram a nós através da transmissão oral, preservados nas coleções, os brâmanes chegaram à seguinte conclusão definitiva: 'Somente isso é verdade, qualquer outra coisa está errada'. O que o Mestre Gotama tem a dizer sobre isso?'

13 Como é isso, então, Bhāradvāja; entre os brâmanes existe um único mestre ou o mestre de um mestre até a sétima geração passada de mestres que afirmam o seguinte: 'Isso eu sei, isso eu conheço: só isso é verdade, qualquer outra coisa está errada?' 'Não, Mestre Gotama'.

Como é possível, então, Bhāradvāja; os antigos poetas-videntes, os criadores dos hinos, os compositores dos hinos, daqueles hinos antigos que eram cantados, recitados e compilados, que os brâmanes ainda hoje cantam e repetem, repetindo o que foi falado e recitando o que foi recitado – isto é, Aṭṭhaka, Vāmaka, Vāmadeva, Vessāmitta, Yamataggi, Angirasa, Bhāradvaja, Vāseṭṭha, Kassapa e Bhagu[87] – Até mesmo esses antigos poetas-videntes brâmanes diziam assim: 'Isso nós sabemos, isso nós conhecemos: Só isso é verdade, qualquer outra coisa está errada?' 'Não, mestre Gotama'.

Então, Bhāradvaja, parece que dentre os brâmanes, não existe nem um único brâmane que diga assim: 'Isso eu sei, isso eu conheço: Só isso é verdade, qualquer outra coisa está errada'. E dentre os brâmanes não existe um único mestre ou o mestre de um mestre até a sétima geração passada de mestres que afirmam o seguinte: 'Isso eu sei, isso eu conheço: só isso é verdade, qualquer outra coisa está errada'. E dentre os antigos poetas-videntes, os criadores dos hinos, os compositores dos hinos, daqueles hinos antigos que eram cantados, recitados e compilados, que os brâmanes ainda hoje cantam e repetem, repetindo o que foi falado e recitando o que foi recitado, parece que não há nenhum que afirme: 'Isso nós sabemos, isso nós conhecemos'. Só isso é verdade, qualquer outra coisa está errada'. Imagine uma fila de cegos, cada um ligado ao da frente: o primeiro não enxerga, o do meio não enxerga e o último não enxerga. Do mesmo modo, Bhāradvāja, acerca de suas afirmações, os brâmanes parecem com a fila de cegos: o primeiro não enxerga, o do meio não enxerga e o último também não enxerga. O que você pensa, Bhāradvaja, sendo assim, neste sentido, a crença dos brâmanes não parece ser sem fundamento?

14 'Os brâmanes honram esta tradição não somente pela fé, Mestre Gotama. Eles também a honram como tradição oral.'

'Bhāradvāja, primeiro você defendeu o seu ponto de vista pela fé, agora você fala de tradição oral. Existem cinco coisas, Bhāradvāja, que podem resultar em perspectivas diferentes aqui e agora. Quais cinco coisas? Fé, aprovação, tradição oral, especulação lógica e aceitação de uma perspectiva como resultado de reflexão[88]. Essas cinco coisas podem resultar em perspectivas diferentes aqui e agora. Agora, algo pode ser completamente aceito pela fé, mesmo assim ser vazio, superficial e falso; mas uma outra coisa pode não ser completamente aceita pela fé e, apesar disso, ser factual, verdadeira e correta. Do mesmo modo, algo pode ser completamente aprovado... bem transmitido... bem pensado... bem refletido... e, apesar disso, ser vazio, superficial e falso; porém, uma outra coisa pode não ser bem transmitida, bem pensada, bem refletida e, apesar disso, ser factual, verdadeira e correta. [Sob tais condições] não é apropriado para um sábio que valoriza a verdade chegar à conclusão definitiva: 'Só isso é verdade, qualquer outra coisa está errada''[89].

15 'Mas, Mestre Gotama, de que maneira se pode preservar a verdade?'[90] Como se preserva a verdade? Estamos perguntando ao Mestre Gotama acerca da preservação da verdade.

'Se uma pessoa possui fé, Bhāradvāja, ela preserva a verdade quando ela diz: 'Minha fé é assim'; mas ela ainda não chega à conclusão definitiva de que: 'Só isso é verdade e qualquer outra coisa está errada'. Desse modo, Bhāradvāja, dá-se a preservação da verdade; desse modo ela preserva a verdade; desse modo nós descrevemos a preservação da verdade. Porém, até aí não se dá a descoberta da verdade'[91].

16 'Mestre Gotama, de que maneira se pode preservar a verdade?' Como se preserva a verdade? De que maneira podemos reconhecer a preservação da verdade? Porém, de que maneira, Mestre Gotama, se dá a descoberta da verdade? De que maneira se descobre a verdade? Estamos perguntando ao Mestre Gotama acerca da descoberta da verdade.

17 'Neste caso, Bhāradvāja, um monge pode estar vivendo na dependência de uma vila ou cidade. Então um chefe de família ou o filho de um chefe de família procura aquele monge e o investiga acerca dos três tipos de estados: a respeito dos estados baseados na cobiça, a respeito dos estados baseados no ódio, e a respeito dos estados baseados na ilusão'. Existem neste monge quaisquer estados oriundos da cobiça de tal modo que, com a sua mente obcecada por tais estados, apesar de não saber, ele afirmasse: 'Eu sei', ou apesar de não conhecer, ele dissesse: 'Eu conheço', ou ainda que ele sugerisse a outros que agissem de tal forma que conduzisse à dor e ao sofrimento daqueles por um longo período? Ao investigá-lo ele percebe: 'Não existem tais estados baseados na cobiça neste monge. O comportamento corporal e verbal deste monge não corresponde aos de alguém afetado pela cobiça'. E o Dhamma que ele ensina é profundo, difícil de ver e de compreender, pacífico e sublime, inatingível pelo mero raciocínio, sutil, a ser experimentado somente pelos sábios. Esse Dhamma não pode ser facilmente ensinado por alguém afetado pela cobiça.

18 Após tê-lo investigado dessa maneira, ele então o investiga acerca dos estados baseados no ódio. 'Existem neste monge quaisquer estados oriundos do ódio de tal modo que, com a sua mente obcecada por tais estados, apesar de não saber, ele afirmasse: 'Eu sei', ou apesar de não conhecer, ele dissesse: 'Eu conheço', ou ainda que ele sugerisse a outros que agissem de tal forma que conduzisse à dor e ao sofrimento daqueles por um longo período?' Ao investigá-lo ele percebe: 'Não existem tais estados baseados no ódio neste monge. O comportamento corporal e verbal deste monge não corresponde aos de alguém afetado pelo ódio'. E o Dhamma que ele ensina é profundo, difícil de ver e de compreender, pacífico e sublime, inatingível pelo mero raciocínio, sutil, a ser experimentado somente

pelos sábios. Esse Dhamma não pode ser facilmente ensinado por alguém afetado pelo ódio.'

19 Após tê-lo investigado dessa maneira, ele então o investiga acerca dos estados baseados na ilusão. 'Existem neste monge quaisquer estados oriundos da ilusão de tal modo que, com a sua mente obcecada por tais estados, apesar de não saber, ele afirmasse: 'Eu sei', ou apesar de não conhecer, ele dissesse: 'Eu conheço', ou ainda que ele sugerisse a outros que agissem de tal forma que conduzisse à dor e ao sofrimento daqueles por um longo período?' Ao investigá-lo ele percebe: 'Não existem tais estados baseados na ilusão neste monge. O comportamento corporal e verbal deste monge não corresponde aos de alguém afetado pela ilusão'. E o Dhamma que ele ensina é profundo, difícil de ver e de compreender, pacífico e sublime, inatingível pelo mero raciocínio, sutil, a ser experimentado somente pelos sábios. Esse Dhamma não pode ser facilmente ensinado por alguém afetado pela ilusão.'

20 Após tê-lo investigado dessa maneira e observado que ele se encontra purificado dos estados baseados na ilusão, ele então deposita fé no monge; cheio de fé, ele o visita e presta-lhe respeito; tendo-lhe prestado respeito, ele lhe dá ouvidos, dando-lhe ouvidos, ele ouve o Dhamma, tendo ouvido o Dhamma, ele o memoriza e examina o sentido do ensinamento que ele memorizou; quando ele examina o sentido, ele o aceita como resultado da sua reflexão; quando ele o aceita como resultado de sua reflexão, surge o desejo; quando o desejo surge, ele aplica a sua força de vontade, ele examina; tendo examinado, ele se esforça; se esforçando resolutamente, ele realiza com o corpo a verdade suprema e a vê ao penetrar-lhe com a sabedoria[92]. Desse modo, Bhāradvāja, dá-se a descoberta da verdade; desse modo se descobre a verdade, desse modo se descreve a descoberta da verdade. Porém, ainda assim não se dá a chegada final à verdade[93].

21 'Mestre Gotama, de que maneira se pode descobrir a verdade? Como se pode descobrir a verdade? De que maneira podemos reconhecer a descoberta da verdade? Porém, de que maneira, Mestre Gotama, se dá a chegada final à verdade? De que maneira finalmente se chega à verdade? Estamos perguntando ao Mestre Gotama acerca da chegada final à verdade.'

A chegada final à verdade, Bhāradvāja, se dá pela repetição, pelo desenvolvimento e cultivo daquelas mesmas coisas. Desse modo, Bhāradvāja, dá-se a chegada final à verdade; desse modo finalmente se chega à verdade, desse modo se descreve a chegada final à verdade.

22 Desse modo, Mestre Gotama, dá-se a chegada final à verdade; desse modo se finalmente se chega à verdade, desse modo se reconhece a chegada final à verdade. Porém, o que, Mestre Gotama, é a coisa mais útil para a chegada final à verdade? Estamos perguntando ao Mestre Gotama acerca da coisa mais útil para a chegada final à verdade.

'Esforço é a coisa mais útil para a chegada final à verdade, Bhāradvāja. Se não se esforça, não se chegará finalmente à verdade; mas porque se esforça, finalmente se chega à verdade. Por isso o esforço é o mais útil para a chegada final à verdade.'

23 'Porém, o que, Mestre Gotama, é a coisa mais útil para o esforço? Estamos perguntando ao Mestre Gotama acerca da coisa mais útil para o esforço.'

'Análise é a coisa mais útil para a esforço, Bhāradvāja. Se não se analisa, não se esforça; mas porque se analisa, finalmente se esforça. Por isso a análise é a coisa mais útil para o esforço.'

24 'Porém, o que, Mestre Gotama, é a coisa mais útil para análise? Estamos perguntando ao Mestre Gotama acerca da coisa mais útil para a análise.'

'A aplicação da vontade é a coisa mais útil para a análise, Bhāradvāja. Se não se aplica a vontade, não se analisa; mas porque se aplica a vontade, finalmente se analisa. Por isso a aplicação da vontade é a coisa mais útil para análise.'

25 'Porém, o que, Mestre Gotama, é a coisa mais útil para a aplicação da vontade? Estamos perguntando ao Mestre Gotama acerca da coisa mais útil para a aplicação da vontade.'

'O desejo é a coisa mais útil para a aplicação da vontade, Bhāradvāja. Se não se estimula o desejo, não se aplica a vontade; mas porque se estimula o desejo, aplica-se a vontade. Por isso o desejo é o mais útil para a aplicação da vontade.'

26 'Porém, o que, Mestre Gotama, é a coisa mais útil para o desejo? Estamos perguntando ao Mestre Gotama acerca da coisa mais útil para desejo.'

'Aceitar os ensinamentos como resultado da reflexão sobre eles é o mais útil para o desejo, Bhāradvāja. Se não se aceita os ensinamentos como resultado da reflexão sobre eles, não se estimula o desejo; mas porque se aceitam os ensinamentos como resultado da reflexão sobre os ensinamentos, estimula-se o desejo. Por isso a aceitação dos ensinamentos como resultado da reflexão sobre eles é o mais útil para o desejo.'

27 'Porém, o que, Mestre Gotama, é a coisa mais útil para aceitar os ensinamentos como resultado da reflexão?' Estamos perguntando ao Mestre Gotama acerca da coisa mais útil para aceitar os ensinamentos como resultado da reflexão.

'O exame do sentido é o mais importante para aceitar os ensinamentos como resultado da reflexão sobre eles, Bhāradvāja. Se não se examina o sentido, não se aceitam os ensinamentos como resultado da reflexão sobre eles; mas porque se examina o sentido, aceitam-se os ensinamentos como resultado da reflexão sobre eles. Por isso, o exame do sentido é o mais útil para a aceitação dos ensinamentos como resultado da reflexão sobre eles.'

28 'Porém, o que, Mestre Gotama, é a coisa mais útil para o exame do sentido?' Estamos perguntando ao Mestre Gotama acerca da coisa mais útil para o exame do sentido.

'Memorizar os ensinamentos é o mais útil para o exame do sentido, Bhāradvāja. Se não se memoriza o ensinamento, não se examina o sentido; mas porque se memoriza o ensinamento, examina-se o sentido. Por isso a memorização do ensinamento é o mais útil para o exame do sentido.'

29 'Porém, o que, Mestre Gotama, é a coisa mais útil para a memorização do ensinamento?' Estamos perguntando ao Mestre Gotama acerca da coisa mais útil para a memorização do ensinamento.

'Escutar o Dhamma é o mais útil para memorizar os ensinamentos, Bhāradvāja. Se não se escuta o Dhamma, não se memoriza o ensinamento; mas porque se escuta o Dhamma, memoriza-se o ensinamento. Por isso, escutar o Dhamma é o mais útil para memorizar o ensinamento.'

30 'Porém, o que, Mestre Gotama, é a coisa mais útil para escutar o Dhamma?' Estamos perguntando ao Mestre Gotama acerca da coisa mais útil para escutar o Dhamma.

'Dar ouvidos é o mais útil para escutar o Dhamma, Bhāradvāja. Se não se dá ouvidos, não se escuta o Dhamma; mas porque se dá ouvidos, escuta-se o Dhamma. Por isso dar ouvidos é o mais importante para escutar o Dhamma.'

31 'Porém, o que, Mestre Gotama, é a coisa mais útil para dar ouvidos?' Estamos perguntando ao Mestre Gotama acerca da coisa mais útil para dar ouvidos.

'Prestar respeitos é a coisa mais útil para dar ouvidos, Bhāradvāja. Se não se presta respeitos, não se dá ouvidos; mas porque se presta respeitos, dá-se ouvidos. Por isso prestar respeitos é o mais importante para escutar se dar ouvidos.'

32 'Porém, o que, Mestre Gotama, é a coisa mais útil para se prestar respeitos?' Estamos perguntando ao Mestre Gotama acerca da coisa mais útil para se prestar respeitos.

'Visitar é a coisa mais útil para se prestar respeitos, Bhāradvāja. Se não se visita, não se presta respeitos; mas porque se visita, prestam-se respeitos. Por isso visitar é o mais útil para prestar respeitos.'

33 'Porém, o que, Mestre Gotama, é a coisa mais útil para se visitar?' Estamos perguntando ao Mestre Gotama acerca da coisa mais útil para se visitar.

'Fé é a coisa mais útil para se visitar, Bhāradvāja. Se não surge a fé no Mestre, não se visita; mas porque surge a fé no Mestre, visita-se. Por isso fé é a mais útil para visitar.'

34 Nós perguntamos ao Mestre Gotama acerca da preservação da verdade, e Mestre Gotama respondeu sobre a preservação da verdade; nós aprovamos e aceitamos a resposta, e ficamos satisfeitos. Nós perguntamos ao Mestre Gotama acerca da descoberta da verdade, e Mestre Gotama respondeu sobre a descoberta da verdade; nós aprovamos e aceitamos a resposta, e ficamos satisfeitos. Nós perguntamos ao Mestre Gotama acerca da chegada final à verdade, e Mestre Gotama respondeu sobre a chegada final à verdade; nós aprovamos e aceitamos a resposta, e ficamos satisfeitos. Nós perguntamos ao Mestre Gotama acerca da coisa mais útil para a chegada final à descoberta da verdade, e Mestre Gotama respondeu sobre a coisa mais útil para a chegada final à descoberta da verdade; nós aprovamos e aceitamos a resposta, e ficamos satisfeitos. Seja o que for que perguntamos ao Mestre Gotama, ele nos respondeu; nós aprovamos e aceitamos a resposta, e ficamos satisfeitos. Anteriormente, Mestre

Gotama, nós costumávamos pensar: 'Quem são esses ascetas carecas, esses filhos imundos nascidos dos pés do Senhor, para compreenderem o Dhamma?'[94] Porém, o Mestre Gotama realmente me inspirou no amor aos ascetas, na confiança nos ascetas, na reverência pelos ascetas.

35 'Magnífico, Mestre Gotama! Magnífico, Mestre Gotama!... [como no texto III,2]... De hoje em diante, possa o Mestre Gotama se lembrar de mim como um seguidor leigo que se dirigiu a ele como um refúgio em vida'."

(Do MN 95: *Caṅki Sutta*; II 168-177)

IV
A FELICIDADE VISÍVEL NA VIDA PRESENTE

Introdução

Seria o caso, como afirmam alguns estudiosos, que a mensagem original do Buda fosse exclusivamente de uma libertação que transcendesse o mundo, com pouca relevância para as pessoas presas nas rotinas da vida mundana? Os antigos budistas acreditavam que era somente num mosteiro que a verdadeira prática começava e que somente aqueles que abandonavam o mundo eram considerados receptáculos apropriados para o ensinamento? Os ensinamentos do Buda para os leigos não possuem nada além de um significado simbólico? Seriam os ensinamentos, principalmente, injunções para se adquirir mérito ao se oferecer apoio material à ordem monástica e aos seus membros, de modo que eles pudessem se tornar monges e monjas (de preferência monges) em vidas futuras e aí, então, se dedicarem à verdadeira prática?

Em certos períodos, em quase todas as tradições, os budistas deram apoio às crenças que sublinham estas questões. Eles descartaram a preocupação com a vida presente e desconsideravam este mundo como um vale de lágrimas, uma ilusão enganosa, convencidos que o sinal de maturidade espiritual se dá com um foco exclusivo na emancipação do ciclo de nascimento e morte. Os monges, por vezes, mostraram pouco interesse em mostrar àqueles ainda imersos no mundo como utilizar a sabedoria do Dharma para lidar com os problemas da vida comum. Os chefes de família, por sua vez, viram pouca esperança de progresso espiritual em seus próprios modos de vida escolhidos e, portanto, resignaram-se simplesmente em adquirir méritos ao oferecer apoio material aos monges.

Apesar de os Nikāyas revelarem que a culminância dos ensinamentos do Buda se localiza no caminho para a libertação final do sofrimento, seria um erro reduzir os ensinamentos, tão diversos nas fontes originais, ao seu ápice transcendental. Mais uma vez devemos recordar a afirmação de que um Buda "surge para o bem-estar da multidão, para a alegria da multidão... por compaixão pelo mundo, para o bem, bem-estar e alegria de devas e humanos" (p. 67). A função de um Buda é descobrir, realizar e proclamar o Dhamma em todo o seu alcance e profundidade, e isso envolve uma compreensão profunda das aplicações variadas em todas as suas múltiplas dimensões. Um Buda não somente penetra no estado incondicionado de bem-aventurança perfeita que se localiza além do saṃsāra, fora do alcance do nascimento, envelhecimento e morte; ele não proclama somente o caminho para a completa iluminação e libertação final, mas ele também ilumina os muitos modos pelos quais o Dhamma se aplica às condições complexas da vida humana para as pessoas ainda imersas no mundo.

O Dhamma, no seu sentido mais amplo, é a ordem do universo imanente, invariável, na qual estão inextrincavelmente fundidas verdade, regularidade das leis e virtude. Este Dhamma cósmico é refletido na mente humana como aspiração pela verdade, beleza espiritual e bondade; ele se expressa na conduta humana como ação saudável do corpo, da fala e da mente. O Dhamma possui manifestações institucionais bem como expressão na vida dos indivíduos que nele se inspiram como fonte de guia para a conduta apropriada da vida. Essas manifestações são tanto seculares como espirituais. A tradição Budista enxerga na figura lendária do monarca universal (*rājā cakkavatti*) a responsabilidade pela tutela do Dhamma na esfera secular. O monarca universal é aquele governante benevolente que governa o seu reino de acordo com as normas éticas mais elevadas (*dhammiko dhammarājā*) e, através delas, consegue unir o mundo pacificamente, sob o reino da justiça universal e prosperidade. Como o **Texto IV, 1(1)** mostra, na dimensão da esfera espiritual, o Buda é a contraparte do monarca universal. Como este, o Buda confia no Dhamma e reverencia o Dhamma, mas enquanto o monarca universal recorre ao Dhamma como um princípio de justiça para governar o reino, o Buda confia no Dhamma como uma norma ética e espiritual para ensinar e transformar seres humanos e guiá-los na direção da conduta apropriada do corpo, da fala e da mente. Nem o monarca universal nem o Buda criam o Dhamma que eles defendem, porém, nenhum dos dois pode exercer a sua respectiva função sem ele, pois o Dhamma é o princípio de ordem objetivo, impessoal, sempre existente que serve como fonte e baliza para as suas respectivas políticas e promulgações.

Como o rei do Dhamma, o Buda assume a tarefa de promover o verdadeiro bem, o bem-estar e a alegria do mundo. Ele faz isto ao ensinar às pessoas no mundo como viver de acordo com o Dhamma e a se comportar de tal modo que elas possam atingir a realização pelo mesmo Dhamma libertador que ele alcançou através da sua iluminação. Os comentários em Pāli demonstram o largo espectro do Dhamma, ao distinguir três tipos de benefício que o ensinamento do Buda pretende promover, dispostos hierarquicamente de acordo com o seu mérito respectivo:

1) Bem-estar e felicidade diretamente visíveis na vida presente (*diṭṭha-dhamma-hitasukha*), alcançadas ao se realizar os seus compromissos morais e responsabilidades sociais;

2) Bem-estar e felicidades relativas à próxima vida (*samparāyika-hitasukha*), alcançadas ao se engajar em atos meritórios;

3) O bem último ou objetivo supremo (*paramattha*), o Nibbāna, a libertação final do ciclo de renascimentos, atingido ao se desenvolver o Nobre Caminho Óctuplo.

Apesar de muitos escritores ocidentais sobre o Budismo antigo terem focado neste último aspecto como representante quase exclusivo do ensinamento original do Buda, uma apresentação balanceada deveria dar a devida consideração aos três aspectos. Portanto, no próximo capítulo, e naqueles que se seguem, iremos explorar textos dos Nikāyas que ilustram cada uma dessas facetas do Dhamma.

O capítulo atual inclui uma variedade de textos sobre os ensinamentos do Buda que são pertinentes à felicidade diretamente visível na vida presente. O texto do Nikāya mais abrangente neste gênero é o Sigālaka Sutta (DN 31, também conhecido como Siṅgalovāda Sutta), as vezes chamado "O código de disciplina dos leigos". O ponto central desse sutta é a seção "reverenciando as seis direções" – **Texto IV, 1(2)** – no qual o Buda reinterpreta livremente este antigo ritual indiano, inserindo nele um novo sentido ético. A prática de "reverenciar as seis direções", conforme explicada pelo Buda, pressupõe que a sociedade seja sustentada por uma rede de relações interligadas que traz coerência à ordem social quando os seus membros exercem os seus deveres recíprocos e as suas responsabilidades num espírito de gentileza, simpatia e boa-vontade. As seis relações sociais básicas nas quais o Buda se inspira para levar a cabo a sua metáfora são: pais e filhos, professor e alunos, marido e mulher, entre amigos, patrão e empregados, seguidor leigo e guias espirituais. Cada uma dessas é considerada uma direção em relação à sua contraparte. Para um jovem como Sigālaka, seus pais são o Leste, seus professores o Sul, sua esposa e filhos o Oeste, seus amigos o Norte, seus trabalhadores o nadir e os seus guias religiosos o zênite. Com o seu costumeiro sentido de concisão sistemática, o Buda atribui a cada membro de cada par cinco obrigações em relação ao seu ou à sua contraparte; quando cada membro realiza as suas obrigações, a "direção" correspondente se torna "pacificada e livre do medo". "Portanto, para o Budismo antigo, a estabilidade social e a segurança que contribuem para a felicidade humana são atingidas mais efetivamente quando todo membro da sociedade realiza os vários deveres que lhe são atribuídos, determinados pelas suas relações sociais. Cada pessoa supera as exigências de seu autointeresse estreito e desenvolve uma preocupação sincera e compassiva pelo bem-estar dos outros e pelo bem maior do todo".

Desse código geral de ética Budista laica voltamos para os textos que oferecem tópicos de conselho mais específicos, começando com uma seleção de suttas sobre "A Família". Esta seleção possui seções separadas sobre "Pais e Filhos" (**IV, 2(1)**) e "Maridos e Mulheres" (**IV, 2(2)**). De acordo com as normas da sociedade indiana – na verdade, de virtualmente todas as sociedades agrárias – o Buda considera a família como a unidade básica de integração e aculturação social. É, em especial, a relação próxima e amorosa entre pais e filhos que forjam as virtudes e o sentido de responsabilidade humana essenciais à ordem social coesa. Dentro da família, esses valores são transmitidos de uma geração à próxima e, portanto, uma sociedade harmônica é altamente dependente de relações harmônicas entre pais e filhos. O Buda enfatiza a piedade filial – **Texto IV, 2 (1) (a)** – e a gratidão das crianças em relação aos pais, uma dívida que só pode ser adequadamente quitada ao se estabelecer os pais no Dhamma apropriado – **Texto IV, 2(1) (b)**.

Relações saudáveis entre pais e filhos dependem, por sua vez, da afeição mútua e respeito entre marido e mulher, e por isso o Buda oferece diretrizes para o relacionamento apropriado entre casais. Mais uma vez, aquelas diretrizes enfatizam o compromisso comum com a conduta ética e com os ideais espirituais. De interesse especial para nós, numa época em que muitos casamentos logo terminam em divórcio, é o conselho do Buda ao casal Nakulapitā e Nakulamātā – **Texto IV, 2(2) (b)** – sobre como o amor entre marido e mulher pode ser sustentado tão fortemente que eles podem vir a se reunir em suas vidas futuras. Esse discurso também demonstra que, longe de exigir que os seus discípulos leigos desprezem os desejos do mundo, o Buda estava pronto para mostrar àqueles que se encontravam sob o domínio do desejo mundano como conseguir os objetos dos seus desejos. O único requisito que ele estabelecia era que a realização do desejo fosse regulada por princípios éticos.

Depois seguem alguns textos tratando de diferentes aspectos da vida de chefe de família, unidos pela ênfase no modo de vida correto. Duas características das injunções do Buda aos seus discípulos leigos acerca da busca da alegria mundana se destacam nesses textos.

Em primeiro lugar, ao buscar 'o bem visível na vida presente', o seguidor leigo deveria aderir de forma consistente aos princípios de conduta correta, especialmente aos cinco preceitos e às regras do modo de vida correto. Portanto, por exemplo, ele estipula que a riqueza deve ser "adquirida por esforço diligente... riqueza *correta* adquirida *corretamente*" – **Texto IV, 3**. Mais uma vez, ele pede aos seus discípulos que usem a riqueza que eles conseguem não somente para a autogratificação, mas também para beneficiar os seus dependentes e aqueles que vivem de caridade, particularmente ascetas virtuosos e brâmanes – **Texto IV, 4 (2)**.

Em segundo lugar, o seguidor leigo não deve permanecer satisfeito com a mera busca de bem-estar e felicidade temporal, mas deveria buscar também o bem-estar e a felicidade que pertencem à vida futura. Isto deve ser feito ao estimular aquelas qualidades que conduzem a um renascimento feliz e à realização do Nibbāna. De acordo com os **Textos IV, 3** e **IV, 5**, as principais virtudes que um seguidor leigo deveria possuir, conduzindo ao bem-estar futuro, são: (1) *fé* (no Buda como o Iluminado), (2) *disciplina moral* (como observância inquebrantável dos cinco preceitos), (3) *generosidade* (como aplicar-se à caridade, doação e partilha), e (4) *sabedoria* (como vislumbrar o surgimento e o desaparecimento dos fenômenos). Para o Budismo antigo, o chefe de família ideal não é simplesmente um apoiador devoto da ordem monástica, mas uma pessoa nobre que atingiu, pelo menos, o primeiro dos quatro estágios de realização, a fruição do estado daquele que "entrou-na-corrente" (*sotāpatti*).

Finalmente, com a seção 6, nós chegamos à seleção de textos sobre "a Comunidade". Eu uso esta palavra para me referir de modo geral tanto à Saṅgha, a ordem monástica, quanto à sociedade civil, na qual qualquer ramo da ordem monástica deve estar enraizado. A partir dos Nikāyas, fica claro que apesar de o Buda possuir como meta, principalmente, conduzir as pessoas em direção ao progresso moral e espiritual, ele estava plenamente consciente de que a capacidade delas para o desenvolvimento moral e espiritual depende das condições materiais da sociedade na qual elas vivem. Ele compreendeu de forma aguda que, quando as pessoas estão atoladas na pobreza e oprimidas pela fome e carência, elas acharão difícil se manter num caminho de retidão moral. A pura dor da fome e a necessidade de se proteger dos elementos da natureza e de suprir as necessidades de sua família, irão forçá-las a se curvar a tipos de comportamento que eles evitariam se eles pudessem obter um emprego justo e remuneração adequada pelos seus serviços. Portanto, ele percebeu que a provisão de justiça econômica é parte integral da harmonia social e estabilidade política.

Os dois primeiros textos incluídos aqui prescrevem dois conjuntos de diretrizes para a ordem monástica. Ambos são excertos de um discurso longo que o Buda proferiu logo após a morte de Mahāvīra, o líder dos Jainas. De acordo com os Nikāyas, logo após a morte do seu líder, a ordem monástica Jaina começou a se dividir, e o Buda deve ter se sentido compelido a estabelecer guias de orientação para proteger a sua própria ordem de seguir o mesmo destino após a sua morte. O **Texto IV, 6 (1)** enumera seis qualidades que levam às brigas e disputas, das quais os monges deveriam se prevenir e tentar eliminar quando eles as descobrem dentro de si. Apesar de essas orientações serem estabelecidas para os monges, elas podem facilmente ser adaptadas a qualquer organização, secular ou religiosa, pois são os mesmos seis fatores que estão na origem de todos os conflitos. A contraparte positiva deste conjunto de orientações cautelares é o **Texto IV, 6 (2)**, que enumera "seis princípios de cordialidade" que conduzem ao amor, respeito e harmonia entre os membros da comunidade. Mais uma vez, com a adaptação apropriada, esses princípios – atos amorosos de corpo, fala e mente; partilha das posses; observância geral dos preceitos; e uniformidade de pontos de vista – podem ser estendidos em sua aplicação, além da ordem monástica, para a comunidade em geral. O mesmo sutta provê orientações mais detalhadas para preservar a harmonia na ordem monástica após a morte do Buda, mas essas tratam de aspectos da disciplina monástica demasiadamente especializadas para a presente antologia.

O **Texto IV, 6(3)**, um longo excerto do Assalāyana Sutta, retrata o Buda em debate com um pândita brâmane precoce, acerca das reivindicações dos brâmanes em defesa do sistema de castas. Na época do Buda o sistema de castas estava somente começando a tomar forma no nordeste da Índia e ainda não havia gerado as incontáveis subdivisões e regulamentações rígidas que iriam engessar a sociedade indiana através dos séculos. A sociedade era dividida em quatro grandes classes sociais: os *brâmanes*, que realizavam as funções sacerdotais prescritas nos Vedas; os *khattiyas*, os nobres, guerreiros e administradores; os *vessas*, os mercadores e agricultores; e os *suddas*, os trabalhadores não especializados e servos. Havia ainda aqueles fora da estrutura das quatro castas principais, que eram considerados ainda mais inferiores do que os suddas. A partir dos Nikāyas, parece que os brâmanes, apesar de investidos de autoridade em assuntos religiosos, ainda não haviam adquirido a hegemonia incontestável que eles ganhariam após o surgimento de obras como *As leis de Manu*, que estabelecia as regras fixas do sistema de casta. Eles, contudo, já haviam embarcado em sua busca de domínio sobre o restante da sociedade indiana, e assim o fizeram ao propagar a tese de que os brâmanes eram a casta superior, descendentes divinamente abençoados de Brahmā, os únicos que eram capazes de purificação.

Ao contrário de certas noções populares, o Buda não fomentou a abolição do sistema de castas indianos e nem tentou estabelecer uma sociedade sem classes sociais. Porém, no interior da Saṅgha, todas as distinções de casta eram revogadas no momento da ordenação. Pessoas de qualquer das quatro classes sociais que renunciavam ao mundo sob o Buda renunciavam aos seus títulos e prerrogativas de classe social, tornando-se conhecidos, simplesmente, como discípulos do Filho dos Sakya (i. e., do Buda, que era do clã Sakya). Sempre que o Buda e os seus discípulos confrontavam as reivindicações dos brâmanes acerca de sua superioridade, eles discutiam vigorosamente com aqueles. Como mostra o nosso texto, o Buda afirmava que todas aquelas reivindicações são sem fundamento. Purificação, ele defendia, era o resultado da conduta, e não do nascimento, e estava, por isso, aberta a todas aquelas quatro castas. O Buda, inclusive, despiu o termo "brâmane" dos seus acréscimos hereditários, e voltando-se ao seu sentido originário de homem santo, definiu o verdadeiro brâmane como o arahant (cf. MN 98, não incluído nesta antologia).

As próximas duas seleções sugerem orientações para a administração política. Durante a época do Buda, duas formas diferentes de governo prevaleciam entre os estados do Norte da Índia nos quais o Buda se movimentava e ensinava: reinos monárquicos e repúblicas tribais. Como um mestre espiritual, o Buda não preferia um tipo de governo em relação ao outro, e nem interferia ativamente em assuntos de estado. Mas os seus seguidores incluíam líderes de ambos os tipos de estado, e por isso ele, ocasionalmente, lhes oferecia orientações que pretendiam assegurar que eles governariam os seus reinos de acordo com normas éticas.

A cena de abertura do Mahāparinibbāna Sutta, a narrativa dos últimos dias do Buda – **Texto IV, 6(4)** – nos oferece um vislumbre desta fase agitada da história indiana, quando Maghada, a estrela ascendente dentre as monarquias do Norte, estava expandindo a sua influência e absorvendo as repúblicas tribais vizinhas. Na passagem aqui reproduzida, podemos ver o Rei Ajātasattu, o governante de Maghada, olhando com cobiça para a confederação Vajjian, a maior e mais bem organizada das repúblicas tribais. Quando o sutta se inicia, ele envia o seu ministro-chefe para perguntar ao Buda se ele teria qualquer chance de sucesso caso entrasse em guerra contra os Vajjian. O Buda pergunta a Ānanda sobre sete condições de estabilidade social que ele havia anteriormente ensinado aos Vajjian, concluindo que "enquanto eles mantivessem esses sete princípios, enquanto esses princípios vigorassem, pode-se esperar que os Vajjian venham a prosperar e não declinar". Ele então reúne os monges e lhes ensina sete princípios análogos de estabilidade aplicáveis à ordem monástica.

Já que o triunfo posterior do tipo de governo monárquico parecia inevitável, o Buda procurou estabelecer um modelo de realeza que pudesse limitar o exercício arbitrário do poder e subordinar o rei a uma autoridade superior. Ele assim o fez ao estabelecer o ideal do "monarca universal", o rei justo que governa em cumprimento do Dhamma, a lei impessoal de justiça (cf. **Texto IV, 1(1)**). O Dhamma que ele obedece é a base ética do seu governo. Simbolizada pela imagem da sagrada Roda do Dhamma, o Dhamma lhe permite submeter sem o uso da força todas as nações do mundo e estabelecer um reino de paz e virtude universal, baseado na observância dos cinco preceitos – cf. **Texto IV, 6(5)**.

O monarca universal governa para o bem-estar e a felicidade dos seus súditos, e estende a sua proteção a todos no interior do reino, até mesmo às aves e feras. Dentre os seus deveres está o de prevenir o surgimento do crime em seu reino, e para manter o reino livre do crime ele deve doar riqueza aos necessitados, pois do ponto de vista dos Nikāyas a pobreza é o solo de onde se origina a criminalidade. Este tema, mencionado entre os deveres do monarca universal no **Texto IV, 6(5)**, é elaborado no **Texto IV, 6(6)**. Aqui vemos um sábio capelão aconselhar um rei de que a forma correta de terminar a praga dos roubos e falta de lei em seu reino não é impor punições mais severas e a observação mais estrita da lei, mas dar aos cidadãos os meios para que eles possam se sustentar. Uma vez que as pessoas desfrutem de um padrão de vida satisfatório, elas perderão todo o interesse em fazer às outras, e o país desfrutará de paz e tranquilidade.

IV
A FELICIDADE VISÍVEL NA VIDA PRESENTE

1 Mantendo o Dhamma em sociedade

(1) O rei do Dhamma

"O Abençoado disse: 'Monges, até mesmo um monarca universal, um rei justo e correto, não governa o seu reino sem um corregente'.

Quando ele acabou de falar, um certo monge se dirigiu ao Abençoado da seguinte maneira: 'Mas quem, venerável, é o corregente do monarca universal, o rei justo e correto?'

'É o Dhamma, a lei da justiça, monge', respondeu o Abençoado[95].

Neste caso, o monarca universal, o rei justo e correto, confiando no Dhamma, honrando o Dhamma, o valorizando e respeitando, tendo o Dhamma como estandarte, bandeira e seu soberano, oferece proteção legal, abrigo e segurança para os khattiyas que o auxiliam; para o seu exército, para brâmanes e chefes de família, para os habitantes da cidade e do campo, para ascetas e brâmanes, para as feras e aves.

Um monarca universal, um rei justo e correto, que oferece proteção legal, abrigo e segurança para todos, é aquele que governa somente pelo Dhamma. E esse governo não pode ser derrubado por nenhum ser humano hostil.

Da mesma maneira, monge, o Tathāgata, o Arahant, o Perfeitamente Iluminado o rei justo e correto do Dhamma, honrando o Dhamma, o valorizando e respeitando, tendo o Dhamma como estandarte, bandeira e seu soberano, oferece proteção legal, abrigo e segurança em relação às ações do corpo, da fala e mente. [Ele ensina assim:] 'Tal ação corporal deve ser realizada e tal ação não deve ser realizada. Tal ação verbal deve ser realizada e tal ação não deve ser realizada. Tal ação mental deve ser realizada e tal ação não deve ser realizada'.

O Tathāgata, o Arahant, o Perfeitamente Iluminado o rei justo e correto do Dhamma, que dessa maneira oferece proteção legal, abrigo e segurança acerca da ação com o corpo, a fala e a mente, é aquele que gira a incomparável Roda do Dhamma de acordo somente com o Dhamma. A roda do Dhamma não pode ser retroagida por nenhum asceta ou brâmane, por nenhum deva ou Māra ou Brahmā ou por alguém no mundo"[96].

(AN 3: 14, I 109-110)

(2) Reverenciando as seis direções

1 "Assim eu ouvi. Numa ocasião o Abençoado estava morando em Rājagaha, no Bosque de Bambu, no Santuário dos Esquilos. Então, Sigālaka, filho de um chefe de família, tendo levantado cedo e partido para Rājagaha, estava prestando homenagem, com roupas e cabelo molhados e mãos postas, às seis diferentes direções: leste, sul, oeste, norte, nadir e zênite.

2 E o Abençoado, tendo levantado cedo e se vestido, pegou seu manto e a sua tigela e se dirigiu a Rājagaha para pedir esmola. Ao ver Sigālaka prestando homenagem às diferentes direções, ele disse: 'Filho de um chefe de família, por que você se levantou cedo e está prestando homenagem às diferentes direções?'

'Venerável, meu pai, quando ele estava morrendo, me disse para fazer isso. E então, por respeito às palavras do meu pai, que eu respeito, honro e tomo como sagradas, eu me levantei cedo para prestar homenagem, desse modo, às seis direções.'

'Mas filho de um chefe de família, este não é o modo correto de prestar homenagem às seis direções, de acordo com a disciplina dos seguidores do Nobre [i. e., do Buda].'

'Bem, Venerável, como se deveria prestar homenagem às seis direções de acordo com a disciplina do Nobre? Seria bom se o Abençoado me ensinasse o modo apropriado de prestar homenagem às seis direções de acordo com a disciplina do Nobre.'

'Então ouça atentamente, filho de um chefe de família: eu vou falar.'

'Sim, Venerável', disse Sigālaka. O Abençoado disse isso:

27 'E como, filho de um chefe de família, o nobre discípulo protege as seis direções? Essas seis coisas devem ser consideradas as seis direções. O Leste denota a mãe e o pai. O Sul denota os professores. O Oeste denota a esposa e as crianças. O Norte denota os amigos e companheiros. O nadir denota os servos, trabalhadores e ajudantes. O zênite denota os ascetas e os brâmanes.

28 Existem cinco maneiras pelas quais um filho deveria cuidar da sua mãe e do seu pai como a direção Leste. [Ele deveria pensar]: 'Tendo sido apoiado por eles, eu vou apoiá-los. Eu vou cumprir as tarefas deles por eles. Eu vou manter as tradições familiares. Eu serei digno da minha herança. Após a morte dos meus pais, eu distribuirei presentes em nome deles'. E existem cinco maneiras pelas quais os pais, cuidados pelo filho como a direção Leste, podem reciprocar: eles evitarão que ele se aproxime do mal, o apoiarão ao fazer o bem, ensinarão uma profissão a ele, encontrarão para ele uma esposa adequada e, no momento certo, passarão para ele a sua herança. Dessa maneira a direção Leste estará coberta, em paz e livre do medo.

29 Existem cinco maneiras pelas quais os alunos deveriam cuidar dos seus professores como sendo a direção sul: ao se levantarem para saudá-los, ao ajudá-los, ao serem atentos, ao servi-los, ao aprender o que eles ensinam. E existem cinco maneiras pelas quais os seus professores, cuidados pelos alunos como a direção Sul, podem reciprocar: eles darão instruções completas, se certificarão de que eles aprenderam corretamente aquilo que deveria ser aprendido corretamente, deverão lhes dar uma base em todos os tipos de conhecimento, recomendá-los aos seus amigos e colegas, e promover a segurança deles em todas as direções. Dessa maneira a direção Sul estará coberta, em paz e livre do medo.

30 Existem cinco maneiras pelas quais um marido deveria cuidar da sua esposa como sendo a direção Oeste: ao honrá-la, ao não lhe humilhar, ao não lhe trair, ao lhe dar autoridade, ao lhe dar ornamentos. E existem cinco maneiras pelas quais uma esposa, cuidada pelo seu marido como a direção Oeste, deveria reciprocar: ao organizar de forma apropriada o seu trabalho, ao ser gentil com os empregados, ao não ser infiel, ao proteger as posses e ao ser hábil e diligente em tudo o que ela tiver para fazer. Dessa maneira a direção Oeste estará coberta, em paz e livre de medo.

31 Existem cinco maneiras pelas quais um homem deveria cuidar dos seus amigos e companheiros como sendo a direção Norte: com presentes, com palavras gentis, ao cuidar dos seus bem-estares, ao lhes tratar como ele se trataria e ao manter a sua palavra. E existem cinco maneiras pelas quais amigos e companheiros, cuidados por alguém como a direção Norte, deveriam reciprocar: ao cuidar dele quando ele estiver desatento, ao cuidar da sua propriedade quando ele estiver desatento, ao oferecer um refúgio para ele quando este estiver com medo, ao não lhe abandonar quando ele estiver com problemas e ao mostrar preocupação com os filhos dele. Dessa maneira a direção Norte estará coberta, em paz e livre de medo.

32 Existem cinco maneiras pelas quais um chefe deveria cuidar dos seus ajudantes e trabalhadores como sendo o nadir: ao distribuir o trabalho de acordo com a força de cada uma, ao lhes fornecer alimentação e salário, ao cuidar deles quando estes adoecerem, ao partilhar coisas saborosas com eles e ao deixá-los descansar na hora certa. E existem cinco maneiras pelas quais ajudantes e trabalhadores, cuidados por seu chefe como a direção do nadir, deveriam reciprocar: eles levantarão antes dele, se deitarão depois dele, pegarão somente o que lhes for dado, farão o seu trabalho de forma apropriada, e lhes elogiarão e manterão a sua boa reputação. Dessa maneira o nadir estará coberto, em paz e livre de medo.

33 Existem cinco maneiras pelas quais um homem deveria cuidar de ascetas e brâmanes como sendo a direção do zênite: com gentileza em atos do corpo, da fala e da mente, ao manter a sua casa aberta para eles, e ao suprir as suas necessidades corporais. E os ascetas e brâmanes, cuidados por alguém como sendo a direção do zênite, reciprocarão de cinco maneiras: eles o manterão afastado do mal, o encorajarão a fazer o bem, serão benevolentes e compassivos em relação a ele, o ensinarão o que ele ainda não sabe e mostrarão para ele o caminho do paraíso. Dessa maneira o zênite estará coberto, em paz e livre do medo'."

(Do DN 31: *Sigālaka Sutta*; III 180-181, 187-191)

(1) Pais e filhos

(a) Respeito pelos pais

"Monges, na casa em que os pais são respeitados pelos filhos, esta família vive com Brahmā. Na casa em que os pais são respeitados pelos filhos, esta família vive com os antigos mestres. Na casa em que os pais são respeitados pelos filhos, esta família vive com as divindades antigas. Na casa em que os pais são respeitados pelos filhos, esta família vive com os santos.

'Brahmā', monges, é um termo para pai e mãe. 'Os antigos mestres' é um termo para pai e mãe. 'As divindades antigas' é um termo para pai e mãe. 'Os santos' é um termo para pai e mãe. E por quê? Os pais são de grande ajuda para os seus filhos, eles os educam, os alimentam e lhes ensinam acerca do mundo'."

(AN 4: 63; II 70)

(b) Retribuindo os próprios pais

"Monges, eu afirmo que existem duas pessoas que jamais se pode pagar. Quais dois? O pai e a mãe.

Mesmo que se carregasse a mãe num ombro e o pai no outro, e ao fazê-lo se vivesse por cem anos, se alcançasse cem anos, e se se cuidasse deles ao lhes passar óleo, se lhe dessem banho, se lhes massageassem o corpo, e mesmo que eles defecassem então, mesmo assim não se estaria fazendo nada de mais pelos pais, nem se estaria saldando a dívida para com eles. Mesmo se eles transformassem os pais em senhores e governantes desta vasta terra, tão rica com os seus sete tipos de riquezas, mesmo assim não se estaria fazendo nada pelos pais, nem se estaria saldando a dívida para com eles. E qual é o motivo? Os pais são de grande ajuda para os seus filhos, eles os educam, os alimentam e lhes ensinam acerca do mundo.

Porém, monges, alguém que encoraja os seus pais descrentes e os conduzem e estabelecem na fé; quem encoraja os seus pais imorais e os conduzem e estabelecem na disciplina moral; quem encoraja os seus pais sovinas e os conduzem e estabelecem na generosidade; quem encoraja os seus pais ignorantes e os conduzem e estabelecem na sabedoria – esse, monges, faz bastante pelos seus pais: ele salda a sua dívida para com eles e faz mais do que saldar a sua dívida por aquilo que os pais fizeram por ele."

(AN 2: iv, 2; I 61-62)

(2) Maridos e mulheres

(a) Diferentes tipos de casamento

"Numa ocasião o Abençoado estava viajando ao longo da estrada entre Mathurā e Verañjā, e uma quantidade de chefes de família e suas esposas viajavam ao longo da mesma estrada. Então o Abençoado saiu da estrada e sentou-se num assento ao pé de uma árvore. Os chefes de família e as suas esposas viram o Abençoado sentado sob a árvore e se aproximaram dele. Após prestarem homenagem a ele, eles se sentaram ao seu lado e, então, o Abençoado lhes disse:

'Chefes de família, existem quatro tipos de casamento. Quais são eles? Um canalha vive com uma canalha; um canalha vive com uma deusa; um deus vive com uma canalha; um deus vive com uma deusa.

E como um canalha vive com uma canalha? Nesse caso, chefes de família, o marido é alguém que destrói a vida, pega aquilo que não lhe foi dado, pratica o sexo de forma irresponsável, mente, bebe vinho, licores e usa drogas, as bases da negligência. Ele é imoral, possui mal caráter; ele vive em sua casa obcecado pela mácula da avareza; ele agride e ofende ascetas e brâmanes. E a sua mulher age exatamente da mesma maneira em todos os aspectos. É desse modo que um canalha vive junto com uma canalha.

E como um canalha vive com uma deusa? Nesse caso, chefes de família, o marido é alguém que destrói a vida, pega aquilo que não lhe foi dado, pratica o sexo de forma irresponsável, mente, bebe vinho, licores e usa drogas, as bases da negligência. Ele é imoral, mal caráter; ele vive em sua casa obcecado pela mácula da avareza; ele agride e ofende ascetas e brâmanes. Ela é virtuosa, possui bom caráter. Ela vive em sua casa livre da mácula da avareza; ela não agride nem ofende ascetas e brâmanes. É desse modo que um canalha vive junto com uma deusa.

E como um deus vive com uma canalha? Nesse caso, chefes de família, o marido é alguém que se abstém de destruir a vida, não pega aquilo que não lhe foi dado, não pratica o sexo de forma irresponsável, não mente, não bebe vinho, licores e nem usa drogas, as bases do descaso. Ele é moral, possui bom caráter; ele não vive em sua casa obcecado pela mácula da avareza; ele não agride nem ofende ascetas e brâmanes. Mas a sua mulher é alguém que destrói a vida, pega aquilo que não lhe foi dado, pratica o sexo de forma irresponsável, mente, bebe vinho, licores e usa drogas, as bases da negligência. Ela é imoral, possui mal caráter; ela vive em sua casa obcecada pela mácula da avareza; ela agride e ofende ascetas e brâmanes. É desse modo que um deus vive junto com uma canalha.

E como um deus vive com uma deusa? Nesse caso, chefes de família, o marido é alguém que se abstém de destruir a vida, não pega aquilo que não lhe foi dado, não pratica o sexo de forma irresponsável, não mente, não bebe vinho, licores e nem usa drogas, as bases da negligência. Ele é moral, possui bom caráter; ele não vive em sua casa obcecado pela mácula da avareza; ele não agride nem ofende ascetas e brâmanes. E a sua mulher age exatamente da mesma maneira em todos os aspectos. É desse modo que um deus vive junto com uma deusa.

Esses, chefes de família, são os quatro tipos de casamento'."

(AN 4: 53; II 57-59)

(b) Como se unir em vidas futuras

"Numa ocasião o Abençoado estava vivendo em meio ao povo Bhagga, perto de Suṃsumāragiri, no Parque dos Cervos do Bosque Bhesakalā. Numa manhã, o Abençoado se vestiu, pegou o seu manto e tigela, e se dirigiu à morada de Nakulapitā[97]. Ao chegar lá, ele se sentou num assento preparado para ele. Então o chefe de família Nakulapitā e a dona de casa Nakulamatā se aproximaram do Abençoado e, após prestarem reverência a ele, sentaram-se ao seu lado. Já sentado, o chefe de família Nakulapitā disse ao Abençoado:

Venerável, desde que a jovem dona de casa foi trazida para a minha casa, quando eu também ainda era muito jovem, que eu saiba, eu jamais a enganei em pensamentos, muito menos em ações. Nosso desejo é permanecer à vista, um do outro, enquanto durar esta vida e na vida futura também.

Então, Nakulamatā, a dona de casa, dirigiu-se ao Abençoado nesses termos:

'Venerável, desde que eu fui trazida para a casa do meu jovem marido, quando eu também ainda era muito jovem, que eu saiba, eu jamais o enganei em pensamentos, muito menos em ações. Nosso desejo é permanecer à vista, um do outro, enquanto durar esta vida e na vida futura também'.

Então o Abençoado falou assim: 'Se o casal, tanto a mulher quanto o marido, desejam permanecer à vista um do outro enquanto durar esta vida e na vida futura também, eles deveriam possuir a mesma fé, a mesma disciplina moral, a mesma generosidade, a mesma sabedoria; então eles irão permanecer à vista, um do outro, enquanto durar esta vida e na vida futura também.

Quando ambos são fiéis e generosos,
Moderados, vivendo corretamente,
Eles retornam como marido e mulher
Cheios de amor para com o outro.

Muitas bênçãos vêm ao seu encontro,
Eles vivem juntos em felicidade,
Seus inimigos se entristecem,
Quando ambos se equivalem na virtude.

Tendo vivido segundo o Dhamma neste mundo,
Iguais na virtude e na sua observância,
Eles se rejubilam após a morte no mundo dos devas,
Desfrutando de felicidade abundante'."

(AN 4: 55; II 61-62)

(c) Sete tipos de esposas

"Numa ocasião o Abençoado estava vivendo em Sāvatthī, no Bosque do Príncipe Jeta, no mosteiro Anāthapiṇḍika. Pela manhã, o Abençoado se vestiu, pegou a sua tigela e o seu manto, e se dirigiu a casa de Anāthapiṇḍika, onde ele se sentou num assento preparado para ele. Naquela ocasião as pessoas da casa estavam fazendo um tumulto, uma confusão. O chefe de família Anāthapiṇḍika se aproximou do Abençoado, prestou reverência e se sentou ao seu lado[98]. O Abençoado então lhe disse: 'Por que as pessoas estão fazendo esta confusão e este tumulto na sua casa, chefe de família? Parece até um monte de pescadores fazendo arrastão'.

'Isso, venerável, é por causa da nossa nora, Sujātā. Ela é rica e foi trazida para cá de uma família rica. Ela não obedece nem ao seu sogro, nem a sua sogra, nem ao seu marido. Ela nem sequer honra, respeita, estima e venera o Abençoado'.

Então o Abençoado chamou a nora Sujātā, dizendo: 'Venha, Sujātā'.

'Sim, venerável', ela respondeu, e se sentou ao seu lado. O Abençoado então lhe disse: 'Existem sete tipos de esposa, Sujātā. Quais? Uma é como uma matadora, a outra é como uma ladra, uma outra é como uma tirana, outra é como uma mãe, uma outra é como uma irmã, há uma outra que é como uma amiga e, finalmente, uma outra que parece uma dama de companhia. Esses são os sete tipos de esposa. Então, qual é o seu tipo?'

'Eu não entendi em detalhe o sentido da fala breve do Abençoado. Seria bom, venerável, se o Abençoado pudesse me ensinar o Dhamma de tal maneira que eu possa compreender o sentido detalhadamente.'

'Então ouça, Sujātā, e preste atenção. Eu vou falar.'

'Sim, venerável', Sujātā respondeu. O Abençoado disse isso:

A mente com ódio, fria e sem coração
Desejando outros, desprezando o seu marido;
Que deseja matar aquele que lhe comprou –
Tal esposa é chamada de *matadora*.

Quando o seu marido prospera pela
Inteligência, comércio ou agricultura,
Ela tenta desviar um pouco para ela –
Tal esposa é chamada de *ladra*.

Gorda e preguiçosa, sempre à toa,
Ferina, violenta, de fala truculenta,
Uma mulher que humilha quem lhe sustenta –
Tal esposa é chamada de *tirana*.

Alguém que está sempre ajudando e é gentil,
Que cuida do marido como se fosse seu filho,
Que cuidadosamente poupa o que ele ganha –
Tal esposa é chamada de *mãe*.

Aquela que preza muito o seu marido
Como uma jovem irmã admira o seu irmão
Mais velho, que se curva à vontade de seu marido –
Tal esposa é chamada de *irmã*.

Alguém que se alegra com a visão do marido
Como um amigo com a chegada do amigo,
Bem-criada, virtuosa, devotada –
Tal esposa é chamada de *amiga*.

Aquela sem ira, com medo da punição,
Que tolera o seu marido livre de ódio,
Que humildemente se curva ao desejo dele –
Tal esposa é chamada de *dama de companhia*[99].

Os tipos de esposa aqui chamadas de matadora,
Ladra, e aquela que se parece com uma tirana,
Esses tipos, com a dissolução do corpo,
Renascerão nas profundezas do inferno.

Mas as esposas mãe, irmã, amiga e a esposa
Que se parece com uma dama de companhia,
Sempre virtuosas, bastante moderadas,
Com a dissolução corpo vão para o paraíso'.

'Esses, Sujātā, são os sete tipos de esposas. Então, qual desses tipos você é?'

A partir de hoje, venerável, o senhor pode me considerar uma esposa que é como uma dama de companhia."

(AN 7: 59; IV 91-94)

3 Bem-estar presente, bem-estar futuro

"Numa ocasião o Abençoado estava vivendo entre os Koliyas, onde havia um entreposto comercial dos Koliyas chamado Kakkarapatta. Então um homem casado dos Koliyas chamado Dīghajānu se aproximou do Abençoado, prestou reverência a ele e se sentou ao seu lado. Sentado, ele disse ao Abençoado:

'Venerável, nós somos leigos que apreciamos os prazeres sensórios, morando em casas com camas cheias de crianças; gostamos de sândalo, guirlandas, perfumes e cremes, mexendo com ouro e prata. Que o Abençoado possa nos ensinar o Dhamma de tal maneira que nós possamos usufruir do bem-estar e da felicidade tanto na vida presente quanto na vida futura.'

'Existem, Byagghapajja, quatro coisas que conduzem ao bem-estar e à felicidade nesta mesma vida. Quais quatro? A realização do esforço diligente, a realização da proteção, boas amizades e uma vida moderada.'

'E o que é a realização esforço diligente? Neste caso, Byagghapajja, seja qual for o meio pelo qual um chefe de família ganhe o seu sustento – seja pela agricultura, comércio, pecuária, militar ou servidor público, ou qualquer outra profissão – ele deve ser habilidoso e diligente; ele investiga os meios apropriados e é capaz de agir e de organizar tudo de forma correta. Isso é chamado de realização do esforço diligente.

E o que é a realização da proteção? Neste caso, Byagghapajja, um chefe de família estabelece a proteção e a guarda da riqueza adquirida através do esforço enérgico, pela força dos seus braços e do suor do seu rosto, riqueza correta adquirida corretamente, pensando dessa maneira: 'Como eu posso evitar que reis e bandidos carreguem essa riqueza, que o fogo a destrua, que as enchentes a carreguem e herdeiros que não a mereçam fiquem com ela?' Isto é chamado de realização da proteção.

E o que é uma boa amizade? Neste caso, Byagghapajja, seja em qual for a vila ou cidade em que um chefe de família resida, ele se associa com os seus semelhantes ou os filhos daqueles, sejam jovens ou velhos, de virtude amadurecida, possuidores de fé, disciplina moral, generosidade e sabedoria; ele se relaciona e conversa com eles. Ele procura imitá-los no que concerne as suas realizações na fé, disciplina moral, generosidade e sabedoria. Isto é chamado de boa amizade.

E o que é uma vida moderada? Neste caso, Byagghapajja, um chefe de família controla os seus vencimentos e gastos, leva uma vida moderada, nem extragavante nem miserável, para que os seus ganhos excedam os seus gastos, e nunca o contrário. Assim como um ourives ou o seu aprendiz, segurando uma balança, sabe: 'O prato desceu tanto, o prato subiu tanto', assim o chefe de família leva uma vida moderada'.

'A riqueza adquirida pode ser dissipada através de quatro ralos: mulher, bebida, jogo e más companhias. Assim como um tanque com quatro bicas de alimentação e quatro ralos, e se não houver chuva suficiente, pode-se esperar que o nível de água no tanque diminua; do mesmo modo aqueles quatro ralos levam à dissipação da riqueza adquirida.

De modo similar, existem quatro fontes que aumentam a riqueza adquirida: abster-se de ser mulherengo, de bebida, de jogo e de más companhias. Assim como num tanque com quatro bicas de alimentação e quatro ralos, e se uma das bicas for aberta, os ralos forem fechados e houver chuva suficiente, pode-se esperar um aumento no nível da água; da mesma maneira, essas quatro coisas trazem um aumento da riqueza adquirida.

Essas quatro coisas, Byagghapajja, conduzem um chefe de família à prosperidade e felicidade na vida presente.

Quatro outras coisas, Byagghapajja, conduzem um chefe de família ao bem-estar e à felicidade na vida futura. Quais quatro coisas? Realização na fé, disciplina moral, generosidade e sabedoria'."

(AN 8: 54; IV 281-285)

4 MODO DE VIDA CORRETO

(1) Evitando o modo de vida incorreto

"Esses cinco comércios, monges, não devem ser exercidos pelos seguidores leigos: comércio de armas, comércio de seres humanos, comércio de carne, comércio de drogas e comércio de venenos."

(AN 5: 177; III 208)

(2) O uso apropriado da riqueza

[O Abençoado se dirigiu ao chefe de família Anāthapiṇḍika]: "Com a riqueza obtida através do esforço diligente, reunida pela força dos braços, conseguida com o suor do rosto, riqueza correta obtida corretamente, o nobre discípulo pratica quatro ações dignas. Quais quatro ações?

Com a riqueza obtida dessa maneira ele se torna feliz e alegre e permanece, de modo apropriado, feliz; ele torna os seus pais felizes e alegres, e ele faz com que eles permaneçam, de modo apropriado, felizes; ele torna a sua esposa e filhos, seus escravos, trabalhadores e ajudantes felizes e alegres, e faz com que eles permaneçam, de modo apropriado, felizes; ele torna os seus amigos e colegas felizes e alegres e faz com que eles permaneçam, de modo apropriado, felizes. Este é o primeiro exemplo de riqueza colocada em bom uso, aplicada de modo a frutificar e usada para uma causa digna.

Além disso, chefe de família, com a riqueza obtida dessa maneira, o nobre discípulo se previne quanto às perdas que podem ocorrer por causa de incêndios e enchentes, reis e bandidos e herdeiros indesejados; ele se resguarda contra isso tudo. Este é o segundo exemplo de riqueza colocada em bom uso, aplicada de modo a frutificar e usada para uma causa digna.

Além disso, chefe de família, com a riqueza obtida dessa maneira, o nobre discípulo realiza os cinco tipos de oferendas: aos pais, visitas, ancestrais, ao rei e aos deuses. Este é o terceiro exemplo de riqueza colocada em bom uso, aplicada de modo a frutificar e usada para uma causa digna.

Além disso, chefe de família, com a riqueza obtida dessa maneira, o nobre discípulo estabelece um generoso auxílio em esmolas para aqueles ascetas e brâmanes que evitam a vaidade e a negligência, que se encontram estabelecidos na paciência e generosidade, que se dedicam ao autocontrole, que se dedicam à sua pacificação, e que se dedicam à obtenção do Nibbāna – um oferecimento divino, que resulta na felicidade, que conduz à felicidade, que conduz ao paraíso. Este é o quarto exemplo de riqueza colocada em bom uso, aplicada de modo a frutificar e usada para uma causa digna.

Essas, chefe de família, são as quatro ações dignas que o nobre discípulo realiza com a riqueza obtida através do esforço diligente, reunida pela força dos braços, conseguida com o suor do rosto, riqueza correta obtida corretamente.

Para qualquer outra pessoa cuja riqueza é gasta em outras coisas além daquelas quatro ações dignas, pode se dizer que a sua riqueza foi para o lixo, foi mal utilizada e usada frivolamente. Mas para qualquer pessoa cuja riqueza foi gasta naquelas quatro ações dignas, pode se dizer que a sua riqueza foi bem utilizada, empregada de forma a frutificar e usada numa boa causa".

(AN 4: 61; II 65-68)

(3) A felicidade de um chefe de família

"O Abençoado disse ao chefe de família Anāthapiṇḍika: "Existem, chefe de família, esses quatro tipos de felicidade que podem ser alcançadas por um leigo que desfrute dos prazeres sensórios, dependendo do momento e da ocasião. Quais quatro? A felicidade da posse, a felicidade do desfrute, a felicidade da ausência de dívidas e a felicidade da perfeição.

E o que, chefe de família, é a felicidade da posse? Neste caso, um chefe de família possui riqueza obtida através do esforço diligente, reunida pela força dos braços, conseguida com o suor do rosto, riqueza correta obtida corretamente. Quando ele pensa 'Eu consegui riqueza obtida através do esforço diligente, reunida pela força dos braços, conseguida com o suor do rosto, riqueza correta obtida corretamente', ele experimenta alegria e felicidade. Esta é a chamada felicidade da posse.

'E o que, chefe de família, é a felicidade do desfrute? Neste caso, um chefe de família possui riqueza obtida através do esforço diligente, reunida pela força dos braços, conseguida com o suor do rosto, riqueza correta obtida corretamente. Quando ele pensa 'eu consegui riqueza obtida através do esforço diligente, reunida pela força dos braços, conseguida com o suor do rosto, riqueza correta obtida corretamente, eu desfruto da minha riqueza e pratico ações meritórias', ele experimenta alegria e felicidade. Esta é a chamada felicidade do desfrute.

E o que, chefe de família, é a felicidade da ausência de dívidas? Neste caso, um chefe de família não possui nenhum tipo de dívida com ninguém, nem grande nem pequena. Quando ele pensa: 'Eu não possuo nenhum tipo de dívida com ninguém, nem grande nem pequena', ele experimenta felicidade e alegria. Esta é a chamada felicidade da ausência de dívidas.

E o que, chefe de família, é a felicidade da perfeição? Neste caso, chefe de família, um nobre discípulo é dotado de uma conduta perfeita de corpo, fala e mente. Quando ele pensa: 'Eu sou dotado de uma conduta perfeita de corpo, fala e mente', ele experimenta felicidade e alegria. Esta é a chamada felicidade da perfeição.

Essas, chefe de família, são os quatro tipos de felicidade que um leigo que desfruta dos prazeres sensórios pode alcançar, dependendo do momento e da ocasião."

(AN 4: 62; II 69-70)

5 A MULHER NO LAR

"Numa ocasião, o Abençoado estava vivendo em Sāvatthī, no Parque Leste, na mansão da mãe de Migāra. Então, Visākhā, a mãe de Migāra, aproximou-se do Abençoado, prestou-lhe reverência e se sentou ao seu lado[100]. O Abençoado, então, lhe disse:

'Visākhā, quando uma mulher possui quatro qualidades ela progride para a vitória no mundo presente e alcança o sucesso neste mundo. Quais quatro qualidades?'

Neste caso, Visākhā, uma mulher é capaz no seu serviço, ela gerencia os seus empregados domésticos, ela se comporta de forma agradável com o seu marido e ela protege a riqueza dele.

E como uma mulher é capaz no seu serviço? Neste caso, Visākhā, ela é habilidosa e diligente acerca das tarefas da casa do seu marido, tanto as simples quanto as complicadas; ela reflete sobre os melhores meios de realizá-las e é capaz de agir e arrumar tudo de forma apropriada. Dessa maneira ela é capaz no seu serviço.

E como uma mulher consegue gerenciar os empregados domésticos? Neste caso, Visākhā, em relação aos empregados domésticos do seu marido – escravos, servos ou trabalhadores – ela sabe o que foi feito e o que não foi feito após inspeção; ela sabe quando eles estão doentes e saudáveis; ela distribui a cada um a sua porção de comida apropriada. Desta maneira uma mulher gerencia os empregados domésticos.

E como uma mulher se comporta de forma agradável com o seu marido? Neste caso, Visākhā, a mulher não fará nenhuma ação que possa ser considerada desagradável pelo seu marido, mesmo ao custo da sua própria vida. Dessa maneira uma mulher se comporta de forma agradável com o seu marido.

E como uma mulher protege a riqueza do seu marido? Neste caso, Visākhā, seja o que for que o marido trague para casa – seja dinheiro, ou grãos, prata ou ouro – ela é bem-sucedida em protegê-lo ou guardá-lo, e ela não é nem gastadora, nem uma ladra, ou irresponsável ou leviana com a riqueza dele. Dessa maneira uma mulher protege a riqueza do seu marido.

Visākhā, quando uma mulher possui essas quatro qualidades, ela progride para a vitória no mundo presente e alcança o sucesso neste mundo. Porém, quando ela possui outras quatro qualidades, ela progride para a vitória no outro mundo e alcança o sucesso no outro mundo. Quais são as quatro outras qualidades?

Neste caso, Visākhā, uma mulher se realiza na fé, disciplina moral, generosidade e sabedoria.

E como uma mulher se realiza na fé? Neste caso, Visākhā, uma mulher possui fé; ele possui fé na iluminação do Tathāgata: 'Então o Abençoado é um Arahant, perfeitamente iluminado, realizado na conduta e no conhecimento verdadeiro, afortunado, conhecedor do mundo, líder insuperável daqueles que devem ser treinados, mestre dos devas e dos humanos, o Iluminado, o Abençoado'. Dessa maneira uma mulher é realizada na fé.

E como uma mulher se realiza na disciplina moral? Neste caso, Visākhā, uma mulher se abstém de destruir a vida, de roubar, de uma sexualidade irresponsável, de mentiras, de vinhos, licores e drogas, as fontes da negligência. Desse modo uma mulher é realizada na disciplina moral.

E como uma mulher se realiza na generosidade? Neste caso, Visākhā, uma mulher vive na sua casa sem a mácula da sovinice, generosa com todos, mão-aberta, que se deleita com a possibilidade de ajudar, devotada à caridade, que se deleita com o dar e o partilhar. Desse modo uma mulher é realizada na generosidade.

E como uma mulher se realiza na sabedoria? Neste caso, Visākhā, uma mulher possui a sabedoria que enxerga o surgir e o desparecer dos fenômenos, visão nobre e penetrante e que conduz à completa destruição do sofrimento. Desse modo uma mulher é realizada na sabedoria.

'Quando uma mulher possui essas quatro qualidades, ela progride para a vitória no outro mundo e alcança o sucesso no outro mundo'."

(AN 8: 49; IV 269-271)

6 A Comunidade

(1) As seis causas de disputa

6 "Existem, Ānanda, seis causas de disputas. Quais são? Neste caso, Ānanda, um monge é raivoso e ressentido. Um tal monge vive sem respeito pelo Mestre, pelo Dhamma e pela Saṅgha, e ele não pratica o treinamento. Um monge que vive sem respeito pelo Mestre, pelo Dhamma e pela Saṅgha, e que não pratica o treinamento, cria uma disputa na Saṅgha, o que seria causa de dor e infelicidade para muitos, uma perda, dor e sofrimento para devas e humanos. Agora, se vocês virem em si mesmos, ou externamente, qualquer uma dessas causas de disputa, vocês deveriam se esforçar para abandonar a causa má da disputa. E caso vocês não virem nem em vocês mesmos, e nem externamente, qualquer uma dessas causas de disputa, vocês deveriam praticar de tal maneira que tais causas más de disputas não surgissem no futuro. Aí, haveria o abandono da causa má de disputas no futuro. Desse modo não haveria o surgimento da causa má da disputa no futuro.

7-11 Ou então, um monge é arrogante e insolente... invejoso e sovina... enganador e fraudulento... possui desejos errados e visão equivocada... apega-se às suas próprias crenças, defende-as tenazmente e só se liberta delas com grande dificuldade. Um tal monge vive sem respeito pelo Mestre, pelo Dhamma e pela Saṅgha, e ele não pratica o treinamento. Um monge que vive sem respeito pelo Mestre, pelo Dhamma e pela Saṅgha, e que não pratica o treinamento, cria uma disputa na Saṅgha, o que seria causa de dor e infelicidade para muitos, uma perda, dor e sofrimento para devas e humanos. Agora, se vocês virem em si mesmos, ou externamente, qualquer uma dessas causas de disputa, vocês deveriam se esforçar para abandonar a causa má da disputa. E caso vocês não virem nem em vocês mesmos, e nem externamente, qualquer uma dessas causas de disputa, vocês deveriam praticar de tal maneira que tais causas más de disputas não surgissem no futuro. Aí, haveria o abandono da causa má de disputas no futuro. Desse modo não haveria o surgimento da causa má da disputa no futuro."

(Do MN 104: *Sāmagāma Sutta*; II 245-247)

(2) Os seis princípios da cordialidade

21 "Ānanda, existem seis princípios de cordialidade que criam amor e respeito, e conduzem à coesão, não disputa, concórdia e unidade. Quais são eles?

Neste caso, um monge pratica atos corporais de compaixão amorosa em relação aos seus companheiros de vida santa, tanto em público quanto em privado. Este é um princípio de cordialidade que cria amor e respeito, e conduz à coesão, não disputa, concórdia e unidade.

Ou então, um monge pratica atos verbais de compaixão amorosa em relação aos seus companheiros de vida santa, tanto em público quanto em privado. Este é um princípio de cordialidade que cria amor e respeito, e conduz à coesão, não disputa, concórdia e unidade.

Ou então, um monge pratica atos mentais de compaixão amorosa em relação aos seus companheiros de vida santa, tanto em público quanto em privado. Este é um princípio de cordialidade que cria amor e respeito, e conduz à coesão, não disputa, concórdia e unidade.

Ou então, um monge usufrui das coisas em comum com os seus virtuosos companheiros de vida santa; sem reservas, ele partilha com eles qualquer doação obtida de forma correta, aí incluído até mesmo o conteúdo da sua tigela de esmolas. Este também é um princípio de cordialidade que cria amor e respeito, e conduz à coesão, não disputa, concórdia e unidade.

Ou então, um monge permanece, tanto em público quanto em privado, possuindo com os seus companheiros de vida santa aquelas virtudes que são inquebrantáveis, indestrutíveis, irrepreensíveis, imaculadas, libertadoras, elogiadas pelos sábios, inconcebíveis, que conduzem à concentração. Este também é um princípio de cordialidade que cria amor e respeito, e conduz à coesão, não disputa, concórdia e unidade.

Ou ainda, um monge permanece, tanto em público quanto em privado, possuindo com os seus companheiros de vida santa aquela visão de mundo que é nobre e emancipadora, que conduz aquele que a pratica corretamente à destruição do sofrimento. Este também é um princípio de cordialidade que cria amor e respeito, e conduz à coesão, não disputa, concórdia e unidade.

Esses são os seis princípios de cordialidade que criam amor e respeito, e conduzem à coesão, não disputa, concórdia e unidade."

(Do MN 104: *Sāmagāma Sutta*; II 250-251)

(3) A purificação é para todas as quatro castas

1 "Assim eu ouvi. Numa ocasião o Abençoado estava vivendo em Sāvatthī, no Bosque do Príncipe Jeta, no Parque de Anāthapiṇḍika.

2 Naquela ocasião, quinhentos brâmanes de diversas províncias estavam permanecendo em Sāvatthī por algum motivo ou outro. Então aqueles brâmanes pen-

saram: 'Este asceta Gotama descreve a purificação para as quatro castas. Quem seria capaz de disputar com ele acerca desta afirmação?'

3 Então, naquela oportunidade, um estudante brâmane chamado Āssalāyana estava permanecendo em Sāvatthī. Jovem, cabeça raspada, com dezesseis anos, ele dominava os três Vedas, os seus vocabulários, liturgias, fonologia e etimologia, e as histórias como um quinto [ramo deste conhecimento]; hábil em filologia e gramática, ele também conhecia História Natural e em fisignomia, as marcas corpóreas dos grandes seres. Então os brâmanes pensaram que ele seria capaz de debater com o Abençoado.

4 Eles se dirigiram ao estudante brâmane Assalāyana e lhe disseram: 'Mestre Assalāyana, o asceta Gotama descreve a purificação para as quatro castas. Que o Mestre Assalāyana venha e debata com o asceta Gotama acerca desta afirmação'.

Quando eles terminaram de falar, o estudante brâmane Assalāyana respondeu: 'Senhores, o asceta Gotama é alguém que ensina o Dhamma. Como se sabe, é difícil debater com aqueles que ensinam o Dhamma. Eu não posso debater com o asceta Gotama sobre esta afirmação'.

Uma segunda e uma terceira vez os brâmanes o exortaram a ir. Pela segunda vez o estudante brâmane Assalāyana se recusou, mas após o terceiro pedido ele concordou.

5 Então o estudante brâmane Assalāyana, com um grande número de brâmanes, dirigiu-se ao Abençoado e trocou cumprimentos com ele. Quando a conversa amena e cortês terminou, ele se sentou ao lado e falou o seguinte ao Abençoado: 'Mestre Gotama, os brâmanes dizem o seguinte: 'Os brâmanes são a casta superior, e aqueles de qualquer outra casta são inferiores; os brâmanes são a casta mais clara, aqueles de qualquer outra casta são escuros; somente os brâmanes são puros, não brâmanes não são; só os brâmanes são os filhos de Brahmā, a prole de Brahmā, nascidos da boca dele, nascidos de Brahmā, criados por Brahmā, herdeiros de Brahmā'. O que Mestre Gotama tem a dizer sobre isto?'

'Bem, Assalāyana, todos sabem que as mulheres brâmanes menstruam, engravidam, dão à luz e amamentam[101]. E, mesmo assim, aqueles brâmanes, apesar de nascidos de um útero, dizem assim: 'Os brâmanes são a casta superior, e aqueles de qualquer outra casta são inferiores; os brâmanes são a casta mais clara, aqueles de qualquer outra casta são escuros; somente os brâmanes são puros, não brâmanes não são; só os brâmanes são os filhos de Brahmā, a prole de Brahmā, nascidos da boca dele, nascidos de Brahmā, criados por Brahmā, herdeiros de Brahmā'.'

6 'Apesar de Mestre Gotama dizer isso, mesmo assim os brâmanes pensam da seguinte maneira: 'Os brâmanes são a casta superior, e aqueles de qualquer outra casta são inferiores; os brâmanes são a casta mais clara, aqueles de qualquer outra casta são escuros; somente os brâmanes são puros, não brâmanes não são; só os brâmanes são os filhos de Brahmā, a prole de Brahmā, nascidos da boca dele, nascidos de Brahmā, criados por Brahmā, herdeiros de Brahmā'.'

'O que você acha, Assalāyana? Você já ouviu dizer que em Yona e no Kamboja[102] e em outros países distantes só existem duas castas, senhores e escravos, e que os senhores se tornam escravos e os escravos, senhores?'

'Sim, eu também ouvi dizer, senhor.'

'Então, com base na força de qual [argumento] ou com o apoio de que [autoridade], os brâmanes, neste caso, podem dizer o seguinte: 'Os brâmanes são a casta superior, e aqueles de qualquer outra casta são inferiores; os brâmanes são a casta mais clara, aqueles de qualquer outra casta são escuros; somente os brâmanes são puros, não brâmanes não são; só os brâmanes são os filhos de Brahmā, a prole de Brahmā, nascidos da boca dele, nascidos de Brahmā, criados por Brahmā, herdeiros de Brahmā'.'

7 "Apesar de Mestre Gotama dizer isso, mesmo assim os brâmanes pensam da seguinte maneira: 'Os brâmanes são a casta superior, e aqueles de qualquer outra casta são inferiores; os brâmanes são a casta mais clara, aqueles de qualquer outra casta são escuros; somente os brâmanes são puros, não brâmanes não são; só os brâmanes são os filhos de Brahmā, a prole de Brahmā, nascidos da boca dele, nascidos de Brahmā, criados por Brahmā, herdeiros de Brahmā'.'

'O que você acha, Assalāyana? Suponha que um Khattiya matasse seres vivos, pegasse o que não haviam lhe dado, praticasse uma sexualidade irresponsável, mentisse, falasse maliciosamente, de forma grosseira, fofocasse, fosse invejoso, tivesse má vontade, e tivesse uma visão de mundo equivocada. Com a dissolução do corpo, após a sua morte, somente ele nasceria numa condição miserável, num destino ruim, no inferno – e não um brâmane? Suponha que um comerciante... um trabalhador matasse seres vivos... e tivesse uma visão de mundo equivocada? Com a dissolução do corpo, após a sua morte, somente ele nasceria numa condição miserável, num destino ruim, no inferno – e não um brâmane?'

'Não, Mestre Gotama. Quer seja um khattiya ou um brâmane, ou um comerciante ou um trabalhador – aqueles das quatro castas que matam seres vivos... e tivesse uma visão de mundo equivocada. Com a dissolução do corpo, após a sua morte, nasceriam numa condição miserável, num mundo inferior, no inferno.'

'Então, com base na força de qual [argumento] ou com o apoio de que [autoridade], os brâmanes, neste caso, podem dizer o seguinte: 'Os brâmanes são a casta superior, e aqueles de qualquer outra casta são inferiores; os brâmanes são a casta mais clara, aqueles de qualquer outra casta são escuros; somente os brâmanes são puros, não brâmanes não são; só os brâmanes são os filhos de Brahmā, a prole de Brahmā, nascidos da boca dele, nascidos de Brahmā, criados por Brahmā, herdeiros de Brahmā'.'

8 Apesar de Mestre Gotama dizer isso, mesmo assim os brâmanes pensam da seguinte maneira: 'Os brâmanes são a casta superior, e aqueles de qualquer outra casta são inferiores; os brâmanes são a casta mais clara, aqueles de qualquer outra casta são escuros; somente os brâmanes são puros, não brâmanes não são; só os brâmanes são os filhos de Brahmā, a prole de Brahmā, nascidos da boca dele, nascidos de Brahmā, criados por Brahmā, herdeiros de Brahmā'.

'O que você acha, Assalāyana? Suponha que um brâmane se abstivesse de matar seres vivos, pegar o que não haviam lhe dado, praticar uma sexualidade irresponsável, mentir, falar maliciosamente, de forma grosseira, fofocar, ser invejoso, ter má vontade, e ter uma visão de mundo equivocada. Com a dissolução do corpo, após a sua morte, somente ele renasceria numa condição boa, num bom destino, num paraíso – e não um khattiya ou um comerciante ou um trabalhador?'

'Não, Mestre Gotama. Quer seja um khattiya ou um brâmane, ou um comerciante ou um trabalhador – aqueles das quatro castas que se abstém de matar seres vivos... e ter uma visão de mundo equivocada. Com a dissolução do corpo, após a sua morte, renasceriam numa condição boa, num paraíso.'

9 Apesar de Mestre Gotama dizer isso, mesmo assim os brâmanes pensam da seguinte maneira: 'Os brâmanes são a casta superior, e aqueles de qualquer outra casta são inferiores; os brâmanes são a casta mais clara, aqueles de qualquer outra casta são escuros; somente os brâmanes são puros, não brâmanes não são; só os brâmanes são os filhos de Brahmā, a prole de Brahmā, nascidos da boca dele, nascidos de Brahmā, criados por Brahmā, herdeiros de Brahmā'.

'O que você acha, Assalāyana? Somente um brâmane é capaz de desenvolver uma mente de compaixão amorosa em relação a esta região, sem hostilidade e má vontade, e não um khattiya, um brâmane, um comerciante ou um trabalhador?'

'Não, Mestre Gotama. Quer seja um khattiya, um brâmane, um comerciante ou um trabalhador – todas essas quatro castas são capazes de desenvolver uma mente de compaixão amorosa em relação a esta região, sem hostilidade e sem má vontade.'

Então, com base na força de qual [argumento] ou com o apoio de que [autoridade], os brâmanes, neste caso, podem dizer o seguinte: 'Os brâmanes são a casta superior, e aqueles de qualquer outra casta são inferiores; os brâmanes são a casta mais clara, aqueles de qualquer outra casta são escuros; somente os brâmanes são puros, não brâmanes não são; só os brâmanes são os filhos de Brahmā, a prole de Brahmā, nascidos da boca dele, nascidos de Brahmā, criados por Brahmā, herdeiros de Brahmā'.

10 Apesar de Mestre Gotama dizer isso, mesmo assim os brâmanes pensam da seguinte maneira: 'Os brâmanes são a casta superior, e aqueles de qualquer outra casta são inferiores; os brâmanes são a casta mais clara, aqueles de qualquer outra casta são escuros; somente os brâmanes são puros, não brâmanes não são; só os brâmanes são os filhos de Brahmā, a prole de Brahmā, nascidos da boca dele, nascidos de Brahmā, criados por Brahmā, herdeiros de Brahmā'.

'O que você acha, Assalāyana? Somente um brâmane é capaz de pegar uma escova de banho e pó de banho, ir para o rio e se lavar da poeira e sujeira?'

'Não, Mestre Gotama. Quer seja um khattiya, um brâmane, um comerciante ou um trabalhador – todas essas quatro castas são capazes de pegar uma escova de banho e pó de banho, ir para o rio e se lavar da poeira e sujeira?'

Então, com base na força de qual [argumento] ou com o apoio de que [autoridade], os brâmanes, neste caso, podem dizer o seguinte: 'Os brâmanes são a casta superior, e aqueles de qualquer outra casta são inferiores; os brâmanes são a casta mais clara, aqueles de qualquer outra casta são escuros; somente os brâmanes são puros, não brâmanes não são; só os brâmanes são os filhos de Brahmā, a prole de Brahmā, nascidos da boca dele, nascidos de Brahmā, criados por Brahmā, herdeiros de Brahmā'.

11 Apesar de Mestre Gotama dizer isso, mesmo assim os brâmanes pensam da seguinte maneira: 'Os brâmanes são a casta superior, e aqueles de qualquer outra casta são inferiores; os brâmanes são a casta mais clara, aqueles de qualquer outra casta são escuros; somente os brâmanes são puros, não brâmanes não são; só os brâmanes são os filhos de Brahmā, a prole de Brahmā, nascidos da boca dele, nascidos de Brahmā, criados por Brahmā, herdeiros de Brahmā'.

'O que você acha, Assalāyana? Suponha que um Rei khattiya consagrado reunisse aqui cem homens de diferentes origens e lhes dissesse: 'Venham, senhores. Que alguém aqui que tenha nascido num clã khattiya ou num clã brâmane ou num clã real pegue um pedaço de madeira de boa qualidade e acenda um fogo para produzir calor. E que também alguém que tenha nascido num clã sem casta, num clã de caçadores, num clã de produtores de cestos, num clã de carroceiros, num clã de coveiros pegue um pedaço de madeira feito de um bebedouro de um cachorro, de um coxo de um porco, de uma lixeira ou de madeira de óleo de castor e acenda um fogo para produzir calor'.

O que você acha, Assalāyana? Quando um fogo é acesso e o calor é produzido por alguém do primeiro grupo, o fogo teria uma chama, cor e brilho, e seria possível usá-lo para as finalidades de fogo, enquanto que quando um fogo é acesso e o calor é produzido por alguém do segundo grupo, o fogo não teria uma chama, nem brilho e nem calor, e não seria possível usá-lo para finalidades de fogo?'

'Não, Mestre Gotama. Quando um fogo é acesso e o calor é produzido por alguém do primeiro grupo, o fogo teria uma chama, cor e brilho, e seria possível usá-lo para as finalidades de fogo. E quando um fogo é acesso e o calor é produzido por alguém do segundo grupo, o fogo também teria uma chama, brilho e calor, e seria possível usá-lo para finalidades de fogo. Pois todo fogo possui uma chama, uma cor e brilho, e é possível usar todo fogo para os propósitos do fogo.'

Então, com base na força de qual [argumento] ou com o apoio de que [autoridade], os brâmanes, neste caso, podem dizer o seguinte: 'Os brâmanes são a casta superior, e aqueles de qualquer outra casta são inferiores; os brâmanes são a casta mais clara, aqueles de qualquer outra casta são escuros; somente os brâmanes são puros, não brâmanes não são; só os brâmanes são os filhos de Brahmā, a prole de Brahmā, nascidos da boca dele, nascidos de Brahmā, criados por Brahmā, herdeiros de Brahmā.'

12 Apesar de Mestre Gotama dizer isso, mesmo assim os brâmanes pensam da seguinte maneira: 'Os brâmanes são a casta superior, e aqueles de qualquer outra casta são inferiores; os brâmanes são a casta mais clara, aqueles de qualquer outra casta são escuros; somente os brâmanes são puros, não brâmanes não são; só os brâmanes são os filhos de Brahmā, a prole de Brahmā, nascidos da boca dele, nascidos de Brahmā, criados por Brahmā, herdeiros de Brahmā'.

'O que você acha, Assalāyana? Suponha que um jovem khattiya se unisse a uma jovem brâmane e um filho nascesse dessa união. O filho nascido de um jovem khattiya e uma menina brâmane deveria ser chamado de khattiya por causa do seu pai ou de brâmane por causa da sua mãe?'

'Ele poderia ser chamado de ambas as maneiras, Mestre Gotama.'

13 'O que você acha, Assalāyana? Suponha que uma jovem khattiya se unisse a um jovem brâmane e um filho nascesse dessa união. O filho nascido de uma jovem khattiya e de um menino brâmane deveria ser chamado de khattiya por causa da sua mãe ou de brâmane por causa do seu pai?'

'Ele poderia ser chamado de ambas as maneiras, Mestre Gotama.'

14 'O que você acha, Assalāyana? Suponha que uma égua fosse acasalada com um jumento macho, e um jegue nascesse do resultado. O jegue deveria ser chamado de cavalo por causa da mãe ou de jumento por causa do pai?'

'É uma mula, Mestre Gotama, já que ela não pertence a nenhum dos gêneros. Eu vejo uma diferença neste último caso, mas não vejo nenhuma diferença nos outros dois casos anteriores.'

15 'O que você acha, Assalāyana? Suponha que houvesse dois estudantes brâmanes que fossem irmãos, nascidos da mesma mãe, um estudioso e inteligente, e o outro, nem estudioso e nem inteligente. Qual dos dois os brâmanes alimentariam em primeiro lugar num banquete funerário, numa oferenda sacrificial ou numa festa para convidados?'

'Em tais ocasiões os brâmanes alimentariam em primeiro lugar aquele que fosse estudioso e inteligente, Mestre Gotama; pois como aquilo que fosse dado àquele que não fosse nem estudioso e nem inteligente poderia dar bons frutos?'

16 'O que você acha, Assalāyana? Suponha que houvesse dois estudantes brâmanes que fossem irmãos, nascidos da mesma mãe, um estudioso e inteligente, mas imoral e mal caráter, e o outro, nem estudioso e nem inteligente, mas virtuoso e de bom-caráter. Qual dos dois os brâmanes alimentariam em primeiro lugar num banquete funerário, numa oferenda sacrificial ou numa festa para convidados?'

'Em tais ocasiões os brâmanes alimentariam em primeiro lugar aquele que não fosse nem estudioso e nem inteligente, mas virtuoso e de bom-caráter, Mestre Gotama; pois como aquilo que fosse dado àquele que fosse imoral e mal caráter poderia dar bons frutos?'

17 'Primeiro, Assalāyana, você se baseou no nascimento, e depois disso você se baseou no conhecimento das escrituras, e depois disso você se baseou no fundamento de que a purificação é para as quatro castas, como eu a descrevo.'

Quando isto foi dito, o estudante brâmane Assalāyana ficou sentado silencioso e confuso, com os seus ombros caídos e a cabeça baixa, triste e sem resposta."

(MN 93: *Assalāyana Sutta*, condensado; II 147-154)

(4) Os sete princípios de estabilidade social

1.1 "Assim eu ouvi. Numa ocasião o Abençoado estava vivendo em Rājagaha, no Monte do Pico do Abutre. Então, naquela época, o Rei Ajātasattu Vedehiputta de Magadha queria atacar os Vajjias[103]. Ele disse: 'Eu vou golpear os Vajjias que são tão poderosos e fortes, eu vou eliminá-los e destruí-los, eu vou levá-los à ruína e à destruição!'

1.2 E o Rei Ajātasattu disse ao seu primeiro-ministro, o brâmane Vassakāra: 'Brâmane, vá ao Abençoado, lhe reverencie com a sua cabeça nos pés dele em meu nome, pergunte-lhe se ele está livre de doença e enfermidade, se ele está vivendo em paz, com vigor e confortavelmente, e então diga: 'Senhor, o Rei Ajātasattu Vedehiputta de Magadha deseja atacar os Vajjian e ele diz o seguinte: 'Eu vou golpear os Vajjias que são tão poderosos e fortes, eu vou eliminá-los e destruí-los, eu vou levá-los à ruína e à destruição!' E seja o que for que ele declare a você, relate de volta fielmente a mim, pois os Tathāgata nunca mentem'.

1.3 'Perfeitamente, Senhor', disse Vassakāra, e tendo a carruagem oficial sido preparada, ele nela embarcou e viajou direto de Rājagaha até o Pico dos Abutres, viajando de carruagem até onde o terreno permitia, continuando, depois, a pé, até onde o Abençoado se encontrava. Ele trocou cortesias com o Abençoado, depois se sentou ao seu lado e comunicou a mensagem do rei.

1.4 Naquele momento o venerável Ānanda estava de pé atrás do Abençoado, o abanando. O Abençoado então disse:

(1) 'Ānanda, você já ouviu dizer que os Vajjias se reúnem em assembleia de forma frequente e regularmente?' 'Sim, eu já ouvi, Venerável, que eles assim fazem'. 'Ānanda, enquanto os Vajjias se reunirem de forma frequente e regular em assembleia, eles certamente prosperarão e não declinarão.'

(2) 'Você já ouviu dizer que os Vajjias se encontram de forma harmônica, se separam de forma harmônica e conduzem os seus negócios de forma harmônica?' 'Sim, eu já ouvi, Venerável, que eles assim fazem.' 'Ānanda, enquanto os Vajjias se encontrarem de forma harmônica, se separarem de forma harmônica e conduzirem os seus negócios de forma harmônica, eles certamente prosperarão e não declinarão'.

(3) 'Você já ouviu dizer que os Vajjias não autorizam o que ainda não foi autorizado, não abolem o que já foi autorizado, mas prosseguem com aquilo que já foi autorizado pelas suas tradições antigas?' 'Sim, eu já ouvi, Venerável, que eles assim fazem.' 'Ānanda, enquanto os Vajjias não autorizarem o que ainda não foi autorizado, não abolirem o que já foi autorizado, mas prosseguirem com aquilo que já foi autorizado pelas suas tradições antigas, eles certamente prosperarão e não declinarão.'

(4) 'Você já ouviu dizer que os Vajjias honram, respeitam, reverenciam e saúdam os mais antigos entre eles e consideram que vale à pena escutá-los?' 'Sim, eu já ouvi, Venerável, que eles assim fazem.' 'Ānanda, enquanto os Vajjias honrarem,

respeitarem, reverenciarem e saudarem os mais antigos entre eles e considerarem que vale à pena escutá-los, eles certamente prosperarão e não declinarão.'

(5) 'Você já ouviu dizer que os Vajjias não tomam à força as mulheres e filhas dos outros, e as forçam a viverem com eles?' 'Sim, eu já ouvi, Venerável, que eles assim fazem.' 'Ānanda, enquanto os Vajjian não tomarem à força as mulheres e filhas dos outros, e as forçarem a viver com eles, eles certamente prosperarão e não declinarão.'

(6) 'Você já ouviu dizer que os Vajjias honram, respeitam, reverenciam e saúdam os templos Vajjias tanto em casa quanto no estrangeiro, não retirando deles o apoio apropriado já feito e dado anteriormente?' 'Sim, eu já ouvi, Venerável, que eles assim fazem.' 'Ānanda, enquanto os Vajjias honrarem, respeitarem, reverenciarem e saudarem os templos Vajjias tanto em casa quanto no estrangeiro, não retirando deles o apoio apropriado já feito e dado anteriormente, eles certamente prosperarão e não declinarão.'

(7) 'Você já ouviu dizer que os Vajjias fazem provisões apropriadas para a segurança dos arahant, de forma que os aharant possam ir para lá no futuro e aqueles que já vivem lá possam viver confortavelmente?' 'Sim, eu já ouvi, Venerável, que eles assim fazem.' 'Ānanda, enquanto os Vajjias fizerem provisões apropriadas para a segurança dos arahant, de forma que os aharant possam ir para lá no futuro e aqueles que já vivem lá possam viver confortavelmente, eles certamente prosperarão e não declinarão.'

1.5 Então o Senhor disse ao brâmane Vessakāra: 'Numa ocasião, brâmane, quando eu estava no templo Sārandada em Vesāli, eu ensinei aos Vajjias esses sete princípios para que eles possam evitar o declínio, e enquanto eles aderirem a esses sete princípios, enquanto esses princípios vigorarem, os Vajjias certamente prosperarão e não declinarão'.

Ao ouvir isso, Vassakāra respondeu: 'Mestre Gotama, se os Vajjias seguirem somente um desses princípios, eles certamente prosperarão e não declinarão – quanto mais os sete! Com certeza os Vajjias jamais serão conquistados pelo Rei Ajātasattu através da força das armas, mas somente por meio de propaganda e colocando um contra o outro. E agora, Mestre Gotama, eu devo partir. Eu sou ocupado e tenho muito o que fazer'.

'Brâmane, faça o que você achar melhor.' Então, Vassakāra, feliz e satisfeito com as palavras do Abençoado, levantou-se do seu assento e partiu.

1.6 Logo após Vassakāra ter partido, o Abençoado disse: 'Ānanda, procure todo e qualquer monge que se encontre vivendo em Rājagaha e os convoque para o salão de assembleia'. 'Sim, venerável', disse Ānanda, e assim ele fez. Então ele retornou ao Abençoado, o saudou, ficou de lado e disse: 'Venerável, a Saṅgha dos monges está reunida. Agora o Abençoado deve fazer como achar melhor'. Então o Abençoado se levantou do seu assento, dirigiu-se ao salão de assembleia, sentou-se num assento previamente preparado para ele, e disse: 'Monges, eu vou lhes ensinar sete coisas que conduzem à prosperidade. Ouçam, prestem atenção cuidadosa, eu vou falar'.

'Sim, venerável', disseram os monges. E o Abençoado falou:

'Enquanto os monges fizerem assembleias regulares e frequentes, eles certamente prosperarão e não declinarão. Enquanto eles se reunirem de forma harmônica, se separarem de forma harmônica e conduzirem os seus negócios de forma harmônica, eles certamente prosperarão e não declinarão. Enquanto eles não autorizarem o que ainda não foi autorizado, e não abolirem o que já foi autorizado, mas prosseguirem de acordo com aquilo que é permitido pelas regras do treinamento [dos monges], eles certamente prosperarão e não declinarão. Enquanto eles honrarem, respeitarem, reverenciarem e saudarem os anciãos de grande estatura há muito ordenados, pais e líderes da Ordem, eles certamente prosperarão e não declinarão. Enquanto eles não forem vítimas do desejo que surja neles e conduz ao renascimento, eles certamente prosperarão e não declinarão. Enquanto eles forem devotados aos seus alojamentos na floresta, eles certamente prosperarão e não declinarão. Enquanto eles preservarem a sua consciência acerca do corpo, para que no futuro os bons dentre os seus companheiros os procurem, e aqueles que já os tiverem procurado se sintam mais à vontade com eles, certamente prosperarão e não declinarão. Enquanto eles mantiverem essas sete coisas e forem observados mantendo-as, eles certamente prosperarão e não declinarão'."

(Do DN 16: *Mahāparinibbāna Sutta*; II 72-77)

5) O monarca universal

3 "E após muitas centenas e milhares de anos, o Rei Daḷhanemi disse a um certo homem: 'Meu bom homem, sempre que você perceber que a sagrada Roda-da-Lei saiu da sua posição, me relate'. 'Sim, senhor', respondeu o homem. E após muitas centenas e milhares de anos o homem percebeu que a sagrada Roda-da-Lei havia saído da sua posição. Ao perceber isso, ele relatou o fato ao rei. Então o Rei Daḷhanemi mandou chamar o príncipe herdeiro, e lhe disse: 'Meu filho, a sagrada Roda-da-Lei saiu da sua posição. E eu ouvi dizer que, quando isto ocorre durante o reino de um monarca universal, isto significa que ele não tem mais muito tempo de vida. Eu já tive a minha parcela de prazeres humanos, agora é chegada a hora de buscar os prazeres celestiais. Você, meu filho, assuma o controle desta terra. Eu vou raspar o meu cabelo e a minha barba, vestir o manto açafrão, e partir de casa rumo à vida sem lar'. E, tendo instalado o seu filho mais velho no trono na forma devida como rei, ele abandonou o mundo e partiu para a vida sem lar. E sete dias após a partida do rei-sábio, a Roda-da-Lei despareceu.

4 Então, um certo homem veio ao Rei khattiya consagrado e disse: 'Senhor, vossa majestade precisa saber que a sagrada Roda-da-Lei desapareceu'. Ao ouvir isso, o rei lamentou e se entristeceu. Ele se dirigiu ao sábio real e lhe contou a novidade. E o sábio real lhe disse: 'Meu filho, você não deve se lamentar ou se entristecer com o desaparecimento do tesouro da Roda. A Roda-da-Lei não é uma herança dos seus antecessores. Mas agora, meu filho, você próprio deve se transformar num monarca universal. E pode acontecer que, se você realizar os seus deveres como um nobre

monarca universal, no festival uposatha do dia quinze[104], após você lavar a sua cabeça e subir na varanda do alto do seu palácio para o festival uposatha, a sagrada Roda--da-Lei aparecerá para você, com os seus mil aros, completa com a calota, o eixo e todos os seus acessórios'.

5 'Mas qual é o dever de um nobre monarca universal, senhor?' 'É o seguinte, meu filho: você deve depender do Dhamma, honrá-lo, reverenciá-lo, cultivá-lo, homenageá-lo e venerá-lo, ter o Dhamma como bandeira e estandarte, reconhecer o Dhamma como o seu mestre; você deve assegurar a defesa, guarda e proteção correta para a sua família, suas tropas, seus khattiyas e vassalos, brâmanes e chefes de família, o povo da cidade e do campo, ascetas e brâmanes, feras e aves. Não permita que o crime prospere no seu reino, e para os necessitados, distribua riqueza. E sejam quais forem os ascetas e brâmanes no seu reino que tenham renunciado a uma vida de desejo sensório e se dediquem à paciência e gentileza, cada um se controlando, se acalmando, em busca do fim do desejo, de vez em quando os procure e lhes pergunte: 'O que, veneráveis, é benéfico e o que não é benéfico, o que macula e o que não macula, o que deve ser seguido e o que não deve ser seguido? Qual é o curso de ação que, ao longo prazo, conduz à dor e à infelicidade, e qual conduz à prosperidade e felicidade?'[105] Após ouvi-los, você deve evitar o que for prejudicial e fazer o que for benéfico. Esse, meu filho, é o dever de um monarca universal.'

'Sim, senhor, disse o rei, e ele realizou os deveres de um nobre monarca-universal. E ao fazê-lo, no dia quinze, no festival uposatha, após ele lavar a sua cabeça e subir à varanda do alto do seu palácio para o festival uposatha, a sagrada Roda-da-Lei apareceu para ele, com mil raios, completa, com calota, eixo e todos os acessórios. Então o rei pensou: 'eu ouvi dizer que quando Rei khattiya devidamente consagrado vê uma Roda dessas no dia quinze, no festival uposatha, ele se tornará um monarca universal. Será que eu posso vir a me tornar um monarca universal?'

6 Então, levantando-se do seu assento, cobrindo um ombro seu com o manto, o rei pegou um vaso de ouro com a sua mão esquerda, salpicou com água a Roda com a mão direita, dizendo: 'Possa a nobre Roda-da-Lei girar, possa a nobre Roda-da-Lei conquistar!' A Roda se virou para o Leste, e o rei a seguiu com o seu exército dividido em quatro partes. E em qualquer país que a Roda parasse, o Rei o ocupava com o seu exército dividido em quatro partes. E aqueles que lhe ofereciam resistência ao Oriente vieram e disseram-lhe: 'Ora, Vossa Majestade, seja bem-vindo. Somos seus, Vossa Majestade. Nos governe, Vossa Majestade'. E o rei disse: 'Não tomem a vida. Não tomem o que não lhe tenha sido dado. Não pratiquem a irresponsabilidade sexual. Não mintam. Não bebam bebidas alcoólicas. Gozem de suas posses como anteriormente'[106]. E aqueles que se lhe opunham no Oriente se tornaram seus súditos.

7 Então a Roda se virou para o Sul, o Oeste e o Norte... [como na seção anterior]... Então o tesouro da Roda, tendo conquistado as terras de mar a mar, retornou para a capital real e parou em frente ao palácio do rei, enquanto ele julgava um caso, como que enfeitando o palácio real."

(Do DN 26: *Cakkavatti-Sīhanāda Sutta*; III 59-63)

(6) Trazendo tranquilidade para a nação

9 "Sentando-se ao lado, o brâmane Kūṭadanta se dirigiu ao Abençoado: 'Mestre Gotama, eu ouvi dizer que o Senhor entende como se deve conduzir com sucesso o triplo sacrifício com os seus dezesseis requisitos. Ora, eu não entendo disso tudo, mas eu quero realizar um grande sacrifício. Seria ótimo se o Mestre Gotama pudesse explicar isso para mim'.

'Então ouça, brâmane, preste bastante atenção que eu explicarei.'

'Sim, Senhor', respondeu Kūṭadanta, e o Abençoado continuou:

10 'Brâmane, era uma vez um rei chamado Mahāvijita. Ele era rico, com grande riqueza e recursos, com abundante ouro e prata, posses e meios, dinheiro e poder econômico, com um tesouro e uma reserva de grãos abarrotados. E quando o Rei Mahāvijita estava refletindo em particular, ocorreu-lhe o pensamento: 'Eu adquiri uma extensa fortuna em termos humanos, eu ocupei uma extensa faixa de terra que conquistei. Eu devo fazer agora um grande sacrifício que fosse para o meu benefício e felicidade duradouros'. E chamando o seu capelão[107], ele lhe comunicou a sua ideia. 'Eu quero realizar um grande sacrifício. Instrua-me, venerável, como ele pode ser para o meu benefício e felicidade duradouros'.

11 O capelão respondeu: 'O reino de Vossa Majestade está repleto de bandidos. Está destruído; vilas e cidades estão sendo destruídas; o campo está infestado de bandoleiros. Se Vossa Majestade quisesse taxar essa região, essa seria a coisa errada a fazer. Suponha que Vossa Majestade pensasse: 'Eu vou me livrar dessa praga de ladrões através de execuções e prisões, ou confisco, ameaças e banimentos', essa praga não seria destruída apropriadamente. Aqueles que sobrevivessem prejudicariam mais tarde o seu reino. Porém, com este plano o senhor pode eliminar completamente aquela praga. Para aqueles no reino que se ocupam da agricultura e pecuária, Vossa Majestade poderia distribuir grãos e forragem; para aqueles no comércio, dê capital; para aqueles no serviço público, dê salários apropriados. Então, aquelas pessoas que tiverem a intenção de prejudicar o reino, não o farão. As receitas de Vossa Majestade serão enormes; o reino ficará em paz e não repleto de ladrões, e o povo, com alegria em seus corações, brincando com as crianças, morarão em casas sem trancas'.

E dizendo: 'Que assim seja!', o rei aceitou o conselho do capelão: ele distribuiu grão e forragem para aqueles ocupados na agricultura e pecuária, capital para aqueles no comércio, salário digno para os funcionários públicos. As receitas do rei cresceram, a terra ficou tranquila e não se encheu de ladrões, e o povo, com alegria em seus corações, brincando com as crianças, moravam em casas sem trancas."

(Do DN 5: *Kūṭadanta Sutta*; I 134-136)

V
O CAMINHO PARA UM RENASCIMENTO AFORTUNADO

INTRODUÇÃO

Em seu relato acerca da "nobre busca", o Buda diz que quando ele olhou para o mundo logo após a sua iluminação, ele viu que os seres conscientes são como flores de lótus em vários estágios de crescimento dentro de um lago (cf. p. 84). Enquanto alguns seres são como lótus na ou próximos da superfície do lago, capazes de despertar simplesmente ao serem expostos aos seus ensinamentos que transcendem o mundo, a vasta maioria das pessoas que encontra o Dhamma são como lótus crescendo bem abaixo da superfície. Esses lótus se beneficiam da luz do sol e usam a energia dele para sustentar as suas vidas, porém, ainda precisam de tempo para alcançar a superfície e florescer.

Esses benefícios, as condições de melhoria para o desenvolvimento espiritual no Dhamma, ocorrem pela aquisição de *puñña* ou "mérito", uma palavra que significa a capacidade de ação positiva para gerar resultados benéficos dentro do ciclo de renascimentos. De acordo com o ensinamento do Buda, o cosmos, com as suas muitas dimensões de existência consciente, é governado em todos os níveis por leis físicas, biológicas, psicológicas e éticas imutáveis. O processo pelo qual um ser consciente migra de um estado de existência para outro também opera, da mesma maneira, de acordo com uma lei. Esse processo é regulado por uma lei que trabalha de dois modos principais: primeiro, ela conecta nossas ações com uma dimensão particular de renascimento que corresponda às nossas ações e, em segundo lugar, ela determina as relações entre nossas ações e a qualidade da nossa experiência dentro daquela dimensão particular na qual renascemos.

O fator que governa este processo, o fator que realiza todo o processo de acordo com uma lei, é uma força chamada *kamma* (Skt: *karma*). A palavra "kamma" significa literalmente 'ação', mas tecnicamente significa uma ação intencional, voluntária. Como o Buda diz: "é a intenção (*cetanā*) que eu chamo kamma; pois tendo tido a intenção (*cetayitvā*) é que alguém age com o corpo, a fala e a mente"[108]. Kamma, portanto, denota ações que se originam da intenção, da vontade. Tal intenção pode permanecer puramente mental, gerando kamma mental que ocorre como pensamentos, planos e desejos; ou ele pode vir a se expressar exteriormente como ações corporais e verbais.

Pode parecer que as nossas ações, uma vez realizadas, pereçam e desapareçam, sem deixar para trás quaisquer traços, a não ser o seu impacto visível em outras pessoas ou no ambiente. Contudo, de acordo com o Buda, todas as ações voluntárias, moralmente determinadas, criam um potencial para gerar resultados (*vipāka*) ou frutos (*phala*) que correspondem à qualidade ética daquelas ações. Esta capacidade das nossas ações de produzir resultados moralmente apropriados é que significa *kamma*. Nossas ações geram kamma, um potencial para produzir frutos que correspondem às suas próprias tendências intrínsecas. Então, quando as condições internas e externas são apropriadas, o kamma amadurece e produz os frutos apropriados. Ao amadurecer, o kamma retorna a nós de acordo com o bem ou o mal, dependendo da qualidade moral da ação original. Isso pode acontecer quer mais tarde na própria vida na qual a ação foi realizada, na próxima vida ou em alguma vida mais futura[109]. A única coisa que é certa é que, enquanto permanecemos dentro do saṃsāra, qualquer kamma nosso acumulado pode ser capaz de amadurecer enquanto não tiver produzido os devidos resultados.

Com base na sua qualidade ética, o Buda distingue o kamma em duas grandes categorias: o prejudicial (*akusala*) e o benéfico: (*kusala*). O kamma prejudicial é aquele espiritualmente detrimental para o agente, moralmente repreensível, e potencialmente produtor de um renascimento desafortunado ou resultados dolorosos. O critério para julgar uma ação como prejudicial são os seus motivos subjacentes, as "raízes" de onde ela emana. Existem três raízes prejudiciais: cobiça, ódio e ilusão. Desses, surge uma vasta variedade de impurezas secundárias – estados como ira, hostilidade, inveja, egoísmo, arrogância, orgulho, presunção, preguiça – e das impurezas-raiz e impurezas secundárias surgem as ações impuras.

O kamma benéfico, por sua vez, é a ação que é espiritualmente benéfica e moralmente elogiável; é a ação que amadurece como felicidade e boa fortuna. Seus motivos subjacentes são as três raízes: não desejo, não ódio e não ilusão, que podem ser expressas de forma mais positivamente como generosidade, gentileza amorosa e sabedoria. Enquanto as ações que se originam das raízes prejudiciais estão necessariamente ligadas ao mundo de repetidos nascimentos e mortes, as ações que surgem das raízes beneficiais podem ser de dois tipos: as ações mundanas (*lokiya*) beneficiais que possuem o potencial para produzir um renascimento afortunado e resultados agradáveis dentro da ronda de renascimentos. As ações benéficas supramundanas ou transcendentes (*lokuttara*) – a saber, o kamma gerado pelo desenvolvimento do Nobre Caminho Óctuplo e os outros auxílios para a iluminação – conduzem à iluminação e libertação da ronda de renascimentos. Esse é o kamma que desmonta todo o processo de causalidade cármica.

A correlação entre kamma e os seus resultados é indicado de forma geral no **Texto V, 1(1)**. Este sutta se refere à ação prejudicial como "kamma escuro" e a ação mundana benéfica como "kamma claro". Ele também se refere a um tipo de kamma que é tanto escuro quanto claro. Estritamente falando, isso não denota uma ação individual que partilhe, simultaneamente, de ambas as características prejudiciais e benéficas; tal coisa seria tecnicamente impossível, já que uma ação deve ser uma coisa ou outra. O kamma combinado se refere à conduta de uma pessoa que se envolva, intermitentemente, em comportamentos por vezes prejudiciais, por vezes saudáveis.

Finalmente, o sutta fala de um quarto tipo de kamma que não é nem escuro nem claro. Esta é a ação que desenvolve o Nobre Caminho Óctuplo, o kamma benéfico que transcende o mundo.

Não pode ser suficientemente enfatizado o fato de que para o Budismo antigo, a compreensão e aceitação deste princípio cármico e os seus frutos é um componente essencial da *visão correta*. A visão correta possui dois aspectos, o aspecto ligado ao mundo ou mundano, que diz respeito à vida no mundo, e o supramundano, ou aquele que transcende o mundo, que diz respeito ao caminho da libertação[110]. A visão correta que transcende o mundo inclui a compreensão das Quatro Nobres Verdades, da originação dependente e das três marcas da impermanência, sofrimento e não eu (insubstancialidade). Para o Budismo antigo, esta visão correta que transcende o mundo não pode ser praticada isoladamente da visão correta mundana. Antes, ela é um pressuposto e depende do apoio seguro da visão correta mundana, o que significa uma firme convicção na validade da lei do kamma e o seu desdobramento no processo de renascimentos.

Aceitar a lei do kamma implica uma transformação radical de nossa compreensão e do nosso relacionamento com o mundo. As doutrinas gêmeas do kamma e renascimento nos permitem ver que o mundo no qual nós vivemos é, em aspectos importantes, uma reflexão externa do cosmos interno da mente. Isto não significa que o mundo externo pode ser reduzido a uma projeção mental da maneira proposta por certos tipos de idealismo filosófico. Porém, tomadas em conjunto, essas duas doutrinas mostram que as condições sob as quais vivemos correspondem, de modo aproximado, com as tendências cármicas das nossas mentes. O motivo pelo qual um ser vivo renasce numa dimensão específica é porque, numa vida passada, esse ser gerou kamma, ou ação intencional, que conduziu ao renascimento naquela dimensão. Portanto, em última análise, todas as dimensões da existência foram formadas, forjadas e sustentadas pelas atividades mentais dos seres humanos. Como diz o Buda: "Para os seres obstruídos pela ignorância e prejudicados pelo desejo, o kamma é o campo, a consciência é a semente e o desejo é a umidade, para que a consciência se estabeleça numa nova dimensão da existência – seja inferior, mediana ou superior" (AN 3: 76; I 223)[111].

A próxima seleção, o **Texto V, 1(2)**, traça uma distinção mais sutil entre os tipos de kamma prejudiciais e saudáveis. O texto enumera dez instâncias primárias de cada classe. Lá, eles são chamados, respectivamente, de "conduta incorreta, conduta em desacordo com o Dhamma" e "conduta correta, conduta de acordo com o Dhamma", mas eles são geralmente conhecidos como os dez caminhos do kamma prejudicial e benéfico[112]. Os dez são subdivididos a partir das três "portas para a ação" – corpo, fala e mente. Examinando o kamma *prejudicial* em primeiro lugar, existem três tipos de condutas *corpóreas* erradas: matar, roubar e má conduta sexual; quatro tipos de condutas *verbais* erradas: mentira, fala maliciosa, fala agressiva e frivolidade (fofoca); e os três tipos de condutas *mentais* erradas: desejo, má vontade e visão errônea. Os dez caminhos da ação *benéfica* são os dez opostos exatos: abstinência dos quatro tipos de má conduta corpórea, abstinência dos quatro tipos de má conduta verbal e não desejo, boa vontade e visão correta. De acordo com o sutta, os dez tipos de kamma prejudiciais são as razões pelas quais os seres renascem em bons destinos após a morte. Como o sutta mostra, os dez tipos de kamma benéficos são o apoio, não só para um renascimento celestial, como também para a "destruição das máculas", o alcançar da libertação.

Os últimos parágrafos desse sutta nos dão uma breve amostra da cosmologia Budista. O cosmos Budista é dividido em três grandes reinos ou dimensões – a dimensão da esfera sensível (*kāmadhatū*), a dimensão da forma (*rūpadhatū*) e a dimensão do sem forma (*arūpadhatū*) – cada um compreendendo uma gama de planos subsidiários.

A dimensão da esfera sensível, a nossa dimensão, é assim chamada porque os seres que renascem aqui são fortemente motivados pelos desejos sensórios. Esta dimensão é dividida em dois níveis: os maus destinos e os bons destinos. Os maus destinos ou os "estados de miséria" (*apāya*) são três: os infernos, estados de tormento intenso (cf. MN 129 e 130, não incluídos nesta antologia); o reino animal; e a esfera dos espíritos (*pettivisaya*), seres aflitos com fome, sede e outros sofrimentos incessantes. Essas são as dimensões de retribuição para os dez caminhos prejudiciais do kamma[113].

Os bons destinos na dimensão da esfera sensível são o mundo humano e os seis planos sensórios paradisíacos. Esses últimos são: os devas no paraíso dos Quatro Grandes Reis, que são presididos por quatro poderosos devas (nomeadamente, os Quatro Grandes Reis); os devas Tāvatiṃsa presididos por Sakka, um devoto do Buda que é fiel mas tende à negligência (cf. Sakkasaṃyutta, SN capítulo 11); os devas Yāma; os devas do paraíso Tusita, a morada de um bodhisatta antes do seu nascimento final; os Nimmānaratī devas ("os deuses que se deleitam em criar"); e os Paranimmitavasavattī devas ("os deuses que controlam o que é criado por outros"). A causa cármica para o renascimento nesses bons destinos da dimensão da esfera sensível é a prática dos dez caminhos de ação benéfica.

Na dimensão da forma, os tipos mais grosseiros de forma material estão ausentes. Seus habitantes, conhecidos como *brahmās*, usufruem de bem-aventurança, poder, luminosidade e vitalidade muito superiores aos seres da esfera sensível. A dimensão da forma é constituída por dezesseis planos. Esses são as contrapartes objetivas dos quatro jhānas. Atingir o primeiro jhāna conduz ao renascimento entre a assembleia dos Brahmā, os ministros de Brahmā e os Mahābrahmā, de acordo com o nível de jhāna desenvolvido: inferior, mediano ou superior. O segundo jhāna alcançado, também de acordo com o nível atingido, conduz, respectivamente, ao renascimento entre os devas de brilho limitado, de brilho imensurável e de brilho corrente. O terceiro jhāna, atingido nos três mesmos graus, conduz, respectivamente, ao renascimento entre os devas de glória limitada, de glória ilimitada e de glória refulgente. O quarto jhāna, geralmente, conduz ao renascimento entre os devas de grandes recompensas, mas se desenvolvido com uma sensação de desgosto pela percepção, conduzirá ao renascimento entre os "seres não percipientes", seres que não possuem percepção. A dimensão da forma também compreende cinco planos reservados exclusivamente para o renascimento dos-que-não retornam (cf. p. 356s.), chamadas de moradas puras: *aviha*, *atappa*, *sudassa*, *sudassī* e *akaniṭṭha*. Em cada um desses planos sutis, afirma-se que a vida possui enorme duração e que ela aumenta significativamente em cada plano superior[114].

Na terceira dimensão da existência, a forma material é inexistente e somente os mais simples dos processos mentais existem, daí ser chamada de dimensão sem forma. Esta dimensão se constitui de quatro planos, os quais são as contrapartes objetivas das quatro realizações das quatro meditações sem forma, segundo as quais são chamadas de: a base do espaço infinito, a base da consciência infinita, a base da nulidade e a base da nem-percepção-nem-não-percepeção. As durações das vidas atribuídas às quatro dimensões são, respectivamente: 20.000, 40.000, 60.000 e 84.000 grandes eras (Para a duração de uma era, cf. o **Texto I, 4(3)**).

Para a cosmologia Budista, a existência em cada dimensão, sendo o produto de um kamma com potência finita, é necessariamente impermanente. Os seres renascem numa dimensão apropriada ao seu kamma e as suas ações, experimentam bons ou maus resultados, e então, quando o kamma gerador exauriu a sua força, eles desaparecem para renascerem em outro local, este determinado por ainda outro kamma que encontrou condições de amadurecimento. Daí que os tormentos do inferno e as alegrias do paraíso, não importa por quão longo eles possam durar, estão fadados a passar. O Buda guia aqueles cujas faculdades espirituais ainda estão frágeis a aspirar por um renascimento humano ou paradisíaco, e os ensina as linhas de conduta que conduzem a realização das suas aspirações. Mas ele encoraja aqueles com faculdades mais maduras para que realizem um esforço determinado para colocar um fim no vagar sem objetivo do saṃsāra e alcançarem o Imorredouro, o Nibbāna, que transcende todos os planos condicionados de existência.

Enquanto os dois primeiros textos deste capítulo estabelecem uma relação geral entre kamma e esferas de renascimento, o **Texto V, 1(3)** especifica as curas cármicas subjacentes para que se manifestem as diferenças na vida humana. Ele o faz de acordo com o conhecido ditado do Buda: "Os seres são donos do seu kamma, são herdeiros do seu kamma; eles se originam do seu kamma, estão ligados ao seu kamma, possuem o seu kamma como refúgio. É o kamma que distingue os seres como inferiores e superiores". O sutta se propõe a explicar essa afirmação no que diz respeito aos sete pares de qualidades contrastantes observadas entre as pessoas. O texto também introduz uma distinção entre dois tipos de consequência que um kamma prejudicial pode ter: o mais poderoso é o renascimento num mau destino; o outro são os frutos desagradáveis dentro da condição humana, por exemplo, uma duração de vida breve para aquele que, numa vida anterior, tenha matado seres vivos. Uma distinção análoga concerne as consequências que um kamma benéfico pode ter: o mais poderoso é o renascimento num mundo paradisíaco; o outro são frutos agradáveis na condição humana.

A próxima seção trata do mérito (*puñña*), o kamma benéfico capaz de gerar resultados favoráveis dentro do ciclo de renascimentos. O mérito produz benefícios mundanos, tais como um bom renascimento, riqueza, beleza e sucesso. Ele também serve para aumentar as condições de benefício supramundanos, isto é, para se atingir os estágios ao longo do caminho da iluminação. Portanto, como podemos ver no **Texto V, 2(1)**, o Buda exorta os seus discípulos ao cultivo do mérito, referindo-se ao seu próprio cultivo do mérito através de muitas vidas passadas como um exemplo.

Os Nikāyas organizam sucintamente os tipos de mérito em três "bases de atos meritórios" (*puññakiriyavatthu*): doação, disciplina moral e meditação. O **Texto V, 2(2)** conecta as bases de mérito com os tipos de renascimento aos quais elas conduzem. No contexto religioso indiano, a prática de atos meritórios gravita ao redor da crença em certos objetos considerados como sagrados e espiritualmente empoderadores, capazes de servir como apoio para a aquisição de mérito. Para os seguidores dos ensinamentos do Buda, aqueles são as Três Joias: o Buda, o Dhamma e a Saṅgha. O **Texto V, 2(3)** exalta a cada um deles na sua esfera específica: o Buda como supremo entre as pessoas, o Dhamma entre os ensinamentos e a Saṅgha entre as comunidades religiosas. O texto propõe uma distinção dupla interessante da Joia do Dhamma: entre todas as coisas condicionadas (*dhammā saṅkhatā*), o Nobre Caminho Óctuplo é supremo; entre todas as coisas condicionadas ou não condicionadas (*dhammā saṅkhatā vā asaṅkhatā vā*), o Nibbāna é supremo. Simplesmente ao se ter confiança nas Três Joias, isto é, crença reverente e devoção em relação a elas, até mesmo isto é uma base de mérito; mas como os versos anexados ao sutta deixam claro, o Buda e a Saṅgha em adição funcionam como recipientes de doações, e nestes papéis eles potencializam a capacidade dos doadores a adquirir mérito que conduz à realização dos seus desejos virtuosos; mais será dito acerca deste aspecto do mérito um pouco mais abaixo.

As seções seguintes deste capítulo elaboram sobre as três bases de mérito individualmente, começando na seção 3 com doação e generosidade (*dāna*). O Buda geralmente considerava a doação como a virtude mais rudimentar da vida espiritual, pois a doação serve para quebrar a estrutura egocêntrica da mente, a qual utilizamos para interagir habitualmente com os outros. De forma contrária ao que um leitor ocidental possa esperar, contudo, "doação" para o Budismo antigo não significa simplesmente caridade filantrópica dirigida aos pobres e necessitados. Apesar de incluí-las, a prática da doação depende mais do seu contexto específico enraizado na estrutura social da religiosidade indiana. Na Índia, durante a época do Buda, aqueles que buscavam respostas acerca das verdades mais profundas da existência, e libertação da ronda de nascimentos e mortes, geralmente renunciavam à casa e à família, abrindo mão da segurança do seu papel na coesiva ordem social indiana para adotar o modo de vida precário de um itinerante sem lar. Com a cabeça raspada ou cachos de cabelos encaracolados, vestindo robes ocres ou brancos ou mesmo nus, eles seguiam de lugar para lugar, sem morada fixa, com exceção da duração da estação das chuvas, quando eles se estabeleciam em simples choupanas, cavernas ou outros alojamentos. Tais itinerantes sem lar, conhecidos como *samaṇas* ("ascetas") ou *paribbājakas* ("itinerantes"), não realizavam qualquer tipo de trabalho remunerado, mas dependiam da caridade de chefes de família para a sua subsistência. Os devotos leigos os forneciam as necessidades materiais – mantos, comida, alojamento e remédios – assim fazendo na crença de que tais serviços seriam uma fonte de mérito que os ajudaria a avançar alguns passos a mais na direção da emancipação final.

Quando o Buda surge em cena, ele adotou este mesmo modo de vida para si. Após iniciar o seu trabalho como mestre espiritual, ele estabeleceu a sua Saṅgha sobre o mesmo princípio: os *bhikkhus* e *bhikkhunīs*, os monges e monjas, dependeriam da caridade de outros para o seu apoio material, e eles retribuíam oferecendo aos seus doadores o presente mais precioso do Dhamma, o ensinamento do caminho sublime que conduz à felicidade, paz e libertação final. O **Texto V, 3(5)** testemunha este princípio de apoio mútuo. Ao aceitar os presentes das pessoas leigas, os monges e monjas lhes ofereciam a oportunidade de adquirir mérito. Já que o volume de mérito gerado pelo ato da doação é considerado proporcional ao valor do recipiente, quando os recipientes eram o Buda e aqueles que seguiam os seus passos, o mérito se torna imensurável (cf. MN 142, não incluído nesta antologia). Por esta razão, a *sāvakasaṅgha*, a comunidade espiritual dos nobres discípulos, é chamada de "o insuperável campo de mérito do mundo" (*anuttaraṃ puññakhettaṃ lokassa*)[115]. Doações a Saṅgha, diz-se, conduzem a uma grande bênção; elas conduzem à prosperidade e felicidade por um longo tempo e podem trazer o renascimento nos mundos paradisíacos. Mas como nos lembra o **Texto V, 3(6)**, isto é verdade "somente para aquele moralmente puro, e não para o imoral".

Isso nos leva à próxima base de mérito, a "disciplina moral" (*sīla*), a qual, para o Budismo antigo, exigia a aceitação dos preceitos. As balizas morais mais básicas inculcadas nos Nikāyas são os cinco preceitos, as regras de treinamento para se abster de tirar a vida, roubar, má conduta sexual, fala mentirosa e o uso de intoxicantes. Esses são mencionados no **Texto V, 4(1)**, o qual, por uma interessante variação na terminologia, fala deles como "os *presentes* cristalinos, tradicionais, antigos", portanto, implicitamente agrupando *sīla* sob *dāna*. A razão para que a observação dos preceitos seja uma forma de doação é porque aquele que aceita os preceitos estaria dando "a seres inumeráveis a libertação do medo, da hostilidade e da opressão".

Apesar de o Buda recomendar a observância dos cinco preceitos para os seguidores leigos como sendo uma obrigação em tempo integral, ele recomenda a observação de um tipo de disciplina mais estrita para o uposatha, determinados dias de observância de acordo com o calendário lunar: o dia da noite de lua-cheia, o dia da noite de lua-nova e os dois dias das luas crescente e minguante. (Dos quatro, atualmente, em países budistas, dá-se prioridade ao dia da lua-cheia.) Nessas ocasiões, budistas leigos devotos observam oito preceitos: os cinco tradicionais, mas com o terceiro transformado em completa abstinência sexual, acrescido de três outros preceitos que imitam as regras de treinamento de um monge ou monja noviços. Os oito preceitos, enumerados no **Texto V, 4(2)**, aumenta o treinamento em *sīla* como uma observância moral com um treinamento em autocontrole, simplicidade e contentamento. Neste respeito, eles preparam o discípulo para o treinamento da mente levado a cabo na prática meditativa, a terceira base de mérito.

A prática da meditação não é simplesmente a essência do caminho da libertação, mas uma base de mérito considerada por si só. A prática integral da meditação, mesmo daquelas que não conduzem diretamente à intuição, ajudam a purificar os níveis mais grosseiros de impurezas mentais e recuperar dimensões mais profundas do potencial de pureza e claridade da mente. O **Texto V, 5(1)** declara que o tipo de meditação mais eficaz para a produção de mérito mundano é o desenvolvimento da gentileza amorosa (*mettābhāvanā*). A prática da compaixão amorosa, todavia, é somente uma dentre um conjunto de quatro meditações chamadas de "moradas divinas" (*brahmavihāra*) ou "estados imensuráveis" (*appamaññā*): o desenvolvimento da gentileza amorosa, da compaixão, da alegria altruística e equanimidade, que devem ser estendidas de forma ilimitada para todos os seres conscientes. Brevemente, a gentileza amorosa (*mettā*) é o desejo de prosperidade e felicidade para todos os seres; compaixão (*karuṇā*), o sentimento de empatia para com todos aqueles afligidos pelo sofrimento; alegria altruística (*muditā*), a sensação de alegria com o sucesso e a boa fortuna dos outros; e a equanimidade (*upekkha*), uma reação equilibrada à alegria e miséria, que protege uma pessoa da agitação emocional.

Essas meditações são consideradas meios para o renascimento no mundo-brahma; cf. o **Texto V, 5(3)**. Apesar de os brâmanes considerarem o mundo-brahma como a mais alta realização, para o Buda ela era somente uma esfera excelsa de renascimento. Entretanto, a concentração que surge dessas meditações também pode ser utilizada como uma base para o cultivo da sabedoria intuitiva, e a intuição culmina na libertação. O **Texto V, 5(3)**, a última seleção deste capítulo, gradua da seguinte maneira os tipos de mérito de acordo com os seus frutos: da doação (com vários tipos de dádiva ranqueadas de acordo com os recipientes) até a tomada de refúgio e dos cinco preceitos até a meditação da gentileza amorosa. Então, bem no final, o sutta declara que o ato que mais gera frutos, dentre todos eles, é a percepção da impermanência. A percepção da impermanência, contudo, pertence a uma ordem diferente. Ela é tão rica em frutos não somente porque ela gera resultados mundanos agradáveis dentro da ronda de renascimentos, mas porque ela conduz à sabedoria intuitiva que rompe com as correntes da servidão e instaura a realização da emancipação completa, o Nibbāna.

V
O CAMINHO PARA UM RENASCIMENTO AFORTUNADO

1 A LEI DO KAMMA

(1) Quatro tipos de Kamma

"Existem, monges, quatro tipos de kamma que eu declarei após tê-los compreendido de forma direta. Quais quatro?

Existe o kamma escuro com resultados escuros; existe o kamma claro com resultados claros; existe o kamma que é claro e escuro com resultados claros e escuros; existe o kamma que não é nem claro e nem escuro, sem resultados claros ou escuros, que conduz à destruição do kamma.

E o que é, monges, o kamma escuro com resultados escuros? Neste caso, monges, alguém gera uma ação voluntária aflitiva com o corpo, a fala ou a mente. Assim fazendo, ele renasce num mundo aflitivo. Quando ele renasce num mundo aflitivo, contatos aflitivos o tocam. Tendo sido tocado por contatos aflitivos, ele experimenta uma sensação aflitiva, extremamente dolorosa, como por exemplo, os seres que se encontram em experiência infernal. Esso é o chamado kamma escuro com resultados escuros.

E o que é, monges, o kamma claro com resultados claros? Neste caso, monges, alguém gera uma ação voluntária não aflitiva com o corpo, a fala ou a mente. Assim fazendo, ele renasce num mundo não aflitivo. Quando ele renasce num mundo não aflitivo, contatos não aflitivos o tocam. Tendo sido tocado por contatos não aflitivos, ele experimenta uma sensação não aflitiva, extremamente agradável, como por exemplo, a experiência dos devas da experiência da gloria refulgente[116]. Esse é o chamado kamma claro com resultados claros.

E o que é, monges, o kamma escuro e claro com resultados escuros e claros? Neste caso, monges, alguém gera uma ação voluntária aflitiva e uma ação voluntária não aflitiva com o corpo, a fala ou a mente. Assim fazendo, ele renasce num mundo que é tanto aflitivo quanto não aflitivo. Quando ele renasce neste tipo de mundo, contatos tanto aflitivos quanto não aflitivos o tocam. Tendo sido tocado por tais contatos, ele experimenta tanto uma sensação aflitiva quanto uma sensação não aflitiva, uma mistura e um conglomerado de dor e prazer, como por exemplo, alguns seres humanos e alguns devas na experiência de um mundo inferior. Esse é o chamado kamma claro e escuro com resultados claros e escuros.

E o que é, monges, o kamma que não é nem escuro e nem claro com resultados nem escuros e nem claros que conduzem à destruição do kamma? A vontade de abandonar esse kamma escuro com resultados escuros, e vontade de abandonar esse kamma claro com resultados claros, a vontade de abandonar esse kamma claro e escuro com resultados claros e escuros – esse é o chamado kamma que não é nem claro e nem escuro, com resultados nem claros e nem escuros, que conduzem à destruição do kamma[117].

Esses, monges, são os quatro tipos de kamma que eu declarei após tê-los compreendido por mim mesmo através do conhecimento direto."

(AN 4: 232; II 230-232)

(2) Por que ocorre aquilo que ocorre com os seres depois da morte?

1 "Assim eu ouvi. Numa ocasião o Abençoado estava viajando em estágios pelo país dos Kosala com uma larga Saṅgha de monges, até que ele chegou numa vila de brâmanes chamada Sālā.

2 Os brâmanes chefes de família de Sālā ouviram: 'dizem que o asceta Gotama, o filho dos Sakya que renunciou ao clã Sakya, tem viajado através do país dos Kosala com uma larga Saṅgha de monges e que ele chegou em Sālā. Ora, um relato positivo tem circulado acerca do Mestre Gotama, nesses termos: 'Que o Abençoado é um Arahant... [como no Texto III, 2]... que é absolutamente perfeito e purificado'. Ora, é bom conhecer tais arahants'.

3 Então os brâmanes chefes de família de Sālā foram ao encontro do Abençoado. Alguns prestaram reverências e se sentaram ao seu lado; outros trocaram saudações com ele e, após suas saudações e conversa cordial, sentaram-se ao seu lado; alguns o saudaram reverentemente e se sentaram ao seu lado; alguns permaneceram em silêncio e se sentaram ao seu lado.

4 Quando eles todos se sentaram, eles disseram ao Abençoado: 'Mestre Gotama, qual é a causa e a condição para que, neste mundo, após a dissolução do corpo, após a morte, alguns seres renasçam num estado de miséria, num mau destino, num mundo inferior, no inferno? E qual é a causa e condição para que, neste mundo, após a dissolução do corpo, após a morte, alguns renasçam num bom destino, num mundo paradisíaco?'

5 'Chefes de família, é por causa da conduta incorreta, da conduta que não está de acordo com o Dhamma, que neste mundo, alguns seres, após a dissolução do corpo, após a morte, renasçam num estado de miséria, num mau destino, num mundo

inferior, no inferno. E é por causa da conduta correta, da conduta de acordo com o Dhamma que, neste mundo, após a dissolução do corpo, após a morte, alguns renasçam num bom destino, num mundo paradisíaco.'

6 'Nós não entendemos muito bem o sentido exato da afirmação de Mestre Gotama, por ter sido breve. Seria interessante se Mestre Gotama pudesse nos explicar o Dhamma para que nós entendêssemos de forma detalhada o sentido da sua afirmação.'

'Então, chefes de família, prestem bastante atenção e ouçam atentamente o que eu vou lhes dizer.'

'Sim, Venerável', eles responderam. O Abençoado falou assim:

7 'Chefes de família, existem três tipos de conduta incorreta do corpo, que não estão de acordo com o Dhamma. Existem quatro tipos de conduta verbal incorreta, que não estão de acordo com o Dhamma. Existem três tipos de conduta incorreta da mente, que não estão de acordo com o Dhamma.

8 E como, chefes de família, existem três tipos de conduta incorreta do corpo, que não estão de acordo com o Dhamma? Neste caso, alguém mata seres vivos; ele é um assassino, com as mãos sujas de sangue, dado a atos de violência, impiedoso com os seres vivos. Ele pega aquilo que não lhe foi dado; ele rouba a riqueza e as posses de outros na vila ou na floresta. Ele exerce a sexualidade de forma irresponsável; ele faz sexo com mulheres que ainda estão sob a guarda das suas mães, dos seus pais, da mãe e do pai, irmão, irmã ou parentes; mulheres casadas, o que a lei proíbe, e até mesmo com aquelas que já estão noivas. É assim que existem três modos de condutas incorretas do corpo, que não estão de acordo com o Dhamma.

9 E como, chefes de família, existem quatro tipos de conduta verbal incorreta, que não estão de acordo com o Dhamma? Neste caso, alguém mente; quando convocado pela justiça, ou numa reunião, até mesmo em família, em seu ambiente de trabalho ou na presença de algum membro da família real, ele é questionado como testemunha da seguinte maneira: 'então, meu bom homem, diga o que você sabe'; sem saber, ele diz 'Eu sei', ou sabendo, ele diz 'Eu não sei'; sem ver, ele diz 'Eu vejo'; vendo, ele diz 'Não vejo'; ele mente de forma perfeitamente consciente em benefício próprio, ou em benefício de outrem ou ainda por qualquer finalidade mundana desprezível. Ele fala maliciosamente; ele repete em outro lugar aquilo que ouviu aqui, de modo a criar intriga entre esses e aqueles, ou ele repete aquilo que ouviu em outro lugar com as pessoas daqui, criando intriga entre aqueles e esses; desse modo ele divide aqueles que estão unidos, um criador de divisões, que sente prazer com a discórdia, deleita-se com a discórdia, alguém que fala para semear a discórdia. Ele fala de modo violento; ele usa palavras que são de baixo calão, duras, dolorosas para os outros, ofensivas, iradas, que não conduzem à concentração. Ele fica de conversa fiada; ele fala no momento inoportuno, fala o que não é fato, fala aquilo que é inútil, fala de modo contrário ao Dhamma e à disciplina; no momento errado ele usa palavras sem valor, irrazoáveis, imoderadas e que não beneficiam. É dessa maneira que existem quatro tipos de conduta verbal incorreta, que não estão de acordo com o Dhamma.

10 E como, chefes de família, existem três tipos de conduta mental incorreta, que não estão de acordo com o Dhamma? Neste caso, alguém cobiça; ele cobiça a riqueza e a propriedade dos outros assim: 'Ah! Se aquilo que é de fulano fosse meu!' Ou ele possui má vontade e intenções de ódio da seguinte maneira: 'Tomara que esses seres sejam mortos ou massacrados, despedaçados, destruídos ou pereçam!' Ou ele possui uma visão errada, distorcida, por exemplo: 'Não existe nada dado, nada oferecido, nada sacrificado; não existe fruto ou resultado de ações boas ou más; não existe nem este mundo e nem o outro; nem mãe e nem pai; nem seres que renascem espontaneamente; não existem neste mundo nem ascetas nem brâmanes virtuosos que compreenderam, por eles próprios, através do conhecimento direto, as coisas deste mundo e do outro'[118]. É dessa maneira que existem três tipos de conduta mental incorreta, que não está de acordo com o Dhamma. Portanto, chefes de família, é por causa de tais condutas incorretas, que não estão de acordo com o Dhamma, que alguns seres, com a dissolução do corpo, após a morte, renascem num estado de miséria, num mau destino, num mundo inferior, no inferno.

11 Chefes de família, existem três tipos de conduta do corpo correta, de acordo com o Dhamma. Existem quatro tipos de conduta verbal correta, de acordo com o Dhamma. Existem três tipos de conduta mental correta, de acordo com o Dhamma.

12 E como, chefes de família, existem três tipos de conduta correta do corpo, que estão de acordo com o Dhamma? Neste caso, alguém abandonando a destruição da vida, abstém-se de destruir a vida, deixando de lado as armas, consciencioso, piedoso com os seres vivos, ele permanece compassivo em relação a todos os seres vivos. Abandonando aquilo que não lhe foi dado, ele se abstém de pegar aquilo não lhe foi dado; ele não rouba a riqueza e as posses de outros na vila ou na floresta. Abandonando o exercício da sexualidade de forma irresponsável, ele se abstém da má conduta sexual. Ele não faz sexo com mulheres que ainda estão sob a guarda das suas mães, dos seus pais, da mãe e do pai, irmão, irmã ou parentes; mulheres casadas, o que a lei proíbe, e até mesmo com aquelas que já estão noivas. É assim que existem três modos de condutas corretas do corpo, que estão de acordo com o Dhamma.

13 E como, chefes de família, existem quatro tipos de conduta verbal correta, que estão de acordo com o Dhamma? Neste caso, alguém abandonando a mentira, abstém-se de mentir; quando convocado pela justiça, ou numa reunião, até mesmo em família, em seu ambiente de trabalho ou na presença de algum membro da família real, ele é questionado como testemunha da seguinte maneira: 'Então, meu bom homem, diga o que você sabe'; sem saber, ele diz 'Eu não sei', ou sabendo, ele diz 'Eu sei'; sem ver, ele diz 'Eu não vejo'; vendo, ele diz 'Eu vejo'; ele não mente de forma perfeitamente consciente em benefício próprio, ou em benefício de outrem ou ainda por qualquer finalidade mundana desprezível. Abandonando a fala maliciosa, ele se abstém de maledicência; ele não repete em outro lugar aquilo que ouviu aqui, de modo a criar intriga entre esses e aqueles, ou ele não repete aquilo que ouviu em outro lugar com as pessoas daqui, criando intriga entre aqueles e esses; desse modo ele reúne aqueles que estão divididos, um promotor da amizade, que sente prazer com

a concórdia, deleita-se com a concórdia, alguém que fala para semear a concórdia. Abandonando a fala violenta, ele se abstém da fala violenta; ele fala palavras gentis, agradáveis ao ouvido, palavras que vão direto ao coração, corteses, desejadas por muitos e amáveis para muitos. Abandonando a conversa fiada, ele se abstém da conversa fiada; ele fala no momento oportuno, fala o que é factual, fala aquilo que é útil, fala aquilo que é bom, fala sobre o Dhamma e sobre a disciplina; no momento certo ele usa palavras de valor, razoáveis, moderadas e que beneficiam. É dessa maneira que existem quatro tipos de conduta verbal correta, que estão de acordo com o Dhamma.

14 E como, chefes de família, existem três tipos de conduta mental correta, que estão de acordo com o Dhamma? Neste caso, alguém não cobiça; ele não cobiça a riqueza e a propriedade dos outros assim: 'Ah! Se aquilo que é de fulano fosse meu!' Ele não possui má vontade e está livre de intenções de ódio da seguinte maneira: 'tomara que esses seres vivam livres de inimizades, das aflições e ansiedades!' Ele possui uma visão correta, não distorcida, por exemplo: 'Existe algo dado, algo oferecido, algo sacrificado; existe o fruto ou resultado de ações boas ou más; existem este mundo e o outro; mãe e pai existem; há seres que renascem espontaneamente; existem neste mundo ascetas e brâmanes virtuosos que compreenderam, por eles próprios, através do conhecimento direto, as coisas deste mundo e do outro'. É assim que existem três tipos de conduta mental correta, de acordo com o Dhamma. Portanto, chefes de família, é por causa de tais condutas corretas, que estão de acordo com o Dhamma, que alguns seres, com a dissolução do corpo, após a morte, renascem num bom destino, até mesmo num mundo paradisíaco.

15 Chefes de família, se alguém que observasse a conduta correta, de acordo com o Dhamma, desejasse: 'Ah! Se com a dissolução corpo, após a morte, eu pudesse renascer na companhia de brâmanes afluentes!'

16-17 'Na companhia de chefes de família afluentes!' É possível que, com a dissolução do corpo, após a morte, ele renasça na companhia de chefes de família afluentes. E qual o motivo? Porque ele observa a conduta correta, de acordo com o Dhamma.

18-42 Chefes de família, se alguém que observasse a conduta correta, de acordo com o Dhamma, desejasse: 'Ah! Se com a dissolução corpo, após a morte, eu pudesse renascer na companhia dos devas do reino dos quatro grandes reis!... na companhia dos devas do Tāvatiṃsa... dos devas de Yāma... dos devas do Tusita... dos devas que se deleitam com a criação... dos devas que outorgam o poder sobre a criação alheia... dos devas da companhia de Brahmā... dos devas da radiantes[119]... dos devas da radiância limitada... dos devas da radiância imensurável... dos devas da glória... dos devas da glória limitada... dos devas da glória imensurável... dos devas da glória radiante... dos devas dos grandes resultados... dos devas *aviha*... dos devas *atappa*... dos devas *sudassa*... dos devas *sudassi*... dos devas *akaniṭṭha*... dos devas da base do espaço infinito... dos devas da base da nulidade... dos devas da base da nem-percepção-nem-da-não-percepção'. É possível que, com a dissolução do corpo, após a morte, ele renasça na companhia dos devas da base da nem-percepção-nem-da-não-percepção. E qual é o motivo? Porque ele observa a conduta correta, de acordo com o Dhamma.

43 Chefes de família, se alguém que observasse a conduta correta, de acordo com o Dhamma, desejasse: 'Ah! Ao compreender por mim mesmo através do conhecimento direto, possa eu, nesta mesma vida, penetrar e permanecer na libertação da mente, libertação pela sabedoria, que é imaculada pela destruição das máculas!' E qual é o motivo? Porque ele observa a conduta correta, de acordo com o Dhamma'[120].

44 Quando isto foi dito, os chefes de família brâmanes de Sālā disseram ao Abençoado: 'Magnífico, Mestre Gotama! Magnífico, Mestre Gotama!' O Mestre Gotama clarificou o Dhamma de muitas maneiras, como se ele tivesse colocado de pé o que havia sido derrubado, revelado o que estava escondido, mostrado o caminho para quem estava perdido, ou tivesse segurado uma lâmpada na escuridão para que aqueles com a vista em boas condições pudessem enxergar as formas. Nós agora tomamos refúgio no Mestre Gotama, no Dhamma e na Saṅgha de monges. Que o Mestre Gotama nos aceite como seguidores laicos que tomaram refúgio hoje, por toda a vida."

(MN 41: *Sāleyyaka Sutta*; I 286-290)

(3) O Kamma e os seus frutos

1 "Assim eu ouvi. Numa ocasião o Abençoado estava vivendo em Sāvatthī, no Bosque do Príncipe Jeta, no Parque de Anāthapiṇḍika.

2 Então, o estudante brâmane Subha, filho de Todeyya, foi visitar o Abençoado e trocou saudações com ele. Quando a conversa cortês e amigável terminou, ele se sentou ao lado e perguntou ao Abençoado:

3 'Mestre Gotama, por que é que os seres humanos são considerados como sendo superiores e inferiores? Por que as pessoas são consideradas de vida breve ou longa, doentes ou saudáveis, feias ou belas, sem influência ou influentes, estúpidas ou sábias? Por que, Mestre Gotama, que os seres humanos são considerados como sendo inferiores ou superiores?'

4 'Estudante, os seres são donos das suas ações, herdeiros das suas ações, são ligados às suas ações, possuem as suas ações como refúgio. São as ações que distinguem os seres como inferiores e superiores.'

'Eu não entendi muito bem o sentido da afirmação de Mestre Gotama, que foi breve, sem esmiuçar os seus detalhes. Seria bom se Mestre Gotama me ensinasse o Dhamma para que eu pudesse compreender em detalhe o sentido da afirmação.'

'Então, estudante, ouça e preste bastante atenção no que eu vou falar.'

'Sim, senhor', respondeu Subha. O Abençoado falou assim:

5 'Neste mundo, estudante, um homem ou uma mulher mata seres vivos e se torna um assassino ou assassina, com as mãos sujas de sangue, dado à violência e agressões, impiedoso com os seres vivos. Ao realizar e executar tais ações, com a

dissolução do corpo, após a morte, se ele ou ela não renascer num estado de miséria, num mau destino, num mundo inferior, no inferno, mas, ao contrário, retornar ao estado humano, então, onde quer que ele ou ela renasça, terá uma vida breve[121]. Este é o caminho, estudante, que conduz a uma vida curta, isto é, alguém que mata seres vivos e assassina, alguém com as mãos sujas de sangue, dado a violências e agressões, impiedosos com os seres vivos.

6 Porém, neste mundo, estudante, um homem ou uma mulher, abandonando a destruição, se abstém de destruí-la; deixando de lado as armas, consciencioso, ele ou ela permanece compassivo ou compassiva com todos os seres vivos. Ao realizar e executar tais ações, com a dissolução do corpo, após a morte, ele ou ela renasce num bom destino, num mundo paradisíaco. Porém, se com a dissolução do corpo, após a morte, ele ou ela não renascer num bom destino, num mundo paradisíaco, mas, ao contrário, retornar ao estado humano, então, onde quer que ele ou ela renasça, terá uma vida longa[122]. Este é o caminho, estudante, que conduz a uma vida longa, isto é, alguém que abandonando a destruição, se abstém de destruí-la; deixando de lado as armas, consciencioso, piedoso, ele ou ela permanece compassivo ou compassiva com todos os seres vivos.

7 Aqui neste mundo, estudante, um homem ou uma mulher costuma ferir os seres com as mãos, pedras, paus ou facas. Ao realizar e executar tais ações, com a dissolução do corpo, após a morte, se ele ou ela não renascer num estado de miséria, num mau destino, num mundo inferior, no inferno, mas, ao contrário, retornar ao estado humano, então, onde quer que ele ou ela renasça, terá uma vida com muitas doenças. Este é o caminho, estudante, que conduz a uma vida com muitas doenças, isto é, uma vida onde se ferem os seres com as mãos, pedras, paus ou facas.

8 Aqui neste mundo, estudante, um homem ou uma mulher não costuma ferir os seres com as mãos, pedras, paus ou facas. Ao realizar e executar tais ações, com a dissolução do corpo, após a morte, se ele ou ela não renascer num bom destino, num mundo paradisíaco, mas, ao contrário, retornar ao estado humano, então, onde quer que ele ou ela renasça, terá uma vida saudável. Este é o caminho, estudante, que conduz a uma vida com saúde, isto é, uma vida na qual não se ferem os seres com as mãos, pedras, paus ou facas.

9 Aqui neste mundo, estudante, um homem ou uma mulher possui o caráter irado ou irritado; mesmo quando é levemente criticado ou criticada, ofende-se, fica com ódio, torna-se hostil, ressentido, demonstra ira, ódio ou amargura. Ao realizar e executar tais ações, com a dissolução do corpo, após a morte, se ele ou ela não renascer num estado de miséria, num mau destino, num mundo inferior, no inferno, mas, ao contrário, retornar ao estado humano, então, onde quer que ele ou ela renasça, será uma pessoa feia. Este é o caminho, estudante, que conduz à feiura; isto é, alguém que possui um caráter irado ou irritado, que mesmo quando é levemente criticado ofende-se, fica com ódio, torna-se hostil, ressentido, demonstra ira, ódio ou amargura.

10 Neste mundo, estudante, um homem ou uma mulher não possui o caráter irado ou irritado; mesmo quando é levemente criticado não se ofende, não fica com

ódio, não se torna hostil nem ressentido, não demonstra ira, ódio ou amargura. Ao realizar e executar tais ações, com a dissolução do corpo, após a morte, se ele ou ela não renascer num estado de miséria, num bom destino, num mundo paradisíaco, mas, ao contrário, retornar ao estado humano, então, onde quer que ele ou ela renasça, será uma pessoa bonita. Este é o caminho, estudante, que conduz à beleza, isto é, alguém que possui um caráter irado ou irritado, que mesmo quando é levemente criticado não se ofende, não fica com ódio, não se torna hostil, ressentido, não demonstra ira, ódio ou amargura.

11 Aqui neste mundo, estudante, um homem ou uma mulher é invejoso, alguém que inveja, e se ressente dos ganhos, honras, respeito, reverência, saudações e veneração recebidos por outrem. Ao realizar e executar tais ações, com a dissolução do corpo, após a morte, se ele ou ela não renascer num estado de miséria, num mau destino, num mundo inferior, no inferno, mas, ao contrário, retornar ao estado humano, então, onde quer que ele ou ela renasça, será uma pessoa sem influência. Este é o caminho, estudante, que conduz à falta de influência, isto é, alguém que inveja e se ressente dos ganhos, honras, respeito, reverência, saudações e veneração recebidos por outrem.

12 Aqui neste mundo, estudante, um homem ou uma mulher não é invejoso, alguém que não inveja, e não se ressente dos ganhos, honras, respeito, reverência, saudações e veneração recebidos por outrem. Ao realizar e executar tais ações, com a dissolução do corpo, após a morte, se ele ou ela não renascer num bom destino, num mundo paradisíaco, mas, ao contrário, retornar ao estado humano, então, onde quer que ele ou ela renasça, será uma pessoa influente. Este é o caminho, estudante, que conduz à influência, isto é, alguém que não inveja e não se ressente dos ganhos, honras, respeito, reverência, saudações e veneração recebidos por outrem.

13 Aqui neste mundo, estudante, um homem ou uma mulher não dá comida, bebida, roupas, transporte, guirlandas, incenso, unguentos, camas, moradias e lâmpadas para ascetas ou brâmanes. Ao realizar e executar tais ações, com a dissolução do corpo, após a morte, se ele ou ela não renascer num estado de miséria, num mau destino, num mundo inferior, no inferno, mas, ao contrário, retornar ao estado humano, então, onde quer que ele ou ela renasça, será uma pessoa pobre. Este é o caminho, estudante, que conduz à pobreza, isto é, alguém não dá comida, bebida, roupas, transporte, guirlandas, incenso, unguentos, camas, moradias e lâmpadas para ascetas ou brâmanes.

14 Aqui neste mundo, estudante, um homem ou uma mulher dá comida, bebida, roupas, transporte, guirlandas, incenso, unguentos, camas, moradias e lâmpadas para ascetas ou brâmanes. Ao realizar e executar tais ações, com a dissolução do corpo, após a morte, se ele ou ela não renascer num bom destino, num mundo paradisíaco, mas, ao contrário, retornar ao estado humano, então, onde quer que ele ou ela renasça, será uma pessoa rica. Este é o caminho, estudante, que conduz à riqueza, isto é, alguém que dá comida, bebida, roupas, transporte, guirlandas, incenso, unguentos, camas, moradias e lâmpadas para ascetas ou brâmanes.

15 Aqui neste mundo, estudante, um homem ou uma mulher é obstinado e arrogante; não presta homenagem àqueles que merecem homenagens, não se levanta na presença daqueles perante os quais deveria se levantar, não oferece um assento àqueles que merecem um assento, não cede a vez àqueles aos quais deveria ceder e não honra, respeita, reverencia e venera alguém que deveria ser honrado, respeitado, reverenciado e venerado. Ao realizar e executar tais ações, com a dissolução do corpo, após a morte, se ele ou ela não renascer num estado de miséria, num mau destino, num mundo inferior, no inferno, mas, ao contrário, retornar ao estado humano, então, onde quer que ele ou ela renasça, será uma pessoa nascida numa condição inferior. Este é o caminho, estudante, que conduz ao nascimento em uma condição inferior, isto é, alguém que é obstinado e arrogante; não presta homenagem àqueles que merecem homenagens, não se levanta na presença daqueles pelos quais deveriam se levantar, não oferece um assento àqueles que merecem um assento, não cede a vez àqueles aos quais deveriam ceder e não honra, respeita, reverencia e venera alguém que deveria ser honrado, respeitado, reverenciado e venerado.

16 Aqui neste mundo, estudante, um homem ou uma mulher não é obstinado e arrogante; presta homenagem àqueles que merecem homenagens, levanta-se na presença daqueles perante os quais deveria se levantar, oferece um assento àqueles que merecem um assento, cede a vez àqueles aos quais deveria ceder e honra, respeita, reverencia e venera alguém que deveria ser honrado, respeitado, reverenciado e venerado. Ao realizar e executar tais ações, com a dissolução do corpo, após a morte, se ele ou ela não renascer num bom destino, num mundo paradisíaco, mas, ao contrário, retornar ao estado humano, então, onde quer que ele ou ela renasça, será uma pessoa nascida numa condição superior. Este é o caminho, estudante, que conduz ao nascimento em uma condição superior, isto é, alguém que não é obstinado e arrogante; que presta homenagem àqueles que merecem homenagens, levanta-se na presença daqueles pelos quais deveria se levantar, oferece um assento àqueles que merecem um assento, cede a vez àqueles aos quais deveria ceder e honra, respeita, reverencia e venera alguém que deveria ser honrado, respeitado, reverenciado e venerado.

17 Aqui neste mundo, estudante, um homem ou uma mulher que não visita um asceta ou brâmane e não pergunta: 'Venerável, o que é saudável? O que é prejudicial? O que é reprovável? O que é imaculado? O que deveria ser cultivado? O que não deveria ser cultivado? Que tipo de ação me conduzirá à dor e ao sofrimento por um longo período? Que tipo de ação me conduzirá ao bem-estar e à felicidade por um longo período?' Ao realizar e executar tais ações, com a dissolução do corpo, após a morte, se ele ou ela não renascer num estado de miséria, num mau destino, num mundo inferior, no inferno, mas, ao contrário, retornar ao estado humano, então, onde quer que ele ou ela renasça, será uma pessoa estúpida. Este é o caminho, estudante, que conduz à estupidez, isto é, não se visitar um asceta ou brâmane e não fazer tais perguntas.

18 Aqui neste mundo, estudante, um homem ou uma mulher visita um asceta ou brâmane e pergunta: 'Venerável, o que é saudável? O que é prejudicial? O que

é reprovável? O que é imaculado? O que deveria ser cultivado? O que não deveria ser cultivado? Que tipo de ação me conduzirá à dor a ao sofrimento por um longo período? Que tipo de ação me conduzirá ao bem-estar e à felicidade por um longo período?' Ao realizar e executar tais ações, com a dissolução do corpo, após a morte, se ele ou ela não renascer num estado de miséria, num bom destino, num mundo paradisíaco, mas, ao contrário, retornar ao estado humano, então, onde quer que ele ou ela renasça, será uma pessoa sábia. Este é o caminho, estudante, que conduz à sabedoria, isto é, visitar um asceta ou brâmane e fazer tais perguntas.

19 Por isso, estudante, o caminho que conduz a uma vida breve faz com que se tenha uma vida curta, o caminho que conduz a uma vida longa faz com que se tenha uma vida longa; o caminho que conduz a uma vida doentia faz com que se tenha uma vida com doenças; o caminho que conduz a uma vida saudável faz com que se tenha uma vida com saúde; o caminho que conduz à feiura faz com que se seja feio, o caminho que conduz a uma vida bela faz com que se tenha beleza; o caminho que conduz à falta de influência faz com que não se tenha influência, o caminho que conduz a uma vida influente faz com que se tenha influência; o caminho que conduz à pobreza faz com que se tenha uma pobre, o caminho que conduz à riqueza faz com que se seja rico; o caminho que conduz a um nascimento inferior faz com que se nasça numa posição inferior, o caminho que conduz a um nascimento superior faz com que se nasça numa posição superior; o caminho que conduz à estupidez faz com que se seja estúpido, o caminho que conduz à sabedoria faz com que se seja sábio.

20 'Os seres são donos das suas ações, herdeiros das suas ações, eles se originam das suas ações, são ligados às suas ações, possuem as suas ações como refúgio. São as ações que distinguem os seres como inferiores e superiores'.

21 Quando isso foi dito, o estudante brâmane Subha, filho de Todeyya, disse ao Abençoado: 'Magnífico, Mestre Gotama! Magnífico, Mestre Gotama!' O Mestre Gotama clarificou o Dhamma de muitas maneiras, como se ele tivesse colocado de pé o que havia sido derrubado, revelado o que estava escondido, mostrado o caminho para quem estava perdido, ou tivesse segurado uma lâmpada na escuridão para que aqueles com a vista em boas condições pudessem enxergar as formas. Nós agora tomamos refúgio no Mestre Gotama, no Dhamma e na Saṅgha de monges. Que o Mestre Gotama nos aceite como seguidores laicos que tomaram refúgio hoje, por toda a vida."

(MN 135: *Cūḷakammavibhaṅgha Sutta*; III 202-206)

2 MÉRITO: A CHAVE PARA A BOA FORTUNA

(1) Atos meritórios

"Monges, não tenham medo dos 'atos meritórios'. Esta é uma expressão denotando felicidade, o que é desejável, querido, caro e agradável, isto é, atos meritórios. Pois eu sei perfeitamente bem, monges, que por um longo período eu experimentei resultados desejáveis, queridos, caros e agradáveis por ter frequentemente realizado atos meritórios.

Tendo cultivado por sete anos uma mente de gentileza amorosa, por setes eras de contração e expansão cósmica eu não retornei a este mundo. Sempre que a era se contraía, eu alcançava a dimensão do brilho contínuo, e quando a era se expandia eu aparecia numa mansão celestial vazia. E lá eu era Brahmā, o grande Brahmā, o vitorioso invencível, onisciente, todo-poderoso. Por trinta e seis vezes eu fui Sakka, o rei dos devas. E em muitas centenas de vezes eu fui um monarca universal, correto, um rei da justiça, conquistador dos quatro cantos da terra, mantendo a estabilidade na região, possuidor dos sete tesouros. Para que falar, então, das vezes em que fui um mero rei local?

Ocorreu-me, monges, imaginar: 'De qual tipo de ato meu, este é o resultado? Do amadurecimento de qual ato, eu agora possuo um tamanho poder e realização? Aí então me ocorreu: 'Este é o resultado de três tipos de atos meus, este é o amadurecimento de três tipos de atos para que eu possua um tamanho poder e realização: atos de doação, de autocontrole e de moderação'."

(It 22; 14-15)

(2) *As três bases do mérito*

"Monges, existem três maneiras de produzir mérito. Quais são essas três? Existem maneiras de produzir mérito através da doação, da disciplina moral e pelo desenvolvimento da meditação.

Existe o tipo de pessoa que praticou a produção de mérito ao doar até um grau limitado; e, do mesmo modo limitado, praticou a produção de mérito através da disciplina moral, mas ela não levou a cabo a produção de mérito através da meditação. Com a dissolução do corpo, após a morte, ela renascerá entre humanos numa condição desfavorável.

Outra pessoa praticou a produção de mérito ao doar, tanto quanto o da disciplina moral, num grau elevado; mas ela não levou a cabo a produção de mérito através da meditação. Com a dissolução do corpo, após a morte, ela renascerá entre humanos numa condição favorável.

Ou ela renascerá na companhia dos devas dos Quatro Grandes Reis. E lá, os Quatro Grandes Reis, que praticaram a produção de mérito ao doar e através da disciplina moral em altíssimo grau, superam os devas dessa dimensão em dez aspectos: na duração da vida divina, beleza divina, alegria divina, fama divina, poder divino; e também em visões, sons, cheiros, sabores e sensações divinas.

Ou ela renascerá na companhia dos devas Tāvatiṃsa. E lá, Sakka, o rei dos devas, que praticou a produção de mérito ao doar e através da disciplina moral em altíssimo grau, supera os devas daquela dimensão em dez aspectos: na duração da vida divina, beleza divina, alegria divina, fama divina, poder divino; e também em visões, sons, cheiros, sabores e sensações divinas.

[Afirmações similares são feitas para o renascimento entre os devas Yāma, devas Tusita, devas que se deleitam na criação, devas que outorgam poder sobre a criação de outrem e para os respectivos reis dessas dimensões].

Essas, monges, são as três maneiras de se produzir mérito."

(NA 8: 36; IV 241-243)

(3) Os melhores tipos de confiança

"Monges, existem esses quaro tipos melhores de confiança. Quais quatro?

Na medida em que existem seres, quer sem pés ou com dois pés, quatro pés, ou muitos pés, quer possuam forma ou não, quer dotados de sensibilidade, insensíveis, ou nem sensíveis nem insensíveis, o Tathāgatha, o Arahant, o Perfeitamente Iluminado é declarado o melhor dentre eles. Aqueles que possuem confiança no Buda possuem confiança no melhor, e para aqueles que possuem confiança no melhor, o resultado é o melhor.

Na medida em que existem coisas que são condicionadas, o Nobre Caminho Óctuplo é considerado o melhor dentre elas. Aqueles que possuem confiança no Nobre Caminho Óctuplo possuem confiança no melhor, e para aqueles que possuem confiança no melhor, o resultado é o melhor.

Na medida em que existem coisas, quer condicionadas ou incondicionadas, o desapego é declarado o melhor dentre elas, isto é, a destruição do orgulho, a remoção da sede, o desenraizar do apego, o término da roda [de renascimentos], a destruição do desejo, o desapego, a cessação, o Nibbāna. Aqueles que possuem confiança no Dhamma possuem confiança no melhor, e para aqueles que possuem confiança no melhor, o resultado é o melhor.

Na medida em que existem comunidades ou grupos, a Saṅgha dos discípulos do Tathāgatha é declarada a melhor dentre elas, isto é, os quatro pares de pessoas, os oito tipos de indivíduos – esta Saṅgha dos discípulos do Abençoado é digna de presentes, digna de hospitalidade, digna de oferecimentos, digna de saudação reverente, ela é o campo de mérito insuperável do mundo. Aqueles que possuem confiança na Saṅgha possuem confiança no melhor, e para aqueles que possuem confiança no melhor, o resultado é o melhor.

Para aqueles que possuem confiança no melhor,
Para aqueles que compreendem o melhor Dhamma,
Para aqueles que possuem confiança no Buda,
O insuperável, digno de oferendas;
Para aqueles que possuem confiança no Dhamma,
Em bem-aventurado desapego, na paz perfeita;
Para aqueles que possuem confiança na Saṅgha,
O campo de mérito insuperável;
Para aqueles que oferecem presentes aos melhores,
O melhor tipo de mérito aumenta:

A melhor duração da vida, beleza e fama,
Boa reputação, felicidade e força.
Quer ele se torne um deva ou ser humano,
O sábio que dá o melhor,
Concentrado no melhor Dhamma,
Se rejubila quando atingiu o melhor

(AN 4: 34; II 34-35)

3 Doando

(1) Se as pessoas soubessem o resultado da doação

"Monges, se as pessoas soubessem, como eu sei, o resultado de dar e partilhar, elas não comeriam sem ter dado, nem permitiriam que a mácula da sovinice os obsecasse e se enraizasse em suas mentes. Mesmo que fosse o último pedaço, o seu último bocado, elas não comeriam sem ter partilhado, se houvesse alguém para partilhar. Porém, monges, como as pessoas não sabem, como eu sei, o resultado de dar e partilhar, elas comem sem ter dado, e a mácula da sovinice os obseca e se enraíza na mente delas."

(It 26; 18-19)

(2) Razões para doar

"Existem, monges, oito razões para doar. Quais oito razões? As pessoas podem doar por afeição; ou com ira; ou por estupidez; ou por medo; ou com o seguinte pensamento: 'Tais presentes foram dados, anteriormente, pelo meu pai e avô e assim foi feito por eles antes, portanto, seria indigno de minha parte desistir dessa antiga tradição familiar'; ou com o seguinte pensamento: 'Ao dar esse presente, eu renascerei num bom destino, num mundo paradisíaco após a morte'; ou com o pensamento: 'Ao dar este presente, meu coração se alegrará, e a alegria e felicidade surgirão em mim'; ou alguém doa porque enobrece e adorna a mente."

(AN 8: 33; IV 236-237)

(3) A oferta de alimento

"Numa ocasião o Abençoado estava vivendo entre os Koliya, numa cidade chamada Sajjanela. Numa manhã, o Abençoado se vestiu, pegou o seu manto superior e tigela, e se dirigiu a casa de Suppavāsā, uma Senhora Koliya. Em lá chegando, ele se sentou no assento preparado para ele. Suppavāsā, a Senhora Koliya, o serviu pessoalmente com vários tipos de comida deliciosa. Quando o Abençoado terminou a sua refeição e retirou a sua mão da sua tigela, Suppavāsā, a Senhora Koliya, sentou-se ao seu lado, e o Abençoado se dirigiu a ela da seguinte maneira:

Suppavāsā, uma nobre discípula mulher, ao dar comida, dá quatro coisas para aqueles que a recebem. Que quatro coisas? Ela dá vida longa, beleza, felicidade e força. Ao dar vida longa, ela própria será dotada de uma vida longa, humana ou divina. Ao dar beleza, ela própria será dotada de beleza, humana ou divina. Ao dar felicidade, ela própria será dotada de felicidade, humana ou divina. Ao dar força, ela própria será dotada de força, humana ou divina. Uma nobre discípula mulher, ao dar comida, dá aquelas quatro coisas para aqueles que a recebem."

(AN 4: 57; II 62-63)

(4) As ofertas da pessoa superior

"Existem, monges, esses cinco tipos de presentes de uma pessoa superior. Quais cinco?

Ele dá um presente por fé; ele dá um presente respeitosamente; ele dá um presente no momento apropriado; ele dá um presente com o coração cheio de generosidade; ele dá um presente sem denegrir.

Porque ele dá um presente por fé, aonde quer que o resultado daquele presente frutifique, ele se torna rico, afluente, um magnata; e ele se torna bonito, belo, gracioso, dotado de uma figura belíssima.

Porque ele dá um presente respeitosamente, aonde quer que o resultado daquele presente frutifique, ele se torna rico, afluente, um magnata; e os seus filhos, esposas, escravos, mensageiros e trabalhadores são obedientes, prestam atenção ao que ele fala, e se dedicam a compreendê-lo.

Porque ele dá um presente no momento apropriado, aonde quer que o resultado daquele presente frutifique, ele se torna rico, afluente, um magnata; e os benefícios chegam a ele no momento certo, em abundante medida.

Porque ele dá um presente com o coração cheio de generosidade, aonde quer que o resultado daquele presente frutifique, ele se torna rico, afluente, um magnata; e a sua mente se inclina ao desfrute das cinco coisas excelentes entre os cinco ramos do prazer sensório.

Porque ele dá um presente sem denigrir nem ele nem outrem, aonde quer que o resultado daquele presente frutifique, ele se torna rico, afluente, um magnata; e não ocorre nenhuma perda de riqueza, quer pelo fogo, enchente, rei, bandidos ou herdeiros indesejáveis.

Esses, monges, são os cinco presentes de uma pessoa superior."

(AN 5: 148; III 172-173)

(5) O apoio mútuo

"Monges, brâmanes e chefes de família ajudam muito vocês. Eles provêm a vocês as coisas que vocês necessitam, como mantos, esmolas, alojamento e remédio quando vocês adoecem. E vocês, monges, ajudam muito aos brâmanes e chefes de família, já que vocês os ensinam o Dhamma que é bom no começo, no meio e no fim, com o sentido correto e as palavras corretas, e vocês proclamam a vida espiritual na sua inteireza e completa pureza. Por isso, monges, essa vida espiritual é vivida com apoio mútuo, com o propósito de se atravessar esse turbulento rio [da vida] e se atingir o final completo do sofrimento."

(It 107; 111)

(6) O renascimento por causa da doação

"Monges, existem oito tipos de renascimento relacionados à doação. Quais oito tipos?

Neste mundo, monges, uma pessoa qualquer dá um presente para um asceta ou brâmane, lhe oferecendo comida, bebida, roupa, veículos, guirlandas, incenso e unguentos, cama, alojamento e luz. Ao dar o presente, ele espera uma recompensa. Então, ele percebe nobres, brâmanes e chefes de família ricos se deliciando, dotados e possuidores dos cinco objetos do prazer sensório, e pensa: 'Ah! Com a dissolução do corpo, após a morte, possa eu renascer entre eles!' E ele fixa a sua mente naquele pensamento, o mantém firmemente e o acalenta. Este seu pensamento mira o que é inferior, e se não for desenvolvido para aquilo que é superior, esse pensamento o conduzirá somente a um novo renascimento. Com a dissolução do corpo, após a morte, ele irá renascer entre nobres, brâmanes e chefes de família ricos. Isso, contudo, eu declaro somente para os moralmente puros, e não para os imorais, pois é devido à pureza, monges, que o desejo do coração daquele que é moralmente puro alcança o sucesso[123].

Então, outra pessoa, dá um presente para um asceta ou brâmane, lhe oferecendo comida... luz. Ao dar o presente, ele espera uma recompensa. Ele agora ouve falar de uma vida longa, da beleza e da grande felicidade dos devas da dimensão dos Quatro Grandes Reis... dos devas Tāvatiṃsa... dos Yāma devas... dos devas Tusita... dos devas que se deleitam em criar... dos devas que transmitem poder sobre a criação de outrem, e ele deseja renascer entre eles. E ele fixa a sua mente naquele pensamento, o mantém firmemente e o acalenta. Este seu pensamento mira o que é inferior, e se não for desenvolvido para aquilo que é superior, esse pensamento o conduzirá somente a um novo renascimento. Com a dissolução do corpo, após a morte, ele irá renascer entre os devas da dimensão dos Quatro Grandes Reis... ou entre os devas que transmitem poder sobre a criação de outrem. Isso, contudo, eu declaro somente para os moralmente puros, e não para os imorais, pois é devido à pureza, monges, que o desejo do coração daquele que é moralmente puro alcança o sucesso.

Então, outra pessoa, dá um presente para um asceta ou brâmane, lhe oferecendo comida... luz. Ao dar o presente, ele espera uma recompensa. Ele agora ouve falar de uma vida longa, da beleza e da grande felicidade dos devas da companhia de Brahmā, e ele deseja renascer entre eles. E ele fixa a sua mente naquele pensamento, o mantém firmemente e o acalenta. Este seu pensamento mira o que é inferior, e se não for desenvolvido para aquilo que é superior, esse pensamento o conduzirá somente a um novo renascimento. Com a dissolução do corpo, após a morte, ele irá renascer entre os devas da companhia de Brahmā. Isso, contudo, eu declaro somente para os moralmente puros, e não para os imorais, somente para aqueles livres da cobiça, e não para os que cobiçam[124]. Porque ele não cobiça, monges, o desejo do coração daquele que é moralmente puro alcança o sucesso.

Esses, monges, são os oito tipos de renascimento relacionados ao doar".

(AN 8: 35; IV 239-241)

4 Disciplina moral

(1) Os cinco preceitos

"Monges, existem oito correntes de mérito, correntes do que é benéfico, que alimentam a felicidade, que são divinas, que amadurecem em felicidade, que conduzem ao paraíso, e que conduzem ao que quer que se deseje, ame ou seja agradável, que conduzem ao próprio bem-estar e felicidade. Que oito correntes são essas?

Neste caso, monges, um nobre discípulo toma refúgio no Buda. Esta é a primeira corrente de mérito, corrente do que é benéfico, que alimenta a felicidade, que é divina, que amadurece em felicidade, que conduz ao paraíso, e que conduz ao que quer que se deseje, ame ou seja agradável, que conduz ao próprio bem-estar e felicidade.

Além disso, um nobre discípulo toma refúgio no Dhamma. Esta é a segunda corrente de mérito. Corrente do que é benéfico, que alimenta a felicidade, que é divina, que amadurece em felicidade, que conduz ao paraíso, e que conduz ao que quer que se deseje, ame ou seja agradável, que conduz ao próprio bem-estar e felicidade.

E mais, um nobre discípulo toma refúgio na Saṅgha. Esta é a terceira corrente de mérito. Corrente do que é benéfico, que alimenta a felicidade, que é divina, que amadurece em felicidade, que conduz ao paraíso, e que conduz ao que quer que se deseje, ame ou seja agradável, que conduz ao próprio bem-estar e felicidade.

Existem, além dessas correntes, monges, estes cinco presentes – prístinos, de alto nível, tradicionais, antigos, imaculados e nunca dantes maculados, que não estão sendo maculados e nunca serão maculados, nem desprezados por ascetas e brâmanes. Quais são esses cinco presentes?

Neste caso, monges, um nobre discípulo desiste da destruição da vida e dela se abstém. Ao se abster da destruição da vida, o nobre discípulo presenteia aos seres inumeráveis a liberdade do medo, da hostilidade e opressão. Ao presentear aos seres inumeráveis a liberdade do medo, da hostilidade e da opressão, ele próprio desfrutará de liberdade imensurável de medo, hostilidade e opressão. Este é o primeiro daqueles grandes presentes e a quarta corrente de mérito.

Além disso, monges, um nobre discípulo desiste de pegar aquilo que não lhe é dado e disso se abstém. Ao se abster de tomar aquilo que não lhe é dado, o nobre discípulo presenteia aos seres inumeráveis a liberdade do medo, da hostilidade e opressão. Ao presentear aos seres inumeráveis a liberdade do medo, da hostilidade e da opressão, ele próprio desfrutará de liberdade imensurável de medo, hostilidade e opressão. Este é o segundo daqueles grandes presentes e a quinta corrente de mérito.

Além disso, monges, um nobre discípulo desiste de exercer a sexualidade de forma irresponsável e disso se abstém. Ao se abster de exercer a sexualidade de forma irresponsável, o nobre discípulo presenteia aos seres inumeráveis a liberdade do medo, da hostilidade e opressão. Ao presentear aos seres inumeráveis a liberdade do medo, da hostilidade e da opressão, ele próprio desfrutará de liberdade imensurável de medo, hostilidade e opressão. Este é o terceiro daqueles grandes presentes e a sexta corrente de mérito.

Além disso, monges, um nobre discípulo desiste da fala inverídica e disso se abstém. Ao se abster da fala inverídica, o nobre discípulo presenteia aos seres inumeráveis a liberdade do medo, da hostilidade e opressão. Ao presentear aos seres inumeráveis a liberdade do medo, da hostilidade e da opressão, ele próprio desfrutará de liberdade imensurável de medo, hostilidade e opressão. Este é o quarto daqueles grandes presentes e a sétima corrente de mérito.

Além disso, monges, um nobre discípulo desiste de vinhos, licores e tóxicos, as bases da negligência, e deles se abstém. Ao se abster de vinhos, licores e tóxicos, o nobre discípulo presenteia aos seres inumeráveis a liberdade do medo, da hostilidade e opressão. Ao presentear aos seres inumeráveis a liberdade do medo, da hostilidade e da opressão, ele próprio desfrutará de liberdade imensurável de medo, hostilidade e opressão. Este é o quinto daqueles grandes presentes e a oitava corrente de mérito.

Essas, monges, são as oito correntes de mérito, correntes do que é benéfico, que alimentam a felicidade, que são divinas, que amadurecem em felicidade, que conduzem ao paraíso, e que conduzem ao que quer que se deseje, ame ou seja agradável, que conduzem ao próprio bem-estar e felicidade."

(AN 8: 39; IV 245-247)

(2) A observância do Uposatha

"Monges, quando a observância do Uposatha é completa em seus oito fatores, ela gera resultados e benefícios, é luminosa e abrangente. E como se completa a observância do Uposatha em seus oito fatores?[125]

Neste caso, monges, um nobre discípulo reflete da seguinte maneira: 'Enquanto eles vivem, os arahants abandonam a destruição da vida, e dela se abstêm; deixando de lado os anzóis e as armas, eles são conscienciosos e piedosos, e vivem compassivamente em relação a todos os seres vivos. Hoje também, eu, ao longo deste dia e desta noite, farei de modo semelhante. Eu imitarei os arahants neste aspecto, e realizarei a observância do Uposatha'. Este é o primeiro fator que ela possui.

Além disso, ele reflete: 'Enquanto eles vivem, os arahants abandonam o pegar aquilo que não lhes tenha sido dado, e disso se abstêm. Eles aceitam somente aquilo que lhes foi dado, aguardam somente o que é dado, e vivem com os corações honestos, alheios ao roubo. Hoje também, eu, ao longo deste dia e desta noite, farei de modo semelhante. Eu imitarei os arahants neste aspecto, e realizarei a observância do Uposatha'. Este é o segundo fator que ela possui.

Além disso, ele reflete: 'Enquanto eles vivem, os arahants abandonam as relações sexuais e observam o celibato, vivendo sozinhos, evitando a prática vulgar do ato sexual. Hoje também, eu, ao longo deste dia e desta noite, farei de modo semelhante. Eu imitarei os arahants neste aspecto, e realizarei a observância do Uposatha'. Este é o terceiro fator que ela possui.

Além disso, ele reflete: 'Enquanto eles vivem, os arahants abandonam a mentira, abstendo-se do mentir. Eles falam a verdade, aderem à verdade, fiéis e confiáveis, não enganam as pessoas. Hoje também, eu, ao longo deste dia e desta noite, farei de modo semelhante. Eu imitarei os arahants neste aspecto, e realizarei a observância do Uposatha'. Este é o quarto fator que ela possui.

Além disso, ele reflete: 'Enquanto eles vivem, os arahants abandonam vinhos, licores e tóxicos, as bases da negligência, e deles se abstêm. Hoje também, eu, ao longo deste dia e desta noite, farei de modo semelhante. Eu imitarei os arahants neste aspecto, e realizarei a observância do Uposatha'. Este é o quinto fator que ela possui.

Além disso, ele reflete: 'Enquanto eles vivem, os arahants comem somente uma refeição por dia e evitam comer à noite, fora do horário apropriado[126]. Hoje também, eu, ao longo deste dia e desta noite, farei de modo semelhante. Eu imitarei os arahants neste aspecto, e realizarei a observância do Uposatha'. Este é o sexto fator que ela possui.

Além disso, ele reflete: 'Enquanto eles vivem, os arahants se abstêm de dançar, cantar, música instrumental e *shows* inapropriados, bem como de todo tipo de adorno, como usar guirlandas, perfumes e unguentos. Hoje também, eu, ao longo deste dia e desta noite, farei de modo semelhante. Eu imitarei os arahants neste aspecto, e realizarei a observância do Uposatha'. Este é o sétimo fator que ela possui.

Além disso, ele reflete: 'Enquanto eles vivem, os arahants abandonam o uso de camas e cadeiras altas e luxuosas e delas se abstêm. Eles usam somente assentos baixos, camas pequenas e esteiras de palha. Hoje também, eu, ao longo deste dia e desta noite, farei de modo semelhante. Eu imitarei os arahants neste aspecto, e realizarei a observância do Uposatha'. Este é o oitavo fator que ela possui.

Monges, quando a observância do Uposatha é completa com esses oito fatores, ela gera muitos resultados e é benéfica, luminosa e abrangente. E em que medida ela gera muitos frutos e benefícios, sendo luminosa e abrangente?

'Suponham, monges, que alguém exercesse a soberania e o domínio sobre os dezesseis países com todos os seus sete abundantes tesouros, isto é, Aṅga, Maghada, Kāsi, Kosala, os Vajji, os Malla, os Ceti, Vaṃsa, os Kuru, os Pañcala, Maccha, Sūrasena, Assaka, Avanti, Gandhāra e Kamboja[127]: isso não possuiria uma décima-sexta parte do valor da completa observância do Uposatha com os seus oito fatores. Por qual razão? Porque a realeza humana é pobre compara à felicidade divina.

Para os devas na dimensão dos Quatro Grandes Reis, um único dia e noite equivalem a cinquenta anos humanos; trinta desses dias perfazem um mês e doze desses meses totalizam um ano. A duração da vida dos devas na dimensão dos Quatro Grandes Reis é de quinhentos desses anos celestiais. É possível, monges, que aqui, neste mundo, caso um homem ou uma mulher observem o Uposatha de forma completa com os seus oito fatores, com a dissolução do corpo, após a morte, eles renasçam na companhia dos devas na dimensão dos Quatro Grandes Reis. Foi com referência a isso que eu disse que a realeza humana é pobre comparada com a felicidade divina.

Para os devas Tāvatiṃsa, um único dia e noite equivalem a cem anos humanos; trinta desses dias perfazem um mês e doze desses meses totalizam um ano. A duração da vida dos devas Tāvatiṃsa é de mil desses anos celestiais. É possível, monges, que aqui, neste mundo, caso um homem ou uma mulher observem o Uposatha de forma completa com os seus oito fatores, com a dissolução do corpo, após a morte, eles renasçam na companhia dos devas na dimensão dos Quatro Grandes Reis. Foi com referência a isso que eu disse que a realeza humana é pobre comparada com a felicidade divina.

Para os devas Yāma, um único dia e noite equivalem a duzentos anos humanos; trinta desses dias perfazem um mês e doze desses meses totalizam um ano. A duração da vida dos devas Yāma é de dois mil desses anos celestiais. É possível, monges, que aqui, neste mundo, caso um homem ou uma mulher observem o Uposatha de forma completa com os seus oito fatores, com a dissolução do corpo, após a morte, eles renasçam na companhia dos devas Yāma. Foi com referência a isso que eu disse que a realeza humana é pobre comparada com a felicidade divina.

Para os devas Tusita, um único dia e noite equivalem a quatrocentos anos humanos; trinta desses dias perfazem um mês e doze desses meses totalizam um ano. A duração da vida dos devas Tāvatiṃsa é de quatro mil desses anos celestiais. É possível, monges, que aqui, neste mundo, caso um homem ou uma mulher observem o Uposatha de forma completa com os seus oito fatores, com a dissolução do corpo, após a morte, eles renasçam na companhia dos devas Tusita. Foi com referência a isso que eu disse que a realeza humana é pobre comparada com a felicidade divina.

Para os devas que se deleitam em criar, um único dia e noite equivalem a oitocentos anos humanos; trinta desses dias perfazem um mês, e doze desses meses totalizam um ano. A duração da vida dos devas que se deleitam em criar é de oito mil desses anos celestiais. É possível, monges, que aqui, neste mundo, caso um homem ou uma mulher observem o Uposatha de forma completa com os seus oito fatores, com a dissolução do corpo, após a morte, eles renasçam na companhia dos devas que se deleitam em criar. Foi com referência a isso que eu disse que a realeza humana é pobre comparada com a felicidade divina.

Para os devas que outorgam poder sobre a criação alheia, um único dia e noite equivalem a mil e seiscentos anos humanos; trinta desses dias perfazem um mês, e doze desses meses totalizam um ano. A duração da vida dos devas que outorgam poder sobre a criação alheia é de dezesseis mil desses anos celestiais. É possível, monges, que aqui, neste mundo, caso um homem ou uma mulher observem o Uposatha de forma completa com os seus oito fatores, com a dissolução do corpo, após a morte, eles renasçam na companhia dos devas que outorgam poder sobre a criação alheia. Foi com referência a isso que eu disse que a realeza humana é pobre comparada com a felicidade divina."

(AN 8: 41; IV 248-251)

5 Meditação

(1) O desenvolvimento da gentileza amorosa

"Monges, sejam quais forem as bases para a produção de mérito para um nascimento futuro, todas elas não equivalem a uma fração mínima da libertação da mente através da gentileza amorosa. A libertação da mente através da gentileza amorosa as supera e brilha, forte e intensamente.

Assim como o brilho de todas as estrelas não equivalem a uma fração mínima do brilho da lua, já que a lua as supera e brilha, forte e intensamente, da mesma maneira, sejam quais forem as bases para a produção de mérito para um nascimento futuro, todas elas não equivalem a uma fração mínima da libertação da mente através da gentileza amorosa. A libertação da mente através da gentileza amorosa as supera e brilha, forte e intensamente.

Assim como no último mês da estação das chuvas, no Outono, quando o céu fica claro e livre de nuvens, o sol, em ascensão, dissolve a escuridão do céu e brilha, forte e intensamente, da mesma maneira, sejam quais forem as bases para a produção de mérito para um nascimento futuro, todas elas não equivalem a uma fração mínima da libertação da mente através da gentileza amorosa. A libertação da mente através da gentileza amorosa as supera e brilha, forte e intensamente.

Assim como à noite, no momento da aurora, a Estrela-da-Manhã brilha, forte e intensamente, da mesma maneira, sejam quais forem as bases para a produção de mérito para um nascimento futuro, todas elas não equivalem a uma fração mínima da libertação da mente através da gentileza amorosa. A libertação da mente através da gentileza amorosa as supera e brilha, forte e intensamente."

(It 27; 19-21)

(2) As quatro moradas divinas

22 "O estudante brâmane Subha, filho de Todeyya, disse ao Abençoado: 'Mestre Gotama, ouvi dizer que o asceta Gotama conhece o caminho para a companhia de Brahmā'.

'O que você acha, estudante? A vila de Naḷakāra é próxima daqui, não é? Ou longe?'

'Sim, senhor. A vila de Naḷakāra é perto daqui; ela não fica muita longe.'

'O que você acha, estudante? Suponha que houvesse um homem nascido e criado em Naḷakāra, e assim que ele tivesse saído da vila, alguém lhe perguntasse o caminho para a vila. O homem hesitaria ou demoraria para responder?'

'Não, Mestre Gotama. Por quê? Porque o homem nasceu e foi criado na vila de Naḷakāra, e conhece muito bem os caminhos para a vila.'

'Mesmo assim, um homem nascido e criado na vila de Naḷakāra poderia demorar ou hesitar em responder quando perguntado acerca do caminho para a vila, mas um Tathāgata, quando perguntado acerca do mundo de Brahmā ou acerca do caminho que conduz ao mundo de Brahmā, jamais hesitaria ou demoraria a responder. Eu compreendo Brahmā, eu conheço o mundo de Brahmā e eu conheço o caminho que conduz ao mundo de Brahmā, eu sei como alguém deveria praticar para renascer no mundo de Brahmā.'

23 'Mestre Gotama, eu ouvi dizer que o asceta Gotama ensina o caminho para a companhia de Brahmā. Seria bom se o Mestre Gotama me ensinasse o caminho para a companhia de Brahmā.'

'Então, estudante, ouça e preste bastante atenção naquilo que eu vou dizer.'

'Sim, senhor', ele respondeu. O Abençoado disse o seguinte:

24 'Qual é, estudante, o caminho para a companhia de Brahmā? Neste caso, estudante, um monge permanece espalhando, com a mente, gentileza amorosa para uma direção; da mesma maneira para a segunda direção, a terceira, a quarta, para cima, para baixo, ao redor e em todas as direções, e para todos como para ele mesmo, para todas as direções do mundo, ele permanece espalhando, com a mente, gentileza amorosa abundante, exaltada, imensurável, sem hostilidade e sem má vontade. Quando a libertação da mente pela gentileza amorosa é desenvolvida desta maneira, nenhuma ação limitante permanece, nenhuma persiste. Assim como um trompetista vigoroso pode se fazer ouvir sem esforço nas quatro direções, do mesmo modo, quando a libertação da mente pela gentileza amorosa é desenvolvida desta maneira, nenhuma ação limitante permanece, nenhuma persiste[128]. Este é o caminho para a companhia de Brahmā.'

25-27 Assim, um monge permanece espalhando, com a mente, compaixão para uma direção; da mesma maneira para a segunda direção, a terceira, a quarta, para cima, para baixo, ao redor e em todas as direções, e para todos como para ele mesmo, para todas as direções do mundo, ele permanece espalhando, com a mente, compaixão abundante, exaltada, imensurável, sem hostilidade e sem má vontade. Quando a libertação da mente pela compaixão é desenvolvida desta maneira, nenhuma ação limitante permanece, nenhuma persiste. Assim como um trompetista vigoroso pode se fazer ouvir sem esforço nas quatro direções, do mesmo modo, quando a libertação da mente pela gentileza amorosa é desenvolvida desta maneira, nenhuma ação limitante permanece, nenhuma persiste... assim, um monge permanece espalhando, com a mente, alegria altruística... equanimidade... para uma direção; da mesma maneira para a segunda direção, a terceira, a quarta, para cima, para baixo, ao redor e em todas as direções, e para todos como para ele mesmo, para todas as direções do mundo, ele permanece espalhando, com a mente, equanimidade abundante, exaltada, imensurável, sem hostilidade e sem má vontade. Quando a libertação da mente pela equanimidade é desenvolvida desta maneira, nenhuma ação limitante permanece, nenhuma persiste. Assim como um trompetista vigoroso pode se fazer ouvir sem esforço nas quatro direções, do mesmo modo, quando a libertação da mente pela equanimidade é desenvolvida desta maneira, nenhuma ação limitante permanece, nenhuma persiste. Este, também, é o caminho para a companhia de Brahmā."

(Do MN 99: *Subha Sutta*; II 206-208)

(3) A intuição supera tudo

[O Buda disse para Anāthapiṇḍika]: "No passado, chefe de família, havia um brâmane chamado Velāma. Ele deu tamanha quantidade de esmolas e oferendas como estas: oitenta e quatro mil tigelas de ouro cheias de prata; oitenta e quatro mil tigelas de prata cheias de ouro; oitenta e quatro mil tigelas de bronze cheias de moedas; oitenta e quatro mil elefantes, carruagens, vacas leiteiras, donzelas, muitos milhões de peças de roupas finas e quantidades indescritíveis de comida, bebida, óleos e leitos.

Por grande quanto tenha sido a oferenda dada pelo brâmane Velāma, teria havido um resultado ainda maior se alguém tivesse alimentado uma única pessoa dotada de visão correta[129]. Por maior que tenha sido a oferenda do brâmane Velāma, teria havido um resultado muito maior se alguém tivesse alimentado um único ser que renascerá somente mais uma vez. Por maior que tenha sido a oferenda do brâmane Velāma, e mesmo se alguém tivesse alimentado cem seres que renascerão somente mais uma vez, teria havido um resultado maior se alguém tivesse alimentado um único arahant. Por maior que tenha sido a oferenda do brâmane Velāma, e mesmo se alguém tivesse alimentado cem arahants, teria havido um resultado maior se alguém tivesse alimentado um único paccekabuddha[130]. Por maior que tenha sido a oferenda do brâmane Velāma, e mesmo se alguém tivesse alimentado cem paccekabuddhas, teria havido um resultado maior se alguém tivesse alimentado um único Buda Perfeitamente Iluminado. Por maior que tenha sido a oferenda do brâmane Velāma, e mesmo se alguém tivesse alimentado cem Budas Perfeitamente Iluminados, teria havido um resultado maior se alguém tivesse alimentado a Saṅgha dos monges encabeçada pelo Buda... teria havido um resultado maior se, com a mente confiante, alguém tomasse refúgio no Buda, no Dhamma e na Saṅgha, e se submetesse aos cinco preceitos: abster-se da destruição da vida, abster-se de pegar aquilo que não lhe foi dado, abster-se de conduta sexual imprópria, abster-se da mentira e do uso de tóxicos. Por maior que tudo isso possa ser, teria havido um resultado bem maior se alguém desenvolvesse uma mente de gentileza amorosa mesmo que pelo tempo necessário para ordenhar uma vaca. Por maior que tudo isso possa ser, haveria um resultado bem maior se alguém desenvolvesse a percepção da impermanência pelo tempo que se leva para estalar os dedos."

(AN 9: 20, resumido; IV 393-396)

VI
Aprofundando a perspectiva sobre o mundo

Introdução

Ao se interpretar os suttas, devemos levar em conta as circunstâncias nas quais eles foram proferidos e as pessoas às quais eles se destinam. Durante o curso da sua longa pregação, o Buda teve que ajustar o seu ensinamento às pessoas com capacidades e necessidades diferentes. Ele ensinava àqueles dados a comportamentos extravagantes que abandonassem os seus caminhos autodestrutivos e realizassem ações saudáveis que geram resultados agradáveis. Ele ensinava àqueles inclinados a se resignarem com o destino que o esforço presente determina a qualidade da vida presente assim como o nosso destino futuro. Ele ensinava àqueles convencidos que a existência pessoal terminava com a morte do corpo que os seres vivos sobrevivem à dissolução do corpo e ressurgem de acordo com os seus kammas. Ele ensinava àqueles ainda não maduros o suficiente para realizações maiores para que aspirassem ao renascimento entre os devas, os seres celestiais e a desfrutassem a bem-aventurança e a glória dos paraísos.

Um renascimento abençoado no paraíso, contudo, não é o propósito final para o qual o Buda pregou o Dhamma. No melhor dos casos é uma parada temporária no caminho. O objetivo último é a cessação do sofrimento, e a bem-aventurança dos paraísos, não importa o quão bem-aventurada, não é a mesma coisa que a cessação do sofrimento. De acordo com o ensinamento do Buda, todos os estados de existência dentro da ronda de renascimentos, mesmo nos paraísos, são transitórios, inseguros e expostos ao sofrimento. Por isso, o objetivo último do Dhamma é nada menos do que a libertação, que significa a liberação completa da ronda de nascimentos e mortes.

O que jaz além da ronda de renascimentos é um estado incondicionado chamado *Nibbāna*. O Nibbāna transcende o mundo condicionado, apesar de poder ser alcançado dentro da existência condicionada, nesta mesma vida, e experimentado como a extinção do sofrimento. O Buda alcançou o Nibbāna através da sua iluminação, e pelos próximos quarenta e cinco anos da sua vida, ele se esforçou em ajudar os outros para que eles também o alcançassem. A realização do Nibbāna ocorre com o florescimento da sabedoria e traz a paz perfeita, felicidade imaculada e a pacificação das pulsões compulsivas da mente. Nibbāna significa a destruição da sede, da compulsão do desejo. Ele também é uma ilha de segurança no meio das correntes caudalosas da velhice, doença e morte.

Para guiar os seus discípulos maduros em direção ao Nibbāna, o Buda teve que conduzi-los para além das recompensas bem-aventuradas que poderiam ser obtidas numa vida futura através da prática de atos sadios. Ele assim o fez através das facetas "que transcendiam o mundo" contidas no seu ensinamento, aqueles aspectos concebidos para conduzir os discípulos para além do "mundo tríplice" da existência da esfera sensível, da esfera da forma, e da existência sem forma. De forma recorrente nos discursos, o Buda oferecia uma crítica aguda e sem compromissos aos perigos inerentes a todos os estados condicionados dos seres. Ele soava um sinal de perigo claro para o fato de que todos os estados da existência são perigosos e repletos de dor. Ele insistia, sem ambiguidades, que a única esperança para uma segurança duradoura se encontraria na purificação e libertação completa da mente. Ele apresentou um caminho que corta através da ignorância e do desejo em sua inteireza, e dissolve o apego mesmo em relação aos estados mais refinados de absorção meditativa.

No seu "discurso gradativo sobre o Dhamma", proferido para introduzir os recém-chegados mais perceptivos ao seu ensinamento, o Buda costumava começar discutindo práticas como doação e disciplina moral. Ele valorizava a beleza de virtudes como generosidade, não violência, honestidade e autocontrole, explicando como esses atos meritórios conduzem às alegrias do renascimento nos paraísos. Nesse momento, ele revelava "o perigo, a degradação e a impureza dos prazeres sensuais e as bênçãos da renúncia". Após "amadurecer" gradativamente as mentes dos seus ouvintes, ele em seguida expunha a doutrina característica do seu próprio ensinamento: as Quatro Nobres Verdades: o sofrimento, a sua origem, a sua cessação e o caminho para a sua cessação. Quando o próprio Buda ensinava as Quatro Nobres Verdades, o seu propósito não era oferecer aos seus ouvintes um curso introdutório em "Budismo básico", mas despertar neles "a visão do Dhamma", a primeira realização direta para a verdade transcendente que coloca o discípulo no caminho irreversível da libertação.

Apesar de lermos nos suttas, às vezes, que discípulos atingiam suas primeiras experiências de despertar simplesmente ao ouvir o Buda pregar, isso não significa que o Dhamma seja fácil de se compreender. Tais discípulos podiam penetrar na verdade com tal aparente facilidade porque as suas faculdades estavam maduras, talvez, também, eles tivessem acumulado suficiente condições de apoio das vidas passadas. Porém, por sua própria natureza, o Dhamma que transcende o mundo vai em direção contrária à mente mundana. O Buda descreve o Dhamma como "sutil, profundo e difícil de ver", e uma das coisas que fazem com que ele seja tão difícil de ser visto é a sua tese de que a felicidade mais alta não pode ser obtida ao se ceder às vontades do coração, mas somente ao conquistá-las. Essa tese vai de encontro direto ao pensamento, às atitudes e ações das pessoas imersas no mundo. Enquanto permanecermos apaixonados pelas tentações do desfrute sensual, enquanto nos deleitarmos em ser "isto" ou nos tornarmos "aquilo", nós iremos considerar o sublime Dhamma como um mistério e enigma. Dessa maneira, o Buda compreendeu que o primeiro grande desafio que ele enfrentaria ao estabelecer o seu Dhamma que transcende o mundo seria o de quebrar o domínio que os prazeres sensórios e o apego ao mundo exercem sobre a mente. Ele tinha que tirar a mente da sua rotina costumeira e colocá-la numa direção completamente diferente. Ele teve que conduzir os seus discípulos para longe do chamariz da sensualidade e do apego ao mundo e guiá-los na direção na direção do desencanto, do completo desapaixonar-se e do despertar.

Os requisitos para esta tarefa exigiram todas as habilidades do Buda como professor. Ela demandou que ele fizesse amplo uso da sua habilidade para ajustar de forma precisa o seu ensinamento às tendências daqueles que o procuravam em busca de instrução. Ela exigiu que ele falasse franca e sinceramente, mesmo quando a franqueza gerava ressentimento. Ela exigiu que ele entrasse na arena do debate, apesar de ele preferir muito mais a paz do isolamento. Aquela tarefa exigiu que ele usasse imagens, metáforas e parábolas sempre que imagens concretas pudessem fornecer aos seus argumentos um apelo maior. Ela exigiu que ele sustentasse com força os seus princípios, tanto quanto os seus adversários eram ascetas hostis ou monges descrentes dentro de sua própria ordem (cf. as seções iniciais do MN 22 e MN 38, não incluídas nesta antologia). Que o Buda tenha tido tamanho sucesso na realização desta difícil empreitada, pode ser considerado uma dentre as suas realizações maravilhosas e extraordinárias.

A tarefa do Buda neste estágio de revelação das suas doutrinas é a de nos transmitir uma educação radicalmente nova na arte de ver. Para seguir o Buda na direção que ele deseja nos conduzir, nós devemos *ver por baixo* da superfície glamorosa do prazer, da posição social e do poder que geralmente nos enfeitiçam e, ao mesmo tempo, aprender a *ver através* das distorções enganosas da percepção, dos pensamentos e das visões que costumeiramente encobrem a nossa visão. Geralmente representamos as coisas para nós mesmos através do prisma refratário dos nossos preconceitos subjetivos. Esses preconceitos são moldados pelos nossos apegos e desejos, aos quais eles, por sua vez, reforçam. Nós vemos as coisas que queremos ver; nós desviamos o olhar daquilo que nos ameaça ou perturba, que sacodem a nossa complacência, que questionam as nossas concepções acerca de nós mesmos e de nossas vidas. Desfazer este processo envolve um comprometimento com a verdade que, geralmente, pode ser perturbador, mas o longo prazo se mostra excitante e libertador.

A educação que o Buda nos oferece produz um *aprofundamento da nossa perspectiva sobre o mundo*. Para nos ajudar a transformar o nosso entendimento e aprofundar a nossa perspectiva sobre o mundo, ele nos oferece três perspectivas através das quais podemos avaliar os valores pelos quais organizamos as nossas vidas. Essas três perspectivas também representam três "momentos", ou passos, num processo de percepção que se desdobra a partir das nossas atitudes baseadas no senso comum e se move estrategicamente em direção ao conhecimento superior. Esses três momentos são: gratificação (*assāda*), perigo (*ādīnava*) e escapatória (*nissaraṇa*). Nos **Textos VI, 2 (1)-(3)**, esse esquema é aplicado ao mundo como um todo. Em outros locais dos Nikāyas, o esquema é aplicado de forma mais específica aos quatro elementos materiais (SN 14: 31-33), aos cinco agregados (SN 22: 26-28), e às seis bases sensórias internas e externas (SN 35: 13-18). O Buda sublinha a importância desse esquema com a corajosa declaração de que até que ele tivesse sido capaz de avaliar completamente este mundo (ou, nos textos referidos acima, os elementos, agregados e bases sensórias) dessa forma, ele não poderia ter afirmado haver alcançado a perfeita iluminação insuperável.

Ao avançar sistematicamente através desse esquema, pode-se começar a reconhecer o fato indubitável de que fenômenos mundanos tais como os objetos dos sentidos, formas e sensações nos dão algum grau de *gratificação*. Esta gratificação se consiste no prazer e alegria (*sukha-somanassa*) que experimentamos quando conseguimos realizar os nossos desejos. Uma vez reconhecido esse fato, podemos então sondar mais aprofundadamente ao perguntar se tal prazer e alegria são satisfatórios. Se enfrentarmos esta questão com total honestidade, num estado de espírito desapaixonado, perceberemos que tal prazer e alegria estão longe de ser satisfatórios. Pelo contrário, elas estão repletas de defeitos e revezes que vão desde os mais singelos aos catastróficos, defeitos que escondemos perpetuamente de nós mesmos para que possamos permanecer sem obstáculos em nossa busca pela gratificação. Este é o *perigo*, o segundo momento ou degrau de observação. O perigo mais extenso que se esconde atrás da fachada dos nossos prazeres mundanos é a sua natureza inerente de impermanência (*anicca*), ligados ao sofrimento e descontentamento (*dukkha*), e sujeitos à mudança e decadência inevitáveis (*vipariṇāmadhamma*).

O terceiro momento, o momento da *escapatória*, segue-se do segundo. "escapatória", aqui, não significa *escapismo*, uma palavra que implica uma tentativa ansiosa de evitar encarar os próprios problemas ao se fingir que eles não existem e se perder em distrações. A verdadeira escapatória é, na realidade, o oposto disso: o curso de ação mais sadio, racional e criterioso que podemos seguir quando reconhecemos de forma minuciosa um perigo verdadeiro. É a nossa busca por uma saída de um prédio em chamas, nossa visita ao médico quando somos afligidos por uma febre persistente, nossa decisão de parar de fumar quando compreendemos o quanto isso prejudica a nossa saúde. Uma vez que vejamos que os objetos do nosso apego são falhos, repletos de perigos escondidos, nós então percebemos que o caminho de escapatória se encontra em abandonar o nosso apego a eles. Isso é "a remoção do desejo e da cobiça, o abandono do desejo e da cobiça" (*chandarāga-vinaya, chandarāga-pahāna*) aos quais o texto se refere.

Os comentadores Pāli, não surpreendentemente, relacionam esses três momentos às Quatro Nobres Verdades. "Gratificação" implica a segunda nobre verdade, pois prazer e alegria causa o desejo, a origem do sofrimento. "Perigo" é a própria verdade do sofrimento. E "escapatória" é a verdade da cessação do sofrimento, que também implica o Nobre Caminho Óctuplo, a quarta verdade, o caminho para a cessação do sofrimento.

No **Texto VI, 3,** o Buda utiliza esse esquema tríplice para levar a cabo uma avaliação detalhada dos três maiores objetos de apego: prazeres sensuais, forma corpórea e sensações. A maior parte do sutta é dedicado a um exame dos perigos dos prazeres sensuais. Ele começa com um olhar bastante próximo das tribulações que um "rapaz" – um jovem chefe de família na procura daquilo que se poderia considerar como a contraparte indiana de uma carreira profissional – poderia sofrer em sua busca de gratificação sensual. À medida que o discurso se desenvolve, o escopo do exame se alarga do pessoal para o coletivo, abarcando as consequências sociopolíticas mais amplas daquela busca. Ele alcança o seu clímax em imagens de luta e devastação que se seguem da pulsão frenética em massa pela gratificação sensual. "Forma" é o corpo físico. O Buda começa o seu tratamento da forma ao pedir aos monges para que eles considerem uma bela jovem. Ele então começa a traçar os estados progressivos da sua decadência física através da velhice, doença, morte e a desintegração final do cadáver até a sua redução a ossos pulverizados. Para mostrar o perigo na "sensação", o Buda seleciona as sensações de um monge meditando nas *jhānas*, as meditações assimiladoras, as mais refinadas experiências mundanas de prazer e alegria. Ele aponta para o fato de que até mesmo essas sensações elevadas são impermanentes, insatisfatórias e sujeitas à mudança.

Apesar de os textos seguintes não aplicarem de forma explícita o esquema tríplice, a sua presença subjacente é óbvia A ênfase é dada ao aspecto do perigo. Os dois textos apresentados na seção quatro mais uma vez acentuam as armadilhas dos prazeres sensórios, mas o fazem de forma diferente do texto da seção anterior. No **Texto VI, 4(1)**, o Buda aparece dialogando com um chefe de família convencido, que imagina "ter cortado todos os seus assuntos mundanos". Para dissipar a sua arrogância, o Buda emprega uma série de imagens que expõem a natureza traiçoeira dos prazeres sensórios, de modo a mostrar-lhe o que significa "cortar todos os laços mundanos" no seu próprio sistema de treinamento. O uso de imagens também prevalece no **Texto VI, 4(2)**, que coloca o Buda em oposição a um hedonista chamado Māgandiya. Aqui, o Buda defende a tese de que os prazeres sensórios só podem ser percebidos como prazerosos através de uma percepção distorcida, mas quando são vistos corretamente, eles são como fogo numa pilha de carvão em brasa – "doloroso de se encostar, quente, abrasador". Esta passagem inclui algumas das imagens mais fortes dos Nikāyas, e não pode haver dúvida que o Buda as tenha utilizado de forma leviana.

O uso de imagens também aparece de forma proeminente no **Texto VI, 5**, cuja tema é a brevidade da vida humana. A literatura Budista frequentemente nos aconselha a contemplar a certeza da morte e a incerteza do momento da sua chegada. Esta recomendação não é feita para induzir uma atitude de morbidez crônica, mas para nos ajudar a romper com a nossa paixão pela vida e desenvolver o desapego. Por esta razão, a lembrança da morte se tornou um dos temas mais importantes da meditação Budista. Em outro lugar o Buda diz que a lembrança da morte "quando desenvolvida e cultivada, ganha espaço no Imortal e culmina no Imortal [o Nibbāna]" (AN 7: 46; IV 47-48). Aqui a brevidade da vida é sublinhada ao se contar o número de dias, de estações e mesmo de refeições numa única vida.

O **Texto VI, 6**, é um excerto do Raṭṭhapāla Sutta, que reconta a vida do discípulo do Buda chamado de "o principal daqueles que renunciaram pela fé". Raṭṭhapāla era um jovem de uma boa família que ficou afetado tão profundamente ao ouvir o Buda pregar que ele, imediatamente, decidiu abraçar a vida monástica sem lar. O Buda pediu para que ele pedisse a permissão aos pais dele, mas eles, profundamente apegados ao seu filho, recusaram-se terminantemente a dar permissão. Então, Raṭṭhapāla se deitou no chão e se recusou a comer ou beber, determinado a morrer lá mesmo ou receber a permissão para renunciar ao mundo. Os pais dele finalmente cederam a permitiram que ele se tornasse um monge, com a condição de que um dia ele retornasse para visitá-los. Anos mais tarde, quando ele visitou os seus pais, eles tentaram atraí-lo de volta à vida de um chefe de família, mas já tendo alcançado o estado de arahant, ele agora estava além de qualquer possibilidade de voltar à vida laica. Após deixar a casa dos seus pais, ele se dirigiu aos jardins do palácio real, onde ele proferiu um discurso ao Rei Koravya sobre "os quatro sumários do Dhamma". Este discurso mostra a sua profunda percepção sobre a profundidade e universalidade do sofrimento, explicando em palavras simples e lúcidas porque ele, assim como incontáveis homens e mulheres capazes, em pleno vigor da vida, escolheram trocar os confortos do lar pelas incertezas da condição itinerante sem lar.

O desejo pelos prazeres sensórios é uma armadilha que mantêm os seres presos à ronda de renascimentos. Outra grande armadilha é o apego às visões de mundo. Por isso, para limpar o caminho para o Nibbāna, o Buda teve não somente que dissipar a paixão pelos prazeres sensórios, mas também expor o perigo das visões de mundo. Este é o tema da seção 7.

As mais perigosas das visões de mundo erradas são aquelas que negam ou solapam os fundamentos éticos. O **Texto VI, 7(1)**, reúne uma quantidade de perigos representados por este tipo de visão equivocada, principalmente o do nascimento em dimensões inferiores. Visões de mundo também tendem a ser interpretações parciais e preconceituosas da realidade, as quais abraçamos como sendo acertadas e completas. As pessoas que se aferram tenazmente às suas próprias perspectivas de uma determinada situação geralmente entram em conflito com aquelas que veem a mesma situação sob um enfoque diferente. As visões de mundo, portanto, dão origem a conflitos e disputas. Talvez nenhum outro texto de toda a literatura mundial descreva este perigo de apego dogmático de forma mais sucinta do que a famosa parábola dos homens cegos e o elefante, incluída aqui como o **Texto VI, 7(2)**.

O **Texto VI, 7(3)** contrasta o par de visões de mundo distorcidas conhecidas como eternalismo (*sassatavāda*) e niilismo (*ucchedavāda*), também chamados, respectivamente, de visão da existência (*bhavadiṭṭhi*) e a visão da não existência (*vibhavadiṭṭhi*). O eternalismo afirma a existência de um componente eterno no indivíduo, um "eu/self" indestrutível, e um fundamento eterno do mundo, como um Deus criador todo-poderoso. O niilismo nega que exista qualquer tipo de sobrevivência além da morte, defendendo a tese de que o indivíduo se extingue completamente com a morte do corpo físico. O Eternalismo, de acordo com o Buda, conduz ao prazer em existir e amarra os seres ao ciclo da existência. O niilismo é geralmente acompanhado de um desgosto pela existência que, paradoxalmente, amarra os seus aderentes àquela mesma existência que eles detestam. Como veremos mais abaixo, o ensinamento do Buda da originação dependente evita esses dois fins fúteis (cf. IX, p. 337s.).

O **Texto VI, 8**, destaca um problema particular causado pelas visões eternalistas. Tais visões podem inspirar os meditadores a buscarem estados de profunda bem-aventurança meditativa, o qual eles interpretam como a união com uma realidade divina ou a realização do seu "eu/self" eterno. Na perspectiva dos ensinamentos do Buda, contudo, tal realização simplesmente cria o potencial cármico para o renascimento na dimensão onde tal experiência meditativa se torna a condição fundamental da consciência. Em outras palavras, a realização desses estados na dimensão humana gera o renascimento nos planos correspondentes na dimensão da forma sutil ou da dimensão sem forma. Apesar de muitas religiões apontarem para a dimensão divina como a resposta final ao problema humano, o ensinamento do Buda sustenta que esses mundos não oferecem uma saída final da impermanência e miséria do saṃsāra.

O texto citado aqui mostra que certos meditadores atingem as quatro "moradas divinas" e renascem nos planos correspondentes do mundo de brahma, aonde eles podem existir por um período tão longo quanto quinhentas grandes eras. Finalmente, porém, eles devem inevitavelmente morrer e podem cair nas dimensões de renascimento desafortunadas. Textos similares não incluídos aqui (AN 3: 114, 4: 124) afirmam o mesmo a respeito das dimensões de renascimento que correspondem aos jhānas e às realizações incorpóreas.

Os dois suttas que constituem a seção final deste capítulo retomam a insatisfatoriedade e insegurança da existência condicionada, reforçando a mensagem com imagens dramáticas. No **Texto VI, 9(1)**, O Buda declara que a quantidade de lágrimas que derramamos ao vagar através da ronda de renascimentos é maior do que a quantidade de água dos quatro grandes oceanos. No **Texto VI, 9(2)**, ele conta a um grupo de trinta monges que a quantidade de sangue que eles derramaram quando eles foram assassinados e executados através da ronda de renascimentos é maior do que a quantidade de água dos quatro grandes oceanos. De acordo com os compiladores do sutta, o impacto do discurso sobre os trinta monges foi tão poderoso, que todos alcançaram a libertação final naquele instante.

VI
Aprofundando a perspectiva sobre o mundo

1 As quatro coisas maravilhosas

"Monges, com a manifestação do Tathāgata, do Arahant, do Perfeitamente Iluminado, quatro coisas maravilhosas e fantásticas aparecem. Quais quatro coisas?

A maioria das pessoas deleita-se no apego, delicia-se no apego, regozija-se no apego. Mas quando o Dhamma do não apego é ensinado pelo Tathāgata, as pessoas desejam escutá-lo, ouvi-lo e tentar compreendê-lo. Esta é a primeira coisa maravilhosa e fantástica que aparece com a manifestação do Tathāgata, do Arahant, do Perfeitamente Iluminado.

A maioria das pessoas deleita-se na arrogância, delicia-se na arrogância, regozija-se na arrogância. Mas quando o Dhamma da não arrogância é ensinado pelo Tathāgata, as pessoas desejam escutá-lo, ouvi-lo e tentar compreendê-lo. Esta é a segunda coisa maravilhosa e fantástica que aparece com a manifestação do Tathāgata, do Arahant, do Perfeitamente Iluminado.

A maioria das pessoas deleita-se na inquietação, delicia-se na inquietação, regozija-se na inquietação. Mas quando o Dhamma da não inquietação é ensinado pelo Tathāgata, as pessoas desejam escutá-lo, ouvi-lo e tentar compreendê-lo. Esta é a terceira coisa maravilhosa e fantástica que aparece com a manifestação do Tathāgata, do Arahant, do Perfeitamente Iluminado.

A maioria das pessoas vive na ignorância, são cegadas pela ignorância, são acorrentadas pela ignorância. Mas quando o Dhamma da não ignorância é ensinado pelo Tathāgata, as pessoas desejam escutá-lo, ouvi-lo e tentar compreendê-lo. Esta é a quarta coisa maravilhosa e fantástica que aparece com a manifestação do Tathāgata, do Arahant, do Perfeitamente Iluminado.

Com a manifestação do Tathāgata, do Arahant, do Perfeitamente Iluminado, essas quatro coisas maravilhosas e fantásticas aparecem."

(AN 4: 128; II 131-132)

2 GRATIFICAÇÃO, PERIGO E ESCAPATÓRIA

(1) Antes da minha iluminação

"Antes da minha iluminação, monges, enquanto eu era um bodhisatta, me ocorreu: 'O que é a gratificação no mundo? O que é o perigo no mundo? O que é a escapatória do mundo?' Então me ocorreu: seja qual for o prazer e a alegria no mundo, isso é a gratificação no mundo; que o mundo é impermanente, ligado ao sofrimento e sujeito à mudança: esse é o perigo no mundo; a remoção e o abandono do desejo e da cobiça pelo mundo; isso é a escapatória do mundo.

Monges, enquanto eu não os conheci diretamente, como eles de fato são, a gratificação como gratificação, o perigo como perigo e a escapatória do mundo como escapatória, eu não pude afirmar que eu havia despertado para a perfeita iluminação insuperável neste mundo com os seus devas, Māra e Brahmā, e a sua população de ascetas e brâmanes, seus devas e humanos.

Mas quando eu os conheci diretamente, então eu pude afirmar que eu havia despertado para a perfeita iluminação insuperável neste mundo com os seus devas, Māra e Brahmā, e a sua população de ascetas e brâmanes, seus devas e humanos. O conhecimento e a visão surgiram em mim: 'Inquebrantável é a libertação da minha mente; este é o meu último nascimento; agora não haverá mais uma nova existência para mim'."

(AN 3: 101 § 1-2; I 258-259)

(2) Eu saí em busca

"Ah! Monges, eu parti em busca de gratificação no mundo. Seja qual for o tipo de gratificação que existe no mundo, eu encontrei. Eu pude ver claramente, com sabedoria, até onde se estende a gratificação no mundo.

Eu parti em busca de uma escapatória do mundo. Seja qual for o tipo de escapatória do mundo que existe, eu encontrei. Eu pude ver claramente, com sabedoria, até onde se estende a escapatória do mundo."

(AN 3: 101 § 3; I 259)

(3) Se não houvesse gratificação

"Monges, se não houvesse gratificação no mundo, os seres não se tornariam enamorados do mundo. Mas porque existe gratificação no mundo, os seres se tornam enamorados dele.

Se não houvesse perigo no mundo, os seres não se desencantariam pelo mundo. Mas porque existe o perigo no mundo, os seres se desencantam com ele.

Se não houvesse escapatória do mundo, os seres não poderiam escapar do mundo. Mas porque existe escapatória do mundo, os seres podem escapar dele."

(AN 3: 102; I 260)

3 AVALIANDO DE FORMA APROPRIADA OS OBJETOS DO APEGO

1 "Assim eu ouvi. Numa ocasião o Abençoado estava vivendo em Sāvatthī no Bosque do Príncipe Jeta, no Parque de Anāthapiṇḍika.

2 Então, um dia de manhã, uma quantidade de monges se vestiu, e pegando as suas tigelas e os seus mantos, foi para Sāvatthī em busca de esmolas. Aí eles pensaram: 'Ainda é muito cedo para rodar Sāvatthī em busca de esmolas. E se nós fôssemos até o outro parque, onde estão ascetas de outras tradições?' Então eles se dirigiram ao outro parque onde se encontravam ascetas de outras tradições e, lá chegando, trocaram saudações com eles. Quando a conversa cortês e amigável acabou, eles se sentaram ao lado. Os ascetas lhes disseram:

3 'Amigos, o asceta Gotama descreve a completa compreensão dos prazeres sensórios, assim como nós; o asceta Gotama descreve a completa compreensão da forma, assim como nós; o asceta Gotama descreve de forma completa as sensações, assim como nós. Qual é, então, a diferença, amigos? Qual é a mudança, o que é diferente entre o ensinamento do asceta Gotama do Dhamma e o nosso, entre as instruções dele e as nossas?'[131]

4 Então aqueles monges nem aprovaram e nem reprovaram as palavras daqueles ascetas. Sem nenhuma conclusão, eles se levantaram dos seus assentos e foram embora, pensando: 'Vamos compreender o sentido daquelas palavras na presença do Abençoado'.

5 Após rodarem Sāvatthī em busca de esmolas e retornarem de sua ronda, depois da refeição eles se dirigiram ao Abençoado e, após prestarem homenagens e se sentarem ao lado, contaram o que havia ocorrido. [O Abençoado falou]:

6 'Monges, ascetas de outras tradições que falam dessa maneira devem ser questionados do seguinte modo: 'Mas amigos, o que é a gratificação? O que é o perigo? E o que é a escapatória no caso dos prazeres sensórios? O que é a gratificação? O que é o perigo? E o que é a escapatória no caso da forma? O que é a gratificação? O que é o perigo? E o que é a escapatória no caso das sensações?' Se eles forem questionados dessa maneira, os ascetas terão dificuldades em responder. E por quê? Porque eles não entendem disso. Monges, eu não consigo ver ninguém neste mundo com os seus devas, Māra e Brahmā, nesta população de ascetas e brâmanes, seus devas e humanos que possa satisfazer a mente com uma resposta para essas questões, exceto pelo Tathāgata ou um discípulo seu ou alguém que tenha aprendido deles'.

[Prazeres sensórios]

7 (i) E o que, monges, é a gratificação no caso dos prazeres sensórios? Monges, existem cinco laços de prazeres sensórios. Quais são esses cinco laços? As formas conhecidas pelo olho que são desejadas, queridas, agradáveis e desfrutáveis, ligadas ao desejo sensual e provocadoras da cobiça. Os sons conhecidos pelo ouvido que são desejados, queridos, agradáveis e desfrutáveis, ligados ao desejo sensual e provocadores da cobiça. Os odores conhecidos pelo nariz que são desejados, queridos, agradá-

veis e desfrutáveis, ligadas ao desejo sensual e provocadores da cobiça. Os paladares conhecidos pela língua que são desejados, queridos, agradáveis e desfrutáveis, ligadas ao desejo sensual e provocadores da cobiça. Os objetos tácteis conhecidos pelo corpo que são desejados, queridos, agradáveis e desfrutáveis, ligadas ao desejo sensual e provocadores da cobiça.

8 (ii) E qual é, monges, o perigo no caso dos prazeres sensórios? Neste caso, monges, de acordo com o ofício pelo qual um aldeão ganha a vida – quer seja conferindo, contando, calculando, na agricultura, comércio, pecuária, militar, ao serviço do rei, ou seja que outro ofício for – ele tem que enfrentar o frio e o calor; ele sofre desconfortos devido a insetos, mosquitos, vento, sol, bichos rastejantes; ele corre risco de morte pela fome e sede. Então, esse é o perigo no caso de prazeres sensórios, uma massa de sofrimentos visíveis na vida presente, tendo os prazeres sensórios como causa, fonte e base, a causa sendo simplesmente os prazeres sensórios.

9 Se o aldeão não consegue uma propriedade ao trabalhar e se esforçar para tal, ele lamenta, sofre e se lamuria, ele chora batendo no peito e se torna infeliz, exclamando: 'Meu trabalho é em vão, meu esforço sem frutos! Isso também é um perigo no caso dos prazeres sensórios, uma massa de sofrimentos visíveis na vida presente, tendo os prazeres sensórios como causa, fonte e base, a causa sendo simplesmente os prazeres sensórios'.

10 Agora, se o aldeão consegue uma propriedade ao trabalhar e se esforçar para tal, ele experimenta dor e sofrimento para protegê-la: 'Como eu vou fazer para que nem reis nem bandidos roubem minha propriedade? Nem o fogo a queime, nem a água a carregue e nem herdeiros detestados a herdem?' Então ele se lamenta, sofre e se lamuria, ele chora batendo no peito e se torna infeliz, exclamando: 'Eu perdi a minha propriedade!' Isso também é um perigo no caso dos prazeres sensórios, uma massa de sofrimentos visíveis na vida presente, tendo os prazeres sensórios como causa, fonte e base, a causa sendo simplesmente os prazeres sensórios.

11 É por isso também que, tendo os prazeres sensórios como causa, fonte e base, a causa sendo simplesmente os prazeres sensórios, reis brigam com reis, khattiyas com khattiyas, brâmanes com brâmanes, chefes de família com chefes de família; a mãe briga com o filho, o filho com a mãe, o pai com o filho, o filho com o pai; irmão briga com irmão, irmão briga com irmã, irmã com irmão, amigo com amigo. E nessas brigas, confusões e disputas eles se atacam, trocam tapas e socos, agridem-se com armas, atingindo a morte ou sofrimento mortal. Isso também é um perigo no caso dos prazeres sensórios, uma massa de sofrimentos visíveis na vida presente, tendo os prazeres sensórios como causa, fonte e base, a causa sendo simplesmente os prazeres sensórios.

12 É por isso também que, tendo os prazeres sensórios como causa, fonte e base, a causa sendo simplesmente os prazeres sensórios, os homens pegam em armas: espadas, escudos e carregam arcos e aljavas, e partem para a batalha em formação dupla com flechas e lanças voando e espadas em choque; e lá são feridos por flechas e lanças, e suas cabeças são cortadas por espadas, atingindo a morte ou sofrimento

mortal. Isso também é um perigo no caso dos prazeres sensórios, uma massa de sofrimentos visíveis na vida presente, tendo os prazeres sensórios como causa, fonte e base, a causa sendo simplesmente os prazeres sensórios.

13 É por isso também que, tendo os prazeres sensórios como causa, fonte e base, a causa sendo simplesmente os prazeres sensórios, os homens pegam em armas: espadas, escudos e carregam arcos e aljavas, e partem para a batalha em formação dupla com flechas e lanças voando e espadas em choque; e lá são feridos por flechas e lanças, líquidos ferventes e esmagados sob pesadas massas, atingindo a morte ou sofrimento mortal. Isso também é um perigo no caso dos prazeres sensórios, uma massa de sofrimentos visíveis na vida presente, tendo os prazeres sensórios como causa, fonte e base, a causa sendo simplesmente os prazeres sensórios.

14 É por isso também que, tendo os prazeres sensórios como causa, fonte e base, a causa sendo simplesmente os prazeres sensórios, os homens invadem as casas, roubam a riqueza, assaltam, tornam-se salteadores, seduzem as mulheres dos outros, e quando são pegos, os reis lhes torturam de várias formas, atingindo a morte ou sofrimento mortal. Isso também é um perigo no caso dos prazeres sensórios, uma massa de sofrimentos visíveis na vida presente, tendo os prazeres sensórios como causa, fonte e base, a causa sendo simplesmente os prazeres sensórios.

15 É por isso também que, tendo os prazeres sensórios como causa, fonte e base, a causa sendo simplesmente os prazeres sensórios, as pessoas se entregam à má conduta do corpo, da fala e da mente. Tendo agido dessa maneira, com a dissolução do corpo, após a morte, elas nascem num estado de miséria, num mal destino, num mundo inferior, num inferno. Então, esse é um perigo dos prazeres sensórios, uma massa de sofrimento na próxima vida[132], tendo os prazeres sensórios como causa, fonte e base, a causa sendo simplesmente os prazeres sensórios.

16 (iii) E o que, monges, é a escapatória no caso dos prazeres sensórios? É a remoção do desejo e da cobiça, o abandono do desejo e da cobiça pelos prazeres sensórios. Esta é a escapatória dos prazeres sensórios.

17 Aqueles ascetas que não compreendem como de fato ocorre a gratificação como gratificação, o perigo como perigo e a escapatória como escapatória, será que eles podem realmente compreender completamente os prazeres sensórios como prazeres sensórios ou instruir os outros para que eles compreendam completamente os prazeres sensórios – isso é impossível. Aqueles ascetas que compreendem como de fato ocorre a gratificação como gratificação, o perigo como perigo e a escapatória como escapatória, será que eles podem realmente compreender completamente os prazeres sensórios como prazeres sensórios ou instruir os outros para que eles compreendam completamente os prazeres sensórios – isso é possível.

[Forma]

18 (i) 'E o que, monges, é a gratificação no caso da forma? Imagine que houvesse uma menina que fosse da casta khattiya ou da casta brâmane ou da classe dos chefes de família, aos quinze, dezesseis anos; nem muito alta nem muito baixa, nem

muito gorda nem magra, nem muito escura e nem muito clara. A sua beleza e encanto não estariam no auge?' 'Sim, Venerável.' 'Agora, o prazer e a satisfação que surgem por causa da dependência naquela beleza e encanto é a gratificação no caso da forma.'

19 (ii) 'E o que, monges, é o perigo no caso da forma? Depois, pode-se ver a mesma mulher aos oitenta, noventa, cem anos, velha, curvada como a cumeeira de um telhado, encarquilhada, apoiada numa bengala, vacilante, frágil, sua juventude há muito desaparecida, com os dentes quebrados, com os cabelos cinzas, com poucos cabelos, careca, enrugada, com os membros inchados. O que vocês acham, monges? A sua antiga beleza e encanto desapareceram e o perigo se tornou evidente?' 'Sim, Venerável.' 'Monges, este é um perigo no caso da forma.'

20 'Então, alguém também poderia ver a mesma mulher aflita, sofrendo, gravemente doente, deitada sobre a própria urina e fezes, levantada por uns, deitada por outros. O que vocês acham, monges? A sua antiga beleza e encanto desapareceram e o perigo se tornou evidente?' 'Sim, Venerável.' 'Monges, este é um perigo no caso da forma.'

21 'Então, alguém poderia ver aquela mulher como um cadáver, atirada num monturo, morta há um, dois, três dias, inchada, lívida, com líquidos saindo pelos orifícios. O que vocês acham, monges? A sua antiga beleza e encanto desapareceram e o perigo se tornou evidente?' 'Sim, Venerável.' 'Monges, este é um perigo no caso da forma.'

22-29 'Então, alguém poderia ver aquela mulher como um cadáver atirada no monturo, sendo devorada por corvos, falcões, abutres, cachorros, chacais ou vários tipos de vermes... um esqueleto com pedaços de carne e sangue, ligado por tendões... um esqueleto sem carne sujo de sangue, ligado por tendões... um esqueleto sem carne e sem sangue, ligado por tendões... ossos separados espalhados em todas as direções – aqui um osso da mão, lá um osso do pé, aqui um osso da coxa, lá uma costela, aqui um osso da bacia, lá uma coluna, aqui a caveira...ossos ressecados e embranquecidos, da cor de conchas... ossos amontoados... ossos de mais de um ano, apodrecendo e virando pó. O que vocês acham, monges? A sua antiga beleza e encanto desapareceram e o perigo se tornou evidente?' 'Sim, Venerável.' 'Monges, este é um perigo no caso da forma.'

30 (iii) E o que, monges, é a escapatória no caso da forma? É a remoção do desejo e da cobiça, o abandono do desejo e da cobiça pela forma. Esta é a escapatória da forma.

31 Aqueles ascetas que não compreendem como de fato ocorre a gratificação como gratificação, o perigo como perigo e a escapatória como escapatória no caso da forma, será que eles podem realmente compreender a forma como forma ou instruir os outros para que eles compreendam completamente a forma – isso é impossível. Aqueles ascetas que compreendem como de fato ocorre a gratificação como gratificação, o perigo como perigo e a escapatória como escapatória, será que eles podem realmente compreender completamente a forma como forma ou instruir os outros para que eles compreendam completamente a forma – isso é possível.

[Sensações]

32 (i) E o que, monges, é a gratificação no caso das sensações? Neste caso, monges, ao abrigo dos prazeres sensórios, ao abrigo dos estados prejudiciais, um monge penetra e permanece na primeira jhāna, que é acompanhada de pensamento e análise, com arrebatamento e felicidade nascidos da reclusão. Em tal ocasião ele não opta pela aflição própria ou pela aflição de outrem, ou pela aflição de ambos. Naquela ocasião ele sente somente sensações que estão livres de aflição. A maior gratificação no caso das sensações, eu afirmo, é a liberdade da aflição.

33-35 Então, com a pacificação do pensamento e da análise, um monge penetra e permanece no segundo jhāna... com a pacificação também do arrebatamento ele penetra e permanece no terceiro jhāna... com o abandono do prazer e da dor ele penetra e permanece no quarto jhāna... Em tal ocasião ele não opta pela aflição própria ou pela aflição de outrem, ou pela aflição de ambos. Naquela ocasião ele sente somente sensações que estão livres de aflição. A maior gratificação no caso das sensações, eu afirmo, é a liberdade da aflição.

36 (ii) E o que, monges, é o perigo no caso das sensações? As sensações são impermanentes, causam sofrimento, e sujeitas à mudança. Esse é o perigo no caso das sensações.

37 (iii) E o que, monges, é a escapatória no caso das sensações? É a remoção do desejo e da cobiça, o abandono do desejo e da cobiça pelas sensações. Esta é a escapatória das sensações.

38 Aqueles ascetas que não compreendem como de fato ocorre a gratificação como gratificação, o perigo como perigo e a escapatória como escapatória no caso das sensações, será que eles podem realmente compreender as sensações como sensações ou instruir os outros para que eles compreendam completamente as sensações – isso é impossível. Aqueles ascetas que compreendem como de fato ocorre a gratificação como gratificação, o perigo como perigo e a escapatória como escapatória, será que eles podem realmente compreender completamente as sensações como sensações ou instruir os outros para que eles compreendam completamente as sensações – isso é possível.

Foi isso que o Abençoado disse. Os monges ficaram satisfeitos e se deleitaram com as palavras do Abençoado".

(MN 13: *Mahādukkhakkhandha Sutta*; I 84-90)

4 As armadilhas nos prazeres sensórios

(1) Cortando todas as ligações

[O chefe de família Potaliya perguntou ao Abençoado]: "'Venerável, como se dá o corte de todos os negócios[133] na disciplina do Nobre senhor, alcançada de forma completa e total? Seria bom, Venerável, se o Abençoado me ensinasse o Dhamma, mostrando-me como se cortam todos os negócios na disciplina do Nobre Senhor, alcançada de forma completa e total'.

'Então escute, chefe de família, e preste bastante atenção no que eu vou dizer.'

'Sim, Venerável', respondeu Potaliya, o chefe de família. O Abençoado disse o seguinte:

15 'Chefe de família, imagine que um cão, tomado pela fome e fraqueza, estivesse esperando perto de um açougue. Então um açougueiro hábil, ou seu aprendiz, jogasse para o cão um pedaço bem cortado e bem limpo de um esqueleto sujo de sangue, mas sem carne. O que você acha, chefe de família? O cachorro se livraria da fome e fraqueza se mastigasse bastante aquele pedaço de esqueleto bem cortado e bem limpo, sem carne, mas sujo de sangue?'

'Não, Venerável. E por quê? Porque o esqueleto estava bem cortado e bem limpo, eram ossos sem carne, mas sujos de sangue. Finalmente, o cão se frustraria e ficaria desapontado.'

'Da mesma maneira, chefe de família, um nobre discípulo faz a seguinte reflexão: 'Os prazeres sensórios foram comparados a um esqueleto pelo Abençoado; eles geram muito sofrimento e desespero, ao mesmo tempo em que o perigo deles sempre aumenta'. Ao enxergar desta maneira, de forma apropriada através da sabedoria, ele evita a equanimidade que é diversificada, baseada na diversidade, e desenvolve a equanimidade que é unificada, baseada na unidade[134], onde o apego às coisas carnais do mundo cessa completamente, sem nada restar.

16 Chefe de família, suponha que um abutre, uma garça ou um falcão pegasse um pedaço de carne e voasse, e então outros abutres, garças ou falcões o perseguissem e o bicassem e o atacassem. O que você acha, chefe de família? Se aquele primeiro abutre, garça ou falcão não soltasse rapidamente o pedaço de carne, ele não seria morto ou sofreria mortalmente?'

'Sim, Venerável.'

'Do mesmo modo, chefe de família, um nobre discípulo faz a seguinte reflexão: 'Os prazeres sensórios foram comparados a um esqueleto pelo Abençoado; eles geram muito sofrimento e desespero, ao mesmo tempo em que o perigo deles sempre aumenta'. Ao enxergar desta maneira, de forma apropriada através da sabedoria, ele evita a equanimidade que é diversificada, baseada na diversidade, e desenvolve a equanimidade que é unificada, baseada na unidade, onde o apego às coisas carnais do mundo cessa completamente, sem nada restar.

17 Chefe de família, suponha que um homem pegasse uma tocha feita de grama seca e andasse contra a direção do vento. O que você acha, chefe de família? Se aquele homem não soltasse rapidamente aquela tocha, ela não queimaria a sua mão, o seu braço ou outra parte do seu corpo, de modo que ele poderia ser morto ou sofrer mortalmente?'

'Sim, Venerável.'

'Do mesmo modo, chefe de família, um nobre discípulo faz a seguinte reflexão: 'Os prazeres sensórios foram comparados a uma tocha de grama pelo Abençoado; eles geram muito sofrimento e desespero, ao mesmo tempo em que o perigo deles sempre aumenta'. Ao enxergar desta maneira, de forma apropriada através da sabedoria, ele evita a equanimidade que é diversificada, baseada na diversidade, e desenvolve a equanimidade que é unificada, baseada na unidade, onde o apego às coisas carnais do mundo cessa completamente, sem nada restar.

18 Chefe de família, suponha que houvesse uma pilha de carvão mais alta do que um homem, cheia de brasas, porém, sem fumaça ou fogo. Então imagine que houvesse um homem que quisesse viver, e não morrer, que gostasse do prazer e detestasse a dor, e que esse homem fosse agarrado por dois outros homens bem fortes e que eles o arrastassem para perto do carvão. O que você acha, chefe de família? Aquele homem se retorceria para lá e para cá?'

'Sim, Venerável. E por quê? Porque ele sabe que se ele caísse naquele braseiro de carvão ele seria morto ou sofreria mortalmente.'

'Do mesmo modo, chefe de família, um nobre discípulo faz a seguinte reflexão: 'Os prazeres sensórios foram comparados a um braseiro pelo Abençoado; eles geram muito sofrimento e desespero, ao mesmo tempo em que o perigo deles sempre aumenta'. Ao enxergar desta maneira, de forma apropriada através da sabedoria, ele evita a equanimidade que é diversificada, baseada na diversidade, e desenvolve a equanimidade que é unificada, baseada na unidade, onde o apego às coisas carnais do mundo cessa completamente, sem nada restar.

19 Chefe de família, suponha que um homem sonhasse com parques adoráveis, bosques adoráveis, prados adoráveis e lagos adoráveis; porém, ao despertar, não visse nada daquilo. Do mesmo modo, chefe de família, um nobre discípulo faz a seguinte reflexão: 'Os prazeres sensórios foram comparados a um sonho pelo Abençoado; eles geram muito sofrimento e desespero, ao mesmo tempo em que o perigo deles sempre aumenta'. Ao enxergar desta maneira, de forma apropriada através da sabedoria, ele evita a equanimidade que é diversificada, baseada na diversidade, e desenvolve a equanimidade que é unificada, baseada na unidade, onde o apego às coisas carnais do mundo cessa completamente, sem nada restar.

20 Chefe de família, suponha que um homem tomasse emprestado algumas coisas – uma carruagem, belos brincos de pedras preciosas – e usando essas coisas emprestadas ele se dirigisse ao mercado. Então, o povo, vendo alguém assim, diria: 'Pessoal, olha o magnata! É assim que eles aproveitam a riqueza!' Então, os verdadeiros donos, ao lhe verem, pegassem de volta as suas coisas. O que você acha, chefe de família? Seria o suficiente para aquele homem se entristecer?'

'Sim, Venerável. E por quê? Porque os verdadeiros donos pegaram de volta as suas coisas'.

"Do mesmo modo, chefe de família, um nobre discípulo faz a seguinte reflexão: 'Os prazeres sensórios foram comparados a coisas emprestadas pelo Abençoado; eles geram muito sofrimento e desespero, ao mesmo tempo em que o perigo deles sempre aumenta'. Ao enxergar desta maneira, de forma apropriada através da sabedoria, ele evita a equanimidade que é diversificada, baseada na diversidade, e desenvolve a equanimidade que é unificada, baseada na unidade, onde o apego às coisas carnais do mundo cessa completamente, sem nada restar.

21 Chefe de família, imagine que numa mata densa, não muito longe de uma vila ou cidade, houvesse uma árvore carregada de frutas, sendo que nenhum deles houvesse caído no chão. Então imagine que aparecesse um homem procurando frutas, buscando frutas, vagando atrás de frutas, e ele entrasse na mata e visse a árvore carregada de frutas. E então ele pensasse: 'Essa árvore está carregada de frutas e nenhuma delas ainda caiu no chão. Eu sei subir em árvores, eu posso subir nela, comer quantas frutas eu quiser e encher a minha bolsa'. E ele assim o faz. Então chega um segundo homem procurando frutas, buscando frutas, vagando atrás de frutas e, carregando um machado, ele entrasse na mata e visse a árvore carregada de frutas. E aí ele pensasse: 'Essa árvore está carregada de frutas e nenhuma delas ainda caiu no chão. Eu não sei subir em árvores, então eu vou cortar esta árvore, comer quantas frutas eu quiser e encher a minha bolsa'. E ele assim o faz. O que você acha, chefe de família? Se aquele homem não descesse rapidamente da árvore, quando a árvore fosse derrubada, ele não quebraria a mão ou o pé ou outra parte do seu corpo, ou ainda poderia morrer ou sofrer uma dor mortal por causa da queda?'

'Sim, Venerável.'.

"Do mesmo modo, chefe de família, um nobre discípulo faz a seguinte reflexão: 'Os prazeres sensórios foram comparados a uma árvore carregada de frutos pelo Abençoado; eles geram muito sofrimento e desespero, ao mesmo tempo em que o perigo deles sempre aumenta'. Ao enxergar desta maneira, de forma apropriada através da sabedoria, ele evita a equanimidade que é diversificada, baseada na diversidade, e desenvolve a equanimidade que é unificada, baseada na unidade, onde o apego às coisas carnais do mundo cessa completamente, sem nada restar".

(Do MN 54: *Potaliya Sutta*; I 364-366)

(2) A febre dos prazeres sensuais

10 "Māgandiya, anteriormente, quando eu vivia a vida de um chefe de família, eu me divertia, dispondo e possuidor das cinco amarras de prazeres sensórios: com as formas que o olho conhece... com os sons que o ouvido conhece... com os odores que o nariz conhece... com os sabores que a língua conhece... com os objetos tácteis que o corpo conhece que são queridos, desejados, agradáveis e prazerosos, ligados ao desejo sensório e provocadores da cobiça[135]. Eu possuía três palácios, um para a estação das chuvas, um para o inverno e um para o verão. Eu vivia no palácio das chuvas pelos quatro meses da estação chuvosa, me divertindo com as cantoras e musicistas, sem nenhum homem, e eu sequer descia para a parte de baixo do palácio[136].

Mais tarde, quando eu compreendi qual é, de fato, a origem, o desaparecimento, a gratificação, o perigo e a escapatória no caso dos prazeres sensórios, eu abandonei o desejo por eles, eu removi a febre dos prazeres sensórios, e eu permanecia sem a sede do desejo, com a mente em paz internamente. Eu vejo outras pessoas que não estão livres da cobiça pelos prazeres sensórios, sendo devoradas pelo desejo dos prazeres sensórios, queimando com a febre dos desejos sensórios, aproveitando os prazeres sensórios e eu não as invejo e nem sinto alegria nisso. Por quê? Porque existe, Māgandiya, um deleite fora dos prazeres sensórios, fora dos estados prejudiciais, que supera a bem-aventurança divina[137]. Como eu me deleito com aquilo, eu não invejo o que é inferior, nem sinto alegria nisso.

11 Imagine, Māgandiya, um chefe de família ou o filho de um chefe de família, que fosse rico, abastado, um magnata, dispondo e possuidor dos cinco laços de prazeres sensórios; ele poderia se divertir com as formas que o olho conhece... com os sons que o ouvido conhece... com os odores que o nariz conhece... com os sabores que a língua conhece... com os objetos tácteis que o corpo conhece que são queridos, desejados, agradáveis e prazerosos, ligados ao desejo sensório e provocadores da cobiça. Tendo se conduzido bem com o corpo, a fala e a mente, com a dissolução do corpo, após a morte, ele poderia renascer num bom destino, num mundo paradisíaco na companhia dos devas Tāvatiṃsa; e lá, rodeado por um grupo de ninfas no Bosque Nandana[138], ele se divertiria dispondo e possuidor dos cinco laços de prazeres sensórios divinos. Suponha que ele visse um chefe de família ou o filho de um chefe de família se divertindo, dispondo e possuidor dos cinco laços de prazeres sensórios. O que você acha, Māgandiya? Aquele jovem deva, rodeado por um grupo de ninfas no Bosque Nandana, divertindo-se, dispondo e possuidor dos cinco laços de prazeres sensórios divinos, invejaria o chefe de família ou o filho de um chefe de família pelos cinco laços de prazeres sensórios humanos ou ele se excitaria pelos prazeres sensórios humanos?'

'Não, Mestre Gotama. Por que não? Porque os prazeres sensórios divinos são muito melhores e mais sublimes do que os prazeres sensórios humanos.'

12 Do mesmo modo, Māgandiya, anteriormente, quando eu vivia a vida de um chefe de família, eu me divertia, dispondo e possuidor dos cinco laços de prazeres sensórios: com as formas que o olho conhece... com os sons que o ouvido conhece... com os odores que o nariz conhece... com os sabores que a língua conhece... com os objetos táteis que o corpo conhece que são queridos, desejados, agradáveis e prazerosos, ligados ao desejo sensório e provocadores da cobiça.

Mais tarde, quando eu compreendi qual é, de fato, a origem, o desaparecimento, a gratificação, o perigo e a escapatória no caso dos prazeres sensórios, eu abandonei o desejo por eles, eu removi a febre dos prazeres sensórios, e eu permanecia sem a sede do desejo, com a mente em paz internamente. Eu vejo outras pessoas que não estão livres da cobiça pelos prazeres sensórios, sendo devoradas pelo desejo dos prazeres sensórios, queimando com a febre dos desejos sensórios, aproveitando os prazeres sensórios e eu não as invejo e nem sinto alegria nisso. Por quê? Porque existe, Māgandiya, um deleite fora dos prazeres sensórios, fora dos estados prejudiciais, que supera a bem-aventurança divina. Como eu me deleito com aquilo, eu não invejo o que é inferior, nem sinto alegria nisso.

13 Imagine, Māgandiya, que houvesse um leproso com chagas e bolhas nos seus membros, sendo devorado por vermes, coçando a casca das suas feridas com as unhas, cauterizando o seu corpo junto a uma pilha de carvão em brasa. Então os seus amigos e companheiros, seus parceiros e parentes trouxessem um médico para

tratar dele. O médico prepararia um remédio para ele e, através daquele remédio, ele fosse curado da lepra e ficasse saudável e feliz, independente, senhor de si, livre para ir onde quisesse. Então imagine que ele visse outro leproso, com chagas e bolhas nos seus membros, sendo devorado por vermes, coçando a casca das suas feridas com as unhas, cauterizando o seu corpo junto a uma pilha de carvão em brasa. O que você acha Māgandiya, aquele homem invejaria o leproso pela sua pilha de carvão ou pelo seu uso de remédio?'

'Não, Mestre Gotama. E por quê? Porque quando existe uma doença, existe a necessidade de remédio, e quando não existe doença, não existe necessidade de remédio.'

14 'Do mesmo modo, Māgandiya, anteriormente, quando eu vivia a vida de chefe de família... [como no parágrafo 12]... Como eu me deleito com aquilo, eu não invejo o que é inferior, nem eu me deleito com aquilo.

15 Imagine, Māgandiya, que houvesse um leproso com chagas e bolhas nos seus membros, sendo devorado por vermes, coçando a casca das suas feridas com as unhas, cauterizando o seu corpo junto a uma pilha de carvão em brasa. Então os seus amigos e companheiros, seus parceiros e parentes trouxessem um médico para tratar dele. O médico prepararia um remédio para ele e, através daquele remédio, ele fosse curado da lepra e ficasse saudável e feliz, independente, senhor de si, livre para ir onde quisesse. Então dois homens fortes o segurassem pelos braços e o arrastassem na direção da pilha de carvão em brasa. O que você acha, Māgandiya? Aquele homem se contorceria para lá e para cá?'

'Sim, Mestre Gotama. E por quê? Porque, de fato, o fogo é extremamente doloroso de se tocar, quente e abrasador.'

'O que você acha, Māgandiya? É somente agora que o fogo é doloroso de tocar, quente e abrasador, ou anteriormente o fogo também era doloroso de tocar, quente e abrasador?'

'Mestre Gotama, aquele fogo agora é doloroso de tocar, quente e abrasador, e anteriormente o fogo também era doloroso de tocar, quente e abrasador. Pois quando aquele homem era um leproso com chagas e bolhas nos seus membros, sendo devorado por vermes, coçando a casca das suas feridas com as unhas, cauterizando o seu corpo junto a uma pilha de carvão em brasa, as suas faculdades não estavam funcionando; por isso, apesar de o fogo ser algo doloroso de se tocar, ele desenvolveu uma percepção errada como sendo agradável.'

16 'Da mesma maneira, Māgandiya, no passado os prazeres sensórios eram dolorosos de se tocar, quentes e abrasadores; no futuro os prazeres sensórios serão dolorosos de se tocar, quentes e abrasadores, e no presente os prazeres sensórios são dolorosos de se tocar, quentes e abrasadores. Mas aquelas pessoas que não estão livres da cobiça pelos prazeres sensórios, que são devoradas pelo desejo dos prazeres sensórios, que queimam com a febre dos desejos sensórios, as suas faculdades não estão funcionando, por isso, apesar dos prazeres sensórios serem, na verdade, dolorosos de se tocar, elas adquirem uma percepção errada deles como sendo prazerosos[139].

17 Imagine, Māgandiya, que houvesse um leproso com chagas e bolhas nos seus membros, sendo devorado por vermes, coçando a casca das suas feridas com as unhas, cauterizando o seu corpo junto a uma pilha de carvão em brasa. Quanto mais ele coça as feridas e cauteriza o seu corpo, pior fica o cheiro, mais fedorento, e mais infectado ficariam os ferimentos. Mesmo assim ele teria uma certa satisfação e prazer ao coçar as suas feridas. Do mesmo modo, Māgandiya, as pessoas que não estão livres da cobiça pelos prazeres sensórios, que são devoradas pelo desejo dos prazeres sensórios, que queimam com a febre dos desejos sensórios, ainda dão vazão aos seus desejos sensórios; quanto mais elas dão vazão aos seus desejos sensórios, mais eles desejam os prazeres sensórios e mais elas queimam por causa da febre dos prazeres sensórios; mesmo assim elas encontram um pouco de satisfação e prazer na dependência dos cinco laços de prazeres sensórios.'"

(Do MN 75: *Māgandiya Sutta*; I 504-508)

5 A VIDA É BREVE E FUGAZ

"Há muito tempo, monges, havia um mestre espiritual chamado Araka, que estava livre da cobiça sensória. Ele tinha centenas de discípulos, e esta era a doutrina que ele lhes ensinava:

'Breve é a vida humana, brâmanes, limitada e curta; ela é cheia de sofrimento, cheia de tribulações. Isto deve ser compreendido com sabedoria. Deve-se fazer o bem e viver uma vida pura; pois ninguém nascido pode escapar da morte.

Assim como uma gota de orvalho na ponta de uma folha de grama desaparece rapidamente com o nascer do sol, do mesmo modo, brâmanes, a vida humana é como uma gota de orvalho. Breve, limitada e curta; ela é cheia de sofrimento, cheia de tribulações. Isto deve ser compreendido com sabedoria. Deve-se fazer o bem e viver uma vida pura; pois ninguém nascido pode escapar da morte.

Assim como quando a chuva cai pesada do céu, em grandes pingos, uma bolha que aparece na superfície da água some rapidamente e dura pouco, do mesmo modo, brâmanes, a vida humana é como uma bolha d'água. Breve, limitada e curta; ela é cheia de sofrimento, cheia de tribulações. Isto deve ser compreendido com sabedoria. Deve-se fazer o bem e viver uma vida pura; pois ninguém nascido pode escapar da morte.

Assim como uma linha traçada na água com um bastão logo desaparece e pouco dura, do mesmo modo, brâmanes, a vida humana é como uma linha traçada na água. Breve, limitada e curta; ela é cheia de sofrimento, cheia de tribulações. Isto deve ser compreendido com sabedoria. Deve-se fazer o bem e viver uma vida pura; pois ninguém nascido pode escapar da morte.

Assim como um córrego de montanha, vindo de longe, fluindo rapidamente, carregando muito detrito, não para um só momento, um instante, um segundo, mas segue com força, correndo e fluindo adiante, do mesmo modo, brâmanes, a vida humana é como um córrego de montanha. Breve, limitada e curta; ela é cheia de sofrimento, cheia de tribulações. Isto deve ser compreendido com sabedoria. Deve-se fazer o bem e viver uma vida pura; pois ninguém nascido pode escapar da morte.

Assim como um homem forte pode formar uma bola de cuspe na sua boca e cuspi-la longe com facilidade, do mesmo modo, brâmane, a vida humana é como um pouco de cuspe. Breve, limitada e curta; ela é cheia de sofrimento, cheia de tribulações. Isto deve ser compreendido com sabedoria. Deve-se fazer o bem e viver uma vida pura; pois ninguém nascido pode escapar da morte.

Assim como um pedaço de carne jogado numa panela de ferro aquecida durante todo o dia irá queimar e desmanchar a carne rapidamente, do mesmo modo, brâmanes, a vida humana é como um pedaço de carne. Breve, limitada e curta; ela é cheia de sofrimento, cheia de tribulações. Isto deve ser compreendido com sabedoria. Deve-se fazer o bem e viver uma vida pura, pois ninguém nascido pode escapar da morte.

Assim como quando uma vaca é levada ao abatedouro, a cada passo ela fica mais perto de ser abatida, mais próxima da morte; do mesmo modo, brâmane, a vida humana é como a de gado destinado ao abate. Breve, limitada e curta; ela é cheia de sofrimento, cheia de tribulações. Isto deve ser compreendido com sabedoria. Deve-se fazer o bem e viver uma vida pura; pois ninguém nascido pode escapar da morte.

Mas naquele tempo, monges, a duração da vida humana era de sessenta mil anos, e aos quinhentos as meninas estavam prontas para o casamento. Naqueles dias, as pessoas possuíam apenas seis tipos de aflição: frio, calor, fome, sede, excremento e urina. Apesar de as pessoas viverem por tão longo tempo e terem tão poucas aflições, o Mestre Araka dava aos seus discípulos tal ensinamento: 'Breve é a vida humana, brâmanes, limitada e curta; ela é cheia de sofrimento, cheia de tribulações. Isto deve ser compreendido com sabedoria. Deve-se fazer o bem e viver uma vida pura; pois ninguém nascido pode escapar da morte'.

Porém, monges, hoje em dia, pode-se afirmar corretamente: 'Breve é a vida humana...'; pois hoje em dia quem vive muito vive, no máximo, cem anos ou pouco mais. E quando se vive por cem anos, é somente por trezentas estações: cem invernos, cem verões e cem chuvas. Quando se vive por trezentas estações, é somente por mil e duzentos meses: quatrocentos meses de inverno, quatrocentos de verão e quatrocentos de chuva. Quando se vive por mil e duzentos meses, é somente por duas mil e quatrocentas quinzenas: oitocentas quinzenas de inverno, oitocentas quinzenas de verão e oitocentas quinzenas de chuva.

E quando se vive por duas mil e quatrocentas quinzenas, é somente por trinta e seis mil dias: doze mil dias de inverno, doze mil dias de verão e doze mil dias de chuvas. E quando se vive trinta e seis mil dias, toma-se setenta e duas mil refeições: vinte e quatro mil no inverno, vinte e quatro mil no verão e vinte e quatro mil nas chuvas. E isso inclui tomar o leite da mãe e as épocas sem comida. Essas são as épocas sem comida: quando se está agitado, convalescendo ou doente; quando se está jejuando ou quando não se consegue nada para comer.

Desse modo, monges, fica descrita a vida de alguém centenário: o limite da duração da vida, o número de estações, anos, meses, quinzenas, dias e noites, suas refeições e tempos sem alimento.

O que quer que devesse ser feito por um mestre compassivo que, por compaixão, busca o bem-estar dos seus discípulos, isso eu fiz por vocês. Eis as raízes das árvores, monges; eis as cabanas vazias: meditem, monges, não sejam negligentes, para que depois vocês não se arrependam. Esta é a nossa instrução para vocês".

(AN 7: 70; IV 136-139)

6 Quatro resumos do Dhamma

26 "O Venerável Raṭṭapāla se dirigiu ao jardim do Rei Koravya Migācīra e se sentou ao pé de uma árvore para passar o dia.

27 Então, o Rei Koravya se dirigiu ao seu guarda de caça desse modo: 'Meu bom guarda de caça, limpe o jardim Migācīra para que nós possamos ir àquele jardim de delícias e desfrutar de um belo local'. 'Sim, senhor', ele respondeu. Bem, enquanto ele estava ajeitando o jardim Migācīra, o guarda de caça viu o Venerável Raṭṭapāla sentado ao pé de uma árvore para passar o dia. Após vê-lo, ele se dirigiu ao Rei Koravya e lhe disse: 'Senhor, o jardim Migācīra foi limpo. O jovem Raṭṭapāla, o filho do clã Thullakoṭṭhita, de quem o senhor falou tão bem, está lá; ele está sentado ao pé de uma árvore para passar o dia'.

'Então, meu bom guarda caça, nada de jardim das delícias por hoje. Devemos ir prestar homenagem ao mestre Raṭṭapāla.'

28 Então, dizendo: 'Doe toda a comida que foi preparada lá no jardim', o Rei Koravya mandou providenciar uma quantidade de carruagens e, subindo numa delas, acompanhado pelas outras carruagens, ele partiu de Thullakoṭṭhita com toda a pompa da realeza para ver o Venerável Raṭṭapāla. Ele dirigiu até onde era possível se ir de carruagem pela estrada, e então ele desmontou de sua carruagem e prosseguiu a pé, seguido dos seus funcionários mais importantes, até onde o Venerável Raṭṭapāla estava. Ele trocou saudações com o Venerável, e quando esta conversa cortês e amigável acabou, o rei permaneceu de pé ao lado dele, e disse: 'Aqui está um tapete de elefante. Que o Mestre Raṭṭhapāla se sente sobre ele'.

'Não é necessário, Grande Rei. Sente-se, por favor. Eu estou sentado no meu próprio tapete.' O Rei Koravya se sentou num assento preparado para ele e disse:

29 'Mestre Raṭṭapāla, existem quatro tipos de perda. Porque eles sofrem algum desses quatro tipos de perda, alguns raspam o cabelo e a barba, vestem o manto ocre e partem da vida em família para a vida sem lar. E quais são os quatro tipos? São as perdas devido à velhice, à doença, à perda da riqueza e à perda de parentes.

30 E o que é a perda devido à velhice? Neste caso, Mestre Raṭṭapāla, alguém envelhece, torna-se um idoso, cansado com os anos, de idade avançada, chega no estágio final da sua vida. Ele pensa assim: 'Estou velho, idoso, cansado com os anos, de idade avançada e no estágio final da minha vida. Já não é fácil obter riquezas novas

ou aumentar a riqueza que eu já adquiri. Que tal eu raspar meu cabelo e minha barba, vestir o manto ocre, e partir da vida em família para a vida sem lar'. Porque ele sofreu esta perda por causa da velhice, ele raspa o cabelo e a barba, veste o manto ocre e parte da vida em família para a vida sem lar. É isso que se chama perda devido à velhice. Porém, agora, Mestre Raṭṭhapāla ainda é novo, um jovem de cabelos negros dotado das bênçãos da juventude, na flor da idade. Mestre Raṭṭhapāla não sofreu nenhuma perda devido à idade. O que ele conheceu, viu ou ouviu que o levasse a abandonar a vida em família e abraçar a vida sem lar?

31 E o que é a perda devido à doença? Neste caso, Mestre Raṭṭhapāla, alguém está aflito e sofre, gravemente doente. Ele pensa da seguinte maneira: 'Eu estou aflito e sofro, gravemente doente. Já não é fácil obter riquezas novas ou aumentar a riqueza que eu já adquiri. Que tal eu raspar meu cabelo e minha barba, vestir o manto ocre, e partir da vida em família para a vida sem lar'. Porque ele sofreu uma perda devido à doença, ele raspa o cabelo e a barba, veste o manto ocre e parte da vida em família para a vida sem lar. É isso que se chama de perda devido à doença. Porém, Mestre Raṭṭhapāla agora se encontra livre de doença e aflição; ele está em boa forma, sua temperatura nem muito fria nem muito quente, mas mediana. Mestre Raṭṭhapāla não sofreu nenhuma perda devido à doença. O que ele conheceu, viu ou ouviu que o levasse a abandonar a vida em família e abraçar a vida sem lar?

32 E o que é a perda de riqueza? Neste caso, Mestre Raṭṭhapāla, alguém é rico, próspero, abastado. Gradualmente a sua riqueza se esvai. Ele pensa da seguinte maneira: 'Eu era rico, próspero, abastado. Gradualmente a minha riqueza se esvaiu. Já não é fácil obter riquezas novas ou aumentar a riqueza que eu já adquiri. Que tal eu raspar meu cabelo e minha barba, vestir o manto ocre, e partir da vida em família para a vida sem lar'. Porque ele sofreu perda de riqueza, ele raspa o cabelo e a barba, veste o manto ocre e parte da vida em família para a vida sem lar. É isso que se chama de perda de riqueza. Porém, Mestre Raṭṭhapāla é filho de um dos principais membros do clã Thullakoṭṭhita. Mestre Raṭṭhapāla não sofreu nenhuma perda de riqueza. O que ele conheceu, viu ou ouviu que o levasse a abandonar a vida em família e abraçar a vida sem lar?

33 E o que é a perda de parentes? Neste caso, Mestre Raṭṭhapāla, alguém possui muitos amigos e companheiros, colegas e parentes. Gradualmente, aqueles parentes e conhecidos começam a desaparecer. Ele pensa da seguinte maneira: 'Já não é fácil obter riquezas novas ou aumentar a riqueza que eu já adquiri. Que tal eu raspar meu cabelo e minha barba, vestir o manto ocre, e partir da vida em família para a vida sem lar'. Porque ele sofreu uma perda de parentes e conhecidos, ele raspa o cabelo e a barba, veste o manto ocre e parte da vida em família para a vida sem lar. É isso que se chama de perda de parentes. Porém, Mestre Raṭṭhapāla possui muitos amigos e conhecidos, colegas e parentes aqui em Thullakoṭṭhita. Mestre Raṭṭhapāla não sofreu nenhuma perda de parentes. O que ele conheceu, viu ou ouviu que o levasse a abandonar a vida em família e abraçar a vida sem lar?

34 Mestre Raṭṭhapāla, existem quatro tipos de perda. Porque eles sofrem algum desses quatro tipos de perda, alguns raspam o cabelo e a barba, vestem o manto ocre

e partem da vida em família para a vida sem lar. Mestre Raṭṭhapāla não sofreu nenhuma dessas perdas. O que ele conheceu, viu ou ouviu que o levasse a abandonar a vida em família e abraçar a vida sem lar?'

35 'Grande Rei, existem quatro resumos do Dhamma que foram ensinados pelo Abençoado, aquele que conhece e vê, o Arahant, o Perfeitamente Iluminado. Após tomar conhecimento, ver e ouvir os quatro resumos, eu parti da vida em família para a vida sem lar. Quais são os quatro resumos?

36 (i) '[A vida] em qualquer mundo é instável, é varrida': este é o primeiro resumo do Dhamma que foi ensinado pelo Abençoado, aquele que conhece e vê, o Arahant, o Perfeitamente Iluminado. Após tomar conhecimento, ver e ouvir os quatro resumos, eu parti da vida em família para a vida sem lar.

(ii) '[A vida] em qualquer mundo não possui nem abrigo nem protetor': este é o segundo resumo do Dhamma que foi ensinado pelo Abençoado, aquele que conhece e vê, o Arahant, o Perfeitamente Iluminado. Após tomar conhecimento, ver e ouvir os quatro resumos, eu parti da vida em família para a vida sem lar.

(iii) '[A vida] em qualquer mundo não nos dá nada: é preciso deixar tudo e seguir adiante': este é o terceiro resumo do Dhamma que foi ensinado pelo Abençoado, aquele que conhece e vê, o Arahant, o Perfeitamente Iluminado. Após tomar conhecimento, ver e ouvir os quatro resumos, eu parti da vida em família para a vida sem lar.

(iv) '[A vida] em qualquer mundo é incompleta, insatisfatória, ela é escrava do desejo': este é o quarto resumo do Dhamma que foi ensinado pelo Abençoado, aquele que conhece e vê, o Arahant, o Perfeitamente Iluminado. Após tomar conhecimento, ver e ouvir os quatro resumos, eu parti da vida em família para a vida sem lar.

37 'Grande Rei, esses são os quatro resumos do Dhamma que foram ensinados pelo Abençoado, aquele que conhece e vê, o Arahant, o Perfeitamente Iluminado. Após tomar conhecimento, ver e ouvir os quatro resumos, eu parti da vida em família para a vida sem lar.'

38 'Mestre Raṭṭhapāla, disse: '[A vida] em qualquer mundo não possui nem abrigo nem protetor'. Como se deve entender o sentido desta afirmação?'

'O que o senhor acha, Grande Rei? Quando o senhor tinha vinte ou vinte e cinco anos, o senhor montava em elefantes, cavalgava, era um exímio condutor de carruagens, exímio arqueiro e espadachim, forte de pernas e braços, resistente, capaz na guerra?'

'Com certeza, Mestre Raṭṭhapāla. Às vezes eu imagino se eu tinha poderes sobrenaturais naquele tempo. Não havia ninguém que pudesse ser comparado a mim em força.'

'O que o senhor acha, Grande Rei? O senhor agora é tão forte de pernas e braços, resistente e capaz na guerra?'

'Não, Mestre Raṭṭhapāla. Agora estou velho, um idoso, cansado pelos anos, de idade avançada; já cheguei no último estágio da vida, acabei de completar oitenta anos. Às vezes eu quero colocar o pé num lugar e ele vai para em outro lugar.'

'Grande Rei, foi por causa disso que o Abençoado, aquele que conhece e vê, o Arahant, o Perfeitamente Iluminado disse: '[A vida] em qualquer mundo é instável, é varrida', e quando eu tomei conhecimento, vi e ouvi isso, eu parti da vida em família para a vida sem lar'.

'Que maravilha! Mestre Raṭṭhapāla, é maravilhoso como isso foi bem explicado pelo Abençoado, aquele que conhece e vê, o Arahant, o Perfeitamente Iluminado: '[A vida] em qualquer mundo é instável, é varrida'. A vida é, de fato, assim!'

39 'Mestre Raṭṭhapāla, existem na corte tropas de elefantes e cavalaria, carruagens e infantaria, que resistirão a qualquer ameaça a nós'. Porém, Mestre Raṭṭhapāla afirmou: '[A vida] em qualquer mundo não possui nem abrigo nem protetor'. Como se deve entender o sentido desta afirmação?

'O que o senhor acha, Grande Rei? O senhor possui alguma doença crônica?'

"Sim, eu tenho um sério problema respiratório, Mestre Raṭṭhapāla. Às vezes meus amigos e companheiros, colegas e parentes ficam ao meu redor: 'Rei Koravya está morrendo! Rei Koravya está morrendo'!'

'O que o senhor acha, Grande Rei? O senhor pode ordenar aos seus amigos e companheiros, colegas e parentes: 'Venham, meus amigos e companheiros, colegas e parentes. Partilhem comigo esta sensação dolorosa que eu estou sentindo para que eu possa sentir menos dor?' Ou o senhor tem que sentir a dor sozinho?'

'Não, eu não posso ordenar isso aos meus amigos e companheiros, colegas e parentes, Mestre Raṭṭhapāla. Eu tenho que sentir a dor sozinho.'

"Grande Rei, foi exatamente por causa disso que o Abençoado, aquele que conhece e vê, o Arahant, o Perfeitamente Iluminado disse: '[A vida] em qualquer mundo não possui nem abrigo nem protetor'; e após tomar conhecimento, ver e ouvir isso, eu parti da vida em família para a vida sem lar.'

'Que maravilha! Mestre Raṭṭhapāla, é maravilhoso como isso foi bem explicado pelo Abençoado, aquele que conhece e vê, o Arahant, o Perfeitamente Iluminado: '[A vida] em qualquer mundo não possui nem abrigo nem protetor'. A vida é, de fato, assim!'

40 'Mestre Raṭṭhapāla, existe na corte uma enorme quantidade de moedas e ouro depositados nos cofres e no Tesouro. Porém, Mestre Raṭṭhapāla afirmou: '[A vida] em qualquer mundo não nos dá nada: é preciso deixar tudo e seguir adiante'. Como se deve entender o sentido desta afirmação?'

'O que o senhor acha, Grande Rei? O senhor agora possui e desfruta dos cinco laços de prazeres sensórios; mas o senhor pode ter certeza que continuará possuindo e desfrutando esses cinco laços de prazeres sensórios na próxima vida? Ou outras pessoas herdarão essas suas propriedades, enquanto o senhor terá coisas na próxima vida de acordo com as suas ações?'

'Eu não posso ter certeza do que acontecerá na próxima vida, Mestre Raṭṭhapāla; pelo contrário, outros herdarão as minhas propriedades e enquanto eu terei coisas na próxima vida de acordo com as minhas ações.'

'Grande Rei, foi exatamente por causa disso que o Abençoado, aquele que conhece e vê, o Arahant, o Perfeitamente Iluminado disse: '[A vida] em qualquer mundo não nos dá nada: é preciso deixar tudo e seguir adiante'; e após tomar conhecimento, ver e ouvir isso, eu parti da vida em família para a vida sem lar'.

'Que maravilha! Mestre Raṭṭhapāla, é maravilhoso como isso foi bem explicado pelo Abençoado, aquele que conhece e vê, o Arahant, o Perfeitamente Iluminado: '[A vida] em qualquer mundo não nos dá nada: é preciso deixar tudo e seguir adiante'. A vida é, de fato, assim!'

41 'Mestre Raṭṭhapāla também disse: '[A vida] em qualquer mundo é incompleta, insatisfatória, ela é escrava do desejo'. Como se deve entender o sentido desta afirmação?'

'O que o senhor acha, Grande Rei? O senhor reina sobre a rica terra dos Kuru?'

'Sim, Mestre Raṭṭhapāla, eu reino.'

'O que o senhor acha, Grande Rei?' Suponha que um homem confiável e veraz, chegando do Oriente, viesse ao senhor e lhe dissesse: 'Saiba, Grande Rei, que eu cheguei do Oriente, e lá eu vi um país grande, poderoso e rico, com a população bem distribuída e superpopuloso. Há muitos elefantes lá, muita cavalaria, carruagens e infantaria; muito marfim, moedas de ouro e minerais, já extraídos e também ainda nas minas, e muitas mulheres para serem desposadas. Com as suas forças atuais, o senhor pode conquistar aquele país. Conquiste-o, Grande Rei!' 'O que o senhor faria?'

'Nós o conquistaríamos e o governaríamos, Mestre Raṭṭhapāla.'

'O que o senhor acha, Grande Rei?' Suponha que um homem confiável e voraz, chegando do Ocidente... do Norte... do Sul... de além-mar, viesse ao senhor e lhe dissesse: 'Saiba, Grande Rei, que eu cheguei do Ocidente, e lá eu vi um país grande, poderoso e rico, com a população bem distribuída e superpopulosa. Há muitos elefantes lá, muita cavalaria, carruagens e infantaria; muito marfim, moedas de ouro e minerais, já extraídos e também ainda nas minas, e muitas mulheres para serem desposadas. Com as suas forças atuais, o senhor pode conquistar aquele país. Conquiste-o, Grande Rei!' 'O que o senhor faria?'

'Nós também os conquistaríamos e os governaríamos, Mestre Raṭṭhapāla.'

'Grande Rei, foi exatamente por causa disso que o Abençoado, aquele que conhece e vê, o Arahant, o Perfeitamente Iluminado disse: '[A vida] em qualquer mundo é incompleta, insatisfatória, ela é escrava do desejo'; e após tomar conhecimento, ver e ouvir isso, eu parti da vida em família para a vida sem lar'.

'Que maravilha! Mestre Raṭṭhapāla, é maravilhoso como isso foi bem explicado pelo Abençoado, aquele que conhece e vê, o Arahant, o Perfeitamente Iluminado: '[A vida] em qualquer mundo é incompleta, insatisfatória, ela é escrava do desejo'. 'A vida é, de fato, assim!'''

(Do MN 82: *Raṭṭhapāla Sutta*; II 65-82)

(1) Miscelânia sobre a perspectiva errada

"Monges, eu não consigo ver nenhuma outra coisa que faça com que as qualidades prejudiciais da mente ainda não manifestadas se manifestem, e com que as qualidades prejudiciais da mente já manifestadas aumentem e se expandam tanto quanto as visões de mundo erradas[140]. Para alguém que tenha uma visão de mundo errada, as qualidades prejudiciais da mente ainda não manifestadas se manifestam, e as qualidades prejudiciais da mente já manifestadas aumentam e se expandem.

Monges, eu não consigo ver nenhuma outra coisa que faça com que as qualidades prejudiciais da mente ainda não manifestadas não se manifestem, e com que as qualidades prejudiciais da mente já manifestadas diminuam tanto quanto as visões de mundo erradas. Para alguém que não tenha uma visão de mundo errada, as qualidades prejudiciais da mente ainda não manifestadas não se manifestam, e as qualidades prejudiciais da mente já manifestadas diminuem.

Monges, eu não consigo ver nenhuma outra coisa que, com a dissolução do corpo, após a morte, faça com que os seres renasçam num estado de miséria, num mal destino, num mundo inferior, num inferno, tanto quanto a visão de mundo errada. Por causa dela, com a dissolução do corpo, após a morte, os seres renascem num estado de miséria, num mal destino, num mundo inferior, num inferno.

Monges, para uma pessoa que possua uma visão de mundo errada, seja qual for a conduta corporal, mental ou verbal que ela assuma, de acordo com aquela visão errada, e seja qual for a aspiração, a vontade, o desejo e as formações volitivas que ela entretenha de acordo com aquela visão errada, tudo aquilo conduz ao indesejável, ao desagradável, ao mal e ao sofrimento. Por qual motivo? Porque a visão é equivocada. Assim como quando se planta uma semente de neem, de pepino amargo ou de uma cabaça azeda num solo úmido, elas transformam qualquer nutriente que retiram do solo e da água numa fruta com um sabor amargo, azedo e desagradável, assim se dá com uma pessoa de visão errada. Por qual motivo? Porque a visão é equivocada."

(AN 1: xvii, 1, 3, 7, 9; I 30-32)

(2) Os homens cegos e o elefante

"Numa ocasião o Abençoado estava vivendo em Sāvatthī, no jardim do Príncipe Jeta, no parque Anāthapiṇḍika. Bem, naquela época um grupo de ascetas, brâmanes e buscadores de outras tradições estavam vivendo ao redor de Sāvatthī. Eles possuíam diferentes visões de mundo, crenças e opiniões, e propagavam ideias distintas. E eles eram brigões; discutiam, disputavam, argumentavam, ferindo um ao outro com dardos verbais, dizendo: 'O Dhamma é assim, o Dhamma é assado! O Dhamma é isso, o Dhamma é aquilo!'

Então, um grupo de monges entrou em Sāvatthī para a ronda de esmolas. Após retornarem, depois da refeição, eles se aproximaram do Abençoado, o saudaram, sentaram-se próximos a ele e lhe contaram o que haviam visto.

[O Abençoado disse]:

'Monges, os ascetas das outras tradições são cegos e não possuem visão. Eles não sabem o que é benéfico ou prejudicial. Eles não sabem o que é o Dhamma e o que não é o Dhamma, e por isso brigam e discutem.

Antigamente, monges, havia um rei em Sāvatthī que pediu a um homem para que ele reunisse todas as pessoas na cidade que fossem cegas de nascença. Quando o homem conseguiu reuni-las, o rei pediu para que o homem mostrasse um elefante aos cegos. Para alguns dos cegos, o homem aproximou a cabeça do elefante, para outros, a orelha, para outros a presa, a tromba, uma perna, a anca, a cauda e o tufo de pelo no final da cauda. E para cada um deles, o homem disse: 'Isso é um elefante'.

Quando ele contou ao rei o que havia feito, o rei se dirigiu aos cegos e perguntou-lhes: 'Diga-me, cego, como é um elefante?'

Para aqueles que foram apresentados à cabeça do elefante, eles disseram: 'Um elefante, Vossa Majestade, é simplesmente como um cântaro de água'. Aqueles que foram apresentados às orelhas responderam: 'Um elefante é simplesmente como um cesto trançado'. Aqueles que tocaram as presas, disseram: 'Um elefante é como um arado'. Os que tocaram na tromba responderam: 'Um elefante é como um poste'. Os que encostaram no tronco disseram: 'Um elefante é como um depósito'. E cada um dos outros descreveu o elefante de acordo com a parte dele que lhes havia sido apresentada.

Então, dizendo: 'O elefante é assim, o elefante é assado!' O elefante é isso, o elefante é aquilo', eles acabaram brigando entre si. E o rei se deleitou. Do mesmo modo, monges, os ascetas das outras tradições são cegos e sem visão, e por isso se tornam brigões: discutindo, disputando, argumentando, ferindo uns aos outros com dados verbais."

(Ud 6: 4; 67-69)

3) *Reféns de dois tipos de visão de mundo*

"Monges, reféns de dois tipos de visão de mundo, alguns devas e seres humanos não alcançam e outros exageram. Só aqueles com a visão, veem.

E como, monges, alguns não alcançam? Devas e seres humanos deleitam-se na existência, deleitam-se com a existência, regozijam-se na existência. Quando se ensina a eles o Dhamma da cessação da existência, as suas mentes não penetram o seu significado, não adquirem confiança nele, não se estabelecem nele, ou não se comprometem com ele. Desse modo, monges, alguns não alcançam.

E como, monges, alguns exageram? Neste caso, alguns, aflitos, envergonhados e enojados com esta mesma existência e se regozijando na não existência, afirmam:

'Na medida em que este 'eu', senhores, é aniquilado e destruído com a dissolução do corpo e não existe depois da morte, isto é a paz, isto é excelente, é assim que deve ser!' Desse modo, monges, alguns exageram.

E como, monges, aqueles com a visão, veem? Tendo visto como as coisas de fato são, eles trilham o caminho do desencanto, do desapego, para a cessação do que veio a ser."

(It 49; 43-44)

8 Dos reinos divinos ao infernal

"Monges, há quatro tipos de pessoas existindo no mundo. Que quatro tipos?

Neste mundo, monges, vive uma pessoa que reveste um dos pontos cardeais com gentileza amorosa; da mesma forma um segundo ponto cardeal, um terceiro e ainda um quarto. Desse modo, acima, abaixo e em todas as direções e, aos outros como a si mesma, ela permanece revestindo o mundo inteiro de uma mente imbuída de gentileza amorosa, vasta, exaltada, imensurável, sem hostilidade, sem má vontade. Ela sente prazer nesta prática, passa a gostar dela e fica animado com ela. Se ela for firme nesta prática, resoluta, constante e não a abandonar até a morte, ela renascerá na companhia dos devas da companhia de Brahmā. A duração da vida daqueles devas é de uma era. Mas a pessoa mundana lá permanece por toda a sua vida, e quando ela completa a duração inteira da vida daqueles devas, ela vai para o inferno, para o reino animal e para a dimensão dos espíritos. Porém, o discípulo do Abençoado lá permanece por toda a sua vida e, quando ela completa a duração inteira daqueles devas, ele alcança o Nibbāna naquela mesma condição existencial. Esta é a diferença, a disparidade, a distinção entre o nobre discípulo e o ser mundano não instruído, isto é, a respeito do destino e do renascimento.

Neste mundo, monges, vive uma pessoa que reveste um dos pontos cardeais com compaixão; da mesma forma um segundo ponto cardeal, um terceiro e ainda um quarto. Desse modo, acima, abaixo e em todas as direções e, aos outros como a si mesma, ela permanece revestindo o mundo inteiro de uma mente imbuída de compaixão, vasta, exaltada, imensurável, sem hostilidade, sem má vontade. Ela sente prazer nesta prática, passa a gostar dela e fica animado com ela. Se ela for firme nesta prática, resoluta, constante e não a abandonar até a morte, ela renascerá na companhia dos devas do brilho contínuo. A duração da vida daqueles devas é de duas eras. Mas a pessoa mundana lá permanece por toda a sua vida, e quando ela completa a duração inteira da vida daqueles devas, ela vai para o inferno, para o reino animal e para a dimensão dos espíritos. Porém, o discípulo do Abençoado lá permanece por toda a sua vida e, quando ela completa a duração inteira daqueles devas, ele alcança o Nibbāna naquela mesma condição existencial. Esta é a diferença, a disparidade, a distinção entre o nobre discípulo e o ser mundano não instruído, isto é, a respeito do destino e do renascimento.

Neste mundo, monges, vive uma pessoa que reveste um dos pontos cardeais com alegria altruística, da mesma forma um segundo ponto cardeal, um terceiro e ainda um quarto. Desse modo, acima, abaixo e em todas as direções e, aos outros como a si mesma, ela permanece revestindo o mundo inteiro de uma mente imbuída de alegria altruística, vasta, exaltada, imensurável, sem hostilidade, sem má vontade. Ela sente prazer nesta prática, passa a gostar dela e fica animado com ela. Se ela for firme nesta prática, resoluta, constante e não a abandonar até a morte, ela renascerá na companhia dos devas da glória refulgente. A duração da vida daqueles devas é de quatro eras. Mas a pessoa mundana lá permanece por toda a sua vida, e quando ela completa a duração inteira da vida daqueles devas, ela vai para o inferno, para o reino animal e para a dimensão dos espíritos. Porém, o discípulo do Abençoado lá permanece por toda a sua vida e, quando ela completa a duração inteira daqueles devas, ele alcança o Nibbāna naquela mesma condição existencial. Esta é a diferença, a disparidade, a distinção entre o nobre discípulo e o ser mundano não instruído, isto é, a respeito do destino e do renascimento.

Neste mundo, monges, vive uma pessoa que reveste um dos pontos cardeais com equanimidade; da mesma forma um segundo ponto cardeal, um terceiro e ainda um quarto. Desse modo, acima, abaixo e em todas as direções e, aos outros como a si mesma, ela permanece revestindo o mundo inteiro de uma mente imbuída de equanimidade, vasta, exaltada, imensurável, sem hostilidade, sem má vontade. Ela sente prazer nesta prática, passa a gostar dela e fica animado com ela. Se ela for firme nesta prática, resoluta, constante e não a abandonar até a morte, ela renascerá na companhia dos devas dos grandes resultados. A duração da vida daqueles devas é de quinhentas eras. Mas a pessoa mundana lá permanece por toda a sua vida, e quando ela completa a duração inteira da vida daqueles devas, ela vai para o inferno, para o reino animal e para a dimensão dos espíritos. Porém, o discípulo do Abençoado lá permanece por toda a sua vida e, quando ela completa a duração inteira daqueles devas, ele alcança o Nibbāna naquela mesma condição existencial. Esta é a diferença, a disparidade, a distinção entre o nobre discípulo e o ser mundano não instruído, isto é, a respeito do destino e do renascimento.

Essas, monges, são os quatro tipos de pessoas que existem no mundo."

(AN 4: 125; II 128-129)

9 Os perigos do Saṁsāra

(1) O rio de lágrimas

"Monges, este saṃsāra não possui um início que possa ser apontado. Não é possível observar o primeiro momento dos seres vagando e perambulando confusos pela ignorância e escravos do desejo. O que vocês acham, monges, o que é maior: o rio de lágrimas que vocês derramaram enquanto vocês vagavam e perambulavam através desse longo caminho, chorando e gemendo por estarem unidos com aquilo que é desagradável e separados daquilo que é agradável – isto ou a água dos quatro grandes oceanos?

Do modo como entendemos o Dhamma ensinado pelo Abençoado, Venerável, o rio de lágrimas que derramamos enquanto vagávamos e perambulávamos através desse longo caminho, chorando e gemendo por estarmos unidos com aquilo que é desagradável e separados daquilo que é agradável – isto é muito maior do que a quantidade de água nos quatro grandes oceanos.

'Bom, monges, muito bom!' É bom que vocês entendam o Dhamma que eu ensinei desta maneira. O rio de lágrimas que vocês derramaram enquanto vocês vagavam e perambulavam através desse longo caminho, chorando e gemendo por estarem unidos com aquilo que é desagradável e separados daquilo que é agradável – isto é muito maior do que a quantidade de água nos quatro grandes oceanos. Por um longo tempo, monges, vocês experimentaram a dor da morte de uma mãe; assim como vocês experimentaram isto, o rio de lágrimas que vocês derramaram enquanto vocês vagavam e perambulavam através desse longo caminho, chorando e gemendo por estarem unidos com aquilo que é desagradável e separados daquilo que é agradável é maior do que a quantidade de água dos quatro oceanos.

Por muito tempo, monges, vocês experimentaram a dor da morte de um pai... de um irmão... de uma irmã... de um filho... de uma filha... a perda de parentes... a perda de riquezas... a perda através das doenças; assim como vocês experimentaram isto, o rio de lágrimas que vocês derramaram enquanto vocês vagavam e perambulavam através desse longo caminho, chorando e gemendo por estarem unidos com aquilo que é desagradável e separados daquilo que é agradável é maior do que a quantidade de água dos quatro oceanos. Por qual motivo? Porque não é possível observar o primeiro momento dos seres vagando e perambulando confusos pela ignorância e escravos do desejo no saṃsāra. Isso é o suficiente para que se experimente repulsa em relação a todas as formações, isto é suficiente para se desapaixonar delas, é o suficiente para se libertar delas."

(SN 15: 3; II 179-180)

(2) O rio de sangue

"Enquanto o Abençoado estava vivendo em Rājagaha, no Bosque de Bambus, trinta monges de Pāvā se aproximaram dele – todos eles moradores das matas, mendicantes, renunciantes, alguns vestidos em farrapos, outros bem-vestidos, porém, todos ainda apegados[141]. Após se aproximarem, eles saudaram o Abençoado e se sentaram ao lado. Então ocorreu ao Abençoado: 'Esses trinta monges de Pāvā, todos eles moradores das matas, mendicantes, renunciantes, alguns vestidos em farrapos, outros bem-vestidos, contudo, estão todos ainda apegados. Eu vou lhes ensinar o Dhamma de tal maneira que as mentes deles sejam libertadas das máculas, através do desapego, antes mesmo que eles se levantem dos seus assentos'[142].

Então o Abençoado se dirigiu aos monges da seguinte maneira: 'Monges!'

'Venerável!' Eles responderam. O Abençoado disse o seguinte:

'Monges, este saṃsāra não possui um início que possa ser apontado. Não é possível observar o primeiro momento dos seres vagando e perambulando confusos pela ignorância e escravos do desejo. O que vocês acham, monges, o que é maior: o rio de sangue que vocês derramaram quando foram decapitados enquanto vagavam e perambulavam através desse longo caminho – isto ou a água dos quatro grandes oceanos?'

'Do modo como entendemos o Dhamma ensinado pelo Abençoado, Venerável, o rio de sangue que derramamos ao sermos decapitados enquanto vagávamos e perambulávamos através desse longo caminho – isto é muito maior do que a quantidade de água nos quatro grandes oceanos.'

'Bom, monges, muito bom!' É bom que vocês entendam o Dhamma que eu ensinei desta maneira. O rio de sangue que vocês derramaram enquanto vocês vagavam e perambulavam através desse longo caminho – isto é muito maior do que a quantidade de água nos quatro grandes oceanos. Por um longo tempo, monges, vocês foram vacas, e quando vocês eram vacas, vocês foram decapitados. O rio de sangue que vocês derramaram é maior do que a quantidade de água dos quatro grandes oceanos. Por um longo tempo vocês foram búfalos, ovelhas, bodes, veados, galinhas e porcos... o rio de sangue que vocês derramaram é maior do que a quantidade de água dos quatro grandes oceanos. Por um longo tempo vocês foram presos como ladrões, salteadores, adúlteros, e quando vocês foram decapitados, o rio de sangue que vocês derramaram é maior do que a quantidade de água dos quatro grandes oceanos. Por qual motivo? Porque não é possível observar o primeiro momento dos seres vagando e perambulando confusos pela ignorância e escravos do desejo. Por muito, muito tempo, monges, vocês experimentaram sofrimento, angústia e desastre, e encheram os cemitérios. Isso é o suficiente para que se experimente repulsa em relação a todas as formações, isto é suficiente para se desapaixonar delas, é o suficiente para se libertar delas.'

Foi isso que o Abençoado disse. Alegres, aqueles monges se deleitaram com as palavras do Abençoado. E enquanto essas palavras eram ditas, as mentes dos trinta monges de Pāvā foram libertadas através do não apego."

(SN 15: 13; II 187-189)

VII
O CAMINHO PARA A LIBERTAÇÃO

Introdução

Neste capítulo, nós alcançamos a característica particular que distingue o ensinamento do Buda: o seu caminho "supramundano" ou "que transcende o mundo" (*lokuttara*) para a libertação. Este caminho se materializa através do entendimento transformado e da perspectiva aprofundada que surgem do reconhecimento dos perigos nos prazeres sensórios, na inevitabilidade da morte e na natureza sórdida do saṃsāra, temas que investigamos no último capítulo. Este caminho objetiva conduzir o praticante ao estado de libertação que se encontra além das dimensões condicionadas da existência, busca conduzir à mesma bênção inquebrantável e sem tristezas do Nibbāna que o próprio Buda atingiu na noite da sua iluminação.

Este capítulo apresenta textos que oferecem uma visão panorâmica ampla do caminho do Buda que transcende o mundo; os dois próximos capítulos reunirão textos que focalizarão de modo mais minucioso no treinamento da mente e no cultivo da sabedoria, as duas principais vertentes do caminho que transcende o mundo. Eu começo, contudo, com vários suttas que pretendem clarificar o *propósito* do caminho, o iluminando de diferentes ângulos. **O Texto VII, 1(1)**, 'O Breve discurso a Māluṅkyaputta' (MN 63), mostra que o caminho Budista não foi formulado para oferecer respostas teóricas aos problemas filosóficos. Neste sutta o monge Māluṅkyaputta se aproxima do Buda e exige respostas para dez questões especulativas, ameaçando deixar a Saṅgha se sua exigência não for satisfeita. Os acadêmicos têm debatido se o Buda se recusou a responder estas perguntas porque elas seriam, em princípio, irrespondíveis, ou simplesmente porque elas são irrelevantes em relação à solução prática do problema do sofrimento. Duas coleções no Saṃyutta Nikāya – SN 33: 1-10 e SN 44: 7-8 – tornam claro que o "silêncio" do Buda possui uma base mais profunda do que preocupações pragmáticas. Esses suttas mostram que todas as perguntas dessa natureza são baseadas na crença subjacente de que a existência deve ser interpretada em termos de um "eu/self" e um mundo no qual o "eu/self" está localizado. Já que essas premissas são inválidas, nenhuma resposta oferecida nesses termos de referência pode ser válida e, por isso mesmo, o Buda deve rejeitar as próprias perguntas.

Entretanto, apesar de o Buda possuir bases filosóficas para se recusar a responder essas questões, ele também as rejeitava porque ele considerava a obsessão com as suas soluções irrelevantes na busca pela libertação do sofrimento. Esta razão é o ponto principal do discurso a Māluṅkyaputta, com a sua imagem bem conhecida do homem atingido por uma flecha envenenada. Sendo verdadeiras quaisquer daquelas visões de mundo ou não, o Buda afirma: "dá-se nascimento, dá-se velhice, dá-se morte; dor, tristeza, desespero e lamentações ocorrem, e é isso cuja destruição eu estou prescrevendo aqui e agora". Contra o pano de fundo do saṃsāra delineado no final do capítulo anterior, esta afirmação agora assume um significado mais amplo: "a destruição do nascimento, da velhice e da morte" não significa simplesmente o fim do sofrimento numa única vida, mas o final do sofrimento imensurável de repetidos nascimentos, envelhecimentos e mortes aos quais estamos submetidos nas incontáveis eras do saṃsāra.

O **Texto VII, 1(2)**, o "Grande discurso sobre a imagem do cerne da madeira" (MN 29), clarifica de um ângulo diferente o propósito do Buda ao expor o seu Dhamma que transcende o mundo. O sutta é sobre um "jovem" que abandonou a vida de chefe de família pela vida sem lar, animado com a possibilidade de se atingir o fim do sofrimento. Apesar de sua dedicação àquele propósito na época da sua ordenação, uma vez alcançado um objetivo inferior, como riqueza ou fama, ou um superior como concentração e intuição, ele se torna complacente e negligencia o seu propósito original ao entrar no caminho do Buda. O Buda declara que nenhum desses estágios ao longo do caminho – nem a disciplina moral, nem a concentração, nem mesmo o conhecimento e a visão – é o objetivo final da vida espiritual. O objetivo, o seu "cerne" ou propósito essencial, é a "inabalável libertação da mente", e ele exorta aqueles que entraram no caminho para não se satisfazerem com nada menos do que isso.

O **Texto VII, 1(3)**, é uma seleção de suttas dos "Discursos interligados acerca do caminho" *(Maggasaṃyutta)*. Esses suttas afirmam que o propósito de se praticar a vida espiritual sob a direção do Buda não é o "enfraquecimento do desejo, mas... o Nibbāna final, sem apego", o Nobre Caminho Óctuplo sendo o caminho para se atingir todos esses fins.

O Nobre Caminho Óctuplo é a formulação clássica do caminho para a libertação, como já fica claro no primeiro sermão do Buda, no qual ele chama o Caminho Óctuplo como sendo o caminho para a cessação do sofrimento. O **Texto VII, 2**, oferece definições formais dos fatores individuais do Caminho, mas não mostra de forma concreta como a sua prática deve ser integrada na vida do discípulo. A aplicação detalhada será formulada mais tarde nesse capítulo e nos capítulos VIII e IX.

O **Texto VII, 3**, joga um foco de luz diferente no caminho que estamos acostumados a ouvir na retórica Budista costumeira. Apesar de nos dizerem com frequência que a prática do caminho Budista depende inteiramente do esforço pessoal, este sutta enfatiza a importância da amizade espiritual. O Buda declara que a amizade espiritual não é simplesmente "metade da vida espiritual", mas a sua forma completa, pois o esforço para se atingir a perfeição espiritual não é simplesmente um empreendimento solitário, mas ocorre na dependência de laços pessoais estreitos. A amizade espiritual empresta à prática do Dhamma uma dimensão inescapavelmente humana e solda o conjunto de praticantes budistas numa comunidade unida, quer na sua relação vertical entre mestres e discípulos, como também na sua dimensão horizontal, com a amizade entre companheiros que trilham e partilham o mesmo caminho.

Contrária à percepção comum, os fatores do Caminho Óctuplo não são passos ou degraus para serem praticados em sequência, um após o outro. Eles podem ser descritos de forma mais apropriada mais como componentes do que como passos. De forma ótima, todos os passos deveriam ser praticados simultaneamente, cada um deles fazendo a sua contribuição distinta, como oito cordões entrelaçados que dão ao cabo uma resistência máxima. Porém, até que se alcance esse estágio, é inevitável que os fatores exibam algum grau de sequência no seu desenvolvimento. Esses oito fatores são geralmente distribuídos em três grupos, da seguinte maneira:

1) O grupo da disciplina moral (*sīlakkhandha*), composto de fala correta, ação correta e vida correta.

2) O grupo da concentração (*samādhikkhandha*), composto de esforço correto, atenção correta e concentração correta.

3) O grupo da sabedoria (*paññākkhandha*), composto de visão correta e intenção correta.

Dentro dos Nikāyas, porém, essa correlação ocorre somente uma vez (no MN 44; I 301), onde ela é atribuída à Monja Dhammadinnā, e não ao próprio Buda. Poderia se dizer que os dois fatores da sabedoria são colocados no início porque uma visão correta preliminar e a intenção correta são exigidas no começo do caminho, a visão correta provendo a compreensão conceitual dos princípios budistas que guiam o desenvolvimento dos outros fatores do caminho, a intenção correta sendo a motivação apropriada na direção do desenvolvimento do caminho.

Nos Nikāyas, o Buda frequentemente expõe a prática do caminho como um treinamento gradual (*anupubbasikkhā*) que se desdobra em estágios do primeiro passo ao objetivo final. Este treinamento gradual é uma subdivisão mais precisa da divisão tríplice do caminho em disciplina moral, concentração e sabedoria. Invariavelmente, nos suttas, a exposição do treinamento gradual começa com a adoção da vida ascética sem lar e a adoção do estilo de vida de um *bhikkhu*, um monge budista. Isto imediatamente chama à atenção para a importância da vida monástica na visão pragmática do Buda. A princípio, toda a prática Budista do Nobre Caminho Óctuplo está aberta às pessoas de quaisquer dimensões da vida, monástica ou leiga, e o Buda confirma que muitos dentre os seus seguidores leigos haviam realizado o Dhamma e haviam atingido os três primeiros estágios do despertar, até o estágio daquele "que não retorna"; comentadores Theravādas dizem que os seguidores leigos também podem atingir o quarto estado, o de Arahant, mas eles o atingem ou às vésperas da morte ou depois da realização imediata após renunciarem ao mundo. Contudo, permanece o fato de que a vida em família inevitavelmente gera um monte de preocupações mundanas e apegos pessoais que impedem a dedicação exclusiva na busca pela libertação. Portanto, quando o Busca partiu na sua nobre busca, ele assim o fez ao abraçar a vida sem lar, e após a sua iluminação, como uma forma prática de ajudar aos outros, ele estabeleceu a Saṅgha, a ordem de monges e monjas para aqueles que quisessem se dedicar totalmente ao Dhamma, sem se preocupar com os cuidados da vida em família.

O treinamento gradual ocorre em duas versões: uma versão longa no Dīgha Nikāya e uma versão mediana no Majjhima Nikāya. As principais diferenças são: (1) a versão mais longa possui um tratamento mais detalhado das observâncias que dizem respeito à etiqueta monástica e ao autocontrole ascético; (2) a versão mais longa inclui oito tipos de conhecimento superior enquanto que a versão mediana possui três tipos. Porém, como esses três tipos são aqueles mencionados no próprio relato do Buda do seu despertar (cf. **Texto II, 3(2)**), eles são, de longe, os mais importantes. O principal paradigma para a versão mais longa do treinamento gradual é encontrado no DN 2; a versão mediana se encontra no MN 27 e 51, com variantes no MN 38, MN 39, MN 53, MN 107 e MN 125. Aqui, o **Texto VII, 4**, inclui integralmente o MN 27, que fundamenta o treinamento a partir da imagem da pegada do elefante, que dá o seu nome ao sutta. O **Texto VII, 5**, um excerto do MN 39, repete os estágios superiores do treinamento como descritos no MN 27, mas inclui as impressionantes comparações não incluídas naquela versão.

A sequência se inicia com o surgimento do Tathāgata no mundo e a sua exposição do Dhamma. Ao ouvir isto, o discípulo adquire fé e segue o Mestre na vida sem lar. Ele então se submete às regras de disciplina que promovem a purificação da conduta e a vida correta de um asceta. Os próximos três passos – contentamento, controle das faculdades sensórias e atenção e compreensão claras – internalizam o processo de purificação e, desse modo, conectam a transição da disciplina moral para a concentração.

A seção referente ao abandono dos cinco obstáculos trabalha o treinamento preliminar da concentração. Os cinco obstáculos – desejo sensório, má vontade, lentidão mental e sonolência, inquietação e remorso – são os principais obstáculos ao desenvolvimento meditativo, e por isso devem ser removidos para que a mente se torne centrada e unificada. O texto tradicional sobre o treinamento gradual trata da superação dos obstáculos de forma esquemática somente, mas outros textos no Nikāya fornecem mais instruções práticas, enquanto que os comentários em Pāli oferecem ainda mais detalhe. As imagens na versão do MN 39 – cf. **Texto VII, 5** – ilustram a alegre sensação de liberdade que se consegue ao se superar aqueles obstáculos.

O próximo estágio na sequência descreve o alcançar dos *jhānas*, estados de concentração profunda nas quais a mente se torna completamente focada no seu objeto. O Buda enumera quatro jhānas, batizados de acordo com a sua posição na série, cada um mais elevado e refinado do que o anterior. Os jhānas são sempre descritos pelas mesmas fórmulas, as quais, em vários suttas, são aumentadas por imagens de grande beleza; mais uma vez, cf. **Texto VII, 5**. Apesar de a sabedoria ser o fator crítico no alcançar da iluminação, e não a concentração, o Buda invariavelmente inclui os jhānas no treinamento gradual por pelo menos duas razões: a primeira, porque eles contribuem para o aperfeiçoamento intrínseco do caminho; e a segunda, porque a concentração profunda à qual eles induzem serve como base para o surgimento da intuição. O Buda chama os jhānas de "os passos do Tathāgata" (MN 27. 19-22) e os apresenta como os precursores da bem-aventurança do Nibbāna que se encontra ao final do treinamento.

Do quarto jhāna, três linhas possíveis de desenvolvimento se tornam possíveis. Numa quantidade de textos fora das passagens tradicionais sobre o treinamento gradual o Buda menciona quatro estados meditativos que dão prosseguimento à unificação mental estabelecida pelos jhānas. Esses estados, descritos como "as libertações que são pacíficas e sem forma", são refinamentos mais aprofundados da concentração. Distintos dos jhānas pela sua transcendência das imagens mentais sutis que servem como objeto de meditação nos jhānas, eles são chamados de: a base da infinitude do espaço, a base da infinitude da consciência, a base da nulidade e a base da nem-percepção-nem-não-percepção.

A segunda linha de desenvolvimento é a aquisição de conhecimento sobrenatural. O Buda frequentemente se refere a um conjunto de seis tipos, que veio a ser chamado de "os seis tipos de conhecimento direto" (*chaḷabhiññā*). Os últimos desses, o conhecimento da destruição das máculas, é "supra mundano" ou transcendente ao mundo e, dessa forma, marca o ápice da terceira linha de desenvolvimento. Porém, os outros cinco são todos mundanos, produtos de uma concentração mental extraordinariamente poderosa, alcançada no quarto jhāna: os poderes sobrenaturais, o ouvido divino, a habilidade de ler a mente dos outros, a lembrança das vidas passadas e o conhecimento da passagem e do renascimento dos seres (cf. **Texto VIII, 4**).

Os jhānas e as experiências do "sem forma" por si só não anunciam a iluminação e a libertação. Apesar de sublimes e pacíficos, eles conseguem simplesmente neutralizar as impurezas que sustentam a ronda de renascimentos, mas não conseguem erradicá-las. Para se desenraizar as impurezas no seu nível mais fundamental e, a partir daí, alcançar a iluminação e a libertação, o processo meditativo deve ser direcionado à terceira linha de desenvolvimento. Essa seria a contemplação das "coisas como elas de fato são", que resulta em intuições cada vez mais profundas acerca da natureza da existência e culmina no estágio final, o atingir do estado de Arahant.

Esta linha de desenvolvimento é a que o Buda persegue naquela passagem sobre o treinamento gradual. Ele a introduz com a descrição de dois dos conhecimentos diretos: a recordação das vidas passadas e a passagem e o renascimento dos seres. Juntos, os três figuraram de forma proeminente na própria iluminação do Buda – como vimos no **Texto II, 3(2)** – e são coletivamente chamados de "os três conhecimentos verdadeiros" (*tevijjā*). Apesar de os dois primeiros não serem essenciais para se alcançar o estado de Arahant, o Buda provavelmente os inclui aqui porque eles revelam as dimensões profundas e realmente vastas do sofrimento no saṃsāra, desta maneira preparando a mente para a compreensão completa das Quatro Nobres Verdades, através das quais aquele sofrimento é diagnosticado e superado.

A passagem sobre o treinamento gradual não mostra de forma explícita o processo de contemplação pelo qual o meditador desenvolve a intuição. Todo o processo é simplesmente implícito pela menção do resultado final, chamado de "o conhecimento da destruição das máculas" (*āsavakkhayañāṇa*). As *āsavas*, "máculas", são uma classificação das impurezas, consideradas no seu papel de fomentadoras do movimento adiante do processo de nascimento e morte. Os comentários derivam a palavra da raiz *su*, que significa "fluir". Os acadêmicos discordam quanto ao fluxo implícito pelo prefixo *ā*, se ele representaria a direção interna ou externa do movimento. Daí alguns a terem traduzido por "influxos" ou "influências", outros por "refluxos" ou "efluentes". Uma passagem tradicional nos suttas indica que o significado real do termo, independente da etimologia, seria o de *āsavas* como estados que "maculam, trazem renovação da existência, criam problemas, amadurecem no sofrimento e conduzem ao nascimento, velhice e morte futuros" (MN 36.47; I 250). Por isso, outros tradutores, evitando o sentido literal, os traduzem como "cancros", "corrupções" ou "máculas". As três impurezas mencionadas nos Nikāyas são, respectivamente, sinônimos do desejo de prazeres sensórios, do desejo pela existência, e da ignorância. Quando a mente do discípulo é libertada das impurezas ao se completar o caminho para o estado de Arahant, ele contempla a sua recém-adquirida liberdade e ruge o seu rugido de leão: "o nascimento está destruído, a vida espiritual foi vivida, o que tinha de ser feito foi feito; não há mais retorno, não há mais como retornar a qualquer estado do ser".

VII
O CAMINHO PARA A LIBERTAÇÃO

1 POR QUE SE ENTRA NO CAMINHO?

(1) A flecha do nascimento, do envelhecimento e da morte

1 "Assim eu ouvi. Numa ocasião o Abençoado estava vivendo em Sāvatthī, no jardim do Príncipe Jeta, no Parque Anāthapiṇḍika.

2 Então, enquanto o Venerável Māluṅkyaputta meditava solitariamente, o seguinte pensamento cruzou a sua mente:

'Essas visões especulativas foram deixadas em aberto pelo Abençoado, postas de lado e rejeitadas, nomeadamente: 'o mundo é eterno' e 'o mundo não é eterno'; 'o mundo é finito' e 'o mundo não é finito'; 'a alma é o mesmo que o corpo' e 'a alma é uma coisa e o corpo é outra'; 'após a morte o Tathāgatha existe', 'após a morte o Tathāgata não existe', 'após a morte o Tathāgatha existe e não existe' e 'após a morte o Tathāgata nem existe e nem não existe'[143]. O Abençoado não responde a nenhuma delas como sendo verdadeira para mim, e eu não aprovo nem aceito este fato; então, eu irei ao Abençoado e lhe perguntarei o porquê de ele não afirmar nenhuma dessas visões. Se ele afirmar uma delas, 'o mundo é eterno', 'depois da morte o Tathāgata nem existe nem não existe', então eu o seguirei na vida espiritual; se ele não declarar nenhuma delas para mim, então eu abandonarei o treinamento e retornarei à vida mundana.'

3 Então, quando a noite caiu, o Venerável Māluṅkyaputta levantou-se da meditação e se dirigiu ao Abençoado. Após lhe saudar, ele sentou-se ao lado e lhe disse:

'Venerável, enquanto eu meditava sozinho, o seguinte pensamento cruzou a minha mente: 'As seguintes visões especulativas foram deixadas em aberto pelo Abençoado, postas de lado e rejeitadas, nomeadamente: 'O mundo é eterno' e 'o mundo não é eterno'; 'o mundo é finito' e 'o mundo não é finito'; 'a alma é o mesmo que o corpo' e 'a alma é uma coisa e o corpo é outra'; 'após a morte o Tathāgatha existe', 'após a morte o Tathāgata não existe', 'após a morte o Tathāgatha existe e não existe' e 'após a morte o Tathāgata nem existe e nem não existe'. O Abençoado não declara nenhuma delas como sendo verdadeira para mim, e eu não aprovo nem aceito este fato, então eu irei ao Abençoado e lhe perguntarei o porquê de ele não declarar nenhuma dessas visões. Se ele declarar uma delas, 'o mundo é eterno', 'depois da morte o Tathāgata nem existe nem não existe', então eu o seguirei na vida espiritual; se ele não declarar nenhuma delas para mim, então eu abandonarei o treinamento e retornarei à vida mundana'. Se o Abençoado declara para mim que 'o mundo é eterno'; se o Abençoado declarar para mim que 'o mundo não é eterno'. Se o Abençoado não souber se 'o mundo é eterno' ou 'o mundo não é eterno', então é correto para alguém que não saiba ou veja dizer: 'Eu não sei, eu não vejo'.

Se o Abençoado souber: 'O mundo é finito', 'o mundo é eterno'; 'a alma é o mesmo que o corpo', 'a alma é uma coisa diferente do corpo'; 'após a morte o Tathāgatha existe', 'após a morte o Tathāgata não existe'; se o Abençoado souber 'após a morte o Tathāgata nem existe nem não existe', então é correto para alguém que não saiba e não veja dizer: 'Eu não sei, eu não vejo''.

4 'Ora, Māluṅkyaputta, eu alguma vez lhe disse: 'Venha, Māluṅkyaputta, venha viver a vida espiritual sob minha direção e eu vou declarar para você: 'O mundo é eterno', ou 'após a morte o Tathāgatha nem existe nem não existe?' 'Não, Venerável.' 'Você alguma vez me disse: 'Eu vou viver a vida espiritual sob a direção do Abençoado, e o Abençoado vai declarar para mim: 'O mundo é eterno', 'após a morte o Tathāgata nem existe nem não existe?' 'Não, Venerável.' 'Sendo assim, homem confuso, quem é você e o que você está abandonando?'

5 Se alguém dissesse assim: 'Eu não vou viver a vida espiritual sob a direção do Abençoado até que o Abençoado declare para mim: 'O mundo é eterno', 'após a morte o Tathāgata nem existe nem não existe', isso continuaria a não ser declarado pelo Tathāgata e, enquanto isso, a pessoa poderia morrer. Suponha, Māluṅkyaputta, que uma pessoa fosse ferida com uma flecha besuntada de veneno, e os seus amigos e companheiros, conhecidos e parentes trouxessem um médico para tratar dele. Suponha que o homem dissesse: 'Eu não vou deixar que o médico arranque esta flecha até que eu saiba se o homem que me feriu é um khattiya, um brâmane, um comerciante ou um trabalhador'. E que ele dissesse: 'Eu não vou deixar que o médico arranque esta flecha até que eu saiba o nome do clã ao qual o homem que me feriu pertence; até que eu saiba se ele é alto, baixo ou de altura mediana; se ele é negro, branco ou moreno; até que eu saiba se o homem que me feriu vive na vila tal, ou em tal cidade; até que eu saiba se o arco que me feriu era longo ou era uma balestra; até que eu saiba se a corda do arco era feita de fibra, cana, tripa, cânhamo ou casca; até que eu saiba se a seta da flecha era rústica ou bem acabada; se as penas da flecha eram de abutre, flamingo, falcão, pavão ou cegonha; até que eu saiba se o tendão usado como corda no arco era um tendão de boi, búfalo, veado ou macaco; até que eu saiba que tipo de seta a flecha que me feriu possuía: se com pinças, como uma agulha, se era curva ou farpada, se era de dente de bezerro ou em forma de lança'.

Tudo isso não poderia ser sabido pela pessoa e ela certamente morreria. Do mesmo modo, Māluṅkyaputta, se alguém dissesse assim: 'Eu não vou viver a vida espiritual sob a direção do Abençoado até que o Abençoado declare para mim: 'O mundo é eterno', 'após a morte o Tathāgata nem existe nem não existe', isso continuaria a não ser declarado pelo Tathāgata, e, enquanto isso, a pessoa poderia morrer'.

6 Māluṅkyaputta, se houver a crença 'o mundo é eterno', a vida espiritual não poderá ser vivida; e se houver a crença: 'o mundo não é eterno', a vida espiritual não poderá ser vivida; quer se possua a crença de que 'o mundo é eterno' ou 'o mundo não é eterno', ainda assim haveria nascimento, velhice, morte, dor, lamentação, sofrimento e desespero, exatamente aquilo cuja destruição eu prescrevo, aqui e agora. Se houver a crença: 'o mundo é finito', se 'o mundo não é finito'; se 'a alma é o mesmo que o corpo', se 'a alma é uma coisa e o corpo é outra'; se 'após a morte o Tathāgatha existe', se 'após a morte o Tathāgata não existe'; se 'após a morte o Tathāgatha existe e não existe' e se 'após a morte o Tathāgata nem existe e nem não existe', a vida espiritual não pode ser vivida. Quer exista a crença de que após a morte o Tathāgatha existe', 'após a morte o Tathāgata não existe', 'após a morte o Tathāgatha existe e não existe' e 'após a morte o Tathāgata nem existe e nem não existe', ainda assim haveria nascimento, velhice, morte, dor, lamentação, sofrimento e desespero, exatamente aquilo cuja destruição eu prescrevo, aqui e agora.

7 Portanto, Māluṅkyaputta, lembre-se daquilo que eu deixei não declarado. E o que foi que eu deixei não declarado: 'o mundo é eterno' – isto eu deixei não declarado; 'o mundo não é eterno' – isto eu deixei não declarado; 'o mundo é finito' – isto eu deixei não declarado; 'o mundo não é finito' – isto eu deixei não declarado; 'a alma é o mesmo que o corpo' – isto eu deixei não declarado; 'a alma é uma coisa e o corpo é outra' – isto eu deixei não declarado; 'após a morte o Tathāgatha existe' – isto eu deixei não declarado; 'após a morte o Tathāgata não existe' – isto eu deixei não declarado; 'após a morte o Tathāgatha existe e não existe' – isto eu deixei não declarado, e 'após a morte o Tathāgata nem existe e nem não existe' – isto eu deixei não declarado.

8 Por que eu deixei tudo aquilo não declarado? Porque não é benéfico, não pertence aos fundamentos da vida espiritual, não conduz ao desapego, ao fim das paixões, à cessação, à paz, ao conhecimento direto, à iluminação, ao Nibbāna.

9 E o que foi que eu *declarei*? 'Isso é sofrimento' – eu declarei; 'esta é a origem do sofrimento' – eu declarei; 'isto é a cessação do sofrimento' – eu declarei. 'Este é o caminho que conduz à cessação do sofrimento' – eu declarei.

10 E por que eu declarei aquilo? Porque é benéfico, pertence aos fundamentos da vida espiritual, conduz ao desencanto, ao fim das paixões, à cessação, à paz, ao conhecimento direto, à iluminação, ao Nibbāna. Foi por isso que os declarei.

Portanto, Māluṅkyaputta, lembre-se daquilo que deixei não declarado como não declarado, e aquilo que eu deixei declarado como declarado.

Foi isso que o Abençoado disse. O Venerável Māluṅkyaputta ficou satisfeito e se deleitou com as palavras do Abençoado"[144].

(MN 63: *Cūḷamāluṅkyasutta*; I 426-432)

(2) O cerne da vida espiritual

1 "Assim eu ouvi: numa ocasião o Abençoado estava vivendo em Rājagaha, no pico do Monte dos Abutres; isso foi logo após Devadatta ter deixado a Comunidade[145]. Lá, referindo-se a Devadatta, o Abençoado se dirigiu aos monges dessa maneira:

2 Monges, pode acontecer de existir algum jovem que, por causa da fé, abandone a vida em família e se torna renunciante, pensando da seguinte maneira: 'Eu estou sujeito ao nascimento, velhice e morte; à tristeza, lamúria, dor, depressão e ao desespero; sou vítima do sofrimento, uma presa do sofrimento. Certamente, um meio de acabar com toda essa massa de sofrimento pode ser conhecido'. Quando ele abandona o mundo desse modo, ele adquire vantagens, honra e fama. Ele fica satisfeito com as vantagens, honra e fama, e o seu propósito é atingido. Por causa disso ele se elogia e deprecia os outros, da seguinte maneira: 'Eu obtive ganhos e fama, mas esses outros monges são desconhecidos, não servem para nada'. Ele se vicia pelas vantagens, honra e fama, começa a se tornar negligente, torna-se negligente e, sendo negligente, vive sofrendo.

Imaginem agora que um homem que precise do cerne de uma madeira, buscando esse miolo da madeira, vagando a procura desse cerne de madeira, chegasse a uma grande árvore que possuísse esse cerne. Deixando de lado o cerne, a seiva, as cascas interna e externa, ele cortasse galhos e gravetos e os levasse pensando se tratar do cerne da madeira. Então, um homem com boa visão, vendo isso, poderia dizer: 'Este bom homem não sabe o que é o cerne da madeira, a seiva, as cascas interna e externa, os galhos e gravetos. Assim, buscando esse miolo da madeira, vagando a procura desse cerne de madeira, ele chegou a uma grande árvore que possui esse cerne. Deixando de lado o cerne, a seiva, as cascas interna e externa, ele cortou galhos e gravetos e os levou pensando se tratar do cerne da madeira. Seja lá o que for que esse bom homem quisesse fazer com o cerne da madeira, ele não vai conseguir'. Assim se dá com o monge que se vicia com as vantagens, a honra e a fama. Esse monge é chamado de aquele que pegou os gravetos e folhas da vida espiritual e se deu por satisfeito.

3 Monges, pode acontecer de existir algum jovem que, por causa da fé, abandone a vida em família e se torna renunciante, pensando da seguinte maneira: 'Eu estou sujeito ao nascimento, velhice e morte; à tristeza, lamúria, dor, depressão e ao desespero; sou vítima do sofrimento, uma presa do sofrimento. Certamente, um meio de acabar com toda essa massa de sofrimento pode ser conhecido'. Quando ele abandona o mundo desse modo, ele adquire vantagens, honra e fama. Ele não fica satisfeito com as vantagens, honra e fama, pois o seu objetivo não se materializou. Por causa disso ele não se elogia e deprecia os outros. Ele não se vicia pelas vantagens, honra e fama, não começa a se tornar negligente, não se torna negligente. Sendo diligente, ele alcança a realização da disciplina moral. Ele fica feliz com a sua conquista e o seu propósito é atingido. Por causa disso ele se elogia e deprecia os outros, da seguinte

maneira: 'Eu tenho disciplina moral; meu caráter é bom; mas esses outros monges são imorais, possuem mau-caráter'. Ele se vicia pela conquista da disciplina moral, começa a se tornar negligente, torna-se negligente e, sendo negligente, vive sofrendo.

Imaginem agora que um homem que precise do cerne de uma madeira, buscando esse miolo da madeira, vagando a procura desse cerne de madeira, chegasse a uma grande árvore que possuísse esse cerne. Deixando de lado o cerne, a seiva e a casca interna, ele cortasse a casca externa e a levasse pensando se tratar do cerne da madeira. Então, um homem com boa visão, vendo isso, poderia dizer: 'Este bom homem não sabe o que é o cerne da madeira, a seiva, as cascas interna e externa, os galhos e gravetos. Assim, buscando esse miolo da madeira, vagando a procura desse cerne de madeira, ele chegou a uma grande árvore que possui esse cerne. Deixando de lado o cerne, a seiva e a casca interna, ele cortou a casca externa e a levou pensando se tratar do cerne da madeira. Seja lá o que for que este bom homem quisesse fazer com o cerne da madeira, ele não vai conseguir'. Assim se dá com o monge que se vicia com a conquista da vida moral. Esse monge é chamado de aquele que pegou a casca externa da vida espiritual e se deu por satisfeito.

4 Monges, pode acontecer de existir algum jovem que, por causa da fé, abandone a vida em família e se torna renunciante, pensando da seguinte maneira: 'Eu estou sujeito ao nascimento, velhice e morte; à tristeza, lamúria, dor, depressão e ao desespero; sou vítima do sofrimento, uma presa do sofrimento. Certamente, um meio de acabar com toda essa massa de sofrimento pode ser conhecido'. Quando ele abandona o mundo desse modo, ele adquire vantagens, honra e fama. Ele não fica satisfeito com as vantagens, honra e fama, pois o seu objetivo não se materializou. Por causa disso ele não se elogia e deprecia os outros. Ele não se vicia pelas vantagens, honra e fama, não começa a se tornar negligente, não se torna negligente. Sendo diligente, ele alcança a realização da concentração. Ele fica feliz com a sua conquista e o seu propósito é atingido. Por causa disso ele se elogia e deprecia os outros, da seguinte maneira: 'Eu tenho concentração, minha mente está focada, mas esses outros monges são distraídos, as suas mentes estão desfocadas'. Ele se vicia pela conquista da concentração, começa a se tornar negligente, torna-se negligente e, sendo negligente, vive sofrendo.

Imaginem agora que um homem que precise do cerne de uma madeira, buscando esse miolo da madeira, vagando a procura desse cerne de madeira, chegasse a uma grande árvore que possuísse esse cerne. Deixando de lado o cerne e a seiva, ele cortasse a casca interna e a levasse pensando se tratar do cerne da madeira. Então, um homem com boa visão, vendo isso, poderia dizer: 'Este bom homem não sabe o que é o cerne da madeira, a seiva, as cascas interna e externa, os galhos e gravetos. Assim, buscando esse miolo da madeira, vagando a procura desse cerne de madeira, ele chegou a uma grande árvore que possui esse cerne. Deixando de lado o cerne e a seiva, ele cortou a casca interna e a levou pensando se tratar do cerne da madeira. Seja lá o que for que este bom homem quisesse fazer com o cerne da madeira, ele não vai conseguir'. Assim se dá com o monge que se vicia com a conquista da vida moral. Esse monge é chamado de aquele que pegou a casca externa da vida espiritual e se deu por satisfeito.

5 Monges, pode acontecer de existir algum jovem que, por causa da fé, abandone a vida em família e se torna renunciante, pensando da seguinte maneira: 'Eu estou sujeito ao nascimento, velhice e morte; à tristeza, lamúria, dor, depressão e ao desespero; sou vítima do sofrimento, uma presa do sofrimento. Certamente, um meio de acabar com toda essa massa de sofrimento pode ser conhecido'. Quando ele abandona o mundo desse modo, ele adquire vantagens, honra e fama. Ele não fica satisfeito com as vantagens, honra e fama, pois o seu objetivo não se materializou. Por causa disso ele não se elogia e deprecia os outros. Ele não se vicia pelas vantagens, honra e fama, não começa a se tornar negligente, não se torna negligente. Sendo diligente, ele alcança a realização da concentração. Ele fica feliz com a sua conquista, mas o seu propósito não é atingido. Por causa disso ele não se elogia e deprecia os outros. Ele não se vicia pelas vantagens, honra e fama, não começa a se tornar negligente, não se torna negligente. Sendo diligente, ele alcança a realização do conhecimento e da visão[146]. Ele fica feliz com a sua conquista e o seu propósito é atingido. Por isso, ele se elogia e deprecia os outros, da seguinte maneira: 'Vivo conhecendo e vendo, mas esses outros monges vivem desconhecendo e não vendo'. Ele se vicia pela conquista do conhecimento e da visão, começa a se tornar negligente, torna-se negligente e, sendo negligente, vive sofrendo.

Imaginem agora que um homem que precise do cerne de uma madeira, buscando esse miolo da madeira, vagando a procura desse cerne de madeira, chegasse a uma grande árvore que possuísse esse cerne. Deixando de lado o cerne, ele cortasse a seiva e a levasse pensando se tratar do cerne da madeira. Então, um homem com boa visão, vendo isso, poderia dizer: 'Este bom homem não sabe o que é o cerne da madeira, a seiva, as cascas interna e externa, os galhos e gravetos. Assim, buscando esse miolo da madeira, vagando a procura desse cerne de madeira, ele chegou a uma grande árvore que possui esse cerne. Deixando de lado o cerne, ele cortou a seiva e a levou pensando se tratar do cerne da madeira. Seja lá o que for que este bom homem quisesse fazer com o cerne da madeira, ele não vai conseguir'. Assim se dá com o monge que se vicia com a conquista da concentração. Esse monge é chamado de aquele que pegou a casca interna da vida espiritual e se deu por satisfeito.

6 Monges, pode acontecer de existir algum jovem que, por causa da fé, abandone a vida em família e se torna renunciante, pensando da seguinte maneira: 'Eu estou sujeito ao nascimento, velhice e morte; à tristeza, lamúria, dor, depressão e ao desespero; sou vítima do sofrimento, uma presa do sofrimento. Certamente, um meio de acabar com toda essa massa de sofrimento pode ser conhecido'. Quando ele abandona o mundo desse modo, ele adquire vantagens, honra e fama. Ele não fica satisfeito com as vantagens, honra e fama, pois o seu objetivo não se materializou. Por causa disso ele não se elogia e deprecia os outros. Ele não se vicia pelas vantagens, honra e fama, não começa a se tornar negligente, não se torna negligente. Sendo diligente, ele alcança a realização do conhecimento e da visão. Ele fica feliz com a sua conquista,

mas o seu propósito não é atingido. Por causa disso ele não se elogia e não deprecia os outros. Ele não se vicia pela conquista do conhecimento e da visão; ele não se torna negligente e, sendo diligente, atinge a libertação perpétua. E é impossível para este monge cair do estado de libertação perpétua[147].

Imaginem agora que um homem que precise do cerne de uma madeira, buscando esse miolo da madeira, vagando a procura desse cerne de madeira, chegasse a uma grande árvore que possuísse esse cerne e, cortando somente o cerne, ele o levasse sabendo se tratar do cerne da madeira. Então, um homem com boa visão, vendo isso, poderia dizer: 'Este bom homem sabe o que é o cerne da madeira, a seiva, as cascas interna e externa, os galhos e gravetos. Assim, buscando esse miolo da madeira, vagando a procura desse cerne de madeira, ele chegou a uma grande árvore que possui esse cerne e, cortando somente o cerne, o levou sabendo se tratar do cerne da madeira. Seja lá o que for que este bom homem quisesse fazer com o cerne da madeira, ele vai conseguir'. Assim se dá com o monge que alcança a libertação perpétua.

7 Portanto, monges, essa vida espiritual não possui como seu benefício vantagens, honra e fama, ou a realização da disciplina moral como seu benefício, ou a concentração como seu benefício, ou conhecimento e visão como seu benefício. Mas é esta libertação inabalável da mente que é o objetivo da vida espiritual, o seu cerne e a sua finalidade[148].

Foi isso que o Abençoado falou. Os monges ficaram satisfeitos e se deliciaram com as palavras do Abençoado."

(MN 29: *Mahāsāropama Sutta*; I 192-197)

(3) O dissipar da paixão

"Monges, se ascetas de outras tradições lhes perguntarem: 'Qual é o propósito, amigos, da vida espiritual sob a direção do asceta Gotama?' – Se vocês forem questionados dessa maneira, deveriam responder assim: 'É para o enfraquecimento do desejo[149], amigos, que a vida espiritual é vivida sob a direção do asceta Gotama'.

Então, monges, se os ascetas de outras tradições lhes perguntarem: 'Mas, amigos, existe algum caminho para o enfraquecimento do desejo?' – Se vocês forem questionados dessa maneira, vocês deveriam responder assim: 'Existe um caminho, amigos, para o enfraquecimento do desejo'.

E que caminho é esse, monges, para o enfraquecimento do desejo? É o Nobre Caminho Óctuplo, isto é, visão correta, intenção correta, fala correta, ação correta, vida correta, esforço correto, atenção correta, concentração correta. Esse é o caminho, a via para o enfraquecimento do desejo.

Se vocês forem questionados dessa maneira, monges, por ascetas de outras tradições, vocês deveriam responder assim [ou então vocês podem responder assim]: 'É para o abandono das cadeias... é para desalojar as tendências subjacentes... para o conhecimento completo do caminho [do saṃsāra]... para a destruição das máculas...

para a realização do fruto do verdadeiro conhecimento e libertação... com a finalidade do conhecimento e da visão... com o objetivo de alcançar o Nibbāna final, sem apego, que se vive a vida espiritual sob a direção do Abençoado'.

Então, monges, se ascetas de outras tradições lhes perguntarem: 'Mas, amigos, existe algum caminho para o Nibbāna final, sem apego?' – Se vocês forem questionados dessa maneira, vocês deveriam responder assim: 'Existe um caminho, amigos, para o Nibbāna final, sem apego?'

E que caminho é esse, monges, para o Nibbāna final, sem apego? É o Nobre Caminho Óctuplo, isto é, visão correta, intenção correta, fala correta, ação correta, vida correta, esforço correto, atenção correta, concentração correta. Esse é o caminho, a via para o Nibbāna final, sem apego.

Sendo questionados dessa maneira, monges, vocês deveriam responder aos ascetas de outras tradições assim."

(SN 45: 41-8, combinados; V 27-29)

2 ANÁLISE DO CAMINHO DAS OITO PRÁTICAS

"'Monges, eu vou lhes ensinar o Nobre Caminho Óctuplo, e eu vou analisá-lo para vocês. Ouçam e prestem bastante atenção, pois eu vou falar.'

'Sim, Venerável', responderam os monges. O Abençoado disse o seguinte:

'E qual é, monges, o Nobre Caminho Óctuplo? Visão correta, intenção correta, fala correta, ação correta, vida correta, esforço correto, atenção correta, concentração correta.

E o que, monges, é a visão correta? O conhecimento do sofrimento, da origem do sofrimento, conhecimento da cessação do sofrimento, conhecimento do caminho que conduz à cessação do sofrimento: isso é chamado visão correta.

E o que, monges, é a intenção correta? Intenção de renúncia, intenção de boa vontade, intenção de fazer o bem: isso é chamado de intenção correta.

E o que, monges, é a fala correta? Abster-se de falsidades, abster-se de malícia, abster-se de fala violenta, abster-se de fofocas: isso é chamado de fala correta.

E o que, monges, é a ação correta? Abster-se da destruição da vida, abster-se de pegar aquilo que não é dado, abster-se de má conduta sexual: isso é chamado de ação correta.

E o que, monges, é a vida correta? Neste caso, um nobre discípulo, tendo abandonado um modo de vida errado, ganha o seu sustento por um modo de vida correto: isso é chamado de vida correta.

E o que, monges, é o esforço correto? Neste caso, monges, um monge gera o desejo pelo não surgimento de estados prejudiciais ainda não surgidos; ele se esforça, cria a energia, aplica a sua mente e persevera. Ele gera o desejo de surgimento de estados saudáveis ainda não surgidos. Ele se esforça, cria a energia, aplica a sua mente e persevera. Ele gera o desejo de continuação do surgimento de estados saudáveis ainda não surgidos, para que eles não pereçam, para que eles aumentem, se expandam e se realizem no seu desenvolvimento; ele se esforça, cria a energia, aplica a sua mente e persevera: isso é chamado de esforço correto.

E o que, monges, é a atenção correta? Neste caso, monges, um monge permanece contemplando o corpo no corpo, animado, compreendendo claramente, atento, tendo removido o desejo e a saudade do mundo. Ele permanece contemplando as sensações como sensações, animado, compreendendo claramente, atento, tendo removido o desejo pelo mundo. Ele permanece contemplando a mente na mente, animado, compreendendo claramente, atento, tendo removido o desejo e a saudade do mundo. Ele permanece contemplando os fenômenos como fenômenos, animado, compreendendo claramente, atento, tendo removido o desejo pelo mundo: isso é chamado de atenção correta.

E o que, monges, é a concentração correta? Neste caso, monges, abrigado dos prazeres sensórios, abrigado dos estados prejudiciais, um monge entra e permanece no primeiro jhāna, que é acompanhado de pensamento e reflexão, com o êxtase e a alegria nascidos da reclusão. Com o enfraquecimento do pensamento e da reflexão, ele entra e permanece no segundo jhāna, que traz a confiança interna e a unificação da mente; este estado não possui mais nem pensamento e nem reflexão, mas possui o êxtase e a alegria nascidos da concentração. Com o enfraquecimento do êxtase também, ele permanece equânime e, atento e compreendendo claramente, ele experimenta a alegria no corpo; ele entra e permanece no terceiro jhāna, acerca do qual os nobres discípulos declaram: 'ele é equânime e atento, alguém que permanece feliz'. Com o abandono do prazer e da dor, e com o fim prévio da alegria e da tristeza, ele entra e permanece no quarto jhāna, que não é nem doloroso e nem agradável, e inclui a purificação da atenção pela equanimidade: isso é chamado de concentração correta."

(SN 45: 8; V 8-10)

3 A boa amizade

"Assim eu ouvi. Numa ocasião o Abençoado estava vivendo entre os Sakya, onde existe uma cidade chamada Nāgaraka. Então o Venerável Ānanada se aproximou do Abençoado, prestou-lhe homenagem, sentou-se ao lado e disse:

'Venerável, esta é a metade da vida espiritual, a boa amizade, a boa companhia e a boa camaradagem'[150].

'Não, Ānanda, não! Essa é a vida espiritual completa, Ānanda, isto é, a boa amizade, a boa companhia e a boa camaradagem.' Quando um monge possui um bom amigo, uma boa companhia, um bom camarada, espera-se que ele desenvolva e cultive o Nobre Caminho Óctuplo.

E como, Ānanda, um monge que possui um bom amigo, uma boa companhia, um bom camarada, desenvolve e cultiva o Nobre Caminho Óctuplo? Neste caso, Ānanda, um monge desenvolve visão correta, que é baseada na reclusão, no desapaixonar-se, na cessação e que amadurece na libertação. Um monge desenvolve a intenção correta, que é baseada na reclusão, no desapaixonar-se, na cessação e que amadurece na libertação. Ele desenvolve a fala correta, que é baseada na reclusão, no desapaixonar-se, na cessação e que amadurece na libertação. Ele desenvolve a ação correta, que é baseada na reclusão, no desapaixonar-se, na cessação e que amadurece na libertação. Ele desenvolve a vida correta, que é baseada na reclusão, no desapaixonar-se, na cessação e que amadurece na libertação. Ele desenvolve o esforço correto, que é baseado na reclusão, no desapaixonar-se, na cessação e que amadurece na libertação. Ele desenvolve a atenção correta, que é baseada na reclusão, no desapaixonar-se, na cessação e que amadurece na libertação. Ele desenvolve a concentração correta, que é baseada na reclusão, no desapaixonar-se, na cessação e que amadurece na libertação. É desse modo, Ānanda, que um monge que possui um bom amigo, uma boa companhia, um bom camarada, desenvolve e cultiva o Nobre Caminho Óctuplo.

Ao se seguir o seguinte método, Ānanda, também se pode compreender como a vida espiritual em sua totalidade é feita de um bom amigo, uma boa companhia, um bom camarada: ao confiar em mim como um bom amigo, Ānanda, os seres sujeitos ao nascimento se libertam do nascimento; os seres sujeitos ao envelhecimento se libertam do envelhecimento; os seres sujeitos à morte se libertam da morte; os seres sujeitos à tristeza, dor, ao sofrimento, à depressão, ao desespero se libertam da tristeza, da dor, do sofrimento, da depressão, e do desespero; por este método, Ānanda, também se pode compreender como a vida espiritual em sua totalidade é feita de um bom amigo, uma boa companhia, um bom camarada."

(SN 45: 2; V 2-3)

4 O TREINAMENTO AVANÇADO

1 "Assim eu ouvi: numa ocasião o Abençoado estava vivendo em Sāvatthī, no Bosque do Príncipe Jeta, no Parque de Anāthapiṇḍika.

2 Naquela ocasião, o brâmane Jāṇussoṇi estava deixando Sāvatthī no meio do dia, numa carruagem toda branca puxada por quatro éguas brancas. Ele viu o asceta Pilotika vindo a distância e lhe perguntou: 'De onde mestre Vacchāyana está vindo no meio do dia?'[151]

'Senhor, estou vindo da presença do asceta Gautama.'

'O que mestre Vacchāyana pensa da sabedoria e da lucidez do asceta Gautama? Ele é um sábio, não é?'

'Senhor, quem sou eu para julgar a sabedoria e a lucidez do asceta Gautama. Alguém deveria ser seu igual para julgar a sabedoria e a lucidez do asceta Gautama.'

'Dessa maneira mestre Vacchāyana elogia, e muito, o asceta Gautama.'

'Senhor, quem sou para elogiar o asceta Gautama? O asceta Gautama é elogiado pelos elogiados como sendo o melhor entre devas e humanos.'

'Quais as razões que fazem com que mestre Vacchāyana tenha tamanha confiança em mestre Gotama?'

3 'Senhor, suponha que um sábio caçador de elefantes entre numa floresta de elefantes e lá visse um rastro enorme, largo e comprido, de um elefante. Ele chegaria à seguinte conclusão: 'Certamente, este é um enorme elefante!' Do mesmo modo, quando eu vi as quatro pegadas do asceta Gautama, eu cheguei a esta conclusão: 'O Abençoado é perfeitamente iluminado, o Dhamma está sendo bem exposto pelo Abençoado, a Saṇgha está praticando o bom caminho'. Quais são as quatro pegadas?'

4 'Senhor, eu já vi certos nobres eruditos que são inteligentes, expertos, que conhecem as doutrinas dos outros, certeiros como atiradores capazes de dividir um fio de cabelo; eles vagueiam por aí, demolindo as teses dos outros com o seu intelecto afiado. Quando eles ouvem: 'O asceta Gautama vai visitar tal ou tal vila ou cidade', eles formulam uma questão e pensam: 'Nós vamos ao encontro do asceta Gautama e vamos fazer essa pergunta'. Se ele for questionado dessa maneira, ele vai responder dessa outra maneira, e aí então refutaremos a sua doutrina desse modo; se ele for questionado de outra maneira, ele então vai responder de uma outra maneira, e aí então refutaremos a sua doutrina de outro modo'.

Eles ouvem dizer: 'O asceta Gautama veio visitar tal vila ou tal cidade'. Eles se dirigem ao asceta Gautama, e o asceta Gautama os instrui, exorta, anima e alegra com uma conversa sobre o Dhamma. Após eles serem instruídos, exortados, animados e alegrados pelo asceta Gautama com uma conversa sobre o Dhamma, eles não chegam a sequer perguntar-lhe qualquer coisa, como poderiam, então, refutá-lo? Na realidade, eles se tornam discípulos dele. Quando eu vi esta primeira pegada do asceta Gautama, eu cheguei à seguinte conclusão: 'o Abençoado é perfeitamente iluminado, o Dhamma está sendo bem exposto, a Saṇgha está praticando o bom caminho'.

5 Eu também já vi certos brâmanes eruditos que eram inteligentes, expertos... Na realidade, eles se tornam discípulos dele. Quando eu vi esta segunda pegada do asceta Gautama, eu cheguei à seguinte conclusão: 'O Abençoado é perfeitamente iluminado, o Dhamma está sendo bem exposto, a Saṇgha está praticando o bom caminho'.

6 Eu também já vi certos chefes de família inteligentes, expertos... Na realidade, eles se tornam discípulos dele. Quando eu vi esta terceira pegada do asceta Gautama, eu cheguei à seguinte conclusão: 'O Abençoado é perfeitamente iluminado, o Dhamma está sendo bem exposto, a Saṇgha está praticando o bom caminho'.

7 Eu também já vi certos ascetas inteligentes, expertos... eles não chegam a sequer perguntar-lhe qualquer coisa, como poderiam, então, refutá-lo? Na realidade, eles lhe pedem a iniciação para deixar a vida em família e abraçar a vida de renunciante, e ele lhes dá a iniciação. Pouco tempo depois da iniciação na vida de renunciante, vivendo sozinho, retirado, diligente, ardente e resoluto, ao atingir por si próprios com o conhecimento direto eles, aqui e agora, então, penetram e permanecem naquele objetivo supremo da vida espiritual pelo qual eles, corretamente, abandonaram a vida em família e renunciaram ao mundo. Eles dizem: 'Nós estávamos praticamente

perdidos, nós por pouco não perecemos, pois anteriormente afirmávamos ser ascetas quando ascetas não éramos; nós afirmávamos ser brâmanes quando brâmanes não éramos; nós afirmávamos ser Arahants, quando Arahants não éramos. Porém, agora somos ascetas; agora somos brâmanes; agora somos Arahants'. Quando eu vi esta quarta pegada do asceta Gautama, eu cheguei à seguinte conclusão: 'O Abençoado é perfeitamente iluminado, o Dhamma está sendo bem exposto, a Saṇgha está praticando o bom caminho'.

8 Quando isto foi dito, o brâmane Jāṇussoṇi desceu da sua carruagem toda branca puxada por quatro éguas, e ajeitando o seu robe superior sobre um ombro, e estendeu as suas mãos em saudação reverente na direção do Abençoado e exclamou a seguinte fórmula três vezes: 'Eu saúdo o Abençoado, o Arahant, o Perfeitamente Iluminado! Eu saúdo o Abençoado, o Arahant, o Perfeitamente Iluminado! Eu saúdo o Abençoado, o Arahant, o Perfeitamente Iluminado! Talvez uma hora ou outra eu possa encontrar Mestre Gautama e conversar um pouco com ele'.

9 Então o brâmane Jāṇussoṇi se dirigiu ao Abençoado e trocou com ele as saudações de costume. Quando acabou a conversa amigável e cortês, ele se sentou ao lado e relatou toda a conversação que ele havia tido com o asceta Pilotika. Por causa disso, o Abençoado lhe disse: 'Nesse ponto, brâmane, a imagem do rastro do elefante ficou incompleta nos seus detalhes. Para completá-la em todos os seus detalhes, ouça bem e preste atenção no que eu vou falar'. 'Sim, senhor', o brâmane respondeu. O Abençoado disse o seguinte:

10 'Brâmane, suponha que um sábio caçador de elefantes entre numa floresta de elefantes e lá visse um rastro enorme, largo e comprido, de um elefante. Um sábio caçador de elefantes ainda não chegaria à seguinte conclusão: 'Realmente, este é um enorme elefante', e por quê? Numa floresta de elefantes existem pequenas elefantas que deixam um grande rastro também, longo e largo, e este poderia ser de uma pegada sua. Ele segue o rastro e vê, na mesma floresta de elefantes, um rastro enorme, largo e comprido, de um elefante. Ele ainda não chegaria à seguinte conclusão: 'Realmente, este é um enorme elefante', e por quê? Numa floresta de elefantes existem grandes elefantas, de presas enormes, que deixam um grande rastro também, longo e largo, e este poderia ser de uma pegada sua. Ele segue o rastro e vê, na mesma floresta de elefantes, um rastro enorme, largo e comprido, de um elefante. Ele ainda não chegaria à seguinte conclusão: 'Certamente, este é um enorme elefante', e por quê? Na mesma floresta de elefantes existem grandes elefantas, de presas enormes, que deixam um grande rastro também, longo e largo, e este poderia ser de uma pegada sua. Ele segue o rastro e vê, na mesma floresta, um grande rastro de elefante, largo e comprido, ele também observa a parte do alto de algumas árvores destruídas e marcas das presas nelas. Mas um sábio caçador de elefantes ainda não chegaria à conclusão: 'Realmente, este é um enorme elefante', e por quê? 'Numa floresta existem elefantas muito altas que possuem presas e deixam um grande rastro, e esse pode ser o rastro dela'. Ele segue o rastro e vê, na mesma floresta, um grande rastro de elefante, largo e comprido, ele também observa a parte do alto de algumas árvores destruídas e marcas

das presas nelas, além de galhos quebrados. E ele vê um enorme elefante à sombra de uma árvore, ou numa clareira, caminhando, sentado ou deitado. Ele chega à conclusão, então: 'Este é um enorme elefante'.

11 Da mesma maneira, brâmane, um Tathāgata aparece nesse mundo, um Arahant, Perfeitamente Iluminado, perfeito no verdadeiro conhecimento e conduta, afortunado, conhecedor do mundo, líder insuperável de pessoas que precisam ser disciplinadas, mestre de devas e seres humanos, o Iluminado, o Abençoado. Tendo alcançado com o seu próprio conhecimento direto esse mundo com os seus devas, Māra e Brahmā, essa população de ascetas e brâmanes, ele transmite este conhecimento aos outros. Ele ensina o Dhamma que é bom no começo e bom no final, com o sentido correto de forma clara; ele revela uma vida santa que é perfeitamente completa e purificada.

12 'Um chefe de família ou o filho de um chefe de família ou alguém nascido em outra situação de vida ouve o Dhamma. Ao ouvir o Dhamma ele adquire fé no Tathāgata. Embalado pela fé, ele pensa da seguinte maneira: 'A vida em família nos limita e suja; a de renunciante é ampla. Não é fácil, enquanto se vive em casa, levar uma vida espiritual completamente pura e perfeita, como uma concha bem polida. Imagine: raspar meu cabelo e barba, vestir o manto ocre e partir da vida em família para a vida sem lar'. Mais tarde, abandonando uma quantidade pequena ou grande de riqueza, abandonando um círculo pequeno ou grande de parentes, ele raspa o seu cabelo e a sua barba, veste o manto ocre, e parte da vida em família para a vida de renunciante.

13 Tendo abandonado a vida em família e vivendo o treinamento e o estilo de vida de um monge, abandonando a destruição da vida, ele se abstém da destruição da vida; deixando de lado as armas de todo tipo, consciencioso, piedoso, ele vive compassivamente em relação a todos os seres vivos. Abandonando aquilo que não lhe é dado, ele se abstém de pegar aquilo que não lhe foi dado; pegando somente o que lhe foi dado, esperando somente aquilo que lhe é dado, ao não furtar ele vive na pureza. Abandonando as relações sexuais, ele observa o celibato, morando sozinho, ele evita a prática grosseira do ato sexual.

Abandonando a fala mentirosa, ele se abstém da mentira; ele fala a verdade, adere à verdade, é confiável e prestativo, alguém que não engana o mundo. Abandonando a fala maliciosa, ele se abstém de falas maliciosas; ele não repete em outro lugar aquilo que ele ouviu aqui, de modo a separar aquelas pessoas dessas, nem ele repete aqui aquilo que ele ouviu em outro lugar, de modo a separar esses daqueles; dessa maneira, ele e alguém que reúne aqueles que estão separados, um promotor da amizade, que se alegra na concórdia, alguém que fala palavras que levam à concórdia. Abandonando a fala agressiva, ele se abstém de falar agressivamente; ele fala palavras gentis, agradáveis ao ouvido e adoráveis, que se dirigem ao coração, palavras corteses, desejadas por muitos e agradáveis para muitos. Abandonando a prática de jogar conversa fora, ele se abstém de conversa fiada; ele fala no momento certo, ele fala o que é fato, o que é bom, fala sobre o Dhamma e sobre a Disciplina; no momento oportuno ele fala palavras que são dignas de registro, razoáveis, moderadas e benéficas.

Ele se abstém de ferir sementes e plantas. Ele só come uma refeição diária, abstendo-se de comer à noite ou em horário inapropriado[152]. Ele se abstém de dançar, cantar, da música e de programas inconvenientes. Ele se abstém de usar guirlandas, de usar perfumes ou se embelezar com unguentos. Ele se abstém de camas elevadas e largas. Ele se abstém de aceitar ouro ou prata. Ele se abstém de aceitar grãos não refinados. Ele se abstém de receber carne crua. Ele se abstém de receber mulheres ou meninas. Ele se abstém de receber escravos ou escravas. Ele se abstém de receber bodes ou ovelhas, aves ou porcos, elefantes, gado, cavalos e éguas. Ele se abstém de receber campos e terras. Ele se abstém de resolver problemas ou ficar levando e trazendo mensagens. Ele se abstém de compra e venda. Ele se abstém de pesos falsos, metais falsos e medidas falsas. Ele se abstém de receber propinas, de enganar, enrolar ou fraudar. Ele se abstém de machucar, matar, amarrar, roubar, assaltar e de violência.

14 Ele fica contente com mantos para proteger o seu corpo e esmolas para manter o seu estômago, e aonde quer que ele vá, só leva essas coisas com ele. Assim como um pássaro que, para aonde quer que ele voe só carrega as suas asas, assim também se dá com o monge que fica contente com os mantos para proteger o seu corpo e esmolas para manter o seu estômago, e aonde quer que ele vá, só leva essas coisas com ele. Possuidor desse conjunto de nobres disciplinas morais, ele experimenta dentro dele a bem-aventurança da pureza.

15 Ao ver a forma com os olhos, ele não se detém nos seus sinais e características[153]. Pois, se ele deixasse a faculdade da visão desguardada, estados prejudiciais maléficos de desejo e depressão poderiam invadi-lo, ele pratica o caminho da moderação daquela, ele guarda a faculdade da visão, ele realiza a moderação da faculdade da visão. Ao ouvir um som com o ouvido... ao cheirar um odor com o nariz... ao saborear um gosto com a língua... ao sentir um objeto táctil com o corpo... ao tomar consciência de um fenômeno mental com a mente, ele não se detém nos seus sinais e características. Pois, se ele deixasse a faculdade da mente desguardada, estados prejudiciais maléficos de desejo e depressão poderiam invadi-lo, ele pratica o caminho da moderação daquela; ele guarda a faculdade da mente, ele realiza a moderação da faculdade da mente. Possuidor da nobre moderação das faculdades sensórias, ele experimenta dentro dele uma bem-aventurança imaculada.

16 Ele se torna alguém que age com compreensão clara quando caminha adiante ou retorna; que age com compreensão clara quando olha adiante ou desvia o olhar; que age com compreensão clara quando distende ou flexiona seus membros; que age com compreensão clara quando ele veste os seus mantos ou carrega-os com a sua cuida de esmolas. Que age com compreensão clara ao comer, beber, mastigar e saborear; que age com compreensão clara quando defeca ou urina; que age com compreensão clara ao andar, ficar em pé, sentar, dormir, acordar, falar e manter silêncio.

17 Possuindo esse conjunto de nobre disciplina moral, e essa nobre moderação das faculdades, e mais essa atenção nobre e compreensão clara, ele se dirige a um local isolado: uma floresta, à sombra de uma árvore, uma montanha, um campo, uma

caverna num monte, um campo crematório, uma moita na mata, o espaço aberto ou um monte de palha.

18 Ao retornar da sua ronda de mendicância, depois de sua refeição, ele se senta, cruza as suas pernas, coloca o seu corpo ereto e estabelece a atenção diante de si. Abandonando o desejo pelo mundo, ele vive com a mente livre de desejo; ele purifica a sua mente do desejo[154]. Abandonando a má vontade e o ódio, ele vive com a mente livre da má vontade, compassivo com o bem-estar de todos os seres vivos; ele purifica a sua mente da má vontade e do ódio. Abandonando a preguiça e o torpor, ele vive livre da preguiça e do torpor, percebendo a luz, atento e compreendendo claramente; ele purifica a sua mente da preguiça e do torpor. Abandonando a inquietação e o remorso, ele vive livre de agitação, com a mente em paz no seu interior; ele purifica a sua mente da inquietação e do remorso. Abandonando a dúvida, ele vive com a dúvida superada, sem perplexidades acerca dos estados positivos; ele purifica a sua mente da dúvida.

19 Após abandonar esses cinco obstáculos, essas cinco máculas da mente que enfraquecem a sabedoria, afastado dos prazeres sensórios, afastado de estados prejudiciais, ele entra e permanece no primeiro jhāna, que é acompanhado de pensamento e reflexão, com a alegria e a felicidade nascidos da reclusão. Essa, brâmane, é a chamada pegada do Tathāgata, algo espalhado pelo Tathāgata, algo marcado pelo Tathāgata, mas o nobre discípulo ainda não chega à conclusão: 'O Abençoado é perfeitamente iluminado, o Dhamma está sendo bem exposto, a Saṇgha está praticando o bom caminho'[155].

20 Mais uma vez, com o aquietar do pensamento e da reflexão, ele entra e permanece no segundo jhāna, que possui a confiança interna e a unificação da mente, não possui pensamento e nem reflexão, e possui alegria e felicidades nascidas da concentração. Esta também, brâmane, é uma pegada do Tathāgata, algo espalhado pelo Tathāgata, algo marcado pelo Tathāgata, mas o nobre discípulo ainda não chega à conclusão: 'O Abençoado é perfeitamente iluminado, o Dhamma está sendo bem exposto, a Saṇgha está praticando o bom caminho'.

21 De novo, com o aquietar da alegria também, ele vive equânime e, atento e compreendendo claramente, ele experimenta felicidade no corpo; ele entra e permanece no terceiro jhāna, acerca do qual os nobres declaram: 'Ele é equânime, atento, alguém que vive com felicidade. Esta também é uma pegada do Tathāgata, algo espalhado pelo Tathāgata, algo marcado pelo Tathāgata', mas o nobre discípulo ainda não chega à conclusão: 'O Abençoado é perfeitamente iluminado, o Dhamma está sendo bem exposto, a Saṇgha está praticando o bom caminho'.

22 Mais uma vez, com o abandono do prazer e da dor, e com o final anterior das alegrias e tristezas, ele entra e permanece no quarto jhāna, que não é nem doloroso e nem agradável, e inclui a purificação da atenção pela equanimidade. Esta também é uma pegada do Tathāgata, algo espalhado pelo Tathāgata, algo marcado pelo Tathāgata, mas o nobre discípulo ainda não chega à conclusão: 'O Abençoado é perfeitamente iluminado, o Dhamma está sendo bem exposto, a Saṇgha está praticando o bom caminho'.

23 Quando a mente se encontra concentrada desta forma, purificada, brilhante, imaculada, livre de impurezas, maleável, controlada, firme e já tendo atingido a imperturbabilidade, ele a direciona ao conhecimento da recordação das vidas anteriores. Ele recorda as suas infinitas vidas passadas: um nascimento, dois, três, quatro, cinco nascimentos, dez, vinte, trinta, quarenta, cinquenta nascimentos, cem, mil, cem mil nascimentos, muitas eras de contração dos mundos, muitas eras de expansão do mundo, muitas eras de contração e expansão do mundo: daquela vez eu era chamado fulano, da casta tal, tinha tal aparência, eu comia esse tipo de comida, era assim que eu experimentava prazer e dor, eu vivi tanto tempo, e me transformando lá, eu nasci aqui'. Esses são os aspectos e características que ele se recorda das suas múltiplas vidas passadas. Essa também, brâmane, é chamada de uma pegada do Tathāgata, algo espalhado pelo Tathāgata, algo marcado pelo Tathāgata, mas o nobre discípulo ainda não chega à conclusão: 'O Abençoado é perfeitamente iluminado, o Dhamma está sendo bem exposto, a Saṇgha está praticando o bom caminho'.

24 Quando a mente se encontra concentrada desta forma, purificada, brilhante, imaculada, livre de impurezas, maleável, controlada, firme e já tendo atingido a imperturbabilidade, ele a direciona ao conhecimento da transformação e renascimento dos seres. Com o olho divino, que é purificado e supera o humano, ele vê os seres se transformando e renascendo, inferiores e superiores, feios e belos, afortunados e desafortunados. Ele entende como os seres se transformam de acordo com as suas ações, da seguinte maneira: 'Esses seres que se comportaram erradamente com o corpo, a fala e a mente, que desprezaram os nobres discípulos, possuíam crenças equivocadas e agiam de acordo com elas, com o colapso do corpo, após a morte, nasceram num estado de miséria, num destino ruim, num mundo inferior, no inferno; mas esses seres que se comportaram bem com o corpo, a fala e a mente, que não humilharam os nobres discípulos, que possuíam crenças corretas e agiam de acordo com elas, com o colapso do corpo, após a morte, nasceram num bom destino, num mundo paradisíaco'. Portanto, com o olho divino, que é purificado e supera o humano, ele vê os seres se transformando e renascendo, inferiores e superiores, feios e belos, afortunados e desafortunados, e ele compreende como os seres se transformam de acordo com as suas ações. Essa também, brâmane, é chamada de uma pegada do Tathāgata, algo espalhado pelo Tathāgata, algo marcado pelo Tathāgata, mas o nobre discípulo ainda não chega à conclusão: 'O Abençoado é perfeitamente iluminado, o Dhamma está sendo bem exposto, a Saṇgha está praticando o bom caminho'.

25 Quando a mente se encontra concentrada desta forma, purificada, brilhante, imaculada, livre de impurezas, maleável, controlada, firme e já tendo atingido a imperturbabilidade, ele a direciona ao conhecimento da destruição das máculas. Ele compreende como ela de fato ocorre: 'Isto é sofrimento. Esta é a origem do sofrimento. Esta é a cessação do sofrimento. Este é o caminho que conduz à cessação do sofrimento'. Ele compreende como as máculas de fato ocorrem: 'Essas são as máculas. Esta é a origem das máculas. Esta é a cessação das máculas. Este é o caminho para a cessação das máculas'.

Essa também, brâmane, é chamada de uma pegada do Tathāgata, algo espalhado pelo Tathāgata, algo marcado pelo Tathāgata, mas o nobre discípulo ainda não chega à conclusão: 'O Abençoado é perfeitamente iluminado, o Dhamma está sendo bem exposto, a Saṇgha está praticando o bom caminho'. Antes, ele se encontra no processo de chegar a esta conclusão[156].

26 Quando ele conhece e vê dessa maneira, a sua mente é libertada da mácula do desejo sensório, da mácula da existência e da mácula da ignorância. Quando ele se liberta, surge o conhecimento: ele está livre. Ele compreende: 'O nascimento está destruído, a vida espiritual foi vivida, o que havia para ser feito foi feito, não haverá mais retorno a qualquer estado de ser'.

Essa também, brâmane, é chamada de uma pegada do Tathāgata, algo espalhado pelo Tathāgata, algo marcado pelo Tathāgata; é neste momento que o nobre discípulo chega à conclusão: 'O Abençoado é perfeitamente iluminado, o Dhamma está sendo bem exposto, a Saṇgha está praticando o bom caminho'. Antes, ele se encontra no processo de chegar a esta conclusão[157]. E é neste ponto, brâmane, que a imagem do rastro do elefante se completa.

27 Quando isto foi dito, o brâmane Jāṇussoni disse ao Abençoado: 'Magnífico, Mestre Gotama, magnífico! Mestre Gotama clarificou o Dhamma de várias maneiras, como se tivesse colocado de pé aquilo que estava de cabeça para baixo, revelando o que estava oculto, indicando o caminho para alguém que estava perdido, segurando uma lâmpada no escuro para aqueles que, com boa visão, pudessem ver as formas. Eu agora tomo refúgio no Mestre Gotama, tomo refúgio no Dhamma e tomo refúgio na Saṇgha dos monges. Que Mestre Gotama me aceite como um seguidor laico que tomou refúgio, desde hoje até o fim da vida'."

(MN 27: *Cūḷahatthipadopama Sutta*; I 175-184)

5 Os estágios superiores do treinamento através de imagens

12 "Monges, neste mundo um monge deve se dirigir a um local isolado: uma floresta, à sombra de uma árvore, uma montanha, um campo, uma caverna num monte, um campo crematório, uma moita na mata, o espaço aberto ou um monte de palha.

13 Ao retornar da sua ronda de mendicância, depois de sua refeição, ele se senta, cruza as suas pernas, coloca o seu corpo ereto e estabelece a atenção diante de si. Abandonando o desejo pelo mundo, ele vive com a mente livre de desejo; ele purifica a sua mente do desejo. Abandonando a má vontade e o ódio, ele vive com a mente livre da má vontade, compassivo com o bem-estar de todos os seres vivos; ele purifica a sua mente da má vontade e do ódio. Abandonando a preguiça e o torpor, ele vive livre da preguiça e do torpor, percebendo a luz, atento e compreendendo claramente; ele purifica a sua mente da preguiça e do torpor. Abandonando a inquietação e o remorso, ele vive livre de agitação, com a mente em paz no seu interior; ele purifica a sua mente da inquietação e do remorso. Abandonando a dúvida, ele vive com a

dúvida superada, sem perplexidades acerca dos estados positivos; ele purifica a sua mente da dúvida.

14 Monges, suponham que um homem tomasse um empréstimo e investisse num negócio, e esse negócio prosperasse a tal ponto que ele pudesse pagar todo o empréstimo original, e ainda sobrasse um extra para ele manter uma esposa; ao perceber isso, ele se encheria de alegria e ficaria muito feliz. Ou imaginem que um homem estivesse aflito, sofrendo, gravemente enfermo, que sua alimentação não combinasse com a sua constituição e ele não tivesse força, mas posteriormente ele se recuperasse da doença e a sua alimentação combinasse com a sua constituição e ele recuperasse a sua força; ao perceber isso, ele se encheria de alegria e ficaria muito feliz. Ou imaginem um homem que tivesse sido preso, mas depois sido solto, são e salvo, sem nenhuma perda de propriedade; ao perceber isso, ele se encheria de alegria e ficaria muito feliz. Ou suponham que um homem fosse um escravo, sem livre-arbítrio, mas dependente dos outros, incapaz de ir aonde ele quisesse, mas que posteriormente fosse libertado da escravidão. Agora, livre, independente, que poderia ir para aonde quisesse. Ao perceber isso, ele se encheria de alegria e ficaria muito feliz. Ou imaginem que um homem quisesse cruzar um deserto carregando riquezas e posses e, depois de cruzá-lo, são e salvo, sem perda de propriedade; ao perceber isso, ele se encheria de alegria e ficaria muito feliz. Do mesmo modo, monges, enquanto um monge não se livrar dessas cinco máculas, um monge se vê nessas condições: dívida, doença, prisão, escravidão e a ida para um deserto; mas quando ele consegue se libertar dessas cinco máculas, ele se vê nas seguintes condições: livre de dívidas, recuperado da doença, solto da prisão, liberto da escravidão e num lugar seguro.

15 Após abandonar esses cinco obstáculos, essas cinco máculas da mente que enfraquecem a sabedoria, afastado dos prazeres sensórios, afastado de estados prejudiciais, ele entra e permanece no primeiro jhāna, que é acompanhado de pensamento e reflexão, com a alegria e a felicidade nascidos da reclusão. Ele faz com que essa alegria e felicidade nascida da reclusão penetre, encharque, preencha e envolva o seu corpo, de tal forma que não nenhuma parte do seu corpo que não esteja envolvido por aquela alegria e felicidade nascidas da reclusão. Assim como alguém capaz de tingir tecidos com corantes faz com que o corante penetre, encharque, preencha e envolva completamente o tecido branco de forma que nenhum pedaço do tecido não seja tingido, do mesmo modo um monge faz com que essa alegria e felicidade nascida da reclusão penetre, encharque, preencha e envolva o seu corpo, de tal forma que não nenhuma parte do seu corpo que não esteja envolvido por aquela alegria e felicidade nascidas da reclusão.

16 Mais uma vez, com o aquietar do pensamento e da reflexão, ele entra e permanece no segundo jhāna, que possui a confiança interna e a unificação da mente, não possui pensamento e nem reflexão, e possui alegria e felicidades nascidas da concentração. Ele faz com que essa alegria e felicidade nascida da reclusão penetre, encharque, preencha e envolva o seu corpo, de tal forma que não nenhuma parte do seu corpo que não esteja envolvido por aquela alegria e felicidade nascidas da reclu-

são. Assim como um lago enorme que fosse alimentado por uma fonte subterrânea de água gelada, mas que não possuísse um canal de alimentação vindo do Norte, do Sul, do Leste ou do Oeste, e que não fosse alimentado pelas chuvas, mesmo assim a água gelada penetraria, encharcaria, preencheria e envolveria completamente o lago. Do mesmo modo, um monge faz com que essa alegria e felicidade nascida da reclusão penetre, encharque, preencha e envolva o seu corpo, de tal forma que não nenhuma parte do seu corpo que não esteja envolvido por aquela alegria e felicidade nascidas da reclusão.

17 De novo, com o aquietar da alegria também, ele vive equânime e, atento e compreendendo claramente, ele experimenta felicidade no corpo; ele entra e permanece no terceiro jhāna, acerca do qual os nobres declaram: 'ele é equânime, atento, alguém que vive com felicidade. Ele faz com que essa felicidade sem alegria penetre, encharque, preencha e envolva o seu corpo, de tal forma que não nenhuma parte do seu corpo que não esteja envolvido por aquela felicidade despida da alegria nascida da reclusão. Assim como um tanque de flores de lótus azuis, vermelhas e brancas, algumas flores de lótus que nascem e crescem na água florescem imersas na água sem jamais alcançar a superfície, e a água fria lhes penetra, encharca, preenche e envolve, das suas raízes até as suas pontas, de modo que nenhuma parte delas não se encontre envolvida pela água fria; do mesmo modo, um monge faz com que a felicidade despida de alegria penetre, encharca, preencha e envolva o seu corpo, de modo que nenhuma parte de todo o seu corpo não se encontre envolvido pela felicidade despida de alegria.

18 Em seguida, monges, com o abandono do prazer e da dor, e com o desaparecimento prévio da alegria e tristeza, um monge entra e permanece no quarto jhāna, que não possui [como características] nem prazer nem dor e possui e nem pureza da atenção devido à equanimidade. Ele se senta envolvendo o seu corpo com uma mente pura e brilhante, de modo que nenhuma parte do seu corpo não fique envolvida por aquela mente pura e brilhante.

19 Assim como se um homem estivesse sentado coberto da cabeça aos pés por um pano branco, de modo que nenhuma parte do seu corpo não estivesse envolvida pelo pano branco, da mesma maneira um monge se senta envolvendo o seu corpo com uma mente pura e brilhante, de modo que não existe nenhuma parte do seu corpo que não esteja envolvida pela mente pura e brilhante.

20 Quando a sua mente se encontra concentrada, purificada, brilhante, imaculada, maleável, segura e atingiu a imperturbabilidade, ela a direciona ao conhecimento das vidas passadas. Ela relembra as suas muitas vidas passadas, isto é, um nascimentos, dois nascimentos, três, quatro, cinco nascimentos, dez, vinte, trinta, quarenta, cinquenta nascimentos, cem, mil, cem mil nascimentos, muitas eras de contração dos mundos, muitas eras de expansão do mundo, muitas eras de contração e expansão do mundo: 'Daquela vez eu era chamado fulano, da casta tal, tinha tal aparência, eu comia esse tipo de comida, era assim que eu experimentava prazer e dor, eu vivi tanto tempo, e me transformando lá, eu nasci aqui'. Esses são os aspectos e características que ele se recorda das suas múltiplas vidas passadas. Assim como

um homem pode ir da sua vila à outra vila e depois retornar à sua vila, ele pode pensar assim: 'Eu saí da minha vila para outra vila e lá fiquei de pé, me sentei, falei isso, fiquei quieto, e de lá retornei à minha vila'. Da mesma maneira um monge se recorda das suas muitas vidas passadas. Esses são os aspectos e características que ele se recorda das suas múltiplas vidas passadas.

21 Quando a sua mente se encontra concentrada, purificada, brilhante, imaculada, maleável, segura e atingiu a imperturbabilidade, ela a direciona ao conhecimento da transformação e renascimento dos seres. Com o olho divino, que é purificado e supera o humano, ele vê os seres se transformando e renascendo, inferiores e superiores, feios e belos, afortunados e desafortunados. Ele entende como os seres se transformam de acordo com as suas ações, da seguinte maneira: 'Esses seres que se comportaram erradamente com o corpo, a fala e a mente, que desprezaram os nobres discípulos, possuíam crenças equivocadas e agiam de acordo com elas, com o colapso do corpo, após a morte, nasceram num estado de miséria, num destino ruim, num mundo inferior, no inferno; mas esses seres que se comportaram bem com o corpo, a fala e a mente, que não humilharam os nobres discípulos, que possuíam crenças corretas e agiam de acordo com elas, com o colapso do corpo, após a morte, nasceram num bom destino, num mundo paradisíaco'. Portanto, com o olho divino, que é purificado e supera o humano, ele vê os seres se transformando e renascendo, inferiores e superiores, feios e belos, afortunados e desafortunados, e ele compreende como os seres se transformam de acordo com as suas ações. Assim como se existissem duas casas com portas e um homem dotado de boa visão parado entre as duas casas visse as pessoas entrando e saindo das casas e passando de uma a outra, do mesmo modo, com o olho divino, que é purificado e supera o humano, ele vê os seres se transformando e renascendo, inferiores e superiores, feios e belos, afortunados e desafortunados, e ele compreende como os seres se transformam de acordo com as suas ações.

Quando a sua mente se encontra concentrada, purificada, brilhante, imaculada, maleável, segura e atingiu a imperturbabilidade, ela a direciona ao conhecimento da destruição das máculas. Ele compreende como ela de fato ocorre: 'Isto é sofrimento. Esta é a origem do sofrimento. Esta é a cessação do sofrimento. Este é o caminho que conduz à cessação do sofrimento'. Ele compreende como as máculas de fato ocorrem: 'essas são as máculas. Esta é a origem das máculas. Esta é a cessação das máculas. Este é o caminho para a cessação das máculas'. Quando ele conhece e vê dessa maneira, a sua mente é libertada da mácula do desejo sensório, da mácula da existência e da mácula da ignorância. Quando ele se liberta, surge o conhecimento: ele está livre. Ele compreende: 'O nascimento está destruído, a vida espiritual foi vivida, o que havia para ser feito foi feito, não haverá mais retorno a qualquer estado de ser'.

Assim como se existisse um lago num vale de uma montanha, claro, límpido e imperturbável, de modo que um homem com boa visão de pé às suas margens pudesse ver as conchas, areias e pedrinhas, além de cardumes de peixes nadando e parados, ele poderia pensar: 'Existe este lago, claro, límpido, imperturbável e também cardumes de peixes nadando e parados'. Do mesmo modo, um monge compreende:

'Isto é sofrimento. Esta é a origem do sofrimento. Esta é a cessação do sofrimento. Este é o caminho que conduz à cessação do sofrimento'. Ele compreende como as máculas de fato ocorrem: 'Essas são as máculas. Esta é a origem das máculas. Esta é a cessação das máculas. Este é o caminho para a cessação das máculas'. Quando ele conhece e vê dessa maneira, a sua mente é libertada da mácula do desejo sensório, da mácula da existência e da mácula da ignorância. Quando ele se liberta, surge o conhecimento: ele está livre. Ele compreende: 'O nascimento está destruído, a vida espiritual foi vivida, o que havia para ser feito foi feito, não haverá mais retorno a qualquer estado de ser'."

(Do MN 39: *Mahā Assapura Sutta*; I 274-280)

VIII
Dominando a mente

INTRODUÇÃO

Após apresentar uma visão panorâmica ampla do caminho que transcende o mundo no capítulo anterior, neste e no próximo capítulo eu pretendo focalizar de forma mais específica dois aspectos desse caminho como descritos nos Nikāyas, a meditação e a sabedoria. Como vimos, o treinamento gradual é dividido em três partes: disciplina moral, concentração e sabedoria (cf. p. 219). A disciplina moral começa com a observância dos preceitos, que ancoram as ações de uma pessoa em princípios de comportamento consciente e moderação moral. A aceitação dos preceitos – para os Nikāyas, o código completo dos preceitos monásticos, em particular – é chamado de 'treinamento na disciplina moral elevada' (*adhisīlasikkhā*). A disciplina moral, observada de forma consistente, infunde na mente a força purificadora da virtude moral, gerando alegria e uma confiança mais aprofundada no Dhamma.

Estabelecido na disciplina moral, o discípulo inicia a prática da meditação, intento em estabilizar a mente e limpar os obstáculos para o florescimento da sabedoria. Como a meditação eleva a mente para além do seu nível normal, esta fase da prática é chamada de 'treinamento na mente superior' (*adhicittasikkhā*). Como ela traz pacificação interna e quietude, ela também é chamada de 'desenvolvimento da serenidade' (*samathabhāvanā*). O sucesso da prática resulta em concentração profunda e unificação mental (*samādhi*), também conhecido como 'serenidade interna da mente' (*ajjhattaṃ cetosamatha*). Os tipos mais famosos de concentração reconhecidos nos Nikāya são os quatro *jhānas*, que constituem a concentração correta (*sammā samādhi*) do Nobre Caminho Óctuplo. Para além dos *jhānas* se encontram as quatro realizações sem forma (*arūpasamāpatti*), que conduzem o processo de unificação mental a níveis ainda mais sutis.

O terceiro estágio da prática é o treinamento na sabedoria superior (*adhipaññāsikkhā*), elaborado para despertar a intuição direta acerca da verdadeira natureza das coisas como revelada pelos ensinamentos do Buda. Isto será tratado em detalhe no próximo capítulo.

A primeira seleção abaixo, o **Texto VIII, 1**, é uma miscelânea de epigramas breves que sublinham a necessidade de cultivo mental. Os ditados ocorrem em pares. Em cada par, o primeiro membro assinala os perigos de uma mente não cultivada. O segundo exalta os benefícios da mente cultivada. A mente não cultivada é uma presa fácil para as máculas – cobiça, ódio e ilusão e os seus desdobramentos. As máculas geram kamma prejudicial, que gera resultados dolorosos tanto nessa quanto nas vidas futuras. Como as máculas são a causa do nosso sofrimento e da nossa servidão, o caminho para a liberdade envolve necessariamente um processo de treinamento mental meticuloso que tem por objetivo controlá-las e, por fim, arrancá-las dos locais onde se aninham nas profundezas da mente. Do desenvolvimento da mente surgem a felicidade, a liberdade e a paz.

Desenvolvimento da mente, para os Nikāyas, significa o desenvolvimento da serenidade (*samatha*) e da intuição (*vipassanā*). O **Texto VIII, 2 (1)**, afirma que quando a serenidade é desenvolvida, ela conduz à concentração e à libertação da mente de máculas emocionais tais como o desejo e a má vontade. Quando a intuição é desenvolvida, ela conduz à sabedoria superior da intuição acerca da verdadeira natureza dos fenômenos e liberta a mente de forma permanente da ignorância. Por isso, as duas coisas mais necessárias para controlar a mente são a serenidade e a intuição.

Já que a concentração é a base da sabedoria, os Nikāyas geralmente tratam do desenvolvimento da serenidade como a precursora do desenvolvimento da intuição. Contudo, como as aptidões dos meditadores diferem, vários suttas possibilitam abordagens alternativas àquela sequência. O **Texto VIII, 2 (2)**, fala de quatro abordagens ao cultivo mental:

1) A primeira abordagem, a clássica, seria desenvolver a serenidade como primeiro e a intuição posteriormente. Por "serenidade" se quer dizer os jhānas ou (de acordo com os comentários em Pāli), um estado limítrofe aos jhānas, chamado de 'acesso' ou 'umbral' da concentração (*upacārasamādhi*).

2) Uma segunda abordagem seria a de desenvolver a intuição primeiro e a serenidade depois. Como não pode haver uma verdadeira intuição sem concentração, tais meditadores – presumivelmente pessoas com faculdades intelectuais aguçadas – devem, inicialmente, usar a concentração como a base para adquirir a intuição acerca das verdadeiras características dos fenômenos. Porém, parece que tal concentração, apesar de suficiente para a intuição, não se revela forte o suficiente para uma realização no caminho supramundano. Esses meditadores devem, portanto, retornar à tarefa de unificar a mente antes de prosseguir com o trabalho de desenvolvimento da intuição. Tal intuição, baseada na concentração, culmina no caminho supramundano.

3) Uma terceira abordagem seria a de se desenvolver a serenidade e a intuição paralelamente. Os meditadores que adotam esta abordagem primeiro atingem um certo nível de concentração, tal como o jhāna da realização sem forma, e o utiliza como base para a intuição. Assim eles progridem até alcançarem o caminho supramundano.

4) A descrição da quarta abordagem é um tanto obscura. O sutta afirma que 'a mente de um monge é tomada pela agitação por causa do ensinamento', e então, algum tempo depois, ele alcança a concentração e atinge o caminho supramundano. Esta afirmação sugere uma pessoa inicialmente levada por tamanho desejo a compreender o Dhamma que ela não consegue se concentrar claramente em

qualquer objeto meditativo. Mais tarde, com o auxílio das condições de apoio, essa pessoa consegue dominar a mente, alcança a concentração e atinge o caminho supramundano.

O **Texto VIII, 2(3)** mais uma vez reafirma que tanto a serenidade quanto a intuição são necessárias, além de indicar também as habilidades necessárias para as suas respectivas práticas. O cultivo da serenidade requer a habilidade de fixar, compor, unificar e concentrar a mente. O cultivo da intuição requer habilidade em observar, investigar e discernir os fenômenos condicionados (*saṅkhārā*). Alinhado ao texto precedente, esse sutta confirma que alguns meditadores começam por desenvolver a serenidade interna da mente, outros por desenvolver a sabedoria superior da intuição acerca dos fenômenos, outros por desenvolver ambos paralelamente. Contudo, apesar de os meditadores poderem começar diferentemente, em última análise todos eles devem atingir um equilíbrio saudável entre serenidade e intuição. O ponto exato de equilíbrio entre os dois irá diferir de uma pessoa para outra, mas quando o meditador atinge o equilíbrio apropriado, a serenidade e a intuição juntam forças para a realização do conhecimento e da visão das Quatro Nobres Verdades. Este conhecimento e esta visão – a sabedoria que transcende o mundo – ocorre em quatro 'parcelas' distintas, os quatro estágios de realização, os quais, em sequência, destroem permanentemente a ignorância junto com as suas máculas afiliadas[158]. O **Texto VIII, 2 (2)**, reúne essas máculas sob a expressão 'os grilhões e tendências subjacentes'.

Os principais impedimentos ao desenvolvimento da serenidade e da intuição são coletivamente chamados de 'cinco obstáculos', os quais já encontramos na apresentação extensa do treinamento gradual (cf. **Texto VII, 4 §18**). O **Texto VIII, 3** afirma que, assim como as diferentes impurezas da água impedem que vejamos claramente o reflexo de nossa face numa tigela de água, do mesmo modo os cinco obstáculos impedem que compreendamos aquilo que é bom para nós e para os outros. Os esforços iniciais de um meditador, portanto, devem ser destinados à tarefa de superação dos obstáculos. Uma vez que esses tenham sido superados, o sucesso é assegurado na prática da serenidade e da intuição.

O **Texto VIII, 4** compara os estágios sucessivos da purificação da mente ao refino do ouro. O monge meditador começa por remover as impurezas grosseiras da conduta corporal, verbal e mental; isso é conseguido pela disciplina moral e introspecção vigilante. Então ele elimina as impurezas medianas dos pensamentos prejudiciais: os pensamentos de sensualidade, má vontade e fazer mal. Depois vêm as impurezas sutis dos pensamentos tortuosos. Finalmente, ele deve eliminar os pensamentos sobre o Dhamma, o obstáculo mais sutil. Quando todos esses pensamentos que distraem são removidos, o monge alcança a 'unificação mental' (*ekodibhāva*), as bases para os seis 'conhecimentos diretos' (*abhiññā*), que culmina no estado de Arahant, o conhecimento da destruição das máculas.

Os Nikāyas às vezes comparam o processo de treinamento da mente ao adestramento de um animal selvagem. Assim como o treinador do animal utiliza várias técnicas para manter o animal sob controle, o meditador deve retirar elementos de vários métodos para subjugar a mente. Não basta estar familiarizado com uma técnica meditativa, deve-se possuir habilidade num certo número de métodos que servem de antídoto às obstruções mentais específicas. No **Texto VIII, 5** o Buda explica cinco técnicas auxiliares – aqui chamadas de "sinais" (*nimitta*) – que um monge pode utilizar para eliminar os pensamentos prejudiciais conectados com o desejo, o ódio e a ilusão. Aquele que obtém sucesso na superação dos pensamentos que distraem a mente é chamado de 'mestre dos caminhos do pensamento'.

Os suttas ensinam várias técnicas de meditação que objetivam induzir à concentração. Uma fórmula popular c temas específicos de meditação contra os estados mentais prejudiciais que eles deveriam retificar. Desse modo, a meditação sobre a natureza pouco atraente do corpo (cf. **Texto VIII, 8 § 10**) é o remédio contra o desejo sensório; a gentileza amorosa é o remédio contra a má vontade; a atenção na respiração é o remédio contra a inquietação; e a percepção da impermanência é o remédio contra o conceito de 'eu sou'[159]. A percepção da impermanência é um dos temas da meditação intuitiva, os outros três, temas da meditação da serenidade. A gentileza amorosa é a primeira das quatro moradas divinas (*brahmavihāra*) ou estados incomensuráveis (*appamaññā*), discutidos de forma breve no capítulo cinco: gentileza amorosa ilimitada, compaixão, alegria altruística e equanimidade. Esses são, respectivamente, os antídotos contra a má vontade, o fazer mal, descontentamento e a parcialidade. Como nós já introduzimos a passagem canônica padrão sobre as moradas divinas em conexão com a meditação como uma base para o mérito – cf. **Texto V, 5(2)** – para lançar uma luz diferente sobre esta prática eu incluí aqui, como **Texto VIII, 6** a famosa imagem da serra, uma passagem que mostra a gentileza amorosa em ação.

É provável que através dos séculos os temas mais populares de meditação entre budistas leigos tenham sido as seis recordações (*anussati*): do Buda, do Dhamma, da Saṇgha, moralidade, generosidade e dos devas. O **Texto VIII, 7** é uma fonte canônica importante para essas meditações. Esses temas se encontram bem próximos dos corações e das experiências do dia a dia das pessoas vivendo em ambientes domésticos em culturas imbuídas de valores budistas. Essas práticas meditativas, por sua vez, enriquecem e elevam as suas vidas, as aproximando, através do contato espiritual, dos ideais da fé religiosa. As três primeiras são basicamente recordações devocionais que auxiliam na construção da confiança nas Três Joias; mas apesar de começarem com a fé, elas limpam a mente temporariamente das máculas e conduzem à concentração sustentada. A meditação sobre a disciplina moral se desenvolve a partir da própria observância dos preceitos, uma prática que objetiva o benefício próprio; a recordação da generosidade consolida a prática da doação, uma prática altruísta; a recordação dos devas é uma contemplação sobre os frutos da própria fé, moralidade, generosidade e sabedoria quando elas amadurecem em vidas futuras.

O discurso que é geralmente considerado como sendo aquele que oferece as instruções mais exaustivas sobre a prática da meditação é o Satipaṭṭhāna Sutta[160]. Existem duas versões deste texto, uma mais longa no Dīgha Nikāya e uma mediana no Majjhima Nikāya. A primeira difere da segunda somente devido à sua análise mais extensa das Quatro Nobres Verdades, que pode ter sido originariamente um comentário incorporado ao discurso. A versão mediana é incluída aqui como o **Texto VIII, 8**. Um capítulo inteiro do Saṃyutta Nikāya, o Satipaṭṭhānasaṃyutta, também é completamente dedicado a esse sistema de meditação.

O Satipaṭṭhāna Sutta não recomenda um único tema de meditação nem mesmo um único método de meditação. Ao contrário, o seu propósito é explicar como estabelecer o modo de contemplação necessário para se chegar à realização do Nibbāna. A perspectiva mental apropriada a ser estabelecida, como o próprio título do sutta implica, é chamada de um 'fundamento da atenção'. A palavra *satipaṭṭhāna* provavelmente deveria ser compreendida como um composto de *sati,* "atenção", e *upaṭṭhāna*, "estabelecimento, fundamento, base", daí "estabelecimento da atenção" ser a tradução que melhor captura o sentido original da expressão. De acordo com a fórmula tradicional que acompanha cada exercício, um *satipaṭṭhāna* é um modo de permanência (*viharati*). Esse modo de permanência envolve a observação de objetos na perspectiva mental apropriada. A perspectiva de mente consiste de três qualidades positivas: energia (*ātāpa*, 'ardor'), atenção (*sati*) e compreensão clara (*sampajañña*). A palavra *sati* significa originariamente memória, mas no contexto mencionado ela significa uma recordação do presente, uma consciência sustentada do que está acontecendo conosco e dentro de nós em cada ocasião da experiência. A atenção, em seus estágios iniciais, preocupa-se em manter a mente contemplativa continuamente sobre o seu objeto, o que significa manter o objeto presente de forma contínua para a mente. A atenção evita que a mente perca o foco e divague sob o domínio dos pensamentos aleatórios em direção à proliferação mental e ao esquecimento. Geralmente se afirma que a atenção ocorre em conjunção próxima à "compreensão clara", um conhecimento claro e compreensão daquilo que alguém está experienciando.

A fórmula de abertura do sutta afirma que se inicia nesta prática de atenção 'após haver subjugado o desejo e a repulsa pelo mundo' (*vineyya loke abhijjhā-domanassaṃ*). A expressão 'após haver subjugado' não deve ser tomada literalmente como significando que se deve primeiro superar o desejo e a repulsa – que, de acordo com o comentário, significa a cobiça e aversão e, portanto, representa as cinco máculas – antes de se começar a praticar *satipaṭṭhāna*. A expressão pode, inclusive, ser compreendida como significando que a prática em si é o meio de superar o desejo e a repulsa. Por isso, ao subjugar as influências obscurecedoras do desejo e da repulsa, o meditador desperta as qualidades positivas da energia, atenção e compreensão clara, e contempla quatro dimensões objetivas: o corpo, as sensações, os estados mentais e os fenômenos. São essas quatro dimensões objetivas que diferenciam a observação atenta nos quatro estabelecimentos da atenção.

As quatro dimensões objetivas dividem a parte expositiva do Satipaṭṭhāna Sutta em quatro grandes seções. Duas dessas seções, a primeira e a quarta, possuem várias subdivisões. Quando as divisões são somadas se obtém vinte e um temas de meditação. Vários desses podem ser utilizados como meios para se desenvolver serenidade (*samatha*), mas o sistema *satipaṭṭhāna* como um todo parece ter sido especialmente desenvolvido para o desenvolvimento da intuição. As principais seções com as suas divisões são as seguintes:

1) *Contemplação do corpo* (*kāyānupassanā*). Esta compreende quatorze temas de meditação: atenção na respiração; contemplação das quatro posturas; compreensão clara das atividades; atenção na natureza repulsiva do corpo (vista através dos seus órgãos e tecidos); atenção aos elementos; e as nove contemplações dos campos de cremação, contemplações baseadas em cadáveres em diferentes estágios de decomposição.

2) *Contemplação das sensações* (*vedanānupassanā*). A sensação é diferenciada em três tipos primários – agradável, desagradável e nem agradável e nem desagradável – que são posteriormente distinguidas entre sensações carnais e espirituais.

3) *Contemplação da mente* (*cittānupassanā*). Este é um tema de contemplação – a mente – diferenciada em oito pares de estados contrastantes da mente.

4) *Contemplação dos fenômenos* (*dhammānupassanā*). A palavra *dhammā* aqui provavelmente significa "fenômenos", que são classificados em cinco categorias, governada pelo ensinamento do Buda, *o* Dhamma. Portanto, *dhammānupassanā* possui um significado duplo, 'dhammas (fenômenos) contemplados através do Dhamma (o ensinamento)'. As cinco categorias são: as cinco máculas, os cinco agregados, as seis bases sensórias internas e externas, os sete fatores da iluminação e as Quatro Nobres Verdades.

Apesar de não ser explicitada no sutta, uma sequência progressiva parece ser implicada pelos termos que descrevem cada contemplação. Na atenção sobre a respiração, move-se a níveis cada vez sutis de tranquilidade; na contemplação da sensação, move-se em direção a sensações não carnais que não são nem agradáveis nem desagradáveis; na contemplação da mente, move-se na direção dos estados da mente que são concentrados e libertados. Tudo isso sugere que a contemplação progressiva produz uma concentração ampliada. Na contemplação de fenômenos, a ênfase muda em direção à intuição. O processo tem início ao se observar e superar as cinco máculas. A superação das máculas marca o sucesso na concentração. Com a mente concentrada, contempla-se os cinco agregados e as seis bases sensórias. Quando a contemplação ganha força, os sete fatores da iluminação se tornam manifestos, e o desenvolvimento dos sete fatores da iluminação culminam no conhecimento das Quatro Nobres Verdades. O conhecimento das Quatro Nobres Verdades liberta a mente das suas impurezas e, por isso, conduz à realização do Nibbāna. Portanto, este sistema de meditação realiza o potencial a ele atribuído pelo Buda, o de conduzir diretamente à realização do Nibbāna.

Cada um desses grandes exercícios contemplativos é suplementado por uma seção auxiliar, um 'refrão' com quatro subdivisões. O primeiro afirma que o meditador contempla o objeto internamente (dentro da sua própria experiência), externamente (considerando de forma refletida como ocorrendo também na experiência alheia), e em conjunto; isto assegura que se consiga uma visão equilibrada e abrangente do objeto. A segunda parte afirma que o meditador contempla o objeto como sujeito à originação, como sujeito ao desaparecimento e como sujeito tanto à originação quanto ao desaparecimento. Isto traz à luz a característica da impermanência e, portanto, conduz à intuição das três características: impermanência, sofrimento e insubstancialidade (*anicca*, *dukkha*, *anattā*). O terceiro afirma que o meditador deve permanecer consciente simplesmente do objeto, de forma exclusiva, na medida necessária para a atenção e o conhecimento constantes. E o quarto descreve o meditador como permanecendo num estado de completo desapego, sem se ligar a nada no mundo.

No Satipaṭṭhāna Sutta, a atenção à respiração (*ānāpānasati*) é incluída simplesmente como um tema de meditação dentre outros, mas os Nikāyas atribuem a ela uma posição de importância fundamental. O Buda disse que ele havia utilizado a atenção à respiração como o principal tema de meditação para a realização da iluminação (cf. SN 54: 8; V 317). Durante a sua carreira de ensino, ele ocasionalmente fazia um retiro para se dedicar 'à concentração obtida através da atenção à respiração', e ele atribui a ela a honra singular de chamá-la de 'a morada do Tathāgata' (SN 54: 11; V 326).

A atenção à respiração é o tema de todo um capítulo no Saṃyutta Nikāya (SN 54, Ānāpānasaṃyutta). Enquanto o Satipaṭṭhāna Sutta explica a atenção à meditação numa fórmula de quatro estágios, os suttas nesta coleção expandem a sua prática a dezesseis estágios. Como esses estágios não representam necessariamente uma sequência, mas se sobrepõem em parte, eles podem ser considerados, na realidade, aspectos, e não estágios. Esses dezesseis aspectos são agrupados em quatro tétrades, cada uma das quais correspondendo a um 'estabelecimento da atenção'. A primeira tétrade contém os quatro aspectos mencionados no Satipaṭṭhāna Sutta na sua seção acerca da contemplação do corpo, mas as outras tétrades estendem a prática da contemplação das sensações, da mente e dos fenômenos. Desse modo, o desenvolvimento da atenção à respiração pode realizar não somente um, *mas todos* os 'estabelecimentos da atenção'. Os quatro estabelecimentos da atenção, baseados na atenção à respiração, por sua vez englobam os sete fatores da iluminação e esses, por sua vez, englobam o verdadeiro conhecimento e a libertação. Portanto, essa exposição apresenta a atenção à respiração como sendo um tema completo de meditação, que começa com a atenção simples à respiração e culmina na libertação permanente da mente.

Finalmente, no **Texto VIII, 10**, o principal discípulo do Buda, o Venerável Sāriputta, dá um testemunho da realização do seu domínio sobre a mente. Em resposta às perguntas do Venerável Ānanda, ele explica como ele é capaz de permanecer por um dia inteiro em cada um dos jhānas e realizações do sem forma, bem como na realização especial chamada de 'cessação da percepção e sensação' (*saññāvedayitanirodha*). Em cada caso, por se tratar de um arahant, ele é capaz de alcançar essas realizações sem os pensamentos de 'eu' e 'meu'.

VIII
Dominando a mente

1 A mente é a chave

1 "Eu não percebo nenhuma outra coisa, monges, que seja tão inconveniente como uma mente não desenvolvida. Uma mente não desenvolvida é, realmente, um estorvo.

2 Eu não percebo nenhuma outra coisa, monges, que seja tão conveniente como uma mente desenvolvida. Uma mente desenvolvida é, realmente, uma dádiva.

3 Eu não percebo nenhuma outra coisa, monges, que prejudique tanto quanto uma mente não desenvolvida. Uma mente não desenvolvida prejudica muito.

4 Eu não percebo nenhuma outra coisa, monges, que seja tão benéfica como uma mente não desenvolvida. Uma mente desenvolvida é, realmente, um grande benefício.

9 Eu não percebo nenhuma outra coisa, monges, que, quando mantida não desenvolvida e não cultivada gere tamanho sofrimento na mente. A mente, quando não desenvolvida e não cultivada gera um grande sofrimento.

10 "Eu não percebo nenhuma outra coisa, monges, que, quando desenvolvida e cultivada gere tamanha felicidade na mente. A mente, quando desenvolvida e cultivada gera uma grande felicidade."

(AN 1: iii, 1, 2, 3, 4, 9, 10; I 5-6)

2 Desenvolvendo algumas habilidades

(1) Serenidade e intuição

"Duas coisas, monges, fazem parte do verdadeiro conhecimento. Quais duas coisas? A serenidade e a intuição.

Quando se desenvolve a serenidade, o que se experimenta de benéfico? A mente se desenvolve. Quando a mente se desenvolve, o que se experimenta de benéfico? Toda cobiça é abandonada[161].

Quando se desenvolve a intuição, o que se experimenta de benéfico? A sabedoria se desenvolve. Quando a sabedoria se desenvolve, o que se experimenta de benéfico? Toda ignorância é abandonada[162].

Uma mente maculada pela cobiça não é libertada; e a sabedoria maculada pela ignorância não é desenvolvida. Por isso, monges, através do desaparecimento da cobiça ocorre a libertação da mente; e através do desaparecimento da ignorância ocorre a libertação pelo conhecimento[163]."

(AN 2: iii, 10; I 61)

(2) Quatro caminhos para o estado de arahant

"Assim eu ouvi. Numa ocasião o Venerável Ānanda vivendo em Kosamī, no mosteiro Ghosita. Lá, o Venerável Ānanda se dirigiu aos monges da seguinte maneira:

'Amigos!'

'Sim, amigo', os monges responderam. Então o venerável Ānanda disse:

'Amigos, seja qual for o monge ou a monja que declare na minha frente que eles atingiram o estado final de arahant, eles só podem alcançar aquele estado de uma das quatro maneiras seguintes. Quais quatro maneiras?

Neste caso, monges, um monge desenvolve a intuição precedida pela serenidade[164]. Enquanto ele desenvolve, desta maneira, a intuição precedida da serenidade, o caminho surge dentro dele. Ele agora persegue, desenvolve e cultiva o caminho, e enquanto ele assim o faz, os grilhões são abandonados e as tendências subjacentes são eliminadas[165].

Ou então, amigos, um monge desenvolve a serenidade precedida da intuição[166]. Enquanto ele desenvolve, desta maneira, a serenidade precedida da intuição, o caminho surge dentro dele. Ele agora persegue, desenvolve e cultiva o caminho, e enquanto ele assim o faz, os grilhões são abandonados e as tendências subjacentes são eliminadas.

Ou então, amigos, um monge desenvolve a serenidade e a intuição em conjunto[167]. Enquanto ele desenvolve, desta maneira, a serenidade e a intuição em conjunto, o caminho surge dentro dele. Ele agora persegue, desenvolve e cultiva o caminho, e enquanto ele assim o faz, os grilhões são abandonados e as tendências subjacentes são eliminadas.

Ou ainda, amigos, a mente de um monge é tomada pela agitação por causa do ensinamento[168]. Mas então chega um momento quando a sua mente se torna internamente estável, composta, unificada e concentrada; então o caminho surge dentro dele. Ele agora persegue, desenvolve e cultiva o caminho, e enquanto ele assim o faz, os grilhões são abandonados e as tendências subjacentes são eliminadas.

Amigos, seja qual for o monge ou a monja que declare na minha frente que eles atingiram o estado final de Arahant, eles só podem alcançar aquele estado de uma dessas quatro maneiras'."

(AN 4: 170; II 156-157)

(3) Quatro tipos de pessoas

"Monges, pode se encontrar quatro tipos de pessoas neste mundo. Quais quatro tipos?

Neste mundo, monges, uma certa pessoa alcança a serenidade interna, mas não alcança a sabedoria superior da intuição dos fenômenos[169]. Uma outra pessoa alcança a sabedoria superior da intuição dos fenômenos, mas não alcança a serenidade interna da mente. Uma outra pessoa não alcança nem a serenidade interna da mente, nem a intuição superior dos fenômenos. E uma outra pessoa alcança tanto a serenidade interna da mente quanto a sabedoria superior da intuição dos fenômenos.

Por isso, monges, a pessoa que alcança a serenidade interna da mente, mas não a sabedoria superior da intuição dos fenômenos deveria se aproximar de alguém que tenha alcançado aquela intuição e perguntar para ele: 'Amigo, como as formações devem ser vistas? Como as formações devem ser exploradas? Como as formações devem ser discernidas pela intuição?'[170] O outro, então, deve lhe responder acerca do assunto como ele aprendeu e viu, da seguinte maneira: 'As formações devem ser vistas dessa maneira; elas deveriam ser exploradas dessa maneira; elas deveriam ser discernidas pela intuição da seguinte maneira'. Algum tempo mais tarde essa pessoa alcançará tanto a serenidade interna da mente, quanto a sabedoria suprema da intuição dos fenômenos.

Do mesmo modo, monges, uma pessoa que alcançou a sabedoria superior da intuição dos fenômenos, mas não a serenidade interna da mente, deveria se aproximar de alguém que tenha alcançado aquela serenidade interna e perguntar para ele: 'Amigo, como a mente deve ser estabilizada? Como a mente deve ser concentrada? Como a mente deve ser unificada?' O outro, então, deve lhe responder acerca do assunto como ele aprendeu e viu, da seguinte maneira: 'A mente deve ser estabilizada dessa maneira; a mente deve ser concentrada dessa maneira; a mente deve ser unificada da seguinte maneira'. Algum tempo mais tarde essa pessoa alcançará tanto a serenidade interna da mente, quanto a sabedoria suprema da intuição dos fenômenos.

"Da mesma maneira, monges, uma pessoa que não alcançou nem a serenidade interna da mente e nem sabedoria superior da intuição dos fenômenos, deveria se aproximar de alguém que tenha alcançado ambas e perguntar para ele: 'amigo, como a mente deve ser estabilizada? Como a mente deve ser concentrada? Como a mente deve ser unificada?' O outro, então, deve lhe responder acerca do assunto como ele aprendeu e viu, da seguinte maneira: 'a mente deve ser estabilizada dessa maneira; a mente deve ser concentrada dessa maneira; a mente deve ser unificada da seguinte maneira'... 'Amigo, como as formações devem ser vistas? Como as formações devem ser exploradas? Como as formações devem ser discernidas pela intuição?' O outro, então, deve lhe responder acerca do assunto como ele aprendeu e viu, da seguinte maneira: 'as formações devem ser vistas dessa maneira; elas deveriam ser exploradas dessa maneira; elas deveriam ser discernidas pela intuição da seguinte maneira'. Algum tempo mais tarde essa pessoa alcançará tanto a serenidade interna da mente, quanto a sabedoria suprema da intuição dos fenômenos.

"Desse modo, monges, a pessoa que alcança tanto a serenidade interna da mente quanto a sabedoria superior da intuição dos fenômenos deveria se estabelecer nesses quatro estados saudáveis e fazer um esforço adicional para a destruição das máculas".

(AN 4: 94; II 93-95)

3 Os obstáculos ao desenvolvimento mental

"Então o brâmane Saṅgārava se aproximou do Abençoado, trocou saudações com ele, sentou-se ao lado e disse:

'Mestre Gotama, por que, às vezes, mesmo aqueles textos que foram recitados por um longo período não são lembrados, quanto mais aqueles que não foram recitados? E por que, às vezes, aqueles textos que não foram recitados por um longo período são lembrados, para não mencionar aqueles que foram recitados?'

'Brâmane, aquele que vive com a mente obcecada pelo desejo sensório, dominado pelo desejo sensório, quando não se compreende como ocorre a escapatória do desejo sensório[171], nessa situação não se compreende e nem se enxerga o que é bom para si mesmo, bom para os outros ou para ambos. Então, mesmo aqueles textos que foram recitados por um longo período não são lembrados, quanto mais aqueles que não o foram.

Imagine, brâmane, que numa tigela exista água misturada com corantes vermelho, amarelo, azul ou púrpura. Se um homem com boa visão fosse examinar o reflexo do seu rosto naquela água, ele não se reconheceria nela e nem enxergaria como ele de fato é. Do mesmo modo, brâmane, quando se vive com a mente obcecada pelo desejo sensório, dominado pelo desejo sensório, quando não se compreende como ocorre a escapatória do desejo sensório, nessa situação não se compreende e nem se enxerga o que é bom para si mesmo, bom para os outros ou para ambos. Então, mesmo aqueles textos que foram recitados por um longo período não são lembrados, quanto mais aqueles que não o foram.

Da mesma maneira, brâmane, aquele que vive com a mente obcecada pela má vontade, dominado pela má vontade, quando não se compreende como ocorre a escapatória da má vontade, nessa situação não se compreende e nem se enxerga o que é bom para si mesmo, bom para os outros ou para ambos. Então, mesmo aqueles textos que foram recitados por um longo período não são lembrados, quanto mais aqueles que não o foram.

Imagine, brâmane, que haja uma panela de água sendo aquecida sobre um fogo, borbulhando e fervendo. Se um homem com boa visão fosse examinar o reflexo do seu rosto naquela água, ele não se reconheceria nela e nem enxergaria como ele de fato é. Do mesmo modo, brâmane, quando se vive com a mente obcecada pela má vontade, dominado pela má vontade, quando não se compreende como ocorre a escapatória da má vontade, nessa situação não se compreende e nem se enxerga o que é bom para si mesmo, bom para os outros ou para ambos. Então, mesmo aqueles textos que foram recitados por um longo período não são lembrados, quanto mais aqueles que não o foram.

De modo semelhante, brâmane, aquele que vive com a mente obcecada pela apatia e pelo torpor, dominado pela apatia e pelo torpor, quando não se compreende como ocorre a escapatória da apatia e do torpor, nessa situação não se compreende e nem se enxerga o que é bom para si mesmo, bom para os outros ou para ambos. Então, mesmo aqueles textos que foram recitados por um longo período não são lembrados, quanto mais aqueles que não o foram.

Imagine, brâmane, uma tigela cheia de água coberta por plantas e algas. Se um homem com boa visão fosse examinar o reflexo do seu rosto naquela água, ele não se reconheceria nela e nem enxergaria como ele de fato é. Do mesmo modo, brâmane, quando se vive com a mente obcecada pela apatia e pelo torpor, dominado pela apatia e pelo torpor, quando não se compreende como ocorre a escapatória da apatia e do torpor, nessa situação não se compreende e nem se enxerga o que é bom para si mesmo, bom para os outros ou para ambos. Então, mesmo aqueles textos que foram recitados por um longo período não são lembrados, quanto mais aqueles que não o foram.

Da mesma maneira, brâmane, aquele que vive com a mente obcecada pela inquietude e pelo remorso, dominado pela inquietude e pelo remorso, quando não se compreende como ocorre a escapatória da inquietude e do remorso, nessa situação não se compreende e nem se enxerga o que é bom para si mesmo, bom para os outros ou para ambos. Então, mesmo aqueles textos que foram recitados por um longo período de tempo não são lembrados, quanto mais aqueles que não o foram.

Imagine, brâmane, que a água dentro de uma tigela esteja sendo mexida pelo vento, esteja balançando, fazendo um redemoinho, formando pequenas ondas. Se um homem com boa visão fosse examinar o reflexo do seu rosto naquela água, ele não se reconheceria nela e nem enxergaria como ele de fato é. Do mesmo modo, brâmane, quando se vive com a mente obcecada pela inquietude e pelo remorso, dominado pela inquietude e pelo remorso, quando não se compreende como ocorre a escapatória da inquietude e do remorso, nessa situação não se compreende e nem se enxerga o que é bom para si mesmo, bom para os outros ou para ambos. Então, mesmo aqueles textos que foram recitados por um longo período não são lembrados, quanto mais aqueles que não o foram.

De modo semelhante, brâmane, aquele que vive com a mente obcecada pela dúvida, dominado pela dúvida, quando não se compreende como ocorre a escapatória da dúvida, nessa situação não se compreende e nem se enxerga o que é bom para si mesmo, bom para os outros ou para ambos. Então, mesmo aqueles textos que foram recitados por um longo período não são lembrados, quanto mais aqueles que não o foram.

Imagine, brâmane, que uma tigela de água esteja turva, com limo e lodo, no escuro. Se um homem com boa visão fosse examinar o reflexo do seu rosto naquela água, ele não se reconheceria nela e nem enxergaria como ele de fato é. Do mesmo modo, brâmane, quando se vive com a mente obcecada pela dúvida, dominado pela dúvida, quando não se compreende como ocorre a escapatória da dúvida, nessa situação não se compreende e nem se enxerga o que é bom para si mesmo, bom para os outros ou para ambos. Então, mesmo aqueles textos que foram recitados por um longo período não são lembrados, quanto mais aqueles que não o foram.

É por causa disso, brâmane, que aqueles textos que foram recitados por um longo período não são lembrados, quanto mais aqueles que não o foram.

Brâmane, quando se vive com uma mente que não esteja obcecada pelo desejo sensório, pela má vontade, pela apatia e pelo torpor, pela inquietude e pelo remorso, e também pela dúvida, é por isso que aqueles textos que não foram recitados por um longo período são lembrados, quanto mais aqueles que o foram.

Imagine, brâmane, que uma tigela de água esteja sem corantes, nem borbulhando e nem fervendo, não esteja coberta de plantas e algas; não esteja sendo agitada e mexida pelo vento; clara, limpa, serena, na luz. Se um homem com boa visão fosse examinar o reflexo do seu rosto naquela água, ele se reconheceria nela e enxergaria como ele de fato é.

Do mesmo modo, brâmane, quando se vive com uma mente que não esteja obcecada pelo desejo sensório, pela má vontade, pela apatia e pelo torpor, pela inquietude e pelo remorso, e também pela dúvida, é por isso que aqueles textos que não foram recitados por um longo período são lembrados, quanto mais aqueles que o foram.

Este é o motivo, brâmane, pelo qual aqueles textos que não foram recitados por um longo período são lembrados, quanto mais aqueles que o foram'.

Quando tudo isto foi falado, o brâmane Saṅgārava disse ao Abençoado: 'Magnífico, Mestre Gotama! Possa o mestre Gotama me aceitar como um seguidor leigo que hoje tomou refúgio até o final da vida'."

(SN 46: 55, condensado; V 121-126)

4 O REFINO DA MENTE

"Monges, existem impurezas grosseiras no ouro, como terra e areia, cascalho e pedras. Então, o ourives ou o seu ajudante primeiro coloca o ouro numa tina e lhe raspa, lima e limpa. Após ele fazer isso, mesmo assim ainda restam algumas impurezas medianas no ouro, como pedrinhas e areia fina. Então o ourives ou o seu ajudante limpa-o, lava-o e o poli. Quando ele acaba de fazer isso, ainda assim permanecem algumas pequenas impurezas, como areia bem fina e fuligem. Aí o ourives ou o seu ajudante repete a limpeza e, somente então, o pó de ouro permanece.

Ele, então, derrama o ouro num cadinho, o funde e aí o derrete. Mas ele ainda não retira o ouro do receptáculo, porque nem todas as suas impurezas já foram completamente retiradas e o ouro ainda não se encontra bem maleável, trabalhável e brilhante; ele ainda está quebradiço e ainda não se lhe molda com facilidade. Aí então, mais uma vez, o ourives ou o seu ajudante repete o procedimento de fundição e derretimento. Aí sim; o ouro agora se encontra maleável, trabalhável e brilhante, além de poder ser moldado com facilidade. Seja qual for o ornamento que o ourives deseje fazer, seja um diadema, brincos, um colar ou uma corrente de ouro, o ouro agora já pode ser utilizado para qualquer propósito.

É parecido, monges, com um monge que se dedica ao treinamento da mente superior: existem nele impurezas grosseiras, nomeadamente, má conduta do corpo, da fala e da mente. Um monge capaz e diligente abandona, elimina, abole e descarta tais condutas.

Quando ele abandona aquelas impurezas, ainda restam nele algumas impurezas medianas, nomeadamente, pensamentos sensórios, pensamentos de má vontade e pensamentos agressivos[172]. Um monge capaz e diligente abandona, elimina, abole e descarta tais condutas.

Quando ele abandona aquelas impurezas, ainda restam nele algumas impurezas sutis, nomeadamente, pensamentos acerca dos seus parentes, do seu lugar de origem e da sua reputação. Um monge capaz e diligente abandona, elimina, abole e descarta tais condutas.

Quando ele abandona aquelas condutas, ainda restam nele alguns pensamentos acerca do ensinamento[173]. Aquela concentração ainda não é pacífica e sublime; ainda não alcançou a tranquilidade completa, e ainda também não conseguiu a unificação mental; esta só é mantida através da supressão extenuante das impurezas.

Porém, chega um dia quando a sua mente se torna internamente estável, composta, unificada e concentrada. Aquela concentração é, então, calma e refinada; ela atingiu a tranquilidade completa e unificação mental; ela não é mantida através da supressão extenuante das impurezas.

Então, seja qual for o estado mental possível de ser alcançado pelo conhecimento direto para o qual ele dirija a sua mente, ele atinge a capacidade de alcançar aquele estado através do conhecimento direto, sempre que as condições necessárias permitam[174].

Se ele deseja: 'Possa eu realizar os vários poderes espirituais: sendo um, que eu possa me tornar muitos; sendo muitos, possa eu me tornar um; possa eu aparecer e desaparecer; possa eu atravessar uma parede; atravessar um muro; atravessar uma montanha como se atravessa o espaço vazio; mergulhar para dentro e saltar para fora da terra como ela fosse de água; andar sobre a água sem afundar, como se ela fosse terra; viajar pelo espaço quando eu estiver sentado como se eu fosse uma ave; tocar e atingir com a minha mão, poderoso e invencível, o sol e a lua; controlar o meu corpo até mesmo no mundo de Brahma' – ele atinge a capacidade de realizar aquele estado através do conhecimento direto, sempre que as condições necessárias permitam.

Se ele deseja: 'Possa eu ler a mente de outros seres, de outras pessoas, absorvendo-as com a minha própria mente. Possa eu compreender uma mente com cobiça como uma mente com cobiça; uma mente sem cobiça como uma mente sem cobiça; uma mente com ódio como uma mente com ódio; uma mente sem ódio como uma mente sem ódio; uma mente iludida como uma mente iludida; uma mente sem ilusão como uma mente sem ilusão; uma mente contraída como uma mente contraída; uma mente distraída como uma mente distraída; uma mente exaltada como uma mente exaltada; uma mente superável como uma mente superável; uma mente insuperável como uma mente insuperável; uma mente concentrada como uma mente concentrada, e uma mente desconcentrada como uma mente desconcentrada; uma mente liberta como uma mente liberta; uma mente em cativeiro com uma mente em cativeiro' – ele atinge a capacidade de realizar aquele estado através do conhecimento direto, sempre que as condições necessárias permitam.

Se ele deseja: 'Possa eu me recordar de várias vidas passadas, isto é, de um nascimento, de dois nascimentos, três nascimentos, quatro nascimentos, cinco nascimentos, dez nascimentos, vinte nascimentos, trinta nascimentos, quarenta nascimentos, cinquenta nascimentos, cem nascimentos, mil nascimentos, cem mil nascimentos, muitas eras de ciclos cósmicos de expansão, de retração, de expansão e retração: 'daquela vez eu possuía tal nome, era de tal tribo, com tal aparência, comia esse tipo de comida, tal foi a minha experiência de prazer e dor, vivi tantos anos; morrendo lá, eu renasci aqui'. Assim, nesses aspectos e particulares ele recordará muitas vidas passadas em seus muitos modos e detalhes' – ele atinge a capacidade de realizar aquele estado através do conhecimento direto, sempre que as condições necessárias permitam.

Se ele deseja: 'Com o olho divino, que é purificado e supera o humano, possa eu ver os seres morrendo e renascendo, em condição inferior e superior, belos e feios, afortunados e desafortunados, possa eu compreender como os seres existem de acordo com as suas ações, da seguinte maneira: 'Esses seres que se comportaram de forma errada com o corpo, a fala e mente, que ridicularizaram os nobres arahant, adotaram crenças errôneas e agiram de acordo com aquelas crenças errôneas, com a dissolução do corpo, após a morte, nasciam em condição miserável, num mal destino; mas aqueles seres que se comportaram de forma correta com o corpo, a fala e mente, que não ridicularizaram os nobres arahant, que adotaram crenças corretas e agiram de acordo com aquelas crenças corretas, com a dissolução do corpo, após a morte, renasciam num bom destino, num mundo paradisíaco'; portanto, com o olho divino, que é purificado e supera o humano, possa eu ver os seres morrendo e renascendo, em condição inferior e superior, belos e feios, afortunados e desafortunados, possa eu compreender como os seres existem de acordo com as suas ações' – ele atinge a capacidade de realizar aquele estado através do conhecimento direto, sempre que as condições necessárias permitam.

Se ele deseja, 'Pela destruição das máculas, possa eu nesta mesma vida entrar e viver na libertação imaculada da mente, libertação pelo conhecimento, a realizando por mim mesmo através do conhecimento verdadeiro' – ele atinge a capacidade de realizar aquele estado através do conhecimento direto, sempre que as condições necessárias permitam."

(AN 3: 100 § 1-10; I 253-256)

5 A REMOÇÃO DOS PENSAMENTOS QUE DISTRAEM

1 "Assim eu ouvi. Numa ocasião o Abençoado estava vivendo em Savatthī, no Bosque do Príncipe Jeta, no Parque Ānāthapiṇḍika. Lá, ele se dirigiu aos monges da seguinte maneira: 'Monges.' – 'Venerável', eles responderam. O Abençoado disse o seguinte:

2 'Monges, quando um monge está buscando a mente superior, de tempos em tempos ele deveria prestar atenção em cinco sinais[175]. Quais são esses cinco sinais?

3 (i) Nesse caso, monges, quando algum monge presta atenção em algum sinal e, devido àquele sinal, surgem pensamentos maus e prejudiciais em sua mente, conectados com o desejo, o ódio ou a ilusão, então ele deveria prestar atenção em outro sinal conectado com o que é saudável[176]. Quando ele presta atenção em algum outro sinal conectado com aquilo que é saudável, então quaisquer pensamentos maus e prejudiciais conectados com o desejo, o ódio ou a ilusão são abandonados e desaparecem. Com o desaparecimento daqueles, a mente dele se torna estável internamente, composta, unificada e concentrada. Assim como um carpinteiro habilidoso ou seu aprendiz podem retirar, remover e extrair um pino grosso com um outro pino mais fino, do mesmo modo... quando um monge presta atenção a algum outro sinal conectado com o que é saudável... a mente dele se torna estável internamente, composta, unificada e concentrada.

4 (ii) Se, enquanto ele estiver prestando atenção em algum outro sinal conectado com o que é saudável, surgir dentro dele pensamentos maus e prejudiciais conectados com o desejo, o ódio e a ilusão, então ele deveria examinar o perigo em tais pensamentos da seguinte maneira: 'Esses pensamentos são prejudiciais, repreensíveis e resultam em sofrimento'. Quando ele examina o perigo naqueles pensamentos, então quaisquer pensamentos maus e prejudiciais conectados com o desejo, o ódio ou a ilusão são abandonados e desaparecem. Com o desaparecimento daqueles, a mente dele se torna estável internamente, composta, unificada e concentrada. Assim como um jovem ou uma jovem que gostem de ornamentos ficariam horrorizados e se sentiriam humilhados e teriam nojo se uma pele de cobra, um couro de cachorro ou pele humana fossem pendurados ao redor do seu pescoço, do mesmo modo... quando um monge presta atenção a algum outro sinal conectado com o que é saudável... a mente dele se torna estável internamente, composta, unificada e concentrada.

5 (iii) 'Se, enquanto ele estiver examinando o perigo naqueles pensamentos, ainda assim surjam nele pensamentos maus e prejudiciais conectados com o desejo, o ódio ou a ilusão, então ele deveria se esforçar para esquecer tais pensamentos e não prestar atenção neles. Quando ele tenta esquecer aqueles pensamentos, e não presta atenção neles, então quaisquer pensamentos maus e prejudiciais conectados com o desejo, o ódio ou a ilusão são abandonados e desaparecem. Com o desaparecimento daqueles, a mente dele se torna estável internamente, composta, unificada e concentrada. Assim como um homem com a vista boa que não quisesse perceber formas com as quais ele tenha tomado contato no seu campo visual ou fecharia os seus olhos

ou desviaria o olhar, do mesmo modo, quando um homem tenta esquecer aqueles pensamentos e não presta atenção neles... a mente dele se torna estável internamente, composta, unificada e concentrada.

(iv) Se, enquanto ele estiver tentando esquecer aqueles pensamentos e não estiver prestando atenção neles, mesmo assim ainda surgirem nele pensamentos maus e prejudiciais conectados com o desejo, o ódio ou a ilusão, então ele deveria se dedicar à pacificação do processo de formação daqueles mesmos pensamentos[177]. Quando ele presta atenção à pacificação do processo de formação daqueles mesmos pensamentos, então quaisquer pensamentos maus e prejudiciais conectados com o desejo, o ódio ou a ilusão são abandonados e desaparecem. Com o desaparecimento daqueles, a mente dele se torna estável internamente, composta, unificada e concentrada. Assim como um homem que esteja andando rápido poderia refletir: 'por que estou andando rápido?' 'E se eu andasse mais devagar?' E então começasse a andar mais devagar; então ele poderia refletir: 'Por que estou andando devagar?' 'E se eu parasse?' E ele parasse; aí ele poderia refletir: 'Por que estou parado?' 'E se eu sentasse?' E ele sentasse; então ele poderia refletir: 'Por que estou sentado?' 'E se eu me deitasse?' E ele se deitasse; desse modo, ele iria substituir cada postura corporal mais grosseira por uma mais sutil. Do mesmo modo, quando um monge se dedica ao processo de pacificação da formação de pensamentos... a mente dele se torna estável internamente, composta, unificada e concentrada.

7 (v) Se, enquanto ele estiver se dedicando ao processo de pacificação da formação de pensamentos, mesmo assim ainda surjam nele pensamentos maus e prejudiciais conectados com o desejo, o ódio ou a ilusão, então, com os seus dentes encaixados e a língua encostando no palato, ele deveria bater, dominar e esmagar a mente com a mente. Aí, quando ele, com os dentes encaixados e a língua encostando no palato, tiver conseguido bater, dominar e esmagar a mente com a mente, então quaisquer pensamentos maus e prejudiciais conectados com o desejo, o ódio ou a ilusão são abandonados e desaparecem. Com o desaparecimento daqueles, a mente dele se torna estável internamente, composta, unificada e concentrada. Assim como um homem mais forte pode agarrar um homem mais fraco pela cabeça ou ombros e dar-lhe uma surra, dominá-lo e esmagá-lo, do mesmo modo, um monge, com os seus dentes encaixados e a língua encostando no palato, deveria bater, dominar e esmagar a mente com a mente... então a mente dele se torna estável internamente, composta, unificada e concentrada.

8 Monges, quando algum monge presta atenção em algum sinal, e devido àquele sinal, surgem pensamentos maus e prejudiciais em sua mente, conectados com o desejo, o ódio ou a ilusão, então ele deveria prestar atenção em outro sinal conectado com o que é saudável. Quando ele presta atenção em algum outro sinal conectado com aquilo que é saudável, então quaisquer pensamentos maus e prejudiciais conectados com o desejo, o ódio ou a ilusão são abandonados e desaparecem. Com o desaparecimento daqueles, a mente dele se torna estável internamente, composta, unificada e concentrada. Quando ele examina o perigo naqueles pensamentos, então

quaisquer pensamentos maus e prejudiciais conectados com o desejo, o ódio ou a ilusão são abandonados e desaparecem. Com o desaparecimento daqueles, a mente dele se torna estável internamente, composta, unificada e concentrada. Quando ele tenta esquecer aqueles pensamentos, e não presta atenção neles, então quaisquer pensamentos maus e prejudiciais conectados com o desejo, o ódio ou a ilusão são abandonados e desaparecem. Com o desaparecimento daqueles, a mente dele se torna estável internamente, composta, unificada e concentrada. Quando ele presta atenção à pacificação do processo de formação daqueles mesmos pensamentos, então quaisquer pensamentos maus e prejudiciais conectados com o desejo, o ódio ou a ilusão são abandonados e desaparecem. Com o desaparecimento daqueles, a mente dele se torna estável internamente, composta, unificada e concentrada. Quando ele, com os dentes travados e a língua encostando no palato, tiver conseguido bater, dominar e esmagar a mente com a mente, então quaisquer pensamentos maus e prejudiciais conectados com o desejo, o ódio ou a ilusão são abandonados e desaparecem. Com o desaparecimento daqueles, a mente dele se torna estável internamente, composta, unificada e concentrada. Este monge é, então, chamado de 'mestre dos caminhos do pensamento'. Ele conseguirá pensar o pensamento que ele quiser e não pensará o pensamento que ele não quiser pensar. Ele amputou o desejo, cortou os grilhões, e com a completa compreensão acerca do orgulho, ele conseguiu acabar com o sofrimento.

Foi isso que o Abençoado disse. Os monges ficaram satisfeitos e se deleitaram com as palavras do Abençoado."

(MN 20: *Vitakkasaṇṭhāna Sutta*; I 118-122)

6 A MENTE DA GENTILEZA AMOROSA

11 "Monges, existem cinco tipos de fala que outros podem usar quando eles se dirigem a vocês: o discurso deles pode ser oportuno ou inoportuno, verdadeiro ou falso, ligado ao bem ou ao prejudicial, falado com uma mente de gentileza amorosa ou num estado de ódio. Quando outros se dirigem a vocês, o discurso deles pode ser oportuno ou inoportuno; quando outros se dirigem a vocês, o discurso deles pode ser verdadeiro ou falso; quando outros se dirigem a vocês, o discurso deles pode ser ligado ao bem ou prejudicial; quando outros se dirigem a vocês, o discurso deles pode ser falado com uma mente de gentileza amorosa ou num estado de ódio. Por isso, monges, vocês deveriam treinar da seguinte maneira: 'nossas mentes permanecerão imperturbáveis, e não pronunciaremos palavras duras; permaneceremos compassivos para o bem-estar deles, com uma mente de gentileza amorosa, nunca num estado de ódio. Nós permanecermos envolvendo aquela pessoa com uma mente imbuída de gentileza compassiva e, começando com aquela pessoa[178], permaneceremos envolvendo todo o mundo com uma mente imbuída de gentileza compassiva, abundante, exaltada, imensurável, sem hostilidade e sem má vontade'. É assim que vocês deveriam treinar, monges.

20 Monges, mesmo se bandidos esquartejassem vocês selvagemente, membro por membro, com uma serra dupla, aquele em cuja mente o ódio despertasse não estaria seguindo os meus ensinamentos. Por isso, monges, vocês deveriam treinar da seguinte maneira: 'nossas mentes permanecerão imperturbáveis, e não pronunciaremos palavras duras; permaneceremos compassivos para o bem-estar deles, com uma mente de gentileza amorosa, nunca num estado de ódio. Nós permanecermos envolvendo aquelas pessoas com uma mente imbuída de gentileza compassiva e, começando com elas, permaneceremos envolvendo todo o mundo com uma mente imbuída de gentileza compassiva, abundante, exaltada, imensurável, sem hostilidade e sem má vontade'. É assim que vocês deveriam treinar, monges.

21 'Monges, se vocês mantiverem este conselho que possui a imagem da serra de forma constante em suas mentes, vocês conseguem enxergar qualquer tipo de fala, trivial ou grosseira, que vocês não pudessem suportar?' – 'Não, venerável!' – 'Portanto, monges, vocês deveriam manter este conselho que possui a imagem da serra de forma constante em suas mentes. Isso conduzirá ao seu bem-estar e alegria por um longo tempo'."

(Do MN 21: *Kakacūpanna Sutta*; I 126-127, 129)

7 As seis recordações

"Numa ocasião o Abençoado estava vivendo em Kapilavatthu no Mosteiro da Árvore de Bânian. Então, Mahānāma da tribo Sakya se aproximou do Abençoado, prestou-lhe homenagem, sentou-se ao lado e disse[179]:

'Venerável, como se comporta um nobre discípulo que tenha alcançado o fruto do ensinamento e o compreendido?'[180]

'Mahānāma, quando um nobre discípulo alcançou o fruto do ensinamento e o compreendeu, ele se comporta da seguinte maneira: o nobre discípulo se recorda do Tathāgata como o Abençoado que é um arahant, perfeitamente iluminado, realizado no verdadeiro conhecimento e conduta, afortunado, conhecedor do mundo, líder insuperável daqueles que precisam ser treinados, mestre dos devas e humanos, o Iluminado, o Abençoado'. Quando o nobre discípulo se recorda do Tathāgata dessa maneira, nessa ocasião a sua mente não se torna obcecada pela cobiça, pelo ódio ou ilusão; sua mente permanece focada, com o Tathāgata como o seu objeto. Um nobre discípulo cuja mente esteja focada, ganha a inspiração do sentido, a inspiração do Dhamma, ganha a alegria ligada ao Dhamma. Quando ele se alegra, surge o arrebatamento; alguém enlevado pelo arrebatamento acalma o corpo; alguém com o corpo calmo se sente feliz, de alguém feliz, a mente se torna concentrada. É chamado de nobre discípulo aquele que vive de forma equânime entre diferentes pessoas, que vive sem aflição entre pessoas aflitas, que entrou na correnteza do Dhamma e desenvolve a recordação do Buda.

Além disso, Mahānāma, um nobre discípulo recorda o Dhamma da seguinte maneira: 'O Dhamma é bem exposto pelo Abençoado, diretamente visível, imediato, convidando alguém para que venha e veja, digno de aplicação, experimentado pessoalmente pelos sábios. Quando o nobre discípulo se recorda do Tathāgata dessa maneira, nessa ocasião a sua mente não se torna obcecada pela cobiça, pelo ódio ou ilusão; sua mente permanece focada, com o Tathāgata como o seu objeto. É chamado de nobre discípulo aquele que vive de forma equânime entre diferentes pessoas, que vive sem aflição entre pessoas aflitas, que entrou na correnteza do Dhamma e desenvolve a recordação do Buda'.

Mais do que isso, Mahānāma, um nobre discípulo se recorda da Saṅgha da seguinte maneira: 'A Saṅgha dos discípulos do Abençoado pratica de modo correto, pratica o sendeiro justo, pratica o caminho verdadeiro, pratica de forma apropriada, isto é: os quatro pares de pessoas, os oito tipos de indivíduos – esta Saṅgha dos discípulos do Abençoado é digna de presentes, digna de hospitalidade, digna de oferendas, digna de saudações reverentes, é o campo de mérito insuperável para o mundo'. Quando um nobre discípulo se recorda da Saṅgha dessa maneira, nessa ocasião a sua mente não se torna obcecada pela cobiça, pelo ódio ou ilusão; sua mente permanece focada, com o Tathāgata como o seu objeto. É chamado de nobre discípulo aquele que vive de forma equânime entre diferentes pessoas, que vive sem aflição entre pessoas aflitas, que entrou na correnteza do Dhamma e desenvolve a recordação do Buda.

Além disso, Mahānāma, um nobre discípulo se recorda da sua própria disciplina espiritual da seguinte maneira: 'Eu possuo as virtudes morais que são caras aos Nobres, aquelas que são inquebrantáveis, incorruptíveis, inatacáveis, imaculadas, libertadoras, elogiadas pelos sábios, inconcebíveis, que conduzem à concentração'. Quando um nobre discípulo se recorda da Saṅgha dessa maneira, nessa ocasião a sua mente não se torna obcecada pela cobiça, pelo ódio ou ilusão; sua mente permanece focada, com o Tathāgata como o seu objeto. É chamado de nobre discípulo aquele que vive de forma equânime entre diferentes pessoas, que vive sem aflição entre pessoas aflitas, que entrou na correnteza do Dhamma e desenvolve a recordação do Buda.

Além disso, Mahānāma, um nobre discípulo se recorda da sua própria generosidade da seguinte maneira: 'É um lucro para mim, é um grande lucro para mim, que numa população manchada pela mácula da avareza, eu vivo em casa com a mente livre da mácula da avareza, generoso com todos, mão-aberta, me alegrando em abrir mão das coisas, devotado à caridade, me alegrando em dar e distribuir'. Quando um nobre discípulo se recorda da sua generosidade dessa maneira, nessa ocasião a sua mente não se torna obcecada pela cobiça, pelo ódio ou ilusão; sua mente permanece focada, com o Tathāgata como o seu objeto. É chamado de nobre discípulo aquele que vive de forma equânime entre diferentes pessoas, que vive sem aflição entre pessoas aflitas, que entrou na correnteza do Dhamma e desenvolve a recordação do Buda.

Mais do que isso, Mahānāma, um nobre discípulo desenvolve a recordação dos devas da seguinte maneira: 'Existem devas nas várias dimensões celestiais[181]. Existe em mim tanta fé, disciplina moral, tanto conhecimento, tanta generosidade e sabedoria quanto aqueles devas possuíam e, por causa dos quais, quando eles partiram deste mundo, terem renascido lá'. Quando um nobre discípulo se recorda da sua generosidade dessa maneira, nessa ocasião a sua mente não se torna obcecada pela cobiça, pelo ódio ou ilusão; sua mente permanece focada, com o Tathāgata como o seu objeto. É chamado de nobre discípulo aquele que vive de forma equânime entre diferentes pessoas, que vive sem aflição entre pessoas aflitas, que entrou na correnteza do Dhamma e desenvolve a recordação do Buda.

Mahānāma, quando um nobre discípulo alcançou o fruto do ensinamento e o compreendeu, ele se comporta exatamente dessa maneira."

(AN 6: 10; III 284-288)

8 AS QUATRO FUNDAÇÕES DA CONSCIÊNCIA

1 "Assim eu ouvi. Numa ocasião o Abençoado estava vivendo nas terras dos Kuru onde existe uma cidade deles chamada Kammāsa-dhamma. Lá, ele se dirigiu aos monges da seguinte maneira: 'Monges'. – 'Venerável!' Eles responderam. O Abençoado disse isso:

2 'Monges, este é a via de mão única[182] para a purificação dos seres, para a superação da dor e dos lamentos, para o fim do sofrimento e da tristeza, para se alcançar o verdadeiro caminho, para se realizar o Nibbāna – a saber, os quatro estabelecimentos da atenção.

3 E quais são esses quatro? Nesse caso, monges, um monge permanece contemplando o corpo no corpo, ardente, compreendendo claramente e atento, tendo subjugado a saudade e a repulsa em relação ao mundo[183]. Ele permanece contemplando as sensações nas sensações, ardente, compreendendo claramente e atento, tendo subjugado a saudade e a repulsa em relação ao mundo. Ele permanece contemplando a mente na mente, ardente, compreendendo claramente e atento, tendo subjugado a saudade e a repulsa em relação ao mundo. Ele permanece contemplando os fenômenos nos fenômenos, ardente, compreendendo claramente e atento, tendo subjugado a saudade e a repulsa em relação ao mundo[184].

[Contemplação do corpo]

[1 Atenção na respiração]

4 E como, monges, um monge permanece contemplando o corpo no corpo? Neste caso, monges, indo para a mata, para o pé de uma árvore ou para uma cabana vazia, ele se senta; tendo cruzado as suas pernas, alinhado o seu corpo e estabelecendo a atenção para si, simplesmente atento ele inspira, simplesmente atento ele expira. Inspirando longamente, ele compreende: 'Estou inspirando longamente'; ou então, expirando longamente, ele compreende: 'Estou expirando longamente'. Inspirando de forma curta, ele compreende: 'Estou inspirando de forma curta'; ou então, expirando de forma curta, ele compreende: 'Estou expirando de forma curta'[185]. Ele treina da seguinte maneira: 'Eu vou inspirar experienciando o corpo inteiro'; ele treina da seguinte maneira: 'Eu vou expirar experienciando o cor-

po inteiro'[186]. Ele treina da seguinte maneira: 'Eu vou inspirar tranquilizando a formação corpórea'; ele treina da seguinte maneira: 'Eu vou expirar tranquilizando a formação corpórea'[187]. Assim como um torneiro hábil ou seu auxiliar, ao fazer uma volta longa, compreende: 'Eu estou fazendo uma volta longa'; ou então, ao fazer uma volta curta, compreende: 'Estou fazendo uma volta curta'; do mesmo modo, inspirando de forma longa, um monge compreende: 'Estou inspirando de forma longa'. Ou então, inspirando de forma curta, ele compreende: 'Estou inspirando de forma curta'; ou então, expirando de forma curta, ele compreende: 'Estou expirando de forma curta'. Ele treina da seguinte maneira: 'Eu vou inspirar experienciando o corpo inteiro'; ele treina da seguinte maneira: 'Eu vou expirar experienciando o corpo inteiro'. Ele treina da seguinte maneira: 'Eu vou inspirar tranquilizando a formação corpórea'; ele treina da seguinte maneira: 'Eu vou expirar tranquilizando a formação corpórea'.

5 Desse modo, ele permanece contemplando o corpo no corpo internamente, ou ele permanece contemplando o corpo no corpo externamente, ou ele permanece contemplando o corpo no corpo tanto internamente como externamente[188]. Ou então ele permanece contemplando no corpo a sua natureza do seu surgimento, ou ele permanece contemplando no corpo a sua natureza de desaparecimento, ou ele permanece contemplando no corpo tanto a sua natureza tanto de surgimento quanto de desaparecimento[189]. Ou então se estabelece nele a consciência de que 'existe um corpo' simplesmente enquanto necessária para o próprio conhecimento ou para a [possibilidade da] atenção continuada. E ele permanece independente, sem se ligar a nada no mundo. É assim que um monge permanece contemplando o corpo no corpo.

[2 As quatro posturas]

6 Repetindo, monges: quando caminhando, o monge compreende: 'Eu estou caminhando'; quando em pé, o monge compreende: 'Eu estou em pé'; quando sentado, o monge compreende: 'Eu estou sentado'; quando deitado, o monge compreende: 'Eu estou deitado'; ou ele compreende de acordo seja qual for a postura que ele se encontre[190].

7 Dessa maneira, ele permanece contemplando o corpo no corpo o corpo no corpo internamente, ou ele permanece contemplando o corpo no corpo externamente, ou ele permanece contemplando o corpo no corpo tanto internamente como externamente. Ou então ele permanece contemplando no corpo a sua natureza do seu surgimento, ou ele permanece contemplando no corpo a sua natureza de desaparecimento, ou ele permanece contemplando no corpo tanto a sua natureza tanto de surgimento quanto de desaparecimento. Ou então se estabelece nele a consciência de que 'existe um corpo' simplesmente enquanto necessária para o próprio conhecimento ou para a [possibilidade da] atenção continuada. E ele permanece independente, sem se ligar a nada no mundo. É assim que um monge permanece contemplando o corpo no corpo.

[3 A compreensão clara]

8 De novo, monges: um monge é uma pessoa que age com compreensão clara quando está indo ou vindo[191]; que age com compreensão clara quer esteja olhando para a frente ou desviando olhar; que age com compreensão clara quer esteja mexendo ou esticando os seus membros; que age com compreensão clara ao usar os seus mantos ou ao carregar o seu manto externo e a sua tigela de esmolas; que age com compreensão clara quer esteja comendo, bebendo, mastigando ou saboreando; que age com compreensão clara quando está defecando ou urinando; que age com compreensão clara ao andar, ficar de pé, sentar, dormir, acordar, falar ou manter silêncio.

9 Dessa maneira, ele permanece contemplando o corpo no corpo o corpo no corpo internamente, ou ele permanece contemplando o corpo no corpo externamente, ou ele permanece contemplando o corpo no corpo tanto internamente como externamente. Ou então ele permanece contemplando no corpo a sua natureza do seu surgimento, ou ele permanece contemplando no corpo a sua natureza de desaparecimento, ou ele permanece contemplando no corpo tanto a sua natureza tanto de surgimento quanto de desaparecimento. Ou então se estabelece nele a consciência de que 'existe um corpo' simplesmente enquanto necessária para o próprio conhecimento ou para a [possibilidade da] atenção continuada. E ele permanece independente, sem se ligar a nada no mundo. É assim que um monge permanece contemplando o corpo no corpo.

[4 A natureza repulsiva do corpo]

10 Mais uma vez, monges, um monge observa este mesmo corpo da sola dos pés à cabeça, e do topo da cabeça aos pés; envolto em pele, cheio de vários tipos de impurezas, da seguinte maneira: 'Neste corpo existem cabelos, pelos, unhas, dentes, pele, carne, tendões, ossos, tutano, rins, coração, fígado, diafragma, vesícula, pulmões, intestinos, mesentério, estômago, fezes, bile, muco, pus, sangue, suor, gordura, lágrimas, gordura, saliva, catarro, líquidos entre as juntas e urina'[192]. Assim como se houvesse um saco com aberturas em ambos os lados cheio de muitos tipos de grãos, como arroz selvagem, arroz integral, feijões, ervilhas, painço, e um homem com a vista boa o abrisse e, observando todos os tipos de grãos, dissesse: 'Isto é arroz selvagem, isso é arroz integral, esses são feijões, essas são ervilhas, isso é painço, isso é arroz branco; do mesmo modo um monge observa o corpo da sola dos pés à cabeça, e do topo da cabeça aos pés; envolto em pele, cheio de vários tipos de impurezas, da seguinte maneira: 'neste corpo existem cabelos, pelos, unhas, dentes, pele, carne, tendões, ossos, tutano, rins, coração, fígado, diafragma, vesícula, pulmões, intestinos, mesentério, estômago, fezes, bile, muco, pus, sangue, suor, gordura, lágrimas, gordura, saliva, catarro, líquidos entre as juntas e urina'.

11 Dessa maneira, ele permanece contemplando o corpo no corpo o corpo no corpo internamente, ou ele permanece contemplando o corpo no corpo externamente, ou ele permanece contemplando o corpo no corpo tanto internamente como externamente. Ou então ele permanece contemplando no corpo a sua natureza do seu

surgimento, ou ele permanece contemplando no corpo a sua natureza de desaparecimento, ou ele permanece contemplando no corpo tanto a sua natureza tanto de surgimento quanto de desaparecimento. Ou então se estabelece nele a consciência de que 'existe um corpo' simplesmente enquanto necessária para o próprio conhecimento ou para a [possibilidade da] atenção continuada. E ele permanece independente, sem se ligar a nada no mundo. É assim que um monge permanece contemplando o corpo no corpo.

[5 Os elementos]

12 Novamente, monges; um monge observa esse mesmo corpo, seja como for que ele se encontre, seja qual for a sua posição, como sendo constituído da seguinte maneira: 'Neste corpo existe o elemento terra, o elemento água, o elemento fogo e o elemento ar'[193]. Assim como se um açougueiro hábil ou seu auxiliar tivessem matado uma vaca e estivessem sentados numa encruzilhada vendendo a carne em pedaços, do mesmo modo, um monge observa esse mesmo corpo, seja como for que ele se encontre, seja qual for a sua posição, como sendo constituído da seguinte maneira: 'Neste corpo existe o elemento terra, o elemento água, o elemento fogo e o elemento ar'.

13 Dessa maneira, ele permanece contemplando o corpo no corpo internamente, ou ele permanece contemplando o corpo no corpo externamente, ou ele permanece contemplando o corpo no corpo tanto internamente como externamente. Ou então ele permanece contemplando no corpo a sua natureza do seu surgimento, ou ele permanece contemplando no corpo a sua natureza de desaparecimento, ou ele permanece contemplando no corpo tanto a sua natureza tanto de surgimento quanto de desaparecimento. Ou então se estabelece nele a consciência de que 'existe um corpo' simplesmente enquanto necessária para o próprio conhecimento ou para a [possibilidade da] atenção continuada. E ele permanece independente, sem se ligar a nada no mundo. É assim que um monge permanece contemplando o corpo no corpo.

[6-14 As nove contemplações do campo crematório]

14 Mais uma vez, monges, como se ele estivesse vendo um cadáver atirado num campo crematório depois de um, dois ou três dias, um cadáver inchado, pálido, de onde se esvai todo tipo de matéria, um monge compara esse corpo com aquele da seguinte maneira: 'Esse corpo também possui a mesma natureza daquele, um dia será como aquele, ele não está livre deste mesmo destino'[194].

15 Dessa maneira, ele permanece contemplando o corpo no corpo internamente, ou ele permanece contemplando o corpo no corpo externamente, ou ele permanece contemplando o corpo no corpo tanto internamente como externamente. Ou então ele permanece contemplando no corpo a sua natureza do seu surgimento, ou ele permanece contemplando no corpo a sua natureza de desaparecimento, ou ele permanece contemplando no corpo tanto a sua natureza tanto de surgimento quanto de desaparecimento. Ou então se estabelece nele a consciência de que 'existe um corpo' simplesmente enquanto necessária para o próprio conhecimento ou para a [possi-

bilidade da] atenção continuada. E ele permanece independente, sem se ligar a nada no mundo. É assim que um monge permanece contemplando o corpo no corpo.

16 Novamente, como se ele visse um cadáver atirado num campo crematório sendo devorado por corvos, gaviões, abutres, cães, chacais e vários tipos de vermes, um monge compara esse corpo com aquele da seguinte maneira: 'Esse corpo também possui a mesma natureza daquele, um dia será como aquele, ele não está livre deste mesmo destino'.

17 Dessa maneira, ele permanece contemplando o corpo no corpo internamente, ou ele permanece contemplando o corpo no corpo externamente, ou ele permanece contemplando o corpo no corpo tanto internamente como externamente. Ou então ele permanece contemplando no corpo a sua natureza do seu surgimento, ou ele permanece contemplando no corpo a sua natureza de desaparecimento, ou ele permanece contemplando no corpo tanto a sua natureza tanto de surgimento quanto de desaparecimento. Ou então se estabelece nele a consciência de que 'existe um corpo' simplesmente enquanto necessária para o próprio conhecimento ou para a [possibilidade da] atenção continuada. E ele permanece independente, sem se ligar a nada no mundo. É assim que um monge permanece contemplando o corpo no corpo.

18-24 Mais uma vez, como se ele visse um corpo atirado num campo crematório, um esqueleto com carne e sangue, mantido junto por alguns tendões, ou um esqueleto sem carne, sujo de sangue, mantido junto por alguns tendões, ou um esqueleto sem carne ou sangue, mantido junto por alguns tendões, ou ossos espalhados em todas as direções – aqui, ossos da mão; ali, ossos do pé; aqui, costelas; lá, um fêmur; aqui, ossos da bacia; lá, alguns ossos da coluna; aqui, um crânio – um monge compara esse mesmo corpo com aquele dessa maneira: 'Esse corpo também possui a mesma natureza daquele, um dia será como aquele, ele não está livre deste mesmo destino'[195].

25 Dessa maneira, ele permanece contemplando o corpo no corpo internamente, ou ele permanece contemplando o corpo no corpo externamente, ou ele permanece contemplando o corpo no corpo tanto internamente como externamente. Ou então ele permanece contemplando no corpo a sua natureza do seu surgimento, ou ele permanece contemplando no corpo a sua natureza de desaparecimento, ou ele permanece contemplando no corpo tanto a sua natureza tanto de surgimento quanto de desaparecimento. Ou então se estabelece nele a consciência de que 'existe um corpo' simplesmente enquanto necessária para o próprio conhecimento ou para a [possibilidade da] atenção continuada. E ele permanece independente, sem se ligar a nada no mundo. É assim que um monge permanece contemplando o corpo no corpo.

26-30 Novamente, como se ele visse um corpo atirado num campo crematório, com os ossos embranquecidos, da cor das conchas... ossos amontoados... ossos com mais de um ano, apodrecidos e reduzidos a pó, esse corpo também possui a mesma natureza daquele, um dia será como aquele, ele não está livre deste mesmo destino.

31 Dessa maneira, ele permanece contemplando o corpo no corpo internamente, ou ele permanece contemplando o corpo no corpo externamente, ou ele perma-

nece contemplando o corpo no corpo tanto internamente como externamente. Ou então ele permanece contemplando no corpo a sua natureza do seu surgimento, ou ele permanece contemplando no corpo a sua natureza de desaparecimento, ou ele permanece contemplando no corpo tanto a sua natureza tanto de surgimento quanto de desaparecimento. Ou então se estabelece nele a consciência de que 'existe um corpo' simplesmente enquanto necessária para o próprio conhecimento ou para a [possibilidade da] atenção continuada. E ele permanece independente, sem se ligar a nada no mundo. É assim que um monge permanece contemplando o corpo no corpo.

[Contemplação da sensação]

32 Monges: e como um monge permanece contemplando as sensações nas sensações?[196] Neste caso, ao sentir uma sensação agradável, um monge compreende: 'Eu sinto uma sensação agradável'; ao sentir uma sensação dolorosa, um monge compreende: 'Eu sinto uma sensação dolorosa'. Ao sentir uma sensação nem agradável e nem dolorosa, ele compreende: 'Eu sinto uma sensação nem agradável nem dolorosa'. Ao sentir uma sensação carnal agradável, ele compreende: 'Eu sinto uma sensação carnal agradável'; ao sentir uma sensação espiritual agradável, ele compreende: 'Eu sinto uma sensação espiritual agradável'; ao sentir uma sensação carnal dolorosa, ele compreende: 'Eu sinto uma sensação carnal dolorosa'; ao sentir uma sensação espiritual dolorosa, ele compreende: 'Eu sinto uma sensação espiritual dolorosa'; ao sentir uma sensação carnal nem agradável e nem dolorosa, ele compreende: 'Eu sinto uma sensação carnal nem agradável nem dolorosa'; ao sentir uma sensação espiritual nem agradável e nem dolorosa, ele compreende: 'Eu sinto uma sensação espiritual nem agradável nem dolorosa'.

33 Dessa maneira, ele permanece contemplando as sensações nas sensações internamente, ou ele permanece contemplando as sensações nas sensações externamente, ou ele permanece contemplando as sensações nas sensações tanto internamente como externamente. Ou então ele permanece contemplando nas sensações a natureza do seu surgimento, ou ele permanece contemplando nas sensações a natureza do desaparecimento, ou ele permanece contemplando nas sensações tanto a natureza do seu surgimento quanto do seu desaparecimento[197]. Ou então se estabelece nele a consciência de que 'existe sensação' simplesmente enquanto necessária para o próprio conhecimento ou para a [possibilidade da] atenção continuada. E ele permanece independente, sem se ligar a nada no mundo. É assim que um monge permanece contemplando as sensações nas sensações.

[Contemplação da mente]

34 "E como, monges, um monge permanece contemplando a mente na mente?[198] Neste caso, um monge compreende uma mente com cobiça como uma mente com cobiça, e uma mente sem cobiça como uma mente sem cobiça. Ele compreende uma mente com ódio como uma mente com ódio, uma mente sem ódio como uma mente sem ódio. Ele compreende uma mente iludida como uma mente iludida, ele

compreende uma mente sem ilusão como uma mente sem ilusão. Ele compreende uma mente contraída como uma mente contraída, e uma mente distraída como uma mente distraída. Ele compreende uma mente exaltada como uma mente exaltada e uma mente não exaltada como uma mente não exaltada. Ele compreende uma mente superável como uma mente superável, e uma mente insuperável como uma mente insuperável. Ele compreende uma mente concentrada como uma mente concentrada, e uma mente desconcentrada como uma mente desconcentrada. Ele compreende uma mente liberta como uma mente liberta, e uma mente aprisionada como uma mente aprisionada[199].

35 Dessa maneira, ele permanece contemplando a mente na mente internamente, ou ele permanece contemplando a mente na mente externamente, ou ele permanece contemplando a mente na mente tanto internamente como externamente. Ou então ele permanece contemplando da mente a natureza do seu surgimento, ou ele permanece contemplando da mente a natureza do seu desaparecimento, ou ele permanece contemplando da mente tanto a natureza do seu surgimento quanto do seu desaparecimento[200]. Ou então se estabelece nele a consciência de que 'existe a mente' simplesmente enquanto necessária para o próprio conhecimento ou para a [possibilidade da] atenção continuada. E ele permanece independente, sem se ligar a nada no mundo. É assim que um monge permanece contemplando a mente na mente.

[Contemplação dos fenômenos]

[1 Os cinco obstáculos]

36 E como, monges, um monge permanece contemplando os fenômenos nos fenômenos? Neste caso um monge permanece contemplando os fenômenos nos fenômenos em termos dos cinco obstáculos[201]. Neste caso, quando um desejo sensório surge nele, um monge compreende: 'Dá-se um desejo sensório em mim', ou então, quando não se dá nenhum desejo sensório nele, ele compreende: 'Não se dá um desejo sensório em mim'; e ele também compreende como um desejo sensório não surgido surge, e como um desejo sensório surgido é abandonado, e como um desejo sensório abandonado não surge novamente no futuro'[202].

Quando ocorre má vontade nele... quando se dá apatia e sonolência nele... quando se dá inquietação e remorso nele... quando ocorre a dúvida nele, ele compreende: 'Dá-se um dúvida em mim', ou então, quando não se dá nenhuma dúvida nele, ele compreende: 'Não ocorre dúvida em mim'; e ele também compreende como uma dúvida não surgida surge, e como uma dúvida surgida é abandonada, e como uma dúvida abandonada não surge novamente no futuro.

37 Dessa maneira, ele permanece contemplando os fenômenos nos fenômenos internamente, ou ele permanece contemplando os fenômenos nos fenômenos externamente, ou ele permanece contemplando os fenômenos nos fenômenos tanto internamente como externamente. Ou então ele permanece contemplando dos fenômenos a natureza do seu surgimento, ou ele permanece contemplando dos fenômenos a natureza do seu desaparecimento, ou ele permanece contemplando dos

fenômenos tanto a natureza do seu surgimento quanto do seu desaparecimento. Ou então se estabelece nele a consciência de que 'dá-se fenômeno' simplesmente enquanto necessária para o próprio conhecimento ou para a [possibilidade da] atenção continuada. E ele permanece independente, sem se ligar a nada no mundo. É assim que um monge permanece contemplando os fenômenos nos fenômenos em termos dos cinco obstáculos.

[2 Os cinco agregados]

38 Monges, novamente; um monge permanece contemplando os fenômenos nos fenômenos em termos dos cinco agregados sujeitos ao apego[203]. E como um monge permanece contemplando os fenômenos nos fenômenos em termos dos cinco agregados sujeitos ao apego? Neste caso um monge compreende: 'Assim é a forma, essa é a sua origem, esse é o seu desaparecimento; assim é a sensação, essa é a sua origem, esse é o seu desparecimento; assim é a percepção, essa é a sua origem, esse é o seu desaparecimento; assim são as formações volitivas, essa é a sua origem, esse é o seu desparecimento; assim é a consciência, essa é a sua origem, esse é o seu desaparecimento'[204].

39 Dessa maneira, ele permanece contemplando os fenômenos nos fenômenos internamente, ou ele permanece contemplando os fenômenos nos fenômenos externamente, ou ele permanece contemplando os fenômenos nos fenômenos tanto internamente como externamente. Ou então ele permanece contemplando dos fenômenos a natureza do seu surgimento, ou ele permanece contemplando dos fenômenos a natureza do seu desaparecimento, ou ele permanece contemplando dos fenômenos tanto a natureza do seu surgimento quanto do seu desaparecimento. Ou então se estabelece nele a consciência de que 'dá-se fenômeno' simplesmente enquanto necessária para o próprio conhecimento ou para a [possibilidade da] atenção continuada. E ele permanece independente, sem se ligar a nada no mundo. É assim que um monge permanece contemplando os fenômenos nos fenômenos em termos dos cinco obstáculos.

[3 As seis bases sensórias]

40 Monges, novamente; um monge permanece contemplando os fenômenos nos fenômenos em termos das cinco bases sensórias internas e externas[205]. E como, monges, um monge permanece contemplando os fenômenos nos fenômenos em termos das seis bases sensórias internas e externas? Neste caso um monge compreende o olho, ele compreende as formas, e ele compreende a ligação que se dá entre os dois; e ele também compreende como uma ligação não surgida surge, e como uma ligação surgida é abandonada, e como uma ligação abandonada não surge novamente no futuro[206].

Ele compreende o ouvido, ele compreende os sons... ele compreende o nariz, ele compreende o olfato... ele compreende a língua, ele compreende os sabores... ele compreende o corpo, ele compreende os objetos táteis... ele compreende a mente, ele compreende os fenômenos e ele compreende a ligação que se dá entre os dois; e ele também compreende como uma ligação não surgida surge, e como uma ligação surgida é abandonada, e como uma ligação abandonada não surge novamente no futuro.

41 Dessa maneira, ele permanece contemplando os fenômenos nos fenômenos internamente, ou ele permanece contemplando os fenômenos nos fenômenos externamente, ou ele permanece contemplando os fenômenos nos fenômenos tanto internamente como externamente. Ou então ele permanece contemplando dos fenômenos a natureza do seu surgimento, ou ele permanece contemplando dos fenômenos a natureza do seu desaparecimento, ou ele permanece contemplando dos fenômenos tanto a natureza do seu surgimento quanto do seu desaparecimento. Ou então se estabelece nele a consciência de que 'dá-se fenômeno' simplesmente enquanto necessária para o próprio conhecimento ou para a [possibilidade da] atenção continuada. E ele permanece independente, sem se ligar a nada no mundo. É assim que um monge permanece contemplando os fenômenos nos fenômenos em termos das seis bases sensórias.

[4 Os sete fatores da iluminação]

42 Novamente, monges; um monge permanece contemplando os fenômenos nos fenômenos em termos dos sete fatores da iluminação[207]. E como um monge permanece contemplando os fenômenos nos fenômenos em termos dos sete fatores da iluminação? Neste caso, quando ocorre o fator da iluminação da atenção nele, o monge compreende: 'O fator da iluminação da atenção ocorre em mim', ou quando não ocorre o fator da iluminação da atenção nele, ele compreende: 'O fator da iluminação da atenção não ocorre em mim'; e ele também compreende como o fator da iluminação da atenção não surgido surge, e como o fator da iluminação da atenção surgido alcança a sua realização através do desenvolvimento.

Quando ocorre o fator da iluminação da análise dos fenômenos nele... quando ocorre o fator da iluminação da energia nele... quando ocorre o fator da iluminação do entusiasmo nele... quando ocorre o fator da iluminação da tranquilidade nele... quando ocorre o fator da iluminação da concentração nele... quando ocorre o fator da iluminação da equanimidade nele, um monge compreende: 'ocorre o fator da iluminação da atenção nele', o monge compreende: 'O fator da iluminação da equanimidade ocorre em mim', ou quando não ocorre o fator da iluminação da equanimidade nele, ele compreende: 'O fator da iluminação da equanimidade não ocorre em mim'; e ele também compreende como o fator da iluminação da equanimidade não surgido surge, e como o fator da equanimidade surgido alcança a sua realização através do desenvolvimento[208].

43 Dessa maneira, ele permanece contemplando os fenômenos nos fenômenos internamente, ou ele permanece contemplando os fenômenos nos fenômenos externamente, ou ele permanece contemplando os fenômenos nos fenômenos tanto internamente como externamente. Ou então ele permanece contemplando dos fenômenos a natureza do seu surgimento, ou ele permanece contemplando dos fenômenos a natureza do seu desaparecimento, ou ele permanece contemplando dos

fenômenos tanto a natureza do seu surgimento quanto do seu desaparecimento. Ou então se estabelece nele a consciência de que 'dá-se fenômeno' simplesmente enquanto necessária para o próprio conhecimento ou para a [possibilidade da] atenção continuada. E ele permanece independente, sem se ligar a nada no mundo. É assim que um monge permanece contemplando os fenômenos nos fenômenos em termos dos sete fatores da iluminação.

[5 As Quatro Nobres Verdades]

44 Novamente, monges; um monge permanece contemplando os fenômenos nos fenômenos em termos das Quatro Nobres Verdades?[209] E como um monge permanece contemplando os fenômenos nos fenômenos em termos dos sete fatores da iluminação? Neste caso, um monge compreende como, de fato, as coisas ocorrem: 'isto é sofrimento. Esta é a origem do sofrimento. Esta é a cessação do sofrimento. Este é o caminho que conduz à cessação do sofrimento'.

45 Dessa maneira, ele permanece contemplando os fenômenos nos fenômenos internamente, ou ele permanece contemplando os fenômenos nos fenômenos externamente, ou ele permanece contemplando os fenômenos nos fenômenos tanto internamente como externamente. Ou então ele permanece contemplando dos fenômenos a natureza do seu surgimento, ou ele permanece contemplando dos fenômenos a natureza do seu desaparecimento, ou ele permanece contemplando dos fenômenos tanto a natureza do seu surgimento quanto do seu desaparecimento. Ou então se estabelece nele a consciência de que 'dá-se fenômeno' simplesmente enquanto necessária para o próprio conhecimento ou para a [possibilidade da] atenção continuada. E ele permanece independente, sem se ligar a nada no mundo. É assim que um monge permanece contemplando os fenômenos nos fenômenos em termos das Quatro Nobres Verdades.

[Conclusão]

46 Monges, se alguém conseguir desenvolver esses quatro estabelecimentos da atenção da maneira descrita por sete anos, um dos dois frutos pode ser esperado: ou o conhecimento final aqui e agora ou, se houver algum traço de apego restante, o não retorno[210].

Esqueçam sete anos. Se alguém conseguir desenvolver esses quatro estabelecimentos da atenção da maneira descrita por seis anos... cinco anos... quatro anos... três anos... dois anos... por um ano, um dos dois frutos pode ser esperado: ou o conhecimento final aqui e agora ou, se houver algum traço de apego restante, o não retorno.

Esqueçam um ano. Se alguém conseguir desenvolver esses quatro estabelecimentos da atenção da maneira descrita por sete meses, seis meses... cinco meses... quatro meses... três meses... dois meses... por um mês... por meio mês, um dos dois frutos pode ser esperado: ou o conhecimento final aqui e agora ou, se houver algum traço de apego restante, o não retorno.

Esqueçam meio mês. Se alguém conseguir desenvolver esses quatro estabelecimentos da atenção da maneira descrita por sete dias, um dos dois frutos pode ser esperado: ou o conhecimento final aqui e agora ou, se houver algum traço de apego restante, o não retorno.

47 Portanto, foi com referência a isto que foi dito: Monges, este é a via de mão única para a purificação dos seres, para a superação da dor e dos lamentos, para o fim do sofrimento e da tristeza, para se alcançar o verdadeiro caminho, para se realizar o Nibbāna – a saber, os quatro estabelecimentos da atenção.

Foi isto que o Abençoado disse. Os monges ficaram satisfeitos e felizes com as palavras do Abençoado."

(MN 10: *Satipaṭṭhāna Sutta*; I 55-63)

9 A ATENÇÃO NA RESPIRAÇÃO

"Em Sāvatthī, o Venerável Ānanda se aproximou do Abençoado, prestou-lhe homenagens, sentou-se ao lado e disse: 'Venerável, existe alguma coisa que, quando desenvolvida e cultivada, alcança quatro coisas? E essas quatro coisas, quando desenvolvidas e cultivadas alcançam sete coisas? E essas sete coisas, quando desenvolvidas e cultivadas, alcançam duas coisas?'

'Existe, Ānanda, uma coisa que, quando desenvolvida e cultivada, alcança quatro coisas; e essas quatro coisas, quando desenvolvidas e cultivadas, alcançam sete coisas; e essas sete coisas, quando desenvolvidas e cultivadas, alcançam duas coisas.'

'Mas, Venerável, que coisa é esta que, quando desenvolvida e cultivada, alcança quatro coisas? E quais são essas quatro coisas que, quando desenvolvidas e cultivadas alcançam sete coisas? E quais são essas sete coisas que, quando desenvolvidas e cultivadas, alcançam duas coisas?'

'Concentração na atenção sobre a respiração, Ānanda, é aquilo que, quando desenvolvida e cultivada, alcança os quatro estabelecimentos da atenção; os quatro estabelecimentos da atenção, quando desenvolvidas e cultivadas, alcançam os sete fatores da iluminação; e os sete fatores da iluminação, quando desenvolvidos e cultivados, alcançam o verdadeiro conhecimento e a libertação.'

[i. Alcançando os quatro estabelecimentos da atenção]

Como, Ānanda, deve-se desenvolver e cultivar a concentração através da atenção sobre a respiração, de modo a alcançar os quatro estabelecimentos da atenção? Neste caso, Ānanda, um monge, indo para a mata, para o pé de uma árvore ou para uma cabana vazia, senta-se[211]; tendo cruzado as suas pernas, alinhado o seu corpo e estabelecendo a atenção para si, simplesmente atento ele inspira, simplesmente atento ele expira. Inspirando longamente, ele compreende: 'Estou inspirando longamente'; ou então, expirando longamente, ele compreende: 'Estou expirando longamente'. Inspirando de forma curta, ele compreende: 'Estou inspirando de forma curta'; ou então, expirando de forma curta, ele compreende: 'Estou expirando de forma curta'. Ele treina da seguinte maneira: 'Eu vou inspirar experienciando o corpo inteiro'; ele treina da seguinte maneira: 'Eu vou expirar experienciando o corpo inteiro'. Ele treina da seguinte maneira: 'eu vou inspirar tranquilizando a formação corpórea'; ele treina da seguinte maneira: 'Eu vou expirar tranquilizando a formação corpórea'.

Ele treina da seguinte maneira: 'Experienciando o entusiasmo, eu vou inspirar'; ele treina da seguinte maneira: 'Experienciando o entusiasmo, eu vou expirar'. Ele treina da seguinte maneira: 'Experienciando alegria, eu vou inspirar tranquilizando a formação corpórea'; ele treina da seguinte maneira: 'Experienciando alegria, eu vou expirar tranquilizando a formação corpórea'. Ele treina da seguinte maneira: 'experienciando as formações mentais, eu vou inspirar'; ele treina da seguinte maneira: 'Experienciando as formações mentais, eu vou expirar'. Ele treina da seguinte maneira: 'Tranquilizando as formações mentais, eu vou inspirar'; ele treina da seguinte maneira: 'Tranquilizando as formações mentais, eu vou expirar'[212].

Ele treina da seguinte maneira: 'Experienciando a mente, eu vou inspirar'; ele treina da seguinte maneira: 'Experienciando a mente, eu vou expirar'. Ele treina da seguinte maneira: 'Alegrando a mente, eu vou inspirar'; ele treina da seguinte maneira: 'Alegrando a mente, eu vou expirar'. Ele treina da seguinte maneira: 'Concentrando a mente, eu vou inspirar'; ele treina da seguinte maneira: 'Concentrando a mente, eu vou expirar'. Ele treina da seguinte maneira: 'Libertando a mente, eu vou inspirar'; ele treina da seguinte maneira: 'Libertando a mente, eu vou expirar'[213].

Ele treina da seguinte maneira: 'Contemplando a impermanência, eu vou inspirar'; ele treina da seguinte maneira: 'Contemplando a impermanência, eu vou expirar'. Ele treina da seguinte maneira: 'Contemplando o desaparecimento, eu vou inspirar'; ele treina da seguinte maneira: 'Contemplando o desaparecimento, eu vou expirar'. Ele treina da seguinte maneira: 'Contemplando a cessação, eu vou inspirar'; ele treina da seguinte maneira: 'Contemplando a cessação, eu vou expirar'. Ele treina da seguinte maneira: 'Contemplando a renúncia, eu vou inspirar'; ele treina da seguinte maneira: 'Contemplando a renúncia, eu vou expirar'[214].

Sempre, Ānanda, ao inspirar longamente, ele compreende: 'Estou inspirando longamente'; ou então, expirando longamente, ele compreende: 'Estou expirando longamente'. Inspirando de forma curta, ele compreende: 'Estou inspirando de forma curta'; ou então, expirando de forma curta, ele compreende: 'Estou expirando de forma curta'. Ele treina da seguinte maneira: 'Eu vou inspirar experienciando o corpo inteiro'; ele treina da seguinte maneira: 'Eu vou expirar experienciando o corpo inteiro'; ele treina da seguinte maneira: 'Eu vou inspirar tranquilizando a formação corpórea'; ele treina da seguinte maneira: 'Eu vou expirar tranquilizando a formação corpórea' – nessa ocasião, o monge permanece contemplando o corpo no corpo, ardente, compreendendo claramente, atento, tendo afastado a saudade e a repulsa pelo mundo. Por qual motivo? Eu considero isso, a inspiração e a expiração, como sendo um certo de corpo, Ānanda. Por isso, Ānanda, nessa ocasião, o monge permanece contemplando o corpo no corpo, ardente, compreendendo claramente, atento, tendo afastado a saudade e a repulsa pelo mundo.

Sempre, Ānanda, um monge deve treinar da seguinte maneira: 'Experienciando o entusiasmo, eu vou inspirar...' quando ele treina assim: 'Tranquilizando as formações mentais, eu vou expirar' – nessa ocasião, o monge permanece contemplando o corpo no corpo, ardente, compreendendo claramente, atento, tendo afastado a saudade e a repulsa pelo mundo. Por qual motivo? Eu considero isto, a atenção sustentada na inspiração e na expiração, um certo tipo de sensação, Ānanda[215]. Por isso, Ānanda, nessa ocasião, o monge permanece contemplando a sensação na sensação, ardente, compreendendo claramente, atento, tendo afastado a saudade e a repulsa pelo mundo.

Sempre, Ānanda, um monge deve treinar da seguinte maneira: 'Experienciando a mente, eu vou inspirar...' quando ele treina assim: 'Libertando as a mente, eu vou expirar' – nessa ocasião, o monge permanece contemplando o corpo no corpo, ardente, compreendendo claramente, atento, tendo afastado a saudade e a repulsa pelo mundo. Por qual motivo? Eu afirmo, Ānanda, que não ocorre o desenvolvimento da concentração através da atenção sobre a respiração para alguém que é confuso e que carece de compreensão clara. Por isso, Ānanda, nessa ocasião, o monge permanece contemplando a mente na mente, ardente, compreendendo claramente, atento, tendo afastado a saudade e a repulsa pelo mundo.

Sempre, Ānanda, um monge deve treinar da seguinte maneira: 'Contemplando a impermanência, eu vou inspirar...' quando ele treina assim: 'Contemplando a renúncia, eu vou expirar' – nessa ocasião, o monge permanece contemplando os fenômenos nos fenômenos, ardente, compreendendo claramente, atento, tendo afastado a saudade e a repulsa pelo mundo. Tendo compreendido através da sabedoria o que significa o abandono da saudade e da repulsa pelo mundo, ele é alguém que observa atentamente com equanimidade[216]. Por isso, Ānanda, nessa ocasião, o monge permanece contemplando os fenômenos nos fenômenos, ardente, compreendendo claramente, atento, tendo afastado a saudade e a repulsa pelo mundo.

É quando a concentração através da atenção na respiração é desenvolvida dessa maneira, Ānanda, que ela atinge os quatro estabelecimentos da atenção.

[ii. Realizando os sete fatores da iluminação]

E como, Ānanda, são desenvolvidos e cultivados os quatro estabelecimentos da atenção, para que eles realizem os sete fatores da iluminação?

Sempre, Ānanda, que um monge permanece contemplando o corpo no corpo, naquela ocasião a atenção completa se estabelece naquele monge. Sempre, Ānanda, que a atenção completa se estabelece num monge, naquela ocasião o fator da iluminação da atenção é estimulado por aquele monge; naquela ocasião o monge desenvolve o fator da iluminação da atenção; naquela ocasião o fator da iluminação da atenção é realizado através do seu desenvolvimento pelo monge[217].

Permanecendo atento desta maneira, ele analisa aquele fenômeno com sabedoria, reflete sobre ele, faz dele objeto de investigação. Sempre, Ānanda, que um monge permanece analisando atentamente aquele fenômeno, refletindo sobre ele, fazendo dele objeto de investigação, naquela ocasião o fator da iluminação da análise dos fenômenos[218] é estimulado por aquele monge; naquela ocasião o monge desenvolve o fator da iluminação da análise dos fenômenos; naquela ocasião o fator da iluminação da análise dos fenômenos é realizado através do seu desenvolvimento pelo monge.

Ao analisar aquele fenômeno com sabedoria, refletindo sobre ele, fazendo dele objeto de investigação, a energia dele é despertada sem esmorecer. Sempre, Ānanda, que a energia de um monge é estimulada sem esmorecer, enquanto ele permanece analisando atentamente aquele fenômeno, refletindo sobre ele, fazendo dele objeto de investigação, naquela ocasião o fator da iluminação da energia é estimulado por aquele monge; naquela ocasião o monge desenvolve o fator da iluminação da energia; naquela ocasião o fator da iluminação da energia é realizado através do seu desenvolvimento pelo monge.

Quando a sua energia é despertada, surge nele o entusiasmo espiritual. Sempre, Ānanda, que o entusiasmo espiritual de um monge é despertado depois que a sua energia é estimulada, naquela ocasião o fator da iluminação do entusiasmo espiritual é despertado naquele monge, depois que a sua energia é estimulada; naquela ocasião o monge desenvolve o fator da iluminação do entusiasmo espiritual; naquela ocasião o fator da iluminação do entusiasmo espiritual é realizado através do seu desenvolvimento pelo monge.

Para alguém cuja mente é enlevada pelo entusiasmo, o corpo se torna tranquilo e a mente se torna tranquila. Sempre, Ānanda, que o corpo se torna tranquilo e a mente se torna tranquila num monge cuja mente foi enlevada pelo entusiasmo, naquela ocasião o fator da iluminação da tranquilidade é estimulado por aquele monge; naquela ocasião o monge desenvolve o fator da iluminação da tranquilidade; naquela ocasião o fator da iluminação da tranquilidade é realizado através do seu desenvolvimento pelo monge.

Para alguém cujo corpo se encontra tranquilo e que esteja feliz, a mente se torna concentrada. Sempre, Ānanda, que a mente se torna concentrada num monge cujo corpo se encontre tranquilo e que esteja feliz, naquela ocasião o fator da iluminação da concentração é estimulado por aquele monge; naquela ocasião o monge desenvolve o fator da iluminação da concentração; naquela ocasião o fator da iluminação da concentração é realizado através do seu desenvolvimento pelo monge.

Ele se torna alguém capaz de observar com equanimidade com a mente concentrada dessa maneira. Sempre, Ānanda, que um monge é capaz de observar com equanimidade à medida que a mente se torna concentrada, naquela ocasião o fator da iluminação da equanimidade é estimulado por aquele monge; naquela ocasião o monge desenvolve o fator da iluminação da equanimidade; naquela ocasião o fator da iluminação da equanimidade é realizado através do seu desenvolvimento pelo monge.

Sempre, Ānanda, que um monge permanece contemplando as sensações nas sensações... a mente na mente... os fenômenos nos fenômenos, naquela ocasião a atenção completa é estabelecida naquele monge. Sempre, Ānanda, que a atenção completa se estabelece num monge, naquela ocasião o fator da iluminação da atenção é estimulado por aquele monge; naquela ocasião o monge desenvolve o fator da iluminação da atenção; naquela ocasião o fator da iluminação da atenção é realizado através do seu desenvolvimento pelo monge.

[*Todos os fatores devem ser elaborados como no caso do primeiro estabelecimento da atenção.*]

Ele se torna alguém capaz de observar com equanimidade com a mente concentrada dessa maneira. Sempre, Ānanda, que um monge é capaz de observar com equanimidade na medida em que a mente se torna concentrada, naquela ocasião o fator da iluminação da equanimidade é estimulado por aquele monge; naquela ocasião o monge desenvolve o fator da iluminação da equanimidade; naquela ocasião o fator da iluminação da equanimidade é realizado através do seu desenvolvimento pelo monge.

Ānanda, é quando os quatro estabelecimentos da atenção são desenvolvidos e cultivados dessa maneira que eles realizam os sete fatores da iluminação.

[iii. Realizando o verdadeiro conhecimento e a libertação]

E como, Ānanda, são desenvolvidos e cultivados os sete fatores da iluminação para que eles alcancem o verdadeiro conhecimento e a libertação?

Neste caso, Ānanda, um monge desenvolve o fator da iluminação da atenção, que é baseado na reclusão, ascese e cessação, que frutificam na libertação. Ele desenvolve o fator da iluminação da análise dos fenômenos... no fator da iluminação da energia... no fator da iluminação do entusiasmo... no fator da iluminação da tranquilidade... no fator da iluminação da concentração... no fator da iluminação da equanimidade, que é baseado na reclusão, ascese e cessação, que frutificam na libertação."

(SN 54: 13; V 328-333 ≠ MN 118.15-43; III 82-88)

10 Atingindo a maestria

"Numa ocasião o Venerável Sāriputta estava vivendo em Sāvatthī, no Bosque do Príncipe Jeta, no Parque de Anāthapiṇḍika[219]. Então, numa manhã, ele se vestiu e, pegando o seu manto e a sua tigela, entrou em Sāvatthī para pedir esmolas. Após haver rodado Sāvatthī em busca de esmolas e haver retornado, depois da refeição ele se dirigiu ao Bosque dos Cegos para passar o dia. Depois de entrar no Bosque dos Cegos, ele se sentou ao pé de uma árvore para passar o dia.

Então, à noite, o Venerável Sāriputta saiu da sua reclusão e retornou ao Bosque do Príncipe Jeta, no Parque de Anāthapiṇḍika. O Venerável Ānanda o viu chegando a distância e lhe disse: 'Amigo Sāriputta, você parece tranquilo, seu rosto brilha e parece purificado. Em qual morada você passou o dia?'

'Amigo, eu hoje me afastei dos prazeres sensórios, abstive-me dos estados prejudiciais, e entrei e permaneci no primeiro jhāna, que é acompanhado de pensamento e análise, com o entusiasmo e a alegria nascidos da reclusão. Mesmo assim, amigo, não me ocorreu: 'Eu estou atingindo o primeiro jhāna' ou 'Eu atingi o primeiro jhāna', ou 'eu saí do primeiro jhāna'.

'Deve ser porque aquilo que produz o 'eu', o 'meu' e as tendências subjacentes do orgulho foram, há muito tempo, completamente desenraizadas da sua mente. É por isso que tais pensamentos não lhe ocorrem'[220].

[Numa outra ocasião, o venerável Sāriputta disse]: 'Então, amigo, com o desparecimento do pensamento e da análise, eu entrei e permaneci no segundo jhāna, que gera a confiança interna e a unificação da mente, não possui nem pensamento e nem análise, e possui o entusiasmo e a alegria nascidos da concentração. Mesmo assim, amigo, não me ocorreu: 'Eu estou atingindo o segundo jhāna' ou 'eu atingi o segundo jhāna', ou 'eu saí do segundo jhāna'.

'Deve ser porque aquilo que produz o 'eu', o 'meu' e as tendências subjacentes do orgulho foram, há muito tempo, completamente desenraizadas da sua mente. É por isso que tais pensamentos não lhe ocorrem.'

[Numa outra ocasião, o venerável Sāriputta disse]: 'Então, amigo, com o desparecimento do entusiasmo, permaneci equânime e, atento e compreendendo claramente, eu experienciei alegria com o corpo; eu entrei e permaneci no terceiro jhāna, acerca dos quais os Nobres afirmam: 'Ele permanece equânime, atento e vive feliz'. Mesmo assim, amigo, não me ocorreu: 'eu estou atingindo o terceiro jhāna' ou 'eu atingi o terceiro jhāna', ou 'eu saí do terceiro jhāna'.

'Deve ser porque aquilo que produz o 'eu', o 'meu' e as tendências subjacentes do orgulho foram, há muito tempo, completamente desenraizadas da sua mente. É por isso que tais pensamentos não lhe ocorrem.'

[Numa outra ocasião, o venerável Sāriputta disse]: 'Então, amigo, com o abandono do prazer e da dor, e com o desparecimento prévio da alegria e do desprazer, eu entrei e permaneci no quarto jhāna, que não é nem doloroso e nem agradável e inclui a purificação da atenção pela equanimidade. Mesmo assim, amigo, não me ocorreu: 'Eu estou atingindo o quarto jhāna' ou 'eu atingi o quarto jhāna', ou 'eu saí do quarto jhāna'.'

[Numa outra ocasião, o venerável Sāriputta disse]: 'Então, amigo, com a transcendência completa da percepção das formas, com a passagem das percepções oriundas das determinações sensórias, com a não atenção às percepções da diversidade, consciente de que 'o espaço é infinito', eu entrei e permaneci na base do espaço infinito. Mesmo assim, amigo, não me ocorreu: 'Eu estou atingindo a base do espaço infinito' ou 'eu atingi a base do espaço infinito', ou 'eu saí da base do espaço infinito'.'

[Numa outra ocasião, o venerável Sāriputta disse]: 'Então, amigo, com a transcendência completa da percepção das formas, com a passagem das percepções oriundas das determinações sensórias, com a não atenção às percepções da diversidade, consciente de que 'o espaço é infinito', eu entrei e permaneci na base do espaço infinito. Mesmo assim, amigo, não me ocorreu: 'Eu estou atingindo a base do espaço infinito' ou 'eu atingi a base do espaço infinito', ou 'eu saí da base do espaço infinito'.'

[Numa outra ocasião, o venerável Sāriputta disse]: "Então, amigo, com a transcendência completa da base do espaço infinito, consciente de que 'a consciência é infinita', eu entrei e permaneci na base da consciência infinita. Mesmo assim, amigo, não me ocorreu: 'Eu estou atingindo a base da consciência infinita' ou 'eu atingi a base da consciência infinita', ou 'eu saí da base da consciência infinita'.'

[Numa outra ocasião, o venerável Sāriputta disse]: 'Então, amigo, com a transcendência completa da base da consciência infinita, consciente de que 'nada existe', eu entrei e permaneci na base da nulidade. Mesmo assim, amigo, não me ocorreu: 'Eu estou atingindo a base da nulidade' ou 'eu atingi a base da nulidade', ou 'eu saí da base da nulidade'.'

[Numa outra ocasião, o venerável Sāriputta disse]: 'Então, amigo, com a transcendência completa da base da nulidade, eu entrei e permaneci na base da nem-percepção-nem-da-não-percepção. Mesmo assim, amigo, não me ocorreu: 'Eu estou atingindo a base da nem-percepção-nem-da-não-percepção'.'

[Numa outra ocasião, o venerável Sāriputta disse]: 'Então, amigo, com a transcendência completa da base da nem-percepção-nem-da-não-percepção, eu entrei e permaneci na cessação da percepção da sensação. Mesmo assim, amigo, não me ocorreu: 'Eu estou atingindo a cessação da percepção da sensação' ou 'eu atingi a cessação da percepção da sensação', ou 'eu saí da cessação da percepção da sensação'[221].

'Deve ser porque aquilo que produz o 'eu', o 'meu' e as tendências subjacentes do orgulho foram, há muito tempo, completamente desenraizadas da sua mente. É por isso que tais pensamentos não lhe ocorrem."

(SN 28: 1-9, mesclado; III 235-238)

IX
Fazendo a luz da sabedoria brilhar

INTRODUÇÃO

Os textos citados no último capítulo trataram da meditação como uma disciplina do treinamento mental que possui como objetivo duas tarefas: tranquilizar a mente e gerar a intuição. A mente tranquila, calma e composta é o fundamento para a intuição. A mente tranquila observa os fenômenos na medida em que eles surgem e desparecem, e da observação continuada e exploração investigativa deles surge "a sabedoria superior da intuição acerca dos fenômenos" (*adhipaññādhammavipassanā*). À medida que a sabedoria ganha força, ela penetra cada vez mais profundamente na natureza das coisas, culminando na compreensão completa e total chamada iluminação (*sambodhi*).

A palavra Pāli aqui traduzida como 'sabedoria' é *paññā*, o equivalente Pāli do termo sânscrito *prajñā*, que empresta o seu nome para os volumosos sutras *Prajñāpāramitā* do Budismo Mahāyāna. Contudo, a ideia de *paññā/prajñā* como o principal instrumento no sendeiro da iluminação não se originou na literatura *Prajñāpāramitā*, mas já se encontra profundamente enraizada nos ensinamentos do Budismo antigo. Os Nikāyas consideram *paññā* não só como um tópico da doutrina, mas também como um tema rico em imagens. Neste sentido, os **Textos IX, 1(1)-(2)** falam de *paññā*, respectivamente, como uma luz e como uma faca. Ela é a luz suprema porque dissolve a escuridão da ignorância. Ela é uma faca – uma faca afiada de açougueiro – porque ela corta através da massa compacta das impurezas e, portanto, abre o caminho para a libertação.

A palavra Pāli *paññā* é derivada da raiz verbal *ñā* (Skt: *jñā*), que significa "saber", precedida do prefixo *pa* (Skt: *pra*), que basicamente dá à raiz um matiz mais dinâmico. Portanto, *paññā/prajñā* significa conhecendo ou compreendendo, não como uma posse, mas como uma ação: o ato cognitivo, o ato de compreender, o ato de discernir. Em Pāli, o verbo *pajānāti*, "alguém compreende", possui esse sentido de forma mais efetiva do que o substantivo correlato *paññā*[222]. O significado de *paññā*, porém, é um tipo de conhecimento superior que ocorre quando, por exemplo, alguém compreende uma passagem difícil num manual de Economia ou as implicações de um argumento legal. *Paññā* significa a compreensão que surge através do treinamento espiritual, ilumina a natureza das coisas e culmina na purificação e libertação da mente. Por este motivo, apesar de alguns problemas, eu continuo a usar o termo mais familiar "sabedoria".

A literatura contemporânea budista geralmente expressa duas ideias sobre *paññā* que se tornaram quase que axiomas na compreensão popular do Budismo. A primeira é que *paññā* é exclusivamente não conceitual e não discursiva, um tipo de cognição que desafia todas as leis do pensamento lógico; a segunda, que *paññā* surge espontaneamente, através de um ato de intuição pura, tão súbita e instantânea como o brilho do clarão de um relâmpago. Essas duas ideias acerca de *paññā* estão estreitamente ligadas. Se *paññā* desafia todas as leis do pensamento, não se pode se aproximar dela através de nenhuma atividade conceitual, por isso ela só pode aparecer quando a atividade racional, analítica e conceitual da mente tiver sido transcendida. E este bloqueio da conceptualização, algo como a implosão de um edifício, deve ser instantâneo, um enfraquecimento do pensamento que não tenha sido preparado anteriormente por nenhum amadurecimento gradual do entendimento. Por isso, na compreensão popular do Budismo, *paññā* desafia a racionalidade e facilmente se transforma na "sabedoria louca", um modo incompreensível, estonteante de se relacionar com o mundo, que dança sobre o gelo fino que se encontra entre a suprarracionalidade e a loucura.

Tais ideias sobre *paññā* não encontram respaldo algum nos ensinamentos dos Nikāyas, que são, consistentemente, sãos, lúcidos e sóbrios. Para esclarecer os dois pontos em ordem inversa: em primeiro lugar, longe de surgir espontaneamente, *paññā*, nos Nikāyas, é enfaticamente condicionada, surgindo de uma matriz de causas e condições subjacentes. Em segundo lugar, *paññā* não é a pura intuição, mas um discernimento cuidadoso e analítico que, em certos estágios, exige operações conceituais precisas. *Paññā* é direcionada a domínios específicos do conhecimento. Esses domínios, conhecidos nos comentários em Pāli como "o terreno da sabedoria" (*paññābhūmi*), devem ser rigorosamente investigados e dominados através do conhecimento conceitual antes que a intuição direta e não conceitual possa efetivamente realizar o seu trabalho. A maestria daqueles domínios exige análise, discernimento e discriminação. Deve-se ser capaz de abstrair da massa total dos fatos certos padrões básicos fundamentais a todas as experiências e usar tais padrões como moldes para a contemplação rigorosa da sua própria experiência. Eu ainda vou falar mais sobre isso à medida que avançarmos.

A base condicional para a sabedoria é delineada na estrutura tríplice do treinamento budista. Como vimos, nas três divisões do caminho Budista, a disciplina moral funciona como a base para a concentração e a concentração como a base para a sabedoria. Portanto, a condição imediata para o surgimento da sabedoria é a concentração. Como o Buda diz frequentemente: "desenvolvam a concentração, monges. Quem está concentrado vê as coisas como elas de fato são"[223]. "Ver as coisas como elas de fato são" é o trabalho da sabedoria; a base imediata para esse enxergar correto é a concentração. Como a concentração depende da conduta corporal e verbal apropriada, a disciplina moral também é uma condição para a sabedoria.

O Texto IX, 2, fornece uma lista mais completa das oito causas e condições para se obter "a sabedoria fundamental para a vida espiritual" e para trazer tal sabedoria à maturidade. De interesse particular é a quinta condição, que não só enfatiza a contribuição que o estudo do Dhamma traz ao desenvolvimento da sabedoria, como também prescreve um programa de educação sequencial. Primeiro se deve "aprender muito" daqueles "ensinamentos que são bons no começo, bons no meio e bons no final". Então se deve memorizá-los; depois, recitá-los em voz alta; então, investigá-los com a mente e, finalmente, "penetrá-los profundamente com a visão". O último passo pode ser equacionado com a intuição direta, porém, tal intuição é precedida por estágios preparatórios, que oferecem a "informação" necessária para a ocorrer a compreensão do seu conteúdo. Com isso, podemos perceber que a sabedoria não surge automaticamente sobre a base da concentração, mas depende de uma compreensão conceitual clara e precisa do Dhamma, que por sua vez é induzida pelo estudo, reflexão e contemplação profunda dos ensinamentos.

Como um fator do Nobre Caminho Óctuplo, a sabedoria é conhecida como *visão correta* (*sammādiṭṭhi*). O **Texto IX, 3,** uma versão levemente condensada do Sammādiṭṭhi Sutta, o Discurso acerca da Visão Correta (MN 9), oferece uma excelente visão geral acerca do "terreno da sabedoria". O Venerável Sāriputta, o discípulo do Buda que se destacava pela sabedoria, proferiu este discurso para um grupo de companheiros monges. Desde a antiguidade, o texto serviu como uma introdução aos estudos Budistas nos mosteiros do Sul da Ásia. De acordo com o comentário clássico deste sutta, a visão correta possui duas dimensões: *visão correta conceitual*, uma compreensão intelectual clara do Dhamma; e *visão correta experiencial*, a sabedoria que penetra diretamente no Dhamma. A visão correta conceitual, chamada de "visão correta em conformidade com as verdades" (*saccānulomika-sammādiṭṭhi*), é o entendimento correto do Dhamma ao qual se chega ao se examinar e estudar profundamente os ensinamentos. Tal entendimento, apesar de conceitual e não experiencial, de forma alguma é seco ou estéril. Quando enraizado na fé na iluminação do Buda e conduzido por uma forte determinação para se realizar a verdade do Dhamma, ele aparece como a semente da qual a visão correta experiencial evolui e, por isso, torna-se um estágio muito importante no crescimento da sabedoria.

A visão correta experiencial é a realização da verdade do Dhamma – sobretudo das Quatro Nobres Verdades – na experiência imediata de cada um. Por este motivo é chamada de "visão correta que penetra nas verdades" (*saccapaṭivedha-sammadiṭṭhi*). Para alcançar aquela "penetração" inicia-se por um entendimento conceitual coreto do ensinamento e, através da prática, transforma-se esse entendimento em percepção direta. Se a visão correta conceitual é comparada a uma mão – uma mão que alcança a verdade com o auxílio de conceitos – então a visão correta experiencial poderia ser comparada com o olho. É o olho da sabedoria, a visão do Dhamma, que penetra diretamente na verdade última, escondida de nós por tanto tempo por causa da nossa ganância, do nosso ódio e ilusão.

O Discurso acerca da Visão Correta pretende elucidar os princípios que deveriam ser compreendidos pela visão correta conceitual e penetrados pela visão correta experiencial. Sāriputta expõe esses princípios em dezesseis grupos: o saudável e o prejudicial, os quatro nutrientes da vida, as Quatro Nobres Verdades, os doze fatores da originação dependente e as máculas. Deveria ser observado que da segunda seção até o final do sutta, ele organiza a sua exposição de acordo com o mesmo padrão, um padrão que revela o princípio de condicionalidade que serve como estrutura para todo o ensinamento. Seja qual for o fenômeno sobre o qual Sāriputta se debruce, ele o expõe trazendo à luz a sua natureza particular, o seu surgimento, a sua cessação e o caminho para a sua cessação. Como este é o padrão que subjaz às Quatro Nobres Verdades, eu o chamarei de "o padrão das quatro verdades". Este padrão é recorrente através dos Nikāyas como um dos principais modelos através dos quais os fenômenos devem ser enxergados, de modo a se alcançar a sabedoria. A sua aplicação torna claro que nenhuma entidade é isolada ou autocontida, antes, ela se encontra inerentemente ligada às outras coisas numa trama complexa de processos originados dependentemente. A chave para a libertação repousa na compreensão das causas que sustentam essa trama, trazendo-as à sua conclusão dentro de si. Isto é feito ao se praticar o Nobre Caminho Óctuplo, o sendeiro para se extinguir aquelas causas.

A visão correta que transcende o mundo, que se alcança ao penetrar quaisquer dos dezesseis temas expostos no sutta, ocorre em dois estágios principais. O primeiro estágio é a visão correta daquele que se encontra em treinamento (*sekha*), o discípulo que entrou de forma irreversível no caminho da libertação, mas que ainda não atingiu o seu término.

Este estágio é indicado pelas palavras que abrem cada seção: "(alguém) que possui perfeita confiança no Dhamma e já alcançou este Dhamma verdadeiro". Essas palavras significam a visão correta como a visão dos princípios verdadeiros, uma intuição que já iniciou uma transformação radical do discípulo, mas que ainda não atingiu a sua completude. O segundo estágio é a visão correta que transcende o mundo do arahant, descrita pelas palavras finais de cada seção. Essas palavras apontam para o fato de que o discípulo usou a visão correta para erradicar as máculas restantes e atingiu a completa emancipação.

Na seção 4 nós chegamos naquilo que eu chamo de "a dimensão da sabedoria", as áreas que devem ser exploradas e penetradas pela intuição. Muitos dos textos desta seção vêm do Saṃyutta Nikāya, cujos capítulos principais são dedicados às doutrinas centrais do Budismo antigo. Eu incluo, aqui, seleções sobre os cinco agregados; as seis bases sensórias; os elementos (em diferentes conjuntos numéricos); originação dependente e as Quatro Nobres Verdades. Ao analisarmos essas seleções iremos perceber alguns padrões recorrentes.

IX, 4(1) *Os cinco agregados*. Os cinco agregados (*pañcakkhandha*) são as principais categorias que os Nikāyas utilizam para analisar a experiência humana. São elas: (1) forma (*rūpa*), o componente físico da experiência; (2) sensação (*vedanā*), o "tom afetivo" da experiência – ou agradável, doloroso ou neutro; (3) percepção (*saññā*), a identificação das coisas a partir de suas marcas e características particulares; (4) formações volitivas (*saṅkhārā*), um termo para fatores mentais múltiplos envolvendo vontade, escolha e intenção; (5) consciência (*viññāṇa*), um ato cognitivo surgido através de uma das seis faculdades sensórias – olho, ouvido, nariz, língua, corpo e mente.

O exame dos cinco agregados, o tópico do Khandha saṃyutta (Saṃyutta Nikāya, capítulo 22) é crítico do ensinamento do Buda por, pelo menos, quatro motivos. *Primeiro*, os cinco agregados são a referência última da primeira nobre verdade, a nobre verdade do sofrimento (cf. a exposição da primeira nobre verdade no **Texto II, 5**), e como todas as quatro verdades giram ao redor do sofrimento, compreender os agregados é essencial para entender as Quatro Nobres Verdades como um todo. *Segundo*, os cinco agregados são a dimensão objetiva do apego e, como tais, contribuem para a originação causal do sofrimento futuro. *Terceiro*, o apego aos cinco agregados deve ser removido para se alcançar a libertação. E *quarto*, o tipo de intuição necessária para remover o apego é, precisamente, a intuição acerca da verdadeira natureza dos agregados. O próprio Buda declara que enquanto ele não havia entendido os cinco agregados em termos das suas naturezas individuais, os seus surgimentos, as suas cessações e o caminho para as suas cessações, ele não pode afirmar ter alcançado a iluminação perfeita. A compreensão completa dos cinco agregados é uma tarefa que ele também enfatiza aos seus discípulos. Os cinco agregados, ele nos diz, são as coisas que devem ser completamente compreendidas; a sua compreensão completa conduz à destruição da cobiça, do ódio e da ilusão (SN 22: 23).

A palavra *khandha* (Skt: *skandha*) significa, entre outras coisas, uma pilha ou um amontoado (*rāsi*). Os cinco agregados são assim chamados porque cada um deles agrega, sob um único rótulo, uma multiplicidade de fenômenos que dividem a mesma característica definidora. Portanto, seja qual for a forma, "passada, futura ou presente, interna ou externa, grosseira ou sutil, inferior ou superior, distante ou próxima", é incorporada ao agregado "forma"; seja qual for a sensação, "passada, futura ou presente, interna ou externa, grosseira ou sutil, inferior ou superior, distante ou próxima", é incorporada ao agregado "sensação", e assim para todos os agregados. **O texto IX, 4(1) (a)** enumera em termos simples os fatores que constituem cada agregado e mostra como cada agregado surge e desaparece em correlação com a sua própria condição específica; o Nobre Caminho Óctuplo é o sendeiro que conduz cada agregado ao seu fim. Aqui nós encontramos o "padrão das quatro verdades" aplicado aos cinco agregados, uma aplicação que se segue de forma bastante lógica considerando o papel que os cinco agregados desempenham na representação da primeira nobre verdade.

O sutta faz uma distinção entre aqueles em treinamento e os arahant, parecida com aquela feita pelo Discurso acerca da visão correta. Aqueles em treinamento perceberam diretamente os cinco agregados através daquele padrão das quatro verdades e estão praticando para o seu desparecimento e a sua cessação; eles, portanto, "conseguiram um apoio (*gādhanti*) neste Dhamma e nesta Disciplina". Os arahant também perceberam diretamente os cinco agregados através daquele padrão das quatro verdades, mas eles foram além daqueles em treinamento. Eles extirparam todos os apegos aos agregados e se libertaram pelo não apego; por isso são chamados de "consumados" (*kevalino*), aqueles que não podem ser descritos tendo como parâmetro a ronda de renascimentos.

Um catecismo detalhado dos agregados, analisando-os a partir de ângulos diversos, pode ser encontrado no **Texto IX, 4(1) (b).**

Os cinco agregados
(Baseado no SN 22: 56-57 e 22: 95)

Agregado	Conteúdo	Condição	Imagem
Forma	Quatro grandes elementos e formas derivadas deles.	Nutriente	Um punhado de espuma.
Sensação	Seis tipos de sensação: nascidas do contato através do olho, ouvido, nariz, língua, corpo e mente.	Contato	Uma bolha d'água.
Percepção	Seis tipos de percepção: da forma, dos sons, dos cheiros, dos paladares, dos objetos tácteis e dos fenômenos mentais.	Contato	Uma miragem.
Formações volitivas	Seis tipos de volição: a respeito das formas, dos sons, dos cheiros, dos paladares, dos objetos tácteis e dos fenômenos mentais.	Contato	Um tronco de uma bananeira.
Consciência	Seis tipos de consciência: do olho, do ouvido, do nariz, da língua, do corpo, da mente.	Nome e forma	Um truque de mágica.

Uma vez que os cinco agregados totalizam a nossa experiência comum, eles são a dimensão objetiva do apego (*upādāna*); eles são chamados, geralmente, de "os cinco agregados sujeitos ao apego" (*pañc'upādānakkhandhā*). O apego aos cinco agregados ocorre de dois modos principais, os quais poderíamos chamar de *apropriação* e *identificação*. Ou alguém toma consciência deles e os possui, isto é, alguém *se apropria deles*; ou alguém os utiliza como base para perspectivas acerca de si mesmo ou para o orgulho ("eu sou melhor do que, tão bom quanto, pior do que os outros"), isto é, alguém se *identifica* com eles. Como os Nikāyas afirmam, nós tendemos a pensar nos agregados da seguinte maneira: "isso é meu, eu sou assim, este é o meu eu" (*etaṃ mama, eso 'ham asmi, eso me attā*). Nesta frase, a noção de "isso é meu" representa o ato de apropriação, a função do desejo (*taṇhā*). As noções "eu sou assim" e "este é o meu eu" representam dois tipos de identificação, a primeira exprimindo orgulho (*māna*), e a segunda as visões de mundo (*diṭṭhī*)[224].

Abandonar o desejo é muito difícil porque ele é reforçado pelas visões de mundo, que racionalizam a nossa identificação com os agregados e, portanto, equipam o nosso desejo com um escudo protetor. O tipo de visão de mundo que se encontra no fundo de toda afirmação egoica é chamada de "visão da identidade" (*sakkāyadiṭṭhi*). Os suttas frequentemente mencionam vinte tipos de visões de identidade, obtidas ao se considerar o "eu" em qualquer das quatro relações possíveis com qualquer um dos agregados: ou idêntico a eles, como sendo possuidor deles, como contendo-os ou como contido por eles. A "pessoa mundana não instruída" possui algum tipo de visão identitária; o "nobre discípulo instruído", tendo visto através da sabedoria a natureza não identitária dos agregados, não mais considera os agregados como um "eu" ou como propriedades do eu. Adotar qualquer uma daquelas visões de mundo é causa de ansiedade e sofrimento. É também uma corrente que nos mantêm ligados à ronda de renascimentos – cf. acima, **Texto I, 2(3)** e **Texto I, 4(5)**.

Em última análise, todas as máculas se originam da ignorância que, por isso mesmo, localiza-se no fundo de todo sofrimento e de toda servidão. A ignorância tece uma rede de três ilusões ao redor dos agregados. Essas ilusões são as noções de que os cinco agregados são permanentes, são fonte de verdadeira felicidade e um "eu". A sabedoria necessária para quebrar o encanto dessas ilusões é a intuição de que os cinco agregados são impermanentes (*anicca*), sofrimento (*dukkha*) e não constituem um "eu" (*anattā*). Isto é chamado de "o conhecimento direto das três características da existência" (*tilakkhaṇa*).

Alguns suttas parecem fazer crer que qualquer uma dessas três intuições, por si só, é suficiente para se atingir o objetivo final. Todavia, as três características são estreitamente ligadas e, portanto, a fórmula mais comum encontrada nos Nikāyas elabora as suas relações internas. Anunciada pela primeira vez no segundo discurso do Buda em Bārāṇasi – **Texto IX, 4(1)(c)** – a fórmula utiliza a característica da impermanência para revelar a característica do sofrimento, e ambas, em conjunto, revelam a característica do "não eu". Os suttas tomam esta rota indireta para caracterizar o não eu porque a natureza não identitária das coisas é tão sutil que, frequentemente, ela não pode ser percebida senão quando apontada pelas duas outras características. Quando nós reconhecemos que as coisas que identificamos como sendo o nosso "eu" são impermanentes e envoltas em sofrimento, nós percebemos que elas não possuem as marcas da autêntica identidade e, por causa disso, paramos de nos identificar com elas.

As exposições diferentes das três características em conjunto, finalmente convergem para a erradicação do apego. Elas assim o fazem ao mostrar, em relação a cada agregado, "isso não é meu, eu não sou isto, este não é o meu 'eu'". Isto torna a intuição acerca do não eu o ponto culminante e o término da contemplação das três características. Apesar de a abordagem ao não eu ser geralmente feita através das outras duas características, como no **Texto IX, 4(1) (d)**, ela às vezes é revelada diretamente. Um exemplo da abordagem direta ao "não eu" é o **Texto IX, 4(1) (e)**, o discurso sobre "um punhado de espuma", que utiliza cinco imagens memoráveis para revelar a natureza vazia dos cinco agregados. De acordo com a fórmula tradicional, a intuição em relação aos agregados como impermanente, sofredora e não identitária, conduz ao desencanto (*nibbidā*), desapego (*virāga*) e à libertação (*vimutti*). Alguém que atinge a libertação, subsequentemente conquista "o conhecimento e a visão da libertação", a confirmação que a ronda de renascimentos de fato parou e nada mais resta a ser feito.

Um outro padrão que os suttas geralmente aplicam aos cinco agregados, e aos outros grupos de fenômenos, é a tríade da gratificação, perigo e escapatória. Os **Textos VI, 2(1)-(3)**, do Aṅguttara Nikāya, aplicam essa tríade ao mundo como um todo. O Saṃyutta Nikāya aplica este mesmo esquema individualmente aos agregados, às bases sensórias e aos elementos. O prazer e a alegria que cada agregado, base sensória e elemento oferecem é a gratificação; a sua impermanência, o sofrimento pervasivo e a sua natureza mutável representam o perigo; o abandono do desejo e da cobiça por eles são a escapatória deles.

IX, 4(2) *As seis bases sensórias*. O Saḷāyatanasaṃyutta, "Os discursos interligados sobre as seis bases sensórias" (Saṃyutta Nikāya, capítulo 35), contém mais de duzentos pequenos suttas acerca das bases sensórias. As seis bases sensórias internas e externas oferecem uma perspectiva sobre a totalidade da experiência diferente, porém complementar, à perspectiva oferecida sobre os agregados. Os seis pares das bases sensórias são as faculdades sensíveis e os seus objetos correspondentes, que servem de base para o surgimento do respectivo tipo de consciência. Como eles são os mediadores entre a consciência e os seus objetos, as bases sensórias internas são consideradas como "as bases para o contato" (*phassāyatana*), "contato" (*phassa*) sendo o encontro da faculdade sensória, o objeto e a consciência.

As seis bases sensórias internas e externas

Bases sensórias internas	Bases sensórias externas	Tipo de consciência que surge das bases sensórias
Olho	Formas	Consciência do olho
Ouvido	Sons	Consciência do ouvido
Nariz	Odores	Consciência do nariz
Língua	Paladares	Consciência da língua
Corpo	Objetos tácteis	Consciência do corpo
Mente	Fenômenos mentais	Consciência da mente

O que as cinco primeiras bases sensórias e os seus objetos significam é bastante óbvio, mas o sexto par, a mente (*mano*) e os fenômenos (*dhammā*), apresentam algumas dificuldades. Se nós tratarmos os dois termos como paralelos às outras bases internas e externas, nós compreenderíamos a base da mente como o apoio para o surgimento da consciência da mente (*manoviññāṇa*) e a base dos fenômenos como a esfera objetiva da consciência da mente. Nesta interpretação, "mente" pode ser entendida como o fluxo passivo da consciência do qual a consciência conceitual ativa emerge, e "fenômenos", simplesmente como objetos mentais tais como aqueles apreendidos pela introspecção, imaginação e reflexão. O Abhidhamma e os comentários em Pāli, contudo, interpretam os dois termos diferentemente. Eles afirmam que a base da mente compreende todas os modos da consciência, isto é, eles incluem dentro dela todos os seis tipos de consciência. Eles também afirmam que todas as entidades reais que não se incluem nas outras bases sensórias constituem a base dos fenômenos. A base dos fenômenos, portanto, inclui os outros três agregados mentais – sensação, percepção e formações volitivas – assim como os tipos de forma material sutil não contidas na experiência através dos sentidos físicos. Se esta interpretação está em conformidade com o sentido pretendido pelos textos Budistas mais antigos é uma questão em aberto.

O **Texto IX, 4(2)(a)** dá um testemunho de que, para o Budismo antigo, a libertação requer o conhecimento direto e a compreensão total das seis bases internas e externas e de todos os fenômenos que delas surgem. Isto parece estabelecer uma aparente correspondência entre o Budismo e as ciências empíricas, porém, o tipo de conhecimento buscado pelas duas disciplinas difere. Enquanto o cientista busca uma informação impessoal, "objetiva", o praticante budista busca a intuição direta acerca da natureza desses fenômenos como componentes de experiências vividas.

Os Nikāyas sugerem uma diferença interessante entre o tratamento dado aos agregados e às bases sensórias. Ambos servem como o solo onde o apego se enraíza e cresce, mas enquanto os agregados são primariamente o solo para as *visões de mundo sobre o eu*, as bases sensórias são, principalmente, o solo para o *desejo*. Um passo fundamental na conquista do desejo é, portanto, o controle dos sentidos. Monges e monjas em particular devem permanecer vigilantes em seus encontros com os objetos dos sentidos desejáveis e indesejáveis. Quando se é negligente, a experiência através dos sentidos invariavelmente se torna um gatilho para o desejo: a cobiça pelos objetos agradáveis, a aversão pelos objetos desagradáveis (e o desejo para rotas de escape agradáveis daqueles objetos desagradáveis) e um apego aborrecido aos objetos neutros.

Num dos seus discursos mais antigos, conhecido popularmente como "o sermão do fogo" – **Texto IX, 4(2)(b)** – o Buda declarou que "tudo está queimando". O "tudo" é simplesmente os seis sentidos, seus objetos, os tipos de consciência que surgem deles e os seus contatos e sensações relativos. O caminho para a libertação é perceber que este "tudo" está queimando com os fogos das máculas e do sofrimento. O Saḷāyatanasaṃyutta repetidamente afirma que para dissolver a ignorância e gerar conhecimento verdadeiro, nós devemos contemplar todas as bases sensórias e as sensações que delas emergem como impermanentes, sofrimento e não eu. Isso, de acordo com o **Texto IX, 4(2)(c)**, é o caminho direto para a realização do Nibbāna.

Uma rota alternativa, recomendada pelo **Texto IX, 4(2)(d)**, é perceber que os seis sentidos são vazios – vazios de um "eu", ou de uma identidade, ou de qualquer coisa que pertença ao "eu". Já que a consciência surge através das seis bases sensórias, ela também é isenta de um "eu" – **Texto IX, 4(2)(e)**.

IX, 4(3) *Os elementos*. Os elementos são o tema do Dhātusaṃyutta (Saṃyutta Nikāya, capítulo 14). A palavra "elementos" (*dhātu*) é aplicada a um grande número de fenômenos bastante diversos e, portanto, os suttas desse capítulo são agrupados em diferentes módulos com pouco em comum, a não ser com a sua preocupação comum com aquelas entidades chamadas de "elementos". Os grupos mais importantes são formados por dezoito, quatro e seis elementos.

Os *dezoito elementos* são uma elaboração das doze bases sensórias. Elas são formadas pelas seis faculdades dos sentidos, os seis objetos dos sentidos e os seis tipos de consciência sensória. Como seis tipos de consciência foram extraídas da base mental, o elemento "mente" que permanece deve ser um evento cognitivo de natureza mais simples. O Abhidhamma o identifica com um tipo de consciência que desempenha papéis mais rudimentares no processo cognitivo do que o elemento mais analítico da consciência mental. **IX, 4(3)(a)** contém uma simples enumeração dos dezoito elementos. A contemplação desses elementos ajuda a dissolver a noção de que exista um sujeito permanente subjacente aos conteúdos cambiantes da experiência. Ela mostra como a experiência é constituída por diferentes tipos de consciência, cada uma delas condicionada, surgida de forma dependente com a sua própria faculdade sensória e objeto específico. Dessa maneira é possível discriminar a natureza composta, diversa e condicionada da experiência, que dissolve a ilusão de unidade e solidez que originalmente obscurecem a cognição correta.

Os *quatro elementos* são a terra, a água, o calor e o ar. Eles representam quatro "modos comportamentais" da matéria: solidez, fluidez, energia e distensão. Os quatro se encontram inseperavelmente unidos em qualquer unidade de matéria, da menor à maior e mais complexa. Todavia, os elementos não são simplesmente propriedades do mundo externo, mas também do próprio corpo. Por isso se deve contemplá-los em relação ao próprio corpo, como o Satipaṭṭhāna Sutta ensina (cf. **Texto VIII, 8 § 12**). Os três suttas combinados no **Texto IX, 4(3)(b)** mostra como esses elementos podem ser considerados: como impermanentes e condicionados; a partir do ponto de vista tríplice da gratificação, perigo e escapatória e através daquele padrão das quatro verdades.

Os *seis elementos* incluem os quatro elementos físicos, o elemento "espaço" e o elemento "consciência". O **Texto IX, 4(3)(c)**, um excerto longo do MN 140, explica em detalhe como contemplar os seis elementos em relação ao corpo físico, ao mundo externo e à experiência consciente.

IX, 4(4) *Originação dependente*. A originação dependente (*paṭiccasamuppāda*) é tão central aos ensinamentos do Buda que o Buda disse: "aquele que enxerga a originação dependente enxerga o Dhamma, e aquele que enxerga o Dhamma enxerga a originação dependente" (MN 28; I 190-191). O propósito último do ensinamento acerca da originação dependente é revelar as condições que sustentam a ronda de renascimentos e, através dela, mostrar o que deve ser feito para se alcançar a libertação daquele processo. Para se conseguir a libertação é preciso desfazer o padrão causal que sustenta a nossa servidão, e esse processo começa com a compreensão do próprio padrão causal. É a originação dependente que define este padrão causal.

Um capítulo inteiro do Saṃyutta Nikāya, o Nidānasaṃyutta (capítulo 12) é dedicado à originação dependente. A doutrina é geralmente exposta como uma sequência de doze fatores unidos numa cadeia de onze proposições; cf. **Texto IV, 4(4)(a)**. O Buda descobre essa cadeia de condições; após a sua iluminação, a sua missão é explicá-la ao mundo. O **Texto IX, 4(4)(b)** declara a sequência de condições como um princípio fixo, uma lei estável, a natureza das coisas. A série é exposta de duas maneiras: o caminho da originação (chamada de *anuloma* ou ordem progressiva), e o caminho da cessação (chamada de *paṭiloma* ou ordem regressiva). Às vezes a apresentação procede do primeiro fator ao último; às vezes ela começa no final e reverte a cadeia de condições até a primeira. Outros suttas começam em algum lugar no meio da cadeia e, ou retornam ao começo ou continuam até o final.

Os próprios Nikāyas não oferecem nenhuma explicação sistemática da originação dependente na maneira que se poderia esperar de um manual acadêmico. Portanto, para uma explicação clara, devemos recorrer aos comentários e tratados expositivos que nos chegaram das escolas Budistas antigas. Apesar de pequenas diferenças em detalhe, eles concordam quanto ao significado geral desta fórmula antiga, que podem ser brevemente sumarizadas da seguinte maneira: por causa da (1) ignorância (*avijjā*), a falta de conhecimento direto das Quatro Nobres Verdades, nós realizamos atividades saudáveis e prejudiciais com o corpo, a fala e a mente; essas atividades são (2) formações volitivas (*saṅkhārā*), em outras palavras, kamma. As formações volitivas sustentam a consciência de uma vida até a próxima e determinam onde ela ressurgirá; desse modo, as formações volitivas condicionam (3) a consciência (*viññaṇā*). Junto com a consciência, começando desde o momento da concepção, vem (4) o "nome-e-forma" (*nāmarūpa*), o organismo consciente composto de uma forma física (*rūpa*) e as suas capacidades sensíveis e cognitivas (*nāma*). O organismo consciente é equipado de (5) seis bases sensórias (*saḷāyatana*), as cinco faculdades sensíveis e a mente como órgão de cognição. As bases sensórias permitem que (6) o contato (*phassa*) ocorra entre a consciência e os objetos, e o contato condiciona (7) a sensação (*vedanā*). Incitado pela sensação, (8) o desejo (*taṇhā*) surge, e quando o desejo se intensifica, ele dá origem ao (9) apego (*upādāna*), uma ligação estreita com os objetos do desejo através da sensualidade e das visões equivocadas. Impelidos pelo nosso apego, nós mais uma vez praticamos atividades volitivas que contêm as sementes de uma nova (10) existência (*bhāva*). Na morte, este potencial para uma nova existência se atualiza numa nova vida começando com (11) o nascimento (*jāti*) e terminando com (12) o envelhecimento e a morte (*jarāmaraṇa*)[225].

Do exposto, podemos ver que a interpretação dos comentários trata os doze fatores como espalhados por três vidas, com a ignorância e as formações volitivas pertencendo ao passado, o nascimento e o envelhecimento e morte ao futuro, e os fatores intermediários ao presente. O segmento da consciência até a sensação é a fase resultante no presente, a fase que resulta da ignorância e do kamma passados; o segmento do desejo até a existência é a fase carmicamente criativa do presente, conduzindo à existência renovada no futuro. Porém, a existência é distinguida em duas fases: uma, chamada de existência cármica (*kammabhava*), constitui o lado ativo da existência e pertence à fase causal da vida presente; a outra, chamada de existência do renascimento (*upapattibhava*), constitui o lado passivo da existência e pertence à fase resultante da vida futura. Os doze fatores também são distribuídos em três "círculos": o círculo das impurezas (*kilesavaṭṭa*) inclui ignorância, desejo e apego; o círculo da ação (*kammavaṭṭa*) inclui as formações volitivas e a existência cármica; e todos os outros fatores pertencem ao círculo dos resultados (*vipākavaṭṭa*). Impurezas dão origem a ações impuras, ações acarretam resultados, e os resultados servem como terreno para mais impurezas. Dessa maneira a ronda de renascimentos revolve sem um começo discernível.

Este método de dividir os fatores não deve ser incompreendido ao ponto de se acreditar que os fatores passados, presentes e futuros sejam mutuamente excludentes. A distribuição em três vidas é somente um instrumento expositivo que, com vistas à concisão, deve recorrer a algum grau de abstração. Como mostram muitos dos suttas do Nidānasaṃyutta, grupos de fatores separados nas fórmulas estão inevitavelmente interligados na sua operação dinâmica. Aonde quer que a ignorância ocorra, o desejo e o apego invariavelmente lhe acompanham; e aonde quer que haja desejo e apego, a ignorância está por trás deles. A fórmula demonstra como o renascimento pode ocorrer sem a presença de um "eu" substancial que mantenha a sua identidade ao transmigrar de uma vida para a próxima. Sem um "eu" para manter a sequência unida, o que conecta uma vida à próxima é nada mais do que o princípio de condicionalidade. As condições numa existência dão início ao surgimento de fenômenos condicionados numa próxima existência; esses servem de condição para mais outros fenômenos, que por sua vez condicionam ainda mais outros fenômenos e assim sucessivamente em direção ao futuro. Todo o processo termina somente quando as suas fontes subterrâneas – a ignorância, o desejo e o apego – são extirpados pela sabedoria.

A originação dependente não é uma mera teoria, mas um ensinamento que deve ser diretamente conhecido através da experiência pessoal, um ponto sublinhado pelo **Texto IX, 4(4)(c)**. Esse sutta instrui o discípulo a compreender cada fator através daquele padrão das quatro verdades: deve-se compreender o próprio fator, a sua origem, a sua cessação e o caminho para a sua cessação. Primeiro se compreende este padrão em relação à sua própria experiência pessoal. Então, sobre essa base, pode-se inferir que todos aqueles que compreenderam corretamente essas coisas no passado as compreenderam exatamente do mesmo modo; da mesma forma, todos aqueles que compreenderão corretamente no futuro essas coisas as compreenderão exatamente da mesma maneira. Desse modo, a originação dependente adquire um significado atemporal e universal.

Vários suttas compreendem a originação dependente como um "ensinamento pelo caminho do meio" (*majjhena tathāgato dhammaṃ deseti*). É um "ensinamento pelo caminho do meio" porque ele transcende as duas perspectivas extremas que polarizam a reflexão acerca da condição humana. Um extremo, a tese metafísica do eternalismo (*sassatavāda*), afirma que o núcleo da identidade humana é um "self/eu" eterno e indestrutível, quer individual, quer universal. Essa tese também afirma que o mundo é criado e mantido por uma entidade permanente, um Deus ou alguma outra realidade metafísica. O outro extremo, o niilismo (*ucchedavāda*), afirma que, com a morte, a pessoa é completamente destruída. Não existe uma dimensão espiritual para a existência humana e, portanto, nenhuma sobrevivência pessoal de maneira alguma. Para o Buda, esses extremos geram problemas insuperáveis. O eternalismo encoraja um apego obstinado aos cinco agregados, que são, na realidade, impermanentes e desprovidos de uma identidade substantiva; o niilismo acarreta a implosão da ética, e faz do sofrimento um produto do acaso.

A originação dependente oferece uma perspectiva radicalmente diferente que transcende aqueles dois extremos. Ela mostra que a existência individual é constituída a partir de uma corrente de fenômenos condicionados desprovidos de um "eu" metafísico que, não obstante, continua nascimento após nascimento enquanto as causas que o sustentam permanecem efetivas. A originação dependente, portanto, oferece uma explicação cogente acerca do problema do sofrimento que, por um lado, evita os dilemas filosóficos colocados pela hipótese de um "eu" permanente e, por outro lado, evita os perigos da anarquia ética para a qual o niilismo finalmente conduz. Enquanto a ignorância e o desejo permanecem, o processo de renascimento continua; o kamma gera os seus frutos agradáveis e desagradáveis, e a grande massa de sofrimento se acumula. Quando a ignorância e o desejo são destruídos, o mecanismo interno da causação cármica é desativado, e se alcança o final do sofrimento no saṃsāra. Talvez a exposição mais elegante da originação dependente enquanto "ensinamento do meio" seja o famoso Kaccānagotta Sutta, incluído aqui como o **Texto IX, 4(4)(d)**.

Apesar de a fórmula dos doze fatores ser a versão mais familiar da doutrina da originação dependente, o Nidānasaṃyutta introduz algumas variações pouco conhecidas que ajudam a iluminar a fórmula padrão. Uma dessas variantes, o **Texto IX, 4(4)(e)**, fala sobre as condições para a "continuidade da consciência" (*viññāṇassa ṭhitiyā*), em outras palavras, como a consciência passa para uma nova existência. As causas são consideradas as tendências subjacentes, nomeadamente, a ignorância e o desejo, e "aquilo que se almeja e planeja", isto é, as formações volitivas. Quando a consciência se estabelece, a produção de uma nova existência começa; portanto, aqui se procede diretamente da consciência (geralmente o terceiro fator) para a existência (geralmente o décimo fator). O **Texto IX, 4(4)(f)** afirma que, a partir das seis bases sensórias internas e externas (as primeiras sendo geralmente o quinto fator) surge a consciência (o terceiro fator), seguida pelo contato, sensação, desejo e todo o restante. Essas variantes mostram claramente que a sequência de fatores não deve ser considerada como um processo linear causal, no qual cada fator precedente dá origem ao seu sucessor através do exercício simples da causalidade eficiente. Longe de ser linear, a relação entre os fatores é sempre complexa, envolvendo várias linhas interconectadas de causalidade.

IX, 4(5) *As quatro nobres verdades*. Como tivemos a oportunidade de ver tanto nas seções do "caminho gradual para a libertação" e da "contemplação dos fenômenos" do Discurso do estabelecimento da atenção, o caminho para a libertação culmina na realização das Quatro Nobres Verdades: cf. **Texto VII, 4 §25** e **Texto VIII, 8 §44**. Essas foram as verdades que o Buda descobriu na noite da sua iluminação e enunciadas no seu primeiro discurso: cf. **Texto II, 3(2) §42** e o **Texto II, 5**. O Primeiro Discurso está escondido de forma discreta no Saccasaṃyutta (Saṃyutta Nikāya, capítulo 56), os "Discursos interligados acerca das verdades", um capítulo repleto de muitos outros suttas crípticos e instigantes.

Para realçar o significado amplo das Quatro Nobres Verdades, o Saccasaṃyutta as coloca contra um pano de fundo universal. De acordo com o **Texto IX, 4(5)(a)**, não somente o Buda Gotama, mas todos os Budas do presente, do passado e do futuro despertam para as mesmas quatro verdades. Essas quatro verdades, como afirma o **Texto IX, 4(5)(b)**, são verdades porque são "reais, inequívocas, sem contradições". De acordo com o **Texto IX, 4(5)(b)**, as coisas que o Buda ensina são somente como um punhado de folhas numa floresta, e aquilo que ele ensina são somente as Quatro Nobre Verdades, ensinadas, precisamente, porque elas conduzem à iluminação e ao Nibbāna.

Os seres conscientes vagam e viajam no saṃsāra porque eles não compreenderam e não penetraram as Quatro Nobres Verdades – **Texto IX, 4 (5)(d)**. Como a corrente da originação dependente mostra, o que se encontra na base da gênese causal do sofrimento é a ignorância (*avijjā*), e a ignorância nada mais é do que o desconhecimento das Quatro Nobres Verdades. Aqueles que não conseguem compreender as quatro verdades geram formações volitivas e caem no precipício do nascimento, envelhecimento e da morte – **Texto IX, 4(5)(e)**.

O antídoto contra a ignorância é o conhecimento (*vijjā*), que é definido, coerentemente, como o conhecimento das Quatro Nobres Verdades. O primeiro vislumbre das Quatro Nobres Verdades ocorre quando se "entra na corrente", um estado conhecido como o "despertar para o Dhamma" (*dhammābhisamaya*). Despertar para o Dhamma de modo algum é uma tarefa fácil, porém, sem fazê-lo, é impossível pôr fim ao sofrimento – **Texto IX, 4(5)(f)**. Daí o Buda insistentemente exortar os seus discípulos a "fazer um esforço extraordinário" para se alcançar o despertar para aquelas verdades.

Quando o discípulo alcança o despertar e vê as Quatro Nobres Verdades, mais trabalho lhe aguarda adiante, pois cada verdade impõe uma tarefa que deve ser executada para que se consiga o fruto final. A verdade acerca do sofrimento, que em última análise consiste nos cinco agregados, deve ser compreendida de forma completa (*pariññeyya*). A verdade acerca da sua origem, o desejo, deve ser abandonada (*pahātabba*). A verdade da cessação, o Nibbāna, deve ser realizada (*sacchikātabba*). E a verdade acerca do caminho, o Nobre Caminho Óctuplo, deve ser desenvolvida (*bhāvetabba*).

Desenvolver o caminho leva à completude todas as quatro tarefas, que atinge o seu ápice na destruição das máculas. Este processo se inicia com o vislumbre dessas Quatro Nobres Verdades, e por isso o **Texto IX, 4(5)(g)** afirma que a destruição das máculas é para aqueles que conhecem e enxergam as Quatro Nobres Verdades.

IX, 5 *O Objetivo da sabedoria*. As Quatro Nobres Verdades não servem somente como a dimensão objetiva da sabedoria, mas também define o seu propósito, que é expressa na terceira nobre verdade, a cessação do sofrimento. A cessação do sofrimento é o *Nibbāna* e, portanto, o objetivo da sabedoria, a finalidade para a qual se dirige a sabedoria é alcançar o Nibbāna. Mas o que, exatamente, significa Nibbāna? Os suttas explicam o Nibbāna de várias maneiras. Algumas, como o **Texto IX, 5(1)**, definem o Nibbāna como a destruição da cobiça, do ódio e da ilusão. Outros, como a série de suttas compreendida no **Texto ix, 5(2)**, utilizam metáforas e imagens para transmitir uma ideia mais concreta do objetivo final. O Nibbāna ainda é compreendido como a destruição da cobiça, do ódio e da ilusão, mas também é caracterizado, dentre outras maneiras, como pacífico, imortal, sublime, maravilhoso e impressionante. Tais descrições indicam que o Nibbāna é um estado de alegria, paz e liberdade supremas a serem experienciadas nesta própria vida.

Alguns suttas, de forma mais notável um par deles no Udāna – incluídos aqui como os **Texto IX, 5(3)** e **IX, 5(4)** – sugerem que o Nibbāna não é simplesmente a destruição das impurezas e um estado de bem-estar psicológico exaltado. Eles falam do Nibbāna como se ele fosse quase que um estado ou uma dimensão transcendente do ser. O **Texto IX 5(3)** se refere ao Nibbāna como a "base" (*Āyatana*) além do mundo da experiência comum, onde nenhum dos seus elementos físicos ou mesmo as dimensões sem formas sutis da experiência se encontram presentes; é um estado de completa quietude, sem surgimento, fim ou mudança. O **Texto IX, 5(4)** o qualifica como o estado "não nascido, não produzido, imutável e incondicionado" (*ajātaṃ*, *akataṃ*, *abhūtaṃ*, *asaṅkhataṃ*), cuja existência torna possível a libertação de tudo aquilo que é nascido, produzido, mutável e condicionado.

Como devemos correlacionar essas duas perspectivas acerca do Nibbāna encontradas nos Nikāyas: uma que o considera como um estado experiencial de pureza interior e bênção sublime, e o outro como um estado incondicionado que transcende o mundo empírico? Os comentadores, tanto os budistas quanto os externos, tentaram conectar esses dois aspectos do Nibbāna de formas distintas. As suas interpretações geralmente refletem as tendências dos intérpretes tanto quanto as dos próprios textos. O caminho que parece mais fiel a ambos os aspectos do Nibbāna delineados nos textos é considerá-lo como um estado de liberdade e alegria atingido ao se realizar, através da sabedoria profunda, o elemento incondicionado e transcendente, o estado intrinsecamente tranquilo e para sempre além do sofrimento. A penetração neste elemento acarreta a destruição das máculas, culminando na completa purificação da mente. Tal purificação é acompanhada pelas experiências de paz e alegria perfeitas na vida presente. Com a dissolução do corpo físico na morte, ele traz a libertação irreversível da ronda sem começo de renascimentos.

Os suttas falam de duas "dimensões do Nibbāna": a dimensão do Nibbāna onde resíduos permanecem (*sa-upādisesa-nibbānadhātu*), e a dimensão do Nibbāna onde não permanecem resíduos (*anupādisesa-nibbānadhātu*). O **Texto IX, 5(5)** explica a dimensão do Nibbāna onde resíduos permanecem como a destruição da cobiça, do ódio e da ilusão atingida pelos arahant durante a vida. O "resíduo" que permanece é o composto de cinco agregados que foram reunidos pela ignorância e pelo desejo na vida passada, o qual deve permanecer até o final desta vida. Quanto a dimensão do Nibbāna sem resíduos remanescentes, o mesmo texto afirma somente que quando o arahant morre, tudo aquilo que é sentido, não sendo objeto de deleite, será "esfriado" (extinto) aqui mesmo. Como não existe mais apego aos cinco agregados e nem desejo por novas experiências através de um novo conjunto de agregados, a ocorrência dos agregados chega ao final e não pode continuar. O processo dos cinco agregados é "extinto" (o sentido literal de Nibbāna)[226].

Todavia, o Buda nada afirma em termos de existência ou não existência acerca da condição do arahant após a morte. Poderia parecer lógico supor que, uma vez que os cinco agregados que compõem a experiência cessem completamente ao se atingir a dimensão do Nibbāna sem resíduo, essa dimensão deve ser um estado de não existência total, um estado de nulidade completa. Contudo, nenhum texto dos Nikāyas jamais afirma isto. Pelo contrário, os Nikāyas, de forma consistente, referem-se ao Nibbāna em termos que denotam existência. É um elemento ou dimensão (*dhātu*), uma base (*āyatana*), uma realidade (*dhamma*), um estado (*pada*) e assim por diante. Porém, apesar de designado dessas maneiras, ele é qualificado em modos que indicam que este estado se encontra, em última análise, para além de todas as categorias e conceitos familiares.

No **Texto IX, 5(6)** o renunciante Vacchagota pergunta ao Buda se o Tathāgata – aqui com o sentido de alguém que já atingiu o objetivo supremo – renasce (*upapajjati*) ou não após a morte. O Buda se recusa a confirmar qualquer uma das quatro alternativas: afirmar que o Tathāgata renasce, não renasce, renasce e não renasce e nem renasce nem deixa de renascer – nenhuma delas é aceitável, pois em todos os casos se considera o *Tathāgata* como indicativo de um ser real, enquanto que do ponto de vista interno um Tathāgata desistiu de todo apego às noções de um ser real. O Buda ilustra este ponto com a imagem de um fogo extinguido. Assim como não se pode afirmar que um fogo extinguido tenha ido para tal ou tal local, mas que simplesmente "acabou", do mesmo modo, após a dissolução do corpo do Tathāgata, ele não vai para lugar algum, mas simplesmente "acabou". A forma verbal do particípio passado *nibbuta*, usada para descrever um fogo extinguido é relacionada ao substantivo *nibbāna*, que significa, literalmente, "extinguindo"[227].

Contudo, se esta imagem sugere uma versão Budista de "aniquilacionismo" ou niilismo acerca do destino do arahant após a sua morte, esta impressão seria um erro por repousar numa percepção errônea do arahant como possuidor de um "eu/self" ou como sendo uma "pessoa" que seria aniquilada. O nosso problema para compreender o estado do Tathāgata após a morte é aumentado pela nossa dificuldade em compreender o estado do Tathāgata mesmo enquanto vivo. Como o Tathāgata não mais se identifica com os cinco agregados que compõem a identidade individual, ele não pode ser compreendido nos termos daqueles agregados, quer individualmente, quer coletivamente. Liberto da percepção em termo dos cinco agregados, a singularidade do Tathāgata transcende o nosso entendimento. Como o grande oceano, ele é "profundo, imensurável, [e] difícil de ser analisado"[228].

IX
FAZENDO A LUZ DA SABEDORIA BRILHAR

1 IMAGENS DA SABEDORIA

(1) A sabedoria como uma luz

"Existem, monges, quatro luzes. Quais? A luz da lua, a luz do sol, a luz do fogo e a luz da sabedoria. Dessas quatro luzes, a da sabedoria é a suprema."

(AN 4: 143; II 139)

(2) A sabedoria como uma faca

11 "Irmãs, imaginem que um açougueiro habilidoso ou o seu ajudante fossem matar uma vaca e destrinchá-la. Sem danificar a massa interna de carne e sem danificar o couro externo, ele cortaria, retalharia e arrancaria os tendões, tecidos e ligamentos com uma faca de açougueiro afiada. Então, após cortar, retalhar e arrancar fora tudo isso, ele removesse o couro externo e cobrisse a vaca de novo com o mesmo couro. Ele estaria falando corretamente se ele dissesse: 'Esta vaca está forrada com o seu couro como antes'.

'Não, Venerável. E por quê? Porque se um açougueiro habilidoso ou o seu ajudante fossem matar uma vaca e destrinchá-la e, sem danificar a massa interna de carne e sem danificar o couro externo, ele cortasse, retalhasse e arrancasse os tendões, tecidos e ligamentos com uma faca de açougueiro afiada e, após cortar, retalhar e arrancar fora tudo isso, ele removesse o couro externo e cobrisse a vaca de novo com o mesmo couro, ele não estaria falando corretamente se ele dissesse: 'Esta vaca está forrada com o seu couro como antes', porque a vaca ainda estaria separada do couro'.

12 'Irmãs, eu criei essa imagem de modo a transmitir um sentido, que é o seguinte: 'A massa interna de carne' é um termo para as seis bases internas. 'O couro externo' é um termo para as seis bases externas. "Os tendões, tecidos e ligamentos' são um termo para o deleite e a cobiça. 'A faca afiada do açougueiro' é um termo para

a nobre sabedoria – a nobre sabedoria que corta, separa e extrai as impurezas internas, as ligações e os apegos'."

(do MN 146: *Nandakovāda Sutta*; III 274-275)

2 AS CONDIÇÕES PARA A SABEDORIA

Existem, monges, essas oito causas e condições para se obter a sabedoria fundamental para a vida espiritual quando ela ainda não foi obtida e para se conseguir aumentar, amadurecer e alcançar a realização através do desenvolvimento da sabedoria que já foi obtida. Quais oito?

(1) "Neste caso, um monge vive na dependência de um Mestre ou de um colega monge na posição de mestre, e ele estabelece em relação àquele um profundo senso de vergonha e medo moral, considerando-o com afeição e respeito. Esta é a primeira causa e condição para se obter a sabedoria fundamental para a vida espiritual...

(2) Enquanto ele vive na dependência de tais mestres, ele se aproxima daqueles, de vez em quando, e pergunta-lhes: 'Como assim, senhor? O que significa isso?' Aqueles veneráveis, então, lhe revelam o que ainda não havia sido revelado, esclarecem o que se encontrava obscurecido e dissolvem as suas dúvidas acerca de questões complicadas. Esta é a segunda causa e condição para se obter a sabedoria fundamental para a vida espiritual...

(3) Após aprender o Dhamma, ele vive afastado em duas formas de retiro: retiro do corpo e retiro da mente. Esta é a terceira causa e condição para se obter a sabedoria fundamental para a vida espiritual...

(4) Ele é virtuoso, controlado pelas restrições do Pātimokkha[229], perfeito na conduta e na observância daquele, enxergando o perigo na menor das faltas. Tendo se submetido às leis do treinamento, ele se exercita naquelas. Esta é a quarta causa e condição para se obter a sabedoria fundamental para a vida espiritual...

(5) Ele aprendeu muito, recorda-se daquilo que aprendeu e consolida aquilo que já aprendeu, aqueles ensinamentos que são bons no princípio, bons no meio e bons no final, com o sentido e formulação precisos, e que defendem uma vida espiritual que é perfeitamente pura e completa – tais ensinamentos, que ele aprendeu, memorizou, recitou verbalmente, investigou com a mente e conseguiu compreender, são a quinta causa e condição para se obter a sabedoria fundamental para a vida espiritual...

(6) Ele é enérgico; ele coloca energia em abandonar tudo que é prejudicial e adquirir tudo aquilo que é benéfico; ele é resoluto e forte neste esforço, não se desviando da sua busca pelas qualidades beneficiais. Esta é a sexta causa e condição de se obter a sabedoria que é fundamental para a vida espiritual...

(7) Quando ele se encontra no meio da Saṅgha, ele não fica se movimentando muito nem fica falando sobre coisas que não são importantes. Ou ele próprio fala do Dhamma ou pede a outrem para fazê-lo, ou ele permanece num nobre silêncio. Esta é a sétima causa e condição para se obter a sabedoria fundamental para a vida espiritual...

(8) Ele permanece contemplando a subida e a descida dos cinco agregados sujeitos ao apego dessa maneira: 'Esta é a forma, este é o seu surgimento, este é o seu desparecimento... esta é a sensação... esta é a percepção... esta é a consciência, este é o seu surgimento, este é o seu desparecimento'. Esta é a oitava causa e condição para se obter a sabedoria fundamental para a vida espiritual...

Por essas oito razões os seus colegas monges vão considerá-lo como alguém que verdadeiramente conhece e enxerga as coisas como elas de fato são, e essas qualidades conduzem à afeição, estima, concórdia e unidade.

Essas, monges, são as oito causas e condições para se obter a sabedoria fundamental para a vida espiritual quando ela ainda não foi obtida e para se conseguir aumentar, amadurecer e alcançar a realização através do desenvolvimento da sabedoria que já foi obtida."

(AN 8: 2, condensado; IV 151-155)

3 Um discurso acerca da visão correta

1 "Assim eu ouvi. Numa ocasião o Abençoado estava vivendo em Sāvatthī, no Bosque do Príncipe Jeta, no Parque de Anāthapiṇḍika. Lá, o Venerável Sāriputta se dirigiu aos monges da seguinte maneira: 'Amigos, monges'. – 'Amigo', eles responderam. O Venerável Sāriputta disse isso:

2 'Alguém que possui a visão correta, alguém que possui a visão correta', dizem por aí, amigos. Em que sentido pode-se dizer que um nobre discípulo possui a visão correta, estrita, alguém que possua confiança confirmada no Dhamma e que tenha alcançado este Dhamma verdadeiro?"[230]

'Realmente, amigo, nós viríamos de longe para aprender com o Venerável Sāriputta o significado dessa afirmação. Ouvindo dele próprio, os monges se recordarão.'

'Então, amigos, ouçam e prestem bastante atenção no que eu vou dizer.'

'Sim, amigo', os monges responderam. O Venerável Sāriputta disse o seguinte:

[O benéfico e o prejudicial]

3 'Amigos, quando um nobre discípulo compreende o prejudicial e a raiz do prejudicial, o benéfico e a raiz do benéfico, neste sentido ele pode ser considerado alguém que possua a visão correta, cuja visão é estrita, que possui confiança confirmada no Dhamma e tenha alcançado este Dhamma verdadeiro.

4 E o que, amigos, é o prejudicial e a raiz do prejudicial, o benéfico e a raiz do benéfico? A destruição da vida é prejudicial; pegar aquilo que não foi dado é prejudicial; má conduta sexual é prejudicial; a fala falsa é prejudicial; a fala maliciosa é prejudicial; a fala violenta é prejudicial; fofoca é prejudicial; o desejo é prejudicial; má vontade é prejudicial; visão errada é prejudicial. Isso é chamado de prejudicial[231].

5 E o que é a raiz do prejudicial? A ganância é a raiz do prejudicial; o ódio é a raiz do prejudicial; a ilusão é a raiz do prejudicial. Essa é a chamada raiz do prejudicial.

6 E o que, amigos, é o benéfico? Se abster da destruição da vida é benéficos; e abster de pegar aquilo que não foi dado é benéfico; se abster da má conduta sexual é benéfico; se abster da fala falsa é benéfico; se abster da fala maliciosa é benéficos; e abster da fala violenta é benéficos; se abster de fofoca é benéfico; se abster do desejo é benéfico; se abster da má vontade é benéfico; a visão correta é benéfica. Isso é chamado de benéfico.

7 E o que é a raiz do benéfico? A não ganância é a raiz do benéfico; o não ódio é a raiz do benéfico; a não ilusão é a raiz do benéfico. Essa é a chamada raiz do benéfico.

8 Quando um nobre discípulo compreendeu desta forma o prejudicial e a raiz do prejudicial, o benéfico e a raiz do benéfico[232], ele abandona completamente a tendência subjacente à luxúria, ele abandona a tendência subjacente à aversão, ele extirpa a tendência subjacente da visão e da crença no 'eu sou' e, ao abandonar a ignorância e estimular o verdadeiro conhecimento, ele põe um fim, aqui e agora, ao sofrimento[233]. Neste sentido pode-se dizer que alguém possui a visão correta, estrita, alguém que possua confiança confirmada no Dhamma e que tenha alcançado este Dhamma verdadeiro.'

[Nutrientes]

9 Dizendo 'muito bom, amigo', os monges se deleitaram e se alegraram com as palavras do Venerável Sāriputta. Então, eles lhe fizeram uma outra pergunta: 'Mas amigo, pode haver um outro modo de se considerar um nobre discípulo como alguém de visão correta... e que tenha alcançado este Dhamma verdadeiro'. – 'Sim, pode haver, amigos.'

10 'Amigos, quando um nobre discípulo compreende o nutriente, a origem do nutriente, a cessação do nutriente e o caminho que conduz à cessação do nutriente, nesse sentido pode-se dizer que alguém possui a visão correta... e que tenha alcançado este Dhamma verdadeiro.

11 E o que é nutriente, qual é a origem do nutriente, qual é a cessação do nutriente e qual é o caminho que conduz à cessação do nutriente? Existem quatro tipos de nutriente para a manutenção dos seres que já nasceram e que sustentam aqueles ainda em formação. Quais quatro? São eles a comida física, grosseira ou sutil; o contato é o segundo; a vontade mental é o terceiro; a consciência é o quarto[234]. Com o surgimento do desejo ocorre o surgimento do nutriente. Com a cessação do desejo ocorre a cessação do nutriente. O caminho que conduz à cessação do nutriente é simplesmente esse Nobre Caminho Óctuplo, isto é: visão correta, intenção correta, fala correta, ação correta, vida correta, esforço correto, consciência correta e concentração correta.

12 Quando um nobre discípulo entendeu dessa forma o nutriente, a origem do nutriente, a cessação do nutriente e o caminho que conduz a cessação do nutriente, ele abandona completamente a tendência subjacente à luxúria, ele abandona a tendência subjacente à aversão, ele extirpa a tendência subjacente da visão e da crença no

‘eu sou’, e ao abandonar a ignorância e estimular o verdadeiro conhecimento, ele aqui e agora põe um fim no sofrimento. Neste sentido pode-se dizer que alguém possui a visão correta, estrita, alguém que possua confiança confirmada no Dhamma e que tenha alcançado este Dhamma verdadeiro.’

[As Quatro Nobres Verdades]

13 Dizendo ‘muito bom, amigo’, os monges se deleitaram e se alegraram com as palavras do Venerável Sāriputta. Então, eles lhe fizeram uma outra pergunta: ‘Mas amigo, pode haver um outro modo de se considerar um nobre discípulo como alguém de visão correta... e que tenha alcançado este Dhamma verdadeiro’. – ‘Sim, pode haver, amigos.’

14 ‘Amigos, quando um nobre discípulo compreende o sofrimento, a origem do sofrimento, a cessação do sofrimento e o caminho que conduz a cessação do sofrimento, neste sentido pode-se afirmar que alguém possui a visão correta... e que tenha alcançado este Dhamma verdadeiro.

15 E o que é o sofrimento, qual é a origem do sofrimento, o que é a cessação do sofrimento e qual é o caminho que conduz à cessação do sofrimento? O nascimento é sofrimento; envelhecer é sofrimento; doença é sofrimento; morte é sofrimento; tristeza, lamúrias, dor, depressão e desespero são sofrimento; não conseguir aquilo que se deseja é sofrimento; em suma, os cinco agregados sujeitos ao apego são sofrimento. Este é o chamado ‘sofrimento’.

16 E qual é a origem do sofrimento? É o desejo que conduz à existência renovada, acompanhado do prazer e da luxúria, buscando o prazer aqui e ali; isto é, desejando prazeres sensórios, desejando existência ou desejando extinção. Esta é a chamada ‘origem do sofrimento’.

17 E o que é a cessação do sofrimento? É o desaparecimento e a cessação por completo daquele mesmo desejo, o desistir, abandonar, a liberdade, o não apego em relação àquele desejo.

18 E qual é o caminho que conduz à cessação do sofrimento? É simplesmente esse Nobre Caminho Óctuplo, isto é: visão correta, intenção correta, fala correta, ação correta, vida correta, esforço correto, consciência correta e concentração correta. Este é o chamado ‘caminho que conduz à cessação do sofrimento’.

19 ‘Quando um nobre discípulo compreendeu o sofrimento, a origem do sofrimento, a sua cessação e o caminho que conduz à cessação do sofrimento... ele aqui e agora coloca um ponto-final no sofrimento. Nesse sentido também alguém pode ser considerado como tendo a visão correta... e que tenha alcançado este Dhamma verdadeiro.’

[Envelhecimento e morte]

20 Dizendo ‘muito bom, amigo’, os monges se deleitaram e se alegraram com as palavras do Venerável Sāriputta. Então, eles lhe fizeram uma outra pergunta: ‘Mas

amigo, pode haver um outro modo de se considerar um nobre discípulo como alguém de visão correta... e que tenha alcançado este Dhamma verdadeiro'. – 'Sim, pode haver, amigos.'

21 'Quando um nobre discípulo compreendeu o envelhecimento e a morte, a origem do envelhecimento e da morte, a sua cessação e o caminho que conduz à cessação do envelhecimento e da morte... nesse sentido também alguém pode ser considerado como tendo a visão correta... e que tenha alcançado este Dhamma verdadeiro[235].

22 E o que é o envelhecimento e a morte, qual é a sua origem, o que é a cessação do envelhecimento e da morte e qual é o caminho que conduz à cessação do envelhecimento e da morte? O envelhecimento dos seres em suas formas variadas, suas velhices: dentes quebrados, cabelos cinzas, rugas da pele, declínio da vida, enfraquecimento das faculdades – isso é chamado de 'envelhecimento'. A morte dos seres em suas formas variadas, o falecimento, o desaparecimento, a morte, o término do seu tempo, a dissolução dos agregados, o pousar do corpo ao chão – isto é chamado de 'morte'. Por isso este envelhecimento e esta morte são chamados de 'envelhecimento e morte'. Com o surgimento do corpo dá-se o surgimento do envelhecimento e da morte. Com a cessação do nascimento dá-se a cessação do envelhecimento e da morte. O caminho que conduz à cessação do envelhecimento e da morte é simplesmente este Nobre Caminho Óctuplo: visão correta... concentração correta.

23 Quando um nobre discípulo compreendeu o envelhecimento e a morte, a origem do envelhecimento e da morte, a sua cessação e o caminho que conduz à cessação do envelhecimento e da morte... nesse sentido também alguém pode ser considerado como tendo a visão correta... e que tenha alcançado este Dhamma verdadeiro.'

[Nascimento]

24 Dizendo 'muito bom, amigo', os monges se deleitaram e se alegraram com as palavras do Venerável Sāriputta. Então, eles lhe fizeram uma outra pergunta: 'Mas amigo, pode haver um outro modo de se considerar um nobre discípulo como alguém de visão correta... e que tenha alcançado este Dhamma verdadeiro'. – 'Sim, pode haver, amigos.'

25 'Quando um nobre discípulo compreendeu o nascimento, a origem do nascimento, a sua cessação e o caminho que conduz à cessação do nascimento... nesse sentido também alguém pode ser considerado como tendo a visão correta... e que tenha alcançado este Dhamma verdadeiro.

26 E o que é o nascimento, qual é a sua origem, o que é a cessação do nascimento e qual é o caminho que conduz à cessação do nascimento? O nascimento dos seres em suas formas variadas, o seu vir a ser, o repousar no útero, a gestação, a geração, a manifestação dos agregados, obter as bases para o contato – isso é chamado de 'nascimento'. Com o surgimento da existência dá-se o surgimento do nascimento. Com a cessação da existência dá-se a cessação do nascimento. O caminho que conduz à cessação do envelhecimento e da morte é simplesmente este Nobre Caminho Óctuplo: visão correta... concentração correta.

27 Quando um nobre discípulo compreendeu o nascimento, a origem do nascimento, a sua cessação e o caminho que conduz à cessação do nascimento, ele aqui e agora coloca um ponto-final no sofrimento... nesse sentido também alguém pode ser considerado como tendo a visão correta... e que tenha alcançado este Dhamma verdadeiro.'

[Existência]

28 Dizendo 'muito bom, amigo', os monges se deleitaram e se alegraram com as palavras do Venerável Sāriputta. Então, eles lhe fizeram uma outra pergunta: 'Mas amigo, pode haver um outro modo de se considerar um nobre discípulo como alguém de visão correta... e que tenha alcançado este Dhamma verdadeiro'. – 'Sim, pode haver, amigos.'

29 'Quando um nobre discípulo compreendeu a existência, a origem da existência, a sua cessação e o caminho que conduz à cessação da existência... nesse sentido também alguém pode ser considerado como tendo a visão correta... e que tenha alcançado este Dhamma verdadeiro.

30 E o que é a existência, qual é a sua origem, o que é a cessação da existência e qual é o caminho que conduz à cessação da existência? Existem esses três tipos de existência: a existência na esfera sensorial, a existência na esfera da forma e a existência na esfera do sem forma[236] – isso é chamado de 'existência'. Com o surgimento do apego dá-se o surgimento da existência. Com a cessação do apego dá-se a cessação da existência. O caminho que conduz à cessação da existência é simplesmente este Nobre Caminho Óctuplo: visão correta... concentração correta.

31 Quando um nobre discípulo compreendeu a existência, a origem da existência, a sua cessação e o caminho que conduz à cessação da existência, ele aqui e agora coloca um ponto-final no sofrimento... nesse sentido também alguém pode ser considerado como tendo a visão correta... e que tenha alcançado este Dhamma verdadeiro.'

[Apego]

32 Dizendo 'muito bom, amigo', os monges se deleitaram e se alegraram com as palavras do Venerável Sāriputta. Então, eles lhe fizeram uma outra pergunta: 'Mas amigo, pode haver um outro modo de se considerar um nobre discípulo como alguém de visão correta... e que tenha alcançado este Dhamma verdadeiro'. - 'Sim, pode haver, amigos.'

33 'Quando um nobre discípulo compreendeu o apego, a origem do apego, a sua cessação e o caminho que conduz à cessação do apego... nesse sentido também alguém pode ser considerado como tendo a visão correta... e que tenha alcançado este Dhamma verdadeiro.

34 E o que é o apego, qual é a sua origem, o que é a cessação do apego e qual é o caminho que conduz à cessação do apego? Existem esses quatro tipos de apego:

apego aos prazeres sensórios, apego aos pontos de vista, apego às regras e observâncias e apego à doutrina de um 'eu/self'[237]. Com o surgimento do desejo dá-se o surgimento do apego. Com a cessação do desejo dá-se a cessação do apego. O caminho que conduz à cessação do apego é simplesmente este Nobre Caminho Óctuplo: visão correta... concentração correta.

35 Quando um nobre discípulo compreendeu o apego, a origem do apego, a sua cessação e o caminho que conduz à cessação do apego, ele aqui e agora coloca um ponto-final no sofrimento... nesse sentido também alguém pode ser considerado como tendo a visão correta... e que tenha alcançado este Dhamma verdadeiro.'

[Desejo]

36 Dizendo 'muito bom, amigo', os monges se deleitaram e se alegraram com as palavras do Venerável Sāriputta. Então, eles lhe fizeram uma outra pergunta: "Mas amigo, pode haver um outro modo de se considerar um nobre discípulo como alguém de visão correta... e que tenha alcançado este Dhamma verdadeiro.' – 'Sim, pode haver, amigos.'

37 'Quando um nobre discípulo compreendeu o desejo, a origem do desejo, a sua cessação e o caminho que conduz à cessação do desejo... nesse sentido também alguém pode ser considerado como tendo a visão correta... e que tenha alcançado este Dhamma verdadeiro.

38 E o que é o desejo, qual é a sua origem, o que é a cessação do desejo e qual é o caminho que conduz à cessação do desejo? Existem esses seis tipos de desejo: desejo pelas formas, desejo pelos sons, desejo pelos cheiros, desejo pelos sabores, desejo por objetos táteis e desejo por fenômenos mentais[238]. Com o surgimento da sensação, dá-se o surgimento do desejo. Com a cessação da sensação, dá-se a cessação do desejo. O caminho que conduz à cessação do apego é simplesmente este Nobre Caminho Óctuplo: visão correta... concentração correta.

39 Quando um nobre discípulo compreendeu o desejo, a origem do desejo, a sua cessação e o caminho que conduz à cessação do desejo, ele aqui e agora coloca um ponto-final no sofrimento... nesse sentido também alguém pode ser considerado como tendo a visão correta... e que tenha alcançado este Dhamma verdadeiro.'

[Sensação]

40 Dizendo 'muito bom, amigo', os monges se deleitaram e se alegraram com as palavras do Venerável Sāriputta. Então, eles lhe fizeram uma outra pergunta: 'Mas amigo, pode haver um outro modo de se considerar um nobre discípulo como alguém de visão correta... e que tenha alcançado este Dhamma verdadeiro.' – 'Sim, pode haver, amigos.'

41 'Quando um nobre discípulo compreendeu a sensação, a origem da sensação, a sua cessação e o caminho que conduz à cessação da sensação... nesse sentido também alguém pode ser considerado como tendo a visão correta... e que tenha alcançado este Dhamma verdadeiro.

42 E o que é a sensação, qual é a sua origem, o que é a cessação da sensação e qual é o caminho que conduz à cessação da sensação? Existem esses seis tipos de sensação: a sensação nascida do contato visual, a sensação nascida do contato auditivo, a sensação nascida do contato nasal, a sensação nascida do contato do paladar, a sensação nascida do contato corporal e a sensação nascida do contato mental. Com o surgimento do contato, dá-se o surgimento da sensação. Com a cessação do contato, dá-se a cessação da sensação. O caminho que conduz à cessação do apego é simplesmente este Nobre Caminho Óctuplo: visão correta... concentração correta.

43 Quando um nobre discípulo compreendeu a sensação, a origem da sensação, a sua cessação e o caminho que conduz à cessação da sensação, ele aqui e agora coloca um ponto-final no sofrimento... nesse sentido também alguém pode ser considerado como tendo a visão correta... e que tenha alcançado este Dhamma verdadeiro.'

[Contato]

44 Dizendo 'muito bom, amigo', os monges se deleitaram e se alegraram com as palavras do Venerável Sāriputta. Então, eles lhe fizeram uma outra pergunta: 'Mas amigo, pode haver um outro modo de se considerar um nobre discípulo como alguém de visão correta... e que tenha alcançado este Dhamma verdadeiro.' – 'Sim, pode haver, amigos.'

45 'Quando um nobre discípulo compreendeu o contato, a origem do contato, a sua cessação e o caminho que conduz à cessação do contato... nesse sentido também alguém pode ser considerado como tendo a visão correta... e que tenha alcançado este Dhamma verdadeiro.

46 E o que é o contato, qual é a sua origem, o que é a cessação do contato e qual é o caminho que conduz à cessação do contato? Existem esses seis tipos de sensação: contato visual, contato auditivo, contato nasal, contato do paladar, contato corporal e o contato mental[239]. Com o surgimento das seis bases sensórias, dá-se o surgimento do contato. Com a cessação das seis bases sensórias, dá-se a cessação do contato. O caminho que conduz à cessação do contato é simplesmente este Nobre Caminho Óctuplo: visão correta... concentração correta.

47 Quando um nobre discípulo compreendeu o contato, a origem do contato, a sua cessação e o caminho que conduz à cessação do contato, ele aqui e agora coloca um ponto-final no sofrimento... nesse sentido também alguém pode ser considerado como tendo a visão correta... e que tenha alcançado este Dhamma verdadeiro.'

[As seis bases sensórias]

48 Dizendo 'muito bom, amigo', os monges se deleitaram e se alegraram com as palavras do Venerável Sāriputta. Então, eles lhe fizeram uma outra pergunta: 'Mas amigo, pode haver um outro modo de se considerar um nobre discípulo como alguém de visão correta... e que tenha alcançado este Dhamma verdadeiro.' – 'Sim, pode haver, amigos.'

49 'Quando um nobre discípulo compreendeu as seis bases sensórias, a origem das seis bases sensórias, a sua cessação e o caminho que conduz à cessação das seis bases sensórias... nesse sentido também alguém pode ser considerado como tendo a visão correta... e que tenha alcançado este Dhamma verdadeiro.

50 E o que são as seis bases sensórias, qual é a origem delas, o que é a cessação das seis bases sensórias e qual é o caminho que conduz à cessação das seis bases sensórias? Existem esses seis tipos de bases sensórias: a base-olho, a base-ouvido, a base-nariz, a base-língua, a base-corpo e a base-mente. Com o surgimento do nome e forma, dá-se o surgimento das seis bases sensórias. Com a cessação do nome e forma, dá-se a cessação das seis bases sensórias. O caminho que conduz à cessação das seis bases sensórias é simplesmente este Nobre Caminho Óctuplo: visão correta... concentração correta.

51 Quando um nobre discípulo compreendeu as seis bases sensórias, a origem das seis base sensórias, a sua cessação e o caminho que conduz à cessação das seis bases sensórias, ele aqui e agora coloca um ponto-final no sofrimento... nesse sentido também alguém pode ser considerado como tendo a visão correta... e que tenha alcançado este Dhamma verdadeiro.'

[Nome e forma]

52 Dizendo 'muito bom, amigo', os monges se deleitaram e se alegraram com as palavras do Venerável Sāriputta. Então, eles lhe fizeram uma outra pergunta: 'Mas amigo, pode haver um outro modo de se considerar um nobre discípulo como alguém de visão correta... e que tenha alcançado este Dhamma verdadeiro.' – 'Sim, pode haver, amigos.'

53 'Quando um nobre discípulo compreendeu o nome e forma, a origem do nome e forma, a sua cessação e o caminho que conduz à cessação do nome e forma... nesse sentido também alguém pode ser considerado como tendo a visão correta... e que tenha alcançado este Dhamma verdadeiro.

54 E o que é o nome e forma, qual é a sua origem, o que é a cessação do nome e forma e qual é o caminho que conduz à cessação do nome e forma? Sensação, percepção, volição, contato e atenção – esses são chamados de 'nome'. Os quatro elementos e as formas derivadas dos quatro elementos – esses são chamados de forma[240]. Com o surgimento da consciência, dá-se o surgimento das seis bases sensórias. Com a cessação da consciência, dá-se a cessação das seis bases sensórias. O caminho que conduz à cessação do nome e forma é simplesmente este Nobre Caminho Óctuplo: visão correta... concentração correta.

55 Quando um nobre discípulo compreendeu o nome e forma, a origem do nome e forma, a sua cessação e o caminho que conduz à cessação do nome e forma, ele aqui e agora coloca um ponto-final no sofrimento... nesse sentido também alguém pode ser considerado como tendo a visão correta... e que tenha alcançado este Dhamma verdadeiro.'

[Consciência]

56 Dizendo 'muito bom, amigo', os monges se deleitaram e se alegraram com as palavras do Venerável Sāriputta. Então, eles lhe fizeram uma outra pergunta: 'Mas amigo, pode haver um outro modo de se considerar um nobre discípulo como alguém de visão correta... e que tenha alcançado este Dhamma verdadeiro.' – 'Sim, pode haver, amigos.'

57 'Quando um nobre discípulo compreendeu a consciência, a origem da consciência, a sua cessação e o caminho que conduz à cessação da consciência... nesse sentido também alguém pode ser considerado como tendo a visão correta... e que tenha alcançado este Dhamma verdadeiro.

58 E o que é a consciência, qual é a sua origem, o que é a cessação da consciência e qual é o caminho que conduz à cessação da consciência? Existem esses seis tipos de consciência: a consciência visual, a consciência auditiva, a consciência nasal, a consciência do paladar, a consciência corporal e a consciência mental[241]. Com o surgimento das formações volitivas, dá-se o surgimento da consciência. Com a cessação das formações volitivas, dá-se a cessação da consciência. O caminho que conduz à cessação da consciência é simplesmente este Nobre Caminho Óctuplo: visão correta... concentração correta.

59 Quando um nobre discípulo compreendeu a consciência, a origem da consciência, a sua cessação e o caminho que conduz à cessação da consciência, ele aqui e agora coloca um ponto-final no sofrimento... nesse sentido também alguém pode ser considerado como tendo a visão correta... e que tenha alcançado este Dhamma verdadeiro.'

[Formações volitivas]

60 Dizendo 'muito bom, amigo', os monges se deleitaram e se alegraram com as palavras do Venerável Sāriputta. Então, eles lhe fizeram uma outra pergunta: 'Mas amigo, pode haver um outro modo de se considerar um nobre discípulo como alguém de visão correta... e que tenha alcançado este Dhamma verdadeiro.' – 'Sim, pode haver, amigos.'

61 'Quando um nobre discípulo compreendeu as formações volitivas, a origem das formações volitivas, a sua cessação e o caminho que conduz à cessação das formações volitivas... nesse sentido também alguém pode ser considerado como tendo a visão correta... e que tenha alcançado este Dhamma verdadeiro.

62 E o que são as formações volitivas, qual é a origem delas, o que é a cessação das formações volitivas e qual é o caminho que conduz à cessação das formações volitivas? Existem esses três tipos de formações volitivas: a formação volitiva corporal, a formação volitiva verbal e a formação volitiva mental[242]. Com o surgimento da ignorância, dá-se o surgimento das formações volitivas. Com a cessação da ignorância, dá-se a cessação das formações volitivas. O caminho que conduz à cessação das formações volitivas é simplesmente este Nobre Caminho Óctuplo: visão correta... concentração correta.

63 Quando um nobre discípulo compreendeu as formações volitivas, a origem das formações volitivas, a sua cessação e o caminho que conduz à cessação das formações volitivas, ele aqui e agora coloca um ponto-final no sofrimento... nesse sentido também alguém pode ser considerado como tendo a visão correta... e que tenha alcançado este Dhamma verdadeiro.'

[Ignorância]

64 Dizendo 'muito bom, amigo', os monges se deleitaram e se alegraram com as palavras do Venerável Sāriputta. Então, eles lhe fizeram uma outra pergunta: 'Mas amigo, pode haver um outro modo de se considerar um nobre discípulo como alguém de visão correta... e que tenha alcançado este Dhamma verdadeiro.' – 'Sim, pode haver, amigos.'

65 'Quando um nobre discípulo compreendeu a ignorância, a origem da ignorância, a sua cessação e o caminho que conduz à cessação da ignorância... nesse sentido também alguém pode ser considerado como tendo a visão correta... e que tenha alcançado este Dhamma verdadeiro.

66 E o que é a ignorância, qual é a sua origem, o que é a cessação da ignorância e qual é o caminho que conduz à cessação da ignorância? Desconhecer o sofrimento, desconhecer a origem do sofrimento, desconhecer a cessação do sofrimento e desconhecer o caminho que conduz à cessação do sofrimento – isto é chamado de ignorância. Com o surgimento das máculas, dá-se o surgimento da ignorância. Com a cessação das máculas, dá-se a cessação da ignorância. O caminho que conduz à cessação da ignorância é simplesmente este Nobre Caminho Óctuplo: visão correta... concentração correta.

67 Quando um nobre discípulo compreendeu a ignorância, a origem da ignorância, a sua cessação e o caminho que conduz à cessação da ignorância, ele aqui e agora coloca um ponto-final no sofrimento... nesse sentido também alguém pode ser considerado como tendo a visão correta... e que tenha alcançado este Dhamma verdadeiro.'

[As máculas]

68 Dizendo 'muito bom, amigo', os monges se deleitaram e se alegraram com as palavras do Venerável Sāriputta. Então, eles lhe fizeram uma outra pergunta: 'Mas amigo, pode haver um outro modo de se considerar um nobre discípulo como alguém de visão correta... e que tenha alcançado este Dhamma verdadeiro'. – 'Sim, pode haver, amigos.'

69 'Quando um nobre discípulo compreendeu as máculas, a origem das máculas, a sua cessação e o caminho que conduz à cessação das máculas... nesse sentido também alguém pode ser considerado como tendo a visão correta... e que tenha alcançado este Dhamma verdadeiro.

70 E o que são as máculas, qual é a origem delas, o que é a cessação das máculas e qual é o caminho que conduz à cessação das máculas? Existem esses três tipos

de máculas: a mácula do desejo sensório, a mácula do existir e a mácula da ignorância. Com o surgimento da ignorância, dá-se o surgimento das máculas[243]. Com a cessação da ignorância, dá-se a cessação das máculas. O caminho que conduz à cessação das máculas é simplesmente este Nobre Caminho Óctuplo: visão correta... concentração correta.

71 Quando um nobre discípulo compreendeu as máculas, a origem das máculas, a sua cessação e o caminho que conduz à cessação das máculas, ele aqui e agora coloca um ponto-final no sofrimento... nesse sentido também alguém pode ser considerado como tendo a visão correta... e que tenha alcançado este Dhamma verdadeiro.'

Foi isto que o Venerável Sāriputta falou. Os monges ficaram satisfeitos e alegres com as palavras do Venerável Sāriputta."

(MN 9: *Sammādiṭṭhi Sutta*, I 46-55)

4 A DIMENSÃO DA SABEDORIA

(1) Pelo caminho dos cinco agregados

(a) As fases dos agregados

"Em Sāvatthī, o Abençoado disse: 'Monges, existem esses cinco agregados sujeitos ao apego. Quais cinco? O agregado da forma sujeito ao apego, o agregado da sensação sujeito ao apego, o agregado da percepção sujeito ao apego, o agregado das formações volitivas sujeito ao apego e o agregado da consciência sujeito ao apego.

Enquanto eu não tive conhecimento direto de como eles realmente ocorrem nas suas quatro fases[244], eu não declarei ter despertado para a iluminação suprema insuperável neste mundo com os seus devas, Māra e Brahmā, a sua população de ascetas e brâmanes, seus devas e humanos. Mas quando eu de fato os conheci como eles ocorrem, então eu declarei ter despertado para a iluminação suprema insuperável neste mundo... seus devas e humanos.

E como, monges, são essas fases? Eu conheci diretamente a forma, a sua origem, a sua cessação e o caminho que conduz à sua cessação. Eu conheci diretamente a sensação... a percepção... as formações volitivas... a consciência, a sua origem, a sua cessação e o caminho que conduz à sua cessação.

E o que é a forma, monges? Os quatro grandes elementos e a forma derivada dos quatro grandes elementos: isto é chamado de 'forma'. Com o surgimento dos nutrientes dá-se o surgimento da forma. Com a cessação do nutriente dá-se a cessação da forma. O Nobre Caminho Óctuplo é o sendeiro que conduz à cessação da forma, isto é, a visão correta... a concentração correta.

Sejam quais forem os ascetas ou brâmanes que tenham conhecido diretamente a forma, a sua origem, a sua cessação e o caminho que conduz à sua cessação, que estejam praticando com o propósito de alcançar o desencanto com a forma, para o seu desaparecimento e cessação, eles estão praticando muito bem. Aqueles que estão praticando bem conquistaram um apoio neste Dhamma e nesta disciplina[245].

Sejam quais forem os ascetas ou brâmanes que tenham conhecido diretamente a forma, a sua origem, a sua cessação e o caminho que conduz à sua cessação, que estejam praticando com o propósito de alcançar o desencanto com a forma, para o seu desaparecimento e cessação, eles serão libertados pelo não apego, eles serão bem libertados. Aqueles que se encontram completamente libertos são chamados de 'consumados'. Quanto aos consumados, não há retorno para eles em termos de renascimento[246].

E o que é a sensação, monges? Existem seis tipos de sensações: a sensação nascida do contato visual, a sensação nascida do contato nasal, a sensação nascida do contato com a língua, a sensação nascida do contato com o corpo e a sensação nascida do contato com a mente. Isso é chamado de 'sensação'. Com o surgimento do contato, dá-se o surgimento da sensação. Com a cessação do contato dá-se a cessação da sensação. O Nobre Caminho Óctuplo é o sendeiro que conduz à cessação da sensação, isto é, a visão correta... a concentração correta.

Sejam quais forem os ascetas ou brâmanes que tenham conhecido diretamente a sensação, a sua origem, a sua cessação e o caminho que conduz à sua cessação, que estejam praticando com o propósito de alcançar o desencanto com a sensação, para o seu desaparecimento e cessação, eles estão praticando muito bem. Aqueles que estão praticando bem conquistaram um apoio neste Dhamma e nesta disciplina.

Sejam quais forem os ascetas ou brâmanes que tenham conhecido diretamente a sensação, a sua origem, a sua cessação e o caminho que conduz à sua cessação, que estejam praticando com o propósito de alcançar o desencanto com a sensação, para o seu desaparecimento e cessação, eles serão libertados pelo não apego, eles serão bem libertados. Aqueles que se encontram completamente libertos aqueles chamados de "consumados". Quanto aos consumados, não há retorno para eles em termos de renascimento.

E o que é a percepção, monges? Existem seis tipos de percepções: a percepção da forma, a percepção dos sons, a percepção dos odores, a percepção dos sabores, a percepção dos objetos tácteis e a percepção dos fenômenos mentais. Isso é chamado de 'percepção'. Com o surgimento do contato, dá-se o surgimento da percepção. Com a cessação do contato dá-se a cessação da percepção. O Nobre Caminho Óctuplo é o sendeiro que conduz à cessação da percepção, isto é, a visão correta... a concentração correta.

Sejam quais forem os ascetas ou brâmanes que tenham conhecido diretamente a percepção, a sua origem, a sua cessação e o caminho que conduz à sua cessação, que estejam praticando com o propósito de alcançar o desencanto com a percepção, para o seu desaparecimento e cessação, eles estão praticando muito bem. Aqueles que estão praticando bem conquistaram um apoio neste Dhamma e nesta disciplina.

Sejam quais forem os ascetas ou brâmanes que tenham conhecido diretamente a percepção, a sua origem, a sua cessação e o caminho que conduz à sua cessação, que estejam praticando com o propósito de alcançar o desencanto com a percepção, para o seu desaparecimento e cessação, eles serão libertados pelo não apego, eles serão bem libertados. Aqueles que e encontram completamente libertos são chamados de 'consumados'. Quanto aos consumados, não há retorno para eles em termos de renascimento.

E o que são as formações volitivas, monges? Existem seis tipos de volição ou vontade[247]: a volição acerca da forma, a volição acerca dos sons, a volição acerca dos odores, a volição acerca dos sabores, a volição dos objetos tácteis e a volição acerca dos fenômenos mentais. Essas são chamadas de 'formações volitivas'. Com o surgimento do contato, dá-se o surgimento da formação volitiva. Com a cessação do contato dá-se a cessação da formação volitiva. O Nobre Caminho Óctuplo é o sendeiro que conduz à cessação da formação volitiva, isto é, a visão correta... a concentração correta.

Sejam quais forem os ascetas ou brâmanes que tenham conhecido diretamente as formações volitivas, as suas origens, as suas cessações e o caminho que conduz às suas cessações, que estejam praticando com o propósito de alcançar o desencanto com as formações volitivas, para o seu desaparecimento e cessação, eles estão praticando muito bem. Aqueles que estão praticando bem conquistaram um apoio neste Dhamma e nesta disciplina.

Sejam quais forem os ascetas ou brâmanes que tenham conhecido diretamente as formações volitivas, as suas origens, as suas cessações e o caminho que conduz às suas cessações, que estejam praticando com o propósito de alcançar o desencanto com as formações volitivas, para o seu desaparecimento e cessação, eles serão libertados pelo não apego, eles serão bem libertados. Aqueles que se encontram libertos são chamados de 'consumados'. Quanto aos consumados, não há retorno para eles em termos de renascimento.

E o que é a consciência, monges? Existem seis tipos de consciência: a consciência do olho, a consciência do ouvido, a consciência do nariz, a consciência da língua, a consciência do corpo e a consciência da mente. Isso é chamado de 'consciência'. Com o surgimento do nome e forma, dá-se o surgimento da consciência[248]. Com a cessação do nome e forma dá-se a cessação da consciência. O Nobre Caminho Óctuplo é o sendeiro que conduz à cessação da consciência, isto é, a visão correta... a concentração correta.

Sejam quais forem os ascetas ou brâmanes que tenham conhecido diretamente a consciência, a sua origem, a sua cessação e o caminho que conduz à sua cessação, que estejam praticando com o propósito de alcançar o desencanto com a consciência, para o seu desaparecimento e cessação, eles estão praticando muito bem. Aqueles que estão praticando bem conquistaram um apoio neste Dhamma e nesta disciplina.

Sejam quais forem os ascetas ou brâmanes que tenham conhecido diretamente a consciência, a sua origem, a sua cessação e o caminho que conduz à sua cessação, que estejam praticando com o propósito de alcançar o desencanto com a consciência, para o seu desaparecimento e cessação, eles serão libertados pelo não apego, eles serão bem libertados. Aqueles que se encontram libertos são chamados de 'consumados'. Quanto aos consumados, não há retorno para eles em termos de renascimento.

(SN 22: 56; III 58-61)

(b) Um catecismo dos cinco agregados

'Numa ocasião o Abençoado estava vivendo em Sāvatthī, no Parque Leste, na mansão da mãe de Migāra, junto com uma grande Saṅgha de monges. Então, numa certa ocasião específica – no dia quinze, do Uposatha, uma noite de lua cheia – o Abençoado estava sentado ao ar livre cercado de uma Saṅgha de monges.

Então, um certo monge se levantou do seu assento, ajeitou o seu robe superior sobre um ombro, levantou as mãos juntas em saudação reverencial na direção do Abençoado e lhe disse: '1Venerável, eu gostaria de esclarecer um certo ponto, se o Abençoado se dignar a responder à minha pergunta'.

'Muito bem, monge; sente-se e pergunte o que você quiser.'

'Sim, Venerável', ele respondeu. Ele então se sentou no seu assento e disse ao Abençoado:

'Não são estes os agregados sujeitos ao apego, Venerável: isto é, a forma sujeita ao apego, a sensação sujeita ao apego, a percepção sujeita ao apego, as formações volitivas sujeitas ao apego e a consciência sujeita ao apego?'

'São essas, monge.'

Dizendo, 'obrigado, Venerável', o monge se deleitou e se alegrou com as palavras do Abençoado. Então ele formulou ao Abençoado mais uma questão:

'Mas, Venerável, no que estão enraizados esses cinco agregados sujeitos ao apego?'

'Monge, esses cinco agregados sujeitos ao apego estão enraizados no desejo'[249].

'Venerável, aquele apego significa o mesmo que os cinco agregados sujeitos ao apego, ou o apego é algo diferente dos cinco agregados sujeitos ao apego?'

'Monge, aquele apego não é nem a mesma coisa que os cinco agregados sujeitos ao apego e nem o apego é algo diferente daqueles cinco agregados sujeitos ao apego. Antes, na realidade, o desejo e a cobiça por [aqueles cinco agregados] é que caracteriza o apego'[250].

Dizendo, 'obrigado, Venerável', o monge se deleitou e se alegrou com as palavras do Abençoado. Então ele fez mais uma pergunta ao Abençoado:

'Mas, Venerável, pode haver diversidade no desejo e na cobiça pelos cinco agregados sujeitos ao apego?'

'Pode haver, monge', disse o Abençoado. 'Neste sentido, monge, pode ocorrer a alguém: 'Possa eu ser de tal ou tal forma no futuro! Possa eu sentir isso ou aquilo no futuro! Possa eu ter tal ou tal percepção no futuro! Possa eu ter essa ou aquela formação volitiva no futuro! Possa eu ter consciência disso ou daquilo no futuro!' 'Por isso, monge, pode haver diversidade no desejo e na cobiça pelos cinco agregados sujeitos ao apego.'

Dizendo 'obrigado, Venerável', o monge se deleitou e se alegrou com as palavras do Abençoado. Então ele fez ao Abençoado mais uma questão:

'De que maneira, Venerável, a designação 'agregado' se refere aos agregados?'

'Seja qual for a forma que exista, monge, quer passada, presente ou futura, interna ou externa, grosseira ou sutil, inferior ou superior, longe ou próxima, isto é chamado de agregado 'forma'. Seja qual for a sensação que exista, monge, quer passada, presente ou futura, interna ou externa, grosseira ou sutil, inferior ou superior, longe ou próxima, isto é chamado de agregado 'sensação'. Seja qual a for a percepção que exista, monge, quer passada, presente ou futura, interna ou externa, grosseira ou sutil, inferior ou superior, longe ou próxima, isto é chamado de agregado 'percepção'. Seja qual for a formação volitiva que exista, monge, quer passada, presente ou futura, interna ou externa, grosseira ou sutil, inferior ou superior, longe ou próxima, isto é chamado de agregado 'formação volitiva'. Seja qual for a consciência que ocorra, monge, quer passada, presente ou futura, interna ou externa, grosseira ou sutil, inferior ou superior, longe ou próxima, isto é chamado de agregado 'consciência'.'

Dizendo, 'obrigado, Venerável', o monge se deleitou e se alegrou com as palavras do Abençoado. Então ele perguntou ao Abençoado:

'Quais são, Venerável, as causas e condições para o surgimento do agregado 'forma?' Qual são as causas e condições para o surgimento do agregado 'sensação?' Qual são as causas e condições para o surgimento do agregado 'percepção?' Qual são as causas e condições para o surgimento do agregado 'formação volitiva?' Qual são as causas e condições para o surgimento do agregado 'consciência?'

'Os quatro grandes elementos, monge, são as causas e condições para o surgimento do agregado 'forma'. O contato é a causa e a condição para o surgimento dos agregados 'sensação', 'percepção' e 'formação volitiva'. Nome e forma é a causa e condição para o surgimento do agregado 'consciência'.'

'Venerável, como surge a perspectiva acerca da 'identidade'?'

'Nesse caso, monge, um ser mundano, que não é um dos nobres visionários, que não é treinado e nem disciplinado no Dhamma daqueles, ele considera a forma como 'eu', a sensação como 'eu', a percepção como 'eu', as formações volitivas como 'eu', a consciência como 'eu' ou o eu como possuidor de consciência, ou a consciência como algo em si ou algo em si como consciência. É assim que surge a perspectiva acerca da 'identidade'.'

'Mas Venerável, como não surge a perspectiva acerca da 'identidade'?'

'Nesta situação, monge, o nobre discípulo instruído, que é um dos nobres visionários, que é treinado e disciplinado no Dhamma daqueles, que possui a visão dos seres superiores e é treinado e disciplinado no Dhamma daqueles, ele não considera a forma como 'eu', a sensação como 'eu', a percepção como 'eu', as formações volitivas como 'eu', a consciência como 'eu' ou o eu como possuidor de consciência, ou a consciência como algo em si ou algo em si como consciência. É assim que não surge a perspectiva acerca da 'identidade'.'

'Venerável, o que é a gratificação, o seu perigo e a escapatória dela no caso dos cinco agregados?'

'O prazer e a satisfação, monge, que surge em dependência da forma: isso é a gratificação na forma. Aquela forma é impermanente, causa sofrimento e é sujeita à mudança: esse é o perigo na forma. A remoção e o abandono do desejo e da cobiça pela forma: essa é a escapatória da forma. O prazer e a satisfação, monge, que surge em dependência da sensação: isso é a gratificação na sensação. Aquela sensação é impermanente, causa sofrimento e é sujeita à mudança: esse é o perigo na sensação. A remoção e o abandono do desejo e da cobiça pela sensação: essa é a escapatória da sensação. O prazer e a satisfação, monge, que surge em dependência da percepção: isso é a gratificação na percepção. Aquela percepção é impermanente, causa sofrimento e é sujeita à mudança: esse é o perigo na percepção. A remoção e o abandono do desejo e da cobiça pela percepção: essa é a escapatória da percepção. O prazer e a satisfação, monge, que surge em dependência da formação volitiva: isso é a gratificação na formação volitiva. Aquela formação volitiva é impermanente, causa sofrimento e é sujeita à mudança: esse é o perigo na formação volitiva. A remoção e o abandono do desejo e da cobiça pela formação volitiva: essa é a escapatória da formação volitiva. O prazer e a satisfação, monge, que surge em dependência da consciência: isso é a gratificação na consciência. Aquela consciência é impermanente, causa sofrimento e é sujeita à mudança: esse é o perigo na consciência. A remoção e o abandono do desejo e da cobiça pela consciência: essa é a escapatória da consciência.'

Dizendo, 'obrigado, Venerável', o monge se deleitou e se alegrou com as palavras do Abençoado. Então ele fez ao Abençoado mais uma pergunta:

'Venerável, como deveríamos enxergar e ver as coisas, de tal forma que, a respeito deste corpo dotado de consciência e a respeito dos objetos externos, 'aquilo-que-produz-o-eu', 'aquilo-que-produz-o-meu', e a tendência subjacente ao orgulho não mais ocorram internamente?'[251]

'Seja qual for a forma, monge, quer passada, futura ou presente, interna ou externa, grosseira ou sutil, inferior ou superior, distante ou próxima – deve-se enxergar a forma como ela de fato é, através da sabedoria correta, dessa maneira: 'Isto não é meu', 'Isto não sou eu', 'Isto não é o meu 'eu'.' Seja qual for a sensação, monge, quer passada, futura ou presente, interna ou externa, grosseira ou sutil, inferior ou superior, distante ou próxima – deve-se enxergar a sensação como ela de fato é, através da sabedoria correta, dessa maneira: 'Isto não é meu', 'Isto não sou eu', 'Isto não é o meu 'eu'.' Seja qual for a percepção, monge, quer passada, futura ou presente, interna ou externa, grosseira ou sutil, inferior ou superior, distante ou próxima – deve-se enxergar a percepção como ela de fato é, através da sabedoria correta, dessa maneira: 'Isto não é meu', 'Isto não sou eu', 'Isto não é o meu 'eu'.' Seja qual for a formação volitiva, monge, quer passada, futura ou presente, interna ou externa, grosseira ou sutil, inferior ou superior, distante ou próxima – deve-se enxergar a formação volitiva como ela de fato é, através da sabedoria correta, dessa maneira: 'Isto não é meu', 'Isto não sou eu', 'Isto não é o meu 'eu'.' Seja qual for a consciência, monge, quer passada, futura ou presente, interna ou externa, grosseira ou sutil, inferior ou superior, distante ou próxima – deve-se enxergar a consciência como ela de fato é, através da sabedoria correta, dessa maneira: 'Isto não é meu', 'Isto não sou eu', 'Isto não é o meu 'eu'.'

Quando se enxerga e se vê as coisas dessa maneira, monge, então, a respeito deste corpo dotado de consciência e a respeito dos objetos externos, 'Aquilo-que-produz-o-eu', 'Aquilo-que-produz-o-meu', e a tendência subjacente ao orgulho não mais ocorrem internamente."

(Do SN 22: 82, condensado; 100-103 = MN 109, condensado; III 15-19)

(c) A característica do não eu

"Assim eu ouvi. Numa ocasião o Abençoado estava vivendo em Bārāṇasī, no Parque dos Cervos, em Isipatana[252]. Lá, o Abençoado se dirigiu ao grupo dos cinco monges originários da seguinte maneira: 'Monges!'

'Venerável!' Aqueles monges responderam. O Abençoado falou o seguinte:

'Monges, a forma não é o 'eu', porque se a forma fosse o 'eu', monges, essa forma não conduziria à aflição, e seria possível determinar a forma: 'Que a minha forma seja assim; que a minha forma não seja assim'. Mas porque a forma não é o 'eu', a forma conduz à aflição, e não é possível determinar a forma: 'Que a minha forma seja assim, que a minha forma não seja assim'[253].

Monges, a sensação não é o 'eu', porque se a sensação fosse o 'eu', monges, essa sensação não conduziria à aflição, e seria possível determinar a sensação: 'Que a minha sensação seja assim; que a minha sensação não seja assim'. Mas porque a sensação não é o 'eu', a sensação conduz à aflição, e não é possível determinar a sensação: 'Que a minha sensação seja assim, que a minha sensação não seja assim'.

Monges, a sensação não é o 'eu', porque se a sensação fosse o "eu", monges, essa sensação não conduziria à aflição, e seria possível determinar a sensação: 'Que a minha sensação seja assim; que a minha sensação não seja assim'. Mas porque a sensação não é o 'eu', a sensação conduz à aflição, e não é possível determinar a sensação: 'Que a minha sensação seja assim, que a minha sensação não seja assim'. Monges, a percepção não é o 'eu', porque se a percepção fosse o "eu", monges, essa percepção não conduziria à aflição, e seria possível determinar a percepção: 'Que a minha percepção seja assim; que a minha percepção não seja assim'. Mas porque a percepção não é o 'eu', a percepção conduz à aflição, e não é possível determinar a percepção: 'Que a minha percepção seja assim, que a minha percepção não seja assim'. Monges, as formações volitivas não são o 'eu', porque se as formações volitivas fossem o 'eu', monges, essas formações volitivas não conduziriam à aflição, e seria possível determinar a formação volitiva: 'que a minha formação volitiva seja assim; que a minha formação volitiva não seja assim'. Mas porque as formações volitivas não são o 'eu', as formações volitivas conduzem à aflição, e não é possível determinar a formação volitiva: 'Que a minha formação volitiva seja assim, que a minha formação volitiva não seja assim'. Monges, a consciência não é o 'eu', porque se a consciência fosse o 'eu', monges, essa consciência não conduziria à aflição, e seria possível determinar a consciência: 'Que a minha consciência seja assim; que a minha consciência não seja assim'. Mas porque a consciência não é o 'eu', a consciência conduz à aflição, e não é possível determinar a consciência: 'Que a minha consciência seja assim, que a minha consciência não seja assim'.

O que vocês acham, monges: a forma é permanente ou impermanente?' – 'Impermanente, Venerável!' 'E aquilo que é impermanente, monges, é doloroso ou prazeroso?' – 'Doloroso, Venerável!' – 'E aquilo que é impermanente, doloroso e sujeito à mudança pode ser considerado: 'Isto é meu', 'Isto sou eu', 'Isto é o meu 'eu'?' – 'Não, Venerável!' 'O que vocês acham, monges: a sensação é permanente ou impermanente?' – 'Impermanente, Venerável!' – 'E aquilo que é impermanente, monges, é doloroso ou prazeroso?' – 'Doloroso, Venerável!' – 'E aquilo que é impermanente, doloroso e sujeito à mudança pode ser considerado: 'Isto é meu', 'Isto sou eu', 'Isto é o meu 'eu'? – 'Não, Venerável!' 'O que vocês acham, monges: a percepção é permanente ou impermanente?' – 'Impermanente, Venerável!' –'E aquilo que é impermanente, monges, é doloroso ou prazeroso?' – 'Doloroso, Venerável!' – 'E aquilo que é impermanente, doloroso e sujeito à mudança pode ser considerado: 'Isto é meu', 'Isto sou eu', 'Isto é o meu 'eu'? – "Não, Venerável!' – 'O que vocês acham, monges: as formações volitivas são permanentes ou impermanentes?' – 'Impermanentes, Venerável!' – 'E aquilo que é impermanente, monges, é doloroso ou prazeroso?' – 'Doloroso, Venerável!' – 'E aquilo que é impermanente, doloroso e sujeito à mudança pode ser considerado: 'Isto é meu', 'Isto sou eu', 'Isto é o meu 'eu'? – 'Não, Venerável!' – 'O que vocês acham, monges: a consciência é permanente ou impermanente?' – 'Impermanente, Venerável!' – 'E aquilo que é impermanente, monges, é doloroso ou prazeroso?' – 'Doloroso, Venerável!' – 'E aquilo que é impermanente, doloroso e sujeito à mudança pode ser considerado: 'Isto é meu', 'Isto sou eu', 'Isto é o meu 'eu'? – 'Não, Venerável!1

'Portanto, monges, seja qual for a forma, quer passada, futura ou presente, interna ou externa, grosseira ou sutil, inferior ou superior, distante ou próxima – deve-se enxergar a forma como ela de fato é, através da sabedoria correta, dessa maneira: 'Isto não é meu', 'Isto não sou eu', 'Isto não é o meu 'eu'. Seja qual for a sensação, monges, quer passada, futura ou presente, interna ou externa, grosseira ou sutil, inferior ou superior, distante ou próxima – deve-se enxergar a sensação como ela de fato é, através da sabedoria correta, dessa maneira: 'Isto não é meu', 'Isto não sou eu', 'Isto não é o meu 'eu'. Seja qual for a percepção, monges, quer passada, futura ou presente, interna ou externa, grosseira ou sutil, inferior ou superior, distante ou próxima – deve-se enxergar a percepção como ela de fato é, através da sabedoria correta, dessa maneira: 'Isto não é meu', 'Isto não sou eu', 'Isto não é o meu 'eu'. Seja qual for a formação volitiva, monges, quer passada, futura ou presente, interna ou externa, grosseira ou sutil, inferior ou superior, distante ou próxima – deve-se enxergar a formação volitiva como ela de fato é, através da sabedoria correta, dessa maneira: 'Isto não é meu', 'Isto não sou eu', 'Isto não é o meu 'eu''. Seja qual for a consciência, monge, quer passada, futura ou presente, interna ou externa, grosseira ou sutil, inferior ou superior, distante ou próxima – deve-se enxergar a consciência como ela de fato é, através da sabedoria correta, dessa maneira: 'Isto não é meu', 'Isto não sou eu', 'Isto não é o meu 'eu'.

Enxergando dessa maneira, monges, o nobre discípulo instruído se desencanta pela forma, pela sensação, pela percepção, pelas formações volitivas e pela consciência. Se desencantando com aquelas, ele se torna desapaixonado. Através da ausência de paixão, [a sua mente] é libertada. Quando ela se liberta, então surge o conhecimento: 'Ela está liberta'. Ele compreende, então: 'O nascimento está destruído, a vida espiritual foi vivida, aquilo que havia para ser feito foi feito, não haverá mais retorno para qualquer estado de ser'.'

Foi isso o que o Abençoado disse. Felizes, os monges se deleitaram com as palavras do Abençoado. E enquanto esse discurso estava sendo falado, as mentes daqueles monges do grupo originário de cinco foram libertadas das máculas pelo não apego."

(SN 22: 59; III 66-68)

(d) Impermanência, sofrimento, não eu

"Monges, a forma é impermanente. O que é impermanente é doloroso. O que é doloroso é 'não eu'. Aquilo que é 'não eu' deveria ser enxergado corretamente, como de fato ocorre, através da sabedoria correta, da seguinte maneira: 'Isto não é meu, Isto não sou eu, Esse não é o meu 'eu'. Quando se enxerga dessa maneira com a sabedoria correta, a mente se torna desapaixonada e é liberta das máculas pelo não apego. A sensação é impermanente. O que é impermanente é doloroso. O que é doloroso é 'não eu'. Aquilo que é 'não eu' deveria ser enxergado corretamente, como de fato ocorre, através da sabedoria correta, da seguinte maneira: 'Isto não é meu, Isto não sou eu, Esse não é o meu 'eu'. Quando se enxerga dessa maneira com a sabedoria correta, a mente se torna desapaixonada e é liberta das máculas pelo não apego. A percepção é impermanente. O que é impermanente é doloroso. O que é doloroso é 'não eu'. Aquilo que é 'não eu' deveria ser enxergado corretamente, como de fato ocorre, através da sabedoria correta, da seguinte maneira: 'Isto não é meu, Isto não sou eu, Esse não é o meu 'eu'. Quando se enxerga dessa maneira com a sabedoria correta, a mente se torna desapaixonada e é liberta das máculas pelo não apego. As formações volitivas são impermanentes. O que é impermanente é doloroso. O que é doloroso é 'não eu'. Aquilo que é 'não eu' deveria ser enxergado corretamente, como de fato ocorre, através da sabedoria correta, da seguinte maneira: 'Isto não é meu, Isto não sou eu, Esse não é o meu 'eu'. Quando se enxerga dessa maneira com a sabedoria correta, a mente se torna desapaixonada e é liberta das máculas pelo não apego. A consciência é impermanente. O que é impermanente é doloroso. O que é doloroso é 'não eu'. Aquilo que é 'não eu' deveria ser enxergado corretamente, como de fato ocorre, através da sabedoria correta, da seguinte maneira: 'Isto não é meu, Isto não sou eu, Esse não é o meu 'eu'. Quando se enxerga dessa maneira com a sabedoria correta, a mente se torna desapaixonada e é liberta das máculas pelo não apego.

Se a mente de um monge se torna desapaixonada, monges, pelo elemento 'forma', ela é liberta das máculas através do não apego. Se a mente de um monge se torna desapaixonada, monges, pelo elemento 'sensação', ela é liberta das máculas através do não apego. Se a mente de um monge se torna desapaixonada, monges, pelo elemento 'percepção', ela é liberta das máculas através do não apego. Se a mente de um monge se torna desapaixonada, monges, pelo elemento 'formação volitiva', ela é liberta das máculas através do não apego. Se a mente de um monge se torna desapaixonada, monges, pelo elemento 'consciência', ela é liberta das máculas através do não apego.

Ao ser liberta, torna-se estável; ao se tornar estável, fica contente; ao ficar contente, não se agita. Não se agitando, ele atinge pessoalmente o Nibbāna. Ele compreende: 'o nascimento está destruído, a vida espiritual foi vivida, aquilo que havia para ser feito foi feito, não haverá mais retorno para qualquer estado de ser'."

(SN 22: 45; III 44-45)

(e) Um punhado de espuma

"Numa ocasião o Abençoado estava vivendo em Ayojjhā, às margens do Rio Ganges. Lá, o Abençoado se dirigiu aos monges da seguinte maneira:

'Monges, imaginem que este Rio Ganges estivesse carregando uma grande quantidade de espuma. Um homem com a vista boa poderia inspecioná-la, refletir acerca dela e investigá-la cuidadosamente, e aquela espuma pareceria para ele como vazia, sem um centro ou núcleo, insubstancial, pois qual substância poderia existir numa quantidade de espuma?[254]

Imaginem, monges, que no outono, quando a chuva é grande e caem pingos enormes, uma bolha d'água surgisse e estourasse na superfície da água. Um homem com a vista boa poderia inspecioná-la, refletir acerca dela e investigá-la cuidadosamente, e aquela bolha apareceria para ele como vazia, sem um centro ou núcleo, insubstancial. Pois qual substância poderia existir numa bolha d´água. Do mesmo modo, monges, seja qual for a sensação, quer passada, futura ou presente, grosseira ou sutil, inferior ou superior, longe ou próxima: um monge a inspeciona, reflete acerca dela e a investiga cuidadosamente, e aquela sensação pareceria para ele como vazia, sem centro ou núcleo, pois qual substância poderia haver numa sensação?[255]

Imaginem, monges, que no último mês do verão, ao meio-dia, uma miragem bruxuleante apareça. Um homem com a vista boa poderia inspecioná-la, refletir acerca dela e investigá-la cuidadosamente, e aquela miragem apareceria para ele como vazia, sem um centro ou núcleo, insubstancial. Pois qual substância poderia existir numa miragem? Do mesmo modo, monges, seja qual for a percepção, quer passada, futura ou presente, grosseira ou sutil, inferior ou superior, longe ou próxima: um monge a inspeciona, reflete acerca dela e a investiga cuidadosamente, e aquela percepção pareceria para ele como vazia, sem centro ou núcleo, pois qual substância poderia haver numa percepção?[256]

Imaginem, monges, que um homem precisando de madeira de lei, procurando madeira de lei, buscando madeira de lei, pegasse um machado afiado e se embrenhasse na floresta. Lá, ele veria uma grande bananeira, comprida, ainda jovem, sem uma banana sequer. Imaginem que ele a cortasse, separasse as cascas e as espalhasse. Na medida em que ele separasse as cascas, ele não encontraria nenhum tipo de madeira, que dirá madeira de lei! Um homem com a vista boa poderia inspecioná-la, refletir acerca dela e investigá-la cuidadosamente, e aquela bananeira pareceria para ele como vazia, sem um centro ou núcleo, insubstancial. Pois qual substância poderia existir num tronco de bananeira? Do mesmo modo, monges, sejam quais forem as formações volitivas, quer passadas, futuras ou presentes, grosseiras ou sutis, inferiores ou superiores, longe ou próximas: um monge as inspeciona, reflete acerca delas e as investiga cuidadosamente, e aquelas formações volitivas pareceriam para ele como vazias, sem centro ou núcleo, pois qual substância poderia haver em formações volitivas?[257]

Suponham, monges, que um mágico ou um aprendiz de mágico fizesse um truque de mágica numa encruzilhada. Um homem com a vista boa poderia inspecioná-lo, refletir acerca dele e investigá-lo cuidadosamente, e aquele truque de mágica pareceria para ele como vazio, sem um centro ou núcleo, insubstancial. Pois qual substância poderia existir num truque de mágica? Do mesmo modo, monges, seja qual for a consciência, quer passada, futura ou presente, grosseira ou sutil, inferior ou superior, longe ou próxima: um monge a inspeciona, reflete acerca dela e a investiga cuidadosamente, e aquela consciência pareceria para ele como vazia, sem centro ou núcleo, pois qual substância poderia haver na consciência?[258]

Enxergando dessa maneira, monges, o nobre discípulo instruído se desencanta pela forma, pela sensação, pela percepção, pela formação volitiva e pela consciência. Se desencantando com aquelas, ele se torna desapaixonado. Através da ausência de paixão, [a sua mente] é libertada. Quando ela se liberta, então surge o conhecimento: 'Ela está liberta'. Ele compreende, então: 'O nascimento está destruído, a vida espiritual foi vivida, aquilo que havia para ser feito foi feito, não haverá mais retorno para qualquer estado de ser'."

(SN 22: 95; III 140-142)

(2) Pelo caminho das seis bases sensórias

(a) Compreensão completa

"Monges, sem conhecer diretamente e compreender completamente o todo, sem desenvolver o desapego em relação a ele e abandoná-lo, uma pessoa é incapaz de destruir o sofrimento.

E o que, monges, é o todo? Sem conhecer diretamente e compreender completamente o olho, sem desenvolver o desapego em relação a ele e abandoná-lo, uma pessoa é incapaz de destruir o sofrimento. Sem conhecer diretamente e compreender completamente as formas, sem desenvolver o desapego em relação a elas e abandoná-las, uma pessoa é incapaz de destruir o sofrimento... sem conhecer diretamente e compreender completamente a consciência do olho... o contato visual... e quaisquer sensações que surjam a partir do contato visual como condição, sem desenvolver o desapego em relação a ele e abandoná-lo, uma pessoa é incapaz de destruir o sofrimento.

Sem conhecer diretamente e compreender completamente o ouvido... a mente sem desenvolver o desapego em relação a ela e abandoná-la, uma pessoa é incapaz de destruir o sofrimento. Sem desenvolver o desapego em relação a ela e abandoná-la, uma pessoa é incapaz de destruir o sofrimento.

Isso, monges, é o todo. Sem conhecer diretamente e compreender completamente este todo... sem desenvolver o desapego em relação a ele e abandoná-lo, uma pessoa é incapaz de destruir o sofrimento.

E o que, monges, é o todo? Sem conhecer diretamente e compreender completamente o olho... a mente... e quaisquer sensações que surjam do contato mental... sem conhecer diretamente e compreender completamente o contato mental, sem desenvolver o desapego em relação a ele e abandoná-lo, uma pessoa é incapaz de destruir o sofrimento.

Isso, monges, é o todo conhecido diretamente e completamente compreendido... sem desenvolver o desapego em relação a ele e abandoná-lo, uma pessoa é incapaz de destruir o sofrimento."

(SN 35: 26; IV 17-18)

(b) Queimando

"Numa ocasião o Abençoado estava vivendo em Gayā, na Ponta de Gayā, junto com mil monges. Lá, o Abençoado se dirigiu aos monges da seguinte maneira[259]:

Monges, o todo está queimando. E o que, monges, é o todo que está queimando? O olho está queimando, as formas estão queimando, a consciência do olho está queimando, o contato visual está queimando, e sejam quais forem as sensações que surjam a partir do contato visual como condição – quer agradáveis ou dolorosas ou nem agradáveis e nem dolorosas – todas elas estão queimando. Queimando com o quê? Eu afirmo que estão queimando com o fogo do desejo, queimando com o fogo do ódio, queimando com o fogo da ilusão; queimando com o fogo do nascimento, envelhecimento e morte; com sofrimento, lamentação, dor, depressão e desespero.

O ouvido está queimando... a mente está queimando... sejam quais forem as sensações que surjam a partir do contato mental como condição – quer agradáveis ou dolorosas ou nem agradáveis e nem dolorosas – todas elas estão queimando. Queimando com o quê? Eu afirmo que estão queimando com o fogo do desejo, queimando com o fogo do ódio, queimando com o fogo da ilusão; queimando com o fogo do nascimento, envelhecimento e morte; com sofrimento, lamentação, dor, depressão e desespero.

Enxergando dessa maneira, monges, o nobre discípulo instruído se desencanta pelo olho, pelas formas, pela consciência do olho, pelo contato visual, por sejam quais forem as sensações que surjam a partir do contato visual como condição – quer agradáveis ou dolorosas ou nem agradáveis e nem dolorosas – se desencantando pelo olho... pela mente... por todas as sensações que possuam o contato mental como condição, ele se torna desapaixonado. Através da ausência de paixão, [a sua mente] é libertada. Quando ela se liberta, então surge o conhecimento: 'Ela está liberta'. Ele compreende, então: 'O nascimento está destruído, a vida espiritual foi vivida, aquilo que havia para ser feito foi feito, não haverá mais retorno para qualquer estado de ser'.'

Foi isso o que o Abençoado disse. Felizes, os monges se deleitaram com as palavras do Abençoado. E enquanto esse discurso estava sendo falado, as mentes daqueles mil monges foram libertadas das máculas pelo não apego."

(SN 35: 28; IV 19-20)

(c) O caminho apropriado para se atingir o Nibbāna

"Monges, eu vou lhes ensinar o caminho apropriado para se atingir o Nibbāna. Ouçam... e qual é o caminho apropriado, monges, para se atingir o Nibbāna? Neste caso, o monge considera o olho como impermanente, ele considera as formas impermanentes, ele considera a consciência do olho impermanente, ele considera o contato visual como impermanente, ele considera impermanentes quaisquer sensações surgidas tendo como condição o contato visual, sejam elas agradáveis ou dolorosas ou nem agradáveis e nem dolorosas.

Ele considera o ouvido impermanente... ele considera a mente como impermanente, ele considera os fenômenos mentais como impermanentes, ele considera a consciência da mente como impermanente, ele considera impermanentes quaisquer sensações surgidas tendo como condição o contato mental, sejam elas agradáveis ou dolorosas ou nem agradáveis e nem dolorosas. Este, monges, é o caminho apropriado para se atingir o Nibbāna.

Ele considera o olho como causa de sofrimento... ele considera como causa de sofrimento quaisquer sensações surgidas tendo como condição o contato mental, sejam elas agradáveis ou dolorosas ou nem agradáveis e nem dolorosas. Este, monges, é o caminho apropriado para se atingir o Nibbāna.

Ele considera o olho como 'não eu'... ele considera como 'não eu' quaisquer sensações surgidas tendo como condição o contato mental, sejam elas agradáveis ou dolorosas ou nem agradáveis e nem dolorosas. Este, monges, é o caminho apropriado para se atingir o Nibbāna."

(SN 35: 147-149, combinados; IV 133-135)

(d) Vazio é o mundo

"Então o Venerável Ānanda se aproximou do Abençoado... e lhe disse: 'Venerável, as pessoas dizem: 'Vazio é o mundo, vazio é o mundo'. Em que sentido, Venerável, o mundo é vazio?'

'O mundo é chamado de vazio, Ānanda, porque ele não possui nem um 'eu' nem aquilo que pertence ao 'eu'. E o que é vazio de 'eu' e daquilo que pertence ao 'eu'?

O olho, Ānanda, é vazio de 'eu' e daquilo que pertence ao 'eu'. As formas são vazias de 'eu' e daquilo que pertence ao 'eu'. A consciência do olho é vazia de 'eu' e daquilo que pertence ao 'eu'. O contato visual é vazio de 'eu' e daquilo que pertence ao 'eu'... sejam quais forem as sensações surgidas tendo como condição o contato mental – sejam elas agradáveis ou dolorosas ou nem agradáveis e nem dolorosas –, aquelas também são vazias de 'eu' e daquilo que pertence ao 'eu'.

É por isso que dizem 'vazio é o mundo', Ānanda, porque ele não possui nem um 'eu' nem aquilo que pertence ao 'eu'."

(SN 35: 85; IV 54)

(e) A consciência também é não eu

"O Venerável Udāyī perguntou ao Venerável Ānanda: 'Amigo Ānanda, [a natureza deste] corpo foi explicitada, esclarecida e revelada pelo Abençoado da seguinte maneira: 'por causa disso esse corpo é 'não eu'. É possível explicar [a natureza d]a consciência de modo similar – ensinar, declarar, estabelecer, revelar, analisar e elucidar da seguinte forma: 'Pois tal é a razão dessa consciência ser 'não eu'?'

'Sim, é possível, amigo Udāyī. A consciência do olho não surge em dependência do olho e das formas?'

'Sim, amigo.'

'Se a causa e a condição para o surgimento da consciência do olho cessasse completamente, sem absolutamente nenhum vestígio, a consciência do olho poderia ser discernida?'

'Não, amigo.'

'Neste sentido também, meu amigo, isso foi declarado, anunciado e revelado pelo Abençoado: 'Por esse motivo a consciência também é 'não eu'.

Imagine, meu amigo, que um homem precisando de madeira de lei, procurando madeira de lei, buscando madeira de lei, pegasse um machado afiado e se embrenhasse na floresta. Lá, ele veria uma grande bananeira, comprida, ainda jovem, sem uma banana sequer. Imaginem que ele a cortasse, separasse as cascas e as espalhasse. Na medida em que ele separasse as cascas, ele não encontraria nenhum tipo de madeira, que dirá madeira de lei.

Da mesma maneira, um monge não reconhece nem um 'eu' nem algo que pertença ao 'eu' nessas seis bases de contato. Como ele não reconhece algo daquela maneira, ele não se apega a nada neste mundo. Sendo desapegado, ele não se agita. Não se agitando, ele pessoalmente atinge o Nibbāna. Ele compreende: 'O nascimento está destruído, a vida espiritual foi vivida, aquilo que havia para ser feito foi feito, não haverá mais retorno para qualquer estado de ser'."

(SN 35: 234; IV 166-168)

(3) Pelo caminho dos elementos

(a) Os dezoito elementos

"Monges, eu vou lhes ensinar a diversidade de elementos: o elemento olho, o elemento forma, o elemento consciência do olho; o elemento ouvido, o elemento som, o elemento consciência do ouvido; o elemento nariz, o elemento odor, o elemento consciência do nariz; o elemento língua, o elemento sabor, o elemento consciência da língua; o elemento corpo, o elemento objeto-tato, o elemento consciência do corpo; o elemento mente, o elemento fenômenos mentais, o elemento consciência da mente. Isso monges, é a chamada 'diversidade de elementos'.

(SN 14: 1; II 140)

(b) Os quatro elementos

Monges, existem quatro elementos. Quais? O elemento terra, o elemento água, o elemento fogo e o elemento ar.

Aqueles ascetas e brâmanes, monges, que não compreendem como de fato ocorrem a gratificação, o perigo e a escapatória em caso dos quatro elementos, esses eu não considero ascetas entre ascetas e brâmanes entre brâmanes, e esses veneráveis, ao não realizarem por si sós, através do conhecimento direto, não entrarão nem permanecerão na dimensão do ascetismo nem na dimensão da brahminidade.

Aqueles ascetas e brâmanes, monges, que não compreendem como de fato ocorrem a origem, a passagem, a gratificação, o perigo e a escapatória desses quatro elementos, esses eu não considero ascetas entre ascetas e brâmanes entre brâmanes, e esses veneráveis, ao não realizarem por si sós, através do conhecimento direto, não entrarão nem permanecerão na dimensão do ascetismo nem na dimensão da brahminidade.

Porém, monges, aqueles ascetas e brâmanes, que compreendem como de fato ocorrem aquelas coisas, esses eu considero ascetas entre ascetas e brâmanes entre brâmanes, e esses veneráveis, ao realizarem por si sós, através do conhecimento direto, entrarão e permanecerão na dimensão do ascetismo e da brahminidade.

Aqueles ascetas e brâmanes, monges, que não compreendem o elemento terra, a sua origem, a sua cessação e o caminho que conduz à sua cessação,... o elemento água... o elemento fogo... o elemento ar, a sua origem, a sua cessação e o caminho que conduz à sua cessação, esses eu não considero ascetas entre ascetas e brâmanes entre brâmanes, e esses veneráveis, ao não realizarem por si sós, através do conhecimento direto, não entrarão nem permanecerão na dimensão do ascetismo nem na dimensão da brahminidade.

Porém, monges, aqueles ascetas e brâmanes, que compreendem como de fato ocorrem aquelas coisas, esses eu considero ascetas entre ascetas e brâmanes entre brâmanes, e esses veneráveis, ao realizarem por si sós, através do conhecimento direto, entrarão e permanecerão na dimensão do ascetismo e da brahminidade."

(SN 14: 37-39, combinados, II 175-177)

(c) Os seis elementos

13 "Como não se negligenciar a sabedoria, monges?[260] Existem esses seis elementos: o elemento terra, o elemento água, o elemento fogo, o elemento ar, o elemento espaço e o elemento consciência.

14 O que é o elemento terra, monges? O elemento terra pode ser ou interno ou externo. O que é o elemento terra interno? Tudo que internamente é sólido, solidificado, colado e faz parte da constituição de alguém, isto é, cabelos da cabeça, pelos do corpo, unhas, dentes, pele, carne, tendões, ossos, tutano, rins, coração, fígado, diafragma, vesícula, pulmões, intestinos, mesentério, estômago, fezes ou tudo aquilo que é sólido, solidificado, colado: esse é o chamado elemento terra interno. Bem, tanto o elemento terra interno e o elemento terra externo são simplesmente o elemento terra. E isso deveria ser observado como de fato ocorre, através da sabedoria, da seguinte maneira: 'Isto não é meu, Isto não sou eu, Esse não é o meu 'eu''. Quando alguém enxerga isso de modo correto, como de fato isso ocorre, através da sabedoria, a pessoa se desencanta com o elemento terra, e torna a mente desapaixonada pelo elemento terra.

15 O que é o elemento água, monges? O elemento água pode ser ou interno ou externo. O que é o elemento água interno? Tudo que internamente é líquido, molhado, aderido e faz parte da constituição de alguém, isto é, bile, pus, sangue, suor, urina, gordura, cuspe, muco, líquido sinovial, ou tudo aquilo que é líquido, molhado, colado: esse é o chamado elemento água interno. Bem, tanto o elemento água interno e o elemento água externo são simplesmente o elemento água. E isso deveria ser observado como de fato ocorre, através da sabedoria, da seguinte maneira: 'Isto não é meu, Isto não sou eu, Esse não é o meu 'eu''. Quando alguém enxerga isso de modo correto, como de fato isso ocorre, através da sabedoria, a pessoa se desencanta com o elemento água, e torna a mente desapaixonada pelo elemento água.

16 O que é o elemento fogo, monges? O elemento fogo pode ser ou interno ou externo. O que é o elemento fogo interno? Tudo que internamente é calor, inflamado, unido e faz parte da constituição de alguém, isto é, aquilo através do qual alguém é aquecido, aquilo que envelhece e é consumido ou tudo aquilo através do qual aquilo que é bebido, comido, consumido e saboreado é totalmente digerido, ou tudo aquilo que é calor, inflamado, colado: esse é o chamado elemento fogo interno. Bem, tanto o elemento fogo interno e o elemento fogo externo são simplesmente o elemento fogo. E isso deveria ser observado como de fato ocorre, através da sabedoria, da seguinte maneira: 'Isto não é meu, Isto não sou eu, Esse não é o meu 'eu''. Quando alguém enxerga isso de modo correto, como de fato isso ocorre, através da sabedoria, a pessoa se desencanta com o elemento fogo, e torna a mente desapaixonada pelo elemento fogo.

17 O que é o elemento ar, monges? O elemento ar pode ser ou interno ou externo. O que é o elemento ar interno? Tudo que internamente é ar, gasoso, unido e faz parte da constituição de alguém, isto é, arroto, gases, ar estomacal, ar intestinal, o ar espalhado pelos membros do corpo, expiração, inspiração: esse é o chamado

elemento ar interno. Bem, tanto o elemento ar interno e o elemento ar externo são simplesmente o elemento ar. E isso deveria ser observado como de fato ocorre, através da sabedoria, da seguinte maneira: 'Isto não é meu, Isto não sou eu, Esse não é o meu 'eu''. Quando alguém enxerga isso de modo correto, como de fato isso ocorre, através da sabedoria, a pessoa se desencanta com o elemento ar, e torna a mente desapaixonada pelo elemento ar.

18 O que é o elemento espaço, monges? O elemento espaço pode ser ou interno ou externo. O que é o elemento espacial interno? Tudo que internamente é espaço, vazio, ligado e faz parte da constituição de alguém, isto é, os orifícios do ouvido, as narinas, a boca ou tudo aquilo através do qual algo é comido, bebido, consumido e saboreado, ou através do qual algo é excretado por baixo, ou tudo aquilo que espaço, vazio ou conectado: esse é o chamado elemento espaço interno. Bem, tanto o elemento espaço interno e o elemento espaço externo são simplesmente o elemento espaço. E isso deveria ser observado como de fato ocorre, através da sabedoria, da seguinte maneira: 'Isto não é meu, Isto não sou eu, Esse não é o meu 'eu''. Quando alguém enxerga isso de modo correto, como de fato isso ocorre, através da sabedoria, a pessoa se desencanta com o elemento espaço, e torna a mente desapaixonada pelo elemento espaço.

19 Então resta somente a consciência, pura e brilhante[261]. E o que se conhece com a consciência? Conhece-se '[isto é] agradável'; Conhece-se [isto é] doloroso'; Conhece-se '[isto não é] nem agradável nem doloroso'. Dependendo de um contato percebido como agradável, surge uma sensação agradável[262]. Quando se sente uma sensação agradável, compreende-se: 'Eu sinto uma sensação agradável'. Compreende-se: 'Com a cessação do mesmo contato percebido como agradável, a sua sensação correspondente – a sensação agradável que surgiu em dependência com aquele contato percebido como agradável – cessa e termina'. ccompreende também: dependendo de um contato percebido como doloroso, surge uma sensação dolorosa. Quando se sente uma sensação dolorosa, compreende-se: 'Eu sinto uma sensação dolorosa'. Compreende-se: 'Com a cessação do mesmo contato percebido como doloroso, a sua sensação correspondente – a sensação dolorosa que surgiu em dependência com aquele contato percebido como doloroso – cessa e termina'. Se compreende também: dependendo de um contato percebido como nem agradável e nem doloroso, surge uma sensação nem agradável nem dolorosa. Quando se sente uma sensação nem agradável nem dolorosa, compreende-se: 'Eu sinto uma sensação nem agradável nem dolorosa'. Compreende-se: 'Com a cessação do mesmo contato percebido como nem agradável nem doloroso, a sua sensação correspondente – a sensação nem agradável nem dolorosa que surgiu em dependência com aquele contato percebido como nem agradável nem doloroso – cessa e termina'. Monge, assim como a partir do contato e da fricção entre dois gravetos gera-se calor e se produz o fogo, e com a separação e isolamento dos dois gravetos o calor correspondente cessa e termina, do mesmo modo, na dependência de um contato percebido como agradável... doloroso... nem agradável nem doloroso... Compreende-se: 'Com a cessação do mesmo

contato percebido como agradável... doloroso... nem agradável nem doloroso, a sensação correspondente cessa e termina'."

(Do MN 140: *Dhātuvibhaṅga Sutta*; III 240-243)

(4) Pelo caminho da originação dependente

(a) O que é a originação dependente?

"'Monges, eu vou lhes ensinar a originação dependente. Escutem bem e ouçam com atenção, pois eu vou falar' – 'Sim, Venerável'', responderam os monges. O Abençoado disse o seguinte:

'E o que, monges, é a originação dependente? Com a ignorância como condição, [surgem] as formações volitivas; com as formações volitivas como condição, surge a consciência; com a consciência como condição, surge o nome e forma; com o nome e a forma como condição, surgem as seis bases sensórias; com as seis bases sensórias como condição, surge o contato; com o contato como condição, surge a sensação; com a sensação como condição, surge o desejo; com o desejo como condição, surge o apego; com o apego como condição, surge a existência; com a existência como condição, surge o nascimento; com o nascimento como condição, surgem o envelhecimento e a morte, o sofrimento, lamúrias, dor, depressão e desespero. Esta é a origem dessa grande massa de sofrimento. Isso, monges, é chamada de 'originação dependente.

Mas com a cessação por completo e sem vestígios da ignorância, dá-se a cessação das formações volitivas; com a cessação das formações volitivas, dá-se a cessação da consciência; com a cessação da consciência, dá-se a cessação do nome e forma; com a cessação do nome e forma, dá-se a cessação das seis bases sensórias; com a cessação das seis bases sensórias, dá-se a cessação do contato; com a cessação do contato, dá-se a cessação da sensação; com a cessação da sensação, dá-se a cessação do desejo; com a cessação do desejo, dá-se a cessação do apego; com a cessação do apego, dá-se a cessação da existência; com a cessação da existência, dá-se a cessação do nascimento; com a cessação do nascimento, dá-se a cessação do envelhecimento e a morte, o sofrimento, lamúrias, dor, depressão e desespero. Esta é a cessação dessa grande massa de sofrimento'."

(SN 12: 1; II 1-2)

(b) A estabilidade do Dhamma

"'Monges, eu vou lhes ensinar a originação dependente e os fenômenos que surgem dependentemente. Escutem bem e ouçam com atenção, pois eu vou falar.'

'Sim, Venerável', os monges responderam. O Abençoado falou o seguinte:

'E o que, monges, é a originação dependente? Com o nascimento como condição, envelhecimento e morte [surgem]. Quer os Tathāgatas apareçam ou não apareçam, um elemento ainda persiste, a estabilidade do Dhamma, a rota fixa do Dhamma, a condicionalidade específica[263]. Um Tathāgata desperta para ela e a realiza. Tendo feito isso, ele a explica, ensina, proclama, estabelece, elucida, analisa e revela. E ele afirma: 'Vejam! Com o nascimento como condição, monges, surge o envelhecimento e a morte'.

Com a existência como condição, dá-se o nascimento... com o apego como condição, dá-se a existência... com o desejo como condição, dá-se o apego... com a sensação como condição, dá-se o desejo... com o contato como condição, dá-se a sensação... com as seis bases sensórias como condição, dá-se o contato... com o nome e forma como condição, dá-se as seis bases sensórias... com a consciência como condição, dá-se nome e forma... com as formações volitivas como condição, dá-se a consciência... com a ignorância como condição, dá-se as formações volitivas; quer os Tathāgatas apareçam ou não apareçam, um elemento ainda persiste, a estabilidade do Dhamma, a rota fixa do Dhamma, a condicionalidade específica. Um Tathāgata desperta para ela e a realiza. Tendo feito isso, ele a explica, ensina, proclama, estabelece, elucida, analisa e revela. E ele afirma: 'Vejam! Com a ignorância como condição, monges, surgem as formações volitivas'.

Portanto, monges, eis a atualidade, a perfeição, a invariabilidade, a condicionalidade específica: esta é a chamada 'originação dependente[264].

E o que, monges, são os fenômenos que surgem dependentemente? Envelhecimento e morte, monges, são impermanentes, condicionados, surgidos dependentemente, sujeitos à destruição, ao desaparecimento, ao término e sujeitos à cessação. O nascimento, monges, é impermanente, condicionado, surgido dependentemente, sujeito à destruição, ao desaparecimento, ao término e sujeito à cessação. A existência, monges, é impermanente, condicionada, surgida dependentemente, sujeita à destruição, ao desaparecimento, ao término e sujeita à cessação. O apego, monges, é impermanente, condicionado, surgido dependentemente, sujeito à destruição, ao desaparecimento, ao término e sujeito à cessação. O desejo, monges, é impermanente, condicionado, surgido dependentemente, sujeito à destruição, ao desaparecimento, ao término e sujeito à cessação. A sensação, monges, é impermanente, condicionada, surgida dependentemente, sujeita à destruição, ao desaparecimento, ao término e sujeita à cessação. O contato, monges, é impermanente, condicionado, surgido dependentemente, sujeito à destruição, ao desaparecimento, ao término e sujeito à cessação. As seis bases sensórias, monges, são impermanentes, condicionadas, surgidas dependentemente, sujeitas à destruição, ao desaparecimento, ao término e sujeitas à cessação. Nome e forma, monges, é impermanente, condicionado, surgido dependentemente, sujeito à destruição, ao desaparecimento, ao término e sujeito à cessação. A consciência, monges, é impermanente, condicionada, surgida dependentemente, sujeita à destruição, ao desaparecimento, ao término e sujeita à cessação. As formações volitivas, monges, são impermanentes, condicionadas, surgidas dependentemente, sujeitas à destruição, ao desaparecimento, ao término e sujeitas à cessação. A ignorância, monges, é impermanente, condicionada, surgida dependentemente, sujeita à destruição, ao desaparecimento, ao término e sujeita à cessação.

Monges, quando um nobre discípulo viu claramente através da sabedoria como esta originação dependente e esses fenômenos que surgem dependentemente de fato ocorrem, é impossível que ele se volta para o passado, pensando: 'Eu existi no passado? Eu não existi no passado? O que eu era no passado? Como eu era no passado? Depois de ser o que, eu me transformei em que no passado?' Ele também não irá se preocupar com o futuro: 'Eu existirei no futuro? Eu não existirei no futuro? O que eu serei no futuro? Como eu serei no futuro? Tendo sido o que, em que me transformarei no futuro?' Ele também não ficará confuso internamente acerca do presente: 'Eu existo? Eu não existo? O que eu sou? Como eu sou? Esse ser – de onde ele veio e para onde ele vai?'

Por que nada disso ocorrerá? Porque o nobre discípulo enxergou corretamente, através da sabedoria, como de fato ocorrem esta originação dependente e esses fenômenos surgidos dependentemente.".

(SN 12: 20; II 25-27)

(c) Quarenta e quatro tipos de conhecimento

"'Monges, eu vou lhes ensinar quarenta e quatro tipos de conhecimento. Escutem bem e ouçam com atenção, pois eu vou falar.

'Sim, Venerável', os monges responderam. O Abençoado falou o seguinte:

'Monges, quais são os quarenta e quatro tipos de conhecimento? Conhecimento sobre envelhecimento e morte, conhecimento acerca da sua origem, conhecimento acerca da sua cessação e conhecimento do caminho que conduz à sua cessação. Conhecimento sobre o nascimento... sobre a existência... sobre o apego... sobre o desejo... sobre a sensação... sobre o contato... sobre as seis bases sensórias... sobre nome e forma... sobre a consciência... sobre as formações volitivas, conhecimento acerca da sua origem, conhecimento acerca da sua cessação e conhecimento do caminho que conduz à sua cessação. Esses, monges, são os quarenta e quatro tipos de conhecimento.

E o que, monges, é o envelhecimento e morte? [definição como a do **Texto IX, 3 § 22**]... portanto, esse envelhecimento e essa morte são chamados, em conjunto, de envelhecimento e morte. Com o surgimento do nascimento, dá-se o surgimento do envelhecimento e morte. Com a cessação do nascimento, dá-se a cessação do envelhecimento e morte. Este Nobre Caminho Óctuplo é o sendeiro que conduz à cessação do envelhecimento e morte; isto é, visão correta... concentração correta.

Quando, monges, um nobre discípulo compreende desta maneira o envelhecimento e morte, a sua origem, a sua cessação e o caminho que conduz à sua cessação, este é o seu conhecimento do fundamento[265]. Por meio deste fundamento, que é percebido, compreendido, imediatamente atingido, alcançado, ele aplica este método ao passado e ao futuro do seguinte modo: 'todos os ascetas e brâmanes que no passado tenham compreendido diretamente o envelhecimento e morte, a sua cessação, e o caminho que conduz à sua cessação, todos eles os compreenderam exatamente da mesma maneira que eu os compreendi. 'Todos os ascetas e brâmanes que no futuro venham a compreender diretamente o envelhecimento e morte, a sua cessação, e o caminho que conduz à sua cessação, todos eles os compreenderão exatamente da mesma maneira que eu os compreendo agora'. Este é o seu conhecimento de sequencialidade[266].

Quando um nobre discípulo, monges, tiver purificado e limpado esses dois tipos de conhecimento – conhecimento do fundamento e conhecimento da sequencialidade – então ele é chamado de 'nobre discípulo', aquele que alcançou a realização acerca da perspectiva correta, que atingiu este Dhamma verdadeiro, que possui o conhecimento de alguém em fase de treinamento, o verdadeiro conhecimento de alguém em fase de treinamento, que entrou na corrente do Dhamma, um nobre de sabedoria penetrante, alguém que se encontra firmemente plantado às portas do Imortal.

E o que, monges, é o nascimento?... O que são as formações volitivas?... [definições como no **Texto IX, 3**]... Este Nobre Caminho Óctuplo é o sendeiro que conduz à cessação das formações volitivas; isto é: visão correta... concentração correta.

Quando, monges, um nobre discípulo compreende desta maneira as formações volitivas, a sua origem, a sua cessação e o caminho que conduz à sua cessação, este é o seu conhecimento do fundamento. Por meio deste fundamento, que é percebido, compreendido, imediatamente atingido, alcançado, ele aplica este método ao passado e ao futuro do seguinte modo: 'todos os ascetas e brâmanes que no passado tenham compreendido diretamente o envelhecimento e morte, a sua cessação, e o caminho que conduz à sua cessação, todos eles os compreenderam exatamente da mesma maneira que eu os compreendi. 'Todos os ascetas e brâmanes que no futuro venham a compreender diretamente o envelhecimento e morte, a sua cessação, e o caminho que conduz à sua cessação, todos eles os compreenderão exatamente da mesma maneira que eu os compreendo agora'. Este é o seu conhecimento de sequencialidade.

Quando um nobre discípulo, monges, tiver purificado e limpado esses dois tipos de conhecimento – conhecimento do fundamento e conhecimento da sequencialidade – então ele é chamado de 'nobre discípulo', aquele que alcançou a realização acerca da perspectiva correta, que atingiu este Dhamma verdadeiro, que possui o conhecimento de alguém em fase de treinamento, o verdadeiro conhecimento de alguém em fase de treinamento, que entrou na corrente do Dhamma, um nobre de sabedoria penetrante, alguém que se encontra firmemente plantado às portas do Imortal."

(SN 12: 33; II 56-59)

(d) Um ensinamento pelo caminho do meio

"Em Sāvatthī, o Venerável Kaccānagotta se aproximou do Abençoado, o saudou, sentou-se ao lado e disse: 'Venerável, as pessoas falam 'visão correta, visão correta'. Em que sentido, Venerável, existe uma visão correta?'

As pessoas, Kaccāna, na sua maioria estão divididas entre duas ideias: a ideia de existência e a ideia de não existência[267] Mas para alguém que enxerga a origem do mundo como ela de fato acontece, através da sabedoria correta, não ocorre a ideia de não existência em relação ao mundo. E para alguém que enxerga a cessação do mundo como ela de fato acontece, através da sabedoria correta, não ocorre a ideia de existência em relação ao mundo[268].

As pessoas, Kaccāna, em sua maioria estão acorrentadas por suas certezas, apegos e opiniões. Mas aquele [que possui a visão correta] não discute e nem se apega [às opiniões] através de debates, apegos, pontos de vista, certezas ou tendências subjacentes. Ele não se posiciona acerca do 'meu eu'. Ele não possui dúvidas e nem fica perplexo, pois aquilo que surge é simplesmente sofrimento surgindo, e o que cessa é simplesmente sofrimento cessando[269]. O seu conhecimento sobre isso é independente dos outros. É nesse sentido, Kaccāna, que existe 'visão correta'.

'Tudo existe': este é um extremo, Kaccāna; 'nada existe': este é o segundo extremo. Sem se desviar para nenhum desses extremos, o Tathāgata ensina o Dhamma pelo caminho do meio: 'com a ignorância como condição, [surgem] as formações volitivas; com as formações volitivas, a consciência... esta é a origem de toda essa massa de sofrimento. Porém, com o desaparecimento completo e a cessação da ignorância, dá-se a cessação das formações volitivas; com o fim das formações volitivas, dá-se a cessação da consciência... esta é a cessação de toda essa massa de sofrimento."

(SN 12: 15; II 16-17)

(e) A continuidade da consciência

"Monges, aquilo que se intenciona fazer, aquilo que se planeja e aquilo para o qual se tem tendência: isso se torna a base da continuidade da consciência. Quando ocorre uma base, cria-se um apoio para o estabelecimento da consciência. Quando a consciência se estabelece e cresce, dá-se a produção renovada de existência futura. Quando ocorre a produção renovada de existência futura, dá-se o surgimento de: nascimento, envelhecimento e morte, dor, lamúrias, sofrimento, depressão e desespero futuros. Esta é a origem de toda essa massa de sofrimento[270].

Porém, monges, se não se intenciona fazer, se não se planeja e mesmo assim se tem tendência em relação a algo, isso se torna a base da continuidade da consciência. Quando ocorre uma base, cria-se um apoio para o estabelecimento da consciência. Quando a consciência se estabelece e cresce, dá-se a produção renovada de existência futura. Quando ocorre a produção renovada de existência futura, dá-se o surgimento de: nascimento, envelhecimento e morte, dor, lamúrias, sofrimento, depressão e desespero futuros. Esta é a origem de toda essa massa de sofrimento[271].

Contudo, monges, se não se intenciona fazer, se não se planeja e não se tem tendência em relação a algo, não há base para a continuidade da consciência. Quando não há uma base, não se cria um apoio para o estabelecimento da consciência. Quando a consciência não se estabelece e não cresce, não ocorre a produção renovada de existência futura. Quando não ocorre a produção renovada de existência futura, não se dá o surgimento de: nascimento, envelhecimento e morte, dor, lamúrias, sofrimento, depressão e desespero futuros. Esta é a cessação de toda essa massa de sofrimento"[272].

(SN 12: 38; II 65-66)

(f) A origem e a passagem do mundo

"'Monges, eu vou lhes ensinar a origem e o desaparecimento do mundo. Prestem bastante atenção, pois eu vou falar'.

'Sim, Venerável', os monges responderam. O Abençoado disse o seguinte:

'E qual é, monges, a origem do mundo? Em dependência do olho e das formas, a consciência do olhar aparece. O encontro dos três é o contato. Com o contato como condição, as sensações [surgem]; com as sensações como condição, o desejo; com o desejo como condição, o apego; com o apego como condição, a existência; com a existência como condição, o nascimento; com o nascimento como condição, envelhecimento e morte, sofrimento, lamúrias, dor, depressão e desespero surgem. Esta, monges, é a origem do mundo.

Em dependência do ouvido e dos sons... Em dependência do nariz e dos odores... Em dependência da língua e dos sabores... Em dependência da mente e dos fenômenos mentais, a consciência da mente ocorre. O encontro dos três é o contato. Com o contato como condição, as sensações [surgem]; com as sensações como condição, o desejo; com o desejo como condição, o apego; com o apego como condição, a existência; com a existência como condição, o nascimento; com o nascimento como condição, envelhecimento e morte, sofrimento, lamúrias, dor, depressão e desespero surgem. Esta, monges, é a origem do mundo.

E o que é, monges, o desaparecimento do mundo? Em dependência do olho e das formas, a consciência do olhar aparece. O encontro dos três é o contato. Com o contato como condição, as sensações [surgem]; com as sensações como condição, o desejo; mas com desaparecimento completo e a cessação daquele desejo, dá-se a cessação do apego; com a cessação do apego, a cessação da existência; com a cessação da existência, a cessação do nascimento; com a cessação do nascimento, envelhecimento e morte, sofrimento, lamúrias, dor, depressão e desespero não surgem. Este, monges, é o desaparecimento do mundo.

Em dependência do ouvido e dos sons... Em dependência do nariz e dos odores... Em dependência da língua e dos sabores... Em dependência da mente e dos fenômenos mentais, a consciência da mente ocorre. O encontro dos três é o contato. Com o contato como condição, as sensações [surgem]; com as sensações como condição, o desejo; mas com desaparecimento completo e a cessação daquele desejo, dá-se a cessação do apego; com a cessação do apego, a cessação da existência; com a cessação da existência, a cessação do nascimento; com a cessação do nascimento, envelhecimento e morte, sofrimento, lamúrias, dor, depressão e desespero não surgem. Este, monges, é o desaparecimento do mundo."

(SN 12: 44; II 73-74)

(5) Pelo caminho das Quatro Nobres Verdades

(a) As verdades de todos os Budas

"Monges, sejam quais forem os Budas Perfeitamente Iluminados do passado que despertaram completamente para a verdadeira natureza das coisas, todos despertaram completamente para as Quatro Nobres Verdades como elas de fato são. Sejam quais forem os Budas Perfeitamente Iluminados do futuro que despertarão completamente para a verdadeira natureza das coisas, todos despertarão completamente para as Quatro Nobres Verdades como elas de fato são. Sejam quais forem os Budas Perfeitamente Iluminados do presente que despertam completamente para a verdadeira natureza das coisas, todos despertam completamente para as Quatro Nobres Verdades como elas de fato são.

Quais quatro? A nobre verdade do sofrimento, a nobre verdade da origem do sofrimento, a nobre verdade da cessação do sofrimento e a nobre verdade do caminho que conduz à cessação do sofrimento. Sejam quais forem os Budas Perfeitamente Iluminados do passado que despertaram completamente para a verdadeira natureza das coisas, todos despertaram completamente para as Quatro Nobres Verdades como elas de fato são. Sejam quais forem os Budas Perfeitamente Iluminados do futuro que despertarão completamente para a verdadeira natureza das coisas, todos despertarão completamente para as Quatro Nobres Verdades como elas de fato são. Sejam quais forem os Budas Perfeitamente Iluminados do presente que despertam completamente para a verdadeira natureza das coisas, todos despertam completamente para as Quatro Nobres Verdades como elas de fato são.

Por isso, monges, um esforço deveria ser feito para se compreender: 'Isto é sofrimento'. Um esforço deveria ser feito para se compreender: 'Esta é a origem do sofrimento'. Um esforço deveria ser feito para se compreender: 'Esta é a cessação do sofrimento'. Um esforço deveria ser feito para se compreender: 'Este é o caminho que conduz à cessação do sofrimento'."

(SN 56: 24; v 433-434)

(b) Essas Quatro Verdades são factuais

"Monges, essas quatro verdades são reais, sem erro, invariáveis[273]. Quais quatro? 'Isto é sofrimento'. Isso, monges, é real, sem erro, invariável. 'Esta é a origem do sofrimento. Isso, monges, é real, sem erro, invariável. 'Esta é a cessação do sofrimento'. Isso, monges, é real, sem erro, invariável. 'Este é o caminho que conduz à cessação do sofrimento'. Isso, monges, é real, sem erro, invariável.

Essas quatro coisas, monges, são reais, sem erro, invariáveis".

Por isso, monges, um esforço deveria ser feito para se compreender: 'Isto é sofrimento'. Um esforço deveria ser feito para se compreender: 'Esta é a origem do sofrimento'. Um esforço deveria ser feito para se compreender: 'Esta é a cessação do sofrimento'. Um esforço deveria ser feito para se compreender: 'Este é o caminho que conduz à cessação do sofrimento'."

(SN 56: 20; V 430-431)

(c) Um punhado de folhas

"Numa ocasião o Abençoado estava vivendo perto de Kosambī num bosque de *siṃsapās*. Então o Abençoado pegou um punhado de folhas de *siṃsapās* na mão e se dirigiu aos monges da seguinte maneira: 'O que vocês acham, monges, que é mais numeroso: essas poucas folhas que eu peguei com a mão ou aquelas neste bosque?'

'Venerável, as folhas que o Abençoado pegou são poucas, mas aquelas neste bosque são numerosas.'

Do mesmo modo, monges, as coisas que eu conheci diretamente, mas não lhes ensinei são numerosas, enquanto as coisas que eu lhes ensinei são poucas. E por que, monges, eu não lhes ensinei aquelas outras coisas numerosas? Porque elas não são benéficas, são irrelevantes para os fundamentos da vida espiritual e não conduzem ao desencanto, ao desapego, à cessação, à paz, ao conhecimento direto, à iluminação, ao Nibbāna. Por isso eu não lhes ensinei.

E o que, monges, eu lhes ensinei? Eu ensinei: 'Isto é sofrimento'. Eu ensinei: 'Esta é a origem do sofrimento'. Eu ensinei: 'Esta é a cessação do sofrimento'. Eu ensinei: 'Este é o caminho que conduz à cessação do sofrimento'. E por que, monges, eu lhes ensinei essas coisas? Porque elas são benéficas, são relevantes para os fundamentos da vida espiritual e conduzem ao desencanto, ao desapego, à cessação, à paz, ao conhecimento direto, à iluminação, ao Nibbāna. Por isso eu lhes ensinei essas coisas.

Por isso, monges, um esforço deveria ser feito para se compreender: 'Isto é sofrimento'. Um esforço deveria ser feito para se compreender: 'Esta é a origem do sofrimento'. Um esforço deveria ser feito para se compreender: 'Esta é a cessação do sofrimento'. Um esforço deveria ser feito para se compreender: 'Este é o caminho que conduz à cessação do sofrimento'."

(SN 56: 31; V 437-438)

(d) Por causa do não entendimento

"Numa ocasião o Abençoado estava vivendo entre os Vajjianos em Koṭigāma. Lá, o Abençoado se dirigiu aos monges da seguinte maneira: "monges, é por não termos compreendido e não termos penetrado nas Quatro Nobres Verdades que vocês e eu temos vagado e rodado através dessa longa estrada do saṃsāra. Quais quatro?

É por não termos compreendido e não termos penetrado na nobre verdade do sofrimento que vocês e eu temos vagado e rodado através dessa longa pista do saṃsāra.

É por não termos compreendido e não termos penetrado na nobre verdade da origem do sofrimento que vocês e eu temos vagado e rodado através dessa longa pista do saṃsāra.

É por não termos compreendido e não termos penetrado na nobre verdade da cessação do sofrimento que vocês e eu temos vagado e rodado através dessa longa pista do saṃsāra.

É por não termos compreendido e não termos penetrado na nobre verdade do caminho que conduz à cessação do sofrimento que vocês e eu temos vagado e rodado através dessa longa pista do saṃsāra.

Aquela nobre verdade do sofrimento, monges, foi compreendida e penetrada. Aquela nobre verdade a origem do sofrimento, monges, foi compreendida e penetrada. Aquela nobre verdade da cessação do sofrimento, monges, foi compreendida e penetrada. Aquela nobre verdade do caminho que conduz à cessação do sofrimento, monges, foi compreendida e penetrada. O desejo pela vida foi cortado; o canal que conduz à existência[274] foi destruído; agora não mais ocorrerá uma outra existência."

(SN 56: 21; V 431-432)

(e) O precipício

"Numa ocasião o Abençoado estava vivendo em Rājagaha, no Pico do Monte dos Abutres. Então o Abençoado se dirigiu aos monges da seguinte maneira: 'Venham, monges, vamos para o Pico da Inspiração para passar o dia'.

'Sim, Venerável', os monges responderam. Então, o Abençoado e um grande número de monges se dirigiram para o Pico da Inspiração. Um certo monge, ao ver o grande precipício do Pico da Inspiração, disse ao Abençoado: 'Este precipício, Venerável, é realmente enorme; esse precipício é apavorante. Mas existe um outro precipício maior e mais apavorante do que este, Venerável?'

'Existe, monge.'

'E qual é o outro precipício maior e mais apavorante do que este, Venerável?'

'Aqueles ascetas e brâmanes, monges, que não compreendem como de fato as coisas são: 'Isto é sofrimento. Esta é a origem do sofrimento. Esta é a cessação do sofrimento. Este é o caminho que conduz à cessação do sofrimento' – eles se deleitam com as formações volitivas que conduzem ao nascimento, envelhecimento e morte; eles se deleitam em formações volitivas que conduzem à dor, ao sofrimento, lamúrias, depressão e desespero. Tendo gerado tais formações volitivas, eles despencam pelo precipício do nascimento, envelhecimento e morte; eles despencam pelo precipício da dor, do sofrimento, das lamúrias, da depressão e do desespero. Eles não se libertam do nascimento, envelhecimento e morte; eles não se libertam da dor, do sofrimento, das lamúrias, da depressão e do desespero. Eu afirmo isto: eles não se libertam do sofrimento.

Porém, monges, aqueles ascetas e brâmanes que compreendem as coisas como elas de fato são: 'isto é sofrimento. Esta é a origem do sofrimento. Esta é a cessação do sofrimento. Este é o caminho que conduz à cessação do sofrimento" – eles não se deleitam com as formações volitivas que conduzem ao nascimento, envelhecimento e morte; não se deleitando com as, eles não geram formações volitivas que conduzem à dor, ao sofrimento, lamúrias, depressão e desespero. Não tendo gerado tais formações volitivas, eles não despencam pelo precipício do nascimento, envelhecimento e morte; eles não despencam pelo precipício da dor, do sofrimento, das lamúrias, da depressão e do desespero. Eles se libertam do nascimento, envelhecimento e morte; eles se libertam da dor, do sofrimento, das lamúrias, da depressão e do desespero. Eu afirmo isto: eles se libertam do sofrimento.

Por isso, monges, um esforço deveria ser feito para se compreender: 'Isto é sofrimento'. Um esforço deveria ser feito para se compreender: 'Esta é a origem do sofrimento'. Um esforço deveria ser feito para se compreender: 'Esta é a cessação do sofrimento'. Um esforço deveria ser feito para se compreender: 'Este é o caminho que conduz à cessação do sofrimento'."

(SN 56: 42; v 448-450)

(f) Abrindo as portas

"Monges, se alguém desejar falar desta maneira: 'Sem ter aberto as portas para a nobre verdade do sofrimento como ela de fato é, sem ter aberto as portas para a nobre verdade da origem do sofrimento como ela de fato é, sem ter aberto as portas para a nobre verdade da cessação do sofrimento como ela de fato é, sem ter aberto as portas para a nobre verdade do caminho que conduz à cessação do sofrimento como ela de fato é, eu vou colocar um ponto-final no sofrimento' – isto é impossível.

Da mesma maneira, monges, se alguém falasse desta maneira: 'após fazer uma cesta de folhas de acácia, de agulhas de pinheiro ou de folhas de myrobalam[275], eu vou carregar água ou o fruto da palmeira', isto também seria impossível; assim como se alguém falasse da seguinte maneira: 'Sem ter aberto as portas para a nobre verdade do sofrimento como ela de fato é, sem ter aberto as portas para a nobre verdade da origem do sofrimento como ela de fato é, sem ter aberto as portas para a nobre verdade da cessação do sofrimento como ela de fato é, sem ter aberto as portas para a nobre verdade do caminho que conduz à cessação do sofrimento como ela de fato é, eu vou colocar um ponto-final no sofrimento' – isto é impossível.

Porém, monges, se alguém desejar falar desta maneira: 'Tendo aberto as portas para a nobre verdade do sofrimento como ela de fato é, tendo aberto as portas para a nobre verdade da origem do sofrimento como ela de fato é, tendo aberto as portas para a nobre verdade da cessação do sofrimento como ela de fato é, tendo aberto as portas para a nobre verdade do caminho que conduz à cessação do sofrimento como ela de fato é, eu vou colocar um ponto-final no sofrimento' – isto é possível.

Da mesma maneira, monges, se alguém falasse desta maneira: 'Após fazer uma cesta de folhas de lótus, de folhas de kino ou de folhas de māluva, eu vou carregar água ou o fruto da palmeira', isto seria possível; do mesmo modo, se alguém desejar falar desta maneira: 'Tendo aberto as portas para a nobre verdade do sofrimento como ela de fato é, tendo aberto as portas para a nobre verdade da origem do sofrimento como ela de fato é, tendo aberto as portas para a nobre verdade da cessação do sofrimento como ela de fato é, tendo aberto as portas para a nobre verdade do caminho que conduz à cessação do sofrimento como ela de fato é, eu vou colocar um ponto-final no sofrimento' – isto é possível.

Por isso, monges, um esforço deveria ser feito para se compreender: 'Isto é sofrimento'. Um esforço deveria ser feito para se compreender: 'Esta é a origem do sofrimento'. Um esforço deveria ser feito para se compreender: 'Esta é a cessação do sofrimento'. Um esforço deveria ser feito para se compreender: 'Este é o caminho que conduz à cessação do sofrimento'."

(SN 56: 32; v 442-443)

(g) A destruição das máculas

"Monges, eu afirmo que a destruição das máculas é para aquele que conhece e enxerga, e não para alguém que nem conhece e nem enxerga. Para alguém que conhece o que e para alguém que enxerga o que ocorre a destruição das máculas? A destruição das máculas ocorre para alguém que conhece e enxerga: 'Isto é sofrimento. Esta é a origem do sofrimento. Esta é a cessação do sofrimento. Este é o caminho que conduz à cessação do sofrimento'. É para alguém que conhece desta maneira, que enxerga desta maneira, que ocorre a destruição das máculas.

Por isso, monges, um esforço deveria ser feito para se compreender: 'Isto é sofrimento'. Um esforço deveria ser feito para se compreender: 'Esta é a origem do sofrimento'. Um esforço deveria ser feito para se compreender: 'Esta é a cessação do sofrimento'. Um esforço deveria ser feito para se compreender: 'Este é o caminho que conduz à cessação do sofrimento'."

(SN 56: 25; V 434)

5 O Objetivo da Sabedoria

(1) O que é o Nibbāna?

"Numa ocasião o Venerável Sāriputta estava vivendo em Magadha, em Nālakagāma. Então, o asceta Jambhukhādaka[276] se aproximou do Venerável Sāriputta e trocou saudações com ele. Quando eles terminaram as saudações e a conversa amena, ele se sentou ao lado e disse ao Venerável Sāriputta:

'Amigo Sāriputta, as pessoas falam: 'Nibbāna, Nibbāna'. Mas o que é Nibbāna?'

A destruição do desejo, a destruição do ódio, a destruição da ilusão: isso, meu amigo, é chamado de Nibbāna.'

'Mas, amigo, existe um caminho, um sendeiro para a realização do Nibbāna?'

'Existe sim, amigo; existe um caminho para a realização deste Nibbāna.'

'E qual é o caminho, meu amigo, qual é o sendeiro para a realização do Nibbāna?'

'É o Nobre Caminho Óctuplo, meu amigo; isto é, visão correta, intenção correta, fala correta, ação correta, modo de vida correto, esforço correto, atenção correta, concentração correta. Este é o caminho, meu amigo, este é o sendeiro para a realização do Nibbāna.

É um caminho excelente, meu amigo, é um sendeiro excelente para a realização do Nibbāna. [Praticado] com diligência, meu amigo Sāriputta, é o suficiente'."

(SN 38: 1; IV 251-252)

2) Trinta e três sinônimos de Nibāna

"Monges, eu vou lhes ensinar o incondicionado e o caminho que conduz ao incondicionado. Ouçam.

E o que, monges, é o incondicionado? A destruição do desejo, a destruição do ódio, a destruição da ilusão: isto é chamado de incondicionado.

E qual é, monges, o caminho que conduz ao incondicionado? Atenção dirigida ao corpo: este é o chamado 'caminho que conduz ao incondicionado'.

Monges, eu vou lhes ensinar o caminho plano... o imaculado... a verdade... a outra margem... o sutil... aquele muito difícil de ser visto... aquele que não envelhece... o estável... aquele que não se desintegra... o não manifesto... aquele que não prolifera[277]... o pacífico... o imortal... o sublime... o auspicioso... o seguro... a destruição do desejo... o maravilhoso... o impressionante... aquele que não adoece... o estado que não adoece... Nibbāna... o sem aflição... sem paixões... a pureza... a liberdade... o desapego... a ilha... o abrigo... o asilo... o refúgio... o destino... e o caminho que conduz ao destino. Ouçam.

E o que, monges, é o destino? A destruição do desejo, a destruição do ódio, a destruição da ilusão: isto é chamado de 'destino'.

E qual é, monges, o caminho que conduz ao destino? Atenção dirigida ao corpo: este é o chamado 'caminho que conduz ao 'destino'.

Assim, monges, eu lhes ensinei o incondicionado... o destino e o caminho que conduz ao destino. Tudo aquilo que deveria ter sido feito por compaixão, monges, por um mestre compassivo, que deseja o bem-estar dos discípulos, eu fiz por vocês. Eis aqui o abrigo das árvores, monges; eis aqui cabanas vazias. Meditem, monges. Não sejam negligentes, para que depois vocês não se arrependam. Esta é a minha instrução para vocês."

(SN 43: 1-44, combinado; IV 359-373)

(3) Existe aquela base

"Assim eu ouvi. Numa ocasião o Abençoado estava vivendo em Sāvatthī, no Bosque do Príncipe Jeta, no Parque de Anāthapiṇḍika. Então, naquela ocasião o Abençoado estava instruindo, animando, inspirando e deleitando os monges com uma conversa sobre o Dhamma em relação ao Nibbāna, e aqueles monges estavam atentos e receptivos, concentrando toda a sua atenção em ouvir o Dhamma.

Então, ao compreender a importância, naquela ocasião o Abençoado proferiu uma declaração inspirada:

'Existe aquela base, monges, onde não há nem terra, nem água, nem fogo, nem ar; nem a base do espaço infinito, nem a base do infinito da consciência, nem a base da vacuidade, nem a base nem-da-percepção-nem-da-não-percepção; nem este mundo nem outro mundo; nem o sol e nem a lua[278]. Lá, monges, eu afirmo: não há nem vir, nem ir, nem ficar parado; nem desaparecer e nem renascer. Não possui fundamento, nem movimento e nem apoio. Esse, de modo simples, é o fim do sofrimento."

(Ud 8: 1; 80)

(4) O não nascido

"Assim eu ouvi. Numa ocasião o Abençoado estava vivendo em Sāvatthī, no Bosque do Príncipe Jeta, no Parque de Anāthapiṇḍika. Então, naquela ocasião o Abençoado estava instruindo, animando, inspirando e deleitando os monges com uma conversa sobre o Dhamma em relação ao Nibbāna, e aqueles monges estavam atentos e receptivos, concentrando toda a sua atenção em ouvir o Dhamma.

Então, ao compreender a importância, naquela ocasião o Abençoado proferiu uma declaração inspirada:

'Existe, monges, um não nascido, algo que não se transforma, não produzido, incondicionado. Monges, se não houvesse um não nascido, algo que não se transforma, não produzido, incondicionado, não haveria escapatória daquilo que é nascido, transforma-se, é produzido, condicionado. Mas porque existe um não nascido, algo que não se transforma, não produzido, incondicionado, existe escapatória daquilo que é nascido, transforma-se, é produzido, condicionado'."

(Ud 8: 3; 80-81)

(5) Os dois elementos do Nibbāna

"Existem, monges, esses dois tipos de Nibbāna. Quais? O tipo de Nibbāna que possui um resíduo remanescente e aquele tipo de Nibbāna que não possui um resíduo remanescente.

E qual, monges, é o tipo de Nibbāna que possui um resíduo remanescente? Neste caso, um monge é um arahant, alguém cujas máculas foram destruídas, que viveu a vida santa, fez aquilo que deveria ter sido feito, deitou por terra o seu fardo, atingiu o seu objetivo próprio, destruiu completamente as amarras da existência, libertou-se completamente através do conhecimento final. Contudo, as suas cinco faculdades sensórias continuam desempedidas, através das quais ele experimenta aquilo que é agradável e desagradável, ainda sentindo prazer e dor. É a destruição do desejo, do ódio e da ilusão nele que é chamado de um 'tipo de Nibbāna com um resíduo remanescente'.

E qual, monges, é o tipo de Nibbāna que não possui um resíduo remanescente? Neste caso, um monge é um arahant, alguém cujas máculas foram destruídas, que viveu a vida santa, fez aquilo que deveria ter sido feito, deitou por terra o seu fardo, atingiu o seu objetivo próprio, destruiu completamente as amarras da existência, libertou-se completamente através do conhecimento final. Para ele, aqui nesta própria vida, tudo que é sentido, não lhe causando nenhum deleite, 'esfria' totalmente a sua sensibilidade. Isso, monges, é o chamado de um 'tipo de Nibbāna sem um resíduo remanescente'.

Esses, monges, são os dois tipos de Nibbāna."

(It 44; 38)

(6) O fogo e o oceano

15 [O asceta Vacchagotta perguntou ao Abençoado]: "Então, Mestre Gotama possui qualquer tipo de 'opinião metafísica'?

'Vaccha, 'opinião metafísica' é algo que o Tathāgata abandonou. Pois o Tathāgata viu[279], Vaccha, isso: 'Assim ocorre a forma, essa é a sua origem, esse é o seu desaparecimento; assim ocorre a sensação, essa é a sua origem, esse é o seu desaparecimento; assim ocorre a percepção, essa é a sua origem, esse é o seu desaparecimento; assim ocorrem as formações volitivas, essa é a sua origem, esse é o seu desaparecimento; assim ocorre a consciência, essa é a sua origem, esse é o seu desaparecimento'. Por isso eu afirmo: com a destruição, o desaparecimento, a cessação, o desistir e o abandono de toda concepção, toda especulação, tudo aquilo que conduz à formação do 'eu', da noção de 'meu' e de toda tendência subjacente ao orgulho, o Tathāgata está livre, através do desapego, das opiniões metafísicas.

16 'Quando a mente de um monge se liberta desta maneira, Mestre Gotama, onde é que ele renasce [após a morte]?'

"Renasce' não é o caso, Vaccha.'

'Então ele não renasce, Mestre Gotam?'

"Não renasce' não é o caso, Vaccha.'

'Então ele renasce e não renasce, Mestre Gotama?'

"Renasce e não renasce' não é o caso, Vaccha."

'Então ele nem renasce e nem deixa de renascer?'

"Nem renasce e nem deixa de renascer' também não é o caso, Vaccha.'

17 'Quando o Mestre Gotama é questionado com essas quatro perguntas, ele responde: "Renasce' não é o caso, Vaccha'; "Não renasce' não é o caso, Vaccha"; "Renasce e não renasce' não é o caso, Vaccha'; "Nem renasce e nem deixa de renascer' não é o caso, Vaccha'. Assim eu fico perplexo, Mestre Gotama, desse modo eu fico confuso, e a confiança que eu possuía em Mestre Gotama agora desapareceu.

18 'Dá para ficar perplexo mesmo, Vaccha, é o caso de ficar confuso mesmo, pois este Dhamma, Vaccha, é profundo, difícil de ser enxergado e difícil de ser com-

preendido, pacífico e sublime, inalcançável simplesmente pelo raciocínio, sutil, que só pode ser experienciado pelos sábios. É de difícil compreensão quando se possui uma outra opinião, quando se aceita outro ensinamento, quando se segue outro ensinamento, quando se submete a outro treinamento, quando se segue um mestre diferente. Então vamos fazer ao contrário, Vaccha, deixe eu perguntar a você sobre essas coisas, e você responde como você achar melhor.

19 'O que você acha, Vaccha? Suponha que haja um fogo queimando na sua frente. Você estaria consciente de que 'este fogo está queimando na minha frente?'

'Sim, eu estaria, Mestre Gotama.'

'E se alguém lhe perguntasse, Vaccha: 'Este fogo queimando na sua frente está queimando dependente do quê?' – se você fosse perguntado dessa maneira, como você responderia"?

'Se me perguntassem isso, Mestre Gotama, eu responderia assim: 'O fogo queimando na minha frente queima dependente de grama e gravetos'.

'Se aquele fogo na sua frente se extinguisse, você perceberia, Vaccha?'

'Eu perceberia, Mestre Gotama.'

'E se alguém lhe perguntasse o seguinte, Vaccha: 'Quando o fogo na sua frente se extinguiu, para qual direção ele foi: leste, oeste, norte ou sul?' – o que você responderia se lhe perguntassem isso, Vaccha?'

'Não é o caso, Mestre Gotama. O fogo queimou dependente do seu combustível de grama e gravetos. Quando isso se consumiu, se não se colocar mais nenhum combustível – sem combustível algum –, ele se apaga.'

20 'Da mesma maneira, Vaccha, o Tathāgata abandonou a forma através da qual alguém poderia descrever o Tathāgata; ele a cortou pela raiz, como um toco de palmeira, livrou-se dela de forma que não está mais sujeita ao crescimento. Liberto da forma através da qual alguém poderia descrevê-lo em termos de forma, o Tathāgata é profundo, imensurável, difícil de medir como o oceano. 'Renasce' não é o caso; 'Não renasce não é o caso'; 'Renasce e não renasce não é o caso'; 'Nem renasce e nem deixa de renascer' também não é o caso. O Tathāgata abandonou a sensação, através da qual alguém poderia tentar descrevê-lo... ele abandonou a percepção, através da qual alguém poderia tentar descrevê-lo... ela abandonou as formações volitivas, através das quais alguém poderia tentar descrevê-lo... o Tathāgata abandonou a consciência através da qual alguém poderia descrever o Tathāgata; ele a cortou pela raiz, como um toco de palmeira, livrou-se dela de forma que não está mais sujeita ao crescimento. Liberto da consciência através da qual alguém poderia descrevê-lo em termos de consciência, o Tathāgata é profundo, imensurável, difícil de medir como o oceano. 'Renasce' não é o caso; 'não renasce não é o caso'; 'renasce e não renasce não é o caso'; 'nem renasce e nem deixa de renascer' também não é o caso'."

(do MN 72: *Aggivacchagotta Sutta*; I 486-488)

X
Os níveis de realização

Introdução

Como vimos, o cultivo da sabedoria objetiva à realização do Nibbāna. Os Nikāyas estipulam uma série fixa de estágios através dos quais uma pessoa passa no caminho para se atingir o Nibbāna. Ao passar por esses estágios, evolui-se da condição de um "mundano não instruído", cego para as verdades do Dhamma, para a condição de um arahant, aquele liberto, que atingiu a compreensão total das Quatro Nobres Verdades e alcançou o Nibbāna nesta mesma vida. Eu já me referi a vários daqueles estágios em capítulos anteriores deste livro. Neste capítulo nós vamos explorá-los de forma mais sistemática.

Ao entrar no caminho irreversível para se atingir o Nibbāna, uma pessoa se torna uma "pessoa nobre", "um nobre" (*ariyapuggala*); a palavra "nobre" (*ariya*), neste caso, denotando nobreza espiritual. Existem quatro tipos principais de "pessoas nobres". Cada estágio é dividido em duas fases: o caminho (*magga*) e a sua fruição ou o seu fruto (*phala*)[280]. Na fase do caminho, afirma-se que alguém pratica para alcançar uma fruição, um fruto, um resultado particular, o qual tende a ser alcançado no período da própria vida; na fase resultante, afirma-se que a pessoa se estabelece na fruição. Portanto, os quatro tipos de pessoas nobres de fato compreendem quatro pares ou oito tipos de indivíduos nobres. Conforme enumerados no **Texto X, 1(1)**, esses são: (1) aquele que pratica para a realização do fruto de entrar-na-correnteza, (2) aquele que entrou na correnteza, (3) aquele que pratica para a realização do fruto de um-único-retorno (renascer), (4) aquele que só retorna uma vez, (5) aquele que pratica para alcançar o fruto do não retorno, (6) aquele que não retorna, (7) aquele que pratica para se tornar um arahant, (8) um arahant. O **Texto X, 1(2)** gradua esses oito de acordo com a força relativa de suas faculdades espirituais, de modo que aqueles em cada estágio subsequente possuem faculdades mais fortes do que aqueles no estágio precedente. As sete primeiras pessoas são chamadas coletivamente de *sekhas*, 'aqueles em treinamento' ou discípulos no treinamento superior; o arahant é chamado de *asekha*, "aquele além do treinamento".

Os quatro estágios principais são definidos de duas maneiras: (1) pelo tipo de mácula erradicada no passado que conduz ao resultado correspondente; e (2) pelo tipo de destino após a morte que espera alguém que realizou aquele resultado particular. O **Texto X, 1(3)** oferece definições-padrão dos quatro tipos que mencionam tanto as máculas abandonadas quanto os seus destinos futuros.

Os Nikāyas agrupam as máculas abandonadas num conjunto de dez grilhões (*saṃyojana*). Aquele que entrou na correnteza abandona os três primeiros grilhões: a *visão da identidade* (*sakkāyadiṭṭhi*), isto é, a visão de que existe um "eu" verdadeiro que seja idêntico aos cinco agregados ou que o "eu" exista de alguma maneira relacionado com aqueles; *dúvidas* (*vicikicchā*) acerca do Buda, do Dhamma, da Saṅgha e acerca do treinamento; *compreensão equivocada das regras e observâncias* (*sīlabbataparāmāsa*), a crença de que simples observâncias externas, principalmente de rituais religiosos e práticas ascéticas, podem conduzir à libertação. Aquele que entrou na correnteza tem assegurado o alcançar da iluminação completa em, no máximo, sete existências, as quais ocorrerão quer na dimensão humana ou nos mundos celestiais. Aquele-que-entrou-na-correnteza jamais terá uma oitava existência e fica para sempre livre de renascer num dos três reinos inferiores: nos infernos, no reino dos espíritos aflitos ou no reino animal.

Aquele que retornará mais uma vez (*sakadāgāmi*) não erradica nenhum tipo de grilhão. Ele ou ela elimina os três grilhões destruídos por aquele/a que entrou na correnteza e, além disso, consegue atenuar as três raízes prejudiciais – cobiça, ódio e ilusão – de modo que elas não venham mais a surgir com frequência e, caso surjam, não se tornem obsessivas[281].

Aquele que não mais retorna (*anāgāmi*) erradica os "cinco grilhões inferiores". Isto é, além dos três grilhões eliminados por alguém que penetrou na correnteza, aquele que não mais retorna erradica outros dois grilhões adicionais: o desejo sensual e a má vontade. Como aqueles que não mais retornam erradicaram o desejo sensual, eles não possuem mais ligações com o reino das sensações na existência. Por isso eles renascem no reino da forma (*rūpadhātu*), geralmente num dos cinco planos chamados de "moradas puras" (*suddhāvāsa*) reservados exclusivamente para o renascimento daqueles que não mais retornam. Eles atingem lá o Nibbāna final, sem jamais retornar ao mundo sensível.

Porém, aquele que não mais retorna ainda está ligado aos "cinco grilhões superiores": desejo pela existência no reino da forma, desejo pela existência no reino sem forma, orgulho, inquietação e ignorância. Aqueles que rompem com os "cinco grilhões superiores" não possuem mais laços com a existência condicionada. Esses são os arahant, que destruíram todas as máculas e se encontram "completamente livres através do conhecimento final".

Além dos quatro tipos de pessoas nobres, os Nikāyas às vezes mencionam um par colocado logo abaixo daqueles que entraram na correnteza – cf. **Texto X, 1(3)**. Esses dois – chamados de Seguidor do Dhamma (*dhammānusārī*) e Seguidor Fiel (*saddhānusārī*) – são, na realidade, dois tipos que pertencem à oitava categoria de nobres discípulos, a pessoa que pratica para obter o resultado daquele que entra na correnteza. Os Nikāyas incluem este par para mostrar que aqueles no caminho para entrarem na correnteza podem ser distinguidos em duas classes, segundo a sua faculdade dominante. O Seguidor do Dhamma é aquele no qual a sabedoria predomina. O Seguidor Fiel é aquele no qual a fé é dominante. Pode ser significativo o fato de que neste estágio, antes da primeira fruição, sejam somente a sabedoria e a fé, e não as outras três faculdades – energia, atenção e concentração – que sirvam para distinguir os discípulos em classes diferentes[282].

Os quatro tipos de nobres discípulos – De acordo com os grilhões eliminados e tipos de renascimento restante

Tipo de discípulo	Grilhões recém-eliminados	Tipo de renascimento remanescente
Aquele que entrou na correnteza	Visão da identidade, dúvida, compreensão equivocada das regras e observâncias.	No máximo sete renascimentos restantes entre humanos e devas.
Aquele que retornará uma única vez	Nenhum, mas enfraquece o desejo, o ódio e a ilusão.	Mais um renascimento no reino da forma.
Aquele que não mais retorna	Desejo sensual e má vontade.	Nascimento espontâneo no reino da forma.
Arahant	Desejo pela existência no reino da forma, desejo pela existência no reino sem forma, orgulho, inquietação, ignorância.	Nenhum.

A explicação das classes de nobres discípulos encontradas no texto acima, um extrato do Alagaddūpama Sutta (MN 22), pode dar a impressão de que todos aqueles que atingem esses estágios são monges. Isso, porém, está longe de ser verdade. O extrato do Alagaddūpama possui esta formulação simplesmente porque se dirige aos monges. O **Texto X, 1 (4)** corrige esta impressão e oferece uma visão mais clara de como os tipos de nobres discípulos se distribuem entre os diferentes grupos de seguidores do Buda. Enquanto estado permanente, o de arahant é reservado para monges e monjas. Isto não significa que somente monges e monjas possam atingir o estado de arahant; os suttas e os comentários registram alguns casos de discípulos leigos que atingiram o objetivo final. Contudo, esses discípulos atingiram esse estado às vésperas da morte ou entram numa ordem monástica logo após a sua realização. Eles não continuam a morar em casa como arahants chefes de família, pois permanecer em casa é incompatível com o estado de alguém que rompeu com todo tipo de desejo.

Em contraste, aqueles que não mais retornam podem permanecer como chefes de família. Enquanto eles continuam a viver como discípulos leigos, eles erradicam o desejo sensório e, por causa disso, necessariamente observam o celibato. Eles são descritos como "seguidores leigos... vestidos de branco, *vivendo vidas de celibato*, os quais, com a destruição dos cinco grilhões inferiores, renascerão espontaneamente [nas moradas puras] e lá alcançarão o Nibbāna final sem jamais retornar ao mundo".

Apesar de os suttas não afirmarem isto explicitamente, é razoável supor que todos aqueles que praticam tendo em vista o fruto de não mais retornar observem integralmente o celibato. Porém, os leigos no estágio daqueles que entram na correnteza e que só retornarão uma única vez não são necessariamente celibatários. No sutta o Buda os descreve como "seguidores leigos... vestidos de branco, *desfrutando dos prazeres sensórios*, que seguem as minhas instruções, acolhem os meus conselhos, os quais, indo além da dúvida, libertam-se das perplexidades, ganham coragem e se tornam independentes dos ensinamentos de outros mestres". Por isso, enquanto aqueles que penetraram na correnteza e aqueles que só retornarão uma única vez podem observar o celibato, isto de forma alguma é típico das duas classes de discípulos.

Os Nikāyas ocasionalmente empregam um outro esquema classificatório para os nobres discípulos, que faz da faculdade dominante e não do nível de realização a base única de diferenciação. A principal fonte para este esquema é a passagem do Kīṭāgiri Sutta incluída aqui como o **Texto X, 1(5)**. Este método de classificação divide os arahant em duas categorias: aqueles libertados em ambos os caminhos (*ubhatobhāgavimutta*) e aqueles libertados pela sabedoria (*paññāvimutta*). Os primeiros são chamados de "libertados em ambos os caminhos" porque eles se libertam da forma devido ao seu domínio das meditações sobre o sem forma e libertos de todas as máculas por terem alcançado o estado de arahants. Aqueles arahants "libertados pela sabedoria" não dominaram as realizações do sem forma, mas alcançaram o fruto final pelo poder das suas sabedorias, combinadas com os graus de concentração inferiores aos estados do sem forma.

Aqueles que atingiram quaisquer dos estágios inferiores, do estágio de entrada na correnteza até aqueles que incluem o sendeiro para o estado de arahant, são divididos em três categorias: o de "testemunha do corpo" (*kāyasakkhī*), é todo aquele que tenha conseguido dominar as realizações do sem forma; o daquele que "atingiu a visão" (*diṭṭhippatta*), alguém em qualquer estágio que não tenha atingido as realizações do sem-forma e que dê preferência à sabedoria; e o "libertado pela fé" (*saddhāvimutta*), alguém em qualquer um dos estágios que não tenha atingido as realizações do sem forma e dê preferência à fé. As duas últimas pessoas nesta tipologia são o Seguidor do Dhamma e o Seguidor Fiel explicados acima.

Deve ser observado que este esquema não menciona a pessoa no caminho de "entrar na correnteza" que possua as realizações do sem forma. Isto não significa dizer que, em princípio, esta classe esteja excluída, mas somente que esta classe é considerada irrelevante para os propósitos de classificação. Parece que neste estágio ainda preparatório, a consignação de uma categoria em separado para alguém com extraordinários poderes de concentração tenha sido considerado desnecessário.

Na seleção de textos, eu abordo em seguida os tipos principais para consideração individual. Eu começo com "aquele que entra na correnteza", porém, algumas considerações prévias são necessárias. Nos Nikāyas, a grande maioria dos seres humanos é chamada de "mundanos sem instrução" (*assutavā puthujjana*). Mundanos sem instrução não possuem respeito pelo Buda, pelo seu ensinamento e nem se dedicam à prática. O propósito do caminho do Buda é conduzir os mundanos sem instrução ao estado imortal, e os estágios de realização são os degraus que conduzem à conclusão deste processo. O processo de transformação geralmente começa com o encontro com o ensinamento do Buda, em quem se adquire confiança como o Iluminado. Deve-se então adquirir uma compreensão clara do Dhamma, submeter-se aos preceitos e entrar na prática sistemática do caminho. Nos suttas, esta pessoa é chamada de "nobre discípulo" (*ariyasāvaka*) num sentido lato, e não no sentido estrito, técnico, de alguém que já tenha adquirido os caminhos e os frutos.

A tradição mais tardia chama de "mundano virtuoso" (*kalyāṇaputhujjana*) aquela pessoa que possui fé no Dhamma e aspira alcançar o estágio de alguém que entra na correnteza. Para alcançar a realização daquele que entra na correnteza, o discípulo aspirante deveria cultivar "os quatro fatores que conduzem à entrada na correnteza". Como o **Texto X, 2(1)** explica, esses são: se associar com guias espirituais sábios e virtuosos; ouvir o verdadeiro Dhamma; prestar cuidadosa atenção nas coisas (por exemplo, como caminho de gratificação, perigo e escapatória discutidos anteriormente); e praticar de acordo com o Dhamma (ao se submeter ao treinamento triplo da disciplina moral, concentração e sabedoria). O ápice do treinamento ao qual se submete é o desenvolvimento da intuição: a contemplação exaustiva dos agregados, das bases sensórias e dos elementos como impermanentes, ligados ao sofrimento e sem possuir um "eu" substancial. Num certo ponto, quando a intuição atinge o seu pico, a compreensão do discípulo sofre uma profunda transformação, que marca a entrada na "rota fixa da correção", o verdadeiro Nobre Caminho Óctuplo que conduz, de forma irreversível, ao Nibbāna. Ou, como o **Texto X, 2(3)** coloca, um tal discípulo se ergueu do plano dos mundanos e alcançou o plano dos nobres. Apesar de não ser ainda alguém que tenha entrado na correnteza, uma pessoa neste estágio não morre sem antes ter realizado o resultado daqueles que entram na correnteza.

Como já vimos, dentre os discípulos que alcançaram o caminho existe uma distinção entre aqueles que chegam pela fé, chamados de Seguidor Fiel e aqueles que chegam através da sabedoria, chamados de Seguidor do Dhamma. Contudo, apesar de Seguidores Fiéis e Seguidores do Dhamma se diferenciarem por causa de sua faculdade dominante, ambos são idênticos na medida em que ambos devem cultivar ainda mais o sendeiro no qual eles entraram. Uma vez que eles tenham conhecido e visto a essência do Dhamma – quando eles "tiverem a visão do Dhamma" e "romperem na direção do Dhamma" – eles se tornam aqueles que entraram na correnteza, fadados a atingir a iluminação completa e atingir o Nibbāna em, no máximo, sete vidas; cf. **Texto X, 2(3)**. Aqueles que entram na correnteza rompem os três primeiros grilhões e adquirem os oito fatores do Nobre Caminho Óctuplo. Eles também alcançam os "quatro fatores da entrada na correnteza": confiança confirmada no Buda, no Dhamma, na Saṇgha e as "virtudes morais caras aos Nobres", isto é, a aderência firme aos cinco preceitos; cf. **Textos X, 2(4)-(5)**.

Após ver a verdade do Dhamma, aquele que entra na correnteza encara o desafio de cultivar essa visão de modo a eliminar as máculas restantes. O próximo ponto de inflexão, alcançar o estágio de um único retorno, não elimina as máculas completamente. Contudo, ele marca o atenuar das três máculas-raiz: cobiça, ódio e ilusão, num grau suficiente para que se assegure que o discípulo irá retornar "a este mundo", na dimensão existencial da esfera sensível somente mais uma vez e, aí então, pôr fim ao sofrimento.

Um discípulo que atinja esses dois primeiros estágios, o de entrar na correnteza e o de um único retorno, não fica necessariamente estacionado lá, mas pode avançar para os dois estágios superiores. As descrições nos Nikāyas das realizações sugerem que também é possível que um mundano virtuoso, com faculdades extremamente aguçadas, avance diretamente para o estágio de não mais retorno. O estágio de não mais retorno é recorrentemente descrito como sendo atingido através da destruição dos cinco grilhões inferiores, aqueles três destruídos por aquele que entrou na correnteza, mais o desejo sensual e a má vontade. A partir dos Nikāyas, parece que somente alguém possuidor de uma sabedoria extremamente aguçada pode atingir este estágio num golpe só. Porém, os comentários explicam que em tais casos a pessoa, na realidade, atravessa em rápida sucessão os dois primeiros caminhos e frutos, antes de atingir o terceiro caminho e o seu resultado.

De acordo com o **Texto X, 3(1)**, ao abandonar os cinco grilhões inferiores, um monge primeiro atinge um dos quatro jhānas ou uma das três realizações inferiores do sem forma; os fatores constitutivos da quarta realização do sem forma são muito sutis e servem como objeto da intuição. Ao dirigir a sua atenção aos fatores constitutivos dos jhānas ou das realizações do sem forma[283], ele os inclui sob os cinco agregados: como incluídos na forma (omitidos nas realizações do sem forma), sensação, percepção, formações volitivas e consciência. Fazendo desse modo, ele contempla esses fatores, agora classificados em termos dos cinco agregados, como marcados pelas três características: impermanência, sofrimento e não eu (expandidos em onze divisões). Na medida em que a contemplação avança, num certo ponto a sua mente se afasta de todas as coisas condicionadas e foca no elemento imortal, o Nibbāna. Se ele possuir faculdades aguçadas e conseguir abrir mão de todos os seus apegos naquele instante, ele atinge o estado de arahant, a destruição das máculas; porém, se ele ainda não conseguir abdicar de todos os apegos, ele atinge o estágio de não mais retorno.

O Buda reconheceu diferenças nas abordagens que os indivíduos adotam para atingir o objetivo final, e no **Texto X, 3(2)**, ele divide as pessoas em quatro categorias no que tange as suas realizações. As quatro são obtidas através da transformação de dois pares. Ele num primeiro momento diferencia os discípulos com base na força de suas faculdades espirituais. Aqueles com faculdades fortes alcançam o Nibbāna numa mesma vida. Aqueles com faculdades relativamente fracas atingem o Nibbāna numa próxima vida e, portanto, presumivelmente, morrem como alguém que retorna uma única vez. O outro par distingue discípulos pelos seus modos de desenvolvimento. Uma classe toma a abordagem "difícil", que usa temas de meditação que geram uma sabedoria afiada e conduzem diretamente ao desencanto e a um desapaixonar. A outra classe toma o caminho mais suave e a rota mais agradável que conduz através dos quatro jhānas. Esses dois tipos correspondem, de forma geral, àqueles que dão ênfase à intuição e àqueles que dão ênfase à serenidade.

Um sutta breve no Sotāpattisaṃyutta, o **Texto X, 3(3)**, conta a história de Dighāvu, um jovem que tomou a rota difícil enfatizando a intuição para o estágio daquele que não mais retorna. Dighāvu estava deitado no seu leito de morte quando o Buda veio até ele e lhe pediu para que ele treinasse nos quatros fatores da entrada na correnteza. Dighāvu disse, então, que ele já possuía aqueles fatores, indicando, com aquelas palavras, que ele já havia entrado na correnteza. O Buda então o instruiu para que ele desenvolvesse "as seis coisas que partilham do verdadeiro conhecimento". Ele evidentemente seguiu o conselho do Buda, pois logo após ele haver expirado o Buda declarou que ele havia morrido como alguém que não mais retorna. Apesar de ser possível que Dighāvu já tivesse alcançado os jhānas e, portanto, não tivesse a necessidade de ser instruído naquela prática, também é possível que ele tenha atingido o estágio de alguém que não mais retorna inteiramente através do poder da intuição profunda surgida daquelas seis contemplações.

O **Texto X, 3(3)** ainda faz outras distinções dentre aqueles que atingem o estágio de arahant e o estágio de quem não mais retorna. Tais suttas apontam para a grande variedade que pode existir mesmo entre aqueles que estão no mesmo nível espiritual. Foi porque ele foi capaz de fazer tais distinções, que se dizia que o Buda possuía um conhecimento perfeito da diversidade das capacidades dos seres conscientes.

Como aqueles que não mais retornam já erradicaram os cinco grilhões inferiores, eles não estão mais ligados ao reino sensório da existência. Porém, eles ainda não se encontram completamente livres do ciclo de renascimento, mas se encontram ainda ligados aos cinco grilhões superiores: desejo pela existência no reino da forma, desejo pela existência no reino do sem forma, o orgulho do "eu sou", uma sutil inquietação e a ignorância. O orgulho do "eu sou" (*asmimāna*) difere da visão identitária, a visão do "eu" (*sakkāyadiṭṭhi*), da qual ela é, em parte, aparentada. A visão do "eu" afirma a existência de um "eu" permanente em relação aos cinco agregados, quer como sendo idênticos a eles ou como a sua dimensão mais profunda, ou ainda como os seus possuidores ou o seu dono. Contudo, o orgulho do "eu sou" carece de um conteúdo conceitual claro. Ele se esconde na base da mente como uma sensação vaga, sem forma, porém gerando uma sensação potente do "eu" como uma realidade concreta. Apesar de a visão do "eu" já haver sido eliminada no estágio de entrada na correnteza, o orgulho do "eu sou" persiste ainda nos nobres discípulos até o estágio de não mais retorno. Este é o foco do incisivo Khemaka Sutta – o **Texto X, 4(1)** – com as suas duas belas imagens do odor da flor e da roupa lavada. Os nobres discípulos diferem das pessoas comuns na medida em que eles não partilham do orgulho do "eu sou". Eles reconhecem no orgulho do "eu sou" como uma simples criação da imaginação, uma noção falsa que não aponta para um "self", para um "eu" verdadeiro, existente. Contudo, eles ainda não o superaram completamente.

Tanto o apego sutil e o sentido residual do "eu sou" que persistem naquele que não mais retorna se originam da ignorância. Para alcançar o final do caminho, aquele que não mais retorna deve neutralizar o segmento remanescente da ignorância e desfazer todos os traços de desejo e orgulho. O ponto crítico que marca o momento no qual a ignorância, o desejo e o orgulho são erradicados marca a transição do estágio daquele que não mais retorna para o estágio de arahant. A diferença entre os dois pode ser sutil, e por isso mesmo são necessários padrões para distinguir os dois. No **Texto X, 4(2)** o Buda propõe vários critérios pelos quais tanto aquele que se encontra em treinamento, quanto um arahant, podem determinar em que estágio se encontram. Um desses critérios em particular diz respeito a relação deles com as cinco faculdades espirituais: fé, energia, atenção, concentração e sabedoria. Aqueles em treinamento são capazes de compreender através da sabedoria o objetivo no qual as faculdades culminam – no Nibbāna – mas não conseguem permanecer lá. O arahant percebe através da sabedoria o objetivo supremo e consegue permanecer lá também.

Os textos que se seguem oferecem perspectivas diferentes acerca dos arahant. O **Texto X, 4(3)** caracteriza o arahant com uma série de metáforas, elucidadas na mesma passagem. O **Texto X, 4(4)** enumera nove coisas que um arahant não consegue mais fazer. No **Texto X, 4(5),** o Venerável Sāriputta descreve a imperturbabilidade do arahant em face dos poderosos objetos dos sentidos, e no **Texto X, 4(6)** ele enumera os dez poderes de um arahant. O **Texto X, 4(7)**, um excerto do Dhātuvibhaṅga Sutta, começa com uma descrição da realização do estado de arahant através da contemplação dos elementos; a passagem relevante foi incluída no capítulo anterior como **Texto IX, 4(3) (c)**. A exposição então se volta para as "quatro fundações" (*cattāro adhiṭṭhāna*) do arahant, aqui chamado de "o sábio em paz" (*muni santo*). O **Texto X, 4(8)**, o último da seção, é um poema que exalta as qualidades superiores de um arahant.

O primeiro e o principal dos arahant é o próprio Buda, para quem é dedicada a última seção do capítulo. A seção possui o título de "O Tathāgata", a palavra que o Buda utiliza quando se refere a si mesmo no papel arquetípico daquele que descobre e revela a verdade libertadora. A palavra pode ser decomposta de duas maneiras: como *tathā āgata*, "aquele que veio desta maneira, deste modo, com este propósito", sugere que o Buda *veio* de acordo com um padrão estabelecido (que os comentários interpretam como significando a culminância das dez perfeições espirituais – as *pāramīs* – e dos trinta e sete auxílios para a iluminação); tomado como *tathā gata*, "aquele que foi desta maneira", sugere que ele *foi* de acordo com um padrão estabelecido (que os comentários interpretam como significando que ele foi para o Nibbāna através da prática completa da serenidade, da intuição, dos caminhos e dos resultados).

Formas mais tardias do Budismo traçam diferenças extremas entre Budas e arahants, mas nos Nikāyas elas não são tão claras como se poderia esperar se se consideram os textos mais tardios como referências de interpretação. Por um lado, o Buda é um arahant, como é evidente no verso padrão em homenagem ao Abençoado (*iti pi so bhagavā arahaṃ sammā sambuddho*...); por outro lado, arahants são *budas*, no sentido de que todos eles atingiram a iluminação completa, *sambodhi*, ao despertar para as mesmas verdades para as quais o próprio Buda despertou. A distinção apropriada neste caso seria, então, entre um *sammā sambuddha* ou Buda perfeitamente iluminado, e um arahant que tenha alcançado a libertação como um discípulo (*sāvaka*) de um Buda perfeitamente iluminado. Todavia, para evitar essas locuções muito complexas, vamos recorrer à prática narrativa comum de distinguir entre um Buda e um arahant.

Qual é, portanto, a relação entre os dois? A diferença entre eles seria primordialmente uma diferença de sequência temporal, com talvez algumas capacidades adicionais na figura de um Buda perfeitamente iluminado? Ou a diferença entre eles é tão vasta que eles deveriam ser considerados tipos distintos? Acerca desta questão, os Nikāyas apresentam uma ambivalência interessante, fascinante mesmo, como os textos aqui incluídos ilustram. O **Texto X, 5(1)** levanta a questão da diferença entre "o Tathāgata, o arahant, o perfeitamente iluminado" e um "monge libertado através da sabedoria"; aparentemente, a expressão *bhikkhu paññavimutta* é utilizada aqui no sentido aplicável a qualquer discípulo arahant, mais do que exclusivamente para um discípulo que careça das realizações do sem forma (i. e., em sentido estrito, não para um arahant liberto através da sabedoria, em contraste com um arahant liberto por ambos os caminhos). A resposta dada pelo texto exprime a diferença em termos de papéis e prioridade temporal. Um Buda tem a função de descobrir e expor o caminho, e ele também possui uma familiaridade única com as complexidades do caminho, essas não partilhadas pelos seus discípulos. Os seus discípulos seguem o caminho que ele revela e atingem a iluminação posteriormente, sob sua tutela.

A polêmica literatura do Budismo mais tardio por vezes descreve o Buda como motivado por grande compaixão e os seus discípulos arahant como frios e distantes, indiferentes às dores dos seus semelhantes. Como se para afastar esta crítica, o **Texto X, 5(2)** afirma que não só o Buda, mas os arahants também, assim como os discípulos dedicados e virtuosos ainda em treinamento, surgem para o benefício de muitas pessoas, vivem as suas vidas por compaixão pelo mundo e ensinam o Dhamma para o benefício, o bem-estar e a alegria dos seus semelhantes, tanto devas quanto humanos. Portanto, se este texto for considerado uma autoridade, não pode ser afirmado que a compaixão e a preocupação altruística sejam qualidades que distingam Budas de arahants.

Contudo, o **Texto X, 5(3)** nos oferece uma outra perspectiva sobre esta questão. Aqui, o Buda questiona as "afirmações berradas" do Venerável Sāriputta, ao lhe perguntar se ele conhece em sua inteireza a disciplina moral, as qualidades (talvez a concentração), a sabedoria, as moradas meditativas e a libertação dos Budas do passado, presente e futuro? Para essas perguntas, o grande discípulo só pode responder negativamente. Mas Sāriputta declara que ele sabe que todos os Budas de todos os três períodos do tempo atingem a iluminação perfeita ao abandonarem as cinco máculas, ao estabelecerem as suas mentes nas quatro fundações da atenção e ao desenvolverem corretamente os sete fatores da iluminação.

Esses, porém, são aspectos do caminho que os Budas, em comum com os seus discípulos, atingiram. Além disso, os Budas possuem certas qualidades que os elevam muito acima, mesmo dos principais arahants. Nos Nikāyas, a superioridade daqueles parece repousar em dois pilares principais: em primeiro lugar, o ser deles é, essencialmente, "para os outros", de tal maneira que os arahant discípulos podem, no máximo, imitar, mas nunca atingir; e em segundo lugar, os seus conhecimentos e poderes espirituais são muito superiores aos dos arahant discípulos.

O Buda afirma que mesmo aqueles monges com a mente completamente liberta, que possuem "visão, prática e libertação insuperáveis" veneram o Tathāgata, porque a sua realização da iluminação ajuda outros a se iluminarem, a sua libertação ajuda outros a se libertarem, e a sua realização do Nibbāna ajuda outros a o realizarem também (MN 35.26; I 235). No **Texto X, 5(4)**, encontramos dois conjuntos de qualidades consideradas atributos exclusivos de um Buda, tornando-o capaz de "rugir o seu rugido de leão nas assembleias" e colocar em movimento a roda do Dhamma. Esses são os dez poderes do Tathāgata e as quatro bases da sua autoconfiança. Apesar de alguns desses poderes serem partilhados pelos seus discípulos, na sua totalidade esses dois conjuntos são distintivos de um Buda, e o equipam para guiar e instruir os seres de acordo com as suas aptidões e disposições individuais. As quatro bases de sua autoconfiança conferem ao Buda a coragem da autoridade e a magnitude da missão que somente o fundador de uma religião pode exercer. O **Texto X, 5(5)** compara o Tathāgata ao sol e a lua, pois o seu surgimento no mundo é a manifestação da grande luz e dissolve a escuridão da ignorância. O **Texto X, 5(6)** o compara a um homem que resgata um rebanho de veados da calamidade, o descrevendo como um grande benfeitor da humanidade.

Com o **Texto X, 5(7)** retornamos à metáfora do rugido do leão apresentada acima, com uma longa comparação entre a proclamação do Buda acerca da impermanência universal e o rugido do leão quando ele sai da sua toca. Como a passagem final do Primeiro Sermão (cf. **Texto II, 5**), esse texto chama a nossa atenção para o aspecto cósmico da missão do Buda. A sua mensagem não se estende somente aos seres humanos, mas alcança as moradas celestes mais altas, sacudindo as ilusões das deidades.

Finalmente, o **Texto X, 5(8)** nos oferece uma série de breves explicações do porquê o Buda ser chamado de Tathāgata. Ele é assim chamado porque ele despertou completamente para a verdadeira natureza da mundo, a sua origem, a sua cessação e o caminho para a sua cessação; porque ele compreendeu completamente todos os fenômenos do mundo, quer vistos, ouvidos, sentidos ou conhecidos; porque a sua fala é invariavelmente verdadeira; porque ele age em conformidade com as suas palavras e porque ele exerce domínio supremo dentro do mundo. O texto se encerra com um poema inspirado, provavelmente agregado ao cânone pelos compiladores, celebrando o Buda como o refúgio supremo do mundo.

A devoção pessoal destinada ao Tathāgata, expressa tanto nos textos em prosa quanto em verso, nos apresenta à corrente quente da experiência religiosa que corre através do Budismo antigo, sempre presente um pouco mais abaixo da sua superfície fria e controlada. Esta dimensão religiosa transforma o Dhamma em mais do que uma filosofia ou um sistema ético ou ainda um conjunto de técnicas meditativas. Animando-lhe por dentro, atraindo os seus seguidores para o alto e avante, ela torna o Dhamma um caminho espiritual completo – um caminho enraizado na fé em uma pessoa particular que é, ao mesmo tempo, o mestre supremo da verdade libertadora e o principal exemplo da verdade que ele prega.

X
Os níveis de realização

1 O Campo de mérito para o mundo

(1) Oito pessoas dignas de oferendas

"Monges, oito pessoas são dignas de presentes, dignas de hospitalidade, dignas de oferendas, dignas de saudações reverentes, elas são o campo de mérito insuperável para o mundo. Quais oito pessoas?

Aquele que entrou na correnteza, alguém que pratica para a realização do fruto de se entrar na correnteza; aquele que só retornará mais uma única vez, alguém que pratica para a realização do fruto de só retornar mais uma única vez; aquele que não mais retornará, alguém que pratica para obter o fruto de não mais retornar; o arahant, aquele que pratica para alcançar o estágio de arahant.

Monges, essas oito pessoas são dignas de presentes, dignas de hospitalidade, dignas de oferendas, dignas de saudações reverentes, elas são o campo de mérito insuperável para o mundo."

(AN 8: 59; IV 292)

(2) Diferenciação através das faculdades

"Monges, estas são as cinco faculdades. Quais? A faculdade da fé, a faculdade da energia, a faculdade da concentração, a faculdade da atenção e a faculdade da sabedoria. Essas são as cinco faculdades.

Aquele que completou e realizou [o treinamento] dessas cinco faculdades é um arahant. Se alguém, por fraqueza, não conseguir [completar o treinamento], ele está praticando para alcançar o fruto do estágio de arahant. Se, por fraqueza, não conseguir, ele será alguém que só retornará mais uma única vez. Se, por fraqueza, não conseguir, ele está treinando para obter o estado de retornar só mais uma única vez; se por fraqueza, não conseguir, será aquele que entrou na corrente. Se, por fraqueza, não conseguir, ele está treinando para alcançar o fruto de entrar na correnteza.

Porém, monges, isso eu afirmo: alguém em quem essas cinco faculdades estão completa e totalmente ausentes, é alguém 'de fora, alguém que pertence junto aos mundanos'."

(SN 48: 18; V 202)

(3) No Dhamma bem exposto

42 "Monges, o Dhamma bem exposto por mim é claro, aberto, evidente e não uma colcha de retalhos. No Dhamma assim exposto por mim, que é claro, aberto e não uma colcha de retalhos, aqueles monges que são arahants, cujas máculas foram destruídas – que viveram a vida espiritual, que fizeram o que deveria ter sido feito, que deitaram por terra os fardos, que atingiram a meta, que destruíram completamente os grilhões da existência, e se encontram completamente libertos através do conhecimento último – para aqueles não há mais motivo para a ronda de manifestação[284].

43 Monges, o Dhamma bem exposto por mim é claro, aberto, evidente e não uma colcha de retalhos. No Dhamma assim exposto por mim, aqueles monges que abandonaram os cinco grilhões inferiores deverão todos renascer espontaneamente [nas moradas celestiais puras], e lá alcançarão o Nibbāna final, sem jamais retornar ao mundo[285].

44 Monges, o Dhamma bem exposto por mim é claro, aberto, evidente e não uma colcha de retalhos. No Dhamma assim exposto por mim, aqueles monges que abandonaram os três grilhões e atenuaram o desejo, o ódio e a ilusão são aqueles que retornam mais uma só vez, e retornarão somente mais uma vez para extinguir de vez o sofrimento.

45 Monges, o Dhamma bem exposto por mim é claro, aberto, evidente e não uma colcha de retalhos. No Dhamma assim exposto por mim, aqueles monges que abandonaram os três grilhões são aqueles que entraram na correnteza, não mais ligados ao mundo inferior, cujo destino já está escrito, tendo a iluminação como destino[286].

46 Monges, o Dhamma bem exposto por mim é claro, aberto, evidente e não uma colcha de retalhos. No Dhamma assim exposto por mim, aqueles que são Seguidores do Dhamma e Seguidores Fiéis, todos eles terão a iluminação como destino[287].

47 Monges, o Dhamma bem exposto por mim é claro, aberto, evidente e não uma colcha de retalhos. No Dhamma assim exposto por mim, aqueles que possuem fé suficiente em mim ou amor suficiente por mim, todos eles terão o paraíso como seu destino"[288].

(Do MN 22: *Alagaddūpama Sutta*; I 140-142)

(4) A completude do ensinamento

6 "Quando um monge abandona o desejo, o corta pela raiz como um toco de palmeira, o deixa tão baixo que ele não cresce mais, o monge se torna um arahant

com as máculas destruídas, alguém que viveu a vida espiritual, fez o que deveria ter sido feito, deitou o fardo, atingiu a meta, destruiu completamente os grilhões da existência e se encontra completamente liberto através do conhecimento final.

7 Além do Mestre Gotama, existe algum monge, discípulo de Mestre Gotama que, ao realizar por si só, através do conhecimento direto, tenha nessa vida presente entrado e permanecido no estado de libertação da mente, libertação pela sabedoria, que é imaculada por causa da destruição das máculas?[289]

Existem, Vaccha, não cem, nem duzentos ou trezentos, nem quatrocentos ou quinhentos, mas muito mais monges, discípulos meus que, através do conhecimento direto, nessa vida presente entraram e permaneceram no estado de libertação da mente, libertação pela sabedoria, que é imaculada por causa da destruição das máculas.

8 Além do Mestre Gotama e dos monges, existe alguma monja, discípula de Mestre Gotama que, ao realizar por si só, através do conhecimento direto, tenha nessa vida presente entrado e permanecido no estado de libertação da mente, libertação pela sabedoria, que é imaculada por causa da destruição das máculas?

Existem, Vaccha, não cem, nem duzentas ou trezentas, nem quatrocentas ou quinhentas, mas muito mais monjas, discípulas minhas que, através do conhecimento direto, nessa vida presente entraram e permaneceram no estado de libertação da mente, libertação pela sabedoria, que é imaculada por causa da destruição das máculas.

9 Além do Mestre Gotama, e dos monges e das monjas, existe algum seguidor leigo, discípulo de Mestre Gotama, vestindo branco e vivendo uma vida de celibato que, com o abandono dos cinco grilhões inferiores renascerão espontaneamente [nas moradas celestiais puras], e lá alcançarão o Nibbāna final, sem jamais retornar ao mundo?[290]

Existem, Vaccha, não cem, nem duzentos ou trezentos, nem quatrocentos ou quinhentos, mas muito mais discípulos leigos, discípulos meus que, vestindo branco e vivendo vidas de celibato que, com o abandono dos cinco grilhões inferiores renascerão espontaneamente [nas moradas celestiais puras], e lá alcançarão o Nibbāna final, sem jamais retornar ao mundo.

10 "Além do Mestre Gotama, e dos monges e das monjas, e de seguidores leigos, vestindo branco e vivendo uma vida de celibato, existe algum seguidor leigo que, discípulo de Mestre Gotama, vestindo branco e vivendo uma vida de desfrute dos prazeres sensórios, seguindo as suas instruções e acolhendo os seus conselhos tenha ido para além da dúvida, tenha se tornado livre das perplexidades, tenha adquirido a coragem e se tornado independente de outros na tradição do mestre?[291]

Existem, Vaccha, não cem, nem duzentos ou trezentos, nem quatrocentos ou quinhentos, mas muito mais discípulos leigos, discípulos meus que, vestindo branco e vivendo uma vida de desfrute dos prazeres sensórios, seguindo as minhas instruções e acolhendo os meus conselhos tenham ido para além da dúvida, tenham se tornado livres das perplexidades, tenham adquirido a coragem e se tornado independente de outros na minha tradição.

11 Além do Mestre Gotama, e dos monges e das monjas, e de seguidores leigos, vestindo branco e vivendo tanto uma vida de celibato e uma vida de desfrute dos prazeres sensórios, existe alguma seguidora leiga que, vestindo branco e vivendo uma vida de celibato, com o abandono dos cinco grilhões inferiores renascerão espontaneamente [nas moradas celestiais puras], e lá alcançarão o Nibbāna final, sem jamais retornar ao mundo?

Existem, Vaccha, não cem, nem duzentas ou trezentas, nem quatrocentas ou quinhentas, mas muito mais discípulas leigas, discípulas minhas que, vestindo branco e vivendo uma vida de celibato, com o abandono dos cinco grilhões inferiores renascerão espontaneamente [nas moradas celestiais puras], e lá alcançarão o Nibbāna final, sem jamais retornar ao mundo.

12 Além do Mestre Gotama, e dos monges e das monjas, e de seguidores leigos, vestindo branco e vivendo tanto uma vida de celibato e uma vida de desfrute dos prazeres sensórios, existe alguma seguidora leiga que, vestindo branco e vivendo uma vida de desfrute dos prazeres sensórios, seguindo as suas instruções e acolhendo os seus conselhos tenha ido para além da dúvida, tenha se tornado livre das perplexidades, tenha adquirido a coragem e se tornado independente de outros na tradição do mestre?

Existem, Vaccha, não cem, nem duzentas ou trezentas, nem quatrocentas ou quinhentas, mas muito mais discípulas leigas, discípulas minhas que, vestindo branco e vivendo uma vida de desfrute dos prazeres sensórios, seguindo as minhas instruções e acolhendo os meus conselhos tenham ido para além da dúvida, tenham se tornado livres das perplexidades, tenham adquirido a coragem e se tornado independente de outros na minha tradição.

13 Mestre Gotama, se somente o Mestre Gotama fosse realizado neste Dhamma, mas outros monges não, então esta vida espiritual seria deficiente a este respeito; mas como o Mestre Gotama e os monges são realizados neste Dhamma, esta vida espiritual, portanto, é completa a este respeito. Se somente o Mestre Gotama e outros monges fossem realizados neste Dhamma, mas outras monjas não, então esta vida espiritual seria deficiente a este respeito; mas como o Mestre Gotama, os monges e as monjas são realizados neste Dhamma, esta vida espiritual, portanto, é completa a este respeito. Se somente o Mestre Gotama, os outros monges e as monjas fossem realizados neste Dhamma, mas nenhum seguidor leigo vestindo branco e vivendo uma vida de celibato não, então esta vida espiritual seria deficiente a este respeito; mas como o Mestre Gotama, os monges, as monjas e os seguidores leigos vestindo branco e vivendo vidas de celibato são realizados neste Dhamma, esta vida espiritual, portanto, é completa a este respeito. Se somente o Mestre Gotama, os outros monges e monjas, os seguidores leigos espirituais vestindo branco e vivendo vidas de celibato fossem realizados neste Dhamma, mas nenhum seguidor leigo vestindo branco e vivendo uma vida de desfrute dos prazeres sensórios não, então esta vida espiritual seria deficiente a este respeito; mas como o Mestre Gotama, os monges, as monjas, e tanto os seguidores leigos vestindo branco e vivendo vidas de celibato, e os segui-

dores leigos vestindo branco e vivendo uma vida de prazeres sensórios são realizados neste Dhamma, esta vida espiritual, portanto, é completa a este respeito... seguidoras leigas vestindo branco e vivendo uma vida de celibato... seguidoras leigas vestindo branco e vivendo uma vida de desfrute dos prazeres sensórios... são realizadas neste Dhamma, esta vida espiritual, portanto, é completa a este respeito.

14 Assim como o Rio Ganges se volta para o mar, inclina-se para o mar, flui em direção ao mar e alcança o mar, do mesmo modo a comunidade de Mestre Gotama, com os seus renunciantes e os seus chefes de família se voltam para o Nibbāna, inclinam-se para o Nibbāna, fluem para o Nibbāna e alcançam o Nibbāna."

(Do MN 73: *Mahāvacchagotta Sutta*; I 490-493)

(5) Sete tipos de pessoas nobres

11 "Monges, eu não afirmo que todos os monges ainda devem se dedicar com diligência, e nem afirmo que ainda não existam monges que devem se dedicar com diligência.

12 Eu não afirmo que aqueles monges que são arahants com as suas máculas destruídas, que viveram a vida espiritual, fizeram o que deveriam ter feito, deitaram o fardo, alcançaram a sua meta, destruíram completamente os grilhões da existência e se libertaram completamente através do conhecimento último, que eles ainda tenham que se dedicar com diligência. Por quê? Porque eles realizaram o seu esforço com diligência; eles são agora incapazes de agir com negligência.

13 Eu não afirmo que aqueles em treinamento, cujas mentes ainda não alcançaram a meta e que ainda aspiram à segurança insuperável além da servidão, que eles não precisam se dedicar com diligência. Por quê? Porque quando aqueles veneráveis fazem uso de alojamentos adequados, associam-se a bons amigos e alimentam as suas faculdades espirituais, eles podem, ao realizar por si sós através do conhecimento direto, penetrar e permanecer, na presente vida, na meta suprema da vida espiritual, pela qual muitos jovens de boas famílias abandonam os seus lares pela vida sem lar. Vendo o fruto possível da diligência para esses monges, eu afirmo que ainda lhes resta trabalhar com diligência.

14 Monges, sete tipos de pessoas podem ser encontrados neste mundo. Quais? São elas: aquela libertada de ambas as formas, aquela libertada pela sabedoria, a testemunha do corpo, aquela que alcançou a visão, aquela liberta pela fé, um Seguidor do Dhamma e um Seguidor Fiel.

15 Que tipo de pessoa é aquela liberta de ambas as formas? Neste caso uma pessoa se conecta ao corpo e permanece naqueles tipos de libertação que são pacíficas e sem forma, transcendendo as formas, e as suas máculas são destruídas ao enxergar [as coisas] através da sabedoria. Este tipo de pessoa é chamado de "liberta de ambas as formas"[292]. Eu não afirmo que este monge ainda deve trabalhar com diligência. Por quê? Porque eles realizaram o seu esforço com diligência; eles são agora incapazes de agir com negligência.

16 Que tipo de pessoa é aquela liberta pela sabedoria? Neste caso uma pessoa se conecta ao corpo e permanece naqueles tipos de libertação que são pacíficas e sem forma, transcendendo as formas, mas as suas máculas são destruídas ao enxergar [as coisas] através da sabedoria. Este tipo de pessoa é chamado de 'liberta pela sabedoria'[293]. Eu não afirmo que este monge ainda deve trabalhar com diligência. Por quê? Porque eles realizaram o seu esforço com diligência; eles são agora incapazes de agir com negligência.

17 Que tipo de pessoa é a testemunha do corpo? Neste caso uma pessoa se conecta ao corpo e permanece naqueles tipos de libertação que são pacíficas e sem forma, transcendendo as formas, e algumas das suas máculas são destruídas ao enxergar [as coisas] através da sabedoria. Esse tipo de pessoa é chamada de 'testemunha do corpo'[294]. Eu afirmo que esse monge ainda precisa se dedicar com diligência. Por quê? Porque quando aquele venerável faz uso de alojamentos adequados, associa-se a bons amigos e alimenta as suas faculdades espirituais, ele pode, ao realizar por si sós através do conhecimento direto, penetrar e permanecer, na presente vida, na meta suprema da vida espiritual, pela qual muitos jovens de boas famílias abandonam os seus lares pela vida sem lar. Vendo o fruto possível da diligência para esse monge, eu afirmo que ainda lhe resta trabalhar com diligência.

18 Que tipo de pessoa é aquela que alcançou a visão? Neste caso uma pessoa não se conecta ao corpo e permanece naqueles tipos de libertação que são pacíficas e sem forma, transcendendo as formas, e algumas das suas máculas são destruídas ao enxergar [as coisas] através da sabedoria. Esse tipo de pessoa é chamado de "aquela que alcançou a visão[295]. Eu afirmo que esse monge ainda precisa se dedicar com diligência. Por quê? Porque quando aquele venerável faz uso de alojamentos adequados, associa-se a bons amigos e alimenta as suas faculdades espirituais, ele pode, ao realizar por si sós através do conhecimento direto, penetrar e permanecer, na presente vida, na meta suprema da vida espiritual, pela qual muitos jovens de boas famílias abandonam os seus lares pela vida sem lar. Vendo o fruto possível da diligência para esse monge, eu afirmo que ainda lhe resta trabalhar com diligência.

19 Que tipo de pessoa é aquela liberta pela fé? Neste caso uma pessoa não se conecta ao corpo e permanece naqueles tipos de libertação que são pacíficas e sem forma, transcendendo as formas, e algumas das suas máculas são destruídas ao enxergar [as coisas] através da sabedoria e a sua fé é plantada, enraizada e estabelecida no Tathāgata. Esse tipo de pessoa é chamado de 'liberta pela fé'[296]. Eu afirmo que esse monge ainda precisa se dedicar com diligência. Por quê? Porque quando aquele venerável faz uso de alojamentos adequados, associa-se a bons amigos e alimenta as suas faculdades espirituais, ele pode, ao realizar por si sós através do conhecimento direto, penetrar e permanecer, na presente vida, na meta suprema da vida espiritual, pela qual muitos jovens de boas famílias abandonam os seus lares pela vida sem lar. Vendo o fruto possível da diligência para esse monge, eu afirmo que ainda lhe resta trabalhar com diligência.

20 Que tipo de pessoa é um Seguidor do Dhamma? Neste caso uma pessoa não se conecta ao corpo e permanece naqueles tipos de libertação que são pacíficas e sem forma, transcendendo as formas, e as suas máculas ainda não foram destruídas ao enxergar [as coisas] através da sabedoria, mas aqueles ensinamentos que foram promulgados pelo Tathāgata são aceitos após reflexão maturada através da sabedoria. Esse tipo de pessoa é chamado de 'Seguidor do Dhamma'[297]. Além disso, ele possui essas qualidades: a qualidade da fé, da energia, da atenção, da concentração e da sabedoria. Eu afirmo que esse monge ainda precisa se dedicar com diligência. Por quê? Porque quando aquele venerável faz uso de alojamentos adequados, associa-se a bons amigos e alimenta as suas faculdades espirituais, ele pode, ao realizar por si sós através do conhecimento direto, penetrar e permanecer, na presente vida, na meta suprema da vida espiritual, pela qual muitos jovens de boas famílias abandonam os seus lares pela vida sem lar. Vendo o fruto possível da diligência para esse monge, eu afirmo que ainda lhe resta trabalhar com diligência.

21 Que tipo de pessoa é um Seguidor Fiel? Neste caso uma pessoa não se conecta ao corpo e permanece naqueles tipos de libertação que são pacíficas e sem forma, transcendendo as formas, e as suas máculas ainda não foram destruídas ao enxergar [as coisas] através da sabedoria, mas ele possui fé e amor suficientes no Tathāgata. Além disso, ele possui essas qualidades: a qualidade da fé, da energia, da atenção, da concentração e da sabedoria. Essa pessoa é chamada 'Seguidor Fiel'. Eu afirmo que esse monge ainda precisa se dedicar com diligência. Por quê? Porque quando aquele venerável faz uso de alojamentos adequados, associa-se a bons amigos e alimenta as suas faculdades espirituais, ele pode, ao realizar por si sós através do conhecimento direto, penetrar e permanecer, na presente vida, na meta suprema da vida espiritual, pela qual muitos jovens de boas famílias abandonam os seus lares pela vida sem lar. Vendo o fruto possível da diligência para esse monge, eu afirmo que ainda lhe resta trabalhar com diligência."

(Do MN 70: *Kīṭāgiri Sutta*; I 477-479)

2 A Entrada na corrente

(1) Os quatro fatores que conduzem a entrar na corrente

"O Abençoado disse ao venerável Sāriputta: 'Sāriputta, as pessoas dizem: 'Um fator para se entrar na corrente, um fator para se entrar na corrente'. O que, então, Sāriputta, é um fator para se entrar na corrente?'

'A associação com pessoas superiores, Venerável, é um fator para a entrada na corrente. A atenção cuidadosa é um fator para a entrada na corrente. A prática de acordo com o Dhamma é um fator para se entrar na corrente.'

'Bom, muito bom, Sāriputta! É isso mesmo. "Sāriputta, as pessoas dizem: 'A corrente, a corrente'. O que, então, Sāriputta, é a corrente?'

'Este Nobre Caminho Óctuplo, Venerável, é a corrente; isto é: visão correta, intenção correta, fala correta, ação correta, modo de vida correto, esforço correto, atenção correta, concentração correta.'

'Bom, muito bom, Sāriputta! É isso mesmo. 'Sāriputta, as pessoas dizem: 'Aquele que entrou na corrente, aquele que entrou na corrente'. Quem, então, Sāriputta, é aquele que entrou na corrente?'

'Aquele que possui este Nobre Caminho Óctuplo, Venerável, é chamado de 'aquele que entrou na corrente: [por exemplo] alguém de tal nome e casta'.

'Bom, muito bom, Sāriputta! Aquele que possui este Nobre Caminho Óctuplo é alguém 'que entrou na corrente': [por exemplo] alguém de tal nome e casta'."

(SN 55: 5; V 410-411)

(2) Entrando na rota fixa da correção

"Monges, o olho é impermanente, mutável, modificando-se constantemente. O ouvido é impermanente, mutável, modificando-se constantemente... o nariz... a língua... o corpo... a mente... Aquele que possui fé nesses ensinamentos e delibera a partir deles é chamado de 'Seguidor Fiel', alguém que entrou na rota fixa da correção[298], alguém que entrou na dimensão das pessoas superiores, transcendendo o plano das pessoas mundanas. Ele se torna incapaz de fazer qualquer ação pela qual ele poderia renascer num inferno, no mundo animal, ou no reino dos espíritos aflitos; ele é incapaz de falecer sem obter o fruto daqueles que entraram na corrente[299].

Aquele que delibera acerca desses ensinamentos maturadamente através da sabedoria e que os aceitam posteriormente é chamado de 'Seguidor do Dhamma', alguém que entrou na dimensão das pessoas superiores, transcendendo o plano das pessoas mundanas. Ele se torna incapaz de fazer qualquer ação pela qual ele poderia renascer num inferno, no mundo animal, ou no reino dos espíritos aflitos; ele é incapaz de falecer sem obter o fruto daqueles que entraram na corrente.

Aquele que conhece e enxerga esses ensinamentos desta maneira é chamado de 'aquele que entrou na corrente'; ele não está mais ligado ao mundo inferior, o seu fado está escrito, ele tem a iluminação por destino"[300].

(SN 25: 1; III 225)

(3) A ruptura em direção ao Dhamma

"O Abençoado pegou um pouco de terra com a sua unha e se dirigiu aos monges dessa maneira:

'Monges, o que vocês acham, qual é a maior quantidade: esse pouquinho de terra que o Abençoado pegou com a sua unha ou toda essa grande terra?'

'Venerável, toda essa grande terra. O pouco de terra que o Abençoado pegou com a sua unha é um nada. Não chega à centésima parte, ou à milésima parte ou à milhonésima parte dessa grande terra.'

'Da mesma maneira, monges, uma pessoa realizada na visão, que conseguiu a ruptura, o seu sofrimento destruído e eliminado é muito maior do que o pouco de sofrimento que lhe resta. Esse último não chega à centésima parte, ou à milésima parte ou à milhonésima parte daquela massa de sofrimento que foi destruída e eliminada, já que agora só lhe resta, no máximo, mais sete vidas. De grande benefício, monges, é a ruptura em direção ao Dhamma; é um grande benefício obter a visão do Dhamma'"[301].

(SN 13: 1; II 133-134)

(4) Os quatro fatores daquele que entra na corrente

"Monges, um nobre discípulo que possui quatro coisas é aquele que entrou na corrente, ele não está mais ligado ao mundo inferior, o seu fado está escrito, ele tem a iluminação por destino.

Quais? Neste caso, monges, um nobre discípulo possui uma confiança inabalável[302] no Buda, da seguinte maneira: 'O Abençoado é um arahant, perfeitamente iluminado, realizado na conduta e no conhecimento verdadeiro, afortunado, conhecedor do mundo, líder insuperável daqueles que precisam ser treinados, mestre de devas e humanos, o Iluminado, o Abençoado'. Ele possui uma confiança inabalável no Dhamma, da seguinte maneira: 'O Dhamma é bem exposto pelo Abençoado, diretamente observável, imediato, ele convida alguém para se aproximar e ver, digno de aplicação, que deve ser experienciado pelos sábios'. Ele possui confiança inabalável na Saṅgha, da seguinte maneira: 'A Saṅgha dos discípulos do Abençoado pratica o caminho correto, pratica o caminho estreito, pratica o caminho verdadeiro, pratica o caminho apropriado; isto é, quatro tipos de pessoas e oito tipos de indivíduos – essa Saṅgha dos discípulos do Abençoado é digna de presentes, digna de hospitalidade, digna de oferendas, digna de saudações reverentes, [ela é] o campo insuperável de mérito para o mundo'. Ele [o Abençoado] possui as virtudes morais caras aos Nobres, inquebrantáveis, irretocáveis, imaculadas, incomparáveis, libertadoras, elogiadas pelos sábios, inconcebíveis, que conduzem à concentração.

Um nobre discípulo, monges, que possui essas quatro coisas é alguém que penetrou na corrente, ele não está mais ligado ao mundo inferior, o seu fado está escrito, ele tem a iluminação por destino."

(SN 55: 2; V 343-344)

(5) Melhor do que a soberania sobre a terra

"Monges, apesar de um monarca universal, depois de ter exercido a soberania sobre os quatro continentes, quando da dissolução do seu corpo, após a morte, renascer num bom destino, num mundo paradisíaco, na companhia dos devas do reino

Tāvatiṃsa, e lá, no Bosque Nandana, acompanhado de um séquito de ninfas celestiais, ele desfrutar dos cinco tipos de prazeres sensórios celestes, mesmo assim, como ele não possui quatro coisas, ele não se encontra livre do inferno, do reino animal, do domínio dos espíritos aflitos, da dimensão da miséria, de maus destinos e de mundos inferiores[303]. Apesar de um nobre discípulo se manter com punhados de comida oriundas de esmola, monges, e de vestir trapos como hábitos, como ele possui quatro coisas, ele se encontra livre do inferno, do reino animal, do domínio dos espíritos aflitos, da dimensão da miséria, de maus destinos e de mundos inferiores. Que quatro coisas? Confiança inabalável no Buda, no Dhamma e na Saṅgha, além das virtudes morais que são caras aos Nobres. E monges, entre obter a soberania sobre os quatro continentes e obter aquelas quatro coisas, obter a soberania não vale sequer a centésima parte de obter aquelas quatro coisas."

(SN 55: 1; V 342)

3 O NÃO RETORNO

(1) Abandonando os cinco grilhões inferiores

7 "Existe um caminho e um sendeiro, Ānanda, para se abandonar os cinco grilhões inferiores. Que alguém, sem recorrer a este caminho e sendeiro possa conhecer ou abandonar aqueles cinco grilhões – isso não é possível. Assim como é impossível retirar o miolo de uma madeira de lei sem retirar a sua casca e a parte mole do seu interior, também é impossível abandonar os cinco grilhões inferiores.

Existe um caminho e um sendeiro, Ānanda, para se abandonar os cinco grilhões inferiores. Que alguém, ao recorrer a este caminho e sendeiro possa conhecer ou abandonar aqueles cinco grilhões – isso é possível. Assim como é possível retirar o miolo de uma madeira de lei após retirar a sua casca e a parte mole do seu interior, também é possível abandonar os cinco grilhões inferiores.

8 Imagine, Ānanda, que o Rio Ganges estivesse tão cheio, até o seu limite, que os corvos pudessem beber dele, e então um homem fraco se aproximasse dele e pensasse: 'ao atravessar esta correnteza a nado com os meus braços eu vou conseguir chegar em segurança à outra margem do Rio Ganges'; porém, ele não conseguiria atravessar com segurança. Do mesmo modo, quando o Dhamma está sendo ensinado para alguém de modo a cessar a sua noção de identidade, se a sua mente não conseguir penetrar no Dhamma e adquirir confiança, regularidade e resolução nele, esse homem pode ser considerado um homem fraco[304].

Imagine, Ānanda, que o Rio Ganges estivesse tão cheio, até o seu limite, que os corvos pudessem beber dele, e então um homem forte se aproximasse dele e pensasse: 'ao atravessar esta correnteza a nado com os meus braços eu vou conseguir chegar em segurança à outra margem do Rio Ganges'; neste caso ele conseguiria atravessar com segurança. Do mesmo modo, quando o Dhamma está sendo ensinado para alguém de modo a cessar a sua noção de identidade, se a sua mente conseguir penetrar no Dhamma e adquirir confiança, estabilidade e resolução nele, esse homem pode ser considerado um homem forte.

9 E qual é, Ānanda, o caminho e sendeiro para abandonar os cinco grilhões inferiores? Neste caso, afastado do espírito aquisitivo[305], abandonando os estados prejudiciais, com a completa interrupção da inércia do corpo, abrigado de prazeres sensórios, abrigado de estados prejudiciais, um monge entra e penetra no primeiro jhāna, que é acompanhado de pensamento e investigação, com o prazer e a alegria nascidos da reclusão.

Seja lá o que exista em termos de forma, sensação, percepção, formações volitivas e consciência, ele considera estes estados impermanentes como sofrimento, como uma doença, um tumor, como uma farpa, como uma calamidade, uma aflição, algo estranho, algo que se desintegra, como vazio, como 'não eu'[306]. Ele retira a sua mente daqueles estados e a direciona para o elemento imortal, da seguinte maneira: 'Isso é a paz, isso é sublime, ou seja, a pacificação de todas as formações, o abandono de toda aquisição, a destruição do desejo, o desapaixonar-se, a cessação, o Nibbāna'[307]. Se ele for constante nisso, ele alcança a destruição das máculas. Mas se ele não atingir a destruição das máculas, então, através daquele desejo pelo Dhamma, pelo deleite no Dhamma, com a destruição dos cinco grilhões inferiores, ele se torna alguém que espontaneamente renascerá [numa morada pura] e lá alcançará o Nibbāna sem jamais retornar a este mundo[308]. Este é o caminho e sendeiro para o abandono dos cinco grilhões inferiores.

10-12 Com o fim do pensamento e da investigação, um monge entra e permanece no segundo jhāna... com o fim do prazer e da alegria, um monge entra e permanece no terceiro jhāna... com o abandono do prazer e da dor, um monge entra e permanece no quarto jhāna, que não possui nem prazer, nem dor, nem a pureza nascida equanimidade.

Seja lá o que exista em termos de forma, sensação, percepção, formações volitivas e consciência, ele considera estes estados impermanentes como sofrimento, como uma doença, um tumor, como uma farpa, como uma calamidade, uma aflição, algo alienante, algo desagregador, como vazio, como 'não eu'. Ele retira a sua mente daqueles estados e a direciona para o elemento imortal, da seguinte maneira: 'Isso é a paz, isso é sublime, ou seja, a pacificação de todas as formações, o abandono de toda aquisição, a destruição do desejo, o desapaixonar-se, a cessação, o Nibbāna'. Se ele for constante nisso, ele alcança a destruição das máculas. Mas se ele não atingir a destruição das máculas, então, através daquele desejo pelo Dhamma, pelo deleite no Dhamma, com a destruição dos cinco grilhões inferiores, ele se torna alguém que espontaneamente renascerá [numa morada pura] e lá alcançará o Nibbāna sem jamais retornar a este mundo. Este é o caminho e sendeiro para o abandono dos cinco grilhões inferiores.

13 Com a transcendência completa da percepção das formas, com o fim das percepções oriundas dos sentidos, com a não atenção às percepções de diversidade, consciente que 'o espaço é infinito', um monge entra e permanece na base do infinito do espaço.

Seja lá o que exista em termos de sensação, percepção, formações volitivas e consciência[309], ele considera estes estados impermanentes como sofrimento, como uma doença, um tumor, como uma farpa, como uma calamidade, uma aflição, algo alienante, algo desagregador, como vazio, como 'não eu'. Ele retira a sua mente daqueles estados e a direciona para o elemento imortal, da seguinte maneira: 'Isso é a paz, isso é sublime, ou seja, a pacificação de todas as formações, o abandono de toda aquisição, a destruição do desejo, o desapaixonar-se, a cessação, o Nibbāna'. Se ele for constante nisso, ele alcança a destruição das máculas. Mas se ele não atingir a destruição das máculas, então, através daquele desejo pelo Dhamma, pelo deleite no Dhamma, com a destruição dos cinco grilhões inferiores, ele se torna alguém que espontaneamente renascerá [numa morada pura] e lá alcançará o Nibbāna sem jamais retornar a este mundo. Este é o caminho e sendeiro para o abandono dos cinco grilhões inferiores.

14 Com a transcendência completa da base do infinito do espaço, consciente de que 'a consciência é infinita', um monge entra e permanece na base da consciência infinita.

Seja lá o que exista em termos de sensação, percepção, formações volitivas e consciência, ele considera estes estados impermanentes como sofrimento, como uma doença, um tumor, como uma farpa, como uma calamidade, uma aflição, algo alienante, algo desagregador, como vazio, como 'não eu'. Ele retira a sua mente daqueles estados e a direciona para o elemento imortal, da seguinte maneira: 'Isso é a paz, isso é sublime, ou seja, a pacificação de todas as formações, o abandono de toda aquisição, a destruição do desejo, o desapaixonar-se, a cessação, o Nibbāna'. Se ele for constante nisso, ele alcança a destruição das máculas. Mas se ele não atingir a destruição das máculas, então, através daquele desejo pelo Dhamma, pelo deleite no Dhamma, com a destruição dos cinco grilhões inferiores, ele se torna alguém que espontaneamente renascerá [numa morada pura] e lá alcançará o Nibbāna sem jamais retornar a este mundo. Este é o caminho e sendeiro para o abandono dos cinco grilhões inferiores.

15 Com a transcendência completa da base da consciência infinita, consciente de que nada existe, um monge entra e permanece na base da nulidade.

Seja lá o que exista em termos de sensação, percepção, formações volitivas e consciência, ele considera estes estados impermanentes como sofrimento, como uma doença, um tumor, como uma farpa, como uma calamidade, uma aflição, algo alienante, algo desagregador, como vazio, como 'não eu'. Ele retira a sua mente daqueles estados e a direciona para o elemento imortal, da seguinte maneira: 'Isso é a paz, isso é sublime, ou seja, a pacificação de todas as formações, o abandono de toda aquisição, a destruição do desejo, o desapaixonar-se, a cessação, o Nibbāna'. Se ele for constante nisso, ele alcança a destruição das máculas. Mas se ele não atingir a destruição das máculas, então, através daquele desejo pelo Dhamma, pelo deleite no Dhamma, com a destruição dos cinco grilhões inferiores, ele se torna alguém que espontaneamente renascerá [numa morada pura] e lá alcançará o Nibbāna sem jamais retornar a este mundo. Este é o caminho e sendeiro para o abandono dos cinco grilhões inferiores."

(Do MN 64: *Mahāmāluṅkya Sutta*; I 434-437)

(2) Os quatro tipos de pessoas

"Existem, monges, quatro tipos de pessoas neste mundo. Quais?

São as seguintes, monges: nesta mesma vida uma pessoa atinge o Nibbāna através do esforço da vontade, assim, com a dissolução do corpo, uma pessoa atinge o Nibbāna final através do esforço da vontade. Nesta mesma vida uma pessoa atinge o Nibbāna sem o esforço da vontade. Neste caso, com a dissolução do corpo, uma pessoa atinge o Nibbāna sem o esforço da vontade.

E como, monges, uma pessoa atinge, nesta mesma vida, o Nibbāna através do esforço da vontade? Neste caso, monges, um monge permanece contemplando a falta de atrativos do corpo, percebendo como a comida é repulsiva, percebendo o descontentamento no mundo inteiro, contemplando a impermanência em todas as formações, e a percepção da morte se estabelece solidamente nele[310]. Ele continua confiando nesses cinco poderes daqueles que estão em treinamento: os poderes da fé, da vergonha moral, o medo da má ação, o poder da energia e da sabedoria. E essas cinco faculdades são extremamente fortes nele: a faculdade da fé, da energia, da atenção, da concentração e da sabedoria. Por causa da força dessas faculdades, nesta mesma vida ele alcança o Nibbāna através do esforço da vontade. É assim que uma pessoa, nesta mesma vida, atinge o Nibbāna através do esforço da vontade.

E como, monges, uma pessoa, com a dissolução do corpo, atinge o Nibbāna através do esforço da vontade? Neste caso, monges, um monge permanece contemplando a falta de atrativos do corpo, percebendo como a comida é repulsiva, percebendo o descontentamento no mundo inteiro, contemplando a impermanência em todas as formações, e a percepção da morte se estabelece solidamente nele. Ele continua confiando nesses cinco poderes daqueles que estão em treinamento: os poderes da fé, da vergonha moral, o medo da má ação, o poder da energia e da sabedoria. E essas cinco faculdades são extremamente fortes nele: a faculdade da fé, da energia, da atenção, da concentração e da sabedoria. Por causa da fraqueza dessas faculdades, com a dissolução do corpo, ele atinge o Nibbāna através do esforço da vontade. É assim que uma pessoa, com a dissolução do corpo, atinge o Nibbāna através do esforço da vontade.

E como, monges, uma pessoa atinge, nesta mesma vida, o Nibbāna sem o esforço da vontade? Neste caso, abrigado de prazeres sensórios, abrigado de estados prejudiciais, um monge entra e penetra no primeiro jhāna, que é acompanhado de pensamento e investigação, com o prazer e a alegria nascidos da reclusão. Com o fim do pensamento e da investigação, um monge entra e permanece no segundo jhāna... com o fim do prazer e da alegria, um monge entra e permanece no terceiro jhāna... com o abandono do prazer e da dor, um monge entra e permanece no quarto jhāna, que não possui nem prazer, nem dor, nem a pureza nascida equanimidade. Ele continua confiando nesses cinco poderes daqueles que estão em treinamento: os poderes da fé, da vergonha moral, o medo da má ação, o poder da energia e da sabedoria. E essas cinco faculdades são extremamente fortes nele: a faculdade da fé, da energia, da atenção, da concentração e da sabedoria. Por causa da força dessas faculdades, nesta mesma vida ele alcança o Nibbāna sem o esforço da vontade. É assim que uma pessoa, nesta mesma vida, atinge o Nibbāna sem o esforço da vontade.

E como, monges, uma pessoa, com a dissolução do corpo, atinge o Nibbāna sem o esforço da vontade? Neste caso, abrigado de prazeres sensórios, abrigado de estados prejudiciais, um monge entra e penetra no primeiro jhāna, que é acompanhado de pensamento e investigação, com o prazer e a alegria nascidos da reclusão. Com o fim do pensamento e da investigação, um monge entra e permanece no segundo jhāna... com o fim do prazer e da alegria, um monge entra e permanece no terceiro jhāna... com o abandono do prazer e da dor, um monge entra e permanece no quarto jhāna, que não possui nem prazer, nem dor, nem a pureza nascida equanimidade. Ele continua confiando nesses cinco poderes daqueles que estão em treinamento: os poderes da fé, da vergonha moral, o medo da má ação, o poder da energia e da sabedoria. E essas cinco faculdades são relativamente fracas nele: a faculdade da fé, da energia, da atenção, da concentração e da sabedoria. Por causa da fraqueza dessas faculdades, com a dissolução do corpo, ele alcança o Nibbāna sem o esforço da vontade. É assim que uma pessoa, com a dissolução do corpo, atinge o Nibbāna sem o esforço da vontade.

Esses, monges, são os quatro tipos de pessoas que existem no mundo."

(AN 4: 169; II 155-156)

(3) As seis coisas que partilham do conhecimento verdadeiro

"Numa ocasião o Abençoado estava vivendo em Rājagaha, no Bosque de Bambus, no Santuário dos Esquilos. Ora, naquela ocasião o discípulo leigo Dīghāvu estava doente, aflito, gravemente enfermo. Então o discípulo leigo Dīghāvu se dirigiu ao seu pai, o chefe de família Jotika, assim: 'Por favor, chefe de família, vá até o Abençoado, faça-lhe as devidas saudações por mim, curvando-se aos seus pés e lhe diga: 'Venerável, o discípulo leigo Dīghāvu está doente, aflito, gravemente enfermo; ele lhe presta homenagens curvando-se aos seus pés'. Então lhe diga o seguinte: 'Seria gentileza sua, venerável, se o Abençoado pudesse, por compaixão, visitá-lo na sua casa'."

'Claro, meu caro', respondeu o chefe de família Jotika; ele procurou o Abençoado, prestou-lhe reverência, sentou-se ao lado e disse-lhe a mensagem. O Abençoado concordou, permanecendo em silêncio.

Então o Abençoado se vestiu e, pegando a cuia de esmolas e o seu hábito, dirigiu-se à residência do discípulo leigo Dīghāvu. Lá chegando, ele se sentou no assento preparado para ele e disse ao discípulo leigo Dīghāvu: "eu espero que você esteja aguentando, Dīghāvu; eu espero que você esteja melhorando. Eu espero que as suas dores estejam diminuindo, e não aumentando, e que elas não aumentem, mas desapareçam totalmente.

'Venerável, eu não estou aguentando, eu não estou melhorando. Dores muito fortes continuam aumentando, e não diminuindo. Elas vão aumentar, e não diminuir.'

"Então, Dīghāvu, você deveria treinar do seguinte modo: 'Eu serei alguém que possui completa confiança no Buda, no Dhamma e na Saṅgha, e alguém que observa as virtudes morais que são caras aos Nobres, inquebrantáveis, irretocáveis, imaculadas, incomparáveis, libertadoras, elogiadas pelos sábios, inconcebíveis, que conduzem à concentração. É assim que você deveria praticar'."

'Venerável, quanto aos fatores 'daqueles que entram na correnteza' que o Abençoado me ensinou, eu vivo em conformidade com eles. Eu possuo completa confiança no Buda, no Dhamma e na Saṅgha, e observo as virtudes morais que são caras aos Nobres.'

'Então, Dīghāvu, estabelecido naqueles quatro fatores de 'alguém que entra na correnteza', você deveria desenvolver ainda mais as seis coisas que participam do conhecimento verdadeiro. Assim, Dīghāvu, permaneça contemplando a impermanência em todas as formações, percebendo o sofrimento naquilo que é impermanente, percebendo o 'não eu' no que é sofrimento, percebendo o abandono, percebendo o desmanchar, percebendo a cessação[311]. É dessa maneira que você deveria continuar a praticar'.

'Venerável, quanto às seis coisas que participam do conhecimento verdadeiro que o Abençoado me ensinou, essas coisas existem em mim e eu vivo em conformidade com elas, porque eu permaneço contemplando a impermanência em todas as formações, percebendo o sofrimento naquilo que é impermanente, percebendo o 'não eu' no que é sofrimento, percebendo o abandono, percebendo o desmanchar, percebendo a cessação. Contudo, Venerável, espero que após a minha morte o meu pai não fique muito triste.'

'Não se preocupe com isso agora, meu caro Dīghāvu. Se esforce, meu caro Dīghāvu, e preste bastante atenção naquilo que o Abençoado está lhe dizendo.'

Então, após ter animado o discípulo leigo Dīghāvu, o Abençoado se levantou do seu assento e partiu. Aí, logo após a saída do Abençoado, o discípulo leigo Dīghāvu faleceu.

Então, uma grande quantidade de monges se aproximou do Abençoado, prestaram-lhe homenagem, sentaram-se ao lado e disseram: 'Venerável, o discípulo leigo Dīghāvu acabou de falecer. Qual é o seu destino? Aonde ele renascerá?'

'Monges, o discípulo leigo Dīghāvu era sábio. Ele praticava de acordo com o Dhamma e não me preocupava acerca do Dhamma. Com a destruição completa dos cinco grilhões inferiores, o discípulo leigo Dīghāvu nasceu espontaneamente [nas moradas puras] e certamente atingirá o Nibbāna lá, sem ter que retornar a esse mundo.'"

(SN 55: 3; V 344-346)

(4) Os cinco tipos daqueles que não retornam

"Monges, quando esses sete fatores da iluminação forem desenvolvidos e cultivados dessa maneira, sete resultados e benefícios podem ser esperados. Quais sete resultados e benefícios?

Alcança-se o conhecimento final (do estado de arahant) cedo nesta mesma vida.

Se não se alcança o conhecimento final cedo nesta mesma vida, então se alcança o conhecimento final no momento da morte.

Se não se alcança o conhecimento final cedo nesta mesma vida ou no momento da morte, então, com a destruição completa dos cinco grilhões inferiores, alcança-se o Nibbāna no intervalo[312].

Se não se alcança o conhecimento final cedo nesta mesma vida... ou no intervalo, então, com a destruição completa dos cinco grilhões inferiores, atinge-se o Nibbāna ao renascer.

Se não se alcança o conhecimento final cedo nesta mesma vida... ou ao renascer, então, com a destruição completa dos cinco grilhões inferiores, atinge-se o Nibbāna sem o esforço da vontade.

Se não se alcança o conhecimento final cedo nesta mesma vida... ou se atinge o Nibbāna sem o esforço da vontade, então, com a destruição completa dos cinco grilhões inferiores, atinge-se o Nibbāna com o esforço da vontade.

Se não se alcança o conhecimento final cedo nesta mesma vida... ou se atinge o Nibbāna com o esforço da vontade, então, com a destruição completa dos cinco grilhões inferiores, alguém vai correnteza acima, e renasce na dimensão Akaniṭṭha.

Quando esses sete fatores da iluminação forem desenvolvidos e cultivados dessa maneira, monges, esses sete resultados e benefícios podem ser esperados."

(SN 46: 3; V 69-70)

4 O Arahant

(1) Removendo a concepção residual do "eu sou"

"Numa ocasião alguns monges mais idosos estavam vivendo em Kosambi, no Parque Gosita. Naquela época, o Venerável Khemaka estava vivendo no Parque das Árvores Jujuba, doente, aflito, gravemente enfermo.

Então, numa noite, aqueles monges mais idosos saíram da reclusão e se dirigiram ao Venerável Dāsaka da seguinte maneira: 'Amigo Vāsaka, vá visitar o monge Khemaka e diga-lhe: 'Os anciãos lhe perguntam, amigo Khemaka: 'Nós esperamos que você esteja aguentando, amigo; nós esperamos que você esteja melhorando. Eu espero que as suas dores estejam diminuindo, e não aumentando, e que elas não aumentem, mas desapareçam totalmente'.'

'Claro, amigos, respondeu o Venerável Dāsaka, e ele então se dirigiu ao Venerável Khemaka para transmitir a mensagem.'

[O Venerável Khemaka respondeu]: 'Eu não estou aguentando, amigo, eu não estou melhorando. Dores muito fortes continuam aumentando, e não diminuindo. Elas vão aumentar, e não diminuir'.

O Venerável Dāsaka se dirigiu, então, aos monges mais idosos e contou-lhes aquilo que o Venerável Khemaka havia dito. Eles responderam: 'Amigo Dāsaka, vá até o Venerável Khemaka e lhe diga: 'Os anciãos lhe perguntam, amigo Khemaka: 'O Abençoado falou acerca desses cinco agregados sujeitos ao apego, i. e., forma, sensação, percepção, formações volitivas e consciência. O Venerável Khemaka considera algum deles como o 'eu' ou como pertencendo ao 'eu' algum dentre esses cinco agregados?"

[O Venerável Khemaka respondeu]: 'Sim, o Abençoado falou acerca desses cinco agregados sujeitos ao apego, i. e., forma, sensação, percepção, formações volitivas e consciência. Eu não considero nenhum deles como o "eu" ou como pertencendo ao 'eu' qualquer um dentre esses cinco agregados.

O Venerável Dāsaka se dirigiu, então, aos monges mais idosos e contou-lhes aquilo que o Venerável Khemaka havia dito. Eles responderam: 'Amigo Dāsaka, vá até o Venerável Khemaka e lhe diga: 'Se o Venerável não considera algum dentre esses cinco agregados como o 'eu' ou como pertencendo ao 'eu', então ele é um arahant, alguém cujas máculas foram destruídas"[313].

'Claro, amigos, respondeu o Venerável Dāsaka, e ele então se dirigiu ao Venerável Khemaka para transmitir a mensagem.'

[O Venerável Khemaka respondeu]: 'Sim, o Abençoado falou acerca desses cinco agregados sujeitos ao apego, i. e., forma, sensação, percepção, formações volitivas e consciência. Eu não considero nenhum deles como o 'eu' ou como pertencendo ao 'eu' qualquer um dentre esses cinco agregados, porém, eu ainda não sou um arahant, alguém cujas máculas estão destruídas. Amigos, [a noção] de 'eu sou' ainda não desapareceu de mim em relação a esses cinco agregados sujeitos ao apego, mas eu não considero nenhum dentre eles como 'eu sou isso''[314].

O Venerável Dāsaka se dirigiu, então, aos monges mais idosos e contou-lhes aquilo que o Venerável Khemaka havia dito. Eles responderam: 'Amigo Dāsaka, vá até o Venerável Khemaka e lhe diga: 'Os anciãos estão lhe perguntando, amigo Khemaka; quando você fala desse 'eu sou' – do que exatamente você está chamando este 'eu sou'? Você está falando deste 'eu sou' como forma, ou você está falando deste 'eu sou' como diferente da forma? Você está falando deste 'eu sou' como sensação ou como diferente da sensação... percepção... formações volitivas... consciência? Quando você fala desse 'eu sou' – do que exatamente você está chamando este 'eu sou?''

'Claro, amigos, respondeu o Venerável Dāsaka, e ele então se dirigiu ao Venerável Khemaka para transmitir a mensagem.'

'Chega, amigo Dāsaka, basta desse ir e vir. Traga-me o meu bastão de caminhada. Eu mesmo vou ao encontro dos anciãos da comunidade.'

Então, o Venerável Khemaka, apoiado no seu bastão, aproximou-se dos monges anciãos, trocou saudações com eles, e se sentou ao lado. Os monges mais idosos lhe perguntaram: 'Amigo Khemaka, quando você fala desse 'eu sou' – do que exatamente você está chamando este 'eu sou'?'

'Amigos, eu não falo da forma como 'eu sou' e nem falo do 'eu sou' como diferente da forma. Eu não falo da sensação como 'eu sou' e nem falo do 'eu sou' como diferente da sensação como 'eu sou'... nem da percepção como 'eu sou'... nem das formações volitivas como 'eu sou'... nem da consciência como 'eu sou'... Amigos, apesar [da noção] de 'eu sou' ainda não ter desparecido completamente em mim em relação aos agregados sujeitos ao apego, mesmo assim eu não considero nenhum dentre aqueles agregados como 'eu sou isso'.

Imaginem, amigos, o perfume de uma flor-de-lótus azul, vermelha ou branca. Alguém falaria corretamente se dissesse 'o perfume vem das pétalas', ou 'o perfume vem do caule', ou 'o perfume vem dos pistilos'.

'Não, amigo.'

'E como, amigos, se deveria responder para responder corretamente a esta questão?'

'Para responder corretamente a esta questão, amigo, deveria se responder: 'O perfume pertence à flor'.

Do mesmo modo, amigos, eu não falo da forma como 'eu sou' e nem falo do 'eu sou' como diferente da forma. Eu não falo da sensação como 'eu sou' e nem falo do 'eu sou' como diferente da sensação como 'eu sou'... nem da percepção como 'eu sou'... nem das formações volitivas como 'eu sou'... nem da consciência como 'eu sou'... Amigos, apesar [da noção] de 'eu sou' ainda não ter desparecido completamente em mim em relação aos agregados sujeitos ao apego, mesmo assim eu não considero nenhum dentre aqueles agregados como 'eu sou isso'.

Amigos, apesar de um nobre discípulo ter abandonado os cinco grilhões inferiores, mesmo assim, a respeito dos cinco agregados sujeitos ao apego, ainda persiste nele um orgulho residual do 'eu sou', um desejo pelo 'eu sou', uma tendência subjacente do 'eu sou' que ainda não foi desenraizada. Às vezes, posteriormente, ele permanece contemplando o surgimento e o desaparecimento dos cinco agregados sujeitos ao apego: 'assim é a forma, esta é a sua origem, este é o seu desaparecimento... 'assim é a sensação, esta é a sua origem, este é o seu desaparecimento... percepção... formações volitivas... consciência'. Se ele permanece contemplando continuamente, dessa maneira, o surgimento e o desaparecimento dos cinco agregados sujeitos ao apego, então, o orgulho residual do 'eu sou', o desejo pelo 'eu sou', e a tendência subjacente do 'eu sou' que ainda não haviam sido desenraizados – eles são desenraizados.

Suponham, amigos, que uma roupa tenha ficado suja e manchada, e o seu dono a entrega para ser lavada. Quem for lavá-la a bateria bastante e a limparia com um sal de limpeza, lixívia ou esterco de vaca. Mesmo quando a roupa ficasse limpa, ainda restaria um resíduo do cheiro do sal, da lixívia ou do esterco de vaca que ficaram impregnados. A pessoa que lavou a roupa a devolveria ao seu dono, que a colocaria num armário ou numa gaveta com um sachê cheiroso e, finalmente, o cheiro residual do sal, da lixívia ou do esterco desapareceria[315].

Do mesmo modo, amigos, mesmo que um nobre discípulo tenha abandonado os cinco grilhões inferiores, ainda assim, em relação aos cinco agregados sujeitos ao apego, ainda persiste nele um orgulho residual do 'eu sou', um desejo pelo 'eu sou', uma tendência subjacente do 'eu sou' que ainda não foi desenraizada. Às vezes, posteriormente, ele permanece contemplando o surgimento e o desaparecimento dos cinco agregados sujeitos ao apego: 'assim é a forma, esta é a sua origem, este é o seu desaparecimento... 'assim é a sensação, esta é a sua origem, este é o seu desaparecimento... percepção... formações volitivas... consciência'. Se ele permanece contemplando continuamente, dessa maneira, o surgimento e o desaparecimento dos cinco agregados sujeitos ao apego, então, o orgulho residual do 'eu sou', o desejo pelo 'eu sou', e a tendência subjacente do 'eu sou' que ainda não haviam sido desenraizados – eles são desenraizados.'

Quando isto foi dito, os monges anciãos disseram ao Venerável Khemaka: 'Nós não fizemos essas perguntas para aborrecer o Venerável Khemaka, mas nós pensamos que o Venerável seria capaz de explicar, ensinar, proclamar, estabelecer, revelar, analisar e elucidar em detalhe os ensinamentos do Abençoado. E o Venerável Khemaka, de fato, explicou, ensinou, proclamou, estabeleceu, revelou, analisou e elucidou em detalhe os ensinamentos do Abençoado'.

Assim, os monges anciãos ficaram felizes e contentes com o discurso do Venerável Khemaka, e enquanto ele falava, as mentes de sessenta monges anciãos, e a mente do próprio Venerável Khemaka foram libertas das máculas através do desapego."

(SN 22: 89; III 126-132)

(2) Aquele em treinamento e o arahant

"Em Kosambi, no Parque Gosita, o Abençoado se dirigiu aos monges da seguinte maneira:

'Existe um método, monges, através do qual um monge que se encontre em treinamento, que ainda se encontre no estágio de treinamento, pode compreender: 'Eu estou em treinamento', enquanto que um monge que se encontre além do treinamento, que já se encontre num nível além do treinamento pode compreender: 'Eu me encontro além do treinamento'.

E qual é o método, monges, através do qual um monge que se encontra em treinamento, que se encontra ainda no estágio de treinamento, compreende: 'Eu estou em treinamento?'

Neste caso, monges, um monge que se encontra em treinamento compreende [as coisas] como de fato são: 'Isto é sofrimento. Esta é a origem do sofrimento. Isto é a cessação do sofrimento. Este é o caminho que conduz à cessação do sofrimento'. Este é o método, monges, através do qual um monge que se encontra em treinamento, que se encontra ainda no estágio de treinamento, compreende: 'Eu estou em treinamento'

Ou ainda, monges, um monge que se encontre em estágio de treinamento reflete da seguinte maneira: 'Existe fora daqui[316] algum outro asceta ou brâmane que ensine uma Dhamma tão real, verdadeiro e factual quanto o do Abençoado? Ele então compreende: 'Não existe fora daqui nenhum outro asceta ou brâmane que ensine uma Dhamma tão real, verdadeiro e factual quanto o do Abençoado'. Este é um outro método, monges, através do qual um monge que se encontra em treinamento, que se encontra ainda no estágio de treinamento, compreende: 'eu estou em treinamento'.

Além disso, monges, um monge que ainda se encontre no estágio de treinamento compreende as cinco faculdades espirituais – as faculdades da fé, energia, atenção, concentração e sabedoria. Ele ainda não consegue permanecer em contato com o corpo, que é o seu destino, o seu ápice, o seu resultado, a sua meta última; mas tendo compreendido o corpo através da sabedoria, ele vê[317]. Este também é um método, monges, através do qual um monge que se encontra em treinamento, que se encontra ainda no estágio de treinamento, compreende: 'Eu estou em treinamento'.

E qual é, monges, aquele método através do qual um monge além do treinamento, que se encontra num nível além do treinamento, compreende: 'Eu me encontro além do treinamento?' Neste caso, monges, um monge que se encontre além do treinamento compreende as cinco faculdades espirituais – as faculdades da fé, energia, atenção, concentração e sabedoria. Ele consegue permanecer em contato com o corpo, que é o seu destino, o seu ápice, o seu resultado, a sua meta última; e tendo compreendido o corpo através da sabedoria, ele vê. Este é o método, monges, através do qual um monge que se encontra além do treinamento, que se encontra num estágio além do treinamento, compreende: 'eu estou além do treinamento'.

Além disso, monges, um monge que se encontra além do treinamento compreende as seis faculdades – a faculdade do olho, do ouvido, do nariz, da língua, do corpo e da mente. Ele compreende: 'Essas seis faculdades cessarão completamente e não deixarão vestígios, e nenhuma outra faculdade surgirá em nenhum outro lugar de nenhuma outra forma'. Este também é um outro método, monges, através do qual um monge que se encontra além do treinamento, que se encontra num estágio além do treinamento, compreende: 'eu estou além do treinamento."

(SN 48: 53; V 229-230)

(3) Um monge cuja estatura aumentou

30 "Monges, um arahant é conhecido como aquele cuja estatura aumentou, cuja trincheira foi preenchida, cuja pilastra foi derrubada, aquele sem tranca, um nobre cuja bandeira foi arriada, cujo fardo foi abandonado por terra, que não possui grilhões.

31 E como é um 'arahant cuja estatura aumentou?' Neste caso o arahant abandonou a ignorância, a cortou pela raiz, como um toco de palmeira, acabou com ela, de modo que, no futuro, ela não mais aparecerá. É assim que é aquele cuja estatura aumentou.

32 E como é um 'arahant cuja trincheira foi preenchida?' Neste caso o arahant abandonou a ronda de renascimentos, o processo de existência renovada, a cortou pela raiz, como um toco de palmeira, acabou com ela, de modo que, no futuro, ela não mais aparecerá. É assim que é aquele cuja trincheira foi preenchida.

33 E como é um 'arahant cuja pilastra foi derrubada?' Neste caso o arahant abandonou o desejo, o cortou pela raiz, como um toco de palmeira, acabou com ele, de modo que, no futuro, ele não mais aparecerá. É assim que é aquele cuja pilastras fi derrubada.

34 E como é um 'arahant que não possui tranca?' Neste caso, um monge abandonou os cinco grilhões inferiores, os cortou pela raiz, como um toco de palmeira, acabou com eles, de modo que, no futuro, eles não mais aparecerão. É assim que é aquele que não possui tranca.

35 E como é um 'arahant, que é um nobre, cuja bandeira foi arriada, cujo fardo foi deitado por terra, que não possui grilhões?' Neste caso, um monge abandonou o orgulho do 'eu sou', o cortou pela raiz, como um toco de palmeira, acabou com ele, de modo que, no futuro, ele não mais aparecerá. É assim que é um nobre, cuja bandeira foi arriada, cujo fardo foi abandonado por terra, que não possui grilhões."

(Do MN 22: *Alagaddūpama Sutta*; I 139-140)

(4) As nove coisas que um arahant não consegue fazer

"No passado, e também agora, eu afirmo que um monge que é um arahant, cujas máculas foram destruídas – alguém que viveu a vida espiritual, realizou o seu propósito, abandonou o fardo, atingiu a sua meta, destruiu completamente os grilhões da existência e se libertou através do conhecimento último – é incapaz de transgredir acerca de nove coisas: ele é incapaz de destruir a vida, de pegar aquilo que não lhe foi dado, de praticar o ato sexual, de contar deliberadamente uma mentira e de procurar prazeres como ele fazia quando era um chefe de família; além disso, ele é incapaz de tomar um caminho errado por causa do desejo, do ódio, da ilusão ou do medo. No passado, e agora também, eu afirmo que um arahant é incapaz de transgredir acerca de nove coisas."

(Do AN 9: 7; IV 370-371)

(5) Uma mente estável

[O Venerável Sāriputta disse]: "Quando um monge é liberto na mente dessa maneira, meu amigo, mesmo se poderosas formas visuais surjam para os seus olhos, elas não tornam a mente dele obcecada; a sua mente permanece incontaminada, segura, pois alcançou a imperturbabilidade, e ele contempla o desaparecimento delas. Mesmo se poderosas formas auditivas surjam para os seus ouvidos, elas não tornam a mente dele obcecada; a sua mente permanece incontaminada, segura, pois alcançou a imperturbabilidade, e ele contempla o desaparecimento delas. Mesmo se poderosas formas olfativas surjam para o seu nariz, elas não tornam a mente dele obcecada; a sua mente permanece incontaminada, segura, pois alcançou a imperturbabilidade, e ele contempla o desaparecimento delas. Mesmo se poderosas formas gustativas surjam para a sua língua, elas não tornam a mente dele obcecada; a sua mente permanece incontaminada, segura, pois alcançou a imperturbabilidade, e ele contempla o desaparecimento delas. Mesmo se poderosos fenômenos mentais surjam para a sua mente, eles não tornam a mente dele obcecada; a sua mente permanece incontaminada, segura, pois alcançou a imperturbabilidade, e ele contempla o desaparecimento deles. Imagine, meu amigo, uma pilastra de pedra de dezesseis metros, enterrada com oito metros de profundidade e oito acima do solo. E que então uma poderosa tempestade viesse do oriente: a pilastra não se moveria, não balançaria, não tremeria. E que então uma poderosa tempestade viesse do ocidente... do norte... do sul: a pilastra não se moveria, não balançaria, não tremeria. Por que não? Por causa da profundidade da base e porque ela foi firmemente enterrada. Da mesma maneira, quando um monge é liberto na mente dessa maneira, meu amigo, mesmo que poderosos objetos sensoriais surjam para ele, eles não tornam a mente dele obcecada; a sua mente permanece incontaminada, segura, pois alcançou a imperturbabilidade, e ele contempla o desaparecimento deles."

(Do AN 9: 26; IV 404-405)

(6) Os dez poderes de um monge arahant

"O Buda perguntou ao venerável Sāriputta: 'Quantos poderes um monge arahant possui, Sāriputta, os quais, uma vez possuídos, fazem com que ele possa afirmar ter atingido a destruição das máculas?'

'Um monge arahant possui dez poderes, Venerável, os quais, uma vez possuídos, fazem com que ele possa afirmar ter atingido a destruição das máculas. Quais dez?'

'Neste caso, Venerável, para um monge arahant, todas as formações são percebidas como elas de fato são, através da sabedoria correta, como impermanentes. Este é um dos poderes que fazem com que um monge arahant possa afirmar ter atingido a destruição das máculas.

Assim, Venerável, para um monge arahant, todos os prazeres sensórios são percebidos como eles de fato são, através da sabedoria correta, como um braseiro incandescente. Este é um dos poderes que fazem com que um monge arahant possa afirmar ter atingido a destruição das máculas.

Do mesmo modo, Venerável, a mente de um monge arahant inclina-se, predispõe, inclina-se à reclusão. Ela permanece na reclusão, deleita-se na renúncia e abole de uma vez por todas tudo aquilo que pode ser uma base para as máculas. Este é um dos poderes que fazem com que um monge arahant possa afirmar ter atingido a destruição das máculas.

Mais do que isso, Venerável, num monge arahant, as quatro fundações da atenção foram desenvolvidas completamente. Este também é um dos poderes que fazem com que um monge arahant possa afirmar ter atingido a destruição das máculas.

Além disso, Venerável, num monge arahant, os quatro tipos de esforço, as quatro bases para o poder espiritual, as cinco faculdades espirituais, os cinco poderes e os sete fatores da iluminação foram desenvolvidas completamente. Este também é um dos poderes que fazem com que um monge arahant possa afirmar ter atingido a destruição das máculas"[318].

(AN 10: 90; V 174-175)

(7) O sábio em paz

20 [O Buda se dirigiu a Pukkusāti posteriormente da seguinte maneira]: "Então, [após contemplar os seis elementos], só resta a equanimidade, purificada e brilhante, maleável, evidente e radiante[319].

21 Ele compreende da seguinte maneira: 'Se eu fosse conduzir esta equanimidade, tão purificada e brilhante, para a base da infinitude do espaço e desenvolvesse a minha mente de acordo, então esta equanimidade minha, apoiada por esta base, apegada a ela, permaneceria por um longo tempo[320]. Se eu fosse conduzir esta equanimidade, tão purificada e brilhante, para a base da infinitude da consciência... para a base da nulidade... para a base nem da percepção nem da não percepção e desenvolvesse a minha mente de acordo, então esta equanimidade minha, apoiada por esta base, apegada a ela, permaneceria por um longo tempo'.

22 Ele compreende da seguinte maneira: 'Se eu fosse conduzir esta equanimidade, tão purificada e brilhante, para a base da infinitude do espaço e desenvolvesse a minha mente de acordo, isso ainda seria condicionado[321]. Se eu fosse conduzir esta equanimidade, tão purificada e brilhante, para a base da infinitude da consciência... para a base da nulidade... para a base nem-da-percepção-nem-da-não-percepção e desenvolvesse a minha mente de acordo, isto ainda seria condicionado'. Ele não constrói ou gera nenhuma tendência volitiva em direção quer da existência ou da não existência[322]. Como ele não constrói ou gera nenhuma tendência volitiva em direção quer da existência ou da não existência, ele não se apega a nada no mundo. Não se apegando, ele não se agita. Não se agitando, ele atinge pessoalmente o Nibbāna. Ele compreende: 'O nascimento está destruído, a vida espiritual foi vivida, o que tinha que ser feito foi feito, não haverá mais retorno para qualquer estado do ser'[323].

23 Se ele sente uma sensação agradável[324], ele compreende: 'É impermanente; não há como perpetuá-la; não há prazer nela'. Se ele sente uma sensação dolorosa, ele compreende: 'É impermanente; não há como perpetuá-la; não há prazer nela'. Se ele sente uma sensação nem agradável e nem dolorosa, ele compreende: 'É impermanente; não há como perpetuá-la; não há prazer nela'.

24 Se ele sente uma sensação agradável, ele se sente desapegado; se ele sente uma sensação dolorosa, ele se sente desapegado; se ele sente uma sensação nem

agradável e nem dolorosa, ele se sente desapegado. Quando ele sente uma sensação destruindo o seu corpo, ele compreende: 'Estou sentindo uma sensação destruindo o meu corpo'. Quando ele sente uma sensação destruindo a sua vida, ele compreende: 'Estou sentindo uma sensação destruindo a minha vida'. Ele compreende: 'Com a dissolução do corpo, com o término da vida, tudo aquilo que é sentido, sem se sentir prazer, esfriará aqui, i. e., será extinto aqui'[325]. Monge, assim como uma lâmpada queima por causa da dependência entre óleo e pavio, e quando o óleo e o pavio forem gastos, se não se completa o óleo, ela é extinta; do mesmo modo quando ele sente uma sensação destruindo o seu corpo, ele compreende: 'Estou sentindo uma sensação destruindo o meu corpo'. Quando ele sente uma sensação destruindo a sua vida, ele compreende: 'Estou sentindo uma sensação destruindo a minha vida'. Ele compreende: 'Com a dissolução do corpo, com o término da vida, tudo aquilo que é sentido, sem se sentir prazer, esfriará aqui, i. e., será extinto aqui'[326].

25 Portanto, um monge que possua [esta sabedoria], possui a fundação suprema da sabedoria. Pois esta, monge, é a sabedoria suprema dos nobres, isto é, o conhecimento da destruição de todo o sofrimento.

26 A libertação dele, sendo fundada na verdade, é inabalável; pois o falso, monge, possui uma natureza enganadora, e aquilo que é verdadeiro, uma natureza verdadeira – o Nibbāna. Portanto, um monge que possua [esta verdade], possui a fundação suprema da verdade. Pois esta, monge, é a verdade suprema dos nobres, isto é, o Nibbāna, que possui uma natureza verdadeira[327].

27 Antigamente, quando ele era ignorante, ele possuía um espírito aquisitivo[328]; agora ele abandonou isso, o cortou pela raiz como um toco de palmeira, acabou com ele, de modo que, no futuro, ele não mais aparecerá. Por isso, um monge que possui esta [renúncia], possui a fundação suprema da renúncia. Pois esta, monge, é a renúncia suprema dos nobres, isto é, a renúncia de toda aquisição.

28 Antigamente, quando ele era ignorante, ele sentia ganância, desejo e cobiça; agora ele abandonou tudo isso, cortou pela raiz como um toco de palmeira, acabou com eles, de modo que, no futuro, eles não mais aparecerão. Antigamente, quando ele era ignorante, ele sentia raiva, má vontade e ódio; agora ele abandonou tudo isso, cortou pela raiz como um toco de palmeira, acabou com eles, de modo que, no futuro, eles não mais aparecerão. Antigamente, quando ele era ignorante, ele se iludia e era ignorante; agora ele abandonou isso, os cortou pela raiz como um toco de palmeira, acabou com ele, de modo que, no futuro, eles não mais aparecerão. Por isso, um monge que possui esta [paz], possui a fundação suprema da paz. Pois esta, monge, é a paz suprema dos nobres, isto é, a pacificação do desejo, do ódio e da ilusão.

29 Foi com referência a isso que foi dito: 'Não se deve negligenciar a sabedoria, deve-se preservar a verdade, deve-se cultivar a renúncia e deve-se treinar para alcançar a paz'.

30 As ondas da concepção mental não alcançam aquele que se encontra sobre essas [fundações], e quando as ondas da concepção mental não mais o atingem, ele é chamado de 'um sábio em paz'[329]. Por isso foi dito. E em referência ao que isso foi dito?

31 Monge, 'eu sou' é um concepção metal; 'eu sou isto' é uma concepção mental; 'eu serei' é uma concepção mental; 'eu não serei' é uma concepção mental; 'eu vou ter uma certa forma física' é uma concepção mental; 'eu não vou possuir uma certa forma física' é uma concepção mental; 'eu serei consciente' é uma concepção mental; 'eu não serei consciente' é uma concepção mental; 'eu não serei nem consciente nem não consciente' é uma concepção mental[330]. Essa concepção metal é uma doença, um tumor, uma farpa. Ao se superar toda essa concepção mental, monge, alguém é chamado de 'sábio em paz'. E o sábio em paz não renasce, não envelhece e não morre; ele não se abala e não deseja. Pois não há mais nada presente nele que poderia fazer com que ele renascesse[331]. Não renascendo, como envelheceria? Não envelhecendo, como poderia morrer? Sem morrer, como se abalaria? Sem se abalar, por que desejaria?

32 Portanto, foi em referência a isso que foi dito: as ondas da concepção mental não alcançam aquele que se encontra sobre essas [fundações], e quando as ondas da concepção mental não mais o atingem, ele é chamado de 'um sábio em paz."

(Do MN 140: *Dhātuvibhaṅga Sutta*; III 244-347)

(8) Felizes, de fato, são os arahants

"Felizes, de fato, são os arahants!
Neles não se encontra o desejo.
O orgulho do 'eu sou' cortado.
A teia da ilusão de vez rompida.

O estado imperturbável atingido,
Cristalinas são as suas mentes;
Impolutos pelo mundo –
Sagrados, imaculados.

Os cinco agregados compreendidos,
Vagando pelas sete boas qualidades[332],
Essas pessoas superiores, adoráveis,
São os frutos mais caros ao Buda.

Dotados das sete preciosidades,
Dominaram o treinamento triplo[333],
Aqueles heróis caminham
Com o medo e o temor abandonados.

Possuidores dos dez fatores,
Aqueles grandes 'cobras', concentrados,
São o que há de melhor no mundo:
Neles não se encontra o desejo[334].

O conhecimento final neles surgiu:
'Este é o meu último corpo'.
Acerca da vida espiritual,
Não precisam mais de ensinamentos.

A mente, segura na análise[335],
Libertos de nova existência,
Atingido o final do treino,
Vitoriosos no mundo.

Em cima, em baixo, ao lado,
Neles, prazer está extinto.
Soando o rugido do leão:
'Os iluminados, do mundo, são supremos'."
(Do SN 22: 76; III 83-84)

5 O Tathāgata

(1) O Buda e o arahant

"Monges, através do desencanto pela forma, pela sensação, pela percepção, pelas formações volitivas e pela consciência, o Tathāgata, o Arahant, o Perfeitamente Iluminado é liberto pelo não apego; ele é chamado de Perfeitamente Iluminado. Através do desencanto com a forma, com a sensação, com a percepção, com as formações volitivas e com a consciência, com o desaparecimento e cessação daqueles, um monge liberto pela sabedoria é liberto pelo não apego; ele é chamado de 'aquele liberto pela sabedoria'[336].

Então, monges, qual seria a diferença, a distinção, a disparidade entre o Tathāgata, o Arahant, o Perfeitamente Iluminado, e um monge liberto pela sabedoria?'

'Venerável, nossos ensinamentos são baseados no Abençoado, somos guiados pelo Abençoado, nós nos refugiamos no Abençoado. Seria bom se o Abençoado clarificasse o significado daquela declaração. Depois de ouvi-la, os monges se recordarão.'

'Então ouçam com bastante atenção, monges, porque eu vou explicá-la.'

'Sim, Venerável', responderam os monges. O Abençoado disse isso:

'O Tathāgata, monges, o Arahant, o Perfeitamente Iluminado, é o originador do caminho, até então, não surgido; aquele que produz o caminho, até então, não produzido; aquele que declara o caminho, até então, não declarado. Ele é o conhecedor do caminho, o descobridor do caminho, aquele que domina o caminho. E os seus discípulos, agora, permanecem seguindo o caminho e, posteriormente, o dominam.

Esta, monges, é a diferença, a distinção, a disparidade entre o Tathāgata, o Arahant, o Perfeitamente Iluminado e um monge liberto pela sabedoria."

(SN 22: 58; III 65-66)

(2) Para o bem-estar de muitos

"Monges, essas três pessoas aparecem no mundo para o bem-estar da multidão, por compaixão pelo mundo, pelo bem, pela alegria e pelo bem-estar de devas e humanos. Quais três?

Nesse caso, monges, um Tathāgata aparece no mundo, um Arahant, Perfeitamente Iluminado... mestre de devas e humanos, o Iluminado, o Abençoado. Ele ensina o Dhamma que é bom no começo, no meio e no fim, com o sentido e com as palavras claros; ele revela a vida espiritual que é totalmente perfeita e pura. Esta, monges, é a primeira pessoa que aparece no mundo para o bem-estar da multidão, por compaixão pelo mundo, pelo bem, pela alegria e pelo bem-estar de devas e humanos.

Então, monges, [aparece] um discípulo daquele mestre que é um arahant com as máculas destruídas [como no **Texto X, 1(3) § 42**]... totalmente liberto através da sabedoria. Ele ensina o Dhamma que é bom no começo, no meio e no fim, com o sentido e com as palavras claros; ele revela a vida espiritual que é totalmente perfeita e pura. Essa, monges, é a segunda pessoa que aparece para o bem-estar da multidão, por compaixão pelo mundo, pelo bem, pela alegria e pelo bem-estar de devas e humanos.

Então, monges, [aparece] um discípulo daquele mestre que se encontra ainda em treinamento, praticando o caminho, conhecedor e possuidor dos preceitos e observâncias. Ele ensina o Dhamma que é bom no começo, no meio e no fim, com o sentido e com as palavras claros; ele revela a vida espiritual que é totalmente perfeita e pura. Essa, monges, é a terceira pessoa que aparece para o bem-estar da multidão, por compaixão pelo mundo, pelo bem, pela alegria e pelo bem-estar de devas e humanos.

Essas, monges, são as três pessoas que aparecem no mundo para o bem-estar da multidão, por compaixão pelo mundo, pelo bem, pela alegria e o pelo bem-estar de devas e humanos."

(It 84; 78-79)

(3) A declaração elevada de Sāriputta

"O Venerável Sāriputta se aproximou do Abençoado, prestou-lhe homenagem, sentou-se ao lado e disse: 'Venerável, eu possuo tamanha confiança no Abençoado, que eu acredito que nunca existiu, não existe no presente e nunca existirá um outro asceta ou brâmane mais conhecedor acerca da iluminação do que o Abençoado'[337].

'Realmente inspirada é esta declaração berrada por ti, Sāriputta, rugida como um verdadeiro rugido de um leão. Sāriputta, você já penetrou, com a sua mente, na mente de todos os Arahants, os Perfeitamente Iluminados surgidos no passado e conseguiu compreender essas coisas: 'Aqueles Abençoados possuíam tal tipo de disciplina moral, tais qualidades, tal sabedoria, permaneciam em tais estágios meditativos, ou possuíam tal libertação?'[338]

'Não, Venerável.'

'Então, Sāriputta, você já penetrou, com a sua mente, na mente de todos Arahants, os Perfeitamente Iluminados que surgirão no futuro e conseguiu compreender essas coisas: 'aqueles Abençoados possuirão tal tipo de disciplina moral, tais qualidades, tal sabedoria, permanecerão em tais estágios meditativos, ou possuirão tal libertação?'

'Não, Venerável.'

'Então, Sāriputta, você já penetrou, com a sua mente, na minha própria mente – eu sendo, no presente, o Arahant, o Perfeitamente Iluminado – e conseguiu compreender essas coisas: 'o Abençoado possui tal tipo de disciplina moral, tais qualidades, tal sabedoria, permanece em tais estágios meditativos, ou possui tal libertação?'

'Não, Venerável.'

'Sāriputta, se você não possui um conhecimento abrangente das mentes dos Arahants, dos Perfeitamente iluminados do passado, do presente e do futuro, como é que você pode fazer uma declaração tão sublime quanto: 'Venerável, eu possuo tamanha confiança no Abençoado, que eu acredito que nunca existiu, não existe no presente e nunca existirá um outro asceta ou brâmane mais conhecedor acerca da iluminação do que o Abençoado.'

'Eu não possuo, Venerável, nenhum conhecimento abrangente das mentes dos Arahants, dos Perfeitamente iluminados do passado, do presente e do futuro, mas mesmo assim eu compreendi isso por inferência no Dhamma. Suponha, Venerável, que um rei possuísse uma cidade na fronteira com grandes muralhas, paredes, arcos e um único portão. O porteiro lá colocado seria sábio, competente e inteligente, alguém que mantém os estranhos do lado de for a e permita a entrada aos conhecidos. Enquanto ele faz a sua ronda ao redor das muralhas, ele não veria uma fenda ou buraco nas muralhas grande o suficiente para que um gato penetrasse. Ele poderia pensar: 'Seja qual for a criatura grande que entre ou saia desta cidade, todas elas só podem entrar ou sair por este único portão'.

Do mesmo modo, Venerável, eu compreendi por inferência do Dhamma: sejam quais forem os Arahants, Perfeitamente Iluminados que tenham aparecido no passado, todos aqueles Abençoados haviam, em primeiro lugar, abandonado os cinco obstáculos, as máculas da mente que enfraquecem a sabedoria; e então, com as suas mentes bem escoradas nos quatro estabelecimentos da atenção, desenvolveram corretamente os sete fatores da iluminação; e partir daí eles despertaram para a iluminação perfeita insuperável. E, Venerável, sejam quais forem os Arahants, Perfeitamente Iluminados que apareçam no futuro, todos aqueles Abençoados terão, em primeiro lugar, abandonado os cinco obstáculos, as máculas da mente que enfraquecem a sabedoria; e então, com as suas mentes bem escoradas nos quatro estabelecimentos da atenção, desenvolverão corretamente os sete fatores da iluminação; e partir daí eles despertarão para a iluminação perfeita insuperável. E, Venerável, atualmente o Arahant, Perfeitamente Iluminado em primeiro lugar abandonou os cinco obstáculos, as máculas da mente que enfraquecem a sabedoria; e então, com a sua mente bem escorada nos quatro estabelecimentos da atenção, desenvolveu corretamente os sete fatores da iluminação; e partir daí eles despertou para a iluminação perfeita insuperável.'

'Bom, muito bom, Sāriputta! Daqui em diante, Sāriputta, você deve repetir esta exposição do Dhamma frequentemente aos monges e às monjas, aos leigos e às leigas. Apesar de algumas pessoas tolas entreterem dúvidas e incertezas acerca do Tathāgata, quando eles escutarem esta exposição do Dhamma, as suas dúvidas e incertezas serão abandonadas."

(SN 47: 12; V 159-161)

(4) Os poderes e as bases da autoconfiança

9 "Sāriputta, o Tathāgata possui esses dez poderes, através dos quais ele reivindica o seu papel como chefe do rebanho, rugindo o seu rugido de leão nas assembleias, e colocando em movimento a roda de Brahmā[339]. Quais dez poderes?

10 (1) Aqui, o Tathāgata compreende perfeitamente o possível como possível e o impossível como impossível[340]. Este é um dos poderes que o Tathāgata possui, através do qual ele reinvindica o seu papel como chefe do rebanho, rugindo o seu rugido de leão nas assembleias, e colocando em movimento a roda de Brahmā.

11 (2) Outro poder é que o Tathāgata compreende perfeitamente os resultados das ações passadas, presentes e futuras realizadas dentre as possibilidades e as suas causas. Este é um dos poderes que o Tathāgata possui, através do qual ele reivindica o seu papel como chefe do rebanho, rugindo o seu rugido de leão nas assembleias, e colocando em movimento a roda de Brahmā[341].

12 (3) Outro poder é que o Tathāgata compreende perfeitamente os caminhos que conduzem a todos os locais. Este é um dos poderes que o Tathāgata possui, através do qual ele reinvindica o seu papel como chefe do rebanho, rugindo o seu rugido de leão nas assembleias, e colocando em movimento a roda de Brahmā[342].

13 (4) Outro poder é que o Tathāgata compreende perfeitamente a realidade e os seus muitos e diferentes elementos. Este é um dos poderes que o Tathāgata possui, através do qual ele reinvindica o seu papel como chefe do rebanho, rugindo o seu rugido de leão nas assembleias, e colocando em movimento a roda de Brahmā.

14 (5) Outro poder é que o Tathāgata compreende perfeitamente como os seres possuem diferentes inclinações. Este é um dos poderes que o Tathāgata possui, através do qual ele reinvindica o seu papel como chefe do rebanho, rugindo o seu rugido de leão nas assembleias, e colocando em movimento a roda de Brahmā[343].

15 (6) Outro poder é que o Tathāgata compreende perfeitamente a disposição da faculdade dos outros seres e das outras pessoas. Este é um dos poderes que o Tathāgata possui, através do qual ele reinvindica o seu papel como chefe do rebanho, rugindo o seu ugido de leão nas assembleias, e colocando em movimento a roda de Brahmā[344].

16 (7) Outro poder é que o Tathāgata compreende perfeitamente a impureza, a purificação e como as jhānas, a saída, libertações, concentrações e realizações

ocorrem. Este é um dos poderes que o Tathāgata possui, através do qual ele reinvindica o seu papel como chefe do rebanho, rugindo o seu ugido de leão nas assembleias, e colocando em movimento a roda de Brahmā[345].

17 (8) Outro poder é que o Tathāgata se recorda perfeitamente das suas muitas vidas passadas, dos seus aspectos e dos seus detalhes. Este é um dos poderes que o Tathāgata possui, através do qual ele reinvindica o seu papel como chefe do rebanho, rugindo o seu ugido de leão nas assembleias, e colocando em movimento a roda de Brahmā.

18 (9) Com o seu olho divino, que é purificado e supera o humano, o Tathāgata vê os seres morrendo e renascendo, inferiores e superiores, belos e feios, afortunados e desafortunados, e ele compreende como os seres transmigram de acordo com as suas ações. Este é um dos poderes que o Tathāgata possui, através do qual ele reinvindica o seu papel como chefe do rebanho, rugindo o seu ugido de leão nas assembleias, e colocando em movimento a roda de Brahmā.

19 (10) Ainda mais, ao realizar por si só com o conhecimento direto, o Tathāgata, nesta presente vida, penetra e permanece [na dimensão] da libertação da mente, libertação [alcançada] através do conhecimento, que é imaculada pela destruição das máculas. Este é um dos poderes que o Tathāgata possui, através do qual ele reinvindica o seu papel como chefe do rebanho, rugindo o seu ugido de leão nas assembleias, e colocando em movimento a roda de Brahmā.

20 O Tathāgata possui esses dez poderes, através do qual ele reinvindica o seu papel como chefe do rebanho, rugindo o seu ugido de leão nas assembleias, e colocando em movimento a roda de Brahmā.

23 Sāriputta, o Tathāgata possui esses quatro fundamentos para a autoconfiança[346], através do qual ele reinvindica o seu papel como chefe do rebanho, rugindo o seu ugido de leão nas assembleias, e colocando em movimento a roda de Brahmā. Quais quatro?

24 Nesse caso, eu não vejo base para que qualquer asceta ou brâmane ou deva ou Māra ou Brahmā ou mesmo qualquer pessoa neste mundo possa, de acordo com o Dhamma, me acusar assim: 'Apesar de se autointitular 'perfeitamente iluminado', você não é perfeitamente iluminado sobre essas coisas'. E como eu não vejo base para esta acusação, eu vivo na segurança, sem medo e autoconfiante.

25 Eu também não vejo base para que qualquer asceta ou brâmane ou deva ou Māra ou Brahmā ou mesmo qualquer pessoa neste mundo possa, de acordo com o Dhamma, me acusar assim: 'apesar de se considerar alguém que destruiu as máculas, você não destruiu essas máculas'. E como eu não vejo base para esta acusação, eu vivo na segurança, sem medo e autoconfiante.

26 Eu também não vejo base para que qualquer asceta ou brâmane ou deva ou Māra ou Brahmā ou mesmo qualquer pessoa neste mundo possa, de acordo com o Dhamma, me acusar assim: 'Aquelas coisas que você chama de obstáculos, não são obstáculos para as outras pessoas'. E como eu não vejo base para esta acusação, eu vivo na segurança, sem medo e autoconfiante.

26 Eu também não vejo base para que qualquer asceta ou brâmane ou deva ou Māra ou Brahmā ou mesmo qualquer pessoa neste mundo possa, de acordo com o Dhamma, me acusar assim: 'Quando você ensina o Dhamma para alguém, isso não conduz aquela pessoa à destruição completa do sofrimento'. E como eu não vejo base para esta acusação, eu vivo na segurança, sem medo e autoconfiante.

27 Um Tathāgata possui esses quatro fundamentos para a autoconfiança, através do qual ele reinvindica o seu papel como chefe do rebanho, rugindo o seu ugido de leão nas assembleias, e colocando em movimento a roda de Brahmā."

(Do MN 12: *Mahāsthanāda Sutta*; I 70-72)

(5) A manifestação da grande luz

"Monges, enquanto o sol e a lua não surgem no mundo, durante esse período não se dá a manifestação de nenhuma grande luz e brilho, e somente uma massa densa de escuridão prevalece; por isso, durante esse período, não se distingue o dia da noite, a quinzena e o mês, nem as estações nem o ano. Porém, monges, quando o sol e a lua surgem no mundo, então ocorre a manifestação de uma grande luz e brilho; então não ocorre a escuridão que cega, aquela massa densa de escuridão; aí se pode distinguir o dia da noite, a quinzena e o mês, as estações e o ano.

Da mesma maneira, monges, enquanto não surge um Tathāgata no mundo, um Arahant, um Perfeitamente Iluminado, durante esse período não se dá a manifestação de nenhuma grande luz e brilho, e somente uma massa densa de escuridão prevalece; por isso, durante esse período, as Quatro Nobres Verdades não são explicadas, ensinadas, proclamadas, reveladas, analisadas ou elucidadas. Porém, monges, quando um Tathāgata surge no mundo, um Arahant, Perfeitamente Iluminado, então ocorre a manifestação de uma grande luz e brilho; então não ocorre a escuridão que cega, aquela massa densa de escuridão. Aí, sim, as Quatro Nobres Verdades são explicadas, ensinadas, proclamadas, reveladas, analisadas e elucidadas."

(SN 56: 38; V 442-443)

(6) O homem que deseja nosso bem

25 "Imaginem, monges, que numa cadeia de montanhas com florestas houvesse, na sua parte mais baixa, um grande pântano, perto do qual vivesse um grande rebanho de veados. E então surgisse um homem que desejasse a ruína, o mal, o aprisionamento daquele rebanho, e ele fechasse o único caminho bom e seguro pelo qual se pudesse viajar com alegria e, além disso, aquele homem abrisse um caminho falso, e lá colocasse um chamariz e uma armadilha, de modo que o rebanho de veados encontrasse calamidade, desastre e destruição. Mas que um outro homem surgisse, desejando o bem do rebanho, a sua proteção e o seu bem-estar, e que ele reabrisse o único caminho bom e seguro pelo qual se pudesse viajar com alegria, e que ele

fechasse o caminho falso, e removesse o chamariz e a armadilha, de modo que o rebanho pudesse posteriormente crescer, multiplicar e prosperar.

26 Monges, eu criei esta imagem de modo a transmitir um significado. Este é o significado: 'um grande pântano' significa os prazeres sensórios. 'O grande rebanho de veados' é um termo para os seres vivos. 'O homem que deseja o mal, a ruína e o aprisionamento', representa Māra, o maligno. 'O caminho falso' significa o óctuplo caminho errado, i. e.: visão errada, intenção errada, fala errada, ação errada, modo de vida errado, esforço errado, atenção errada e concentração errada. 'O chamariz' significa o prazer e o desejo; 'a armadilha' representa a ignorância. 'O homem que deseja o bem, a proteção e o bem-estar' é uma expressão para o Tathāgata, o Arahant, o Perfeitamente Iluminado. 'O caminho bom e seguro pelo qual se pode viajar com alegria' representa o Nobre Caminho Óctuplo, i. e.: visão correta, intenção correta, fala correta, ação correta, modo de vida correto, esforço correto, atenção correta e concentração correta.

Portanto, monges, o caminho bom e seguro para se viajar com alegria foi reaberto por mim, o caminho falso foi fechado, o chamariz foi removido e a armadilha foi destruída."

(Do MN 19: *Dvedhāvitaka Sutta*; I 117-118)

(7) O leão

"Monges: à noite, o leão, o rei dos animais, sai da sua toca. Ele então se espreguiça, observa atentamente as quatro direções ao seu redor, e ruge o seu rugido três vezes, depois do que ele sai em busca de caça.

Quando o leão, o rei dos animais, ruge o seu terrível rugido, a maioria dos animais escuta este som com medo, pânico e terror. Os animais que vivem em buracos entram nos seus buracos, aqueles que vivem na água entram na água, aqueles que vivem na mata entram na mata e as aves voam para o céu. Mesmo os grandes elefantes reais, que são amarrados com cordas grossas nas aldeias, vilas e cidades, arrebentam as cordas e, assustados, borram-se com urina e bosta e fogem sem rumo; tão forte, majestoso e poderoso entre as feras, monges, é o leão, rei dos animais.

Da mesma maneira, monges, quando um Tathāgata surge no mundo, um Arahant, um Perfeitamente Iluminado, realizado no verdadeiro conhecimento e na conduta, afortunado, que conhece o mundo, líder insuperável daqueles que devem ser treinados, mestre de devas e humanos, o Iluminado, o Abençoado, ele prega o Dhamma da seguinte forma: 'assim é a forma, esta é a sua origem, este é o seu desaparecimento... assim é a sensação... percepção... formações volitivas... consciência, esta é a sua origem, este é o seu desaparecimento'.

Então, monges, quando aqueles devas que possuem uma longa vida, belos, repletos de felicidade, morando por longas eras em suntuosos palácios, escutam o Tathāgata pregando o Dhamma, a maioria[347] se enche de medo, pânico e terror, [dizendo]:

'parece que, apesar de termos pensado que éramos permanentes, nós somos impermanentes; parece que, apesar de termos pensado que a nossa vida era estável, ela é instável; apesar de termos pensado que nós éramos eternos, nós somos passageiros. Parece, senhor, que nós somos impermanentes, instáveis, passageiros, incluídos dentro da identidade'[348]. Tão forte, majestoso e poderoso, monges, é o Tathāgata sobre este mundo, incluindo os seus devas."

(SN 22: 78; III 84-85)

(8) Por que ele é chamado de Tathāgata?

"O mundo, monges, foi despertado pelo Tathāgata; o Tathāgata é desapegado do mundo. A origem do mundo foi claramente revelada pelo Tathāgata; o Tathāgata abandonou a origem do mundo. O Tathāgata revelou claramente o desaparecimento do mundo; o Tathāgata experimentou o desaparecimento do mundo. O caminho para o desaparecimento do mundo foi completamente revelado pelo Tathāgata; o Tathāgata desenvolveu o caminho para o desaparecimento do mundo.

Neste mundo, monges, com os seus devas, com Māra, com Brahmā, com esta população de ascetas e brâmanes, com seus devas e humanos, seja lá o que for visto, ouvido, sentido, conhecido, alcançado, buscado, examinado pela mente, tudo isso foi revelado pelo Tathāgata; por isso ele é chamado de Tathāgata.

Desde a noite em que ele despertou completamente, até a noite na qual ele irá atingir o Nibbāna final, neste intervalo, seja o que for que ele fale, converse e exponha, é tudo dessa maneira, e não o contrário; por isso ele é chamado de Tathāgata.

Ele fala como ele age; como ele age, ele fala. Como ele fala como age e age como fala, ele é chamado de Tathāgata.

Neste mundo, monges, com os seus devas, com Māra, com Brahmā, com esta população de ascetas e brâmanes, com seus devas e humanos, o Tathāgata é o conquistador, o inconquistado, o vidente universal, o possuidor do domínio; por isso ele é chamado de Tathāgata.

Tendo conhecido diretamente o mundo,
Tudo, exatamente como de fato é,
Ele é desapegado do mundo,
Afastado de todo o mundo.

Ele é, de fato, o sábio que tudo conquista,
Aquele que desatou todos os nós,
Que alcançou o estado da paz suprema,
O Nibbāna, sem temer nada de ninguém.

Ele é o Buda, com as máculas destruídas,
Imperturbável, com as dúvidas cortadas,
Que atingiu a destruição de todo karma,
Liberto ao extinguir o desejo de posses.

Ele é o Abençoado, o Buda,
O leão, insuperável neste mundo
Com os seus devas, ele colocou
em movimento a Roda de Brahmā.

Portanto, aqueles devas e seres humanos
Que buscaram refúgio no Buda,
Ao se reunirem, prestam-lhe homenagem,
O Grande, livre de toda timidez.

Disciplinado, ele é supremo dentre aqueles que disciplinam;
Em paz, ele é o sábio dentre aqueles que trazem paz
Livre, ele é o principal dos que libertam
Realizado, ele é o melhor daqueles que realizaram

Desse modo eles lhe homenageiam
O Grande, livre de toda timidez,
Neste mundo, com os seus devas,
Nenhum se compara a ti."

(AN 4: 23; II 23-24 = It 112; 121-123)

NOTAS

Introdução geral

[1] Os anos exatos nos quais o Buda viveu ainda é matéria controversa para os especialistas. Até recentemente, as datas mais citadas eram as de 566-486 a.E.C. (antes da era comum), porém, nos últimos anos um número crescente de Indologistas têm questionado essas datas, e a preferência corrente é a de que a sua morte teria ocorrido mais próximo de 400 a.E.C.

[2] Cf., p. ex., o MN 22.10 (I 133). Alguns dos termos são obscuros, e os comentadores parecem se esforçar para encontrar modos de identificar os textos que poderiam ser compreendidos por esses termos.

[3] Porém, mesmo numa data tão tardia como a dos comentadores (século V E.C.), a tradição Theravāda também chamava as coleções tanto de Āgamas quanto de Nikāyas.

[4] O relato presente no Cullavagga do primeiro concílio está localizado no Vin II 284-287. O retiro da estação das chuvas (*vassāvāsa*) é o período de três meses que coincide com a estação chuvosa na Índia, quando os monges budistas evitavam o deslocamento e permaneciam em residências. O retiro geralmente durava do primeiro dia após a lua cheia do mês de julho até o dia seguinte da lua cheia do mês de outubro.

[5] Cf. NYANAPONIKA & HECKER. *Grandes discípulos do Buda*, capítulo 4.

[6] Na tradição Theravāda, a redução à escrita dos textos ocorreu no Sri Lanka no século I E.C. Naquele momento, os monges, apreensivos que os ensinamentos preservados oralmente se perdessem, inscreveram coletivamente os textos em folhas de palmeira e os encadernaram em volumes, os protótipos dos livros. Até este ponto, em que alguns textos individuais poderiam ter sido reduzidos à escrita por monges como auxílios à memória, transcrições oficiais reconhecidas do ensinamento não existiam. Acerca da redução à escrita do cânone, cf. ADIKARAM. *A história do Budismo antigo no Ceilão*, p. 79. • MALALASEKERA. *A literatura pāli do Ceilão*, p. 44-47. É possível que na Índia, textos canônicos possam ter sido reduzidos à escrita antes mesmo do que no Sri Lanka.

[7] Cf., p. ex., CHAU, T.M. *O Madhyama Āgama chinês e o Majjhima Nikāya pāli.* • MUN-KEAT, C. [WEI-KEAT]. *Os ensinamentos fundamentais do Budismo antigo.*

[8] Acerca da natureza do Pāli, cf. NORMAN. *A literatura pāli.*

[9] Cf. MANNÉ, "Categorias de Sutta nos Nikāyas em Pāli", esp. p. 71-84.

[10] A informação acima deriva de CHOONG. *Os ensinamentos fundamentais do Budismo antigo*, p. 6-7.

I – A condição humana

[11] O Rei Pasenadi era o governante do estado de Kosala, cuja capital era Sāvatthī. Jetavana, o Bosque do Príncipe Jeta, também era conhecido como o Parque de Anāthapiṇḍika, porque havia sido comprado para o Buda pelo rico filantropo Anāthapiṇḍika. Os Nikāyas descrevem Pasenadi como um dos seguidores leigos do Buda mais devotados, apesar de os textos jamais o descreverem como tendo alcançado qualquer estado de realização. Um capítulo inteiro do Saṃyutta Nikāya – o Kosalasaṃyutta (capítulo 3) – registra as suas conversas com o Buda.

[12] Ao falar de um arahant, o Buda não descreve o seu destino como "envelhecimento e morte", mas simplesmente como dissolução e descarte do corpo. Isso é porque um arahant, estando livre de todas as noções de "eu" e "meu", não concebe a decadência e a dissolução do corpo como envelhecimento e morte de um certo "eu".

[13] *Devadūta*. De acordo com a lenda, enquanto o Bodhisatta ainda era um príncipe vivendo no palácio, ele teria encontrado um idoso, um doente e um morto, visões com as quais ele nunca havia se deparado anteriormente. Esses encontros destruíram a sua complacência em relação ao mundo e o despertaram para a busca de um caminho para a libertação do sofrimento. Os comentários afirmam que aquelas três figuras eram deidades disfarçadas, enviadas para despertar o Bodhisatta para a sua missão. Por isso a velhice, a doença e a morte são chamadas de "mensageiras divinas".

[14] Yama é o lendário Deus do mundo subterrâneo, que julga os mortos e os envia aos seus destinos futuros. De acordo com algumas versões, ele assim o faz simplesmente colocando um espelho perante o espírito dos mortos, que reflete os seus atos bons ou maus.

[15] As tendências subjacentes (*anusaya*) são disposições para as máculas que jazem adormecidas na mente e se tornam ativas quando provocadas. Alguns textos, como o presente, mencionam três tendências subjacentes: a tendência ao desejo (*rāgānusaya*) pelo prazer sensório; a tendência à aversão (*paṭighānusaya*) pela sensação dolorosa; e a ignorância (*avijjānusaya*) acerca da sensação nem agradável nem desagradável. Outros textos mencionam sete tendências subjacentes: ao desejo sensório, aversão, opinião, dúvida, orgulho, apego à existência e ignorância.

[16] Spk: a escapatória é a concentração, o caminho e o fruto. Ele não sabe disso; a única escapatória que ele conhece é o prazer sensório.

[17] Esses cinco termos constituem um grande padrão para a contemplação. A origem e a dissolução (*samudaya, atthaṅgama*) apontam para a característica da impermanência. Sobre a tríade da gratificação, perigo e escapatória (*assāda, ādinava, nissaraṇa*), cf. p. 185-187.

[18] A sequência irá deixar claro que "o nobre discípulo instruído" aqui descrito é um arahant, o único inteiramente livre das tendências à aversão, ignorância e ao desejo. Contudo, apesar de o arahant ser o único capaz de manter a perfeita equanimidade em relação à dor física, um praticante comum pode imitar o arahant ao tentar superar a tristeza e a depressão ao experienciar sensações corporais dolorosas. Todos que possuem um corpo, inclusive o Buda, estão sujeitos à dor corpórea. Uma característica da maturidade espiritual é a habilidade de suportar a dor sem ser dominado por ela.

[19] O substantivo *paritassanā* é derivado do verbo *paritassati*, que representa o Skt *paritṛṣyati*, "desejar ardentemente, ter sede de"; ele é um cognato etimológico de *taṇhā*, desejar. Porém, em Pāli, o radical verbal se associou a *tasati* = "ter medo, tremer" e, portanto, os seus derivados nominais, tais como *paritassanā* e *paritasita* também adquiriram sentidos derivados de *tasati*. Essa convergência de significados, já evidente nos Nikāyas, é explicitada nos Comentários. Eu tentei captar ambos os matizes ao traduzir o verbo *paritassati* por "estar agitado" e o substantivo *paritassanā* por "agitação". Apesar de o Skp compreender, neste contexto, *paritassanā* no sentido de "desejo", o texto parece estar enfatizando *bhaya-paritassanā*, "agitação como medo".

[20] O mundano não instruído é aquele que carece tanto do conhecimento doutrinário do Dhamma (sublinhado pela expressão *akovida*, "não treinado") quanto do treinamento prático no Dhamma (sublinhado pela expressão *anivīta*, "indisciplinado"). O mundano não é "vidente como os Nobres", i. e., como o Buda e os seus Nobres discípulos, já que ele ou ela carece do olho da sabedoria que discerne a verdade que aqueles já perceberam. "Nobres" (*ariya*) e Pessoas superiores (*sappurisa*) são sinônimos. • Doravante, a noção de "ātman" será traduzida, de acordo com o contexto, por "eu" ou, ao se referir a tudo aquilo que não sejam sujeitos, como "identidade" [N.T.]. • O texto enumera vinte diferentes perspectivas acerca da identidade (*sakkāyadiṭṭhi*), obtidas ao se relacionar o "eu" de quatro maneiras em relação aos cinco agregados que constituem a identidade pessoal (*sakkāya*). A visão da identidade é um dos três grilhões que devem ser erradicados ao se "entrar na corrente", o primeiro dos quatro estágios de realização. • Spk. Ele *considera a forma como "eu"* (*rūpaṃ attato samanupassati*), ao considerar a forma e o "eu" como indistintos, como a chama de uma lamparina é indistinguível da sua cor. Ele considera o *"eu" como*

possuidor de forma (*rūpavantaṃ attānaṃ*) quando ela toma o incorpóreo (i. e., a mente ou os fatores mentais) como um "eu" que possui forma, do mesmo modo como uma árvore possui uma sombra; *forma como no "eu"* (*attani rūpaṃ*), quando ele toma o sem forma (a mente) como o "eu" na qual a forma está localizada, como o odor numa flor; *o "eu" como na forma* (*rūpasmiṃ attānaṃ*), quando ele toma o sem forma (a mente), como localizada na forma, como uma joia no seu estojo.

[21] Este Nobre discípulo é, presumivelmente, no mínimo, alguém que "entrou na corrente".

[22] Mahākaccāna foi um discípulo que se destacava ao dar uma análise detalhada das breves palavras do Buda. Para um relato acerca da sua vida e dos seus ensinamentos, cf. NYANAPONIKA & HECKER. *Os grandes discípulos do Buda*, capítulo 6.

[23] Sakka, o governante dos deuses no paraíso Tāvatiṃsa, era um seguidor do Buda. Cf. SN, capítulo 11.

[24] *Papañcasaññāsaṅkhā*. O significado deste composto obscuro não é elucidado nos Nikāyas. O termo parece se referir às percepções e ideias que se tornaram "infectadas" pelos preconceitos subjetivos e foram "elaboradas" pelas tendências para o desejo, orgulho e visões distorcidas. De acordo com os comentários, o desejo, o orgulho e as visões são os três fatores responsáveis pela elaboração conceitual (*papañca*). Um estudo detalhado da expressão se encontra em Ñāṇananda, *Conceito e realidade no pensamento Budista antigo*.

[25] Sv: *busca* (*pariyesanā*) é a busca de objetos como formas visíveis etc., e *ganho* (*lābha*) é a posse de tais de tais objetos. *Tomada de decisão* (*vinicchaya*) é decidir o quanto guardar para si e quanto dar para outrem; o quanto usar e quanto gastar etc.

[26] A ira, o ódio e a ilusão (*lobha*, *dosa*, *moha*) são as "três raízes prejudiciais" – as causa originárias de todas as impurezas mentais e ações prejudiciais; cf. p. 149-150.

[27] *Anamataggo 'yam bhikkhave saṃsāro*. O significado original de *anatamagga* é incerto. O Skp o explica como "possuindo um começo não detectável". Ou seja: "mesmo que o conhecimento o busque por cem ou mil anos, ele não possuiria um começo identificável, o começo é desconhecido. Não seria possível conhecer o seu início a partir daqui ou dali; o sentido é de que ele não possui um ponto primeiro ou último como limite. *Saṃsāra* é a ocorrência sucessiva ininterrupta dos agregados".

[28] *Jambudīpa*. "A terra da macieira rosa", o subcontinente indiano.

[29] *Kappa*. Aparentemente, uma *mahākappa*, uma "grande era" é o que pretende se dizer aqui, o que significa o período de duração que leva para que um sistema cósmico surja, desenvolva-se e pereça. Cada *mahākappa* consiste em quatro *asaṅkeyyakappas*, períodos segmentados de expansão, estabilização, contração e dissolução. Para uma discussão da cosmologia Budista antiga, cf. GETHIN. *Os fundamentos do Budismo antigo*, p. 112-115.

[30] Uma *yojana* é, aproximadamente, sete milhas, ou seja, cerca de 11km (11.265m).

II – Aquele que traz a luz

[31] Suttanipāta v. 335.

[32] Apesar de o ideal do Bodhisattva ser geralmente compreendido como uma característica do Budismo Mahāyāna, todas as escolas sectárias do Budismo no período que antecedeu o surgimento do Mahāyāna partilham da crença de que o Buda percorreu o caminho do Bodhisattva por muitas eras, atingindo, finalmente, as condições para alcançar o estado de Budeidade. A contribuição específica do Mahāyāna foi advogar a tese de que a carreira do Bodhisattva se tornasse o modelo prescrevido para todos os seguidores do Budismo seguirem.

[33] As "seis coisas insuperáveis" (*cha anuttariyā*) são explicadas no AN 6: 130: a visão insuperável (i. e., a visão de um Buda ou de um discípulo seu); a audição insuperável (i. e., ouvir o Dhamma de um Buda ou de um discípulo seu); o ganho insuperável (i. e., alcançar a fé em um Buda ou num discípulo seu); o treinamento insuperável (i. e., o treinamento na moralidade superior, na mente superior, na sabedoria

superior conforme ensinadas por um Buda ou por um discípulo seu); o serviço insuperável (i. e., o serviço para um Buda ou um discípulo seu); a recordação insuperável (i. e., recordar-se de um Buda ou de um discípulo seu). Os "quatro conhecimentos analíticos" (*catasso paṭisambhidā*) são os conhecimentos analíticos do sentido, da doutrina, da linguagem e da engenhosidade. Os frutos daquele que "entra na corrente" etc., são explicados no capítulo X.

[34] Como o atendente pessoal do Buda, Ānanda era conhecido pela sua dedicação pessoal ao Mestre. Na parte principal do sutta, onde ele articula as crenças tradicionais nos fenômenos maravilhosos que acompanham a concepção e o nascimento do Buda, ele parece representar a voz da devoção fiel.

[35] Isso se refere ao renascimento do Bodhisattva no Paraíso Tusita, que precede o seu nascimento no mundo humano como o Buda futuro.

[36] Ps: no intervalo de cada três sistemas-mundo há um interstício que mede 8.000 *yojanas*; é como um espaço entre três rodas de uma carroça ou três cuias de esmola que se tocam. Os seres que lá vivem renasceram nesses locais por terem cometido alguma ofensa terrível contra os seus pais ou ascetas e brâmanes corretos, ou ainda por causa de algum hábito maléfico como matar animais etc.

[37] Ps: as quatro divindades foram os Quatro Grandes Reis (i. e., as divindades que presidem o paraíso dos Quatro Grandes Reis).

[38] O Ps explica cada um desses fenômenos como um sinal das realizações futuras do Buda. Portanto, "ficar de pé" (*pāda*) firmemente sobre o chão foi um sinal da sua realização das quatro bases do poder espiritual (*iddhipāda*); "olhar para o norte", ir além e acima da multidão; seus "sete passos", a conquista dos sete fatores da iluminação; o "guarda-sol" branco significa a realização do guarda-sol da libertação; o seu "exame dos quadrantes", a aquisição completa da omnisciência; falar as palavras do "líder do rebanho" (um epíteto para uma pessoa eminente), colocar em movimento de modo irreversível a Roda do Dhamma; a sua afirmação "este é o meu último nascimento", significa a sua passagem para o Nibbāna sem resíduo remanescente (v. o Texto IX, 5(5)).

[39] Esta afirmação parece ser uma maneira do Buda chamar a atenção para a qualidade que ele considerava como verdadeiramente fantástica e maravilhosa.

[40] Na versão não condensada do texto, o ouro e a prata são excluídos das coisas sujeitas à doença, morte e dor, mas são sujeitos à impureza; de acordo com o PS, porque eles podem ser misturados com metais de valor mais baixo.

[41] *Ākiñcaññāyatana*. Esta é a terceira realização meditativa do sem forma; precedida das quatro jhānas, ela é a sétima das oito conquistas (*samāpatti*) na escala da concentração. Essas realizações, apesar de espiritualmente exaltadas, ainda se encontram na esfera do mundano e, divorciadas da intuição, não conduzem diretamente ao Nibbāna.

[42] I. e., conduz ao renascimento no plano da existência chamado de "a base da nulidade", a contraparte objetiva da sétima realização meditativa. Acerca deste plano, diz-se que a duração da vida é de 60.000 eras, mas após ser vivida, deve-se retornar a um mundo inferior. Por isso, alguém que alcança este plano ainda não se encontra livre do nascimento e da morte.

[43] *N'eva saññānāsaññāyatana*. Esta é a quarta e última realização do sem forma. Deve ser notado que Uddaka Rāmaputta é filho (*putta*) de Rāma, e não o próprio Rāma. O texto dá a impressão de que, apesar de Rāma ter atingido a realização da base da nem-percepção-e-nem-não-percepção, o próprio Uddaka não teria conseguido. A realização dessa base conduz ao renascimento na base da nem-percepção-e-nem--não-percepção, o plano de renascimento mais superior no saṃsāra. Lá, diz-se, a duração da vida é de 84.000 eras, porém, sendo condicionado e impermanente, ainda assim é, em última análise, insatisfatório.

[44] O **Texto II, 3(2)** continua a partir deste ponto com um relato extenso das práticas ascéticas extremas do Bodhisatta, seguido da sua descoberta do caminho do meio.

[45] Saccaka era um debatedor, o qual, numa ocasião anterior, o Buda havia derrotado numa discussão. Aggivessana, o nome pelo qual o Buda se dirige a ele mais abaixo, é provavelmente o nome do seu clã.

O presente discurso começa com uma discussão acerca da sensação agradável e desagradável, o que dá a Saccaka a oportunidade de colocar essas perguntas para o Buda.

[46] É confuso que nos próximos parágrafos se mostre o Bodhisatta realizando mortificações *após* ele chegar à conclusão – nesta passagem – que tais práticas são inúteis para a realização da iluminação. Essa anomalia pode levar à suspeita de que a sequência narrativa dos sutta tenha se embolado. O local apropriado para a imagem dos gravetos, assim parece, seria ao final do período de experimentação ascética do Bodhisatta, quando ele adquiriu uma base sólida para rejeitar a automortificação como um caminho para a iluminação.

[47] Esta frase, repetida também ao final de cada uma das próximas seções, responde à segunda das duas perguntas feitas por Saccaka no § 11.

[48] O Ps explica que, quando o Bodhisatta era uma criança, o seu pai o levou para participar da celebração do festival da semeadura cerimonial dos Sakyas. Os atendentes do jovem príncipe o deixaram sob uma macieira rosa e foram assistir à cerimônia. Se achando sozinho, o Bodhistta espontaneamente se sentou na postura meditativa e atingiu o primeiro jhāna, através da atenção na respiração. Apesar do sol se mover, a sombra da árvore permaneceu sobre o Bodhisatta. Quando os atendentes retornaram e encontraram o menino sentado meditando, eles informaram ao rei, que veio e se prostrou em veneração ao seu filho.

[49] Esta frase responde a primeira das duas perguntas feitas por Sakala no § 11. Esta passagem mostra uma mudança na avaliação do prazer por parte do Bodhisatta. Quando o prazer surge do isolamento e do desapego, não se trata mais de algo que deve ser temido e descartado pela prática das austeridades, mas se torna um acessório nos estágios superiores ao longo do caminho para a iluminação.

[50] Na fórmula costumeira da originação dependente, afirma-se que a consciência é condicionada pelas formações volitivas (*saṅkhārapaccayā viññāṇaṃ*). Esta variante revela que a interconexão entre consciência e nome e forma é o "vórtex oculto" que subjaz a toda existência no ciclo de renascimentos.

[51] Spk: "neste sentido pode-se nascer, envelhecer e morrer". Com a consciência como condição para nome e forma, e com nome e forma como condição para a consciência, nesse sentido pode-se nascer e renascer. O que existe além disso que pode nascer ou renascer? Não é exatamente isto que nasce e renasce?

[52] Note-se que o Buda descobre o caminho para a iluminação ao atingir a cessação da consciência, do nome e forma e de outros elos da originação dependente. A cessação é realizada através da experiência do Nibbāna, o elemento imortal.

[53] Neste ponto o texto introduz as formações volitivas. A sua condição principal é a ignorância e, portanto, ao mencionar a sua origem, a ignorância se encontra implícita aí. Desse modo, todos os doze fatores da fórmula tradicional da originação dependente são incluídos, pelo menos implicitamente.

[54] *Ālaya*. A palavra significa tanto os objetos do apego quanto a atitude subjetiva do apego.

[55] Ao mencionar esses dois temas – a originação dependente e o Nibbāna – em suas reflexões imediatamente após a sua iluminação, o Buda sublinha a importância daqueles para a compreensão do conteúdo da sua iluminação. A iluminação, portanto, envolveu uma compreensão, em primeiro lugar, da originação dependente do sofrimento e, em segundo lugar, do Nibbāna como o estado de libertação última que transcende todos os fenômenos envolvidos na originação dependente do sofrimento. O Buda teve que compreender a originação dependente e, somente quando isso ocorreu, ele pode alcançar a realização do Nibbāna. As "aquisições" (*upadhi*) que são abandonadas podem ser entendidas de duas maneiras: em termos objetivos, como os cinco agregados ou, de forma mais ampla, como todos os objetos de apropriação; e subjetivamente, como o desejo que motiva aquela apropriação.

[56] O Ps levanta a seguinte questão: "Se o Bodhistta, há muito tempo, havia desenvolvido a aspiração de alcançar o estado de Buda de modo a libertar os outros, por que a sua mente, agora, inclina-se em direção à inação?" A razão, o próprio texto afirma, é que somente agora, após se tornar iluminado, ele reconheceu o quão profundo era o Dhamma, e quão difícil seria para aqueles com pesadas máculas compreendê-lo. Ele também queria que Brahmā o pedisse para pregar, de modo que aqueles que venerassem Brahmā também respeitariam o Dhamma e o desejariam ouvir.

[57] Esses cinco monges acompanharam o Bodhisatta durante o seu período de automortificação, convencidos de que ele atingiria a iluminação e os ensinaria o Dhamma. Porém, quando ele abandonou as suas austeridades e voltou a comer comida sólida, eles perderam a fé e o desertaram, o acusando de haver retornado "ao luxo". Cf. **Texto II, 3(2)**.

[58] *Anantajina*: talvez esse fosse um epíteto usado pelos Ājivakas para o indivíduo espiritualmente perfeito.

[59] *Avuso*: um termo familiar para se dirigir aos iguais.

[60] A mudança na forma de tratamento de "você" (*āvuso*) para "Venerável" (*bhante*), indica que o grupo de cinco monges aceitou a declaração do Buda e que estão prontos para considerá-lo seu superior.

[61] Nesta altura o Buda já lhes pregou o primeiro sermão, o Dhammacakkappavattana Sutta, "Colocando em movimento a roda do Dhamma"; cf. **Texto II, 5**. Vários dias depois, após todos eles terem alcançado o estado de "alguém que entra na corrente", o Buda os ensinou o Anattalakkhaṇa, "A característica do não eu", após o qual ser ouvido, todos atingiram o estado de arahant; cf. **Texto IX, 4(1) (c)**. A narrativa completa se encontra no Vin I 7-14. Cf. ÑĀṆAMOLI. *A vida do Buda*, p. 47.

[62] A primeira seção acerca da exposição de cada Nobre Verdade simplesmente revela o conhecimento da própria verdade (*saccañāṇa*).

[63] A segunda seção acerca da exposição de cada Nobre Verdade revela o conhecimento da tarefa a ser realizada em relação àquela verdade (*kiccañāṇa*). A primeira Nobre Verdade deve ser completamente compreendida (*pariññeya*), a segunda deve ser abandonada (*pahātabba*), a terceira deve ser alcançada (*sacchikātabba*), e a quarta deve ser desenvolvida (*bhāvetabba*).

[64] A terceira seção acerca da exposição de cada Nobre Verdade revela o conhecimento da completude da tarefa apropriada a cada Nobre Verdade (*katañāṇa*). A primeira Nobre Verdade foi completamente conhecida (*pariññāta*), a segunda foi completamente abandonada (*pahīna*), a terceira foi totalmente realizada (*sacchikata*), e a quarta foi completamente desenvolvida (*bhāveta*).

[65] As três fases (*tiparivaṭṭa*) são: (i) o conhecimento de cada verdade; (ii) o conhecimento acerca da tarefa que deve ser realizada em relação àquela verdade; (iii) o conhecimento de que tal tarefa foi realizada. Os doze modos (*dvādasākāra*) são obtidos ao se aplicar as três fases a cada uma das quatro verdades.

[66] Esta frase-padrão significa que, naquela ocasião, Koṇḍañña alcançou o primeiro estado da iluminação, o de "alguém que entra na corrente".

[67] Esses são os devas das seis esferas sensíveis dos paraísos e o mundo de Brahmā.

III – Aproximando-se do Dhamma

[68] Dentre os critérios que ele propõe se encontra "a opinião dos sábios", o que demonstra que, longe de rejeitar as opiniões dos outros, o Buda incluía as opiniões do tipo certo de pessoa entre os padrões para se determinar a conduta apropriada. Outros suttas nos informam como podemos julgar quem são as pessoas verdadeiramente sábias; cf. **Texto III, 4** e **5**.

[69] O Mp explica que esta cidade estava localizada à beira de uma floresta. Vários grupos de andarilhos e ascetas paravam e lá passavam à noite antes de cruzar a floresta. Durante a sua estada, aqueles grupos conversavam com os Kālāmas e, talvez por isso, os Kālāmas tenham sido expostos a várias teorias filosóficas. O conflito entre as visões distintas causou-lhes dúvida e perplexidade.

[70] A passagem acima é padrão nos Nikāyas.

[71] Esses dez critérios inadequados de verdade podem ser agrupados em três classes: (1) a *primeira* contém os quatro primeiros critérios, todos eles baseados na reverência pela tradição. Desses, o (i) "tradição oral" (*anussava*), refere-se à tradição védica, a qual, de acordo com os brâmanes, originou-se com a divindade primeva e foi transmitida oralmente através de sucessivas gerações. O (ii) "linhagem" (*paramparā*) signifi-

ca uma sucessão ininterrupta de ensinamentos e mestres. O (iii) "ouvir dizer" – ou "relato" (*itikirā*) – pode significar o senso comum ou consenso popular. E o (iv) "uma coleção de textos" (*piṭakasampadā*), refere-se a uma coleção de textos considerada infalível. (2) O *segundo* conjunto, também formado por quatro elementos, constitui-se de quatro tipos de raciocínios, e as suas diferenças não nos importam muito aqui. (3) E o terceiro conjunto, composto pelos dois últimos itens, refere-se a dois tipos de autoridade pessoal: (i) o carisma pessoal de quem fala (talvez incluindo aí as suas qualificações externas, p.ex., alguém com muito estudo, com grande número de seguidores, respeitado pelo rei etc.); e (ii) a condição de quem fala como o guru de alguém (a palavra Pāli *garu* é idêntica ao Sânscrito *guru*). Para uma análise detalhada, cf. JAYATILLEKE, *A teoria do conhecimento Budista antiga*, p. 175-202, 221-275.

[72] A cobiça, o ódio e a ilusão são as três raízes prejudiciais. O objetivo do ensinamento Budista, o Nibbāna, é definido como a destruição da cobiça (ou do desejo), do ódio e da ilusão. Dessa maneira, o Buda está direcionando os Kālāmas para a essência do seu ensinamento.

[73] Aqui o Buda introduz as quatro moradas divinas (*brahmavihāra*): gentileza amorosa infinita, compaixão, alegria altruística e equanimidade.

[74] Mp: porque ele não pratica o mal e porque nenhum mal (i. e., sofrimento) recairá sobre ele.

[75] Uma passagem padrão. "Tomar refúgio" é um ato através do qual um recém-convertido reconhece o Buda, o Dhamma e a Saṅgha como guias ideais. Na tradição Budista, a fórmula se tornou o procedimento pelo qual alguém se declara formalmente uma ou um budista.

[76] *Gāmaṇi*. A palavra sugere que a pessoa possui influência na cidade.

[77] Note que o chefe atribui aqui, ao Buda, como uma citação direta, uma afirmação geral da relação causal entre desejo e sofrimento que não se encontra nas palavras do Buda acima. A afirmação, contudo, é obviamente necessária como referente "deste princípio" (*iminā dhammena*). É possível, portanto, que a afirmação estivesse no texto original, mas que pode ter saído ao longo de sua transmissão oral. Um pouco mais abaixo, o Buda, de fato, afirma aquilo.

[78] Eu li, junto com o Be e o Ce, *ajānantena*, ao contrário do Ee, *ājānantena*. A forma negativa é claramente necessária aqui, já que o monge que não pode conhecer diretamente a mente do Buda e deve inferir do seu comportamento corporal e verbal que ele se encontra totalmente purificado.

[79] "Estados conhecidos através do olho" são as ações corpóreas; "estados conhecidos através do ouvido" são as palavras.

[80] "Estados mistos" sugere a conduta de alguém que está tentando purificar o seu comportamento, mas se revela incapaz de fazê-lo de forma consistente. Às vezes a sua conduta é pura, às vezes impura.

[81] Ps: os perigos são o orgulho, a arrogância etc., pois alguns monges são calmos enquanto não se tornam famosos e populares, mas quando eles se tornam famosos e populares, eles circulam agindo de forma inapropriada, atacando outros monges como um leopardo dando o bote num rebanho de cervos.

[82] Ps: esta afirmação mostra a imparcialidade do Buda. Ele não louva alguns e denigre outros.

[83] *So tasmiṃ dhamme abhiññāya idh'ekaccaṃ dhammaṃ dhammesu niṭṭhaṃ gacchati*. De modo a traduzir o sentido pretendido, eu traduzi, aqui, a segunda ocorrência de *dhamma* como "ensinamento", i. e., a doutrina específica ensinada a ele, e o plural *dhammesu* como "ensinamentos"; *tasmiṃ dhamme* como "aquele Dhamma", no sentido da totalidade do ensinamento. Tanto o Ps quanto o Ps-pṭ explicam a passagem da seguinte maneira: "quando o Dhamma foi ensinado pelo Mestre, o monge, ao conhecer diretamente o Dhamma através da penetração no caminho e do resultado, o Nibbāna, chega a uma conclusão acerca do ensino preliminar do Dhamma sobre os auxílios à Iluminação (*bodhipakkhiyā dhammā*)".

[84] Isso se refere à fé de uma pessoa Nobre (*ariyapuggala*), que enxergou o Dhamma e, por isso, não pode reconhecer nenhum outro Mestre que não seja o Buda.

[85] Ele era um brâmane famoso que reinava sobre Opasāda, uma propriedade da Coroa no estado de Kosala que lhe havia sido doada pelo Rei Pasenadi.

[86] Aparentemente, este é o nome familiar de Kāpaṭhika.

[87] Esses são os antigos rishis, os quais os brâmanes consideravam os autores divinamente inspirados dos hinos védicos.

[88] Em Pāli, *saddhā, ruci, anussava, ākāraparivitakka, diṭṭhinijjhānakkhanti*. Dessas cinco bases para se atingir a convicção, as duas primeiras parecem ser baseadas na emoção, a terceira numa aceitação inquestionável da tradição e, as duas últimas, basicamente racionais ou cognitivas. As três últimas estão incluídas entre as dez bases inaceitáveis para a crença no **Texto III, 2**. Os "dois caminhos diferentes" para os quais qualquer uma delas pode conduzir são o verdadeiro e o falso.

[89] Não é apropriado para ele chegar a uma conclusão, na medida em que ele próprio não aferiu a verdade da sua convicção, mas simplesmente a aceitou de uma forma que não pode ser verificada.

[90] *Saccānurakkhana*, ou salvaguardando, preservando a verdade.

[91] *Saccānubodha*, ou o despertar da verdade.

[92] Nesta série, "ele investiga" (*tūleti*), de acordo com o Ps, significa que ele investiga os fenômenos como impermanentes, que conduzem ao sofrimento e ao não eu. Este é o estágio de contemplação intuitiva. "Aplica a vontade" (*ussahati*) e "se esforça" (*padahati*) parecem ser similares. Poderíamos entender o primeiro como o esforço que conduz à intuição, e o segundo como sendo o esforço que conduz da intuição à realização que transcende o mundo. Este último sentido é obtido pelo contexto da expressão "ele realiza com o seu corpo a verdade suprema". A verdade suprema (*paramasacca*) é o Nibbāna.

[93] Enquanto que "a descoberta da verdade" (*saccānubodha*) neste contexto significa a realização do estado de "entrada na corrente", a chegada final à verdade (*sacchānuppatti*) deve significar a conquista do estado de arahant. Note que a chegada final à verdade não ocorre através de nenhuma nova medida, mas sim através do desenvolvimento repetido daqueles mesmos fatores que conduziram à descoberta da verdade.

[94] Ps: os brâmanes acreditavam que eles próprios eram nascidos da boca de Brahma, os *khattiyas* do seu peito, a classe mercantil (*vessa*) da barriga dele, e os trabalhadores (*sudda*) das pernas dele, e *samaṇas* das solas dos seus pés.

IV – A felicidade visível na vida presente

[95] Como uma baliza para o monarca universal, o Dhamma não é o ensinamento do Buda, mas a lei moral da justiça e equidade com a qual o rei justo governa o seu país e conquista a soberania pelo mundo. Na iconografia indiana, a roda (*cakka*) é o símbolo da soberania tanto na esfera espiritual quanto na esfera temporal. O governante universal assume a realeza quando a "roda do tesouro" mística aparece para ele (cf. **Texto IV, 6(5)**); a roda de tesouro persiste como símbolo do seu reinado. De forma análoga, o Buda coloca em movimento a roda do Dhamma, que não pode ser parada por ninguém no mundo.

[96] Compare com o grito dos devas na conclusão do **Texto II, 5**.

[97] Nakulapitā e a sua esposa Nakulamātā eram os principais dentre os discípulos leigos do Buda, no que concerne a fé dos discípulos por ele. Cf. NYANAPONIKA & HECKER. *Os grandes discípulos do Buda*, p. 375-378.

[98] Anāthapiṇḍika era o principal apoiador leigo do Buda. Cf. NYANAPONIKA & HECKER. *Os grandes discípulos do Buda*, capítulo 9.

[99] *Dāsī*: literalmente, uma escrava. Felizmente, em sociedades budistas, esta recomendação não foi levada muito a sério, e os três primeiros modelos da esposa ideal prevaleceram.

[100] Visākhā era a principal apoiadora leiga do Buda. O Parque Leste foi o mosteiro que ela construiu para o Buda na parte leste de Sāvatthī.

[101] Este argumento procura refutar a afirmação dos brâmanes de que eles teriam nascido da boca de Brahmā.

[102] *Yona* é, provavelmente, a colônia grega da Báctria, localizada no Afeganistão e no Paquistão modernos. Os gregos ali viveram e reinaram após as conquistas de Alexandre o Grande. *Kamboja* se localiza, provavelmente, à noroeste do "País Médio" indiano, a grande planície formada pelos rios Ganges e Iamuná.

[103] O Rei Ajātasattu assumiu o poder após matar o seu pai, o virtuoso Rei Bimbisāra, um apoiador do Buda que atingiu o estado de alguém que "entrou na corrente", o primeiro estágio no processo de libertação. Posteriormente, Ajātasattu sentiu remorso pelo crime horrível praticado e, após escutar o Buda pregando o Sāmaññaphala Sutta (DN 2), tornou-se um seguidor seu. A confederação Vajjia, ao norte de Magadha, na outra margem do Rio Ganges, era formada pelos Licchavi de Vesālī e dos Vedehi (de Videha – local de origem da mãe de Ajātasattu), cuja capital era Mithilā.

[104] O *Uposatha* é o dia de observância religiosa no calendário lunar indiano. Ele cai nos dias de lua cheia (o décimo-quinto da quinzena), de lua nova (o décimo quarto ou quinto da quinzena) e nos de meia-lua. O "uposatha do dia quinze" referido é, provavelmente, o uposatha da lua-cheia.

[105] Eu corrijo, aqui, um erro na tradução de Walshe. Ele traduz a passagem como se os ascetas e brâmanes virtuosos devessem se dirigir ao rei sobre como se guiar acerca do benéfico e do prejudicial. O texto Pāli, porém, é claro no sentido de que é o rei que deve buscar os ascetas e brâmanes para o guiarem.

[106] *Yathābuttañ ca bhuñjatha*. O Pāli, literalmente, significa "coma a comida como tem sido comida", mas a tradução escolhida parece ser o sentido implicado. A tradução de Walshe "seja moderado ao comer" não está correta.

[107] *Purohita*. Este era um brâmane que servia como conselheiro real sobre assuntos religiosos e temporais.

V – O caminho para um renascimento afortunado

[108] *Cetanā'haṃ bhikkhave kammaṃ vadāmi karoti kāyena vācāya manasā* (AN III 415).

[109] A diferença não parece tão acentuada na literatura dos sutta, mas nos comentários ela se torna engessada numa delimitação precisa entre os tipos de resultados que qualquer kamma pode produzir.

[110] Para a diferença entre esses dois tipos de visão correta, cf. MN 117 (não incluído nesta antologia). Na terminologia técnica dos comentários em Pāli, até mesmo a intuição acerca das três características (impermanência, sofrimento e não eu) e o conhecimento do aspecto causal da originação dependente ainda pertencem à esfera mundana (*lokiya*), já que os seus objetos são fenômenos do mundo. No sistema dos comentários, somente o conhecimento direto do incondicionado, do Nibbāna, é classificado como visão correta supramundana. Todavia, eu utilizo aqui os termos "supramundano" e "que-transcende-ao-mundo" (*lokuttara*) em sentido mais amplo, como se referindo ao conhecimento e visão (ou, de forma mais ampla, a todas as práticas) que conduzem à transcendência do mundo.

[111] Para uma discussão mais completa da base psicológica da cosmologia do Budismo antigo, cf. GETHIN. *Os fundamentos do Budismo*, p. 119-126.

[112] Respectivamente, *dasa akusalā kammapathā* e *dasa kusalā kammapathā*. Nos Nikāyas, este último ocorre no AN V 57; ambos se encontram no DN III 128.

[113] Os textos Budistas de uma data um pouco mais tardia do que os estratos mais antigos do cânone adicionam um quarto mal destino, a dimensão dos *asuras*. No cânone antigo, os asuras eram descritos como seres titânicos perpetuamente ocupados em conflito com os devas, mas para os quais não se aponta uma dimensão em separado. Como as suas condições de vida, de acordo com as descrições do cânone, não podem ser chamadas de "insuportavelmente miserável", os comentadores identificam os asuras – que constituiriam um quarto mal destino – com uma classe de seres que habitam a dimensão dos espíritos aflitos, e não com aqueles asuras que vivem em perpétuo conflito com os devas. É desnecessário dizer que a imagem que emerge quando os asuras são considerados de forma distinta se torna relativamente confusa: se eles são os seres que lutam contra os devas, eles não são descritos como vivendo uma vida miserável; se eles são uma classe de seres vivendo na dimensão espiritual, parece não haver razão para tratar aquela dimensão em separado.

[114] Eu descrevo aqui as esferas de renascimento correspondentes ao quarto jhāna de acordo com a cosmologia da escolástica Budista antiga. Outras escolas do Budismo antigo – baseadas em textos paralelos aos Nikāyas – dividiram o terreno da dimensão do quarto jhāna de forma um pouco diferente.

[115] A comunidade dos discípulos é constituída por quatro pares de pessoa, aqueles que entraram nos quatro caminhos e aqueles que atingiram os seus frutos. V. p. 373.

[116] *Subhakiṇhā devā*. Essas são as divindades que habitam a esfera mais alta de renascimento correspondente ao quarto jhāna.

[117] O AN IV: 235 explica isso como um desenvolvimento do Nobre Caminho Óctuplo; já o AN IV 236, como um desenvolvimento dos sete fatores da iluminação.

[118] Esta é uma visão moral niilista e materialista que nega um estado pós-morte e os frutos do kamma. "Não existe nada que seja dado" significa que não há frutos no doar, na doação; "Não há nem esse mundo e nem um outro mundo" significa que não ocorre o renascimento nem neste mundo e nem no outro mundo; "não há nem pai nem mãe" significa que não ocorrem resultados quando da boa ou má conduta em relação aos pais. A afirmação acerca de ascetas e brâmanes nega a existência de Budas e arahants.

[119] O Ps afirma que os "devas radiantes" não são uma classe separada de devas, mas um nome coletivo para as três classes que se seguem; o mesmo para os "devas da glória".

[120] Deve ser notado que, enquanto a "conduta de acordo com o Dhamma" como descrita neste sutta é uma condição necessária para o renascimento num dos mundos paradisíacos superiores e para a destruição das máculas, ela não se trata, de forma alguma, de uma condição suficiente. Para o renascimento naquelas dimensões, começando com a dos devas do séquito de Brahmā, é exigida a realização do estado meditativo (*jhāna*); o renascimento nas moradas puras (as cinco começando por aquela dos devas *avihā*) exige a conquista do estado "daquele que não mais retorna". O renascimento nas dimensões incorpóreas exige a realização das conquistas incorpóreas correspondentes, e a destruição das máculas exige a prática integral do Nobre Caminho Óctuplo até se atingir o sendeiro para o estado de arahant.

[121] Ps: se o kamma de matar determina diretamente o modo de renascimento, ele irá produzir um renascimento num mau destino. Mas se um kamma benéfico conduz a um renascimento humano – e o resultado do renascimento como um ser humano é sempre o resultado de um kamma benéfico – o kamma de matar irá sempre operar de modo contrário àquele do kamma gerador de renascimento ao causar várias adversidades que podem culminar numa morte prematura. O mesmo princípio vale para os casos subsequentes nos quais o kamma prejudicial amadurece numa existência humana futura: em cada ocasião, o kamma prejudicial se contrapõe ao kamma benéfico responsável pelo renascimento humano ao causar algum tipo de infortúnio específico à sua natureza.

[122] Neste caso, o kamma benéfico de se abster de matar é diretamente responsável seja pelo renascimento paradisíaco ou pela longevidade numa existência humana. O mesmo princípio se aplica a todas as passagens que dizem respeito à maturação do kamma benéfico.

[123] Isto significa que o ato de doar não é suficiente para se obter o resultado esperado. Ele deve ser baseado numa conduta moral pura. Par alguém cuja conduta imoral é persistente, a generosidade não basta para se obter um renascimento favorável.

[124] I. e., dito na medida em que o renascimento no mundo de Brahmā – e em outras dimensões da esfera da forma – é alcançado através da realização dos jhānas, os quais requerem a supressão do desejo sensório.

[125] Sobre o uposatha, cf. p. 155.

[126] O "momento apropriado" para as refeições, de acordo com os preceitos monásticos e da observância do uposatha, é aquele entre a aurora e o meio-dia. A partir do meio-dia, a comida sólida e alguns tipos de líquidos que alimentam (como o leite) não podem ser consumidos. Sucos de fruta, bebidas leves, chá, chás herbais e outros líquidos leves são permitidos.

[127] Esses são alguns dos antigos estados do subcontinente indiano e de regiões adjacentes.

[128] O Ps explica a "ação limitante" (*pamāṇakaṭaṃ kammaṃ*) como o kamma pertencente à esfera dos sentidos (*kāmāvacara*). Ela é oposta a uma "ação ilimitante" ou imensurável, ou seja, os jhānas e as realizações do sem forma. Neste caso, alude-se aos *brahmavihāras* desenvolvidos no nível de jhāna. Quando se domina um jhāna ou uma realização do sem forma, um kamma oriundo da esfera sensível não encontra a oportunidade de gerar o seu resultado próprio. Ao contrário, o kamma oriundo da esfera da forma ou da esfera do sem forma supera o kamma da esfera dos sentidos e produz os seus resultados. O domínio de uma *brahmavihāra* conduz ao renascimento no mundo de Brahmā.

[129] Uma "pessoa que possui a visão correta" (*diṭṭhisampanna puggala*) é alguém que "entrou-na-corrente". Aquele que "entrou na corrente" e aqueles que atingiram realizações ainda mais altas serão discutidos no capítulo X.

[130] Um paccekabuddha é aquele que, como um Buda Perfeitamente Iluminado, alcança a iluminação sem um mestre, mas ao contrário dos Budas, é incapaz de guiar os outros em direção à iluminação. De acordo com a tradição exegética, paccekabuddhas não surgem enquanto o ensinamento de um Buda Perfeitamente Iluminado existir no mundo, mas somente nos períodos de intervalo entre os surgimentos de Budas.

VI – Aprofundando a perspectiva sobre o mundo

[131] Ps: "compreensão total" (*pariññā*) aqui significa a superação (*samatikkanna*) ou o abandono (*pahāna*). Os renunciantes de outras tradições identificam a compreensão total dos prazeres sensórios com o primeiro jhāna, a compreensão total da forma com a existência do sem forma [os planos do sem forma correspondendo às realizações meditativas do sem forma], e a compreensão total das sensações com a existência não sensiente [um plano da existência no qual a percepção se encontra temporariamente suspensa]. O Buda, por outro lado, descreve a compreensão total dos prazeres sensórios como o caminho para o estado de não mais retorno, e a compreensão total tanto da forma quanto das sensações como o caminho para o estado de arahant.

[132] Note-se que enquanto os perigos nos prazeres sensórios anteriores eram chamados de "uma massa de sofrimento na vida presente" (*sandiṭṭhiko dukkhakkhando*), aqui ele é chamado de "uma massa de sofrimento na próxima vida" (*samparāyiko dukkhakkhando*).

[133] *Vohārasamuccheda. Vohāra* pode significar negócio, transações, designação, discurso e intenções. O Ps diz que todos os quatro são relevantes, já que, no texto, ele acredita que ele abandonou os negócios, designações, discurso e intenções de um chefe de família.

[134] O Ps explica a "equanimidade que é diversificada, baseada na diversidade" como aquela que se refere às cinco amarras dos prazeres sensórios; a "equanimidade que é unificada, baseada na unidade", como aquela baseada no quarto jhāna.

[135] Māgandiya era um hedonista filosófico que defendia a tese de que se deveria deixar os cinco sentidos desfrutarem de seus respectivos objetos. Ele criticava o Buda pela sua defesa do controle e restrição dos sentidos. O Buda está prestes a demonstrar os riscos do desfrute sensório.

[136] O Ps interpreta "*nippurisa*", "homem nenhum", como se referindo ao fato de que todas eram mulheres. Não só as cantoras/musicistas, mas todos os postos no palácio, incluindo porteiros, como sendo ocupado por mulheres. O pai do Buda havia construído os três palácios e providenciado o séquito de mulheres na esperança de mantê-lo apegado à vida laica e distraí-lo de pensamentos acerca da renúncia ao mundo.

[137] Isto é dito em referência à realização do fruto do estado de arahant (*arahatta-phala-samāpatti*), baseado no quarto jhāna.

[138] "O bosque do deleite" se encontra no paraíso Tāvatiṃsa.

[139] A expressão *viparītasaññā* alude à "percepção distorcida" ao perceber o prazer naquilo que é, de fato, doloroso. O AN 4: 49 fala de quatro distorções da percepção (*saññāvipallāsa*): perceber o não atraente como atraente; o impermanente como permanente; o doloroso como prazeroso e o "sem eu" como possuidor

de um "eu". Os prazeres sensórios são dolorosos porque eles despertam as máculas dolorosas e porque eles produzem frutos dolorosos no futuro.

[140] O que se quer dizer aqui com "visão incorreta" (*michhā diṭṭi*) são aquelas visões de mundo que negam os fundamentos da moralidade, especialmente aqueles que rejeitam o princípio da causalidade moral ou da eficácia do esforço volitivo.

[141] Morar nas matas e o restante estavam entre as práticas ascéticas permitidas pelo Buda. Acerca dos dez laços, cf. p. 352-353. O Spk diz que alguns dentre eles já haviam alcançado o estado daqueles que "entraram na corrente", outros que "só retornarão uma única vez" e outros que "não mais retornarão". Nenhum deles era um ser mundano ou um arahant.

[142] Isso significa a realização do estado de arahant.

VII – O caminho para a libertação

[143] Dentre essas dez visões, aquelas que defendem ideias acerca do mundo (*loka*), implicitamente também defendem ideias similares às de um "eu" (*attā*). Por isso, a primeira antítese é entre eternalismo e niilismo. A visão de que a alma é igual ao corpo é uma visão materialista, um tipo de niilismo; a visão de que a alma é diferente do corpo é um tipo de eternalismo. A visão de que ela não existe após a morte é niilista. A visão de que ela existe e não existe após a morte é uma doutrina sincrética que combina características eternalistas e niilistas; a visão de que ela nem existe e nem inexiste é um modo de ceticismo ou agnosticismo, que negam que se possa determinar corretamente a nossa condição no pós-morte. Todas essas visões, de uma perspectiva Budista, pressupõem que o Tathāgatha existe no presente como um "eu". Daí elas começarem, portanto, com uma premissa errônea e se diferenciarem somente no que tange o destino do "eu" de modos diferentes.

[144] Aqueles que ficam se perguntando acerca do destino do monge que quase deixou o Buda para satisfazer a sua curiosidade metafísica, ficarão aliviados em saber que, em sua velhice, Māluṅkyāputta ouviu um breve discurso do Buda acerca das seis bases sensórias, isolou se e atingiu o estado de arahant. Cf. SN 35: 95.

[145] Devadatta era o primo ambicioso do Buda que tentou matá-lo e usurpar o controle da Saṅgha. Quando essas tentativas falharam, ele se desligou da Comunidade e tentou estabelecer a sua própria seita com ele como líder. Cf. ÑĀṆAMOLI. *A vida do Buda*, p. 266-269.

[146] Ps: "conhecimento e visão" (*ñāṇadassana*) aqui se referem ao "olho divino", a habilidade de ver formas sutis invisíveis à visão normal.

[147] Esta tradução segue o Be e Ce, que leem *asamayavimokkhaṃ* na frase precedente e *asamayavimuttiyā* nesta frase. O Ee parece se equivocar ao ler *samaya* nos dois compostos e *ṭhāṇaṃ* ao invés de *āṭṭhāṇaṃ*. O Ps cita o *Paṭisambhidāmagga* para uma definição de *asamayavimokkhaṃ*, (lit. emancipação "não temporária" ou "perpétua") como os quatro caminhos, os quatro frutos e o Nibbāna, e define *samayavimokkhaṃ* (emancipação temporária) como os quatro jhānas e os quatro estados do sem forma. Cf. tb. MN 122.4.

[148] O Ps afirma que "a inabalável libertação da mente" (*akuppā cettovimutti*) é o fruto do estado de arahant. Por isso, "emancipação perpétua" – que inclui todos os quatro caminhos e os seus frutos – possui um alcance mais amplo do que "inabalável libertação da mente". O último somente é considerado a verdadeira finalidade da vida espiritual.

[149] *Rāgavirāgatthaṃ*. Isso também poderia ter sido traduzido, de forma mais estranha, por "o desapaixonamento da paixão" ou ainda "o não mais desejar o desejo".

[150] Spk: quando estava em retiro, Ānanda pensou: "Esta prática de um monge alcança o sucesso para aquele que confia em bons amigos e emprega um esforço viril, portanto, ela depende de bons amigos e de um esforço viril".

[151] Vacchāyana é o nome do clã de Pilotika.

[152] Cf. p. 406 (capítulo V, n. 126).

[153] Os sinais, as marcas (*nimitta*) são as características proeminentes do objeto que, observado de forma displicente, pode instigar pensamentos prejudiciais; as características (*anubhyañjana*) são os detalhes que atraem a atenção de alguém quando não se controla os sentidos. "Desejo e depressão" (*abhijjhā-domanassa*) implica as reações opostas do desejo e da aversão, a atração e a repulsa pelos objetos dos sentidos.

[154] Aqui, o desejo (*abhijjhā*) é sinônimo de desejo sensual (*kāmacchanda*), o primeiro dos cinco obstáculos ou máculas. A passagem inteira trata da superação dos obstáculos.

[155] Ele não chega a esta conclusão porque tanto os jhānas, quanto os dois próximos conhecimentos superiores que se seguem, não são exclusivos do ensinamento do Buda.

[156] De acordo com o Ps, isso mostra a ocasião do caminho supramundano. Já que até este ponto o nobre discípulo ainda não concluiu a sua tarefa, ele ainda não chegou a uma conclusão (*na tvena niṭṭhaṃ gato hoti*) sobre as Três Joias; ao contrário, ele se encontra *no processo* de chegar a uma conclusão (*niṭṭhaṃ gacchati*). O sutta faz um jogo de palavras com o significado da expressão "chegando a uma conclusão" que se sustenta tanto em Pāli quanto em Português.

[157] Ps: isso mostra a ocasião quando o discípulo atingiu o fruto do estado de arahant, e tendo completado totalmente a sua tarefa, ele chegou a uma conclusão sobre as Três Joias.

VIII – Dominando a mente

[158] Esses são os estados de alguém que "entra na corrente", que "retorna-uma-única-vez", que "não mais retorna" e o estado de arahant. Cf. capítulo X.

[159] Cf., p. ex., AN 9: 3 (IV 358) = Ud 4: 1.

[160] Uma tradução do sutta junto com o seu comentário e excertos substanciais dos subcomentários pode ser encontrado em Soma Thera, *O caminho da atenção*. Duas excelentes apresentações modernas, que também incluem traduções do sutta são: Nyanaponika Thera, *A essência da meditação Budista*, e Anālayo, *Satipaṭṭhāna: o caminho direto para a realização*.

[161] Mp: quando a serenidade é desenvolvida de forma independente da intuição, ela conduz à supressão dos cinco obstáculos, o primeiro sendo o desejo sensório, e culmina na "mente superior" (*adhicitta*) dos jhānas, caracterizada pela ausência de desejo. Mas é somente quando a serenidade é desenvolvida em conjunto com a intuição que ela pode fazer surgir o nobre caminho, que erradica a tendência subjacente ao desejo (pelo caminho do não mais retorno) e ao apego à existência (pelo caminho que conduz ao estado de arahant). O Mp interpreta, aqui, a serenidade no seu segundo sentido, presumivelmente por causa da última frase do sutta.

[162] Mp: é a sabedoria do sendeiro supramundano (*magga-paññā*) que é desenvolvida. A "ignorância abandonada" é a grande ignorância que se encontra na raiz do ciclo de existência.

[163] O estado de arahant é frequentemente descrito como "uma libertação imaculada da mente, libertação pela sabedoria" (*anāsava-cettovimutti-paññāvimutti*). O Mp explica "libertação da mente" (*cettovimutti*) como a concentração conectada com o fruto (do estado de arahant); "libertação pela sabedoria" (*paññāvimutti*) como a sabedoria conectada ao fruto. O Mp está se referindo à "realização meditativa do fruto do estado de arahant" (*arahatta-phala-samāpatti*), um estado de absorção meditativo supramundano no qual o arahant experimenta a bem-aventurança do Nibbāna.

[164] *Samathapubbaṅgamaṃ vipassanaṃ*. Mp: "Isso se refere ao meditador que obtém, em primeiro lugar, a serenidade e, posteriormente, inicia a meditação intuitiva". Os comentadores chamam este tipo de meditador de "alguém que transforma a serenidade no veículo da prática" (*samathayānika*). Cf. Vism 587; Ppn 18: 3.

[165] "O caminho" (*magga*) é o primeiro sendeiro supramundano, aquele dos que "entram na corrente". "Desenvolver o caminho", de acordo com o Mp, significa praticar para a realização dos três caminhos

superiores [os daqueles que "retornam ainda uma vez mais, não mais retornam e do arahant"]. Sobre os dez grilhões, cf. p. 351-353; acerca das sete tendências subjacentes, cf. p. 398 (capítulo I, n. 15).

166 *Vipassanāpubbaṅgamaṃ samathaṃ*. Mp: "isto se refere a alguém que, por tendência natural, primeiro alcança a intuição e, posteriormente, baseado na intuição, produz a concentração". Na literatura exegética, essa pessoa é chamada de "alguém que transforma a intuição em veículo" (*vipassanāyānika*). Cf. Vism 588; Ppn 18: 4.

167 *Samathavipassanaṃ yuganaddhaṃ*. Neste modo de prática, entra-se no primeiro jhāna e, depois, ao emergir dele, aplica-se a intuição àquela experiência, i. e., veem-se os cinco agregados do jhāna (forma, sensação, percepção etc.) como impermanentes, ligados ao sofrimento e sem um "eu". Então se penetra no segundo jhāna e se o contempla com a intuição. Aplica-se o mesmo procedimento aos outros jhānas também, até se alcançar o caminho: daquele que "entra na corrente, retorna uma vez mais ainda etc."

168 *Dhammuddhaccaviggahitaṃ mānasaṃ hoti*. O Mp diz que a "agitação" (*uddhacca*) surge aqui como uma reação às "dez corrupções da intuição" (*vipassanūpakkilesa*), quando se confunde acerca da realização do caminho. (Sobre as corrupções da intuição, cf. Vism 633-38; Ppn 20: 105-28.) É possível, contudo, que a "agitação por causa do ensinamento" se refira ao estresse mental oriundo da avidez em se realizar o Dhamma. Este estado de ansiedade espiritual, quando subitamente resolvido, pode, às vezes, precipitar uma experiência instantânea do despertar. Para uma ilustração, cf. a história de Bāhiya Dārucīriya no Ud 1: 10.

169 O Mp explica "serenidade interna da mente" (*ajjhattaṃ cetosamatha*) como a concentração oriunda da absorção plena (i. e., jhāna), e a "sabedoria superior da intuição dos fenômenos" (*adhipaññādhammavipassanā*) como o conhecimento intuitivo que discerne as formações (*saṅkhāraparigāhaka-vipassanāñāṇa*).

170 "Formações" (*saṅkhārā*) são os fenômenos condicionados abarcados pelos cinco agregados. Sobre os agregados, cf. **Textos IX, 4 (1) (a)-(e)**.

171 O Spk aplica a distinção escolástica de três tipos de escapatória (*nissaraṇa*) para cada obstáculo. Se escapa do obstáculo pela "supressão" (*vikkhambananissaraṇa*) através do jhāna; se escapa "num certo aspecto" (*tadaṅganissaraṇa*) através da intuição; e se escapa pela "erradicação" (*samucchedanissaraṅa*) através do caminho supramundano. Portanto (1) o *desejo sensório* é suprimido pelo primeiro jhāna baseado na natureza pouco atraente do corpo (*asubha*; cf. **Texto VIII, 8** § 10) e erradicado pela realização do caminho do arahant (já que aqui *kāmacchanda* é interpretado de forma ampla o suficiente para incluir o desejo por qualquer objeto, não só o desejo sensório); (2) a *má vontade* é suprimida pelo primeiro jhāna, baseado na gentileza amorosa e erradicada pela realização do caminho daquele que "não mais retorna"; (3) *apatia e torpor* são suprimidos pela percepção de uma luz (i. e., pela visualização de uma luz brilhante, como a esfera do sol ou da lua cheia) e erradicado pela realização do caminho do arahant; (4) *inquietude e remorso* são suprimidos pela serenidade, o *remorso* é erradicado pelo caminho daquele "que não mais retorna" e a *inquietude* é erradicada pela realização do caminho que conduz ao estado de arahant; (5) a *dúvida* é suprimida pela definição da natureza do fenômeno (*dhammavavathāna*; cf. Vism 587-589; Ppn 18: 3-8) e é erradicada pela realização do caminho daquele que "entra na corrente".

172 Esses são os "três pensamentos incorretos", opostos ao pensamento correto ou à intenção correta, o segundo fator do Nobre Caminho Óctuplo. Cf. **Texto VII, 2**.

173 *Dhammavitakka*. O Mp considera este termo como referindo-se às "dez corrupções da intuição", porém, parece mais natural compreendê-lo simplesmente como reflexões obsessivas sobre o Dhamma.

174 Isso se refere às condições preliminares para os seis conhecimentos diretos (*abhiññā*), que serão descritos logo abaixo. A condição preliminar para os cinco conhecimentos diretos mundanos é o quarto jhāna. A condição preliminar para a realização do estado de arahant, o sexto conhecimento direto, é a intuição. Somente este conhecimento direto é supramundano.

175 O Ps afirma que a mente superior (*adhicitta*) é a mente das oito realizações meditativas, utilizadas como uma base para a intuição; ela é chamada de "mente superior" porque se encontra acima da (boa) mente comum daqueles dez caminhos benéficos da ação. Os cinco sinais (*nimitta*) podem ser entendidos

como métodos práticos para a remoção dos pensamentos que distraem a mente. Dever-se-ia recorrer àqueles quando as distrações se tornam persistentes ou obstrusivas; nos outros momentos o meditador deveria permanecer com o aspecto primário da meditação.

[176] Ps: quando os pensamentos de desejos sensórios dirigidos aos outros seres humanos surgem, o "outro sinal" é a meditação sobre a natureza repulsiva do corpo (cf. **Texto VIII, 8 §10**); quando os pensamentos são dirigidos às coisas inanimadas, o "outro sinal" é a atenção na impermanência. Quando pensamentos de ódio surgirem, o "outro sinal" é a meditação na gentileza amorosa; quando eles são dirigidos às coisas inanimadas, o "outro sinal" é a atenção nos elementos (cf. **Texto VIII, 8 §12**). O remédio para os pensamentos ligados à ilusão é viver com um mestre, estudando o Dhamma, perguntando acerca do seu significado, ouvindo o Dhamma e investigando os nexos causais.

[177] *Vitakka-saṅkhāra-saṇṭhānaṃ*. Glosando *saṅkhāra* aqui como condição, causa ou raiz, o Ps interpreta o composto como significando "parando as causas do pensamento". Isto é realizado ao se investigar, quando do surgimento de um pensamento prejudicial: "Qual é a sua causa?" "Qual é a causa da sua causa?" etc. Esta investigação desacelera e, finalmente, corta o fluxo de pensamentos prejudiciais.

[178] *Tadārammaṇaṃ*, literalmente "tendo aquele como objeto". Ps: primeiro se deve desenvolver a gentileza amorosa em relação à pessoa que está se dirigindo a alguém numa das cinco formas errôneas de fala, depois se dirige a mente de gentileza amorosa na direção de todos os seres vivos, tornando todo o mundo o seu objetivo.

[179] Mahānāma era um parente próximo do Buda e um membro destacado do clã Sakya.

[180] As frases "alcançaram o fruto" (*āgataphala*) e "compreenderam o ensinamento" (*viññātasāssana*) indicam que ele está perguntando acerca das meditações de um nobre discípulo que esteja, no mínimo, no nível de alguém que "entrou na corrente". Todavia, tais meditações podem também ser praticadas positivamente por pessoas em qualquer nível, pois elas limpam a mente, de forma temporária, das máculas e conduzem à concentração.

[181] Eu condenso o texto, que enumera aqui os diferentes reinos celestiais.

[182] Em Pāli *ekāyano ayaṃ bhikkhave maggo*. Quase todos os tradutores compreenderam esta afirmação como uma declaração de que o *satipaṭṭhāna* é um caminho exclusivo. Assim, Soma Thera a verte como: "este é o único caminho, bhikkus", e Nyanaponika Thera: "este é o caminho exclusivo". Porém, no MN 12. 37-42 *ekāyana magga* possui o claro sentido de "um caminho que vai somente numa direção", e esse parece ser o sentido que melhor se adequa aqui. O foco aqui parece ser simplesmente que *satipaṭṭhā* vai numa só direção, em relação à "purificação dos seres... a realização do Nibbāna".

[183] O Ps afirma que a repetição "contemplando o corpo no corpo" (*kāye kāyānupassī*) possui o propósito de determinar precisamente o objeto da contemplação e de isolar esse objeto de outros com os quais poderia haver confusão. Portanto, na prática, o corpo deveria ser contemplado como tal, e não as sensações, ideias e emoções de alguém acerca dele. A frase também significa que o corpo deveria ser contemplado simplesmente como corpo, e não como homem, mulher, o "eu" ou um ser vivo. Considerações paralelas também se aplicam às repetições a respeito de cada uma das outras fundações da atenção. "Saudade e repulsa" (*abhijjhā-domanassaṃ*), de acordo com o Ps, aludem ao desejo sensório e à má vontade, os principais entre os obstáculos mentais.

[184] Sobre a estrutura do discurso que se segue, cf. p. 251-252.

[185] A prática da atenção na respiração (*ānāpānasati*) não envolve a tentativa deliberada de lhe regular, como no Haṭha yoga, mas num esforço de fixar a consciência continuamente na respiração enquanto se respira no ritmo natural. A atenção é estabelecida nas narinas ou no lábio superior, onde quer que o impacto da respiração seja sentido de forma mais nítida. A duração da respiração é notada, porém não é controlada conscientemente. O desenvolvimento completo deste tema, a respiração, é explicada no **Texto VIII, 9**. Uma explicação detalhada da atenção na respiração de acordo com a tradição exegética se encontra no Vism 266-93; no Ppn 8: 145-244. Cf. tb. a coleção de textos traduzidos por Ñāṇamoli, *A atenção na respiração*.

[186] O Ps, alinhado com os comentários em Pāli, explica "experienciando o corpo inteiro" (*sabbakāyapaṭisaṃvedi*) no sentido de que o meditador se torna consciente de cada inspiração e expiração através de cada uma de suas fases: começo, meio e fim. É difícil conciliar esta interpretação com as palavras literais do texto original, que pode ter tido a intenção original de chamar a atenção do corpo como um todo. Também é difícil ver como *-paṭisaṃvedi* poderia significar "ser/estar consciente de"; este sufixo é derivado do verbo *paṭisaṃvedeti*, que quer dizer "experienciar" ou "sentir", que possui uma nuança diferente de "consciência".

[187] A "formação corpórea" (*kāyasaṅkhāra*) é definida como inspiração e expiração no MN 44.13 (I 301) e no SN 41: 6 (IV 293). Por isso, como o Ps explica, com o sucesso no desenvolvimento da prática, a respiração do meditador se torna progressivamente mais calma, tranquila e pacífica.

[188] Ps: "internamente", contemplando a respiração no próprio corpo. "Externamente", contemplando a respiração no corpo de outra pessoa. "Internamente e externamente", contemplando a respiração no seu corpo e no corpo de outra pessoa alternadamente, com atenção ininterrupta. Uma explicação semelhante se aplica ao refrão que segue cada uma das outras seções, exceto àquelas acerca da contemplação das sensações, da mente e dos fenômenos mentais, já que essas pressupõem poderes telepáticos e, neste sentido, só podem ser inferidas por aqueles que não possuem este poder.

[189] O Ps explica que a natureza do surgimento (*samudayadhamma*) do corpo pode ser observado na sua originação dependente através da ignorância, do desejo, do kamma e da comida, assim como na originação de fenômenos materiais no corpo momento a momento. No caso da atenção sobre a respiração, uma condição adicional é o aparato fisiológico da respiração. A "natureza do desaparecimento" do corpo é observada na cessação dos fenômenos corporais através da cessação das suas condições causais, bem como na dissolução momentânea dos fenômenos corporais.

[190] A compreensão das posturas referidas neste exercício não aponta para o nosso conhecimento costumeiro das atividades do nosso corpo, mas a uma atenção atenta, constante e cuidadosa do corpo em cada posição, aliado ao exame analítico que busca desfazer a ilusão de um "eu" como o agente do movimento corpóreo.

[191] *Sampajañña*, "compreensão clara", é analisada nos comentários em quatro tipos: (1) compreensão clara do propósito da ação de alguém; (2) compreensão clara dos meios adequados para se atingir o propósito da ação de alguém; (3) compreensão clara da esfera, i. e., o não abandono do foco da meditação durante a rotina diária de alguém; e (4) compreensão clara da realidade, a consciência de que por trás das atividades de alguém, não existe um "eu" duradouro. Cf. SOMA. *O caminho da atenção*, p. 60-100. • Nyanaponika, *A essência da meditação Budista*, p. 46-55.

[192] Uma explicação detalhada desta prática, de acordo com o método dos comentadores, encontra-se no Vism 239-266; no Ppn 8: 42-144. O *mesentério* é uma dobra de tecido que ancora o intestino delgado na parte de trás da parede abdominal.

[193] Esses quatro elementos são os atributos primários da matéria – o elemento terra (*pathavīdhātu*) é a solidez; o elemento água (*āpodhātu*) é a coesão; o elemento fogo (*tejodhātu*), o calor; e o elemento ar (*vāyodhātu*), a pressão ou distensão. Para um relato mais detalhado da contemplação dos elementos, cf. **Texto IX, 4(3) (c)**. Para uma explicação nos comentários, cf. Vism 347-72; Ppn 11: 27-126.

[194] A frase "como se" (*seyyathāpi*) sugere que esta meditação, e aquelas que se seguem, não precisam ser baseadas numa observação presencial de um cadáver em decomposição, mas pode ser feita através da imaginação. "Este mesmo corpo" se refere, naturalmente, ao corpo do meditador.

[195] Cada um dos quatro tipos de cadáver mencionados aqui, e os três tipos abaixo, podem ser tomados como um tema de mediação em separado; ou o conjunto todo pode ser usado como uma série progressiva para imprimir na mente a ideia da impermanência e insubstancialidade do corpo. Essa progressão continua nos § 26-30.

[196] Sensação (*vedanā*) significa a qualidade afetiva da experiência, corpórea ou mental, quer agradável, desagradável ou nenhuma das duas, i. e., uma sensação neutra. Exemplos de variedades "carnais" e "espirituais" dessas sensações são elencadas no MN 137.9-15 (III 217-219) sob a rubrica dos seis tipos de alegria, dor e equanimidade, baseadas, respectivamente, na vida do chefe de família e na renúncia.

[197] As condições para o surgimento e desaparecimento da sensação são os mesmos daquelas para o corpo (cf. p. 412 [capítulo VIII, n. 189]), exceto em relação à comida, que é substituída pelo contato, já que o contato é a condição da sensação.

[198] A mente (*citta*) como um objeto de contemplação se refere ao estado geral e no nível da consciência. Como a própria consciência é a pura possibilidade de conhecimento e cognição de um objeto, a qualidade de qualquer estado da mente é determinada pelos seus fatores mentais associados, tais como cobiça, ódio e ilusão ou os seus opostos.

[199] Os exemplos de *citta* dados nesta passagem contrastam estados mentais de natureza benéfica e prejudicial, desenvolvida e não desenvolvida. O par "contraída" e "distraída", todavia, consiste em opostos prejudiciais, o primeiro devido à apatia e sonolência, e o último devido à inquietude e ao remorso. O Ps explica a "mente exaltada" e a "mente insuperável" como a mente que já alcançou estágios meditativos (jhāna estados do sem forma); "mente não exaltada" e "mente superável" são explicadas como a mente que se movimenta na consciência da esfera sensível. O comentário afirma que a "mente liberta" deveria ser compreendida como a mente temporária e parcialmente liberada das máculas através da intuição ou dos jhānas. Como a prática do *satipaṭṭhāna* diz respeito à fase preliminar do caminho, o comentário afirma que esta última categoria não deveria ser compreendida como a mente liberta pela realização dos caminhos supramundanos; talvez, contudo, esta interpretação não devesse ser excluída.

[200] As condições para o surgimento e o desaparecimento da mente são os mesmos das do corpo, com exceção da comida, que é substituída pelo nome e forma, a condição para a consciência.

[201] Os cinco obstáculos (*pañca nīvaraṇā*): os principais impedimentos para o desenvolvimento da concentração e da intuição. Cf. acima, **Texto VIII, 3**.

[202] Cf. p. 409 (capítulo VIII, nota 161).

[203] Sobre os cinco agregados, cf. p. 43-44, 291-292, e **Textos IX, 4(2) (a)-(e)**.

[204] A origem e o desaparecimento dos cinco agregados podem ser compreendidos de duas maneiras: (1) através da sua originação e cessação em dependência com as suas condições (cf. **Texto IX, 4 (1) (a)**); e (2) através do discernimento do seu surgimento, das suas mudanças e do seu desaparecimento (cf. SN 22: 37-38). As duas maneiras de compreensão não se excluem mutuamente, mas podem ser distinguidas conceitualmente.

[205] Sobre as seis bases sensórias, cf. p. 293-296 e **Textos IX, 4(2) (a)-(e)**.

[206] Os elos de ligação são o desejo e a cobiça (*chandrarāga*), que ligam as faculdades sensórias aos seus respectivos objetos; cf. SN 35: 232.

[207] Sobre os fatores da iluminação, cf. **Texto VIII, 9**.

[208] Os comentários em Pāli fornecem informações detalhadas acerca das condições que conduzem à maturação dos fatores da iluminação. Cf. THERA, S. *O caminho da atenção*, p. 134-149.

[209] O Mahāsatipaṭṭhāna Sutta no DN, mais longo, define e elabora cada uma das Quatro Nobres Verdades. Cf. tb. MN 141.

[210] O conhecimento final (*aññā*) é o conhecimento libertador que o arahant possui. O não retorno (*anāgāmitā*) é o estado de realização daquele que não mais retorna.

[211] Desse ponto em diante o sutta corresponde aproximadamente à segunda parte do Ānāpānasati Sutta (MN 118), cuja primeira parte é um prelúdio às instruções acerca da atenção sobre a respiração. A primeira tétrade, aqui, é idêntica à passagem acerca da atenção sobre a respiração na seção da "contemplação do corpo" no Satipaṭṭhāna Sutta, logo acima.

[212] As "formações mentais" (*cittasaṅkhāra*) são a percepção e a sensação; cf. MN 44 (I 301) = sn 41: 6 (IV 293).

[213] Vism 289; Ppn 8: 233: "libertando a mente" dos obstáculos através do primeiro jhāna, e dos fatores mais grosseiros do primeiro jhāna ao atingir, sucessivamente, os jhānas mais elevados; e também libertar a mente das distorções cognitivas através do conhecimento intuitivo.

[214] Vism 289; Ppn 8: 233: "contemplando a impermanência" (*aniccānupassi*) significa contemplar os cinco agregados como impermanentes porque eles surgem, modificam-se e desaparecem, ou porque eles sofrem dissolução momentânea. Esta tétrade se dedica exclusivamente à intuição, ao contrário das outras três, que podem ser interpretadas tanto através da serenidade quanto da intuição. "Contemplando o desaparecimento" (*virāgānupassi*) e "contemplando a cessação" (*nirodhānupassi*) podem ser compreendidos tanto como a intuição acerca da destruição momentânea e a cessação dos fenômenos, assim como o caminho supramundano que atinge o Nibbāna, compreendido como o desaparecimento da cobiça (*virāga*, "se desapaixonar") e a cessação das formações. "Contemplando a renúncia" (*paṭinissagānupassi*) significa desistir (*paricchāga*) ou abandonar (*pahāna*) as máculas através da intuição, penetrando (*pakkhandana*) no Nibbāna ao se atingir a meta do caminho.

[215] Spk: na realidade, a atenção não é uma sensação, mas este é um cabeçalho, um título para o ensinamento. Nesta tétrade, na primeira frase, fala-se da sensação indiretamente, sob o título de entusiasmo (que não é uma sensação), e que na segunda frase é referido diretamente como felicidade (= uma sensação agradável). Na terceira e na quarta frase, a sensação é incluída na formação mental.

[216] Spk: *Tendo compreendido através da sabedoria* etc. Aqui, "saudade" significa simplesmente o obstáculo do desejo sensório; por "repulsa", aponta-se o obstáculo da má vontade. Esta tétrade é articulada somente pelo prisma da intuição. Esses dois obstáculos são os primeiros dentre os cinco, e perfazem a primeira seção na contemplação dos fenômenos mentais. Por esse motivo, ele afirma aquilo para mostrar o início da contemplação dos fenômenos mentais. Por "abandono" quer-se aludir ao conhecimento que produz o abandono, p. ex., abandona-se a percepção de permanência ao se contemplar a impermanência. Pelas palavras "tendo compreendido através da sabedoria", ele mostra a sucessão de intuições da seguinte maneira: "com o conhecimento oriundo de uma intuição (ele enxerga) o conhecimento do abandono, que consiste no conhecimento da impermanência, do desapaixonar-se, da cessação e da renúncia; e aquilo, ele também consegue enxergar por outros modos". *Ele é alguém que observa atentamente com equanimidade*: diz-se que aquele que observa com equanimidade já se encontra adiantado no caminho [Spk-pṭ: ao não exercitar muito ou controlar muito a mente no desenvolvimento meditativo que já se trilhou apropriadamente ao longo do caminho do meio], e pela apresentação de uma unidade [Spk-pṭ: já que não resta mais nada a ser feito àquele respeito (i. e., a equanimidade), quando a mente atingiu uma grande capacidade de foco], alguém "observa com equanimidade" o objeto.

[217] *Satisambojjhaṅga*. *Bojjhaṅga* é composto a partir de *bodhi* + *aṅga*. No SN 46: 5, eles são explicados como os fatores que conduzem à iluminação. As três frases utilizadas para descrever o cultivo de cada fator da iluminação podem ser entendidas como uma maneira de descrever três estágios sucessivos no seu desenvolvimento. "Ele estimula" é o estímulo inicial; "ele desenvolve" é o amadurecimento gradual; "realização através do desenvolvimento" é o seu ápice.

[218] *Dhammavicayasambhojjhaṅga*. No SN 46: 2 (V 66), diz-se que o "nutriente" para o surgimento deste fator da iluminação é prestar atenção constante aos fenômenos mentais benéficos e prejudiciais, aos estados maculados e imaculados, aos estados superiores e inferiores, e aos estados de claridade e escuridão, com as suas contrapartes. Apesar deste fator da iluminação ser identificado com *paññā* ou sabedoria, a passagem acima sugere que a sua função primordial é a de discriminar entre os fenômenos mentais positivos e negativos que se tornam aparentes com o aprofundamento da atenção.

[219] Sāriputta era um dos dois principais discípulos do Buda, aquele que se destacava pela sabedoria. Para a sua biografia, cf. Nyanaponika e Hecker, *Os grandes discípulos do Buda*, capítulo I.

[220] "Aquilo que produz o 'eu'" (*ahaṅkāra*) é a função da visão do "eu"; "aquilo que produz o 'meu'" (*mamaṅkara*) é a função do desejo. O orgulho raiz é o orgulho derivado do "eu sou" (*asmimāna*), daí, a "tendência subjacente ao orgulho" ser também responsável por "aquilo que produz o 'eu'".

[221] *Saññāvedayitanirodha*. Também conhecida como *nirodha samāpatti*, a realização da cessação, esta é uma realização meditativa especial, considerada acessível somente àqueles que não mais retornam e aos

arahants. Como o seu nome sugere, ela envolve a cessação completa das funções perceptivas e afetivas, e de acordo com os comentários, também da consciência e de todos os fatores mentais com ela associados. Para uma discussão completa de acordo com o método dos comentadores, cf. Vism 702-9; Ppn 23: 16-52.

IX – Fazendo a luz da sabedoria brilhar

[222] Infelizmente, a conexão entre o substantivo e o verbo, tão óbvia no Pāli, é perdida quando *paññā* é traduzida por "sabedoria" e o verbo é traduzido por "se compreende". Para evitar isso, outros tradutores preferiram versões de *paññā* que preservam uma conexão visível com o substantivo e o verbo, p. ex., "entendimento" (Bhikkhu Ñāṇamoli) ou "discernimento" (Thānissaro Bhikkhu).

[223] P. ex., no SN 22: 5, 35: 59, 35: 160, 56: 1.

[224] Esta correlação é frequentemente feita nos comentários quando eles comentam esta fórmula.

[225] A interpretação dos comentadores, altamente detalhada e técnica, encontra-se no Vism, capítulo 17.

[226] Nos comentários em Pāli, esses dois elementos do Nibbāna são chamados, respectivamente, *kilesa-parinibbāna*, a extinção das máculas, e *khandha-parinibbāna*, a extinção dos agregados.

[227] As duas palavras são, na realidade, derivadas de diferentes raízes verbais. *Nibbuta* é o particípio passado de *nir* + *vṛ*, que possui um substantivo correspondente, *nibbuti*, usado como sinônimo de Nibbāna. *Nibbāna* é derivado de *ni* + *vā*.

[228] Para uma ampliação da imagem do oceano, cf. SN 44: 1.

[229] Pātimokha: o código de regras de treinamento que governa a conduta de um monge ordenado.

[230] Ps: a visão correta se divide em dois aspectos – o mundano (*lokiya*) e o supramundano (*lokuttara*). A visão correta mundana também pode ser dividida em dois aspectos: a visão de que o kamma produz os seus frutos, o que pode ser aceito tanto por budistas quanto por não budistas, e a visão em conformidade com as Quatro Nobres Verdades, que é exclusiva ao ensinamento do Buda. A visão correta supramundana é a compreensão das Quatro Nobres Verdades atingida ao se penetrar nos quatro caminhos e nos seus frutos (cf. p. 351). A pergunta colocada por Sāriputta diz respeito ao *sekha*, o discípulo em treinamento superior.

[231] Esses são os dez cursos de ação prejudicial. Para uma explicação mais detalhada, cf. **Texto V, 1(2)**. Os seus opostos, logo abaixo, são os dez cursos de ação benéfica, também elaborados naquele mesmo texto.

[232] O Ps explica o entendimento desses dez termos, através das Quatro Nobres Verdades, da seguinte maneira: todos os cursos de ação (prejudiciais ou benéficos) são verdades acerca do sofrimento; as raízes do prejudicial e do benéfico são a verdade da origem; a não ocorrência nem dos tipos de ação e das suas raízes são a verdade da cessação; e o Nobre Caminho que alcança a cessação é verdade do caminho. Neste sentido, o que se descreve aqui é o nobre discípulo que se encontra num dos três planos descritos – alguém que alcançou a visão correta supramundana, mas que ainda não eliminou todas as máculas.

[233] O Ps diz que a passagem desde "ele abandona completamente a tendência subjacente à luxúria" até "ele põe fim, aqui e agora, ao sofrimento" mostra o trabalho alcançado pelos caminhos daquele que não mais retorna e daquele que atinge o estado de arahant. O caminho daquele que não mais retorna elimina as tendências subjacentes ao desejo sensório e à aversão; o caminho para o estado de arahant elimina a visão e o orgulho do "eu sou". O Ps afirma que a expressão "a tendência subjacente à visão e ao orgulho do 'eu sou'" (*asmīti diṭṭhimānānusaya*) deve ser interpretada de forma que a tendência subjacente ao orgulho é *similar* à visão, já que, como a visão do "eu", ela é decorrente da noção de "eu sou".

[234] Nutriente (*āhāra*) deve ser compreendido, aqui, no sentido amplo, como uma condição proeminente para o processo vital individual. A comida física é uma condição importante para o corpo físico, o contato para a sensação, a volição mental para a consciência e a consciência para o nome e forma, o organismo psicofísico na sua totalidade. O desejo é chamado de "a origem" do nutriente, já que o desejo na existência prévia é a fonte da presente individualidade, com a sua dependência e o consumo contínuo de

quatro tipos de nutriente, acima descritos, para a esta existência. Para uma compilação anotada de textos canônicos e dos comentários sobre os "nutrientes", cf. THERA, N. *A visão do Dhamma*, p. 211-228.

[235] As próximas doze seções apresentam, em ordem reversa, um exame da originação dependente fator por fator. Cf. tb. **Textos IX, 4(4) (a)-(f)**.

[236] Os três tipos de existência (*bhava*): acerca dos três planos da existência, cf. p. 152-153. Na fórmula da originação dependente, "existência" significa tanto os planos em que ocorrem os renascimentos quanto os tipos de kamma que produzem renascimentos naqueles planos. O primeiro é conhecido tecnicamente como *upapattibhava*, "renascimento-existência"; o último como *kammabhava*, "existência carmicamente ativa".

[237] O apego às regras e observâncias (*sīlabbatupādāna*) é oriunda do ponto de vista no qual a purificação pode ser atingida ao se adotar certas regras externas ou ao se seguir certas observâncias, particularmente aquelas de autodisciplina ascética. O apego à doutrina de um "self/eu" (*attavādupādāna*) implica a crença em uma ou mais visões acerca do "eu" que se originam da visão identitária (cf. particularmente o Brahmajāla Sutta, DN1); o apego às visões (*diṭṭhupādāna*) é o apego a qualquer outra perspectiva (além das duas enumeradas separadamente). O apego, em quaisquer das suas variáveis, implica um fortalecimento do desejo, a condição necessária para aquele (o apego).

[238] O desejo pelos fenômenos (*dhammataṇhā*) é o desejo por todos os objetos da consciência, com exceção dos objetos das cinco classes de consciência sensorial. Exemplos daqueles seriam o desejo associado às fantasias e ao imaginário mental, ou com ideias abstratas e gratificação intelectual, e assim por diante.

[239] O contato (*phassa*) é a confluência (*saṅgati*) das bases sensoriais internas (as faculdades dos sentidos), a base sensorial externa (*o objeto*) e a consciência.

[240] O termo *nāmarūpa* possui origem pré-budista. Ele já era utilizado nos Upaniṣads para representar as manifestações diferenciadas de *Brahman*, a realidade não dual absoluta que aparece sob o disfarce da pluralidade. *Brahman*, apreendido pelos sentidos como aparência diversificada é *forma* (*rūpa*); *Brahman* apreendido pelo pensamento através de nome e conceitos diversos é *nome* (*nāma*). O Buda adotou a expressão e a deu um novo significado de acordo com o seu próprio sistema. Aqui, nome-e-forma se tornam, respectivamente, os aspectos cognitivos e físicos da existência de um indivíduo. No sistema do Buda, *rūpa* é definida como os quatro grandes elementos e as formas deles derivadas. A forma é tanto interna à pessoa (= o corpo e os seus sentidos) quanto externa (= o mundo físico).Os Nikāyas não explicam as formas derivadas, porém, o Abhidharma as analisa em vinte e quatro tipos de fenômenos materiais secundários, que incluem a questão delicada das cinco faculdades dos sentidos e de quatro dos cinco objetos sensoriais (o objeto táctil é identificado com três dos grandes elementos – terra, calor e ar – cada qual exibindo propriedades tangíveis). Apesar de eu traduzir *nāma* como nome, isto não deveria ser levado muito ao pé-da-letra. *Nāma* é o conjunto de fatores mentais envolvidos na cognição: sensação, percepção, volição, contato e atenção (*vedanā*, *saññā*, *cetanā*, *phassa*, *manasikāra*). Esses são provavelmente chamados de "nome" porque eles contribuem para a designação conceitual do objeto. Contudo, deve ser notado que, nos Nikāyas, *nāmarūpa* não inclui a consciência (*viññāṇa*). Consciência é a condição para o *nāmarūpa*, assim como o último é condição para a consciência, de maneira que os dois são mutuamente dependentes (cf. **Texto II, 3(3)**).

[241] A consciência mental (*manoviññāṇa*) engloba todas as formas de consciência, com exceção da consciência sensorial, recém mencionada. Ela inclui a consciência de imagens mentais, ideias abstratas e estados internos da mente, bem como a consciência que reflete sobre os objetos dos sentidos.

[242] No contexto da doutrina da originação dependente, as formações volitivas (*saṅkhārā*) são as volições benéficas e prejudiciais. A formação corporal é a volição expressa através do corpo; a formação verbal é a volição expressa através da fala, e a formação mental é a volição que não alcança a expressão corporal ou verbal.

[243] Deve ser notado que, enquanto a ignorância é a condição para as máculas, as máculas – aí incluída a mácula da ignorância – são, por sua vez, uma condição para a ignorância. O Ps afirma que esse condicionamento da ignorância pela ignorância implica que a ignorância em qualquer estado de existência é condicionada pela ignorância presente numa existência prévia. Se assim ocorre, segue-se a conclusão de

que não pode ser detectado um primeiro ponto para a ignorância e, daí, compreende-se porque o saṃsāra não possui um começo detectável.

[244] As "quatro fases" (ou "quatro giros" *catuparivaṭṭa*) são: agregado, origem, cessação e o caminho para a cessação, aplicados a cada um dos cinco agregados.

[245] Esta passagem descreve aqueles em treinamento (*sekha*). Eles conheceram diretamente as Quatro Nobres Verdades e estão praticando com o objetivo de alcançar a cessação final, i. e., o Nibbāna.

[246] Esta passagem descreve os arahants. De acordo com o DN II 63-64, a ronda de existências gira como uma base para a manifestação e designação somente na medida em que ocorre a consciência e o nome e forma; quando a consciência e o nome e forma cessam, não se dá mais a ronda de existência que serve como base para a manifestação e designação.

[247] *Cha cetanākāyā*. O fato de que existe uma diferença entre o nome do agregado, *saṅskārakkhandha*, e o termo da definição, *cetanā*, sugere que este agregado possui uma gama mais ampla do que os outros. No Abhidhamma e nos comentários, a definição é tratada como uma "categoria abrangente" para classificar todos os fatores mentais mencionados nos suttas, com exceção da sensação e da percepção. A volição é mencionada nesta definição porque é o fator mais importante neste agregado, e não por se tratar do seu único fator constituinte.

[248] É significativo que o "contato" seja a condição para o surgimento dos três agregados da sensação, percepção e formações volitivas, enquanto que "nome e forma" seja a condição para o surgimento da consciência. Isto parece sustentar a afirmação presente na fórmula de dez fatores da originação dependente encontrada no **Texto II, 3(3)**, que o "nome e forma" é a condição para a consciência.

[249] De acordo com o Spk, aqui, o desejo (*chanda*) é sinônimo de "sede" (*taṇhā*). Diz-se isto porque os agregados, em qualquer circunstância dada, originam-se do desejo/sede residual por uma nova existência a partir da existência imediatamente precedente.

[250] O apego não é a mesma coisa que "os cinco agregados do apego" porque esses agregados não podem ser reduzidos somente ao "apego". Mesmo assim, o "apego" não pode ser considerado como sendo considerado nada diferente dos "cinco agregados do apego", já que não pode haver apego sem os agregados, a sua base de apoio e o seu objeto.

[251] Acerca de "aquilo que produz o 'eu'", "aquilo que produz o 'meu' e a tendência subjacente ao orgulho", cf. p. 445 (capítulo VIII, n. 220).

[252] Este é o segundo discurso do Buda, de acordo com a narrativa da sua carreira de ensino, encontrada no Vin I 13-14. Os cinco bhikkus são os cinco primeiros discípulos, que a esta altura ainda se encontram em treinamento (*sekha*). O propósito do Buda com este discurso é levá-los à condição de arahants.

[253] O sutta oferece dois argumentos para a tese do "não eu". O primeiro defende que os agregados não são o "eu" porque não podemos exercer controle sobre eles. Já que não conseguimos controlar os agregados de acordo com a nossa vontade, todos eles são "sujeitos à aflição" e, portanto, não podem ser considerados como "eu". O segundo argumento, apresentado logo depois, afirma a característica do "não eu" com base em duas outras características. Aquilo que é impermanente de alguma forma está conectado ao sofrimento; aquilo que é impermanente e de alguma forma está conectado com o sofrimento não pode ser identificado como o nosso "eu".

[254] O Spk explica longamente como a forma (i. e., o corpo) é como um punhado de espuma (*pheṇapiṇḍa*). Eu destaco somente as ideias centrais: como um punhado de espuma carece de substância (*sāra*), da mesma maneira a forma carece de qualquer substância que seja permanente, estável, um "eu"; como um punhado de espuma possui muitos buracos e fissuras e pode ser a morada de várias criaturas, da mesma maneira a forma; assim como um punhado de espuma, após aumentar, rompe-se, da mesma maneira a forma, que é pulverizada na boca da morte.

[255] Spk: uma bolha (*bubbuḷa*) é frágil e não pode ser agarrada, pois ela se desmancha assim que se tenta segurá-la; da mesma maneira, a sensação é frágil e não pode ser considerada nem permanente e nem

estável. Como uma bolha surge e desaparece por causa de uma gota de água e não dura muito, do mesmo modo a sensação: bilhões de sensações surgem e desaparecem na duração do estalar de um dedo. Assim como uma bolha surge dependente de condições, a sensação surge em dependência de uma base sensória, de um objeto, de uma impureza e do contato.

[256] Spk: a percepção é como uma miragem (*marīcikā*) no sentido de ser insubstancial, pois não se pode tocá-la ou bebê-la ou nela se banhar. Assim como uma miragem engana a multidão, da mesma forma a percepção, que faz com que as pessoas creiam que o objeto colorido é bonito, agradável e permanente.

[257] Spk: assim como um tronco de bananeira (*kadalikkhandha*) é um conjunto de muitas camadas, cada uma delas com a sua própria característica, da mesma maneira, um agregado de formações volitivas é formado um conjunto de muitos fenômenos, cada um deles com as suas próprias características.

[258] Spk: a consciência é como uma ilusão mágica (*māyā*), no sentido de ser insubstancial e de não poder ser agarrada. A consciência é ainda mais passageira e rápida do que um truque de ilusionismo, já que ela dá a impressão de que uma pessoa vem ou vai, fica de pé e se senta com a mesma mente, mas a mente é diferente em cada uma daquelas atividades. A consciência engana a multidão como um truque de ilusionismo.

[259] Este sutta, às vezes chamado de "O sermão do fogo", é o terceiro discurso registrado na carreira de magistério do Buda, no Vin I 34-35. De acordo com a fonte, os mil monges para quem este discurso foi dirigido haviam sido, anteriormente, ascetas adoradores do fogo, e por isso o Buda teria usado esse tema, que criava um paralelo com os antecedentes daqueles. Para um relato acerca de como o Buda os teria convertido, cf. ÑĀṆAMOLI. *A vida do Buda*, p. 54-60; 64-69.

[260] O Buda está falando com Pukkusāti, um monge que havia abandonado o mundo pela confiança no Buda antes mesmo de conhecê-lo pessoalmente. No começo do sutta, o Buda chega no abrigo de um oleiro, onde ele pretendia passar a noite. Pukkusāti já se encontrava alojado no abrigo e saúda o Buda de forma amistosa, sem saber que ele era o Mestre. Sem revelar a sua identidade a Pukkusāti, o Buda inicia uma conversação, que se transforma num discurso sobre o desenvolvimento da sabedoria.

[261] Ps: este é o sexto elemento que ainda falta ser explicado pelo Buda e aquele que Pukkusāti ainda deve compreender. Aqui, a consciência é explicada como o elemento que realiza a operação de contemplação intuitiva dos elementos. Sob a rubrica da consciência, também é introduzida a contemplação da sensação.

[262] Esta passagem mostra a condicionalidade da sensação e a sua impermanência através da cessação da sua condição.

[263] *Iddappaccayatā*. A palavra é um composto de *idaṃ*, "isto", e *paccaya*, "condição", aumentada pelo sufixo de substantivação abstrata *-tā*. Aqui, este é um sinônimo de *paṭiccasamuppāda*. Cf. **Texto II, 4 §19** que conecta, da mesma maneira, a realização da originação dependente e a iluminação do Buda.

[264] Spk: a atualidade (*tathatā*) significa a ocorrência de cada fenômeno particular quando ocorre o conjunto de suas condições. A *perfeição* (*avitathatā*) significa que, uma vez que as suas condições tenham sido reunidas, não é possível que o fenômeno não ocorra, sequer por um momento, já que as suas condições de ocorrência foram dadas. A *invariabilidade* (*anaññathatā*) significa que não pode haver a produção de um fenômeno a partir da presença das condições de ocorrência de um outro fenômeno.

[265] *Dhamme ñāṇa*. Este é o conhecimento direto das Quatro Nobres Verdades, que surgem a partir da compreensão do Nibbāna como a verdade acerca da cessação.

[266] *Anvaye ñāṇa*. Essa é uma inferência que se estende ao passado e futuro, baseada no discernimento imediato da relação condicional obtida entre qualquer um dos pares de fatores.

[267] Spk: a *ideia de existência* (*atthitā*) é o eternalismo (*sassata*); a *ideia de não existência* (*natthitā*) é o niilismo (*uccheda*). Skp-pṭ: a ideia de existência significa "eternalismo" porque ela mantém que todo o mundo (da existência pessoal) existe para sempre. A noção de não existência significa "niilismo" porque ela mantém que o mundo todo não existe (para sempre), mas é interrompido. Em vista dessas explicações, seria errôneo traduzir ambos os termos *atthitā* e *natthitā* simplesmente como "existência"

e "não existência". Na passagem presente, *atthitā* e *natthitā* são substantivos abstratos formados pelos verbos *atthi* e *natthi*. São, portanto, os pressupostos metafísicos implícitos em tais abstrações que são, de fato, problemáticos, e não as próprias caracterizações de "existência" e "não existência". Eu tentei transmitir o sentido de abstração metafísica implícita na terminação Pāli *-tā*, ao traduzir os dois termos como "*a ideia de existência*" e a "*ideia de não existência*", respectivamente. Infelizmente, tanto *atthitā* quanto *bhava* tiveram que ser traduzidas por "existência", o que obscurece o fato de que, em Pāli, elas são derivadas de raízes diferentes. Enquanto *atthitā* é a noção abstrata de existência, *bhava* é a existência individual concreta em uma ou outra das três dimensões. Para enfatizar a diferença, poder-se-ia traduzir *bhava* por "ser", mas é provável que esta palavra, em português, pudesse sugerir "Ser", o objeto absoluto da especulação filosófica. Além disso, aquela expressão não transmite de forma suficiente o sentido de concretude intrínseco à *bhava*.

268 Spk: a *origem do mundo* – a produção do mundo das formações. *Não ocorre a ideia de não existência em relação ao mundo*: não ocorre nele a visão niilista que poderia surgir acerca dos fenômenos produzidos que se manifestam no mundo das formações, afirmando "elas não existem". Spk-Pṭ: a visão niilista que poderia surgir acerca do mundo das formações na seguinte formulação: "por causa da aniquilação e da destruição dos seres no modo em que eles existiam, não existe um ser ou fenômeno que permaneça". Aqui também se inclui a visão errônea, que possuem aquelas formações como objetos: "não existem seres que renascem". *Não ocorre nele* a visão, já que para aquele que vê corretamente a produção e a originação do mundo das formações em dependência de diversas condições, tais como kamma, ignorância, desejo etc., a visão niilista não ocorre, na medida em que ele vê a produção ininterrupta de formações. Spk: A *cessação do mundo*: a dissolução das formações. *Não ocorre a ideia de existência em relação ao mundo*. Não ocorre nele a visão eternalista que poderia surgir acerca dos fenômenos que são produzidos e se manifestam no mundo das formações, afirmando "elas existem". Spk-Pṭ: a visão niilista que poderia surgir acerca do mundo das formações, considerando-o como existindo em todos os períodos do tempo, devido à apreensão da identidade no continuum ininterrupto que ocorre numa relação causa-efeito. Porém, aquela visão *não ocorre nele*; porque ele enxerga a cessação dos fenômenos que surgem sucessivamente e o surgimento sucessivo dos novos fenômenos; naquele a visão eternalista não ocorre. Spk: Além disso, "a origem do mundo" é a condicionalidade diretamente ordenada (*anuloma-paccayākāra*); a "cessação do mundo" é a condicionalidade em ordem inversa (*paṭiloma-paccayākāra*). [Spk-pṭ: "condicionalidade diretamente ordenada" é a eficiência condicionante das condições em relação aos seus efeitos; "condicionalidade em ordem inversa" é a cessação dos efeitos através da cessação das suas respectivas causas"]. Pois ao ver a natureza dependente do mundo, quando se vê a continuidade dos fenômenos que surgem de forma condicionada, a visão niilista, que de modo contrário poderia surgir, não surge. E ao ver a cessação das condições, quando se observa a cessação dos fenômenos que surgem de forma condicionada devido à cessação das suas condições, a visão eternalista, que de modo contrário poderia surgir, não surge.

269 O Spk explica *dukkha*, aqui, como "meramente os cinco agregados do apego" (*panc'upādānakkhandhamattam eva*). Por isso, o que o nobre discípulo enxerga quando ele reflete acerca da sua existência pessoal, não é um "eu" ou uma pessoa que existe substancialmente, mas simplesmente um conjunto de fenômenos condicionados surgindo e desaparecendo através do processo condicionante da originação dependente.

270 Eu aqui interpreto *aquilo que se intenciona* (*ceteti*) *fazer* e *aquilo que se planeja* (*pakkapeti*) como representações das formações volitivas (*saṅkhārā*), o segundo fator na fórmula da originação dependente. *Aquilo para o qual se tem tendência* (*anuseti*) implicas nas tendências subjacentes (*anusaya*), em primeiro lugar as tendências em direção à ignorância e ao desejo, donde o primeiro e o oitavo fator naquela fórmula. Quando alguém morre com tendências voltadas à ignorância e ao desejo ainda intactas, a intenção e os planos daquela pessoa – as manifestações concretas do desejo na forma de atividades volitivas – se tornam a base para que a consciência continue, e se estabeleça em um novo "nome e forma", e inicie a produção de uma nova existência. Este é o acontecimento do nascimento, seguido do envelhecimento, da morte, e dos outros tipos de sofrimento que ocorrem entre o nascimento e a morte.

271 Apesar de não ser possível possuir tendências subjacentes sem intenções e planos, esta passagem poderia ser compreendida como tendo o propósito retórico de enfatizar o papel das tendências subjacentes em sustentar o processo de renascimento. Porém, de acordo com o Spk, a passagem procura mostrar que

para aquele que medita no modo da intuição, e que já conseguiu transcender os pensamentos prejudiciais, o perigo do renascimento ainda existe, enquanto as tendências subjacentes continuarem intactas.

[272] Este parágrafo descreve o arahant.

[273] *Tathāni avitathāni anaññātāni*. Cf. p. 418, capítulo IX, nota 264. Spk: *reais*, no sentido de não se afastarem da natureza real das coisas, pois o sofrimento é caracterizado simplesmente como sofrimento. *Sem erro*, porque não falsifica a sua verdadeira natureza, já que o sofrimento não se transforma em não sofrimento. *Invariável*, porque ele não alcança uma outra natureza, pois o sofrimento não alcança a origem do sofrimento etc. O mesmo método é utilizado para as outras verdades". Eu compreendo *anaññātāni* no sentido mais simples e direto de que as verdades são "invariáveis" porque elas nunca variam do modo como as coisas realmente são.

[274] *Bhavanetti*. Aquilo que conduz a uma nova existência, i. e., o desejo pela existência.

[275] Todas essas folhas são pequenas e delicadas. As folhas mencionadas na passagem oposta abaixo são largas e resistentes.

[276] O Spk o identifica como sobrinho de Sāriputta.

[277] *Nippapañcaṃ*. Spk: porque ele não prolifera (não é elaborado) pelo desejo, pelo orgulho e pelas visões de mundo.

[278] A negação dos elementos físicos pode ser considerada como negando não só a presença da materialidade no Nibbāna, mas também a identificação do Nibbāna com as experiências dos jhānas, que ainda pertencem ao reino da forma. Os quatro itens seguintes negam os objetos das quatro realizações meditativas do sem forma no Nibbāna.

[279] Em Pāli, *diṭṭha*, "visto/viu", é claramente intencionado como uma antítese de *diṭṭhi*, "visão, ponto de vista, opinião, crença".

X – Os níveis de realização

[280] A terminologia de "caminho" e "fruição/fruto" é a forma que os comentadores encontraram para traçar uma distinção. Os próprios suttas não utilizam o esquema de quatro "caminhos", mas falam somente de um caminho, o Nobre Caminho Óctuplo que conduz à cessação do sofrimento. Ele também é chamado de *arahattamagga*, o caminho para o estado de arahant, contudo, num sentido mais amplo, como "o caminho para o objetivo superior", e não no sentido mais estrito de um caminho que precede o fruto do estado de arahant. Todavia, os suttas, de fato, fazem uma distinção entre a pessoa que pratica visando alcançar a realização de um fruto em particular (*phala-sacchikiriyāya paṭipanna*) e a pessoa que já atingiu o estágio que resulta da prática (cf. **Texto X, 1(1)**). Baseado nesta distinção, a terminologia exegética de "caminho" e "fruto/fruição" se revela útil como uma maneira concisa de se referir às duas fases do esquema dos Nikāyas.

[281] A minha explicação acerca da diminuição do desejo, do ódio e das máculas daqueles que retornam uma única vez é baseada nos comentários. Além da fórmula-padrão, os suttas mesmos falam muito pouco acerca daquele que retorna uma única vez.

[282] Também é importante notar que os suttas sugerem que o *dhammānusāri* e o *saddhānusāri* assim permanecem por um extenso período. A posição dos suttas parece contradizer a ideia dos comentadores de que aquele que atingiu o caminho o faz apenas em breves momentos mentais. Se este for o caso, isso significaria que o *dhammānusāri* e o *saddhānusāri* só podem ser assim chamados por breves momentos, nos quais as suas mentes atingem esses estágios, e isto parece ser difícil de conciliar com as afirmações dos suttas nas quais eles podem receber presentes, ir morar na floresta etc.

[283] O método exegético de explicação estipula que o meditador emerja da realização do jhāna e pratique a contemplação intuitiva com a mente tornada aguçada e maleável pelo jhāna. Porém, os próprios suttas nada dizem acerca do emergir pós-jhāna. Se lermos somente os suttas, sem os comentários, parece que o meditador examina os fatores dentro do próprio jhāna.

[284] Como os arahant atingiram a libertação da ronda de existências, é impossível apontar para qualquer lugar dentro daquela ronda aonde eles possam aparecer; por isso eles não possuem mais nenhuma forma de manifestação futura.

[285] Os "cinco grilhões inferiores" (*pañc'orambhāgiyāni saṃyojanāni*) são: visão identitária, dúvida, ênfase em regras e observâncias, desejo sensório e má vontade. Aqueles que renascem espontaneamente (*opapātika*) renascem sem depender de um pai e uma mãe.

[286] Os "três grilhões" são os três dos cinco primeiros conforme acima descritos. "Destino fixo" (*niyata*) significa que aquele que entra na corrente está fadado a atingir a libertação em, no máximo, mais sete vidas, quer no mundo humano ou em reinos celestiais. A iluminação (*sambodhi*) é o conhecimento completo e final, por parte do arahant, das Quatro Nobres Verdades.

[287] Acerca da distinção entre esses dois tipos, cf. abaixo o **Texto X, 1(5) § 20-21** e o **Texto X, 2(2)**.

[288] O Ps afirma que isto se refere às pessoas que se dedicam à prática da intuição que ainda não atingiram qualquer realização supramundana, mas que possuem forte convicção na verdade do Dhamma. As palavras *saddhāmattaṃ pemamattaṃ* poderiam ter sido traduzidas por "mera fé, mero amor", mas tais qualidades não poderiam garantir um renascimento no paraíso. Portanto, parece necessário compreender o sufixo *-matta* como significando uma quantidade *suficiente* daquelas qualidades, e não simplesmente a sua existência.

[289] O Buda está falando, aqui, com o andarilho Vacchagota (cf. **Texto IX, 5(6)**). O Ps afirma que Vacchagota pensava que somente o Buda teria sido o único, na sua comunidade, a ter alcançado o objetivo final.

[290] Esta pergunta e aquela no § 11 se referem àquele que não mais retorna. Notem que aqueles que não mais retornam observam o celibato.

[291] Esta pergunta e aquela no § 12 se referem àqueles que entraram na corrente e àqueles que ainda retornarão uma única vez.

[292] *Ubhatobhāgavimutta*. Ps: ele é liberto de ambas as maneiras porque ele se livra do corpo da forma pelas realizações do sem forma e do corpo mental pelo sendeiro do estado de arahant.

[293] A libertação dual do arahant "liberto de duas formas" não deve ser confundida com a "libertação imaculada da mente, libertação pela sabedoria" (*anāsavā cetovimutti paññāvimutti*), que é partilhada por *todos* os arahants, irrespectivamente se eles atingem ou não as realizações do sem forma.

Paññāvimutti. O Ps afirma que isto inclui aqueles que atingem qualquer um dos quatro jhāna, bem como somente a "intuição-seca", sem o aspecto da fé, por parte do arahant. Um arahant de "intuição seca" não é explicitamente reconhecido nos Nikāyas.

[294] *Kāyasakkhī*. Estas incluem todas as pessoas, desde aquelas que se encontram no caminho para o estado de arahant até aquelas que entraram na corrente, mas que tenham atingido as realizações do sem forma.

[295] *Diṭṭhippatta*. Esta inclui as mesmas classes que não atingiram as realizações do sem forma e nas quais a sabedoria é a faculdade dominante.

[296] *Saddhāvimutta*. Esta inclui as mesmas classes nas quais a fé é a faculdade dominante.

[297] *Dhammānusāri*. Este tipo e o próximo, o *saddhānusāri*, são os dois tipos de pessoas que praticam para a realização do fruto daquele que entra na corrente. Cf. p. 352-353 e o **Texto X 2(2)**.

[298] *Sammattaniyāma*: o sendeiro supramundano do Nobre Caminho Óctuplo.

[299] Ao contrário dos comentários, que afirmam que aquele que realiza o caminho alcança o fruto imediatamente após realizá-lo, os Nikāyas simplesmente afirmam que alguém que alcança o estágio de Seguidor do Dhamma ou Seguidor Fiel (correspondente à noção dos comentadores daquele que realiza o caminho) irá atingir o fruto naquela mesma vida – mas não necessariamente no próximo momento da mente. As duas posições podem ser reconciliadas se compreendermos o caminho do Seguidor do Dhamma e do Seguidor Fiel como se estendendo ao longo do tempo, mas atingindo o clímax num momento de transformação instantânea que é imediatamente seguida pela realização do seu fruto.

[300] Esta afirmação esclarece de que maneira aquele que entrou na corrente se diferencia daqueles ainda no caminho para entrar na corrente. O Seguidor da Fé aceita o ensinamento baseado na crença (com um grau limitado de entendimento), e o Seguidor do Dhamma o aceita através da investigação (com um grau maior de entendimento); aquele que entrou na corrente, porém, *conheceu* e *experienciou* diretamente o ensinamento.

[301] A ruptura para o Dhamma (*dhammābhisamaya*) e a obtenção da visão do Dhamma (*dhammacakkhu-paṭilābha*) são sinônimos e significam a realização da entrada na corrente.

[302] *Aveccappasāda*. O Spk explica isto como uma confiança inabalável atingida através do que foi realizado, vale dizer, a entrada na corrente.

[303] Os infernos, o reino animal e a dimensão dos espíritos aflitos são, eles próprios, a esfera da miséria, os maus destinos e os mundos inferiores.

[304] Identidade (*sakkāya*) é o composto dos cinco agregados que nós identificamos como o nosso "eu". A cessação da identidade é o Nibbāna.

[305] *Upadhi*. No contexto presente, esta palavra parece significar posses materiais.

[306] Desses onze atributos, "impermanente" e "algo que se desintegra" ilustram a característica da impermanência; "estranho", "vazio" e "não eu", ilustram as características do "não eu"; os outros seis, as características do sofrimento.

[307] Ps: ele afasta a sua mente dos cinco agregados incluídos dentro do jhāna, já que ele percebeu neste último as três características. O "elemento imortal" (*amatadhātu*) é o Nibbāna. Primeiro, ele "dirige a sua mente para ele" através da consciência intuitiva, após ouvir o Nibbāna ser descrito como "pacífico e sublime", e assim por diante. Então, com o caminho supramundano, ele "dirige a sua mente para ele" ao fazer dele um objeto de meditação e penetrá-lo/compreendê-lo como "pacífico e sublime", e assim por diante.

[308] *Dhammarāgena dhammanandiyā*. Parece que o desejo pelo e o deleite no Dhamma produzem duas coisas simultaneamente: (1) porque eles se dirigem ao Dhamma, eles impulsionam o discípulo para a destruição dos cinco grilhões inferiores; (2) como eles ainda são desejo e deleite, eles impedem a realização do estado de arahant.

[309] Aqui, nas realizações do sem forma, o sutta menciona somente os quatro agregados mentais. O agregado "forma" é excluído.

[310] Esses são temas de meditação que conduzem ao desencanto e ao desapaixonar-se. A falta de atrativos do corpo se encontra no **Texto VIII, 8 §10**; a reflexão acerca da repulsa sobre a comida é explicada no Vism 341-47 (Ppn 11: 1-26); a percepção da morte, no Vism 229-39 (Ppn 8: 1-41) e a percepção de descontentamento com tudo do mundo, além da percepção da impermanência de todas as formações, no AN 10: 60; V 111.

[311] No AN V 110, a percepção do abandono (*pahānasaññā*) é explicada como a remoção dos pensamentos impuros. No AN 110-11, a percepção do desapaixonar-se (*virāgasaññā*) e a percepção da cessação (*nirodhasaññā*) são ambas explicadas como reflexões sobre os atributos do Nibbāna.

[312] O Spk explica o "*antarāparinibbāna*" ("aquele que atinge o Nibbāna no intervalo") como alguém renascido nas moradas puras e que atinge o estado de arahant durante a primeira metade da duração da sua vida. Este tipo é subdividido em três, dependendo se o estado de arahant é atingido ou não: (1) no próprio dia do renascimento; (2) após cem ou duzentas eras terem passado; (3) após a passagem de quatrocentas eras. O *upahaccharinibbāyi* ("aquele que atinge o Nibbāna ao 'aterrisar'") é explicado como aquele que atinge o estado de arahant após a passagem da metade da duração da sua vida. Para o Spk, o *asaṅkhāraparinibbāyi* ("aquele que atinge sem esforço") e o *sasaṅkhāraparinibbāyi* ("aquele que atinge com esforço") se tornam, então, as duas maneiras pelas quais aqueles que não mais retornam atingem a meta, respectivamente, ou facilmente e sem muito esforço, ou com dificuldade e com muito esforço. Contudo, este relato acerca dos dois primeiros tipos não leva em conta o sentido literal dos seus nomes, bem

como se sobrepõe à natureza sequencial e mutuamente exclusiva dos cinco tipos, conforme delineados em outras passagens dos suttas.

Se nós compreendermos o termo *antarāparinibbāyi* literalmente, como parece que deveríamos, ele, então, significa alguém que atingiu o Nibbāna *no intervalo entre duas vidas*, talvez ao existir em algum corpo sutil no estado intermediário. O *upahaccharinibbāyi*, então, torna-se aquele que atinge o Nibbāna "ao aterrissar" ou ao "atingir o solo" na sua nova existência, i. e., quase imediatamente após renascer. Os outros dois termos designam dois tipos que atingem o estado de arahant ao longo da próxima vida, sendo distinguidos pela quantidade de esforço que devem utilizar para atingir o objetivo. O último tipo, o *udhaṃsota akaniṭṭhagāmi*, é aquele que renasce sucessivamente em moradas puras, e finalmente atinge o estado de arahant na dimensão *Akaniṭṭha*, a mais alta das moradas superiores. Esta interpretação, apesar de contrária aos comentários em Pāli, parece ser confirmada pelo AN 7: 52 (IV 70-74), na qual a imagem da lasca em chamas sugere que os sete tipos (incluindo os três tipos de *antarāparinibbāyi*) são mutuamente exclusivos e foram graduados de acordo com a acuidade das suas faculdades.

[313] Ao declarar que ele não reconhece um "eu" ou aquilo que pertence a um "eu" entre os cinco agregados, Khemaka declarou, implicitamente, que ele haveria atingido, pelo menos, o estado de alguém que entra na corrente. Mas os outros monges não compreenderam que todas as pessoas nobres partilham desta compreensão e entenderam que ela é uma realização exclusiva do arahant. Eles, portanto, não compreenderam a afirmação de Khemaka e pensaram que ele havia insinuado ter alcançado o estado de arahant.

[314] Apesar de todas as três edições do SN que eu consultei (Be, Ce e Ee) e ambas as edições do Spk (Be e Ce) lerem *asmi ti adhigatam*, eu suspeito de uma corrupção arcaica que se tornou difundida aqui nesta passagem. Eu proponho a leitura *asmi ti avigataṃ*. A passagem clarifica uma diferença essencial entre aquele em treinamento (*sekha*) e o arahant. Enquanto o *sekha* já eliminou a visão identitária e, por isso, não se identifica mais com qualquer um dos cinco agregados como sendo o "eu", ele ainda não erradicou a ignorância, que sustenta o orgulho e o desejo residual do "eu sou" (*anusahagato asmi ti māno asmi ti chando*) em relação aos cinco agregados. Em contraste, o arahant eliminou a ignorância, a raiz de todas as incompreensões e, portanto, não abriga mais quaisquer ideias de "eu" ou "meu". Os outros anciãos, aparentemente, ainda não haviam atingido qualquer estado do despertar e, por isso, não compreendem a diferença, mas o venerável Khemaka deve ter sido, pelo menos, alguém que entrou na corrente (alguns comentadores afirmam que ele foi alguém que não retornou mais) e, portanto, sabia que a eliminação da visão identitária não remove completamente o sentido da identidade pessoal. Mesmo para aquele que não mais retorna, ainda resta um certo "odor de subjetividade" sobre a sua experiência, baseada nos cinco agregados.

[315] Spk: o processo mental do mundano é como a roupa suja. As três contemplações (impermanência, sofrimento e não eu) são como os três materiais de limpeza. O processo mental daquele que não mais retorna é como a roupa que foi lavada com aqueles três materiais. As impurezas que devem ser erradicadas pelo caminho do arahant são como os cheiros residuais dos materiais de limpeza. O conhecimento do sendeiro do arahant é como uma gaveta cheirosa, e a destruição de todas as impurezas é como o desaparecimento do cheiro residual de todos os mateirais de limpeza da roupa após ela ter sido colocada na gaveta.

[316] I. e., fora do ensinamento do Buda.

[317] Eu entendo "o seu destino... a sua meta única" como o Nibbāna. Nós temos aqui outra diferença essencial entre aquele em treinamento e o arahant: aquele em treinamento *enxerga* o Nibbāna, o destino das cinco faculdades, aquilo no qual elas culminam, o fruto e o seu objetivo final; contudo, ele não consegue "contato com o corpo", ele não consegue penetrar na experiência integral dele. Em contraste, o arahant enxerga tanto o objetivo final e consegue experienciá-lo completamente aqui e agora.

[318] Esses são os trinta e sete *bodhipakkhiyā dhammā*, lit. "os elementos que pertencem ao despertar" ou, de forma mais livre, os "auxílios para o despertar". Sobre os quatro fundamentos da atenção, cf. **Texto VII, 2** e o **Texto VIII, 8** para os detalhes e o capítulo 47 do SN. Os quatro tipos de esforço correto equivalem ao esforço correto, para os quais, cf. **Texto VII, 2** e o SN capítulo 49. As quatro bases para o poder espiritual são as concentrações: devido (1) ao desejo ou (2) à energia, (3) à mente e (4) à investigação, com forças volitivas do esforço; cf. SN capítulo 51. As cinco faculdades se encontram no **Texto X, 1(2)**; cf. SN 48 para os detalhes. Os cinco poderes são os mesmos cinco fatores enquanto faculdades, porém

com força maior. Os sete fatores da iluminação se encontram no **Texto VIII, 9**; cf. SN capítulo 46. O Nobre Caminho Óctuplo se encontra no **Tecto VII, 2**; cf. SN capítulo 45.

[319] O Ps identifica isto como a equanimidade do quarto jhāna. O Ps afirma que Pukkusāti já havia atingido o quarto jhāna e estava profundamente apegado a ele. O Buda, em primeiro lugar, elogia esta equanimidade para inspirar a confiança de Pukkusāti e, gradualmente, o conduz às realizações do sem forma e em direção aos caminhos e frutos supramundanos.

[320] O sentido é: se ele atingir a base da infinitude do espaço e morrer enquanto ainda estiver apegado a ela, ele renasceria na dimensão da infinitude do espaço e lá permaneceria pela extensão completa da duração de 20.000 eras, específicas àquela dimensão. Nas três dimensões superiores do sem forma afirma-se que a duração da vida é de 40.000 eras, 60.000 eras e 84.000 eras, respectivamente.

[321] Isto é dito para se apontar o perigo nas realizações do sem forma. Pela frase "isto ainda seria condicionado", ele quer dizer "apesar de a duração da vida lá ser de 20.000 eras, ela é condicionada, construída, reunida. Portanto, é impermanente, instável, momentânea, não é duradoura. Ela é sujeita à destruição, à dissolução, ao término; ela envolve nascimento, envelhecimento e morte, é fundada no sofrimento. Não é um abrigo, um local seguro, um refúgio. Caso se faleça lá como um mundano, ainda se pode renascer num dos quatro estados de miséria".

[322] *So n'eva abhisaṅkharoti nābhisañcetayati bhavāya vā vibhavāya.* Os dois verbos sugerem a noção de vontade como um poder construtivo que organiza e sustenta a existência condicionada. Ao se deixar de querer tanto a existência quanto a não existência, mostra-se a extinção do desejo pela existência eterna e pela aniquilação.

[323] O Ps afirma que nesta altura Pukkusāti já penetrou nos três caminhos e conseguiu os seus frutos, tornando-se alguém que não mais retorna. Ele compreendeu que o seu mestre era o próprio Buda, porém não pode expressar esta compreensão já que o Buda continuou com o seu discurso.

[324] Esta passagem mostra a permanência do arahant no elemento do Nibbāna ainda com resíduos (*sa-upādisesa nibbānadhātu*); cf. **Texto IX, 5(5)**. Apesar de ele continuar a experimentar sensações, ele se encontra livre do desejo em relação à sensação agradável, livre da aversão em relação à sensação dolorosa e livre da ignorância em relação à sensação neutra.

[325] I. e., ele continua a experimentar sensações somente à medida que o seu corpo permanece com a faculdade vital, mas não além disso.

[326] Isso se refere à sua realização do elemento Nibbāna sem resíduo restante (*anupadisesa nibbānadhātu*) – a cessação de toda existência condicionada com a sua última morte. Cf. **Texto IX, 5(5)**.

[327] Isso completa a exposição da primeira fundação, a fundação da sabedoria (*paññādhiṭṭhāna*). O Ps afirma que o conhecimento da destruição de todo sofrimento é a sabedoria oriunda do fruto do estado de arahant.

[328] O Ps menciona, aqui, quatro tipos de aquisição (*upadhi*): os cinco agregados; impurezas; formações volitivas; prazeres sensuais.

[329] As "ondas da concepção mental" (*maññussavā*), como o parágrafo seguinte mostrará, são os pensamentos e as noções que se originam das três raízes da concepção mental – desejo, orgulho e visões de mundo. O "sábio em paz" (*muni santo*) é o arahant.

[330] Os pensamentos "eu serei" e "eu não serei" implicam a visão do eternalismo (a existência continuada após a morte) e niilismo (extinção pessoal com a morte). As alternativas de possuir forma física e ser sem forma representam dois modos de existência no pós-morte, a física e a desencarnada; a tríade de ser consciente etc., são os três modos de existência no pós-morte, distinguidos aqui em relação à percepção ou consciência.

[331] Aquilo que não se encontra mais presente nele é o desejo pela existência, que conduz a um novo nascimento após a morte.

[332] *Satta sadhammā*. Fé, vergonha moral, medo de fazer o mal, estudo, energia, atenção e sabedoria. Cf., p. ex., MN 53 11-17.

[333] O treinamento na disciplina moral superior, na mente superior e na sabedoria superior.

[334] Os dez fatores são os oito fatores do Nobre Caminho Óctuplo suplementados pelo conhecimento correto e libertação correta.

[335] As três discriminações: "eu sou melhor", "eu sou igual", "eu sou pior".

[336] É provável que, aqui, *bhikku paññāvimutto* devesse ser compreendido como qualquer discípulo-a-rahant, e não especificamente como o *paññāvimutta* em contraste com o arahant *ubhatobhāgavimutta*.

[337] Este sutta é incluído no Mahāparinibbāna sutta (no DN II 81-83), mas sem o último parágrafo. Uma versão muito mais elaborada forma o DN 28.

[338] O Spk identifica "tais qualidades" (*evaṃ dhammā*) como "qualidades oriundas da concentração" (*samādhipakkhā dhammā*).

[339] Os dez poderes do Tathāgata são os poderes do conhecimento. Eles são analisados em detalhe no Vibh § 808-831. A "Roda de Brahmā" é a "Roda do Dhamma".

[340] Para detalhes, cf. MN 115.12-19.

[341] O Ps explica "possibilidade" (*thāna*) como dimensão, circunstâncias, tempo e esforço, fatores que podem ou impedir ou reforçar o resultado. A causa (*hetu*) é o próprio kamma. Este conhecimento do Buda é ilustrado pelos **Textos V, 1(1)-(3)**.

[342] Isto significa o conhecimento do Buda dos tipos de conduta que conduzem aos destinos futuros dentro da ronda da existência, bem como aobre a libertação final. Cf. MN 12.35-42.

[343] O Vibh § 813 explica que ele compreende que os seres possuem inclinações inferiores e superiores, e que os seres naturalmente se associam com aqueles de inclinação semelhante.

[344] O Vibh § 814-827 oferece uma análise detalhada. O Ps afirma, de forma mais concisa, que ele conhece a disposição inferior e superior das cinco faculdades dos outros seres.

[345] Vibh § 828: a impureza (*saṅkilesa*) é um fator que causa o declínio. A purificação (*vodāna*) é um fator que causa excelência; saída (*vuṭṭhāna*) significa tanto a "limpeza" quanto a "saída", o "emergir" de uma realização. As oito libertações (*vimokkha*) se encontram no DN 15.35, DN 16.3.33, MN 77.22, MN 137.26 etc.; as nove realizações são os quatro jhānas, quatro realizações do sem forma, e a cessação da sensação e percepção.

[346] *Vesārajja*. O Ps afirma que este é o nome do conhecimento prazeroso que surge naquele que reflete acerca da sua ausência de timidez nos quatro casos.

[347] O Spk afirma que esta qualificação é feita para excluir os devas que são "nobres".

[348] Spk: *incluídos dentro da identidade* (*sakkāyapariyāpannā*), incluídos nos cinco agregados. Quando o Buda os ensina o Dhamma com as suas três características, expondo as mazelas da ronda de existências, o medo daquele conhecimento penetra neles.

TABELA DE FONTES

* Excerto de um sutta mais longo.

\+ Vários suttas combinados

Dīgha Nikāya

Sutta	Volume e página da edição PTS	Texto	Título do texto	Página
5*	I 134-136	IV, 6(6)	Trazendo tranquilidade para a nação	144-145
15*	II 58	I, 3(3)	A corrente escura da causação	55-56
16*	II 72-77	IV, 6(4)	Os sete princípios da estabilidade social	141-143
21*	II 276-277	I, 3(2)	Por que os seres vivem no ódio?	54-56
26*	III 59-63	IV, 6(5)	O monarca universal	142-145
31*	III 180-181, 187-191	IV, 1(2)	Reverenciando as seis direções	123-125

Majjhima Nikāya

Sutta	Volume e página da edição PTS	Texto	Título do texto	Página
9	I 46-155	IX, 3	Um discurso acerca da visão correta	306-309
10	I 55-163	VIII, 8	As quatro fundações da consciência	266-277

Majjhima Nikāya (continuação)

Sutta	Volume e página da edição PTS	Texto	Título do texto	Página
12*	I 70-172	X, 5(4)	Os poderes e as bases da autoconfiança	390-392
13	I 84-190	VI, 3	Avaliando de forma apropriada os objetos do apego	191-197
19*	I 117-118	X, 5(6)	O homem que deseja nosso bem	392-393
20	I 118-122	VIII, 5	A remoção dos pensamentos que distraem	261-265
21*	I 126-127	VIII, 6	A mente da gentileza amorosa	264-265
22*	I 139-140	X, 4(3)	Um monge cuja meta foi elevada	381-383
22*	I 140-142	X, 1(3)	No Dhamma bem exposto	363
26*	I 160-167	II, 3(1)	Buscando o estado supremo da paz sublime	70-75
26*	I 167-173	II, 4	A decisão de ensinar	82-87
27	I 175-184	VII, 4	O treinamento avançado	232-240
29	I 192-297	VII, 1(2)	O cerne da vida espiritual	225-229
36*	I 240-249	II, 3(2)	A realização dos três tipos de conhecimento	74-81
39*	I 274-280	VII, 5	Os estágios superiores do treinamento através de imagens	239-243
41	I 286-290	V, 1(2)	Por que ocorre o que ocorre com os seres após a morte	158-162
47	I 317-320	III, 4	Investigue o próprio mestre	103-106
54*	I 364-366	VI, 4(1)	Cortando todas as ligações	196-199

Majjhima Nikāya (continuação)

Sutta	Volume e página da edição PTS	Texto	Título do texto	Página
63	I 426-432	VII, 1(1)	A flecha do nascimento, envelhecimento e morte	223-226
64*	I 434-437	X, 3(1)	Abandonando os cinco grilhões inferiores	371-374
70*	I 477-479	X, 1(5)	Sete tipos de pessoas nobres	366-368
72*	I 486-488	IX, 5(6)	O fogo e o oceano	347-348
73*	I 490-493	X, 1(4)	A completude do ensinamento	363-366
75*	I 504-508	VI, 4(2)	A febre dos prazeres sensórios	199-202
82*	II 65-82	VI, 6	Quatro resumos do Dhamma	203-209
93	II 147-154	IV, 6(3)	A purificação é para as quatro castas	135-141
95*	II 168-177	III, 5	Passos para a compreensão da verdade	105-112
99*	II 206-208	V, 5(2)	As quatro oradas divinas	176-178
104*	II 245-247	IV, 6(1)	As seis raízes da disputa	133-135
104*	II 250-251	IV, 6(2)	Os seis princípios da cordialidade	134-136
109	III 15-19	IX, 4(1)(b)	Um catecismo dos cinco agregados	320-323
123	III 118-120; 122-124	II, 2	A concepção e o nascimento do Buda	67-70
135	III 202-206	V, 1(3)	O kamma e os seus frutos	162-167
140*	III 240-243	IX, 4(3)(c)	Os seis elementos	332-334
140*	III 244-247	X, 4(7)	O sábio em paz	384-386

Saṃyutta Nikāya

Sutta	Volume e página da edição da PTS	Texto	Título do texto	Página
3: 3	I 71 <163-64>	I, 1(1)	Envelhecimento e morte	47
3: 25	I 100-102 <224-229>	I, 1(2)	A imagem da montanha	47-49
12: 1	II 1-2	IX, 4(4)(a)	O que é a originação dependente?	334
12: 15	II 16-17	IX, 4(4)(d)	Um ensinamento pelo meio	337-338
12: 20	II 25-27	IX, 4(4)(b)	A estabilidade do Dhamma	334-336
12: 33	II 56-59	IX, 4 (4)(c)	Quarenta e quatro casos de conhecimento	334-337
12: 38	II 65-66	IX, 4(4)(e)	A continuidade da consciência	338-339
12: 44	II 73-74	IX, 4(4)(f)	A origem e o desaparecimento do mundo	339-340
12: 65	II 104-107	II, 3(3)	A cidade antiga	81-82
13: 1	II 133-134	X, 2(3)	A ruptura em direção ao Dhamma	369-370
14: 1	II 140	IX, 4(3)(a)	Os dezoito elementos	331
14: 37-39^{+}	II 175-177	IX, 4(3)(b)	Os quatro elementos	331-332
15: 1	II 178	I, 4(1)	Grama e gravetos	56
15: 2	II 179	I, 4(2)	Bolas de barro	56-57
15: 3	II 179-180	VI, 9(1)	O rio de lágrimas	212-214
15: 5	II 181-182	I, 4(3)	A montanha	57
15: 8	II 183-184	I, 4(4)	O rio Ganges	57-58
15: 13	II 187-189	VI, 9(2)	O rio de sangue	213-214

Saṃyutta Nikāya (continuação)

Sutta	Volume e página da edição da PTS	Texto	Título do texto	Página
22: 7	III 15-18	I, 2(3)	Ansiedade devido à mudança	53-55
22: 45	III 44-45	IX, 4(1)(d)	Impermanência, sofrimento, não eu	324-326
22: 56	III 58-61	IX, 4(1)(a)	As fases dos agregados	317-319
22: 58	III 65-66	X, 5(1)	O Buda e o arahant	387-388
22: 59	III 66-68	IX, 4(1)(c)	As características do não eu	322-325
22: 76*	III 83-84	X, 4(8)	Felizes, de fato, são os arahant	386-387
22: 78	III 84-85	X, 5(7)	O leão	393-394
22: 82	III 100-103	IX, 4(1)(b)	Um catecismo dos agregados	320-324
22: 89	III 126-132	X, 4(1)	Removendo o orgulho residual do "eu sou"	377-381
22: 95	III 140-142	IX, 4(1)(e)	Um punhado de espuma	326-328
22: 99	III 149-150	I, 4(5)	Um cachorro na coleira	58
25: 1	III 225	X, 2(2)	Entrando na rota estabelecida da correção	369
28: 1-9+	III 235-238	VIII, 10	Atingindo a maestria	281-283
35: 26	V 17-18	IX, 4(2)(a)	O conhecimento completo	327-328
35: 28	IV 19-20	IX, 4(2)(b)	Queimando	328-329
35: 85	IV 54	IX, 4(2)(d)	Vazio é o mundo	329-330
35: 147-149+	IV 133-135	IX, 4(2)(c)	Apropriado para atingir o Nibbāna	328-330
35: 234	IV 166-168	IX, 4(2)(e)	A consciência também é não eu	330-331

Saṃyutta Nikāya (continuação)

Sutta	Volume e página da edição da PTS	Texto	Título do texto	Página
36: 6	IV 207-210	I, 2(1)	A farpa da sensação dolorosa	51-52
38: 1	IV 251-252	IX, 5(1)	O que é o Nibbāna?	344
42: 11	IV 327-330	III, 3	A origem visível e o desaparecimento do sofrimento	102-103
43: 1-44+	IV 359-373	IX, 5(2)	Trinta e três sinônimos para Nibbāna	345-346
45: 2	V 2-3	VII, 3	A boa amizade	231-232
45: 8	V 8-10	VII, 2	Análise do caminho óctuplo	230-231
45: 41-48+	V 27-29	VII, 1(3)	O dissipar da paixão	229
46: 3	V 69-70	X, 3(4)	Cinco tipos daqueles que não retornam	376-377
46: 55	V 121-126	VIII, 3	Os obstáculos ao desenvolvimento mental	257-259
47: 12	V 159-161	X, 5(3)	A declaração elevada de Sāriputta	388-390
48: 18	V 202	X, 1(2)	A diferenciação das faculdades	362
48: 53	V 229-230	X, 4(2)	Aquele em treinamento e o arahant	380-382
54: 13	V 328-333	VIII, 9	Atenção na respiração	277-281
55: 1	V 342	X, 2(5)	Melhor do que a soberania sobre a Terra	370-371
55: 2	V 343-344	X, 2(4)	Os quatro fatores daquele que entra na corrente	370-371

Saṃyutta Nikāya (continuação)

Sutta	Volume e página da edição da PTS	Texto	Título do texto	Página
55: 3	V 344-346	X, 3(3)	As seis coisas que participam do conhecimento verdadeiro	375-376
55: 5	V 410-411	X, 2(1)	Os quatro fatores que conduzem à entrada na corrente	368-369
56: 11	V 420-424	II, 5	O primeiro discurso	87-89
56: 20	V 430-431	IX, 4(5)(b)	Essas quatro verdades são reais	340-341
56: 21	V 431-432	IX, 4(5)(d)	Por causa da não compreensão	341-342
56: 24	V 433-434	IX, 4(5)(a)	As verdades de todos os Budas	340
56: 25	V 434	IX, 4(5)(g)	A destruição das máculas	344-345
56: 31	V 437-438	IX, 4(5)(c)	Um punhado de folhas	341
56: 32	V 442-443	IX, 4(5)(f)	Realizando o avanço	342-344
56: 38	V 442-443	X, 5(5)	A manifestação da grande luz	392
56: 42	V 448-450	IX, 4(5)(e)	O precipício	342-343

Aṅguttara Nikāya

Sutta	Volume e página da edição da PTS	Texto	Título de texto	Página
1:iii, 1,2,3,4,9,10+	I 5-6	VIII, 1	A mente é a chave	254
1:xiii, 1,5,6+	I 22-23	II, 1	Aquela pessoa	67
1:xvii, 1,3,7,9+	I 30-32	VI, 7(1)	Miscelânea sobre a perspectiva errada	209-210

Aṅguttara Nikāya (continuação)

Sutta	Volume e página da edição da PTS	Texto	Título do texto	Página
2:iii,10	I 61	VIII, 2(1)	Serenidade e intuição	254-255
2:iv,2	I 61-62	IV, 2(1) (b)	Retribuindo os próprios pais	125
2:iv,6*	I 66	I, 3(1)	A origem do conflito	54-55
3: 14	I 109-110	V, 1(1)	O rei do Dhamma	122-123
3: 35*	I 138-140	I, 1(3)	Os mensageiros divinos	49-50
3: 65	I 188-193	II, 2	Sem dogmas ou fé cega	99-102
3: 69*	I 201-202	I, 3(4)	As raízes da violência e opressão	56-57
3: 100 § 1-10	I 253-256	VIII, 4	O refino da mente	259-262
3: 101 §3	I 259	VI, 2(2)	Eu parti em busca	191-192
3: 101 § 1-2	I 258-259	VI, 2(2)	Antes da minha iluminação	191
3: 102	I 260	VI, 2(3)	Se não houvesse gratificação	191
3: 129	I 282-83	III, 1	Não é uma doutrina secreta	99
4: 23	II 23-24	X, 5(8)	Por que ele é chamado de Tathāgata	394-395
4: 34	II 34-35	V, 2(3)	Os melhores tipos de confiança	168-169
4: 53	II 57-59	IV, 2(2) (a)	Os diferentes tipos de casamento	125-126
4: 55	II 61-62	IV, 2(2) (b)	Como se unir em vidas futuras	127-128
4: 57	II 62-63	V, 3(3)	A oferta de alimento	169-170

Aṅguttara Nikāya (continuação)

Sutta	Volume e página da edição da PTS	Texto	Título do texto	Página
4: 61	II 65-68	IV, 4(2)	O uso apropriado da riqueza	130-132
4: 62	II 69-70	IV, 4(3)	A felicidade de um homem de família	132
4: 63	II 70	IV, 2(1) (a)	Respeito pelos pais	125
4: 94	II 93-95	VIII, 2(3)	Quatro tipos de pessoas	256-257
4: 125	II 128-129	VI, 8	Das dimensões divinas às infernais	211-213
4: 128	II 131-132	VI, 1	Quatro coisas maravilhosas	190-191
4: 143	II 139	IX, 1(1)	A sabedoria como uma luz	305
4: 169	II 155-156	X, 3(2)	Quatro tipos de pessoas	374-376
4: 170	II 156-157	VIII, 2(2)	Quatro caminhos para o estado de arahant	255-256
4: 232	II 230-232	V, 1(1)	Quatro tipos de kamma	157-158
5: 148	III 172-73	V, 3(4)	As ofertas de uma pessoa superior	170-171
5: 177	III 208	IV, 4(1)	Evitando o modo de vida errado	130-131
6: 10	III 284-288	VIII,7	As seis recordações	265-266
7: 59	IV 91-94	IV, 2(2) (c)	Os sete tipos de esposas	127-130
7: 70	IV 136-139	VI, 5	A vida é breve e fugaz	202-204
8: 2	IV 151-155	IX, 2	As condições para a sabedoria	306-307

Aṅguttara Nikāya (continuação)

Sutta	Volume e página da edição da PTS	Texto	Título do texto	Página
8: 6	IV 157-159	I, 2(2)	As vicissitudes da vida	52
8: 33	IV 236-237	V, 3(2)	As razões para doar	169
8: 35	IV 239-241	V, 3(6)	O renascimento por causa da doação	171-172
8: 36	IV 241-243	V, 2(2)	As três bases do mérito	167
8: 39	IV 245-247	V, 4(1)	Os cinco preceitos	172-174
8: 41	IV 248-251	V, 4(2)	A observância do Uposatha	173-176
8: 49	V 269-271	IV, 5	A mulher no lar	132-134
8: 54	IV 281-285	IV, 3	O bem-estar presente e futuro	129-131
8: 59	IV 292	X, 1(1)	Oito pessoas dignas de oferendas	362
9: 7*	IV 370-371	X, 4(4)	Nove coisas que um arahant já não consegue fazer	382
9: 20	IV 393-396	V, 5(3)	A intuição supera tudo	178-179
9: 26*	IV 404-405	X, 4(5)	Uma mente inabalável	382-384
10: 90	V 174-175	X, 4(6)	Os dez poderes de um monge arahant	383-384

Udānavutaka

Sutta	Volume e página da edição PTS	Texto	Título do Texto	Página
6: 4	67-69	VI, 7(2)	Os cegos e o elefante	209-211
8: 1	80	IX, 5(3)	Existe aquela base	345-346
8: 3	80-81	IX, 5(4)	O não nascido	346

Itivutaka

Sutta	Volume e página da edição da PTS	Texto	Título do texto	Página
22	14-15	V, 2(1)	Atos meritórios	166-168
26	18-19	V, 3(1)	Se as pessoas soubessem o mérito de doar	169
27	19-21	V, 5(1)	O desenvolvimento da gentileza amorosa	176-177
44	38	IX, 5(5)	Os dois elementos do Nibbāna	346-347
49	43-44	VI, 7(3)	Refém de dois tipos de visão	210-211
84	78-79	X, 5(2)	Para o bem-estar de muitos	388
107	111	V, 3(5)	Apoio mútuo	170-171
112	121-123	X, 5(8)	Por que ele é chamado de Tathāgata	394-395

Glossário

Arahant. "Aquele de valor, digno"; alguém que eliminou todas as máculas e atingiu a libertação completa nesta mesma vida.

Bodhisatta. Um Buda futuro, alguém destinado a alcançar a iluminação perfeita insuperável; especificamente, é o termo pelo qual o Buda se refere a ele próprio no período que antecede à sua iluminação, tanto nas vidas passadas quanto na sua última vida antes de ele atingir o despertar.

Brahmā. De acordo com os brâmanes, a divindade suprema em seu aspecto pessoal, mas no ensinamento Budista, uma divindade poderosa que governa uma dimensão superior da existência, chamada de "Mundo de Brahma".

Deva. Uma divindade ou um Deus; os seres que habitam os mundos paradisíacos, geralmente na dimensão da esfera dos sentidos, mas de forma mais ampla em todos os três mundos.

Dhamma. O princípio cósmico da verdade, justiça e virtude, descoberto, explorado e ensinado pelo Buda; o ensinamento do Buda como expressão daquele princípio; o ensinamento que conduz à iluminação e libertação.

Jambudīpa. Lit. "a ilha da macieira rosa", o subcontinente indiano.

Jhāna. Estados de profunda concentração mental caracterizados pela atenção aguda da mente sobre os objetos; os suttas distinguem quatro estágios dos jhānas.

Kamma. Ação volitiva, considerada em sentido estrito uma força moral capaz de produzir, para o agente, resultados que correspondam à qualidade ética da ação; por isso, o bom kamma produz felicidade, e o mal kamma produz sofrimento.

Kappa. Uma era ou um ciclo cósmico; o espaço de tempo necessário para que um sistema-mundo surja, evolua, dissolva-se e persista num estado de desintegração antes que um novo ciclo se inicie.

Māra. O "maligno" ou "tentador"; uma divindade maldosa que tenta impedir que as pessoas pratiquem o Dhamma e, destarte, escapem da ronda de renascimentos.

Nibbāna. O objetivo final do ensinamento do Buda; o estado incondicionado além da ronda de renascimentos, que é atingido quando da destruição das impurezas.

Pātimokkha. O código de regras monásticas que deve ser seguido pelos membros da ordem monástica Budista.

Saṃsāra. Lit. "o vagar", a ronda de renascimentos sem um começo identificável, sustentado pela ignorância e pelo desejo.

Saṅgha. A comunidade espiritual, que se divide em duas: (1) a Saṅgha monástica, a ordem dos monges e das monjas; (2) a nobre Saṅgha, a comunidade espiritual dos nobres discípulos que alcançaram o estágio de realização que transcende o mundo.

Tathāgata. Significa "Aquele que veio desta maneira" ou "Aquele que foi desta maneira"; o epíteto geralmente usado pelo Buda para se referir a si mesmo; ocasionalmente ele pode ser usado para designar uma pessoa que tenha atingido a realização suprema.

Uposatha. Os dias de observância Budista, que caem nos dias da lua cheia e nova, quando os monges se reúnem para recitar o Pātimokkha e os leigos geralmente visitam mosteiros e templos para se submeterem aos oito preceitos.

Yojana. Uma antiga medida de distância na Índia antiga, aproximadamente 10km (10.200m).

Referências

Fontes primárias

BODHI, B. (trad.). *The connected discourses of the Buddha*: a translation of the Saṃyutta Nikāya [Os discursos interligados do Buda: uma tradução do Saṃyutta Nikāya]. Boston: Wisdom, 2000.

IRELAND, J.D. (trad.) *The Udāna and the Itivuttaka*: inspired utterances of the Buddha and The Buddha's sayings [O Udāna e o Itivuttaka: as declarações inspiradas do Buda e os ditos do Buda]. Kandi, Sri Lanka: Sociedade de Publicações Budistas, 1997.

ÑĀṆAMOLI, B. (trad.). *The Middle Length Discourses of the Buddha: a translation of the Majjhima Nikāya* – Edited and revised by Bhikkhu Bodhi. 2. ed. [Os discursos medianos do Buda: uma tradução do Majjhima Nikāya – Editada e revisada por Bhikkhu Bodhi]. Boston: Wisdom, 2001.

NYANAPONIKA T. & BODHI, B. (trads. e eds.). *Numerical Discourses of the Buddha*: an anthology of Suttas from the Aṅguttara Nikāya [Os discursos numéricos do Buda: uma antologia de suttas do Aṅguttara Nikāya]. Walnut Creek, Cal.: Altamira, 1999.

WALSHE, M. (trad.). *The Long Discourses of the Buddha* – A translation of the Dīgha Nikāya [Os discursos longos do Buda – Uma tradução do Dīgha Nikāya. Boston: Wisdom, 1995 [Publicado originalmente com o título *Thus Have I Heard* (Assim eu ouvi), 1987].

Outras obras citadas

ADIKARAM, E.W. *Early History of Buddhism in Ceylon* [A história antiga do Budismo no Ceilão], 1946 [Reimpr.: Dehiwala, Sri Lanka: Centro Cultural Budista, 1994].

ANALĀYO. *Satipaṭṭhāna*: the Direct Path to Realization [Satipaṭṭhāna: o caminho direto para a realização]. Birmingham: Windhorse, 2003.

JAYATILLEKE, K.N. *Early Buddhist Theory of Knowledge* [A teoria do conhecimento do Budismo antigo]. Londres: George Allen & Unwin, 1963.

MALALASEKARA, G.P. *The Pāli Literature of Ceylon* [A literature pāli do Ceilão], 1928 [Reimpr.: Kandi, Sri Lanka: Sociedade de Publicações Budistas, 1994].

MANNÉ, J. "Categories of Sutta in the Pāli Nikāyas and their Implication for our Appreciation of the Buddhist Teaching and Literature" ("Categorias de Sutta nos Nikāyas em Pāli e as suas implicações para a nossa apreciação da literatura e dos ensinamentos Budistas"). In: *Journal of the Pali Text Society*, XV, p. 29-87.

MINH CHAU, B.T. *The Chinese Madhyama Āgama and the Pāli Majjhima Nikāya* [O Madhyama Āgama chinês e o Majjhima Nikāya pāli]. Delhi: Motilal Banarsidass, 1981.

MUN-KEAT, C. [WEI-KEAT]. *The fundamental teachings of Early Buddhism*: A comparative Study based on the Sūtrāṅga Portion of the Pāli Saṃyutta Nikāya and the Chinese Saṃyuktāgama [Os ensinamentos fundamentais do Budismo antigo: um estudo comparativo baseado na seção Sūtrāṅga do Saṃyutta Nikāya em pāli e o Saṃyuktāgama em chinês]. Wiesbaden: Harrassowitz, 2000.

ÑĀṆAMOLI, B. *Life of the Buddha according to the Pāli Canon* [A vida do Buda de acordo com o cânone pāli]. 3. ed. Kandy, Sri Lanka: Sociedade de Publicações Budistas, 1992.

_____. *Concept and Reality in Early Buddhist Thought* [Conceito e realidade no pensamento Budista antigo]. Kandy, Sri Lanka: Sociedade de Publicações Budistas, 1972.

_____. *Mindfulness of Breathing (Ānāpānasati)* [A atenção na respiração (Ānāpānasati)]. Kandy, Sri Lanka: Sociedade de Publicações Budistas, 1964.

ÑĀṆAMOLI, B. (trad.). *The Path of Purification (Visuddhimagga)* [O caminho da purificação (Visuddhimagga)]. Colombo, Sri Lanka: M.D. Gunasena, 1964.

NORMAN, K.R. *Pāli Literature* [A literatura pāli]. Wiesbaden: Harassowitz, 1983.

NYANAPONIKA T. & HECKER, H. *Great Disciples of the Buddha* [*Os grandes discípulos do Buda*]. Boston: Wisdom, 1997.

RUPERT, R. *The Foundations of Buddhism* [Os fundamentos do Budismo]. Oxford/Nova York: Oxford University Press, 1998.

THERA, N. *The vision of the Dhamma* [A visão do Dhamma). 2. ed. Kandy, Sri Lanka: Sociedade de Publicações Budistas, 1994.

_____. *The Heart of Buddhist meditation* [A essência da meditação Budista]. Londres: Rider, 1962.

THERA, S. *The Way of Mindfulness* – The Satipaṭṭhāna Sutta and Its Comentaries [O caminho da atenção. O Satipaṭṭhāna Sutta e os seus comentários], 1941 [4. ed. Kandy, Sri Lanka: Sociedade de Publicações Budistas, 1975].

* * *

As edições dos Nikāyas, bem como as suas traduções, manuais para o estudo do Pāli, gramáticas do Pāli e dicionários Pāli-Inglês podem ser obtidos junto à Pali Text Society. Para um catálogo, escreva para pts@palitext.com ou visite o seu website: www.palitext.com Na América do Norte, os livros da PTS estão disponíveis através da Pariyatti, www.pariyatti.org Você também pode entrar em contato pelo site bookstore@pariyatti.org ou ligando (800) 829-2748.

Uma importante fonte asiática para traduções em inglês dos Nikāyas, bem como outros trabalhos referentes ao Budismo antigo é a Sociedade de Publicações Budistas (BPS) em Kandy no Sri Lanka. Você pode entrar em contato com eles através do site www.bps.lk ou enviar um e-mail para bps@bps.lk

Valiosos recursos online para o estudo dos Nikāyas, inclusive traduções alternativas de muitos dos suttas incluídos nesta antologia, podem ser encontrados no site www.accesstoinsight.org. Um ensaio introdutório disponível nesse website, “Befriending the suttas” (“Se familiarizando com os suttas”), de John Bullit, oferece informações úteis acerca de como ler da melhor maneira os suttas.

ÍNDICE TEMÁTICO

Ação, correta (*sammā kammanta*) 230
Āgamas 31-32, 36-37
Agitação (*paritassanā*) 53-55, 398 I n.19
Agregados
analisados 317-319
apego e 320
cinco (*pañc'upādānakkhanā*) 43-46, 290-294, 317-328, 377-380
como vazio 325-327
compreendidos como o "eu" 53-54, 58
contemplação dos 273-275, 306-307, 379-380, 413 VIII n.204
impermanência, sofrimento, como não eu 322-326
Alcançou a visão (*diṭṭhipatta*) 354-355, 367, 421 X n.295
Alegria altruística (*muditā*) 100-101, 156, 177-178, 212
Alunos/discípulos e professores/mestres 123-124
Amizade, a boa (*kalyāṇamittatā*) 123-125, 129-130, 218-219, 231-232
A natureza pouco atraente do corpo (*asubha*) 249-250, 268-270, 374-375, 411 VIII n.176
Aniquilacionismo ou Niilismo (*ucchedavāda*) 188-189, 210-211, 298-299, 418-419 IX n.267, 419 IX n.268, 420 IX n.272
Apatia e Torpor (*thinamiddha*) 257-259 cf. tb. Máculas, cinco
Apego (*upādāna*) 43-44, 53-54, 291-293, 311-312, 320, 416 IX n.237, 417 IX n.250
Aquele/alguém em treinamento (*sekha*) 290-291, 337, 351, 357-381, 366, 380-381, 388, 423 X n.314, 423 X n.317
Aquele/alguém que entrou na corrente (*sotāpanna*) 351-352, 355-356, 362, 369-371, 411 VIII n.180, 422 X n.300
Aquele/alguém que não mais retorna (*anāgāmi*) 153, 178-179, 351-354, 356-358, 362-365, 372-374, 376-377, 422-423 X n.312
Aquele/alguém que retorna (ainda) uma (única) vez (*sakadāgāmi*) 178-179, 351-352, 355-356, 362-363
"Aquilo que faz o 'eu'" (*ahaṃkāra*) 281-283, 321-324, 414 VIII n.220
Aquisições (*upadhi*) 83, 385, 401 II n.55
Arahant(s) 30, 47, 141-142, 178-179, 233-234, 255-256, 346-367, 353-354, 356-358, 362-364, 377-378, 398 I n.12, 398 I n.18, 415 IX n.233, 421 X n.284
aquele em treinamento e o 290-292, 366, 380-381, 423 X n.314-315, 423 X n.317
disciplina moral do 173-175, 382-383
equanimidade dos 382-385, 424 X n.324-325

felicidade dos 385-387
metáforas para o estado de 381-383
o sábio em paz como um 385-386
os dez poderes do 383-384
para o bem-estar de muitos 388
Arrogância (*atimāna*) 164-166
Ascetas e brâmanes (*samaṇabrāhmaṇā*) 75-76, 124-125, 131-132, 143-144, 159-160, 161, 164-166, 170-172, 194-197, 317-319, 331-332, 336-337, 341-343, 390-392
Asuras 405 V n.113
Atenção (*sati*)
atenção correta (*sammā sati*) 230-231
cuidadosa (*yoniso manasikāra*) 41, 64, 80-82, 368
da respiração (*ānāpānasati*) 249-250, 252-253, 267-268, 411 VIII n.185, 412 VII n.186-189
do corpo (*kāyagatā*) 142-143, 345-346
quatro fundações/fundamentos/estabelecimentos da (*cattāro satipaṭṭhānā*) 250-253, 266-280, 389-390, 423 X n.318
Auxílios para a iluminação (*bodhipakkhiyā dhammā*) 423 X n.318

Bases sensórias (*saḷāyatana*) 274-275, 293-296, 313-314, 327-331
Bem-estar e felicidade (*hitasukha*) 28-30, 94-97, 100-101, 116-117, 118-119, 129-131, 143-144, 145, 165-166, 387-388
Bodhisatta 62-63, 68-71, 74-75, 80-81, 191, 399 II n.32
Brâmanes 106-108, 119-120, 135-144
Buda 28-29, 61-66, 97, 115-116, 153-154, 178-179, 339-340, 357-361, 387-395
a busca pela iluminação 71-82
arahants e 387-390
bom relato acerca do 99
como bom amigo 232
concepção e nascimento do 68-71
confiança no 168, 233-234, 369-370
decisão de ensinar do 82-86
lembrando do 265
práticas ascéticas do 76-79
primeiros discursos do 87-89
cf. tb. Tathāgata

Caminho do meio (*majjhimā paṭipadā*) 65, 87-88
Caminho e fruição/frutos (*magga-phala*) 420 X n.280, 421 X n. 299
Cânone Pāli 33-35
Casamento; cf. Maridos e mulheres
Celibato (*brahmacariyā*) 173-174, 235-236, 354
Cessação: percepção e sensação de (*saññāvedayitanirodha*) 253, 282-283, 414-415 VIII n.221
o mundo da 338, 419 IX n.268
sofrimento da 81-82, 87-89, 309-310, 334, 338-339
Cobiça (*abhijjhā*) 159-161
Cobiça (*rāga*) 51-52, 254-255
desejo sensório (*kāmarāga*) 256-257, 259, 352
o esvanecer da 229-230, 255, 408 VII n.149
Cobiça, ódio e ilusão (*lobha, dosa, moha*) 44-45, 55-57, 96, 100-101, 108-109, 149-150, 307-308, 399 I n.26, 403 III n.72
Cobiça, ódio, ilusão (*rāga, dosa, moha*) 265-267, 328-329, 344-346, 385-386
cf. tb. Desejo, ira, ilusão
Coisas insuperáveis, as seis (*cha anuttariyā*) 67, 399-400 II n.33

Compaixão
anukampā 67, 159-161, 173-174, 235-236, 264-265, 387-388
karuṇā, kāruñña 100-101, 156, 177-178, 211
Compreensão clara (*sampajañña*) 236, 268-270, 412 VIII n.191
Concentração (*samādhi*) 30, 218-221, 227-229, 247, 259-261, 288-289
Concentração correta (*sammā samādhi*) 231
Concepções mentais (*maññita*) 385-386, 424 X n.329-330
Condições mundanas, as oito (*aṭṭhalokadhammā*) 43-44, 52-53
Conduta
correta (*sammacariyā*) 159-162
incorreta (*visammacariyā*) 159-160
cf. tb. Disciplina moral
Confiança (*pasāda*) 168-169, 233, 355-356, 369-371, 375-376, 422 X n.302
Conflito 54-57, 193-194
cf. tb. Disputas
Conhecimento: dos princípios e seus desdobramentos (*dhamme ñāṇa, anvaye ñāṇa*) 336-337, 418 IX n.265-266
e visão (*ñāṇadassana*) 227-229
Conhecimento
analítico (*paṭisambhidā*) 67, 399-400 II n.33
completo (*pariññā*) 191-192, 194-197, 327-328, 407 VI n.131
direto (*abhiññāṇa*) 221, 260-262, 410 VIII n.174
verdadeiro (*vijjā*) 64, 79-81, 221, 281, 357, 376
Consciência (*viññāṇa*) 80-81, 314-315, 318-321, 326-327, 330, 333, 338-339, 401 II n.50, 401 II n.51, 416 IX n.241, 418 IX n.258
Consciência infinita, base da (*viññāṇañcāyatana*) 282-283, 372-374
Contato (*phassa*) 312-314, 317-321, 333-334, 416 IX n.239
Contentamento (*santuṭṭhi*) 236
Cordialidade, os seis princípios da (*cha sārāniyā dhammā*) 119, 134-136
Corpo, contemplação do (*kāyānupassanā*) 252, 267-272, 279, 411 VIII n.183

Desaparecimento e renascimento dos seres, conhecimento do (*sattānaṃ cutūpapatiñāṇa*) 64, 79-80, 237-239, 241-243, 261-262
Desejo (*chanda*) 102-103, 108-110, 320, 379-380
Desejo (*taṇhā*) 55-58, 87-88, 142-143, 206-209, 212-214, 308-310, 312, 378-379, 416 IX n.238
Destruição da vida (*pāṇātipāta*) 159-164, 173-174, 235-236
Devas 54-55, 68-69, 88-89, 152-153, 157-158, 161-162, 167-168, 171-172, 174-176, 211-212, 266-267, 390-391, 393-394, 395
Dhamma 62-63, 82-83, 105-106, 108-109, 122, 143-144, 153-154, 184-185, 338, 363, 369-370, 404 IV n.95
desejo pelo (*dhammarāga*) 372-374, 422 X n.308
ensinado pelo caminho do meio 348
recordação do 265-266
roda do (*dhammacakka*) 65-66, 85, 123, 400 II n.38, 425 X n.339
ruptura em direção ao (*dhammābhisamaya*) 355-356, 369-370, 422 X n.301

visão do (*dhammacakkhu*) 88-89, 355-356, 369-370
Dimensão da esfera sensível (*kāmadhātu*) 152-153
Disciplina moral (*sīla*) 118-119, 125-127, 130-131, 133-136, 153-156, 167-168, 171-176, 226-229, 235-236, 247, 266, 355-356, 370-371
Disputas (*vivāda*) 119, 133-135, 209-211
Doar, doação (*dāna*) 153-156, 164-165, 167-168, 169-173
Doença 41, 49-51, 163-164, 194-195, 206-207
Doutrinas secretas 93-95, 99
Duração da vida (*āyuppamāṇa*) 152-153, 162-163, 169-170, 174-176, 211-212
Dúvida (*vicikicchā*) 95-96, 100, 257-259, 352
cf. tb. Máculas, cinco

Elemento Água (*apodhātu*) 331-333
Cf. tb. Elementos (quatro)
Elemento Ar (*vayodhātu*) 332-333
cf. tb. Elementos (quatro)
Elemento Espaço (*ākāsadhātu*) 332-333
Elemento Fogo (*tejodhātu*) 332-333
cf. tb. Elementos (quatro)
Elemento Terra (*pathavidhātu*) 331-332
cf. tb. Elementos (quatro)
Elementos (*dhātu*) 295-297
dezoito 331
quatro 270-271, 320-321, 331-332, 411 VIII n.176, 412 VIII n.193
seis 331-334, 418 IX n.260-262
Ensinamentos
políticos 120-121, 140-145
sociais 44-45, 116-120, 133-145
Entrada na corrente (*sotāpatti*) 97, 98, 118-119, 354-356, 368-371
Envelhecimento e morte (*jarāmaraṇa*) 41-43, 47-49, 81-82, 309-311
cf. tb. Morte, Velhice
Equanimidade (*upekkhā*) 100-101, 156, 177-178, 197-198, 212, 384-385, 407 VI n.134, 414 VIII n.216
Era (*kappa*) 45, 57, 79, 152-153, 166-167, 189, 211-212, 237-238
Escapatória (*nissaraṇa*) 51-52, 256-259, 398 I n.16, 410 VIII n.171
cf. tb. Gratificação, Perigo e Escapatória
Esforço correto (*sammā vāyāma*) 230-231
Espaço infinito, base do (*ākāsāṇañcāyatana*) 282-283, 372-373
Estados do sem forma (*ārūpa*) 221, 247, 366
dimensão do sem forma (*ārūpadhātu*) 152, 153
Eternalismo (*sasstavāda*) 188-189, 298-299, 418-419 IX n.267, 419 IX n.268, 424 X n.330
Eu, visão do; cf Visão da identidade
"Eu sou" (*asmi*) 377-380, 385-412
Existância
atthitā 337-338, 418-419 IX n.267, 419 IX n.268
bhava 210, 311, 416 IX n.236

Faculdades
controle das sensações (*indriyasaṃvara*) 236, 295-296
espirituais 351, 358, 362, 374-376, 380-382
Fala
correta (*sammā vāca*) 230-231
inverídica (*musā vāda*) 159, 160-161, 173-174, 235-236

maliciosa (*pisuṇa vācā*) 159-161, 235-236
violenta, agressiva (*pharusā vācā*) 159-161, 235-236
Família 117-118, 124-130
Fé (*saddhā*) 97-98, 105-109, 118-119, 125, 127, 130, 133, 153-154, 225-228, 234-235
Felicidade (*sukha*) 131-132, 166-167, 174-176
cf. tb. Bem-estar e felicidade
Fenômenos, contemplação dos (*dhammānupassanā*) 252, 272-276, 279-280
Forma (*rūpa*) 186-187, 191-93, 194-196
agregado da (*rūpakanddha*) 317-318, 320-321, 325-326, 417 IX n.254
dimensão da (*rūpadhātu*) 152-153, 352
cf. tb. Nome e forma
Formações (*saṅkhārā*) 83, 213-214, 248-249, 256-257
cf. tb. Formações volitivas
Formações volitivas (*saṅkhāra*) 157-158, 315-316, 318-319, 320-321, 326-327, 342-343, 416 IX n.242, 417 IX n.247, 418 IX n.257
Frivolidade, fala à toa, fofoca (*samphappalāpa*) 159-161, 235-236
Fundações, as quatro (*adhiṭṭhāna*) 385-386

Generosidade (*cāga*) 118-119, 125, 127, 130-131, 133-134, 266-267
Gentileza amorosa (*mettā*) 100-101, 134-135, 137-138, 156, 166-167, 175-179, 211, 249-250, 264-265, 411 VIII n.176, 411 VIII n.178
Gratificação, perigo e escapatória (*assāda, ādinava, nissaraṇa*) 185-187, 191-197, 293-294, 321-322, 331
Grilhões (*saṃyojana*) 255, 352, 355-357, 363, 371-374, 381-382, 421 X n. 285-286

Ignorância (*avijjā*) 56-58, 79-81, 212-214, 254-255, 292-293, 315-317, 357-358, 381-382, 409 VIII n.162, 416-417 IX n.243
Iluminação (*sambodha*, *sambodhi*) 63-65, 75-76, 78-79, 81-82, 97
perfeita e insuperável (*anuttarā sammā sambodhi*) 88-89, 191, 317, 389-390
sete fatores da (*sattabhojjhaṅga*) 274-276, 279-281, 389-390
Impermanência (*anicca*) 156, 178-179, 191, 195-196, 249-250, 279-280, 292-294, 322-326, 329-330, 393-394, 414 VIII n.214, 414 VIII n.216
Inferno (*niraya*) 79-80, 101-102, 128-129, 136-137, 152, 158-159, 162-166, 194, 207-209, 211-212, 237-239
Inquietação/inquietude e remorso (*uddhaccakukkucca*) 257-259
cf. tb. Obstáculos, os cinco
Intenção correta (*sammā saṅkappa*) 230-231
Intuição (*vipassanā*) 30, 156, 177-179, 247-249, 254-257, 409 VIII n.161, 409 VIII n.164, 410 VIII n.166-168, 410 VIII n.169, 414 VIII n.214, 414 VIII n.216
Inveja (*issā*) 163-165
Ira (*kodha*) 163-164

Jhāna 64, 78-79, 152-153, 195-196, 220-221, 247-248, 371-373, 374-376, 409 VIII n.161, 410 VIII n.167
como as pegadas do Tathāgata 236-238
como concentração correta 231
imagens para a 240-241
sem o "eu" ou o "meu" 281-283

Kamma 29-30, 42, 149-154, 157-158, 406 V n.121, 406 V n.122, 407 V n.128, 414 VIII n.217

Libertação (*vimutti*) 74-75, 80-81, 86-87, 88-89, 161-162, 175-177, 228-229, 238-239, 255, 261-262, 281, 364, 387-388, 409 VIII n.163
Liberto
de ambas as maneiras (*ubhatobhāgavimutta*) 353-354, 366, 421 X n.292
pela fé (*saddhāvimutta*) 354-355, 367, 421 X n.296
pela sabedoria (*paññāvimutta*) 353-354, 366-368, 387-388, 421 X n.293

Má conduta sexual (*kāmesumicchācāra*) 159, 160-161
Má vontade (*byāpāda*) 159-161, 256-258, 258-259, 260-261
Máculas (*āsava*) 222, 256-257, 316-317, 343-344, 372-374, 383-384, 416-417 IX n.243
conhecimentos das (*āvasakkhayañāṇa*) 64-65, 80-81, 221, 222, 238-239
Maridos e mulheres 117-118, 123-124, 125-130
Matar; cf. Destruição da vida
Meditação (*bhāvanā*) 153-154, 155-156, 167-168, 175-178, 247
Meditações sobre cadáveres 252, 270-272, 412 VIII n. 194-195
Medo (*bhaya*) 104-105, 393-394
Mensageiros divinos (*devadūta*) 41-42, 49-51, 398 I n.13
Mente (*citta*) 247-248, 253, 279-280
contemplação da (*cittānupassanā*) 272-273, 279-280, 413 VIII n. 198-200
leitura da 260-261
mente superior (*adhicitta*) 247, 259-260, 261-262, 410-411 VIII n.175
Mérito (*puñña*) 29-30, 149, 153-156, 166-167, 168-169, 171-174, 175-177
Modo de vida correto (*sammā ājiva*) 117-119, 130-132, 230-231
Monarca universal (*rājā cakkavatti*) 115-116, 120-121, 142-145, 166-167, 370-371, 404 IV n.95
Moradas
divinas (*brahmavihāra*) 184, 249-250, 403 III n.73
puras (*suddhāvāsa*) 352
Morte (*maraṇa*) 41-42, 50-51, 187, 194-196, 202-203
cf. tb. Envelhecimento e morte
Mulher do lar 132-134
Mundano (*puthujjana*) 42-45, 51-52, 53-54, 211-212, 321-322, 354-355, 362, 398-399 I n.20
Mundo (*loka*)
como vazio 329-330
compreendido pelo Tathāgata 393-395
gratificação, perigo e escapatória 191-192

origem e cessação do 337-340, 419 IX n.268
se é eterno, infinito etc. 223-226
Mundo de Brahma (*brahmaloka*) 89, 156, 176-177, 189, 406 V n.124, 407 V n.128

Não eu (*anattā*) 292-294, 322-326, 329-330, 417 IX n.253
Nascimento (*jāti*) 47, 310-311
Nem percepção-nem-não-percepção (*n'evasaññāsaññāyatana*), a base da 72-74, 282-283, 400 II n.43
Nibbāna 29-30, 71-72, 74-75, 83, 87, 168, 183-184, 211-212, 217-218, 229-230, 300-302, 328-330, 344-348, 366, 372-373, 385, 401 II n.52, 401 II n.55, 415 IX n. 227, 420 IX n.278, 423 X n. 317
é alcançado de quatro maneiras 373-375
é alcançado de sete maneiras 376-377
os dois elementos do 302, 346-347, 415 IX n.226, 424 X n. 324, 424 X n. 326
Nikāyas 31-32, 34-37
Nobre Caminho Óctuplo (*ariya aṭṭhaṅika magga*) 29-30, 65, 82, 86-88, 150-151, 168, 218-219, 229-230, 308-309, 317-319, 344-345, 392-393
a boa amizade e o 232
análise do 230-231
aquele que entra na corrente e o 368-369
Nobre discípulo (*ariyasāvaka*) 42-45, 51-52, 53-55, 211-212, 265-267, 306-307, 321-322, 334-336, 336-338, 354-355, 369-371, 398 I n.18
Nome e forma (*nāmarūpa*) 80-81, 313-315, 318-319, 320-321, 401 II n.50, 401 II n.51, 415 IX n.230
Nulidade, a base da (*ākiñcaññāyatana*) 72-73, 282-283, 373-374, 400 II n.41, 400 II n.42
Nutriente (*āhāra*) 308-309, 317-318, 415-416 IX n.234

Obstáculos, cinco (*nīvaraṇa*) 220-221, 237, 239-241, 248-250, 256-259, 272-274, 389-390, 410 VIII n.171, 414 VIII n.216
Olho divino (*dibbacakkhu*); cf. Desaparecimento e renascimento dos seres, conhecimento do
Orgulho (*māna*) 281-283, 321-324, 357-358, 379-380, 382-383, 414 VIII n.220, 415 IX n.233
Origem (*samudaya*)
do mundo 337, 339, 393-394, 424 X n.326
do sofrimento 81-82, 87-88, 334, 338
Originação dependente (*paṭicca samuppāda*) 64, 80-83, 296-300, 334, 401 II n.50-53, 401 II n.55
Ouvido divino (*dibbasota*) 260-261

Paccekabuddha 178-179, 407 V n.130
Pais e filhos 117-118, 123-126
Paraíso (*sagga*) 79-80, 101-102, 128-129, 131-132, 137-138, 152, 158, 159, 162-166, 200, 238-239
cf. tb. Devas
Pātimokkha 314-315, 415 IX n.229
Paz (*upasama*) 385-386
Pegando aquilo que não é dado (*adinnādāna*) 159, 160-161, 173-174, 235-236

Pensamentos (*vittaka*) 259-260, 261-265
Percepção (*saññā*) 201-202, 317-319, 320-321, 326-327, 418 IX n.256
Pessoa nobre (*ariyapuggala*)
oito tipos 351-352, 362
sete tipos 353-355, 366-368
Piṭakas 34-35
Poder espiritual (*iddhi*) 260-261
Posturas (*iriyāpatha*) 267-270
Prazeres sensórios (*kāma*) 51-52, 54-55, 75-76, 104-105, 186-188, 191-195, 196-202
Preceitos (*sīla sikkhāpada*)
cinco 126, 130-131, 133-134, 155, 172-172, 178-179
monásticos 235-236, 247
oito 155, 173-176
Prejudicial/ais (*akusala*) 96, 100, 143-144, 149-151, 151-152, 165-166, 208-209, 261-264, 307-308

Quatro Nobres Verdades (*cattāri ariyasaccāni*) 65-66, 79-81, 87-89, 225-226, 238-239, 275-276, 289-290, 299-301, 308-310, 339-345, 380-381, 391-392, 402 II n.62-65, 415 IX n.232

Recordações, as seis (*cha anussati*) 250-251, 265-267
Refúgio, tomar/buscar, (*saraṇagamana*) 101-102, 161-162, 172-173, 178-179, 239-240, 403 III n.75
Relações trabalhistas 124-125
Renascimento (*upapatti*) 79-80, 149, 151-154, 157-160, 161-162, 162-168, 170-172, 174-176, 211-212, 237-239, 406 V n.114, 406 V n.120-121
Renunciar, renúncia (*pabbajjā*) 204-206, 219-220, 225-229, 234-236
Riqueza 129-132, 164-165, 169-171
Rota fixa da correção (*sammattaniyāma*) 355-356, 369, 421 X n.298

Sabedoria (*paññā*) 30, 64, 80-82, 87-89, 118-119, 125, 127, 130-131, 133-134, 247, 254-255, 287-289, 305-307, 322-324, 331-334, 409 VIII n.162
Saṃsāra 28-30, 45-46, 56-58, 212-214, 381-382
Saṅgha 118-119, 120, 153-156, 168, 178-179, 219-220, 266, 369-370, 406 V n.115
Saudável/benéfico (*kusala*) 96-97, 100-101, 143-144, 149-152, 165-166, 208-209, 261-264, 307-308
Seguidor da Fé (*saddhānusāri*) 352-353, 363, 369, 420 X n.282, 421 X n.297
Seguidor do Dhamma (*dhammānusāri*) 352-353, 363, 369, 420 X n.282, 421 X n.297
Sensação (*vedanā*) 51-52, 186-187, 191-193, 195-197, 312-313, 333
agregado da (*vedanākkhandha*) 317-318, 320-321, 325-327, 417-418 IX n. 255
contemplação da (*vedanānupassanā*) 271-273, 279, 412-413 VIII n.196-197
Sensação dolorosa (*dukkhā vedanā*) 42-43, 51-52
cf. tb. Sensação
Serenidade (*samatha*) 30, 247-249, 254-257, 409 VIII n.161, 409 VIII n.164, 410 VIII n.166-167, 410 VIII n.169
Seres humanos (*manussa*) 152, 158, 162-168, 202-203
Sistema de castas 119-120, 135-141, 404 III n.94

Sofrimento (*dukkha*) 94-97, 100, 102-103, 338, 342-344, 419 IX n.269
a Nobre Verdade do 65-66, 87-88, 309-310
como característica de todo fenômeno 292-294, 322-326, 329-330
perigo como 191, 195-196
Supramundano; cf. Ensinamento/caminho que transcende o mundo

Tathāgata 62, 67-68, 70, 86, 104-106, 130, 133, 168, 190-191, 234-235, 347, 357-361, 386-395
as pegadas do 236-239
as quatro bases da autoconfiança 359-361, 390-392, 425 X n.346
existência depois da morte do 223-226, 302-303, 348, 408 VII n.143
os dez poderes do 359-361, 389-391, 425 X n.339-345
Tendências subjacentes (*anusaya*) 51-52, 255, 281-283, 321-324, 379-380, 398 I n.15, 415 IX n.233, 419 X n.270-271
Testemunha do corpo (*kāyasakhī*) 354-355, 367, 421 X n.294
Theravāda 33-34
Todo (*sabba*) 327-329, 338
Transcende o mundo (*lokuttara*), o ensinamento/caminho que 150-151, 184-185, 217-218, 289-291, 405 V n.110, 415 IX n.230
Treinamento gradual (*anupubbasikkhā*) 219-222, 234-240, 240-243

Uposatha 143-145, 155, 173-176, 320, 405 IV n.104

Vedas 106-107, 135-136
Velhice (*jarā*) 49-50, 194-195, 207
cf. tb. Envelhecimento e morte
Verdade (*sacca*) 107-110, 404 III n.90-93
fundamento/estabelecimento da (*saccādhiṭṭhāna*) 385
na fala 173-174, 235-236
Vida espiritual (*brahmacariya*) 224-225, 228-230, 231-232, 364-366
Vidas passadas, conhecimento das (*pubbenivāsānussatiñāṇa*) 64, 79-80, 237-238, 241-243, 260-262
Violência 44-45, 55-57
Visão correta (*sammā diṭṭhi*) 135-136, 150-151, 161, 178-179, 230-231, 288-290, 306-317, 337-338, 415 IX n.230
Visão da identidade (*sakkāyadiṭṭhi*) 292-293, 320-322, 352, 357, 398 I n.20
Visão errada (*diṭṭhi*) 54-55, 159-160, 188-189, 208-211, 217-218, 223-226, 337-338, 408 VII n.143
cf. tb. Visão da identidade
Vivendo de forma equilibrada (*samajīvitā*) 129-130
Volição/volitiva (*cetanā*) 149-150, 158, 318-319, 417 IX n.247

ÍNDICE ONOMÁSTICO

Ajātasattu Vedehiputta, rei 140-142, 405 IV n.103
Āḷāra Kālāma 72-73, 84-85
Ānanda, Venerével 55-56, 68-71, 133-136, 140-143, 231-232, 255-256, 276-283, 329-331, 371-374, 398 I n.14
Ānāthapiṇḍika, chefe de família 127-128, 130-132, 397 I n.11, 404 IV n.98
Araka, mestre religioso 202-204
Ārāmadaṇḍa, brâmane 54-55
Assalāyana, estudante brâmane 135-141

Bārāṇasi 84-89
Bhadraka, chefe de tribo 101-103
Brahmā 89, 136-140, 166-167, 176-178, 390-392, 401 II n.56
Brahmā Sahampati 64-65, 83-85

Caṅki, brâmane 105-107

Daḷhanemi, rei 142-144
Dāsaka, venerável 377-379
Devadatta 225-226, 407 VI n.133
Dīghajānu (Byagghapajja) 129-131
Dīghavu, seguidor leigo 375-376

Ganges, rio 58, 325-326, 365-366, 371-372

Isipatana 85-89

Jambudīpa 56-57, 399 I n.28
Jambukhādaka, asceta 344-345
Jāṇusoṇi, brâmane 232-240
Jetavana 397 I n.11
Jotika, chefe de família 375-376

Kaccānagotta, venerável 337-338
Kālāmas 95-96, 99-102, 399 II n.32
Kamboja 136-137, 405 IV n.102
Kāpaṭhika (Bhāradvāja), estudante brâmane 106-112
Kesaputta 99
Khemaka, venerável 377-381, 423 X n.313-314
Koṇḍañña, venerável 65-66, 88-89
Koravya, rei 203-209
Kūṭadanta, brâmane 144-145

Māgandiya, asceta 187, 199-202, 407 VI n.135
Mahākaccāna, venerável 54-55, 399 I n.22
Mahānāma, da tribo Sakya 265-267, 411 VIII n. 179
Mahāvijita, rei 144-145
Māluṅkyaputta, venerável 223-226, 407 VI n.132
Māra 89, 391-393

Nakulamātā, dona de casa 127, 404 IV n.97
Nakulapitā, chefe de família 127, 404 IV n.97
Naḷakāra 176-178
Nandana, bosque 200, 370-371

Pasenadi, rei 47-49, 397 I n.11
Pāvā 213-214
Pilotika (Vacchāyana) 232-234
Potaliya, chefe de família 196-199
Pukkusāti, venerável 384-386, 418 IX n.260-261, 424 X n.323

Rājagaha 140-142
Raṭṭhapāla, venerável 203-209

Saccaka (Aggivessana) 74-76, 399 I n.25
Sakka, governante dos devas 54-55, 152, 166-168, 399 I n.23
Sālā, vila brâmane 158
Saṅgārava, brâmane 256-259
Sārandada, capela 141-142
Sāriputta, venerável 281-283, 288-289, 306-309, 344-345, 358-360, 368-369, 382-384, 388-392, 414 VIII n.219
Sāvatthi 191-192, 209-210, 231-232
Senānigama 73-74
Sigālaka, filho de um chefe de família 122-125
Subha, estudante brâmane 161-167, 176-178
Sujāta, nora 127-130
Suppavāsā, senhora da tribo Kolliya 169-170

Tāvatiṃsa, devas/paraíso 89, 152, 161, 167-168, 171-172, 175-176, 370-371
Thullakoṭṭhita 204
Tusita, devas/paraíso 68-69, 89, 152, 161, 167-168, 171-172, 175-176

Udāyī, venerável 330-331
Uddaka Rāmaputta 72-74, 84-85, 400 II n.43
Upaka, Ājivaka 84-86
Uruvelā 73-74, 84-85
Uruvelakappa 101-103

Vacchagotta, asceta 302, 347-348, 363-366, 421 X n.289
Vajjias 140-142, 405 IV n.103
Vassakāra, brâmane 177-179
Velāma, brâmane 177-179
Vesālī 141-142
Visākhā, a mãe de Migara 132-134, 404 IV n.100

Yama 49-51, 398 I n.14
Yāma devas/paraíso 89, 152, 161, 167-168, 171-172, 175-176
Yona 136-137, 405 IV n.102

ÍNDICE DE COMPARAÇÕES

Areia do Rio Ganges 58
Árvore carregada de frutos 198-199

Bando de veados 392-393
Barra 381-382
Bens tomados em empréstimo 198
Bola de cuspe 202-203
Bola de sabão 240
Bolas de barro 57
Bolha d'água 202, 326-327
Brilho da lua 175-176

Cachorro na coleira 58
Caminho para a vila, homem que conhece o 176-177
Cegos andando em fila 107
Cegos e o elefante 209-211
Cesta feita de agulha de pinheiro 343-344
Cesta feita de flores de lótus 343-344
Cheiro de um lótus 378-379
Cidade antiga 82
Cruzando o rio Ganges nado 371
Cuias de água 257-259

Dardo, homem atingido por um 51-52
Deserto, homem que cruza um 239-241
Doença, homem que se recupera de uma 239-240

Escravidão, um homem liberto da 239-240
Esqueleto feito de ossos sem carne 196-198
Estrela da manhã na aurora 176-177
Extraindo uma cunha grande com uma cunha menor 261-262

Fardo 382-383
Fechando os olhos para não ver as formas 262-263
Flecha envenenada, homem atingida por uma 224-225
Fogo extinto 348

Gota de orvalho numa folha de grama 202-203
Grama e gravetos em Jambudīpa 56
Gravetos para fogo 75-76, 333

Homem forte batendo num homem mais fraco 263-264

Ilusão mágica 326-327, 418 IX n.258

Jovem deva no bosque Nandana 200

Lago cujas águas surgem por baixo 240-241
Lago de montanha, homem olhando para um 242
Lâmpada de óleo sem combustível 385
Leão 393-394

Leproso coçando as suas feridas 201-202
Leproso curado da lepra 200-202
Limpando uma roupa suja 379-380
Linha traçada na água 202-203
Lótus num tanque 84, 241

Mensageiros divinos 49-51
Miolo de uma árvore 226-229, 371
Miragem 326-327, 418 IX n.256
Montanha de pedras 57
Montanhas vindo nesta direção 48-49
Mudando as posturas de grosseiras para sutis 262-264

Negócio prospera, homem cujo 239-240

Oceano profundo e imensurável 348

Pano branco, homem coberto por um 241
Pedaço de carne jogada numa panela 202-203
Pedaço de carne tomada por um falcão 197-198
Pedaço de terra sob a unha 369-370
Pegadas de elefante 233-239
Pilastra alicerçada no chão 382-384
Pilastra 381-382
Pilha de carvão em brasa 197-198
Porteiro sábio 389
Prisão, homem libertado da 239-240
Punhado de espuma 325, 417 IX n.254
Punhado de folhas 341

Raio 381-382
Refino do ouro 259-260
Relembra as suas viagens pelas vilas, um homem 241-243
Riacho de montanha 202-203
Rio de lágrimas 212-214
Rio de sangue 213-214
Rio Ganges alcança o mar 365-366

Sementes amargas geram frutos amargos 209-210
Serra dupla 264-265
Sol desfazendo a escuridão do espaço 175-177
Sol e lua surgindo no mundo 391-392
Sonho com belos parques 198-199

Tanque com quatro canais de entrada e saída 130
Tocha de grama ardente 197-198
Torneiro girando o torno 267-268
Três fogos 328-329
Trincheira 381-382
Tronco de bananeira 326-327, 418 IX n.257

Vaca conduzida ao matadouro 202-203
Vaca cortada em pedaços 270-271, 305
Vê pessoas se movendo entre duas casas, um homem 241-242

ÍNDICE DE TÍTULOS DE SUTTAS PĀLI SELECIONADOS

* Excerto de um sutta mais longo.

Acchariya-abbhuta Sutta (MN 123) 67-71
Ādittapariyāyā Sutta (SN 35: 28) 328-329
**Aggivacchago Sutta* (MN 72) 347-348
**Alagaddūpama Sutta* (MN 22) 363, 381-383
Ānanda Sutta (SN 54: 13) 276-281
Anattalakkhaṇa Sutta (SN 22: 59) 322-325
**Ariyapariesana Sutta* (MN 26) 70-75, 82-87
Assalāyana Sutta (MN 93), 135-141

**Cakkavattisāhanāda* (DN 26) 143-145
**Caṅki Sutta* (MN 95) 105-112
Cūḷahatthipadopama Sutta (MN 27) 232-239
Cūḷakammavibhaṅga Sutta (MN 135) 161-167
Cūḷamāluṅkya Sutta (MN 63) 223-226

Dhātuvibhaṅga Sutta (MN 140) 331-334, 384-386
Dhammacakkappavattana Sutta (SN 56: 11) 86-89
**Dvedhāvitakka Sutta* (MN 19) 392-393

**Kakacūpama Sutta* (MN 21) 264-265
**Kīṭāgiri Sutta* (MN 70) 366-368
**Kūṭadanta Sutta* (DN 5) 144-145

**Māgandiya Sutta* (MN 75) 199-202
Maggavibhaṅga Sutta (SN 45: 08) 230-231
**Mahā Assapura Sutta* (MN 39) 239-243
Mahādukkhakkhandha Sutta (MN 13) 191-197
**Mahāmāluṅkya Sutta* (MN 64) 371-374
**Mahānidāna Sutta* (DN 15) 55-56

**Mahāparinibbāna Sutta* (DN 16) 140-143
Mahāpuṇṇama Sutta (MN 109) 320-324
**Mahāsaccaka Sutta* (MN 36) 74-81
Mahāsāropama Sutta (MN 29) 225-229
**Mahāsāhanāda Sutta* (MN 12) 389-392

**Mahāvacchagotta Sutta* (MN 73) 363-366
**Nānātitthiya Sutta* (Ud 6: 4) 209-211
**Nandakovāda Sutta* (MN 146) 305-306
**Nibbāna Sutta* (Ud 8: 1) 345-346

Pabbatopama Sutta (SN 3: 25) 47-49
Papāta Sutta (SN 56: 42) 341-343
Pheṇa Sutta (SN 22: 95) 325-328
**Potaliya Sutta* (MN 54) 196-199

Rāja Sutta (SN 55: 01) 370-371
**Raṭṭhapāla Sutta* (MN 82) 203-209

**Sakkapañha Sutta* (DN 21) 54-56
Sāleyyaka Sutta (MN 41) 158-162
Salla Sutta (SN 36: 06) 51-52
**Sāmagāma Sutta* (MN 104) 133-136
Sammādiṭṭhi Sutta (MN 9) 306-309
Satipaṭṭhāna Sutta (MN 10) 266-267
**Sigālaka (ou Sigālovāda) Sutta* (DN 31) 122-125
Siṃsapā Sutta (SN 56: 31) 340-341
**Subha Sutta* (MN 99) 176-178
Suñña Sutta (35: 85) 329-330

Upaḍḍha Sutta (SN 45: 02) 231-232

Vāmaṃsaka Sutta (MN 47) 103-106
Vitakkasaṇṭhāna Sutta (MN 20) 261-265

ÍNDICE DE TERMOS PĀLI EXPLICADOS NAS NOTAS

Ālaya 401 II n.54
Anamatagga 399 I n.27
Anantajina 402 II n.58
Antarāparinibbāyi 422-423 X n.312
Anusaya 398 I n.15
Arahatamagga 420 X n.280
Asamayavimokkha 408 VII n. 147
Atthitā 418-419 IX n.267

Bhavanetti 420 IX n.274
Bodhipakkhiyā dhammā 423-424 X n.318
Bojjhaṅga 414 VIII n.217

Devadūta 398 I n.13
Dhammavicayasambhojjhaṅga 414 VIII n.218
Dhammavitakka 410 VIII n.173
Dhammuddhaccaviggathitaṃ mānasaṃ 418-419 IX n.267

Ekāyano... maggo 411 VIII n.182

Idappaccayatā 418 IX n.263

Kappa 399 I n.29

Nāmarupa 416 IX n.240
Natthitā 418-419 IX n.267
Nibbāna 415 IX n.227
Nibbuta 415 IX n.227
Nippapañcaṃ 420 IX n.277

Paññā 415 IX n.222
Papañcasaññāsaṅka 399 I n.24
Paritassanā 398 I n.19

Rāgavirāgatthaṃ 408 VII n.149

Saddhāmattaṃ pemamattaṃ 421 X n.288
Samathapubbaṅgamaṃ vipassanaṃ 409 VIII n.164
Samathavipassanaṃ yuganaddhaṃ 410 VIII n.167

Tadārammaṇaṃ 411 VIII n.182
Tathāni avitathāni anaññathāni 420 IX n.273

Vipassanāpubbaṅgamaṃ samathaṃ 410 IX n.166
Vitakkasaṅkhārasaṇṭhāna 411 VIII n.177
Vohārasamucceda 407 VI n.133

Sobre o editor da obra

Bhikkhu Bodhi é um monge budista estadunidense de Nova York, nascido em 1944. Obteve o bacharelado em filosofia pela Brooklyn College e o doutorado em filosofia pela Claremont Graduate School. Depois de completar seus estudos universitários, viajou para o Sri Lanka, onde recebeu ordenação de noviço em 1972 e a ordenação completa em 1973, ambas sob o principal monge erudito do Sri Lanka, Balgoda Ananda Maitreya (1896 a 1998). De 1984 a 2002 ele foi editor da *Buddhist Publication Society* em Kandy, onde viveu por dez anos com o monge alemão sênior Nyanaponika Thera (1901-1994) no Forest Hermitage. Ele voltou aos Estados Unidos em 2002. Atualmente vive e leciona no Mosteiro de Chuang Yen em Carmel, Nova York. Bhikkhu Bodhi recebe crédito em muitas publicações importantes, seja como autor, tradutor ou editor, incluindo as edições definitivas em inglês dos Nikāyas. Em 2008, juntamente com vários de seus alunos, Bhikkhu Bodhi fundou o Buddhist Global Relief, uma organização sem fins lucrativos que apoia o combate à fome, a agricultura sustentável e a educação em países que sofrem de pobreza crônica e desnutrição.

EDITORA VOZES LTDA.
Rua Frei Luís, 100 – Centro – Cep 25689-900 – Petrópolis, RJ
Tel.: (24) 2233-9000 – E-mail: vendas@vozes.com.br